教育部全国普通高等学校优秀教材（一等奖）
教育部推荐教材

新编21世纪法学系列教材
总主编　曾宪义　王利明

刑事诉讼法

第七版

Criminal Procedure Law

主　编　程荣斌　王新清
副主编　甄　贞　陶　杨

撰稿人（以姓氏笔画为序）
王新清　张泽涛　周宝峰　郝银钟
陶　杨　程荣斌　程　捷　甄　贞

中国人民大学出版社
·北京·

编审委员会

主编简介

程荣斌 中国人民大学法学院教授、博士生导师，著名法学家、法学教育家，新中国刑事诉讼法学的重要奠基人之一。2013 年 4 月 14 日去世。

王新清 法学博士，现任中国社会科学院大学党委副书记、副校长、研究生院院长，中国人民大学法学院兼职教授、博士生导师。国务院政府特殊津贴获得者，教育部高等学校法学类专业教学指导委员会副主任委员，中国刑事诉讼法学研究会常务理事。

内容简介

本教材力求阐明刑事诉讼法学的基础理论，并使之密切结合中国刑事司法实践，反映中国刑事司法立法、改革以及实践的最新动向。全书系统阐述了中国刑事诉讼的基本概念、基础理论以及历史发展概况，并介绍了中国刑事诉讼的基本制度与程序。全书分为基础理论、制度论、普通程序论与特别程序论四个部分，既完整呈现了刑事诉讼的基础理念、理论与原则，又对刑事诉讼中的基本制度进行了全面介绍；既对刑事普通程序进行了全面阐述，又对刑事诉讼中的特别程序进行了详细解读。本次修订，结合了当下所进行的司法改革，对相关的内容进行了完善，补充了一些原刑事诉讼制度所未提及的内容，使得本教材更适合于当前法学教育改革的需要。

总　序

曾宪義

在人类文明与文化的发展中，中华民族曾作出过伟大的贡献，不仅最早开启了世界东方文明的大门，而且对人类法治、法学及法学教育的生成与发展进行了积极的探索与光辉的实践。

在我们祖先生存繁衍的土地上，自从摆脱动物生活、开始用双手去进行创造性的劳动、用人类特有的灵性去思考以后，我们人类在不断改造客观世界、创造辉煌的物质文明的同时，也在不断地探索人类的主观世界，逐渐形成了哲学思想、伦理道德、宗教信仰、风俗习惯等一系列维系道德人心、维持一定社会秩序的精神规范，更创造了博大精深、义理精微的法律制度。应该说，在人类所创造的诸种精神文化成果中，法律制度是一种极为奇特的社会现象。因为作为一项人类的精神成果，法律制度往往集中而突出地反映了人类在认识自身、调节社会、谋求发展的各个重要进程中的思想和行动。法律是现实社会的调节器，是人民权利的保障书，是通过国家的强制力来确认人的不同社会地位的有力杠杆，它来源于现实生活，而且真实地反映现实的要求。因而透过一个国家、一个民族、一个时代的法律制度，我们可以清楚地观察到当时人们关于人、社会、人与人的关系、社会组织以及哲学、宗教等诸多方面的思想与观点。同时，法律是一种具有国家强制力、约束力的社会规范，它以一种最明确的方式，对当时社会成员的言论或行动作出规范与要求，因而也清楚地反映了人类在各个历史发展阶段中对于不同的人所作出的种种具体要求和限制。因此，从法律制度的发展变迁中，同样可以看到人类自身不断发展、不断完善的历史轨迹。人类社会几千年的国家文明发展历史已经无可争辩地证明，法律制度乃是维系社会、调整各种社会关系、保持社会稳定的重要的工具。同时，法律制度的不断完善，也是人类社会文明进步的显著体现。

由于发展路径的不同、文化背景的差异，东方社会与西方世界对于法律的意义、底蕴的理解、阐释存有很大的差异，但是，在各自的发展过程中，都曾比较注重法律的制定与完善。中国古代虽然被看成是“礼治”的社会、“人治”的世界，被认为是“只有刑，没有法”的时代，但从《法经》到《唐律疏议》、《大清律例》等数十部优秀成文法典的存在，充分说明了成文制定法在中国古代社会中的突出地位，唯这些成文法制所体现出的精神旨趣与现代法律文明有较大不同而已。时至20世纪初叶，随着西风东渐、东西文化交流加快，中国社会开始由古代的、传统的社会体制向近现代文明过渡，建立健全的、符合现代理性精神的法律文明体系方成为现代社会的共识。正因为如此，近代以来的数百年间，在西方、东方各主要国家里，伴随着社会变革的潮起潮落，法律改革运动也一直呈方兴未艾之势。

从历史上看，法律的文明、进步，取决于诸多的社会因素。东西方法律发展的历史均充分证明，推动法律文明进步的动力，是现实的社会生活，是政治、经济和社会文化的变迁；同时，法律内容、法律技术的发展，往往依赖于一大批法律专家以及更多的受过法律教育的社会成员的研究和推动。从这个角度看，法学教育、法学研究的发展，对于法律文明的发展进步，也有着异常重要的意义。正因为如此，法学教育和法学研究在现代国家的国民教育体系和科学研究体系中，开始占有越来越重要的位置。

中国近代意义上的法学教育和法学研究，肇始于19世纪末的晚清时代。清光绪二十一年（公元1895年）开办的天津中西学堂，首次开设法科并招收学生，虽然规模较小，但仍可以视为中国最早的近代法学教育机构（天津中西学堂后改名为北洋大学，又发展为天津大学）。三年后，中国近代著名的思想家、有“维新骄子”之称的梁启超先生即在湖南《湘报》上发表题为《论中国宜讲求法律之学》的文章，用他惯有的富有感染力的激情文字，呼唤国人重视法学，发明法学，讲求法学。梁先生是清代末年一位开风气之先的思想巨子，在他的辉煌的学术生涯中，法学并非其专攻，但他仍以敏锐的眼光，预见到了21世纪中国法学研究和法学教育的发展。数年以后，清廷在内外压力之下，被迫宣布实施“新政”，推动变法修律。以修订法律大臣沈家本为代表的一批有识之士，在近十年的变法修律过程中，在大量翻译西方法学著作，引进西方法律观念，有限度地改造中国传统的法律体制的同时，也开始推动中国早期的法学教育和法学研究。20世纪初，中国最早设立的三所大学——北洋大学、京师大学堂、山西大学堂均设有法科或法律学科目，以期“端正方向，培养通才”。1906年，应修订法律大臣沈家本、伍廷芳等人的奏请，清政府在京师正式设立中国第一所专门的法政教育机构——京师法律学堂。次年，另一所法政学堂——直属清政府学部的京师法政学堂也正式招生。这些大学法科及法律、法政学堂的设立，应该是中国历史上近代意义上的正规专门法学教育的滥觞。

自清末以来，中国的法学教育作为法律事业的一个重要组成部分，随着中国社会的曲折发展，经历了极不平坦的发展历程。在20世纪的大部分时间里，中国社会一直充斥着各种矛盾和斗争。在外敌入侵、民族危亡的沉重压力之下，中国人民为寻找适合中国国情的发展道路而花费了无穷的心力，付出过沉重的代价。从客观上看，长期的社会骚动和频繁的政治变迁曾给中国的法治与法学带来过极大的消极影响。直至70年代末期，以“文化大革命”宣告结束为标志，中国社会从政治阵痛中清醒过来，开始用理性的目光重新审视中国的过去，规划国家和社会的未来，中国由此进入长期稳定、和平发展的大好时期，以这种大的社会环境为背景，中国的法学教育也获得了前所未有的发展机遇。

从宏观上看，实行改革开放以来，经过二十多年的努力，中国的法学教育事业所取得的成就是辉煌的。首先，经过“解放思想，实事求是”思想解放运动的洗礼，在中国法学界迅速清除了极左思潮及苏联法学模式的一些消极影响，根据本国国情建设社会主义法治国家已经成为国家民族的共识，这为中国法学教育和法学研究的发展奠定了稳固的思想基础。其次，随着法学禁区的不断被打破、法学研究的逐步深入，一个较为完善的法学学科体系已经建立起来。理论法学、部门法学各学科基本形成了比较系统和成熟的理论体系和学术框架，一些随着法学研究逐渐深入而出现的法学子学科、法学边缘学科也渐次成型。1997年，国家教育主管部门和教育部高校法学学科教学指导委员会对原有专业目录进行了又一次大幅度调整，决定自1999年起法学类本科只设一个单一的法学专业，按照一个专业招生，从而使法学学科的布局更加科学和合理。同时，在充分论证的基础上，确定了法学专业本科教学的14门核心课程，加上其他必修、选修课程的配合，由此形成了一个传统与更新并重、能够适应国家和社会发展需要的教学体系。法学硕士和博士研究生及法律硕士专业学位研究生的专业设置、课程教学和培养体系也日臻完善。再次，法学教育的规模迅速扩大，层次日趋齐全，结构日臻合理。目前中国有六百余所普通高等院校设置了法律院系或法律本科专业，在校本科学生和研究生已达二十余万人。除本科生外，在一些全国知名的法律院校，法学硕士研究生、法律硕士专业学位研究生、法学博士研究生已经逐步成为培养的重点。

众所周知，法律的进步、法治的完善，是一项综合性的社会工程。一方面，现实社会关系的发展，国家政治、经济和社会生活的变化，为法律的进步、变迁提供动力，提供社会的土壤。另一方面，法学教育、法学研究的发展，直接推动法律进步的进程。同时，全民法律意识、法律素质的提高，则是实现法治国理想的关键的、决定性的因素。在社会发展、法学教育、法学研究等几个攸关法律进步的重要环节中，法学教育无疑处于核心的、基础的地位。中国法学教育过去二十多年所走过的历程令人激动，所取得的成就也足资我们自豪。随着国家的发展、社会的进步，在21世纪，我们面临着更严峻的挑战和更灿烂的前景。“建设世界一流法学教育”，任重道远。

首先，法律是建立在经济基础之上的上层建筑，以法治为研究对象的法学也就成为一门实践性很强的学科。社会生活的发展变化，势必要对法学教育、法学研究不断提出新的要求。经过二十多年的奋斗，中国改革开放的前期目标已顺利实现。但随着改革开放的逐步深入，国家和社会的一些深层次问题，比如说社会主义市场经济秩序的真正建立、国有企业制度的改革、政治体制的完善、全民道德价值的重建、环境保护和自然资源的合理利用等等，也已经开始浮现出来。这些复杂问题的解决，无疑最终都会归结到法律制度的完善上来。建立一套完善、合理的法律制度，构建理想的和谐社会，乃一项持久而庞大的社会工程，需要全民族的智慧和努力。其中的基础性工作，如理论的论证、框架的设计、具体规范的拟订、法律实施中的纠偏等等，则有赖于法学研究的不断深入，以及高素质人才特别是法律人才的养成，而培养法律人才的任务，则是法学教育的直接责任。

其次，21世纪是一个多元化的世纪。20世纪中叶发生的信息技术革命，正在极大地改变着我们的世界。现代科学技术，特别是计算机网络信息技术的发展，使传统的生活方式、思想观念发生了根本的改变，并由此引发许多人类从未面对过的问题。就法学教育而言，在21世纪所要面临的，不仅是教学内容、研究对象的多元化问题，而且还有培养对象、培养目标的多元化、教学方式的多元化等一系列问题，这些问题都需要法学界去思考、去探索。

中国人民大学法学院建立于1950年，是新中国诞生后创办的第一所正规高等法学教育机构。在半个多世纪的岁月中，中国人民大学法学院以其雄厚的学术力量、严谨求实的学风、高水平的教学质量以及丰硕的学术研究成果，在全国法学教育领域处于领先地位，并开始跻身于世界著名法学院之林。据初步统计，中国人民大学法学院已经为国家培养法学专业本科生、硕士生、博士生一万余人，培养各类成人法科学生三十余万人。经过多年的努力，中国人民大学法学院形成了较为明显的学术优势，在现职教师中，既有一批资深望重、在国内外享有盛誉的法学前辈，更有一大批在改革开放后成长起来的优秀中青年法学家。这些老中青法学专家多年来在勤奋研究法学理论的同时，也积极投身于国家的立法、司法实践，对国家法制建设贡献良多。

有鉴于此，中国人民大学法学院与中国人民大学出版社经过研究协商，决定结合中国人民大学法学院的学术优势和中国人民大学出版社的出版力量，出版一套“21世纪法学系列教材”。自1998年开始编写出版本科教材，包括按照国家教育部所确定的法学专业核心课程和其所颁布印发的《全国高等学校法学专业核心课程基本要求》而编写的14门核心课程教材，也包括法学各领域、各新兴学科教材及教学参考书和案例分析在内，到2000年12月3日在人民大会堂大礼堂召开举世瞩目的“21世纪世界百所著名大学法学院院长论坛暨中国人民大学法学院成立五十周年庆祝大会”之时，业已出版了50本作为50周年院庆献礼，到现在总共出版了80本。为了进一步适应高等法学教育发展的形势和教学改革的需要，最近中国人民大学法学院与中国人民大学出版社决定将这套教材扩大为四个系列，即：“本科生用书”、“法学研究生用书”、“法律硕士研究生用书”以及“司法考试用书”，总数将达二百多本。我们设想，本套教材的编写，将更加注意“高水准”与“适用性”的合理结合。首先，本套教材将由中国人民大学法学院具有全国影响的各学科的学术带头人领衔，约请全国高校优秀学者参加，形成学术实力强大的编写阵容。同时，在编写教材时，将注意吸收中国法学研究的最新的学术成果，注意国际学术发展的最新动向，力求使教材内容能够站在21世纪的学术前沿，反映各学科成熟的理论，体现中国法学的水平。其次，本套教材在编写时，将针对新时期学生特点，将思想性、学术性、新颖性、可读性有机结合起来，注意运用典型生动的案例、简明流畅的语言去阐释法律理论与法律制度。

我们期望并且相信，经过组织者、编写者、出版者的共同努力，这套法学教材将以其质量效应、规模效应，力求成为奉献给新世纪的精品教材，我们诚挚地祈望得到方家和广大读者的教正。

2006年7月1日

序　言

王利明

法学教育是高等教育的重要组成部分，是建设社会主义法治国家、构建社会主义和谐社会的重要基础，并居于先导性的战略地位。在我国社会转型的新世纪、新阶段，法学教育不仅要为建设高素质的法律职业共同体服务，而且要面向全社会培养大批治理国家、管理社会、发展经济的高层次法律人才。近年来，法学教育取得了长足的进步，法科数量增长很快，教育质量稳步提高，培养层次日渐完善，目前已经形成了涵盖本科生、第二学士学位生、法学硕士研究生、法律硕士研究生、法学博士研究生的完整的法学人才培养体系，接受法科教育已经成为莘莘学子的优先选择之一。随着中国法治事业的迅速发展，我们有理由相信，中国法学教育的事业大有可为，中国法学教育的前途充满光明。

教育的基本功能在于育人，在于塑造德才兼备的高素质人才。法学教育的宗旨并非培养只会机械适用法律的"工匠"，而承载着培养追求正义、知法懂法、忠于法律、廉洁自律的法律人的任务。要完成法学教育的使命，首先必须认真抓好教材建设。我始终认为，教材是实现教育功能的重要工具和媒介，法学教材不仅仅是法学知识传承的载体，而且是规范教学内容、提高教学质量的关键，对法学教育的发展有着不可估量的作用。

第一，法学教材是传授法学基本知识的工具。初学法律，既要有好的老师，又要有好的教材。正如冯友兰先生所言："学哲学的目的，是使人作为人能够成为人，而不是成为某种人。其他的学习（不是学哲学）是使人能够成为某种人，即有一定职业的人。"一套好的教材，能够高屋建瓴地展示法律的体系，能够准确简明地阐释法律的逻辑，能够深入浅出地叙述法律的精要，能够生动贴切地表达深奥的法理。所以，法学教材是学生学习法律的向导，是学生步入法律殿堂的阶梯。如果在入门之初教材就有偏颇之处，就可能误人子弟，学生日后还要花费大量时间与精力来修正已经形成的错误观念。

第二，法学教材是传播法律价值理念的载体。好的法学教材不仅要传授法学知识，更要传播法律的精神和法治的理念，例如对公平、正义的追求，尊重权利的观念。本科、研究生阶段的青年学子，正处在人生观、价值观形成的阶段，一套优秀的法学教材，对于他们价值观的塑造和健全人格的培养具有重要意义。

第三，法学教材是形成职业共同体的主要条件。建设社会主义法治国家，有赖于法律职业共同体的生成。一套好的法学教材，向法律研习者传授共同的知识，这对于培养一个接受共同的价值理念、共同的法律思维、共同的话语体系的法律共同体，具有重要的作用。

第四，法学教材是所有法律研习者的良师益友。没有好的教材，一个好的教师或可弥补教材的欠缺和不足，但对那些没有老师指导的自学者而言，教材就是老师，其重要作用是显而易见的。

长期以来，在我们的评价体系中，教材并没有获得应有的注重，对学术成果的形式优先考虑的往往是专著而非教材。在不少人的观念中，教材与创新、与学术精品甚至与学术无缘。其实，要真正写出一部好的教材，其难度之大、工作之艰辛、影响之深远，绝不低于一部优秀的专著，它甚至可以成为在几百年甚至更长的时间内发挥作用的传世之作。以查士丁尼的《法学阶梯》为例，所谓法学阶梯，即法学入门之义，就是一部教材。但它概括了罗马法的精髓，千百年来，一直是人们研习罗马法最基本的著述。日本著名学者我妻荣说过，大学教授有两大任务：一是写出自己熟悉的专业及学术领域的讲义乃至教科书；二是选择自己最有兴趣、最看重的题目，集中精力进行终生的研究。实际上，这两者是相辅相成的。写出一部好教材，必须要对相关领域形成一个完整的知识体系，还要能以深入浅出的语言将问题讲清楚、讲明白。没有编写教材的基本功，实际上也很难写出优秀的专著。当然，也只有对每一个专题都有一定研究，才能形成对这个学术领域的完整把握。

虽然近几年我国法学教育发展迅速，成绩显著，但是法学教育也面临许多挑战。各个学校的师资队伍和教学质量参差不齐，这就更需要推出更多的结构严谨、内容全面、角度各有侧重、能够适应不同需求的法学教材，为提高法学教学和人才培养质量、保障法学教育健康发展提供前提条件。

长期以来，中国人民大学法学院始终高度重视教材建设。作为新中国成立后建立的第一所正规的法学教育机构，中国人民大学法律系最早开设了社会主义法学教学课堂，编写了第一套社会主义法学讲义，培养了新中国第一批法学本科生和各学科的硕士生、博士生，产生了新中国最早的一批法学家和法律工作者。中国人民大学法律系因此被誉为“新中国法学教育的工作母机”。半个多世纪以来，中国人民大学法学院为社会主义法制建设培养了大批优秀的法律人才，并为法学事业的振兴和繁荣作出了卓越贡献，也因此成为引领中国法学教育的重镇、凝聚国内法律人才的平台和沟通中外法学交流的窗口，并在世界知名法学院行列中崭露头角。为了对中国法学教育事业作出更大的贡献，我们有义务也有责任出版一套体现我们最新研究成果的法学教材。

承蒙中国人民大学出版社的大力支持，我们组织编写了本套教材，其中包括本科生用书、法律硕士研究生用书、法学研究生用书和司法考试用书四大系列，分别面向不同层次法科教育需求。编写人员以中国人民大学法学院教师为主，反映了中国人民大学法学院整体的研究实力和学术视野。相信本套教材的出版，一定能够为新时期法学教育的繁荣发展发挥应有的作用。

是为序。

2006年7月10日

第七版修订说明

自本教材第六版出版以来，我国政治建设、经济建设和法治建设取得了重大成就。首先，党的十九大在2017年召开，“习近平新时代中国特色社会主义思想”随即被写入党章和宪法，成为党和国家的指导思想。其次，一些重要的司法改革试点圆满结束，司法改革取得了突破性进展。与此同时，一些新的法律如《中华人民共和国监察法》《中华人民共和国刑事司法协助法》《中华人民共和国陪审员法》陆续出台，丰富了刑事诉讼法的内容；《中华人民共和国刑事诉讼法》《中华人民共和国人民法院组织法》《中华人民共和国人民检察院组织法》《中华人民共和国法官法》《中华人民共和国检察官法》等相关法律也在2018年、2019年被修改，刑事诉讼法的内容发生了重要变化。基于这些原因，我们有必要对本教材进行修订，以便把最新的刑事诉讼法律制度和理念呈现给读者。

本版教材修订，以习近平新时代中国特色社会主义思想为指导，根据上述新颁布和新修改的法律，对《刑事诉讼法》第六版进行了逐章逐节的修改。删除了过时的内容，充实了新的理念、原则、制度和程序，使得本教材具备了与时俱进的品格，符合新时代我国刑事诉讼法学教学的需要。

本版教材撰稿人及修订分工如下：

程荣斌（中国人民大学法学院教授、博士生导师）：编写第九、十章；

王新清（法学博士，中国社会科学院大学副书记、副校长，中国社会科学院研究生院院长，教授，博士生导师）：编写并修改第五、二十八章；

甄贞（法学博士，国务院参事，中国人民大学法学院兼职教授、博士生导师）：编写并修改第六、十八、十九、二十章；

周宝峰（法学博士，内蒙古大学法学院教授、博士生导师）：编写并修改第十五、十六章；

郝银钟（法学博士，西藏自治区高级人民法院副院长（挂职）、教授、博士生导师）：编写并修改第一、三、十七章；

张泽涛（法学博士，广州大学法学院院长、教授）：编写第二、十一章，修改第二章；

陶杨（法学博士，北京交通大学法学院副院长、教授）：修改第四、七、八、九、十、十一、十二、十三、十四章；

程捷（法学博士，中国社会科学院大学政法学院副教授）：编写第二十四、二十五、二十六、二十七章，修改第二十一、二十二、二十三、二十四、二十六、二十七章。

本书各位作者（修订者）对相关章节内容修订后，由我和陶杨同志对全书进行了统改定稿。由于我们的水平有限，谬误之处在所难免，敬请读者和各位同仁批评指正。

王新清

2019年6月11日

编写说明

本书是根据教育部高等教育司提出的规范刑事诉讼法教学规格、提高教学质量的基本要求而编写的中国人民大学21世纪法学系列教材之一。

我们在编写过程中力求以马列主义、毛泽东思想和邓小平理论为指导，以我国现行的刑事诉讼法为依据，紧密联系我国司法实际，正确地阐述刑事诉讼法学的基本原理、基本概念和基础知识，注重内容的思想性、科学性、系统性、实用性和相对稳定性，具有与刑事诉讼法学发展相适应的科学水平。本书是大学本科法学专业师生必备的教材。

作者简介及写作分工如下：

程荣斌，中国人民大学法学院教授、博士生导师（第九章、第十章）；

甄　贞，中国人民大学法学院副教授、在职博士研究生（第六章、第十八章、第十九章、第二十章）；

王新清，中国人民大学法学院副教授、在职博士研究生（第五章、第二十四章）；

周宝峰，内蒙古大学法律系系主任、副教授（第十五章、第十六章）；

郝银钟，中国人民大学法学院博士研究生（第一章、第三章、第十七章）；

翟雪梅，中国人民大学法学院在职博士研究生（第四章、第八章、第十四章）；

李洪江，中国人民大学法学院博士研究生（第七章、第十二章、第十三章、第二十三章、第二十五章）；

张泽涛，中国人民大学法学院在职博士研究生（第二章、第十一章）；

谢光永，中国人民大学法学院在职博士研究生（第二十一章、第二十二章）。

我们尽管力求使这本教材的质量更好一些，但是不足之处在所难免，希望读者批评指正，以便再版时修正。

编著者

1999年5月

目　录

第一编　基础理论

第二编　制度论

第三编　普通程序论

第四编 特别程序论

第一编

基础理论

第一章

概　述

本章概要

本章着重阐述诉讼、刑事诉讼、刑事诉讼法的概念和特点，刑事诉讼与民事诉讼、行政诉讼的区别与联系，刑事诉讼法与民事诉讼法、行政诉讼法的关系。同时还阐述刑事诉讼法的法律渊源、国际人权公约中刑事司法准则的积极意义、刑事诉讼法学的研究对象和研究方法以及审判独立、司法公正、控制犯罪与保障人权相结合、控审分离、控辩平等、诉讼效率等刑事诉讼法学研究的基本问题。

关键术语

刑事诉讼　刑事诉讼法　刑事诉讼法学　审判独立　控制犯罪　保障人权　司法公正　诉讼效率

第一节　刑事诉讼法

一、刑事诉讼的概念

诉讼是人类社会制止和解决社会冲突的主要手段。在西方人的法观念中，诉讼是指法庭处理案件与纠纷的活动过程或程序；在中国人的法观念中，“诉讼”一词是由“诉”和“讼”两个字组成的，“诉”的意思是告诉、告发、控告，“讼”的意思是争或争辩，所谓争辩曲直为讼。因此，在一般意义上，诉讼就是指讼争的一方即原告向法庭提出告诉或主张，由法庭通过审理来解决双方争讼的活动。由此可见，诉讼的构成必须具备被告、原告和法庭等基本条件。同时，根据马克思主义法学的基本观点，诉讼是阶级社会特有的现象。显然，原始社会没有诉讼。在原始社会中，由于没有阶级，人们之间的争端与纠纷，无须通过诉讼的方式来处理，当事人自己按照传统的习惯就可解决。当人类进入阶级社会以后，传统的习俗、部落首领的威望等因素已经远远不能作为解决社会冲突的主要手段，只能依靠国家的强制力，按照已经上升为统治阶级意志的法律制度来解决社会中出现的争端与纠纷。所以，诉讼是国家行为的重要组成部分，是国家实施法律的一种活动。国家授权一定的机关，通过诉讼，查明案件与纠纷的事实真相，应用法律，解决争端，以维护统治秩序及国家利益。在本质意义上，诉讼是统治阶级行使国家司法权的重要活动，是维护国家政权的重要方式，具有鲜明的国家强制性。

根据诉讼所要解决的实体问题的不同和诉讼形式的差异，诉讼一般分为刑事诉讼、民事诉讼和行政诉讼三种。这三种诉讼既有共同点，也存在重要差别。上述三种诉讼的共同点主要表现为：其一，诉讼之所以会发生，是因为存在可以通过诉讼加以解决的某种事实，反之，诉讼不会发生。其二，诉讼必须有当事人的介入。一方当事人作为原告向国家的司法机关提出控告，另一方当事人作为被告应国家司法机关的通知应诉，诉讼方能成立。其三，诉讼必须在国家司法机关的主持下进行，没有国家司法机关的参与也就没有诉讼。其四，诉讼一般还需要有其他诉讼参与人参加，这是保障任何诉讼活动顺利进行的条件之一。其五，诉讼应当严格依照法律的规定进行。诉讼活动是一种法律行为，必须受到国家法律的约束和规范。这是任何诉讼活动的共同特点。

刑事诉讼、民事诉讼和行政诉讼之间最明显、最主要的差别，在于这三种诉讼所要解决的实体问题不同，所依据的实体法律也不同。刑事诉讼所要解决的实体问题是犯罪和刑罚问题，核心是被告人的刑事责任问题。民事诉讼和行政诉讼所解决的问题则与此无关。刑事诉讼所依据的实体法是规定犯罪与刑罚的国家刑事法律，而民事诉讼与行政诉讼所依据的实体法是规定财产关系、人身关系等方面内容的民事法律和调整行政关系的国家行政法律。刑事诉讼同诉讼的关系在逻辑上是种属关系。刑事诉讼除了具有诉讼的共同特征以外，还有其特定的含义，即刑事诉讼是指国家司法机关在当事人和其他诉讼参与人的参加下，依照法定的诉讼程序，处理刑事案件的全部活动。刑事诉讼具有广义与狭义之分。广义的刑事诉讼是指法院的审判、公诉机关的起诉和侦查机关的侦查等一系列诉讼活动的总称；狭义的刑事诉讼仅指法院的审判活动，不包括审判前的立案侦查和审查起诉程序以及生效裁判的执行程序。外国刑事诉讼理论一般采用狭义的解释，中国刑事诉讼理论则采用广义的解释。

正确理解刑事诉讼的概念，还应当注意把握刑事诉讼的下列特点。

首先，刑事诉讼是一种国家活动，是国家机关行使国家刑罚权的活动。这是因为刑事诉讼是由专门的国家司法机关进行的；刑事诉讼中的侦查权、检察权和审判权是国家权力的具体体现；刑事诉讼是依照体现国家意志的法律进行的；刑事诉讼是以国家强制力为保证的。刑事诉讼的这些特点，把刑事诉讼与个人行为区别开来。人类社会由原始的同态复仇转向通过刑事诉讼解决犯罪和刑事责任问题，标志着人类从愚昧向文明的质的飞跃。

其次，刑事诉讼具有特定的任务，即通过刑事诉讼揭露犯罪、证实犯罪，追究犯罪人的刑事责任，控制犯罪人，保障无辜的人不受刑事追究。刑事诉讼所要解决的主要问题，就是犯罪嫌疑人、被告人的刑事责任问题。只要存在犯罪事实，依照刑法需要追究行为人的刑事责任，国家司法机关就应当主动追究，刑事诉讼就可以开始，并继续下去；如果不存在犯罪事实，或虽有犯罪事实，但不需要追究刑事责任，就不能开始刑事诉讼或者再继续进行刑事诉讼。在已经开始进行的刑事诉讼中，一旦发现犯罪嫌疑人、被告人的行为不构成犯罪，或者是具有依法不应当追究刑事责任的情形，就应当撤销案件，或者不起诉，或者宣告无罪，或者终止刑事诉讼。因此，刑事诉讼还承担着保障人权的重要诉讼职能。

再次，刑事诉讼是在当事人和其他诉讼参与人的参加下进行的，尤其是当事人是刑事诉讼不可缺少的诉讼主体。这一特点决定了刑事诉讼的公开性和民主性。所谓公开性，最直接的含义是要让当事人知悉诉讼的进程，当事人不能在对诉讼过程毫不了解的情况下接受诉讼的裁决。所谓民主性，就是允许当事人充分陈述事实和理由，法官只不过是在当事人充分陈述的基础上进行裁决。民主性的另一个要求就是兼听，民主性是当事人服从诉讼结果，接受诉讼结果的必要条件。刑事诉讼的公开性和民主性显然离不开当事人和其他诉讼参与人的参加。

最后，刑事诉讼是依照法定的诉讼程序进行的。国家司法机关进行刑事诉讼必须依照法律规定分阶段循序渐进地进行，而不能任意取舍或超越诉讼阶段。强调依照法定程序办案，对于保证当事人和其他诉讼参与人的合法权益，防止国家司法机关主观擅断、滥用职权，保证刑事案件的质量具有十分重要的意义。所以，美国大法官威廉姆·道格拉斯认为：权利法案的大多数规定都是程序性条款，这一事实不是毫无意义的，正是程序决定了法治和恣意的人治之间的基本区别。因此，刑事诉讼是维护国家法制统一的重要活动。

二、刑事诉讼阶段的概念和划分标准

刑事诉讼阶段，是指刑事诉讼过程中按顺序进行的相对独立而又互相联系的各个部分。刑事诉讼是一种程序性活动，必须按照法定的顺序、程序、步骤来解决犯罪嫌疑人、被告人的刑事责任问题，这一过程包含着若干个相对独立而又相互联系的环节，这些不同的诉讼环节即为刑事诉讼阶段。划分各个诉讼阶段的标准主要包括：参与诉讼活动的诉讼主体的范围；诉讼主体实施诉讼行为的方式；诉讼主体之间的诉讼法律关系的特征；特定诉讼活动的阶段性目标；以及标志某一诉讼环节终止的诉讼法律文书。现代刑事诉讼程序基本上可划分为侦查、起诉、审判和执行等诉讼阶段，其中各个诉讼阶段又可包含若干子阶段。中国刑事诉讼法将公诉案件分为立案、侦查、调查、起诉、审判、执行五个阶段。此外，还有两个特殊阶段，即对判处死刑案件的复核和依照审判监督程序对判决、裁定已经发生法律效力的案件的再审。

刑事诉讼阶段与各个具体的诉讼程序既有联系，又有区别。诉讼阶段指的是在处理案件的全部过程中，为实现某项具体的、直接的任务而进行诉讼活动的那部分具有相对独立性的过程。各个具体的诉讼程序指的是在每个诉讼阶段进行一定的诉讼行为所应当遵循的方式、方法和步骤。诉讼程序受诉讼阶段制约，在什么样的诉讼阶段便相应采用什么样的诉讼程序。刑事诉讼阶段的合理划分，是刑事诉讼目的得以顺利实现的保障。国家专门机关之间进行刑事诉讼必须严格依照诉讼阶段的划分，依次有序地进行下去，不得随意超越或包办。否则，就会导致各个诉讼阶段的任务难以顺利实现，进而将对整个刑事诉讼目的的实现带来消极影响。

在如何处理诉讼阶段之间的关系问题上，法学界存在所谓的“审判中心论”和“诉讼阶段论”之争。前者将刑事审判阶段作为整个刑事诉讼的中心。侦查、起诉等审前程序往往被视为审判程序开启的准备阶段，只有在审判阶段才最终解决被告人的刑事责任问题，实现对诉讼参与人合法权益的保护。后者则将侦查、起诉和审判作为平行的三个阶段，认为这些阶段对刑事诉讼目的的实现起到同等重要的作用，其诉讼地位不存在高低之分。在国际社会，审判中心论占据主导地位。

三、刑事诉讼法的概念

刑事诉讼法是国家的基本部门法之一，是国家的统治阶级按照自己的意志制定和认可的有关刑事诉讼程序的法律规范及判例的总称。其中，判例作为刑事诉讼法的法律渊源，往往存在于实行判例法的国家。在中国，刑事诉讼法是指国家公安机关（包含国家安全机关）、人民检察院、人民法院及诉讼参与人进行刑事诉讼所必须遵守的法律规范。刑事诉讼法是程序法，具体规定了国家专门机关处理刑事案件的职权范围，应当遵守的基本原则和制度，当事人和其他诉讼参与人的诉讼权利与义务，以及处理刑事案件的立案、侦查、调查、起诉、审判和执行等具体诉讼程序与诉讼制度。

刑事诉讼法在外延上也有广义和狭义之分。狭义的刑事诉讼法仅指统一的刑事诉讼法典，在中国是指1979年7月1日第五届全国人民代表大会第二次会议通过，经1996年、2012年和2018年三次修正的《中华人民共和国刑事诉讼法》。而广义的刑事诉讼法的范围因各国的具体情况不同而有异。在中国，广义的刑事诉讼法除了刑事诉讼法典之外，还包括下列内容：（1）单行的刑事诉讼法规、条例。这些单行的刑事诉讼法规、条例的共同特点是其只对刑事诉讼中的某一个或某些专门问题进行规定，而不规定刑事诉讼中的所有问题。（2）其他法律、法规、条例中有关刑事诉讼程序的规范，如宪法、人民法院组织法、人民检察院组织法、律师法中有关刑事诉讼活动的规定。这类刑事诉讼规范的特点是，不能形成一个完整的刑事诉讼规范体系，而只是散见于有关的法律、法规和条例中。

最高人民法院、最高人民检察院、公安部、司法部等对具体应用刑事诉讼法所作的解释、规定和批复，虽然不是法律，但对刑事诉讼活动有重要的规范作用，在刑事诉讼中也需要遵守。

四、刑事诉讼法与民事诉讼法、行政诉讼法的异同

（一）刑事诉讼法与民事诉讼法

刑事诉讼法与民事诉讼法同属于程序法，都是进行诉讼活动应当遵守的法律规范，二者有许多共同适用的原则和制度。这些原则和制度主要是指人民法院行使国家审判权时应当遵守的法律原则和制度，如人民法院独立行使审判权原则、公民在适用法律上一律平等原则、使用本民族语言文字进行诉讼原则、审判公开原则以及回避制度、基本审级制度等。民事诉讼法是保证民法正确实施的法律，其所要解决的是当事人之间民事权利义务的纠纷与争议的问题，因此，其与刑事诉讼法在规定的诉讼原则、形式和程序等方面又有诸多区别。如刑事诉讼多数由检察机关行使起诉权，民事诉讼则由直接利害关系人行使起诉权；刑事诉讼实行国家干预原则，民事诉讼实行当事人处分原则。另外，二者在证明责任的划分、证明标准的要求、诉讼阶段等方面，都有许多区别。

（二）刑事诉讼法与行政诉讼法

行政诉讼法也是程序法，具有程序法的一般特点，与刑事诉讼法有许多相同的原则、制度和程序。行政诉讼法是规定司法机关处理行政案件的法律，所要解决的是维护和监督行政机关依法行政，保护公民和法人组织的合法权益问题，具有很多不同于刑事诉讼法的特点。如刑事诉讼依法由公、检、法三机关进行，而行政诉讼只能由人民法院进行；在刑事诉讼中，犯罪嫌疑人、被告人一般不负举证责任，而在行政诉讼中由被告一方负举证责任；刑事诉讼解决的是被告人的行为是否构成犯罪、应否给予刑事惩罚和给予什么惩罚的问题，而行政诉讼所解决的问题是国家行政机关与公民、法人之间的行政纠纷，并不是犯罪方面的问题，刑事责任与行政

责任存在重大差别。

五、刑事诉讼法的性质

（一）刑事诉讼法是国家的基本法律

刑事诉讼法在国家的法律体系中占有重要的地位，属于基本法律的范畴。人类社会只要有犯罪现象存在，就必然要有追究犯罪和控制犯罪的刑事诉讼活动存在。在倡导公力救助的时代，刑事诉讼对于恢复被犯罪破坏的法律秩序具有不可替代的作用。因此，任何一个国家在构建其法律体系的时候，都把刑事诉讼法放在重要的地位。同时，由于刑事诉讼作为一种国家活动，涉及国家与公民之间的关系，涉及宪法所规定的公民政治权利、人身权利和财产权利，故刑事诉讼法作为调整国家与公民关系的法律，具有其独特的法律价值。正是基于这一点，许多国家都将刑事诉讼中的一些重大原则，如司法独立、无罪推定、审判公开、保障被告人的辩护权等，在宪法中作了明确规定。因此，在现代法治社会，刑事诉讼法始终被称为法治国之大宪章、宪法的测震仪或应用之宪法，堪称人权保障的大宪章。

我国社会主义的立法进程，也充分说明了刑事诉讼法在我国社会主义法律体系中的重要地位。在新中国成立之初，继宪法颁布之后，刑事诉讼法便被纳入了国家的第一批立法规划。“文化大革命”结束后，国家百业待兴，社会主义民主和法制的建立和完善迫切需要一个完整的、科学的法律体系，而作为这个法律体系中重要组成部分的刑事诉讼法，在国家制定和颁布的第一批法律中占有重要地位。

（二）刑事诉讼法是程序法

根据法律的内容，国家的法律大体上可分为实体法与程序法两大类。刑事诉讼法是规定犯罪案件应当怎样处理、刑事诉讼应当怎样进行的法律，因而属于程序法。作为刑事诉讼活动的行为主体，专门机关和诉讼参与人，在诉讼活动中应该做什么、不应该做什么、应当享有哪些诉讼权利、应当履行哪些诉讼义务等，形成一系列比较复杂的刑事诉讼法律关系。刑事诉讼法将这些复杂的刑事诉讼法律关系规定下来，成为每一个诉讼主体的行为规则。任何一个专门机关及其案件承办人，任何一个诉讼参与人，都不得违反。否则，就不能保证刑事诉讼的正确进行，甚至会导致不良的法律后果，形成冤假错案，无法实现刑事诉讼的任务。

程序法相对于实体法而存在。实体法是规定实体性权利、义务的法律，程序法是规定程序性权利、义务的法律。刑事诉讼法、民事诉讼法、行政诉讼法均属于程序法，刑法、民法、行政法等都属于实体法。程序法是保证实体法贯彻实施的，二者相互依存、密不可分、缺一不可。

（三）刑事诉讼法的社会共同性

各国刑事诉讼法在历史的发展过程中都形成了本国特色，世界范围内也形成了不同法系、不同模式的刑事诉讼法。但是，刑事诉讼法也有其社会共同性。各国刑事诉讼法中都包含了一些基于刑事诉讼的客观规律而产生的内容。刑事诉讼的具体程序、制度和规则，均蕴涵着某些具有客观规律性的东西。因为在追究犯罪、控制犯罪的活动中，如何准确地认定案件事实、正确地适用法律，反映了认识规律的客观要求，当然也与科学技术、文明成果关系甚大。例如，在诉讼中普遍要求听取原告、被告双方的意见，这不仅是现代诉讼的做法，也是奴隶制、封建制诉讼中已经注意到的问题。刑事诉讼程序一般分为侦查、起诉、一审、上诉审等程序，法庭审判通常要先调查事实再进行辩论，然后作出裁判，这些都是诉讼规律的反映，也是办案规程的基本要求。对犯罪现场、尸体、人身伤痕进行勘验、检查的程序，显然涉及科学技术的应用问题，也是认识规律的反映。

实际上，正像人类认识其他任何事物一样，人们对刑事诉讼的认识也有一个发展和不断完善的过程。在这一过程中，存在着一条由蒙昧到文明的轨迹。前人通过不断摸索，总结出了一些共同的带有规律性的东西，如审判独立、无罪推定、审判公开、控审分离等，这些都是人类社会的共同文明成果，是具有世界意义的优秀诉讼文化，而不是某一阶级或某一社会形态的专利品。

第二节 刑事诉讼法的法律渊源

一、宪法

宪法是国家的根本大法，具有最高的法律效力，是一切法律、法规的法律渊源。刑事诉讼法是国家的基本法律之一，制定刑事诉讼法必须以宪法为根据。刑事诉讼法的所有规定，从目的、任务、基本原则到基本程序、制度，都必须符合宪法的有关规定，而不能同宪法规定的精神相抵触。否则，就要失去法律效力。

刑事诉讼法是宪法有关规定的具体化，是保证宪法有关规定具体实施的规范，刑事诉讼法的全部内容都体现了宪法的基本精神。例如，宪法规定被告人有权获得辩护，刑事诉讼法就具体规定了被告人怎样行使辩护权，以及辩护人的种类、辩护人的权利义务、法律援助制度等。

二、刑事诉讼法典

《中华人民共和国刑事诉讼法》（以下简称《刑事诉讼法》）是刑事诉讼法的主要法律渊源，是进行刑事诉讼的主要法律依据。我国现行的《刑事诉讼法》全面系统地规定了刑事诉讼的目的、基本原则、具体制度、基本程序和特别程序，共5编308条。

三、其他有关法律

国家立法机关制定的其他法律中有关刑事诉讼程序的规定，也是刑事诉讼法的法律渊源之一。例如，《中华人民共和国律师法》《中华人民共和国法官法》《中华人民共和国检察官法》《中华人民共和国人民警察法》《中华人民共和国人民法院组织法》《中华人民共和国人民检察院组织法》等。

四、国际条约

国际条约是国际法主体（主要指主权国家）之间缔结的有关相互权利义务关系的书面协

议。国际条约具有法律的属性，其作为国内法的法律渊源，必须经过国家权力机关的认可。按照国际通行的惯例，签约国只要没有声明对条约内容的保留，经权力机关认可后，该条约就成为该成员国必须遵守的行为准则，成为该国正式的法律渊源。

自 20 世纪 80 年代以来，中国陆续缔结和参加了许多具有刑事诉讼程序条款的国际公约，这使中国承担了必须履行的相应的国际义务。我国全国人大常委会于 1987 年通过了《关于对中华人民共和国缔结或者参加的国际条约所规定的罪行行使刑事管辖权的决定》，要求对中国缔结和参加的这类国际公约承担国际义务，行使相应的刑事管辖权。这一决议为中国对违反国际法的罪行和普通犯罪进行管辖奠定了法律基础。

第三节 刑事诉讼法学

一、刑事诉讼法学的研究对象

刑事诉讼法学是研究刑事诉讼现象、规律和刑事诉讼法律的科学，是法学体系中一个独立的分支学科，有其特定的研究对象。刑事诉讼法学的研究对象可概括为以下四个方面：

（一）刑事诉讼法律规范

刑事诉讼法学首先要全面、系统地研究刑事诉讼法律规范及规范体系，着力阐释刑事诉讼法律规范所蕴涵的客观规律、立法原意及价值追求。这种研究包括对刑事诉讼法律规范的实然性和应然性研究。实然性研究的对象，是现行有效的广义的刑事诉讼法，包括刑事诉讼法典、权力机关制定的与刑事诉讼有关的法律、法规及司法机关的司法解释等。实然性研究应当科学、准确地阐明刑事诉讼法律条文的含义，全面完整地理解和掌握刑事诉讼法典各个部分之间的联系、法典与其他有关刑事诉讼法律规范之间的联系，以及深入研究其制定的人文背景和社会环境、立法依据等相关的问题。应然性研究的对象，是理想中的刑事诉讼法。对刑事诉讼法进行应然性研究，是基于社会生活和司法实践的丰富性和不断发展的需要。它从刑事诉讼实际情况出发，通过对现行刑事诉讼法律规范中存在的问题进行分析，根据刑事诉讼目的和社会发展的客观要求，依据对于法律规范的逻辑结构的阐释和语义分析，参照一些具有世界意义的、能够反映诉讼规律的优秀诉讼文化，提出对现行刑事诉讼法进行修改、完善的对策性建议。

（二）刑事诉讼基本理论

传统的刑事诉讼法学研究，比较偏重于对刑事诉讼法律规范的语义诠释，而不太注重刑事诉讼基础理论体系的构建和创新，以至于刑事诉讼理论研究往往停留在低水平的重复式循环论证状态。其实，刑事诉讼法学作为一门学科，有着广阔的研究领域。阐释刑事诉讼法律规范的逻辑结构及语义含义，仅是刑事诉讼法学研究的第一台阶；分析刑事诉讼法律规范的内在缺陷并提出应该如何补充、修改，也只属于刑事诉讼法学研究的第二台阶；而刑事诉讼法理学，则是刑事诉讼法学研究的第三台阶，这正是刑事诉讼理论推陈出新的必经之路，更是刑事诉讼法学研究的重中之重，也是中国刑事诉讼法学摆脱幼稚走向自信的必然选择。刑事诉讼理论研究需要开拓的领域十分广阔，诸如刑事诉讼结构理论、刑事诉讼社会学理论、刑事诉讼哲学、刑事诉讼文化学、刑事诉讼主体理论、刑事诉讼职能与法律关系理论、司法人权保障理论、被害人学、程序正义理论等，都有待进一步深化和创新。因此，在一定程度上，我国刑事诉讼法学研究尚处于起步阶段。

（三）刑事诉讼实务

刑事诉讼法学属于应用型学科，是实践性极强的部门法学。因此，刑事诉讼法学研究的课题离不开刑事诉讼实践中出现的问题。要深入研究刑事诉讼法律规范在适用和实施过程中出现的新情况、新问题，不断寻找解决现实问题的新方法，不断总结刑事诉讼实务中的经验和教训，为健全刑事诉讼法律制度提供实证依据，也为刑事诉讼法学研究寻找科学的理论切入点和新的理论生长点。

（四）古今中外的刑事诉讼制度及其实践

刑事诉讼法学作为一门独立的学科，有自己的理论体系和发展历史。由于当代所有刑事诉讼制度，都是历史上的刑事诉讼制度的存续和变革的产物，因而充分把握刑事诉讼制度发展的历史脉络，有助于深刻地认识现存刑事诉讼制度的内在精神实质。在刑事诉讼法学漫长的历史发展中，对刑事诉讼目的、刑事诉讼结构、刑事诉讼基本原则、刑事证据制度等重大理论问题，历来众说纷纭。这些理论学说是人类社会长期以来对刑事诉讼的性质及发展规律的高度概括，是由感性认识上升到理性认识的成果。我们只有在充分掌握这些刑事诉讼法学历史文化遗产的基础上，通过对古今中外刑事诉讼制度的比较研究，才有可能进一步提高认识刑事诉讼客观发展规律的能力，使刑事诉讼法学理论研究不断迈向新的境界。

二、刑事诉讼法学的研究方法

研究刑事诉讼法学和研究其他社会科学一样，要以马克思主义哲学方法为指导。辩证唯物主义和历史唯物主义是科学的世界观，是我国社会科学研究的一般方法，当然也是刑事诉讼法学研究的根本方法。在马克思主义唯物辩证法的科学指导之下，结合刑事诉讼法学研究的具体特点和实际情况，刑事诉讼法学研究也有自身独特的方法。

（一）分析和比较的方法

分析和比较的方法是研究刑事诉讼法学经常采用的方法。所谓分析法律，实质上就是对法律进行阐述和解释。一般而言，法律无论规定得多么详细具体，但与丰富多彩的现实生活比较起来，还是概括性的。所以，要准确地理解和实施法律，就离不开对法律的阐释。刑事诉讼法学研究的一个重要方面就是对现行刑事诉讼法律规范进行分析阐释。比较的方法是刑事诉讼法学研究重要的、最常用的方法。世界各国的刑事诉讼法律制度各有特色，英美法系与大陆法系不同，各个法系内部国家的刑事诉讼制度也有差异，但世界各国的刑事诉讼法律制度又具有共同的原理、原则。刑事诉讼法学通过对不同国家的刑事诉讼法和不同时期的刑事诉讼法进行比较研究，从中剖析是非优劣，评述利弊得失，以便吸取经验教训，更好地获得规律性认识，从整体上不断推动刑事诉讼法学健康发展。

（二）历史分析的方法

历史分析的方法也是刑事诉讼法学研究经常采用的方法。刑事诉讼法不是从来就有的，而是在一定的历史条件下产生，并随着社会的发展而不断发展。因此，研究刑事诉讼法就应当把刑事诉讼法现象放置到当时的历史环境中去考察，而不能脱离特定的历史背景。我们只有用历史分析的方法，才能合理地解释不同的社会制度下的刑事诉讼法的不同特征，才能合理地阐释相同社会制度下不同国家的刑事诉讼法律制度的不同特色，才能在研究中得出正确的结论。

（三）理论联系实际的方法

刑事诉讼法学研究必须坚持理论联系实际，既要反对只停留在感性认识的经验主义，也不赞成严重脱离实际的教条式的文字游戏。在研究刑事诉讼法学的任何理论时，都不能离开其产生的客观条件。各国的具体情况各不相同，刑事诉讼法学研究只有坚持从中国的具体情况出发，才能得出合理的、符合实际的结论。理论上的相互借鉴是必要的，比较的目的就是相互借鉴。但这种借鉴并不是照搬别国的理论，而是吸收有益的、适合中国具体情况的刑事诉讼法学理论，借鉴行之有效的研究方法，以大力促进中国刑事诉讼法学理论研究。

（四）价值分析的方法

在刑事诉讼法学研究中，运用价值分析的方法，是指通过分析刑事诉讼程序的利益、价值和目的，来研究刑事诉讼程序及程序模式。刑事司法作为一项社会控制工程，其目的是保障特定的社会利益。由于利益价值需要产生目标体系并最终决定行为方式，社会的利益要求不同，其保护手段即刑事司法制度的模式也就不同。因此，分析特定的利益关系，把握驱动刑事司法运行并决定运行方式的利益价值机制，能够从根本上把握刑事司法的设计与操作思想，从而高屋建瓴地考虑诉讼手段与模式的选择及诉讼制度的发展完善。在具体的分析研究中，要注意运用利益、价值的权衡方法。刑事诉讼中涉及的利益是多元的，而且彼此间既是统一的，又是矛盾的，这种相互间的矛盾和冲突，要求我们善于权衡利弊，不断调整刑事诉讼的价值模式，力求以有限的资源投入获得更大的、更符合社会需要、适应社会发展的司法效益。

（五）经济分析的方法

经济分析的方法是近年来发展起来的一种新的法学研究方法，主要是运用经济学的方法和理论，而且主要是运用价格理论或称微观经济学，以及运用福利经济学、公共选择理论及其他有关实证和规范方法考察、研究法律和法律制度的形成、结构、过程、效果、效率及未来发展等，涉及的内容比较广泛。在刑事诉讼法学研究中，主要应从立法和司法成本的角度对刑事诉讼法进行分析，以最小可能的资源花费来实现刑事诉讼的预期目的。在此之前，人们往往更加关注刑事诉讼法的正义、公平、合理等较为抽象的价值，而忽略了对其经济成本的分析。作为调整刑事诉讼法律关系的法律，刑事诉讼法的立法和实施必须考虑其经济成本，应该注重在刑事诉讼法实施的实际效果和其成本之间作出理性的利益比较和权衡。另外，经济分析的方法还揭示：降低法律成本的最好方法就是法律必须具有权威性，并且相应地要求国家必须制定完善的、健全的法律制度。这对我国刑事诉讼立法及司法的完善，都具有一定的指导意义。

第四节　刑事诉讼法学的若干基本理念

一、审判独立

审判独立是我国宪法确立的刑事诉讼基本原则，也是国际社会普遍认同和确立的刑事司法基本准则，是刑事法治的理论基石。

在西方国家，审判独立被称为司法独立。从制度史学的角度分析，司法独立主要源于资产阶级启蒙思想提出的三权分立的国家学说，即国家公共权力分为立法权、行政权、司法权，分别由议会、总统（或内阁）、法院独立行使，彼此分立，相互制衡。18世纪法国启蒙思想家孟德斯鸠在其名著《论法的精神》中指出："如果司法权不与立法权和行政权分立，自由也就不存在了。如果司法权与立法权合二为一，则将对公民的生命和自由施加专断的权力，因为法官就是立法者。如果司法权同行政权合二为一，法官将握有压迫者的力量。"孟德斯鸠提出的三权分立学说为西方国家确立司法独立原则奠定了理论基础。资产阶级革命取得胜利之后，西方各国纷纷在各自的宪法中确立了司法独立原则，并逐步演化成为西方国家公认的重要司法原则。

从理论上说，审判独立一般包含两层含义：一是指国家审判权相对于其他国家公共权力是独立的，法院依法独立行使审判权，不受其他权力和组织的干预；二是指法官在审理案件时，只依照法律独立对案件作出判断，不受外界任何组织和个人的干预。卡尔·马克思曾经说过，法官是法律世界的国王，法官除了法律没有别的上司。由此可见，审判独立原则内含如下三个规则：一是审判权的专属性规则。即国家的审判权只能由国家的审判机关行使，其他任何机关都不得代为行使。二是行使审判权的独立自主性规则。即法官独立行使审判权，只服从法律，不受外界任何机关、团体和个人的干预、影响和控制。三是行使审判权的合法性规则。即审判机关在行使国家审判权时，必须服从宪法和法律。上述三个法律规则作为一个整体，共同构成了审判独立原则的基本标准和要求。

国外有学者将审判独立概括为八大方面：独立于国家和社会间的各种势力；独立于上级官署；独立于政府；独立于议会；独立于政党；独立于新闻舆论；独立于国民时尚与时好；独立于自我偏好、偏见与激情。实际上，西方国家的司法机构并非完全独立，其基本职能也是为其政治制度服务的，所谓"司法独立""法官不党"只不过是一种表象而已。

在不同的国家，审判独立有不同的表现形式。在我国，审判独立表现为人民法院依照法律规定独立行使审判权，不受行政机关、社会团体和个人的干涉。

二、司法公正

对司法制度而言，公正性始终带有根本性。因此，司法公正是司法制度的灵魂和生命。或者说，司法公正是评价和构建司法制度的首要价值标准。

从历史发展的角度来分析，人类社会司法制度不断演进的过程，主要表现为国家司法逐步走向公正的历程。所谓司法公正，就是指国家司法机关依法进行司法活动，应当充分体现公正性和合理性，维护社会公平正义，真正做到有法必依、执法必严、违法必究，不折不扣地贯彻落实现行法所设定的相关内容和价值标准。

司法公正包括实体公正和程序公正两个方面。实体公正，是要求国家司法机关的所有诉讼活动都必须以事实为根据，以实体法律为准绳，最终要使合法的权益受到保护，违法行为受到追究，维护和实现社会公平正义。这是国家司法活动所追求的直接目标，也是司法制度合理存在的价值基础之一。程序公正是指司法过程中程序自身的公正性。在司法过程中，从立案到审理再到判决，有一套完整的司法程序。这一司法程序可以分成三个部分：一是立案。符合立案条件的都应该立案，立案条件有规定，必须严格按规定办理；二是审理。对案件的审理主要是对控辩双方提供的证据进行去伪存真，将证据组成一条符合逻辑的证据链，以还原案件的真相；三是判决。法官根据审理过程获得的证据链，依据适用法律进行判决。司法过程的每个环节，为了体现公开公平公正的原则，事先都进行了具体的程序设置，审理过程判决过程都有具体的程序设置，辩护律师根据程序设置，也参与了案件的整个审理过程和判决过程，进行维权辩护，为判决结果加了一道维护公正的防线。一般认为，程序公正是保证实体公正的前提，也是正确选择和适用法律，排除司法过程中的不当偏向，并体现法律正义的根本保障。

司法公正追求的基本价值，是司法改革的核心目标。始终坚持司法公正，反对司法不公和司法腐败，在当前形势下具有重要意义。

首先，司法公正是保障人民权利、实现社会正义的基本防线，是社会主义法治的最重要内容。一方面，在现代文明社会，司法是解决社会冲突的最终方式。当公民和法人的合法权益受到侵害，当弱者受到强者的欺凌，当社会的良知受到恶势力的践踏，被害人能够寻求的伸张正义的地方就是司法机关。司法机关是保护人民权利的重要屏障。另一方面，法治意味着法律的普遍适用和至高无上。法律平等地约束社会所有成员，但所有的法律必须经由公正的司法活动来贯彻实施。公正的司法，不仅在于惩恶扬善，弘扬法治精神，也是对民众遵纪守法的法治观念的教化，是对经济活动当事人高效有序地从事合法交易的规制。而司法不公，甚至司法腐败，不仅扭曲了是非，混淆了正义与邪恶，而且会造成民众对法律权威性的怀疑、不信任，甚至蔑视，法律虚无主义的观念由此滋生，社会主义法治建设的成果必将因此而遭受毁灭性的摧毁。

其次，司法公正是社会主义市场经济发展的重要条件。经济的增长、财富的创造取决于一个良好的法律环境，法律对经济的保障和规制都需要公正的司法来体现。司法公正，不仅使投资者和交易当事人充分享有法定的投资自由和交易自由，而且其合法权益能够得到司法的充分保障，这就会使人们产生投资信心、置产愿望和创业的动力，经济由此会得到繁荣和发展。

最后，司法公正是人民的真正期盼，是社会安定的基础。一方面，司法公正真正能够给予民众切实的安全感，使其对于经由正当途径获取的财富产生合理的期待；对于依法享有的人格尊严和人身自由的保障充满信心。这样，人们可以在法定范围内自由行动，整个社会的公正观念亦得以形成和强化。另一方面，司法公正能够维护民众对公共权力机关的信任，即使公民的权利受到来自行政机关及其工作人员的侵害，也可以通过公正的诉讼程序得到充分补偿。公民和政府之间的良好关系，也可以通过公正的司法来维系。尤其应该看到，当无辜的受害者、权利受侵害的当事人不能通过诉讼讨回正义和公道时，其很可能对法律和社会的公平与正义失望甚至绝望，并可能采取合法途径之外的方式自行解决冲突，从而危害社会秩序和稳定。所以，在我们这样一个改革的时代，当各种利益发生冲突、摩擦的时候，通过司法公正来保持社会安定，尤其重要。

总而言之，司法公正是对司法不公、司法腐败的摒弃，是对司法专横的否定。司法机关应当充分保障人民的合法权益，公正执法，杜绝司法不公和司法腐败，为建设社会主义法治国家作出贡献。

三、控制犯罪与保障人权相结合

一般认为，控制犯罪与保障人权是刑事诉讼目的不可分割的两个方面，并且必须保持两者的平衡和统一，片面强调任何一方面，都是违背刑事诉讼法的根本宗旨的。所谓控制犯罪，是指通过刑事诉讼程序，在准确、及时地查明案件事实真相的基础上，对构成犯罪的被告人公正适用刑法，以打击犯罪，实现国家刑罚权。所谓保障人权，是指通过刑事诉讼控制犯罪的过程，保障公民权利，特别是保障被告人、被害人及其他诉讼参与人的实体权利和程序性权利不受非法侵害。在刑事诉讼中保障人权，主要是指：其一，通过对犯罪人的及时惩处，保护一般公民的人身、财产等合法权益免受犯罪行为的侵犯；其二，在控制犯罪的同时保障无罪的人不受刑事追究；其三，保障包括犯罪嫌疑人、被告人、被害人在内的所有诉讼参与人的诉讼权利得到充分行使；其四，保障有罪的人受到公正的惩罚。

控制犯罪与保障人权之间的关系表现为既统一又对立。两者的统一性表现为，刑事诉讼的这两个直接目的共同处于刑事诉讼程序的统一体中，并贯穿始终，相互依存。一方面，正确控制犯罪与保障被害人权利以及无罪的人不受刑事追究是统一的。同时，正确控制犯罪也不能脱离程序性权利保障。如果在刑事诉讼中故意违反宪法和刑事诉讼法等法律规定的权利保障条款，不尊重诉讼参与人的诉讼权利，滥用司法权力，甚至直接或变相刑讯逼供、诱供等，大搞“宁枉毋纵”，势必会滋生大量冤假错案，国家法制就会遭到严重破坏，控制犯罪的目的也就难以实现。所以，控制犯罪绝不能忽视人权保障。另一方面，保障人权也不能脱离正确地控制犯罪。在某种意义上，控制犯罪的直接目的也是保障人权。犯罪是一种对国家和社会危害最大的违法行为，直接侵害公民的人身权利、财产权利和其他权利，危害国家安全、公共安全，破坏社会秩序。只有准确、及时、公正地打击犯罪，公民的基本权利才有可能得到有效保障。如果有罪不究、有罪不罚，保障人权就只是一句空话。故保障人权的诉讼目的，往往是通过对犯罪行为的准确惩治而达到的。相对保障人权来说，控制犯罪具有工具性价值。现代刑事诉讼法存在的价值基础之一，就在于能够确保刑法的贯彻实施以维护社会正义，实现保障人权的诉讼目的。当然，整个刑事诉讼的过程，一定是要在充分保障人权的基础上进行的。在刑事诉讼中，不但应当保护被害人的合法权益，而且更要保障被告人及其他诉讼参与人的合法权益免受非法侵害。这是诉讼制度民主化的必然要求。由此可见，作为刑事诉讼的目的，控制犯罪与保障人权应当是相互统一的。既不能只控制犯罪而不保障人权，也不能只强调保障人权而放弃控制犯罪的职责。两者和谐统一，正是现代刑事诉讼法内在精神的完美体现。

刑事诉讼目的中的控制犯罪与保障人权，也时常表现出对立性。通过刑事诉讼程序，实现刑事诉讼控制犯罪与保障人权的有机统一，是刑事诉讼法所追求的理想状态。但理想并不等于现实。在刑事诉讼实际运作过程中，控制犯罪与保障人权往往难于协调而出现冲突，在有些情况下甚至相互对立。这是由追求控制犯罪与保障人权所体现出的不同价值观导致的。诉讼价值观，是诉讼目的赖以形成的内在根据。不同的诉讼价值观，对刑事诉讼目的的冲突会作出不同的权衡。例如，英美法系国家崇尚个人自由，强调人权至上，提倡个人权利应当超越国家利益，故在刑事诉讼中比较偏重人权保障，整个刑事诉讼程序都采当事人主义。当控制犯罪与保障人权不能兼顾时，往往选择保障人权，这就是英美法系国家的刑事诉讼普遍确立“证据除外规则”的直接原因。而由于大陆法系国家比较注重国家和社会的总体利益，关注控制犯罪的诉讼效率，因而其刑事诉讼结构普遍采职权主义。当刑事诉讼的双重目的产生冲突的时候，控制犯罪往往成为社会的主导价值观。正是刑事诉讼目的的这种对立性，决定了刑事诉讼结构的多样性。当前，世界各国普遍注重保障人权，使刑事诉讼法不断朝着更加民主、科学、文明的方向发展。

四、控审分离

控审分离是现代刑事诉讼的重要原则和制度。控诉权与审判权实现彻底分离，是刑事诉讼内在规律的要求，是刑事诉讼民主化、科学化及文明进步的重要标志。这项原则的基本要求是控诉职能与审判职能分别由不同的主体承担，即法官不能同时兼任控诉人；未经起诉的事项，审判机关不得审判。从认识论的角度来看，控审分离使得通过审判这一再认识过程对侦查、起诉阶段形成的认识进行检验成为可能，有利于纠正认识中的错误，查明案件事实；从心理学的角度来看，控审分离可以避免一个主体兼具控诉、审判两种职能所导致的固执性及被追诉主体心理的不平衡，这种心理冲突与角色冲突会妨碍司法公正。如封建社会的纠问式诉讼制度，采取控审不分、司法与行政不分的集权专制主义诉讼结构，法官既是审理者，又行使控诉职能，同时还是行政长官，而被告人为诉讼客体，只是刑讯逼供的对象，无任何诉讼权利可言。这种野蛮黑暗的诉讼结构，由于完全违背了诉讼规律，故必然会造成冤狱遍地，最终为控审分离的诉讼结构所取代。

在控审分离的条件下，控诉成为审判的前提，同时也限定了审判的内容；审判程序是控诉的继续，但具有权威性作用和决定性影响。由此而产生两项诉讼原则：一是不告不理，即刑事诉讼必须经公诉人或自诉人提起，法官不得不告而审；二是起诉与审判对象的同一性原则，即起诉是审判的前提，法院审判的范围要受到起诉的制约，审判对象与起诉对象保持同一，法官一般不可脱离起诉之被告人、起诉之事实，另审被告人、另定事实。这两项诉讼原则都体现了控诉权和审判权必须由不同诉讼主体行使的职权原则。

五、控辩对等

控辩对等，是现代刑事诉讼程序的核心机制，也是程序正义的基本含义。这项原则主要包括两个方面的内容：其一，控辩双方在诉讼中的法律地位完全平等。即控诉一方与被告人一方都是诉讼主体，法律地位完全平等，不应存在谁高于谁的问题；法官在控辩双方的平等参与下，居中裁断，法官的职责之一就是在庭审中维护这种平等性的充分实现。只有控辩双方的法律地位完全平等，双方才能公正地进行对抗，法官才有可能保持中立，进而“兼听则明”，实现裁判的公正性。这是程序正义的基本要求。其二，控辩双方的诉讼权利相同或对应，即平等武装。诉讼权利相同是指，控辩双方享有同样的诉讼权利，如在庭审中，控辩双方都有提证权、质证权、上诉权等；相对应的诉讼权利是指，一方享有一种诉讼权利，而另一方享有与之相对应的诉讼权利，在立法上一定要保持各方在诉讼权利总量上的对等性。如在公诉案件庭审中，控方有权发表公诉词，而辩护一方有权发表辩护词；一方享有举证权，而另一方则有质证权；等等。因此，控辩对等已经成为衡量刑事诉讼程序是否具有公正性的基本标准。

六、诉讼效率

在当代社会，犯罪率呈现出日益上升的趋势，这使刑事司法系统面临的压力越来越大。如前所述，刑事诉讼的直接目的是控制犯罪与保障人权的有机统一。而实现刑事诉讼的目的，控制刑事犯罪，保障人权，维护法律秩序，保护社会安全，客观上需要国家投入大量的人力、物力、财力等诉讼成本，这就涉及诉讼过程的经济性问题。在司法资源有限，甚至稀缺的情况下，如何才能以较小的诉讼成本投入，最大限度地实现刑事诉讼的目的，获取较大的诉讼效益，这正是诉讼效率所关注的课题。所以，诉讼效率已经成为世界各国法律制度共同追求的重要价值目标之一。同时，诉讼效率也直接关系法律制度和司法体制机制是否科学、合理。

在刑事诉讼领域，诉讼效率的实现，必须依靠诉讼程序运作具有经济合理性和相应措施来保障。在一段时期内，无论是相对于国家还是相对于其他诉讼参与人来说，能够投入诉讼的人力、物力和财力都是有限的。刑事诉讼效率的目标，就是以尽量少的诉讼成本耗费来完成刑事诉讼的任务，并实现刑事诉讼所追求的基本价值。在经济学领域中，一般认为，下列三种措施是提高经济效率的基本途径：其一，多投入多产出，以实现经济效率极大化；其二，通过减少成本消耗，争取以最少的资源投入来实现经济效率的极大化；其三，投入的成本或资源不变，通过改进成本或资源的投入方式来达到经济效率极大化的目的。对于资源有限的刑事诉讼来说，后两种措施因比较符合经济合理性的客观要求，所以更具有参考价值。但是，追求刑事诉讼效率的最大化，不能简单地照搬某种模式，而应当与每个国家的具体情况相结合。

在一般情况下，刑事诉讼效率的提高，是通过科学地配置有限的司法资源及合理地设计刑事诉讼程序的手段来实现的。第二次世界大战以后，世界各国刑事诉讼程序的一个显著变化，就是简易程序和其他速决程序的运用范围逐步扩大。如英美法系国家普遍适用“辩诉交易”的方式结案，大大提高了刑事司法系统处理案件的能力；而大陆法系的法国、德国等，对轻微的刑事案件采用处刑命令程序，在短时间内以非正规程序予以处理，意大利等国也纷纷改采辩诉交易制度，极大地节省了大量的人力、物力。这类速决程序正是人类社会努力探寻刑事诉讼效率提高的有益尝试。

问题与思考

简答题

1. 什么是刑事诉讼？
2. 什么是刑事诉讼法？
3. 刑事诉讼法的法律渊源有哪些？
4. 为什么控制犯罪要与保障人权相结合？
5. 试论审判独立原则与司法公正的关系。
6. 试论控审分离原则。

7. 试论控辩对等原则。

8. 试论诉讼效率的重要性。

课堂讨论案例

某市公安局对一起涉黑犯罪进行侦查终结后，由人民检察院向中级人民法院提起公诉，指控被告人张某犯组织、领导黑社会性质组织罪、故意伤害罪、抢劫罪．一审法院经审理后认为检察机关的指控成立，但是对于张某是否应当判处死刑，合议庭各法官意见不一致，因此报请法院审判委员会决定。审判委员会因案件影响重大，专门对此案召开会议。经审判委员会委员讨论，也难以对此案达成一致意见，认为需要向省高级人民法院请示。省高级人民法院对此进行了讨论，并批复认为张某的犯罪事实清楚，证据确凿，并且社会影响极为恶劣，应当判处死刑。中级人民法院在收到省高级人民法院的批复后才对张某作出最后判决，对张某判处死刑。

请结合本章内容，思考下列问题：

1. 合议庭向审判委员会请示的行为是否有违刑事诉讼的基本法理？

2. 下级人民法院向上级人民法院请示的行为是否合法？上下级法院之间是否应当有行政隶属关系？中级人民法院是否一定要按照高级人民法院的批复作出裁判？

法律职业资格（司法）考试真题

1. 下列关于刑事诉讼程序中程序公正含义的表述哪一项不正确？（　　）（单选）

A. 诉讼参与人对诉讼能充分有效地参与

B. 程序违法能得到救济

C. 刑事诉讼程序能得到遵守

D. 刑事诉讼判决结果符合事实真相

2. 在刑事司法实践中坚持不偏不倚、不枉不纵、秉公执法原则，反映了我国刑事诉讼“惩罚犯罪与保障人权并重”的理论观点。如果有观点认为“司法机关注重发现案件真相的立足点是防止无辜者被错误定罪”，该观点属于下列哪一种学说？（　　）（单选）

A. 正当程序主义　　B. 形式真实发现主义

C. 积极实体真实主义　　D. 消极实体真实主义

3. 关于刑事诉讼价值的理解，下列哪一选项是错误的？（　　）（单选）

A. 公正在刑事诉讼价值中居于核心的地位

B. 通过刑事程序规范国家刑事司法权的行使，是秩序价值的重要内容

C. 效益价值属于刑事诉讼法的工具价值，而不属于刑事诉讼法的独立价值

D. 适用强制措施遵循比例原则是公正价值的应有之义

4. 社会主义法治公平正义的实现，应当高度重视程序的约束作用，避免法治活动的任意性和随意化。据此，下列哪一说法是正确的？（　　）（单选）

A. 程序公正是实体公正的保障，只要程序公正就能实现实体公正

B. 刑事程序的公开与透明有助于发挥程序的约束作用

C. 为实现程序的约束作用，违反法定程序收集的证据均应予以排除

D. 对复杂程度不同的案件进行程序上的繁简分流会限制程序的约束作用

5. 关于“宪法是静态的刑事诉讼法、刑事诉讼法是动态的宪法”，下列哪些选项是正确的？（　　）（多选）

A. 有关刑事诉讼的程序性条款，构成各国宪法中关于人权保障条款的核心

B. 刑事诉讼法关于强制措施的适用权限、条件、程序与辩护等规定，都直接体现了宪法关于公民人身、住宅、财产不受非法逮捕、搜查、扣押以及被告人有权获得辩护等规定的精神

C. 刑事诉讼法规范和限制了国家权力，保障了公民享有宪法规定的基本人权和自由

D. 宪法关于人权保障的条款，都要通过刑事诉讼法保证刑法的实施来实现

第二章
刑事诉讼法的历史发展

本章概要

人类社会的任何一种文明，都是前人经验的结晶，刑事诉讼制度也不例外。当今世界各国所奉行的刑事诉讼制度，是在吸收了奴隶制弹劾式诉讼与封建制纠问式诉讼中的合理因素后发展起来的。英美法系的当事人主义偏重于人权保障，以法、德两国为代表的大陆法系国家的职权主义则强调惩罚犯罪。随着当今世界政治、经济、文化交流的日益频繁，两大法系之间的诉讼制度呈现出逐渐融合、相互渗透的趋势。

中国自奴隶制到封建社会历经四千年的历史。其刑事诉讼法律的特点是：司法隶属行政；刑讯逼供合法化；控审职能不分；重视狱讼，并对判案建立了多种监督体制。中国清末的"改制"，向封建专制的法统中注入了体现资产阶级民主、人权思想的血液，从其所确立的诉讼制度和诉讼原则来看，其沿用的基本上是大陆法系的职权主义模式。以后的北洋军阀政府和国民党政府基本上沿袭了清末的刑事诉讼法律。

《中华人民共和国刑事诉讼法》于1979年制定，于1996年、2012年、2018年历经三次修改，与我国国情基本适应，推动了我国民主法制进步。同时，2014年，党的十八届四中全会审议通过了《中共中央关于全面推进依法治国若干重大问题的决定》，该文件对全面推进依法治国做了全面的顶层设计，对我国的刑事司法进步有着非常重要的意义。

关键术语

弹劾式诉讼　纠问式诉讼　职权主义　当事人主义　1979年《刑事诉讼法》　2012年修改　2018年《刑事诉讼法》

第一节　外国刑事诉讼法的历史发展

刑事诉讼法律制度和其他法律制度一样，不是从来就有的，而是随着私有制、阶级和国家的产生而产生的。在原始社会时期，没有阶级，"没有士兵、宪兵和警察，没有贵族、国王、总督、地方官和法官，没有监狱，没有诉讼，而一切都是有条有理的。一切争端和纠纷，都由当事人的全体即氏族或部落来解决，或者由各个氏族相互解决”①。当时只有氏族成员共同遵守的习惯，不存在反映统治阶级意志的法律。随着原始社会解体，出现了奴隶主和奴隶阶级之后，才出现了体现阶级意志的刑事诉讼法。

在人类历史的长河中，一共出现了四种阶级社会形态，即奴隶制社会、封建制社会、资本主义社会和社会主义社会，每一种阶级社会都有与其相适应的刑事诉讼形式。同一种类型的社会，其刑事诉讼法律有相似的地方，但是，由于历史背景、文化传统和经济基础并不完全相同，因而，不同国家即使是同一个国家的不同发展时期，其刑事诉讼法律也会呈现出不同的特点。下面，我们就从外国刑事诉讼制度的发展脉络来考察刑事诉讼法律发展的一般规律。

一、奴隶制时期的刑事诉讼法

奴隶制社会的刑事诉讼法是人类历史上最早的刑事诉讼法。初期的奴隶制国家只有习惯法，后来才逐渐出现了成文法，当时的立法体例是诸法合体、实体与程序不分的。迄今发现的较早的奴隶制成文法典，如古巴比伦的《汉谟拉比法典》、古罗马的《十二铜表法》等，都有关于刑事诉讼程序方面的规定。

奴隶制国家的刑事诉讼法，都是奴隶制经济基础之上的上层建筑，是奴隶制度本质和特征的反映。当然，各个不同奴隶制国家的刑事诉讼法律制度，又会呈现出各自的特点和不同的发展过程。

在古代西方，最早进入奴隶制国家的是古希腊和古罗马。

古希腊是公元前 7 世纪由原始社会过渡到奴隶社会的。古希腊是城邦制国家，没有适用于希腊全境的法律制度，各城邦多有成文法规，其中有的罗列了诉讼程序和供司法部门援引的具体条例。在所有的城邦中，雅典的法律制度最具代表性。雅典的刑事诉讼程序方面的法律有以下几个特点：（1）有较为复杂但分工明确的法院体系。最早出现的法院是元老院，管辖故意杀人、毒害及纵火案件。稍后又成立了埃菲特法院，又叫 51 人法院（由 51 名法官组成），它审判误杀、教唆杀人、致人伤残以及杀死异邦人等案件。到了公元前 6 世纪梭伦执政时，创立了陪审法院，它是雅典最高司法机关，既是许多重要案件（国事罪、渎职罪）的第一审法院，又是其他法院的上诉审级。此外，还有一种专门审理刑事案件的 11 人法院，审理强盗案、夜盗案、小偷案以及其他社会犯罪分子的案件。（2）在起诉的方式上，只有雅典的男性公民才有起诉权。诉讼分为“dike”和“graphe”，前者为私人诉讼，由受害人或其法定代理人提出，未结案之前可以中途停止，诉讼结果是原告只能取得赔偿；后者为公共诉讼，任何享有完全权利的公民均可提出，诉讼必须进行到底，诉讼的结果是由国家来惩罚犯罪者。（3）诉讼程序分为侦查和庭审两个阶段。法院在受理原告的诉状之后，即开始侦查，此时被告有权提出反驳书，即所谓的“paragraphe”，如被告的反驳书被认为是合理的，则审查其反驳书后即行结案。在侦查中原、被告都必须提出必要的证据，并发誓确认这些证据的真实性。侦查结束后即进入庭审，法官首先宣读原告的起诉书和被告的反驳书，然后双方当事人进行辩论。庭审结束后，判决由法官以秘密投票的表决方式作出。对判决不服的，可向陪审法院上诉，陪审法院的判决为终审判决。

---

① 马克思恩格斯选集 . 3 版：第 4 卷 . 北京：人民出版社，2012：108.

古罗马法在世界法律文化遗产中占有极为重要的地位。罗马奴隶制国家不但有健全、完备的实体法规范，而且有发达的诉讼法律制度。古罗马最早的《十二铜表法》（公元前2世纪至公元前1世纪）是共和国时期最具代表性的法典。该法将罗马国家的诉讼分为“公诉”和“私诉”两种。“公诉”是对有关损害国家利益案件的审理；“私诉”是根据个人的申诉对损害私人利益案件进行的审理。这是与罗马法学家将法律划分为“公法”和“私法”相适应的。“私诉”案件的审理分为两个截然不同的阶段：法律审查阶段和裁判阶段，法律审查阶段是由执政官（非职业法官）对当事人的要求进行审查；裁判阶段是由法官对双方当事人提出的理由、事实和证据进行审查并作出判决。在共和国的早期，对“公诉”案件的审判，还没有设立专门的司法机关，通常是由民众大会和最高长官判处。到了共和国后半期，由于需要迅速处理的犯罪案件日益增多，因而成立了刑事审判的专门机构——刑事法院，法官从元老院和富有的公民中挑选300人至400人来担任，受最高裁判官领导。它审理案件主要是以习惯法为依据，任何公民只要得到最高裁判官允许，就可以提出控诉。案件的审理在指定的期日内进行，如原告人不到庭，则撤销控诉，并惩罚原告；如被告人不到庭，则对案件进行缺席审理。审理案件时，法官先要听取双方当事人的陈述和辩论，并审查判断证据。判决由法官进行表决，按照多数票宣判。到了帝国时期，皇帝逐渐独揽司法大权，亲自裁决或者委派官吏去审理刑事案件，刑事法院的权限受到削弱乃至消亡。

总之，奴隶制国家的刑事诉讼法律有相似的发展轨迹，在诉讼制度上也有共同特征。

二、封建制时期的刑事诉讼法

欧洲的中世纪时期，自5世纪日耳曼人侵入西罗马至17世纪英国资产阶级革命止，封建制度持续了近一千二百年。欧洲封建时期的诉讼制度在西方最具代表意义。

公元481年到843年，法兰克人在西欧大陆建立了法兰克王国。王国政府为了加强国家的统一，开始了急剧封建化过程，强化了成文法渊源。当时的制定法主要是《蛮族法典》和《撒利克法典》。对诉讼制度和司法制度的规定主要体现在三个方面：（1）审判组织由普通地方法院和王室法院组成，地方法院大体上分为郡法院和百户法院。大部分的案件由百户法院管辖，判决以多数人的意见为准，表决方式是以撞击武器表示赞同，以大声喊叫表示反对。（2）实行自诉原则，由原告一方传唤被告，若被告非因公务拒不到庭，则应受罚。（3）证据种类主要有证人证言、誓言和神明裁判。其中，神判色彩较为明显，有诸如火审、水审和决斗等神明裁判的形式。

公元843年，法兰克王国分裂为法兰西、德意志和意大利三个国家。法兰西的法律制度承袭了日耳曼法、罗马法和教会法，是欧洲比较典型的封建法律制度。法兰西王国的历史经历了三个发展时期：（1）封建割据时期（公元9世纪至公元12世纪）；（2）等级君主制时期（公元12世纪至公元16世纪）；（3）君主专制时期（公元16世纪至公元18世纪）。法兰西王国的封建法律制度就是在这三个历史时期经济、政治制度的演变中发展变化的。

在法兰西的封建割据时期，法院有四种：国王法院、领主法院、教会法院和城市法院。由于国王和领主平起平坐，国王法院只能管辖王室领地内的案件，领主法院则在其独立的领地内行使管辖权，城市法院主要是审理依附农民犯罪案件的法院。此外，还有主要适用教会法，审理涉及宗教事务的犯罪和其他事件的教会法院。这个时期的诉讼，采用私诉原则，即根据受害人的控告提起诉讼。证据有誓言、神明裁判和决斗。

等级君主制时期，随着王室领地的扩张和王权的加强，国王逐渐取消了领主的司法权，建立了以王室法院组成的阶梯式审判网，即邑法院、总管法院和巴列门法院。巴列门法院是重大案件的第一审法院和普通案件的最高审法院。这段时期，诉讼制度最显著的变化有两个方面：一是废除了司法决斗，宣誓不再作为一种证据种类，并初步确立了秘密的、纠问式的诉讼形式；二是腓力四世设立了代表国王的检察官，检察官一方面对地方当局和各封建领土实行监督，另一方面以国家公诉人的身份对罪犯进行侦查，听取私人告密，批准对被告的起诉书，参加法院的审讯。

腓力四世设立的检察官制度，是近代国家追诉主义的开端。法国的君主专制时期，随着王权的不断加强，进一步强化了纠问式诉讼程序。案件不必经过当事人起诉，由国家机关主动侦查起诉。整个刑事诉讼程序都是秘密进行的，对被告人可以严刑逼供，形式证据是判定案件的主要依据。这种纠问式诉讼制度，成为大陆法系职权主义诉讼模式的最早渊源。

在中世纪的欧洲，英国的诉讼制度走出了一条与欧洲大陆不同的发展之路。公元5世纪中期，盎格鲁—撒克逊人侵入不列颠，建立了一些小王国。公元9世纪虽形成了统一的英吉利王国，但其社会封建化的进程比欧洲大陆各国缓慢一些。

公元5世纪至公元10世纪期间，英吉利王国的刑事诉讼制度与法兰克王国相似，除在中央设有百户法院和郡法院外，各领主都在自己领土上设有法院，普遍采用发誓、占卦等证明方法和神明裁判、决斗等方式来解决案件。12世纪，亨利二世进行了司法改革，把王室法院划分为审理刑事案件的王座法院和审理民事案件的民事法院以及审理财政案件的国库法院（又称棋盘法院）。同时，正式建立了巡回法官制度。巡回法官以习惯法为依据，在审理土地纠纷时要挑选12名知情人作证人，经宣誓后向法庭提供证言，以确定哪一方有理，这12名证人（知情人）就是陪审员。因此，巡回法官制度不仅是普通法赖以形成的条件，也是陪审制度的最早雏形。1166年，亨利二世发布诏令，规定凡重大的刑事案件都应当由上述相同的12名陪审员向法庭控告，他们不仅要证明犯罪事实的存在，而且要向法庭呈请将被告逮捕，其被称为“大陪审团”。13世纪至16世纪，英国实行了君主政体，废除了领主法院而建立了担负警察和司法职能的治安法院。1352年，爱德华三世颁布诏令，禁止起诉陪审团参与制作判决，另设一个由12人组成的陪审团参与法庭对案件事实的审理，即“小陪审团”，这使得侦查职能与审判职能分离开来。同时对上诉制度、审级制度作了明确的规定。英国封建制后期的刑事诉讼制度，是现代英美法系当事人主义的最早渊源。

另外，教会在欧洲封建社会中扮演了非常重要的角色，它是强化封建统治的重要工具。教会为了行使司法权，建立了完备的法院体系，成为西欧封建制国家司法机关的重要组成部分。教会法院审判案件是在秘密和野蛮的状态下进行的，它偏袒教徒，并极端残酷地对待异教徒。到了12世纪末，为了巩固教会地位，宗教裁判所正式成立了，又称异端裁判所，它专门残酷迫害“异端”或“异端嫌疑者”以及反对封建势力的进步思想家和科学家。异端裁判所采用纠问主义诉讼程序，对被审讯者秘密拷打，处以监禁、流放、火刑和没收财产等刑罚。宗教裁判所直到16世纪中期，才随着教皇势力的日渐衰弱而逐渐改组为教皇的圣职部，失去其原来的权势和作用。

三、资本主义时期的刑事诉讼法

资本主义时期的刑事诉讼法，是资产阶级民主革命的产物。17世纪末至18世纪初，代表新兴资产阶级利益的思想家、法学家对封建专横的司法制度进行了猛烈的抨击，并且提出了一系列体现资产阶级民主、自由和人权思想的诉讼原则和诉讼制度。如英国平均主义派首领李尔本在《人民约法》和《英国根本法和自由》中主张：法律面前人人平等；实行法官选举制；陪审员应该享有广泛的权限，不仅应确定被告是否有罪，而且应作出依法量刑的判决；诉讼程序应该是公开的、直接的和辩论的。

18世纪，法国著名的法学家、思想家孟德斯鸠在其《论法的精神》中提出了现代西方法治的最基本原则之一—— 司法独立原则，他主张司法权应该由法官和陪审员独立行使，不受行政权和立法权的干涉。封建专横的诉讼制度就在于这三种权力合一，缺乏应有的制约。同时，他抨击了刑事诉讼中的拷讯制度，认为拷讯是可以避免的，主张对被告人要实行人道主义。

意大利的刑事法学家贝卡利亚在《论犯罪与刑罚》一书中，对封建诉讼程序中的法定证据制度和刑讯逼供的荒谬性进行了辛辣的嘲讽，并首次提出了“无罪推定”原则，主张任何人在法院的有罪判决作出之前，都应该被假定为无罪。

资产阶级的启蒙思想家、法学家提出的这些关于刑事诉讼的基本原则和制度，对摧毁封建专横的司法制度曾起到了巨大的推动作用，同时为建立资产阶级的法制体系奠定了坚实的理论基础。资产阶级在取得政权之后，陆续将这些体现民主思想和人权观念的诉讼制度规定到了宪法和法律中。

根据孟德斯鸠的三权分立理论，资产阶级国家将司法独立作为一项宪法原则确立下来。英国国会率先于1689年和1701年在其通过的《权利法案》和《王位继承法》中，明确规定了法院独立原则和法官终身制的原则。此后，有罗马法传统的法国于1808年颁布了世界上的第一部刑事诉讼法典，将司法独立原则确立到刑事诉讼法中。欧洲大陆和东方的一些国家纷纷仿效，也相继制定了刑事诉讼法。其中德国于1877年制定了《刑事诉讼法》；美国于1789年制定了《司法条例》；日本在1882年制定了《治罪法》，1890年修订为《刑事诉讼法》。

上述国家的刑事诉讼法，除规定了司法独立原则之外，还规定了一系列体现资产阶级民主思想的刑事诉讼原则，如控审分离、言词辩论、审判公开、自由心证和被告人有权获得辩护等原则。这些原则的确立，表明资本主义的诉讼程序与封建社会专横的刑事诉讼制度相比是一个巨大的历史进步。

但是，由于历史传统、文化背景以及经济发展水平的不同，各个资本主义国家的刑事诉讼制度并不完全一致，其中以欧洲大陆法系国家与英美法系国家的差别最为明显。欧洲大陆法系国家一般比较强调成文法，并且制定了专门的刑事诉讼法典。而英美法系国家主要是依据习惯法和判例，虽然也制定了一些刑事诉讼程序方面的单行法规，但并没有统一的刑事诉讼法典。如英国的刑事诉讼单行条例就有《人身保护法》《刑事起诉法》《刑事证据法》《刑事审判法》《治安法院法》《刑事上诉法》《陪审团法》等。原为英国殖民地的一些国家，如加拿大、澳大利亚等，基本上继受了英国的立法传统。

作为英美法系的典型代表之一的美国，原来也是英国的殖民地，其法律制度包括诉讼制度基本上沿袭了英国的传统，但也有自己的特色，如它比较注意成文法的制定。1789年，联邦制定了《司法条例》，规定了诉讼程序方面的问题。1881年，纽约州制定了刑事诉讼法典，其后各州纷纷仿效。1911年，国会通过了《美国刑事诉讼法典》，同时还为联邦系统的一些法院制定了一些单行的刑事诉讼法规定，如《联邦刑事诉讼规则》《联邦上诉规则》以及《证据规则》等。

美国的刑事诉讼法还有另外一个显著特点，就是在《英国大宪章》和《人身保护法》的影响下，其把刑事诉讼中一些保障公民人身权利的条款规定到宪法中，成为宪法原则。例如，美国 1791 年生效的宪法修正案（即《权利法案》）第 4 条至第 8 条规定了一系列的刑事诉讼原则，如：人民不受无理逮捕、搜查与扣押；非经大陪审团提起公诉，人民不得被判处死刑或其他不名誉罪；刑事被告人享有迅速公开审判、通知其被控犯罪的性质和理由、准予与对方证人对质、接受律师帮助等权利；在刑事诉讼中不得科以过多罚金和处以非常残酷的刑罚等。美国开创了世界各国宪法规定刑事诉讼原则的先河。

第二次世界大战以后，国家之间的交流不断加强，两大法系刑事诉讼制度也呈现相互吸收、相互融合的状况。不少国家借鉴他国成果，进行了大规模的司法改革，对本国的相关立法进行修订。例如，俄罗斯的全面修法；日本的第三次司法改革；法国刑事诉讼法的修改；英国在刑事司法制度现代化方面的改进等。但各国刑事诉讼制度的改革都特别注意本国的国情，并且由于诸多方面的因素，两大法系之间的差异仍然存在。

近年来，随着国际社会经济、政治和文化环境的变化，各国刑事诉讼法的发展出现了一些新趋势。例如，涉及刑事司法的国际公约陆续出台，对各国刑事诉讼法都产生了一定影响。如 2000 年 11 月 15 日通过的《联合国打击跨国有组织犯罪公约》，2003 年 10 月 31 日通过的《联合国反腐败公约》等；扩展了司法民主与人权保障范围，不仅加强保障被告人的诉讼权利，而且各国的被害人保护制度也得到了发展。在美国“9·11”事件之后，反恐成为一个世界范围内的重要话题，各国开始关注打击恐怖犯罪、有组织犯罪等恶性刑事犯罪的程序立法。典型立法如美国的《爱国者法案》。诉讼效率和诉讼公正的平衡成为各国立法关注的焦点。许多国家在简化审判程序、提高诉讼效率方面进行了大量的改革。

第二节　中国刑事诉讼法的历史发展

一、古代和近代刑事诉讼法

（一）古代刑事诉讼法

中国是历史悠久的文明古国，曾经创造过光辉灿烂的制度文明。独树一帜的中华法系，不仅对亚洲的一些国家的法律制度产生过深远的影响，而且在世界法律文化的宝库中占有重要的地位。

中国古代最初的立法是诸法合体、实体与程序合一的。当时没有独立的刑事诉讼法典，刑事诉讼法是和刑法混合在一起的。

最早的刑事立法始于公元前 21 世纪的夏朝。“夏有乱政，而作禹刑，商有乱政，而作汤刑，周有乱政，而作九刑”。到了西周时期，奴隶制的诉讼程序已经发展得相当完备，并且已有民事和刑事的区分。刑事诉讼就是“狱”，即“告以罪名者”，民事诉讼就是“讼”，即“以财货相告者”。不过，当时有关刑事诉讼程序的规定，主要通过习惯法表现出来。春秋战国时期，魏相李悝集各国立法之大成，著《法经》六篇，这是我国历史上第一部系统的法典。《法经》中的“囚”法和“捕”法就是有关刑事诉讼程序的规定。秦商鞅时期对法律制度的改革，奠定了秦朝封建立法的基础。秦律中的“治狱”和“讯狱”对诉讼程序就已有较详细的规定。隋王朝时期，以北齐律为蓝本制定的《开皇律》的第八篇斗讼律、第十一篇捕亡律、第十二篇断狱律都是诉讼程序方面的内容。以后的唐、宋、元、明、清历代的律令基本上沿袭了这种体例。

从夏商到明清，经历了四千年的历史演变，中国古代的刑事司法制度既有与其他国家相同的一面，也有自己的特点。这些特点，既是中国几千年的集权统治的反映，也与儒家思想潜移默化的影响相适应。中国古代的刑事司法制度主要体现在以下几个方面。

1. 司法隶属行政，行政机关兼理司法。中国古代的司法机关是和行政机关结合在一起的，没有独立的审判机关。西周时期的周王是最高裁判者，重大案件和诸侯之间的争讼，都由周王亲自裁决。虽然在中央一级设有秋官司寇掌管刑事诉讼，地官司寇掌管民事诉讼，各级官府设立士具体负责案件的审理，但这些官员通常只是各级主要行政长官的司法辅助官员，判决权最终归于周天子。这一特点开了中国后世司法从属于行政的先河。从秦汉到魏晋南北朝，中央机关实行三公九卿制，九卿中的廷尉“掌刑辟”，负责审理皇帝交办的重大案件和地方呈报的疑难案件，但案件经廷尉审理后必须报请皇帝和丞相裁决。隋唐以后，中央机关改为三省六部制，大理寺、刑部、御史台为审理刑事案件的司法机关，但是最高审判权仍掌握在皇帝手中，判决要报皇帝批准。从秦汉至清末，在地方各级国家机关中，均由各级政府的行政长官审理案件或者设有辅佐官吏协助行政长官处理讼端，行政官吏拥有决定权。在中国古代，中央和地方机构的职权虽有变化，但皇（王）权至上、司法与行政不分的制度一脉相承。

2. 刑事诉讼与民事诉讼没有实质性区别。中国古代的立法是诸法合体、重刑轻民、实体和程序合一。大量的私人之间的财产关系和人身关系也通过刑律来调整，即以定罪并处刑的手段来处理。如唐律中的户婚篇、明清律中的户律，规定的都是田宅钱粮、家庭婚姻纠纷，但都采取科以刑罚的方式来解决。司法机关在审理具体的案件时，基本上都是适用刑事诉讼程序。所以在中国古代，违反民事实体法的案件，也用刑事诉讼程序来审理。

3. 控诉和审判职能合一。中国历代王朝没有出现类似检察机关行使侦查、起诉权的公诉制度。对诉讼活动的提起，主要是由司法官吏依职权主动代表国家追究犯罪，司法官吏既是追诉主体，又是裁判者。一旦发现犯罪，不管是被害人控告的，还是司法官吏主动调查的，都必须依职权对被告人进行刑讯并收集证据，作出判决。这是与中国历史上的专制统治和司法与行政不分的体制相适应的。

4. 刑讯逼供合法化。在中国从商周到明清，刑讯逼供一直是获取证据的最重要的手段。历代的封建王朝都对刑讯逼供作了明文规定。根据在湖北云梦出土的《云梦秦简》的记载，秦王朝的律令中规定：“凡讯狱，必先尽听其言而书之，各展其辞……诘之极而数訑，更言不服，其律当笞掠者，乃笞掠。”[①] 汉律规定：“会狱，吏因责如章告劾，不服，以掠笞定之。”[②]《唐律疏议》“断狱”篇中则对刑讯的适用条件、工具、适用对象和顺序作了详尽明确的规定。正如马克思所指出的：“中国法里面一定有笞杖，和中世纪刑律的内容连在一起的诉讼形式一定是拷问。”[③] 中国古代在刑事诉讼中实行刑讯逼供，这与断案采取口供主义原则是密切相关的。由于统治者认为被告人的口供是最可靠、最重要的证据，是“证据之王”，因而，“断案必取输

① 睡虎地秦墓竹简．北京：文物出版社，1978：246.

② 汉书．北京：中华书局，1962：2660.

③ 马克思恩格斯全集：第1卷．北京：人民出版社，1956：178.

服供词”，“无供不录案”。既然口供对定案具有决定性作用，那么被告不供认，就只能刑讯逼供了。“捶楚之下，何求而不得?”在严刑拷打下，冤案、错案比比皆是。刑讯逼供制度反映了中国古代刑事诉讼制度的愚昧和野蛮。

5. 重视狱讼，并建立了多种监督程序。中国古代的统治者大都能够认识到操生杀予夺大权的刑狱的重要性，对适用刑罚都能谨慎从事。如秦始皇“专任刑罚，躬操文墨，昼断狱，夜理书”。后来的历代皇帝也都强调：“狱，重事也，用法一致，则民无所措手足。”他们要求司法官吏在适用刑罚之时必须做到“明审克之公，使奸不容情，罚必当罪，用迪于刑之中”。同时，为了保证适用刑罚的公正平允，防止出现冤假错案，建立了一系列的监督程序，如法官责任制度、御史监察制度、回避制度、会审制度、直诉制度、死刑复核复奏制度等，这些制度可以较好地防止刑罚的滥用。

（二）清末和北洋军阀时期的刑事诉讼法

自从1840年鸦片战争之后，闭关锁国的清政府被“船坚炮利”的帝国列强轰开了大门，中国逐步沦为半殖民地半封建的国家。1900年以后，由于民族矛盾和阶级矛盾的日益加深，清政府迫于内忧外患的形势，企图用实行“新政”和“预备立宪”来延续其反动统治。1902年，清政府设立了法律修订馆，在修订法律大臣沈家本等人的主持下，以资本主义国家特别是德、日等大陆法系国家有关司法组织与诉讼程序的法典为模式，开始编订单独的法院组织与诉讼程序方面的法律。其中有关刑事诉讼方面的法律如下。

1.《大清刑事民事诉讼法》，于1906年由沈家本、伍廷芳等编成，共有5章260条。它是中国历史上第一部单行的诉讼法，首次规定了律师制度，主张取消刑讯逼供，庭审采用英美的对抗式诉讼和陪审制度。沈家本在奏请清政府批准试行《大清刑事民事诉讼法草案》时，因遭到了各地方总督、将军等官僚的竭力反对而搁浅。直到辛亥革命爆发后，该法典也一直未被颁行。

2.《大理院审判编制法》，颁布于1906年，共5节45条。其主要强调了司法独立原则和审判合议制，并模仿日本的立法例，将全国的法院体系划分为四级，实行四级三审制，同时对检察官的审判监督机制作出了一些具体规定。1907年，沈家本编成了《法院编制法》，共16章164条，这是中国历史上最早的系统的法院组织法，将全国的审判机关的组织体系确定为初级审判厅、地方审判厅、高等审判厅和大理院四级。该法经宪政编查馆修正，于1910年颁布，但未等实行，辛亥革命已经爆发，后在民国时期曾被援用。

3.《大清刑事诉讼律》，于1911年由沈家本、俞廉工拟订，共6编515条。《大清刑事诉讼律草案》有关诉讼程序的规定主要是：实行弹劾式诉讼，控诉和审判职能分离；检察官垄断国家起诉权；庭审采用直接言词、辩论原则；实行公开审判和辩护制度；废除法定证据制度，代之以自由心证制度等。《大清刑事诉讼律》是中国第一部刑事诉讼法典，虽然由于清王朝的迅速覆灭而没来得及颁行，但它为后来成立的民国政府所援用。

清末在司法制度上最突出的变化，就是确认了帝国列强在华的领事裁判权以及其设立的会审公廨，使中国的司法主权受到侵犯，这是清末半殖民地化的最重要的标志。

清末改制时期的一系列制定刑事诉讼律的活动，虽然有其历史局限性，并且大部分都未曾颁行实施即随着清王朝的寿终正寝而告终结，但是，这次改革第一次结束了中国数千年的古代刑事诉讼制度，同时，对以后的立法产生了深远的影响。其意义主要表现在以下几个方面。

1. 确认了一些体现资产阶级民主、自由和平等观念的诉讼原则和制度。中国数千年的刑事诉讼立法，一个基本特征就是强调皇（王）权至上，忽视臣民应该享有的基本权利。清末所修订的这些刑事诉讼律，虽然都带有浓厚的封建性，但是从其确认的诉讼程序和诉讼原则来看，其基本上属于资产阶级刑事诉讼法的范畴，如审判公开、控审分离、直接言词原则和辩护制度等，在庭审程序上主要是采用大陆法系的职权主义。这些诉讼原则和制度的确立，向中国封建的专制主义和特权、宗法等级观念中注入了新鲜血液。

2. 打破了传统的立法体例。在中国历代王朝中，立法都是采取诸法合体、实体与程序合一的立法模式。清末的改制活动，第一次将程序法与实体法分开，对诉讼法给予了特别的重视，并根据诉讼法在调整的对象与性质上的差别，将之分为刑事诉讼法和民事诉讼法。这在中国的立法史上是一个巨大的进步。

3. 符合刑事诉讼法的历史发展规律，并适当地借鉴了外国的有益经验。刑事诉讼发展的规律，应该是一个由蒙昧、野蛮、专制走向文明、民主的发展的过程。清末制定的刑事诉讼法律既考虑到了中国的司法实践，又充分地借鉴了外国的立法经验，将一些体现资产阶级民主思想的诉讼制度与原则确立下来。这与刑事诉讼法的发展规律是相一致的。

4. 初步确立了大陆法系职权主义的诉讼结构。由于大陆法系的职权主义诉讼模式与中国传统的政治法律文化存在天然的联系，所以这次修律虽然也吸收了一些英美当事人主义的积极因素，但主要是以大陆法系的职权主义为蓝本。这种模式为以后的刑事诉讼立法奠定了基础。

北洋政府时期，一方面大量沿用清末颁布的法律，另一方面基于维护其反动统治的需要，颁布了一些有关诉讼程序和司法组织的单行法规。例如，清末未及颁行的《各级审判厅试办章程》和《法院编制法》等法律，北洋政府只略加修改，即予通令施行。对于清末未及颁行的《大清刑事诉讼律草案》，北洋政府先是分别援引其中的某些编、章，1921 年又将该草案予以修改，更名为《刑事诉讼条例》，予以公布。在“东省特别法院”区域先予施行，并明令自 1922 年起在全国法院统一施行。实际上该条例只施行于北洋政府统治下的地区，西南各省仍援用广州军政府 1921 年删修并公布的《刑事诉讼律》。

北洋政府颁布的刑事诉讼程序和司法组织方面的法律主要特点有：一是实行不完全意义上的司法独立，在县一级政权仍由县知事兼理司法。二是广泛地使用简易程序。北洋政府为了保障司法官吏能够迅速结案，颁行了大量适用简易程序的法律法规。三是规定了大量的适用军法和“非常程序”的审理程序。北洋政府为了维护其反动统治，颁布了一系列的刑事特别法规，规定了加强军事镇压的“特别程序”，这些特别程序在司法实践中取代了正常的刑事诉讼程序。

二、国民党统治时期的刑事诉讼法

1927 年大革命失败以后，以蒋介石为首的国民党政府的统治取代了北洋军阀的统治。国民党政府为了巩固政权，一方面继续沿袭清末、北洋政府时期的诉讼程序和司法体制；另一方面基于维护其反动统治的需要，陆续制定了一些成文法典。其中有关刑事诉讼的法律主要有：《中华民国刑事诉讼法》（1928 年）、《中华民国刑事诉讼法施行法》（1928 年）、《中华民国刑事诉讼法》（1935 年）、《中华民国刑事诉讼法施行法》（1935 年）。同时，国民党反动政府为了维护其统治，制定了许多高于普通法的特别法规，如《危害民国紧急治罪法》《共产党人自首法》《特种刑事临时法庭组织条例》《特种刑事临时法庭诉讼程序暂行条例》《特种刑事法庭审判条例》等。国民党统治时期的刑事诉讼程序和司法制度主要有以下特点。

1. 标榜形式意义上的司法独立。《中华民国宪法》第 80、81 条规定：“法官须超出党派以外，依据法律独立审判，不受任何干涉”。“法官为终身职，非受刑事或惩戒处分，或禁治产之宣告，不得免职。非依法律不得停职、转任或减俸。”但是，国民党并没有把这些司法独立原则贯彻到刑事诉讼程序中。在县一级政权，没有设立独立的司法机关，县长既是行政长官，又是检察官，还是审判官，这与国民党伪法统的封建性是分不开的。

2. 检察官、行政官吏均享有侦查权。根据《法院组织法》的规定，检察组织隶属法院系统，其职权是：实行侦查、提起公诉、实行公诉、协助自诉、担当自诉及指挥刑事裁判的执行。根据《刑事诉讼法》的规定，县长、市长、警察局长、宪兵队长等都享有协助检察官侦查犯罪的权力，并可以采取逮捕、拘禁和搜查等强制措施，这使得广大公民的人身权利很容易遭到践踏。

3. 实行三级三审制，审判组织为独任制或合议制。按照《法院组织法》的规定，国民党统治时期的法院分为三级：地方法院、高等法院和最高法院。刑事案件、民事案件，实行三级三审制。法院的审判组织形式分为独任制与合议制，地方法院审理民事、刑事案件，一般以推事一人独立审理案件，对于特别重要的民事、刑事案件，也可以由三人组成合议庭进行审理。

4. 奉行大陆法系职权主义的庭审结构。国民党统治时期的刑事审判程序主要是奉行大陆法系的职权主义诉讼模式。如实行国家起诉主义，不采用起诉状一本主义，审判长依职权主动查明案情，证据制度上实行实体真实与自由心证相结合的证据原则等。

5. 国民党直接参与刑事诉讼活动。1929 年，国民党中央执行委员会对于共产党案件审理问题提出两项措施：一是当地高级党部声明不服，检察官接到声明后，当然提起上诉；二是实行陪审制。同年 8 月，国民党政府颁布了一个《反革命案件陪审暂行法》，具体规定了国民党党员、特务如何以陪审员的身份直接控制法院和检察院的司法活动。这是与国民党一党独裁的统治相适应的。

三、中华人民共和国的刑事诉讼法的制定

中华人民共和国刑事诉讼法的制定是一个长期孕育的过程，其发展历程可分为两个阶段，即新民主主义革命时期和社会主义建设时期。

（一）新民主主义革命时期的刑事诉讼法

新民主主义革命阶段的刑事诉讼法，又可划分为土地革命战争时期、抗日战争时期和解放战争时期的刑事诉讼法。早在第一次国内革命战争时期，在中国共产党领导的工人和农民革命运动中，就呈现出人民司法机关的雏形。如 1925 年的省港工人大罢工运动，罢工委员会中就设有会审处、特别法庭、军法处和监狱等司法组织。由于大革命的失败，这些群众性的司法组织只存在了很短的时间，但它们已经提供了人民司法机关的雏形，并显示出人民司法区别于一切旧式司法的本质特征。

第二次国内革命战争时期，中华苏维埃共和国中央工农民主政府于 1931 年 12 月发布了《处理反革命案件和建立司法程序的训令》（第六号），次年又发布了《裁判部暂行组织及裁判条例》，这是我党历史上最早制定的两个刑事诉讼程序方面的法规，是我国社会主义刑事诉讼法的萌芽。

根据上述法规，工农民主政权从中央到地方设四级审判机关，实行两审终审制。中央设最高法院，地方设省、县、区三级裁判部；另在红军中设军事裁判所，分为初级裁判所和高级裁

判所。在各级审判机关内设专职检察人员，在军事裁判所所在地设军事检察所，分别负责对地方和军队发生的刑事案件提起公诉。在中央设国家政治保卫局，省、县设政治保卫分局，区设政治保卫特派员，负责刑事案件的侦查、逮捕和预审。在刑事诉讼的原则和制度方面，主要规定了公开审判、巡回法庭、人民陪审员制度、回避制度、辩护制度、上诉制度、死刑制度、执行制度等。

这些诉讼原则和诉讼制度，对于打击反革命的破坏活动，保障人民权利，巩固革命政权，维护革命秩序，发挥了积极的作用。但由于受“左”倾思想的影响，苏区在“肃反”过程中，存在阶级斗争扩大化的趋向，曾发生过混淆两类矛盾、搞主观主义“逼供刑”的现象，因而这些制度和原则难以落实。但是，这两个刑事诉讼程序方面的法规，已经初步确立了社会主义刑事诉讼程序的框架。

抗日战争爆发后，为了实现国共合作，建立抗日民族统一战线，党中央作出决定，对根据地的司法机关的名称作了相应的改变，某些法令条文上也写上受中央最高法院之管辖，但实际上和国民党政府的司法机关并无隶属关系。在处理案件时，仍然以中国共产党和边区政府颁布的纲领、决议、条例和法令为依据，独立自主地进行审判。

抗日战争时期，各根据地如陕甘宁边区、晋察冀边区、晋冀鲁豫边区等，都根据党中央的路线、方针和政策，结合本边区的实际情况，颁布了不少有关司法组织和诉讼程序的法律、法令，如陕甘宁边区 1943 年的《高等法院组织条例》和《军民诉讼条例》，晋察冀边区和苏中区的《暂行司法制度》和《处理案件暂行办法》等。这些法规，确立了审判权和逮捕权由司法机关和公安机关统一行使；废止肉刑，重证据不轻信口供；诉讼用本民族语言进行；实行人民陪审员制度等。同时，在审判方式上，为了方便人民群众参加诉讼，并接受人民群众监督，建立了就地审判、巡回审判和公审制（不同于现在的审判公开，是在特定的历史条件下，对特定的案件所采取的一种特定的群众路线的审判方式）。

解放战争时期，各解放区基本上沿用抗日战争时期行之有效的诉讼制度，同时也根据客观情况的变化和实际情况的需要，制定了一些新的刑事诉讼法。如 1947 年《关东地区各级司法机关暂行组织条例草案》，1948 年华北人民政府发布的《关于县市公安机关与司法机关处理刑事案件职责的规定》，1949 年年初《华东人民政府为清理已决犯的训令》等。在解放战争结束前夕，党中央于 1949 年 2 月发布了《关于废除国民党的六法全书与确定解放区的司法原则的指示》。同年 4 月 1 日，华北人民政府根据这个指示的精神，颁布了《废除国民党六法全书及一切反动法律的训令》。这些文件的颁布具有重要的历史意义，是我国法制建设史上的一个重要转折点，它们对我国新民主主义革命时期人民司法工作和刑事诉讼的经验作了基本的总结和概括，在废除伪法统的基础上，为新中国成立以后的司法改革和社会主义法制建设确立了基本的指导原则。

（二）新中国成立初期颁布的刑事诉讼法

1949 年 10 月 1 日中华人民共和国成立，标志着我国刑事诉讼法进入了一个新的发展时期。1951 年中央人民政府制定公布了《中华人民共和国人民法院暂行组织条例》、《中央人民政府最高人民检察署暂行组织条例》和《各级地方人民检察署组织通则》。这些条例和法规确立了法院和检察署的职权，规定了人民法院审判刑事案件实行公开审判、回避和辩护等诉讼制度。

1954 年 9 月召开的第一届全国人民代表大会第一次会议，通过了《中华人民共和国宪法》，同时还颁布了《中华人民共和国人民法院组织法》和《中华人民共和国人民检察院组织法》，同年12月还颁行了《中华人民共和国逮捕拘留条例》。这些法律、法规对刑事诉讼原则和制度所作的规定有：公安机关、人民检察院、人民法院依法独立行使侦查权、检察权和审判权；三机关在刑事诉讼中实行分工负责、互相配合、互相制约的原则；对一切公民在适用法律上一律平等；人民法院在审判案件时必须实行公开审判、辩护制度、人民陪审员制度、回避制度以及死刑复核等制度。这些制度和原则，对建立完善我国的社会主义刑事诉讼制度起了重要作用，也为后来制定刑事诉讼法典奠定了基础。

（三）中华人民共和国刑事诉讼法的制定

中华人民共和国刑事诉讼法的制定可谓艰难曲折，其中经历了“三起两停”的复杂过程。早在1954年，全国人大法工委即着手进行刑事诉讼法的起草工作，并草拟了《中华人民共和国刑事诉讼条例（草案）》。党的八大以后，全国人大常委会委托最高人民法院主持，组成了起草刑事诉讼法的专门机构，于1957年6月拟定了《中华人民共和国刑事诉讼法（初稿）》，后因“反右”斗争的开始，起草修订工作也随即停止进行。稍后又于1963年4月形成了《中华人民共和国刑事诉讼法（草案）》，后因“四清”运动和“文化大革命”，起草修订工作长期处于停止状态。

党的十一届三中全会以后，随着社会主义民主法制建设步伐的加快，制定刑事诉讼法的任务又被提到了议事日程上。1979年2月，全国人大常委会法制工作委员会宣告成立，其在抓紧《刑法》和其他几个法律草案的起草工作的同时，以1963年的《刑事诉讼法（草案）》初稿为基础，先后拟定了修正一稿和修正二稿，呈交党中央和全国人大常委会审议。该草案1979年7月1日正式通过，同年7月7日公布。至此，我国第一部刑事诉讼法典正式诞生了。

从总体上而言，1979年的《刑事诉讼法》是一部很好的刑事诉讼法典，是与拨乱反正后国家的政治、经济和文化状况相适应的，是我国民主法制化的一大里程碑。这部刑事诉讼法典，分为总则和分则两部分，共4编17章164条。该部刑事诉讼法典，基本上采用大陆法系的职权主义诉讼结构。自1980年1月1日施行以来的司法实践表明，这部《刑事诉讼法》在正确、合法、及时地惩治犯罪分子，切实有效地保护公民的合法权益，维护社会治安，保障改革开放和现代化建设的顺利进行等方面，都发挥了重要的作用。

四、《中华人民共和国刑事诉讼法》的三次修改

刑事诉讼法是规范刑事诉讼活动的基本法律。随着我国改革开放和社会主义建设事业的不断发展，特别是社会主义市场经济体制的逐步形成，1979年的《刑事诉讼法》有些落后于时代发展的需要，必须进行较大幅度的改革。1996年3月，全国人大常委会经过广泛征求意见和反复补充修改，最终形成了《中华人民共和国刑事诉讼法修正案》（草案），同年3月17日，第八届全国人民代表大会第四次会议正式通过了《关于修改〈中华人民共和国刑事诉讼法〉的决定》，并于1997年1月1日起施行。《刑事诉讼法》修改补充后，由原来的164条增加到225条，除附带民事诉讼、期间和送达、死刑复核程序未作改动以外，其他的篇章都作了重大的补充修改。具体而言，此次对刑事诉讼程序修改补充的内容主要在以下几个方面。

1. 吸收了无罪推定的合理内容。规定未经人民法院依法判决，对任何人都不得确定有罪。无罪推定原则是当今世界各国普遍确认的一项原则，其基本含义是任何人在被法院最终判定有罪之前，应该被推定为无罪的人。修正后的《刑事诉讼法》吸收了无罪推定的合理内容，但根

据中国的实际情况，其并没有全盘照抄无罪推定，而是规定未经人民法院依法判决，对任何人都不得确定有罪。

2. 完善了刑事辩护制度。原《刑事诉讼法》规定，被告人的辩护律师只有在审判阶段才能介入刑事诉讼。1996 年《刑事诉讼法》突破性地将律师提供帮助的时间提前至侦查阶段，并且在起诉阶段和审判阶段，让辩护律师获得了与公诉人平等对抗的权利，大大强化了律师在诉讼中的作用。

3. 加强了对被害人合法权益的保护。赋予被害人当事人的诉讼地位，肯定了被害人的申请回避、申诉以及委托代理人参加诉讼的权利。扩大了被害人提起自诉的范围。规定被害人有证据证明存在犯罪事实而公安机关和人民检察院不追究犯罪嫌疑人刑事责任的，其可直接向人民法院提起自诉。

4. 兼顾惩罚犯罪和保障人权，对刑事强制措施进行了较大修改。这主要体现在三个方面：一是适当延长了拘留的期限，放宽了逮捕的条件，废除了收容审查。二是完善了监视居住和取保候审，使得这两种强制措施在具体的司法实践中更具可操作性。三是规定了各类强制措施的期限。同时规定犯罪嫌疑人、被告人及其法定代理人、近亲属或者委托的律师或其他辩护人，对于司法机关采取强制措施超过法定期限的，有权要求解除或变更强制措施。

5. 改革了庭审方式。吸收了对抗制诉讼的合理格局，对庭审方式作了重大修改。主要体现在以下几个方面：一是将原《刑事诉讼法》规定的审判人员在开庭前对案件进行实质性审查修改为程序性审查；二是弱化了法官在庭审中的权力，增强了控辩双方的对抗性；三是扩大了合议庭的职权，改变了过去合议庭负责审理，而由院长或审判委员会负责裁判的现象。

6. 增加了刑事审判简易程序。明确规定了适用简易程序审判的案件范围、审判组织、审判程序和审结期限。

此外，修改后的《刑事诉讼法》对证据、期间及具体的一审、二审、再审程序也作了明确的规定。

1996 年《刑事诉讼法》修订后的 16 年间，在刑事司法方面出现了大量的新情况，存在着一些迫切需要解决的新问题。国家民主法治建设的推进和人民群众法治观念的增强，对维护司法公正和保护公民权利提出了更高的要求。这些都要求对《刑事诉讼法》进行再一次的修改。2009 年年初，全国人大常委会法工委开始着手《刑事诉讼法》修改方案的研究起草工作。2012 年 3 月 14 日，全国人民代表大会正式通过《关于修改〈中华人民共和国刑事诉讼法〉的决定》，于 2013 年 1 月 1 日起施行。

这次《刑事诉讼法》修改幅度较大，修改的内容达 110 条之多，还增加了新的编、章、节。除了将“尊重和保障人权”明确写入法典之外，在诉讼制度上，新增加和修改的内容主要有七个方面：证据制度、强制措施、辩护制度、侦查措施、审判程序、执行规定和特别程序。本次修法的主要内容具体如下。

1. 将“尊重和保障人权”明确写入《刑事诉讼法》。“尊重和保障人权”是我国宪法确立的一项重要原则，体现了社会主义制度的本质要求。《刑事诉讼法》在程序设置和具体规定中都贯彻了这一宪法原则。本次修改将《刑事诉讼法》第 2 条修改为：“中华人民共和国刑事诉讼法的任务，是保证准确、及时地查明犯罪事实，正确应用法律，惩罚犯罪分子，保障无罪的人不受刑事追究，教育公民自觉遵守法律，积极同犯罪行为作斗争，维护社会主义法制，尊重和保障人权，保护公民的人身权利、财产权利、民主权利和其他权利，保障社会主义建设事业的顺利进行。”

2. 完善了非法证据排除制度，强化证人出庭和保护制度。具体有：一是在原有《刑事诉讼法》规定严禁刑讯逼供的基础上，增加不得强迫任何人证实自己有罪的规定。同时，明确规定了言词证据和实物证据的非法证据排除的具体标准以及法庭审理过程中对非法证据排除的调查程序。另外，还对讯问场所和讯问过程的录音录像制度进行了规定。二是明确证人出庭范围，加强对证人的保护。公诉人、当事人或者辩护人、诉讼代理人对证人证言有异议，且该证人证言对案件定罪量刑有重大影响，人民法院认为有必要的，证人应当出庭作证。增设了强制证人出庭制度。为进一步加强对证人以及鉴定人、被害人的保护，对于某些案件，证人、鉴定人、被害人因在诉讼中作证，本人或者其近亲属的人身安全面临危险的，人民法院、人民检察院和公安机关应当采取必要的保护措施。证人、鉴定人、被害人认为因作证面临危险的，可以请求人民法院、人民检察院、公安机关予以保护。

3. 完善了逮捕、监视居住的条件、程序和采取强制措施后通知家属的规定。具体有：一是进一步明确逮捕的条件和审查批准程序，将逮捕的条件进行了细化。还增加规定了人民检察院在审查批准逮捕时讯问犯罪嫌疑人和听取辩护律师意见的程序，以及在逮捕后对羁押必要性继续进行审查的程序。二是适当定位监视居住措施，明确规定其适用条件。将监视居住定位为减少羁押的替代措施，并规定了其与取保候审不同的适用条件。三是严格限制采取强制措施后不通知家属的例外情形。删去了原来逮捕后有碍侦查不通知家属的例外情形，明确规定，采取逮捕和指定居所监视居住措施的，除无法通知的以外，应当在逮捕或者执行监视居住后 24 小时以内通知家属。

4. 完善了辩护人在刑事诉讼中的法律地位和作用的规定，扩大了法律援助的适用范围。具体有：一是明确犯罪嫌疑人在侦查阶段可以委托辩护人，这较之于以前的立法是个重大突破。二是完善律师会见程序。法律规定，除危害国家安全犯罪、恐怖活动犯罪、特别重大贿赂犯罪案件需要经过批准外，律师凭律师执业证书、律师事务所证明和委托书或者法律援助公函，看守所应当及时安排会见，至迟不得超过 48 小时。三是扩大法律援助的适用范围。将审判阶段提供法律援助修改为在侦查、审查起诉、审判阶段均提供法律援助，并扩大了法律援助的对象范围。

5. 完善了讯问犯罪嫌疑人的程序和必要的侦查措施，强化了对侦查措施的规范和监督，防止滥用。具体有：一是增加规定了口头传唤犯罪嫌疑人的程序，适当延长了特别重大、复杂案件传唤、拘传的时间，增加规定了询问证人的地点，完善了人身检查的程序，在查询、冻结的范围中增加规定了债券、股票、基金份额等财产。增加了严格规范技术侦查措施的规定。二是强化对侦查活动的监督。当事人和辩护人、诉讼代理人、利害关系人，对司法机关及其工作人员的不当行为有权申诉、控告，并规定了相应程序。

6. 进一步完善了审判程序中的重要环节。具体有：一是调整简易程序的适用范围，将适用简易程序审判的案件范围，修改为案件事实清楚、证据充分的；被告人承认自己所犯罪行，对指控的犯罪事实没有异议；被告人对适用简易程序没有异议的案件。同时，根据审判工作实际，对第一审普通程序中的案卷移送制度、开庭前的准备程序、与量刑有关的程序、中止审理的程序等作了补充完善。二是明确了第二审应当开庭审理的案件范围，对发回重审作出限制规定。此外，还完善了查封、扣押、冻结的财物及其孳息的处理程序等。三是完善附带民事诉讼程序。增加规定了提起附带民事诉讼的主体、证据保全和多样化的处理手段等内容。四是对死刑复核程序作出具体规定。明确规定最高人民法院复核死刑案件的程序，同时规定了最高人民检察院可以进行监督。五是对审判监督程序进行补充完善。主要包括申诉案件决定重审的条件，指令原审人民法院以外的下级人民法院审理，人民检察院派员出席法庭，再审案件强制措施的决定程序，原判决、裁定的中止执行等内容。

7. 完善了暂予监外执行的规定，强化人民检察院对减刑、假释、暂予监外执行的监督。具体有：一是严格规范暂予监外执行的决定、批准和及时收监的程序；二是强化人民检察院对减刑、假释、暂予监外执行的监督。

8. 增加规定特别程序。具体有：未成年人刑事案件诉讼程序，特定范围公诉案件的和解程序，犯罪嫌疑人、被告人逃匿、死亡案件违法所得的没收程序，依法不负刑事责任的精神病人的强制医疗程序。

在2012年修法之后，最高人民法院《关于执行〈中华人民共和国刑事诉讼法〉若干问题的解释》《人民检察院刑事诉讼规则》《公安机关办理刑事案件程序规定》和最高人民法院、最高人民检察院、公安部、国家安全部、司法部、全国人大常委会法制工作委员会《关于刑事诉讼法实施中若干问题的规定》等重要的司法解释及部门规章也进行了相应的修改，进一步完善了刑事诉讼的法律规范体系。

2014年10月，党的十八届四中全会召开，会议形成了《中共中央关于全面推进依法治国若干重大问题的决定》。为保证公正司法、提高司法公信力，十八届四中全会提出了一系列司法改革新举措，其中“推进以审判为中心的诉讼制度改革”特别引人注目。最高人民法院、最高人民检察院和公安部等机关围绕着贯彻落实十八届四中全会精神，相继提出了各自的深化改革具体方案，大量涉及刑事诉讼具体工作。2015年，最高人民法院公布《关于全面深化人民法院改革的意见》，提出65项改革措施，诸如健全轻微刑事案件快速办理机制、完善刑事诉讼中认罪认罚从宽制度等内容。特别是提出全面贯彻证据裁判原则，要求强化庭审中心意识，落实直接言词原则，严格落实证人、鉴定人出庭制度，发挥庭审对侦查、起诉程序的制约和引导作用。坚决贯彻疑罪从无原则，严格实行非法证据排除规则，进一步明确非法证据的范围和排除程序。2015年，最高人民检察院修订出台了《关于深化检察改革的意见（2013—2017年工作规划）》。检察机关将全面推进以司法责任制为核心的四项改革试点，推进以审判为中心的诉讼制度改革，全面贯彻证据裁判规则，健全听取辩护律师意见机制，防止案件“带病”起诉。深化刑事案件速裁程序试点，探索检察环节认罪认罚从宽制度等工作。伴随着这次刑事诉讼法的修订，在公检法三机关的共同努力下，我国在打击犯罪和人权保障这两个方面又取得了新的进步。

2018年10月26日，中华人民共和国第十三届全国人民代表大会常务委员会第六次会议审议通过了《关于修改〈中华人民共和国刑事诉讼法〉的决定》。早在2018年4月25日，刑事诉讼法第三次修正草案就提请了十三届全国人大常委会第二次会议审议，并向社会公布征求了公众意见。第三次刑事诉讼法修改的背景是，党的十八大以来，以习近平总书记为核心的党中央，统筹推进“四个全面”总体布局，在深化国家监察体制改革、健全反腐败追赃追逃机制、深化刑事司法体制改革三个方面作出了重大的决策部署，也取得了重大的成果和突破性进展。这些成果和进展使得有必要对刑事诉讼法进行第三次修改，从而将改革的成果通过立法予以确认，同时有利于进一步推动刑事司法体制改革的顺利进行。总体而言，刑事诉讼法的第三次修改，目标明确、内容具体、针对性强。重点修改的内容体现在三个方面：一是为了保障国家监察体制改革的顺利推进，完善了监察法与刑事诉讼法的衔接；二是为了加强境外追逃追赃工作的力度和手段，建立了刑事缺席审判制度；三是总结了认罪认罚从宽制度、速裁程序试点工作的经验，将其中可复制、可推广的行之有效的做法上升为刑事诉讼法的内容，予以推广实施。

具体分述如下。

1. 为了保障国家监察体制改革的顺利进行，完善了监察法与刑事诉讼法的衔接。包括三个方面的内容：(1) 调整了人民检察院自侦案件的范围。贪污贿赂类职务犯罪案件的立案管辖转隶监察委员会，但同时也保留了检察机关的部分刑事侦查权，即《刑事诉讼汉》第19条第2款的规定："人民检察院在对诉讼活动实行法律监督中发现的司法工作人员利用职权实施的非法拘禁、刑讯逼供、非法搜查等侵犯公民权利、损害司法公正的犯罪，可以由人民检察院立案侦查。对于公安机关管辖的国家机关工作人员利用职权实施的重大犯罪案件，需要由人民检察院直接受理的时候，经省级以上人民检察院决定，可以由人民检察院立案侦查。"(2) 明确了监察委员会的调查与检察院的审查起诉以及留置与刑事强制措施的衔接问题。此次刑事诉讼法的修改赋予了人民检察院对于监察委员会调查案件的审查起诉权、退回补充调查权以及自行补充侦查权，同时明确规定留置案件应当先行拘留，留置自动解除，人民检察院应当在法定期限内作出是否逮捕、取保候审或者监视居住的决定。(3) 修改了关于侦查期间的辩护律师会见权、指定居所监视居住、技术侦查措施等内容以及"侦查"的定义。

2. 强化了反腐败境外追逃追赃的工作力度和手段，建立了刑事缺席审判制度。(1) 明确限定了刑事缺席审判制度的适用范围：贪污贿赂犯罪；需要及时进行审判，经最高人民检察院核准的严重危害国家安全犯罪、恐怖活动犯罪案件，犯罪嫌疑人、被告人在境外的，可以适用缺席审理；被告人患有严重疾病或死亡的，在符合法定条件的情况下也可以进行缺席审理。(2) 明确规定了缺席审判制度的适用程序。即由犯罪地、被告人离境前居住地或者最高人民法院指定的中级人民法院组成合议庭进行审理。审理之前，人民法院应当对起诉书是否具有明确的指控犯罪事实、案件是否符合缺席审判程序适用条件进行审查。人民法院送达传票和起诉书副本后，被告人未按要求到案的，应当开庭审理，依法作出判决，并对违法所得及其他涉案财产作出处理。(3) 充分保障缺席审判的被告人的诉讼权利。主要是针对委托辩护、法律援助等作出了规定，同时赋予被告人近亲属上诉权。(4) 明确规定了人民检察院的抗诉权。对于刑事缺席审判程序的适用，人民检察院认为确有错误的，应当向上一级人民法院提出抗诉。

3. 在总结认罪认罚从宽制度和速裁程序试点工作经验的基础上，确立了认罪认罚从宽制度和速裁程序。具体包括五个方面的内容：(1) 明确规定犯罪嫌疑人、被告人认罪认罚的刑事案件可以依法从宽处理原则。即《刑事诉讼法》第15条规定："犯罪嫌疑人、被告人自愿如实供述自己的罪行，承认指控的犯罪事实，愿意接受处罚的，可以依法从宽处理。"(2) 完善了刑事案件认罪认罚从宽的程序规定。包括侦查机关告知诉讼权利和将认罪认罚情况记录在案、人民检察院在审查起诉阶段就案件处理听取意见、犯罪嫌疑人签署认罪认罚具结书、人民检察院提出量刑建议和人民法院如何采纳量刑建议、人民法院审查认罪认罚自愿性和具结书真实性、合法性等。(3) 增设了速裁程序。对于基层人民法院管辖的可能判处3年有期徒刑以下刑罚，案件事实清楚，证据确实、充分，被告人认罪认罚并且同意适用程序的，可以适用速裁程序，由审判员一人独任审判。同时，也明确规定了被告人是盲、聋、哑人，或者是尚未完全丧失辨认或者控制自己行为能力的精神病人的；被告人是未成年人等六种不能适用速裁程序的情形。(4) 强化了认罪认罚的犯罪嫌疑人、被告人的权利保护。《刑事诉讼法》对适用认罪认罚程序审理的犯罪嫌疑人、被告人的诉讼权利告知、值班律师制度、采取刑事强制措施时判断社会危险性的权衡因素等均作出了明确规定。(5) 规定了认罪认罚从宽程序、速裁程序按照普通程序重新审理的情形。即《刑事诉讼法》第226条规定的四种情形：发现有被告人的行为不构成犯罪或者不应当追究其刑事责任、被告人违背意愿认罪认罚、被告人否认指控的犯罪事实或者其他不宜适用速裁程序审理情形的，应当按照普通程序重新予以审理。

总体而言，刑事诉讼法第三次修改是对十八大以来全面实行依法治国方略的呼应，是推进中国特色社会主义诉讼制度改革的重大举措。当然，任何一部法律的修改，均不可能尽善尽美，此次刑事诉讼法的修改也不例外。如没有将十八届四中全会提出的推进“以审判为中心”的诉讼制度改革的成果予以吸纳，庭审实质化、证人和鉴定人出庭作证制度未进一步细化等，这在一定程度上而言是个缺憾。

第三节 刑事诉讼模式的历史沿革

刑事诉讼模式（又称诉讼结构、诉讼构造、诉讼形式）是指在刑事诉讼程序中，控诉、辩护和裁判三方的法律地位和相互关系。以诉讼由谁提起、当事人在诉讼中的地位和作用、法官在诉讼中的职能、案件审理的方式这些表面特征为标准，可对人类阶级社会历史上出现的刑事诉讼程序作以下基本划分：弹劾式诉讼（Accusational System，又译为控告式诉讼）、纠问式诉讼（Inquisitional System，又译为审问式诉讼）、混合辩论式诉讼。

一、弹劾式诉讼

弹劾式诉讼是人类历史上最早的诉讼模式，古埃及、古巴比伦、古印度、古希腊、古罗马共和国时期以及英国的封建时期，基本上都实行这种诉讼模式。其主要特点为：

1. 实行私人告诉制度，国家不设立专门的起诉机关。在奴隶制社会，立法者将诉讼视做私人的事情，只有在被害人或法律允许的其他人提出控告后，司法机关才予受理。没有原告，法院就不依职权主动启动诉讼程序。即如古罗马的法谚所表述的：“没有原告，就没有法官。”古代雅典，无论是私人诉讼还是公共诉讼，传唤被告人到庭不是由国家机关负责，而是由原告自己负责。公元5世纪到公元8世纪，欧洲法兰克王国的刑事诉讼通常实行自诉制度，由被害人及其家属控告犯罪，并由原告自己或偕同亲属数人前往传唤被告人，若被告人拒不到庭，则证明是自认理亏，按《撒利克法典》规定处15个金币的罚款。

2. 原告人与被告人的法律地位在形式上是平等的。这种诉讼模式的出发点是把犯罪人对被害人的侵犯，看成是民事诉讼那样的双方当事人私人之间的纠纷和讼争。这种诉讼明显保留有氏族部落原始民主、平等的痕迹，因为原始氏族成员之间的纠纷，是通过双方在氏族大会面前平等争讼来解决的。但是奴隶制国家的法律不仅公开维护奴隶主阶级对奴隶的剥削和统治，也公开地确立自由民之间的不平等。如适用刑罚不是根据罪行的轻重，而是根据犯罪人和受害人社会地位的高低而规定不同的刑罚；森严的等级制度，使得当事人诉讼地位上的平等以他们之间的身份平等为前提条件；不同身份的人，在诉讼中所享有的权利和承担的义务是存在差别的。

3. 法官在诉讼中相对消极，庭审主要表现为当事人之间进行的争辩。在这种诉讼形式中，法官主要是审查双方当事人所提供的证据，在听取他们的辩论之后作出判决。法官以诉讼双方以外的第三者身份出席法庭，其主要职责是监督这场争论是否按照诉讼规则进行，回答当事人提出的问题以及判决这场争论的胜负。而当事人的作用积极主动，他们推进整个诉讼过程，负责提供证据，并进行平等辩论。

4. 司法与行政合一。在奴隶制的弹劾式诉讼中，司法机关和行政机关是结合在一起的，并且司法职能隶属行政职能。例如，在古巴比伦，地区的行政长官沙根那库就是当地的司法长官，基层行政官员拉比阿努姆也参与和主持审判案件。

5. 采用神示证据制度。在奴隶制时期，由于人们的认识水平低下，对于许多疑难案件在无法查证的情况下，法官往往借助"神灵的启示"来解决这些争端，以保证裁判的结论能够得到社会公众的承认。如公元前20世纪的《苏美尔法典》第7条规定："引诱自由民之女离家出走，而女之父母知之者，则引诱此女之人应对神发誓云：'彼实知情，过应在彼。'"

二、纠问式诉讼模式

纠问式诉讼模式产生于罗马帝制时期，盛行于中世纪时期的欧洲大陆各国。典型反映这种诉讼模式的诉讼法典是德国1532年的《加洛林纳刑法典》和法国1539年的《法兰索瓦一世令》。另外，英国在君主专制时期的星座法院也实行纠问主义。纠问式诉讼模式的主要特点如下。

1. 法官依职权主动追究犯罪。在纠问式诉讼中，法官已不再是处于消极诉讼地位的仲裁者，而是集控诉与审判职能于一身，一旦发现刑事案件，不论是否有原告，法官都要依职权主动追究犯罪者的刑事责任。不过这种诉讼模式不是不承认个人的起诉权，而只是不把个人的告诉作为进行审判的前提，也就是不实行"不告不理"的原则。如在公元9世纪欧洲的法兰克王国，王室法院和巡回法院的法官在发现涉及王室利益的刑事案件时，法官必须主动依职权讯问当事人和证人，查清事实，作为判决的根据。

2. 被告人只是被刑讯的客体，无任何诉讼权利。在纠问式诉讼中，刑讯是整个诉讼过程的中心环节，被告人只是被追究、被审问的对象，其只有招供的义务，没有反驳、进行辩护的权利。如欧洲13世纪建立的宗教裁判所，就实行极端残忍的审判制度，对被告人实行秘密的审讯，对于控告人及证人是谁，一律对被告人保密，并且把对其严刑拷问，作为提取证据的主要手段。

3. 侦查和审判都秘密进行，实行间接的书面审理方式。法官可自行决定开始刑事诉讼活动，法官有权对证人、被告人实行秘密的讯问，也有权收集他认为有用的证据。由于审判前的侦查牵涉关押被告人，而且要形成审判所需的全部材料，因而所谓的法庭审判，仅仅是让被告人对已准备好的控诉材料进行供认和作出判决而已，整个诉讼过程都是秘密的和书面的。

4. 实行法定证据制度，口供是证据之王。法定证据制度是指一切证据的证明力及其大小，都由法律事先加以规定，法官只能机械地适用，而不得自由地评判和取舍。法定证据制度将口供奉为证据之王，同时又实行有罪推定原则，所以，在被告人不供认有罪的情况下，法官便对其进行刑讯逼供，极力获得据以定案的口供。例如，《加洛林纳刑法典》规定，在有一定的证据怀疑被告人犯罪而他不供认时，允许以拷问方式强制其自供。

三、混合辩论式诉讼

混合辩论式诉讼是在批判、继承弹劾式和纠问式诉讼的基础上产生的，是两种诉讼模式的结合，当今英美法系和大陆法系两大法系都采用这种诉讼模式，它们具有一些共同的特征。当然，由于法律渊源和历史传统的差异，英美法系和大陆法系所实行的混合辩论式诉讼还是存在明显区别的。

1. 混合辩论式诉讼的特征

混合辩论式诉讼的主要特征表现在以下几个方面。

(1) 司法独立。孟德斯鸠的三权分立学说即立法、司法和行政三权分立并相互制衡，是资本主义国家建构权力体系的政治哲学基础。司法独立作为一条基本原则被宪法和刑事诉讼法确立下来，要求法官独立行使审判权，只服从宪法和法律，不受行政机关和立法机关的干涉。

(2) 控审职能分离，实行不告不理的诉讼原则。这与纠问式诉讼中法官集起诉和审判职能于一身是完全不同的。近代国家一方面认为犯罪不仅仅是侵犯了个人的利益，也直接侵犯了国家利益，应由国家主动干预，进行追究；另一方面认为，起诉只有与审判分离，才能保证审判程序客观公正，因此普遍建立了检察机关专门代表国家追诉犯罪的公诉制度。如法国于 1890 年明确规定了检察官是行政机关派往各级法院的代理人，并根据法院的审级的不同，设置了不同等级的检察机构，专门负责对各类犯罪的控诉职责。即使像英国这样具有私人起诉传统的国家，在近现代，大多数案件也由警察机关起诉，严重犯罪由检察机关起诉。1985 年以后，英国的刑事诉讼法对起诉制度进行改革，使检察机关实际掌握了大部分案件的起诉权，国家公诉已在相当程度上取代了私人起诉。控诉职能和审判职能被划分为不同的两个部分，这是资本主义刑事诉讼模式的一个共同的特点。

(3) 赋予被告人包括辩护权在内的广泛的诉讼权利。在资产阶级民主革命时期，许多启蒙思想家都主张应该用辩论式诉讼来代替专横的纠问式诉讼，在诉讼中当事人（特别是被告人）有权请代理人为自己辩护。英国 1679 年的《人身保护法》就明文规定了被告人的辩护权原则。此后，法国及其他一些国家纷纷效仿，在立法中都规定了被告人享有辩护权。辩护制度的建立，对于确认被告人的诉讼主体地位，保障被告人的合法权益有着重要的意义。

(4) 实行公开审判制度，确立直接言词原则。西方国家比较强调审判程序的公正，它们认为，保障程序公正应该具备两个条件：一是任何人不得审理与自己有利害关系的案件，法官应该是公正无私的；二是应该赋予双方当事人平等对抗的权利，让他们在庭审中充分地进行陈述和争辩。因此，在诉讼程序中确立了一系列保障审判程序公正的制度和原则。如实行审判公开，使法院的审判活动向当事人公开，向社会公开。同时针对纠问式诉讼中法官间接和书面审理的做法，确立了直接言词原则，要求法官所采信的证据必须由当事人在法庭上进行充分的争辩和质证，法官应该在场亲自聆听庭审争辩的全过程。

(5) 奉行自由心证的证据制度。自由心证是相对于纠问式诉讼中的法定证据而言的，它是指所有证据的证明力及其大小，法律都不事先予以规定，由法官与陪审员根据自己的良心和理性自由评判和取舍。法国宪法会议在 1791 年 9 月 29 日的训令中，宣布了法官把自己的内心确信作为判断证据、用以证明案件真实性的原则，法官必须以内心确信为裁判的唯一根据。1808 年《法国刑事诉讼法典》对自由心证制度又作了比较详尽的规定。继法国之后，欧洲各国资产阶级的立法也相继规定了这一制度。自由心证相对于法定证据制度而言，是证据制度的一大进步。

2. 英美法系的当事人主义诉讼

英美法系的当事人主义诉讼，又称对抗制诉讼、辩论式诉讼。这种诉讼模式强调双方当事人在诉讼中的主体地位，使他们在诉讼中对抗争辩，法官只起居中裁断的作用，用一句话概括就是“沉默的法官，争斗的当事人”。这种诉讼形式的主要特点如下。

(1) 在侦查程序中，当事人主义强调对被告人权利的保护，赋予被告人及其辩护人与警察、检察官相抗衡的权利。被告人享有沉默权，辩护律师有权自行侦查或委托私人侦探代为侦查，有权在预审时提出辩护证据或申请己方的证人出庭作证。在预审法庭上，警察与检察官的证据并不优于被告人方的证据。同时，为加强对侦查机关的监督，规定其采取强制措施时必须取得法官的令状。

（2）在起诉形式上，当事人主义赋予检察机关较大的自由裁量权，其可以视案件的具体情况而采取灵活的起诉方式。即使在犯罪证据充分时，检察机关也可作出不起诉的决定；在起诉之后，经被告人同意，也可以撤回起诉。

（3）在案卷材料的移送上，当事人主义实行起诉状一本主义。即为防止法官产生预断，检察官在决定起诉案件时，不移送案卷材料和证据，不进行任何证据说明，也不记载任何足以使法官对被告人产生偏见的事项，只将起诉书送交法院。

（4）在审判程序中，控辩双方进行充分的对抗。法庭审判活动以控辩双方的积极活动为核心内容。他们在地位平等的基础上，按交叉的方式对证人进行询问、质证，然后双方作终结性辩论。法官的职权活动仅限于补充性事务，其主要任务是对控辩双方的主张及证据进行评判和取舍。

3. 大陆法系的职权主义诉讼

法国、德国等大陆法系的职权主义诉讼，又称非对抗式诉讼或审问式诉讼。这种诉讼模式比较注重发挥司法机关在刑事诉讼中的职权作用，特别强调法官在庭审中的主导地位，用一句话来概括就是“主动的法官，消极的当事人”。这种诉讼模式的主要特点如下。

（1）侦查机关享有较广泛的权力，被告人的权利受到一定程度的限制。这种诉讼模式，在侦查程序中不承认双方当事人平等的诉讼地位，认为侦查是警察和检察官单方的片面行为，被告人负有忍受国家侦查机关审讯的义务。虽然也允许律师在侦查程序中参与诉讼，但不承认律师有调查取证权，被告人认为有能够证明自己无罪或罪轻的证据的，只能请求侦查机关代为收集。同时，在对被告人采取强制措施之前，并不需要取得法官的令状。

（2）在起诉程序上，检察官对是否起诉一般无自由裁量权。职权主义诉讼模式，认为追究犯罪是国家机关的责任，因此在通常情况下，只要证据充分，检察机关就必须起诉（起诉法定主义）。当然，基于刑事政策的需要，在职权主义之下，检察机关也享有限制性的起诉裁量权。

（3）在起诉活动中实行卷宗移送主义。在法、德等大陆法系国家，因为法官要指挥审判、亲自调查证据，所以需要在审判前对案件进行实质性审查，完全了解案件事实及其细节。为了满足法官的需要，检察官必须向法院移送全部案件笔录和证据材料，法官在充分阅读了这些材料和证据之后，才能开始审判。

（4）法官庭审活动中居于支配地位。法官是审判活动的中心，查明事实真相的责任归属于法官，法官掌握诉讼的主动权。当事人处于受支配的地位。庭审活动是以法官对案件的调查为主线而展开的。法官依职权主动讯问被告人，询问证人，积极调查证据。控辩双方的法庭活动受到限制，作用比较消极。

4. 日本的混合辩论式诉讼

日本有大陆职权主义的历史传统。第二次世界大战以后，美国占领军按照当事人主义模式对日本的诉讼制度进行了重塑。此后的日本刑事诉讼模式是以当事人主义为主，兼具职权主义的某些特征。日本的混合辩论式诉讼模式具有以下特点。

（1）在侦查程序中，日本刑事诉讼法虽然强调对被告人权利的保护，但又与当事人主义不完全相同。具有三个特点：一是侦查机关在对被告人实施逮捕、羁押、搜查、扣押之前，必须取得法官的令状。如《日本刑事诉讼法》第199条第2项规定："审判官在认为有充分理由足以怀疑被疑人曾经犯过罪时，根据检察官或司法警察员的请求，签发逮捕票。"二是确认被告人有沉默权，讯问时检察官必须予以告知。三是确认被告人的辩护人依赖权，并保证其在没有见证人的情况下与辩护人会见的权利，但指定会见的期日、场所及时间，侦查机关可视情况而定。

(2) 实行"起诉状一本主义"，赋予检察官一定限度的起诉裁量权。日本实行国家追诉主义，所有的刑事案件都由检察机关提起公诉，没有自诉，这体现了职权主义的特征。但日本又实行"起诉状一本主义"，不向法官移送全部案卷和证据材料。同时，检察官可以根据案件的具体情况决定是否起诉。为了防止检察官滥用起诉裁量权，设立了一些相关的监督机制。

(3) 在审判程序上，基本上实行对抗制方式。在庭审中一般不是由审判官主动调查证据，而是由双方当事人积极主动地进行举证和进行交叉询问。调查完毕后，双方再就事实及法律适用问题进行辩论。但是，审判长并不是消极被动的，他仍然掌握指挥权。《日本刑事诉讼法》第298条规定："在公审期日的诉讼指挥，由审判长执行。"第298条规定："法院在认为必要时，可以依职权调查证据。"从这两条规定中可以看出日本的庭审程序兼具当事人主义与职权主义的特征。

四、当代中国的刑事诉讼模式

我国是社会主义国家，刑事诉讼制度在法律性质上和西方国家的刑事诉讼制度有着本质的不同。我国当代的刑事诉讼的立法背景和立法方式，也与西方国家有着较大的差别。所以我国的刑事诉讼模式有着明显的特点。从内容上看，我国的刑事诉讼模式自1979年《刑事诉讼法》开始，通过1996年、2012年和2018年的三次修改，逐步完成了从"强职权主义"诉讼模式到以职权主义模式为主、适当借鉴当事人主义的合理因素的诉讼模式的转变。

1979年制定的《刑事诉讼法》，确立了控辩审三方在诉讼中的地位和关系。侦查阶段的诉讼活动以国家专门机关进行的追诉活动为主。根据当时的法律规定，被告人无权在侦查阶段委托律师提供法律帮助，而侦查机关的侦查权较少受到当事人或监督机关的约束。起诉阶段仍然以追究犯罪为主要目的，被告人仍无权委托辩护人。公诉以法定起诉主义为原则，但是检察机关基于免予起诉制度也拥有一定的起诉裁量权。规定了在审判阶段被告人的辩护权实现方式，但审判长能够较大程度地控制庭审流程。庭前阅卷进行实体审查；法庭询问主要由审判长控制；法院可以依职权主动调查证据，这些制度使得当时庭审的对抗性较弱。由于我国1979年《刑事诉讼法》确立的诉讼模式较大陆法系国家的职权主义模式，更为强调国家专门机关在刑事诉讼中的作用，因而其可被称为"强职权主义"模式。当时，这种模式在打击犯罪、维护社会稳定方面起到了积极的作用。

1996年《刑事诉讼法》的修改，在保障打击犯罪的同时，吸取了英美法系当事人主义的合理因素，加强了对犯罪嫌疑人、被告人基本权利的保护。侦查阶段，国家专门机关仍然享有较大的侦查权，但法律允许犯罪嫌疑人聘请律师提供法律帮助。起诉阶段，废除了免予起诉制度，完善了不起诉制度，并在聘请辩护人等制度上保障了当事人的权利。对庭审程序进行了重要改革，在坚持审判中心的基础上，加强了庭审对抗。对庭前阅卷制度进行了改革，庭审贯彻平等举证、质证和辩论原则，重视被告一方在庭审中的作用。此外，还设立了简易程序，提高了庭审效率，符合诉讼效率的要求。这次《刑事诉讼法》的修改，很明显体现出我国刑事诉讼模式正在寻求合理化改变，努力在打击犯罪和保障人权之间实现平衡。

2012年对《刑事诉讼法》进行的第二次修改，从我国国情出发，坚持处理好惩治犯罪与保障人权的关系。保障人权不仅写入了刑事诉讼法的“任务”一条，而且被落实在诸多制度中。特别是侦查阶段，在延续侦查机关行使侦查主导权的基础上，通过非法证据排除规则、强制措施制度的优化等方式，对侦查机关的侦查权进行了约束，避免出现侵犯犯罪嫌疑人人权的情况。同时增加了犯罪嫌疑人一方的知情权，并将律师辩护权提前至侦查阶段。庭审阶段，在简易程序适用，查封、扣押、冻结的财物及其孳息的处理，提起附带民事诉讼的主体等方面，扩大了当事人的诉讼权利。《刑事诉讼法》的第二次修改，还通过专设“特别程序”一编，对未成年人的诉讼权益进行了特别保障，增设的特定范围公诉案件的和解程序，也是尊重当事人程序选择权的重要表现。

2015年之后，最高人民法院和最高人民检察院等机关在各自深化改革的方案中，沿着惩治犯罪和保障人权并重的道路，提出了很多细化的改革措施，加速推动了2012年《刑事诉讼法》中很多修订内容的落实。

经过三十余年的发展，我国的刑事诉讼模式已经形成了自己的特点。公、检、法三机关“分工负责，互相配合，互相制约”，在侦查、起诉和审判等环节中发挥着重要作用，体现了职权主义诉讼模式的基本特点。但是，在辩护制度、刑事和解、对抗式庭审和未成年人诉讼程序等方面，当事人的诉讼权利得到了较多的体现。从三次《刑事诉讼法》的修改内容来看，我国刑事诉讼模式的框架已经基本形成。可以预见，在较长的时间内，在打击犯罪、保障人权思想的指导下，我国将会坚持以职权主义模式为基础，借鉴当事人主义中的合理因素，最终形成中国特色的刑事诉讼模式。

问题与思考

简答题

1. 外国奴隶制、封建制社会的刑事诉讼法的本质及特征是什么？
2. 资本主义国家刑事诉讼法的本质特征是什么？两大法系在诉讼模式上有哪些区别？
3. 中国古代刑事诉讼法的特征是什么？
4. 制定1979年《刑事诉讼法》的历史背景是什么？
5. 2012年修正的《刑事诉讼法》对1996年《刑事诉讼法》作了哪些修改？
6. 2018年修正的《刑事诉讼法》在哪些方面作了较大修改？

课堂讨论案例

某国一名犯罪嫌疑人因涉嫌一起盗窃案受到追诉。政府官员在接受被害人的控告后，对该名犯罪嫌疑人进行证据调查，最终将其抓获。但在审讯过程中，犯罪嫌疑人拒不认罪，政府官员决定对其采取刑讯手段，经过严刑拷打，犯罪嫌疑人最后被迫屈服，并对案件事实供认不讳。最后，由同一政府官员担任法官主持法庭审判，但该被告在庭上翻供，并且认为除了刑讯获得的口供以外没有其他证据证明其犯罪，该官员当场决定对其鞭笞，后被告人认罪，法庭据此定罪并判处刑罚。

请结合刑事诉讼模式的内容，谈谈你对该国诉讼模式类型的看法。

法律职业资格（司法）考试真题

1. 在刑事诉讼中，法官消极中立，通过当事人举证、辩论发现事实真相，并由当事人推动诉讼进程。这种诉讼构造属于下列哪一种类型？（　　）（单选）

A. 职权主义　　B. 当事人主义

C. 纠问主义　　D. 混合主义

2. 关于刑事诉讼构造，下列哪一选项是正确的？（　　）（单选）

A. 刑事诉讼价值观决定了刑事诉讼构造

B. 混合式诉讼构造是当事人主义吸收职权主义的因素形成的

C. 职权主义诉讼构造适用于实体真实的诉讼目的

D. 当事人主义诉讼构造与控制犯罪是矛盾的

第三章

刑事诉讼法的制定目的、根据和任务

本章概要

刑事诉讼法既具有保障刑法正确实施的工具价值，又具有坚持程序正义的独立价值，这是刑事诉讼法的本质特征。刑事诉讼法是以宪法为根据制定的，宪法的基本精神和原则应当体现在刑事诉讼法之中。明确刑事诉讼的各项任务及其相互关系，也是刑事诉讼法的重要内容。

关键术语

制定刑事诉讼法的目的　制定刑事诉讼法的根据　程序正义刑事诉讼法的任务

第一节　制定刑事诉讼法的目的和根据

一、制定刑事诉讼法的双重目的

（一）保障刑法正确实施的工具性价值

刑事诉讼法的目的，是指国家制定和实施刑事诉讼法的出发点和追求的结果。作为程序法的刑事诉讼法，首先应当具有确保作为实体法的刑法的目标得以实现的工具性价值。所以，我国《刑事诉讼法》第 1 条就开宗明义地规定：为了保证刑法的正确实施，惩罚犯罪，保护人民，保障国家安全和社会公共安全，维护社会主义社会秩序，根据宪法，制定本法。这就是刑事诉讼法制定及实施的目的。具体言之，刑事诉讼法的工具性价值主要包括以下两个方面。

其一，保证刑法的正确实施，惩罚犯罪，保护人民，是刑事诉讼法的直接目的。刑法是规定什么行为构成犯罪和对犯罪如何运用刑罚进行惩罚的法律，是实体法。但是，如何对犯罪行为进行追究，则要通过立案、侦查、起诉、审判和执行等一系列诉讼程序才能进行。刑事诉讼法正是规定处理刑事案件诉讼程序的法律，也就是程序法。刑法和刑事诉讼法之间是内容和形式的关系，二者互相联系，互相依存，缺一不可。如果没有刑法来规定什么行为构成犯罪，如何运用刑罚、定罪量刑就没有了标准；反之，如果没有刑事诉讼法来规定由谁负责追究犯罪及如何追究犯罪等内容，刑法关于定罪量刑的规定则成为一纸空文。因此，制定刑事诉讼法的直接目的，就是保证刑法的正确实施，惩罚犯罪，保护人民。

其二，保障国家安全和社会公共安全，维护社会主义社会秩序，是刑事诉讼法的根本目的。我国是人民民主专政的社会主义国家。对极少数仇视中国特色社会主义制度，企图通过实施各种危害国家安全的犯罪，推翻人民民主专政和社会主义制度的犯罪分子必须予以严惩。目前，我国还处于社会主义初级阶段，各种社会矛盾不断涌现，在某些地区或领域甚至层层叠加，不可避免地发生诸如杀人、放火、爆炸、投毒、强奸、抢劫、盗窃等各种普通刑事犯罪活动，危害社会公共安全，破坏社会秩序。对这些犯罪分子必须予以及时、严厉的法律制裁。刑事诉讼法是国家上层建筑的重要组成部分，肩负着惩罚犯罪和防控犯罪的重要使命。因此，通过刑事诉讼法规范刑事司法行为，公正、高效、权威地惩罚犯罪分子，实现保障国家安全和社会公共安全，维护国家安全和社会秩序的根本目的。

（二）实现程序正义的独立价值

在实现刑事诉讼法的工具性价值的同时，还应当看到，国家制定刑事诉讼法的目的，并不仅仅局限于确保刑法正确实施的有效性，或者并不能仅仅将刑事诉讼法视为实施刑法的手段或工具，刑事诉讼法本身还具有独立的内在价值。刑事诉讼法的这种内在价值，并不完全是为了增强刑事诉讼法的工具性价值而存在的，其本身具有独立于实体正义价值的意义。刑事诉讼法本身所具有的这种独立的内在价值，学术界通常称之为程序正义。

程序正义的独立作用主要体现在以下几个方面：其一，程序正义能够保障刑事诉讼中的利害关系人，特别是犯罪嫌疑人、被告人得到公正的对待，使其人格尊严得到尊重，合法权益得到维护，诉讼职能作用得到充分发挥。其二，程序正义能够以独立的方式保障裁判结果具有正当性。程序正义的这种独立价值，就是必须使刑事诉讼程序具有正当性，即刑事诉讼程序必须具有能够保证产生好的诉讼结果的内在优秀品格。其三，程序正义有利于保障诉讼当事人和社会公众接受或认可裁判的公正性，有助于保障整个刑事诉讼活动发挥最佳效果。可见，制定刑事诉讼法的目的，显然也在于体现程序正义的独立作用。伴随着国家法治化、司法文明化程度的不断提升，程序正义的独立价值将更加彰显。

二、制定刑事诉讼法的根据

依据我国《刑事诉讼法》第 1 条的有关规定，宪法是制定刑事诉讼法的根据。宪法是国家的根本大法，其他法律是它的具体化。因此，宪法关于刑事诉讼的原则性规定，是制定刑事诉讼法的基本依据。刑事诉讼法从制定目的、任务、基本原则到诉讼制度、诉讼程序、刑事诉讼体制机制等所有规定，都是宪法有关规定的具体化。同时，刑事诉讼法也保证了宪法有关规定的具体实施。

1.《宪法》第 33 条规定，中华人民共和国公民在法律面前一律平等。《刑事诉讼法》第 6 条也规定，对于一切公民，在适用法律上一律平等，在法律面前，不允许有任何特权。

2.《宪法》第 37 条规定，中华人民共和国公民的人身自由不受侵犯。任何公民，非经人民检察院批准或者决定或者人民法院决定，并由公安机关执行，不受逮捕。禁止非法拘禁和以其他方法非法剥夺或者限制公民的人身自由，禁止非法搜查公民的身体。《宪法》第 39 条规定，中华人民共和国公民的住宅不受侵犯。禁止非法搜查或者非法侵入公民的住宅。《刑事诉讼法》在“强制措施”和“侦查”两章中，分别对公安司法机关拘留、逮捕犯罪嫌疑人、被告人以及搜查作了严格的程序规定。

3.《宪法》第38条规定，中华人民共和国公民的人格尊严不受侵犯。禁止用任何方法对公民进行侮辱、诽谤和诬告陷害。《刑事诉讼法》第14条规定，诉讼参与人对于审判人员、检察人员和侦查人员侵犯公民诉讼权利和人身侮辱的行为，有权提出控告。

4.《宪法》第40条规定，中华人民共和国公民的通信自由和通信秘密受法律的保护。除因国家安全或者追查刑事犯罪的需要，由公安机关或者检察机关依照法律规定的程序对通信进行检查外，任何组织和个人不得以任何理由侵犯公民的通信自由和通信秘密。《刑事诉讼法》第141、143条对此作了相应规定。

5.《宪法》第41条规定，中华人民共和国公民对于任何国家机关和国家工作人员，有提出批评和建议的权利；对于任何国家机关和国家工作人员的违法失职行为，有向有关国家机关提出申诉、控告或者检举的权利，但是不得捏造或者歪曲事实进行诬告陷害。对于公民的申诉、控告或者检举，有关国家机关必须查清事实，负责处理。任何人不得压制和打击报复。由于国家机关和国家工作人员侵犯公民权利而受到损失的人，有依照法律规定取得赔偿的权利。《刑事诉讼法》在立案、侦查、起诉、审判、执行等程序中，都规定了诉讼参与人享有申诉、控告的权利等。

6.《宪法》第128条规定，中华人民共和国人民法院是国家的审判机关。第130条规定，人民法院审理案件，除法律规定的特别情况外，一律公开进行。被告人有权获得辩护。第131条规定，人民法院依照法律规定独立行使审判权，不受行政机关、社会团体和个人的干涉。这些宪法规定是《刑事诉讼法》规定的公开审判、被告人有权获得辩护、人民法院独立行使审判权原则的立法依据。

7.《宪法》第132条规定，最高人民法院是最高审判机关。最高人民法院监督地方各级人民法院和专门人民法院的审判工作，上级人民法院监督下级人民法院的审判工作。《刑事诉讼法》据此确定了刑事诉讼中的案件管辖制度、审级制度和上诉制度。

8.《宪法》第134条规定，中华人民共和国人民检察院是国家的法律监督机关。第136条规定，人民检察院依照法律规定独立行使检察权，不受行政机关、社会团体和个人的干涉。第137条规定，最高人民检察院是最高检察机关。最高人民检察院领导地方各级人民检察院和专门人民检察院的工作，上级人民检察院领导下级人民检察院的工作。这些宪法规定为《刑事诉讼法》确立人民检察院的诉讼地位、诉讼职权，以及人民检察院在诉讼中的上下级关系提供了依据。

9.《宪法》第139条规定，各民族公民都有用本民族语言文字进行诉讼的权利。人民法院和人民检察院对于不通晓当地通用的语言文字的诉讼参与人，应当为他们翻译。在少数民族聚居或者多民族共同居住的地区，应当用当地通用的语言进行审理；起诉书、判决书、布告和其他文书应当根据实际需要使用当地通用的一种或几种文字。《刑事诉讼法》第9条对此作出了具体规定。

10.《宪法》第140条规定，人民法院、人民检察院和公安机关办理刑事案件，应当分工负责，互相配合，互相制约，以保证准确有效地执行法律。《刑事诉讼法》第7条相应确立了公、检、法三机关“分工负责，互相配合，互相制约”的原则。

1999年第九届全国人民代表大会第二次会议表决通过的《中华人民共和国宪法修正案》，

将依法治国、建设社会主义法治国家等重大问题写入《宪法》。2004 年的宪法修正案增加了“国家尊重和保障人权”条款。2018 年第十三届全国人民代表大会第一次会议表决通过的《中华人民共和国宪法修正案》，将全面推进依法治国等内容明确写入宪法。对刑事诉讼法来说，宪法修正案为完善各项具体制度提供了宏观指导和依据。总而言之，刑事诉讼法是根据宪法制定和完善的，其全部内容都应该体现宪法的基本精神，是宪法的有关原则和规定的具体化。

第二节　刑事诉讼法的任务

我国《刑事诉讼法》第 2 条规定：中华人民共和国刑事诉讼法的任务，是保证准确、及时地查明犯罪事实，正确应用法律，惩罚犯罪分子，保障无罪的人不受刑事追究，教育公民自觉遵守法律，积极同犯罪行为作斗争，维护社会主义法治，尊重和保障人权，保护公民的人身权利、财产权利、民主权利和其他权利，保障社会主义建设事业的顺利进行。根据这一规定，刑事诉讼法有以下三项任务：

一、保证准确、及时地惩罚犯罪，是刑事诉讼法的首要任务

司法机关作为国家机器的重要组成部分，在惩罚犯罪、维护国家安全、公共安全、社会秩序等方面肩负重大职责。根据宪法规定，惩罚犯罪只能通过刑事诉讼程序来进行。刑事诉讼法是从诉讼程序方面来保证准确、有效、及时地惩治犯罪。在刑事诉讼过程中，准确、及时地查明犯罪事实，是惩罚犯罪分子、正确处理案件的一个基本要求。所谓准确，就是整个案件事实清楚，证据确实充分，排除合理怀疑，确保没有差错。只有准确查明案件事实，才能为下一步正确应用法律提供可靠的根据和基础。所谓及时，就是在法定的期限内，通过提高工作效率，尽快结案。侦查机关及司法机关要及时侦查破案、起诉和审判，对犯罪分子进行及时、有效的惩罚，绝不允许无故拖延时间，贻误时机。为了保证及时办案，刑事诉讼法具体规定了拘留、逮捕、侦查、起诉、审判的期限。

刑事诉讼法对侦查机关、司法机关在查明犯罪事实上作出的“准确、及时”两个要求，是互相联系、不可分割的。只要求及时，不要求准确，就会放纵犯罪，冤及无辜，及时只能以准确为前提，并且要服从于准确。正确应用法律，是控制犯罪分子、正确处理案件的另一个基本要求。在查明案件事实之后，正确应用法律，就成为准确惩罚犯罪分子的关键。在准确查明案件事实的基础上，正确应用刑法及其他法律、立法解释、司法解释等规定，就是对正确处理案件的基本要求。如果不能正确应用法律，应该惩罚的犯罪分子却逍遥法外，不该惩罚的人反而受到了追诉，就会严重损害司法的权威性和公信力，进而破坏国家法治的统一性和严肃性。对于此种情形，应当通过不断完善刑事诉讼法，大力推进刑事司法体制改革从根本上加以杜绝。

二、尊重和保障人权，保证无罪的人不受刑事追究，保护公民的合法权利，是刑事诉讼法的第二项重要任务

尊重和保障人权是我国宪法确立的一项重要原则，体现了社会主义制度的本质要求。在现

代法治社会，刑事诉讼法始终被称为依法治国之“重器”、宪法的测震仪或应用之宪法，堪称人权保障的“宪章”。刑事诉讼法在程序设置和具体规定中都应当贯彻这一宪法原则。鉴于刑事诉讼制度关系公民的人身自由等基本权利，将“尊重和保障人权”明确写入刑事诉讼法，既有利于更加充分地体现我国司法制度的社会主义性质，也有利于侦查机关、司法机关在刑事诉讼程序中更好地遵循和贯彻这一宪法原则。据此，刑事诉讼法第 2 条明确将“尊重和保障人权”确定为刑事诉讼法的任务，这标志着我国刑事司法理念发生了根本性转变，是我国法治文明建设的一个历史性重大进步，具有里程碑意义。

依法惩罚犯罪和保障无罪的人不受刑事追究，是我国刑事诉讼法同一任务的两个核心要素：一方面要坚决依法惩治犯罪分子；另一方面必须依法保障无罪的人不受刑事追究，两者相辅相成、不可分割。不论是放纵了犯罪分子，还是冤枉了无辜者，都属于没有完成刑事诉讼法的任务，没有实现刑事诉讼法的目的，都应当承担法律责任。罪刑法定原则，是刑事司法的基本准则。任何公民，只要他没有实施犯罪行为或有法律规定的免予追究刑事责任的情形，就不能枉法追诉。我国刑事诉讼法明确规定了不应当追究刑事责任的若干情形，已经追究的，应当撤销案件，或者不起诉，或者终止审理，或者宣告无罪并立即释放在押的犯罪嫌疑人、被告人；同样也规定了立案、侦查、起诉、审判的事实、证据和法律依据，以保证无罪的人免受刑事追究，严禁伤害无辜、冤枉好人。刑事诉讼法要求，在刑事诉讼各个阶段，都要切实保障诉讼参与人的诉讼权利，特别要注意保障犯罪嫌疑人、被告人依法享有的辩护权等。如果发现在认定事实上或者在适用法律上确有错误，应当按照实事求是、“有错必纠”的原则，坚决依法尽快加以纠正。我国法律严禁司法人员滥用职权进行刑事诉讼活动，否则就要承担刑事责任。

鉴于刑事诉讼活动与公民权利具有最直接的密切联系，刑事诉讼法在其任务中明确规定，在坚决惩罚犯罪分子的同时，要切实保护公民的人身权利、财产权利、民主权利和其他权利。依据宪法法律规定，公民享有广泛的人身权利、财产权利、民主权利和其他权利。我国宪法法律既是惩治犯罪的有力武器，也是公民权利的保护神。所以，我国刑事诉讼法对强制措施、侦查手段等刑事诉讼活动都作了严格的程序规定。同时，刑法将非法拘禁、非法搜查、非法侵入住宅、枉法裁判罪等侵犯公民合法权利的行为规定为犯罪并依法追究其刑事责任。因此，我国刑事诉讼法亦可称为司法人权保障法。

三、教育公民自觉遵守法律，维护社会主义法治，是刑事诉讼法的第三项重要任务

根据刑事诉讼法的规定，对依法应当公开审判的案件全流程进行公开，同时向全社会公开裁判文书，能够对旁听群众和社会公众进行生动的法治教育，同时严厉震慑犯罪分子，鼓舞与教育群众同犯罪行为作斗争，并且可以利用具体、真实的典型案例，结合犯罪地或犯罪人周围的情况和存在的问题，有针对性地进行生动、有效的法治教育。在法治宣传教育中要突出以下重点。

1. 要教育公民自觉遵守法律。通过刑事诉讼活动，使群众了解有关法律规定，增强法治观念，自觉遵守法律。

2. 要教育公民积极地同违法犯罪行为作斗争。通过法治宣传教育活动，使人民群众敢于制止和揭露犯罪，鼓励和保护广大群众同犯罪分子作斗争的积极性，树立和表彰那些见义勇为同犯罪分子作斗争的先进典型。

3. 要教育引导公民不断提高法治意识，不断提高全社会防控犯罪的能力和水平。通过对本地区典型案例的宣传，使当地群众了解犯罪分子活动的规律和特点，教育和组织群众采取措施，堵塞漏洞，减少和预防犯罪，促进国家长治久安。

综上所述，刑事诉讼法的三项任务是相互联系、不可分割的。通过完成这三项任务，最终要实现维护社会主义法治、保障社会主义建设事业顺利进行的总任务。

问题与思考

简答题

1. 应当怎样正确理解我国刑事诉讼法的制定目的？
2. 什么是程序正义？程序正义的独立作用主要表现在哪些方面？
3. 制定我国刑事诉讼法的根据是什么？
4. 我国刑事诉讼法的任务是什么？
5. 尊重和保障人权的宪法原则写入刑事诉讼法的重大意义是什么？

课堂讨论案例

某日深夜，A市一偏僻的郊区发生一起命案。第二天清晨在现场发现了一具尸体。侦查机关进行了现场勘验，但并未发现任何脚印及其他犯罪痕迹，在走访当地群众后，也没有获得关于犯罪的任何信息。于是，侦查机关发布了悬赏公告。几天后，有人匿名举报张某是该起命案的犯罪嫌疑人。侦查机关立即对张某进行传讯，但张某在审讯当中拒不认罪。侦查机关又一直未能获得张某涉嫌犯罪的其他证据材料。

请结合对刑事诉讼法目的的理解，思考在这种情况下侦查机关该如何采取下一步的行动。

第二编

制度论

第四章

刑事诉讼主体

本章概要

专门机关和诉讼参与人是刑事诉讼的主体。没有专门机关和诉讼参与人，就没有刑事诉讼，也就没有刑事诉讼的进行，所以各国法律大都在刑事诉讼法中对此作出明文规定。在我国，刑事诉讼中的专门机关包括依法行使国家侦查权、起诉权和审判权的公安机关（含国家安全机关、军队保卫部门、中国海警局和监狱等）、人民检察院和人民法院。诉讼参与人包括与案件处理结果有利害关系的被害人、自诉人、犯罪嫌疑人、被告人、附带民事诉讼的原告人和被告人以及法定代理人、诉讼代理人、辩护人、证人、鉴定人和翻译人员等。

关键术语

专门机关　人民法院　人民检察院　公安机关　诉讼参与人　被害人　自诉人　犯罪嫌疑人　被告人

第一节　刑事诉讼主体概述

一、刑事诉讼主体的概念与分类

（一）刑事诉讼主体的概念

刑事诉讼主体是指参与刑事诉讼活动，行使一定诉讼职能，为某种具有特定目的的诉讼行为，并在刑事诉讼中享有一定权利、承担一定义务的国家专门机关和诉讼参与人。也就是说，所有参与刑事诉讼的国家专门机关和个人都是刑事诉讼主体。在刑事诉讼活动中，刑事诉讼主体是其中的基本构成要素，没有刑事诉讼主体参与，刑事诉讼活动就无法展开，刑事诉讼的任务更是无法完成。也正是各类刑事诉讼主体的诉讼行为积累起来，才形成了刑事诉讼活动。

（二）刑事诉讼主体的分类

根据刑事诉讼主体在刑事诉讼活动中的地位及职能，刑事诉讼主体可分为三类：一是代表国家行使侦查权、起诉权、审判权以及执行的专门机关，即侦查机关、检察机关、审判机关、监狱机关等；二是与案件处理结果有直接利害关系，并且能够直接影响诉讼进程的诉讼参与人，即当事人，如被告人、自诉人、被害人、附带民事诉讼的原告人和被告人等；三是其他诉讼参与人，即在刑事诉讼中通过享有诉讼权利、承担诉讼义务而协助其他诉讼主体进行诉讼活动的人，如辩护人、证人、鉴定人等。

总体上来看，刑事诉讼主体又可以分为主要诉讼主体与一般诉讼主体。其中承担基本诉讼职能的专门机关和当事人是主要的诉讼主体，其他诉讼参与人是一般诉讼主体。之所以将专门机关和当事人作为主要诉讼主体，是因为刑事诉讼活动以控、辩、裁三方之间的权利义务关系为主要框架，而这三种职能只能由专门机关及当事人来承担，缺少它（他）们，刑事诉讼就无法构成完整的诉讼形态。而其他诉讼参与人参与刑事诉讼主要是承担辅助性的工作，其地位并非不可或缺。

二、刑事诉讼主体的特点

1. 独立性

独立性是主体地位的标志，意味着个体享有独立完整的人格，可以不依附于其他个体而存在。在刑事诉讼活动中，刑事诉讼主体同样应当具有不依附于其他主体而存在的特性，可以独立承担某一项诉讼职能。比如，被告人虽然是被追诉的对象，但这并不意味着被告人不具有独立的人格。反而，被告人还可以根据自己的意志来选择自己的诉讼行为，而且这种选择对诉讼活动的进展有着重要的影响。

2. 专属性

刑事诉讼中各个主体分别承担某一项具体的诉讼职能，而且这些职能具有专属性，不能相互取代。比如，侦查机关承担着侦查犯罪的职能，法院承担着审判职能，被告人则作为被指控的对象，事实上承担着为自己辩护的职能。即使是刑事诉讼中的一般主体，如翻译人员、鉴定人等，也分别承担着翻译和鉴定的职能。这些由各诉讼主体承担的专属职能之间相互依存，彼此制约，推动刑事诉讼活动的顺利进行。

3. 平等性

刑事诉讼中各个主体在法律地位上是平等的。各个主体之间，包括作为刑事诉讼主体的公民个体与国家的专门机关之间、公民个体之间，如犯罪嫌疑人、被告人与国家机关之间，犯罪嫌疑人与被害人之间，都仅仅是因诉讼职能分工而形成不同的诉讼角色，他们在主体地位上仍然是平等的。

三、刑事诉讼主体理论研究的意义

刑事诉讼主体问题最初是作为一种理论被提出的，而这一理论的产生服务于改善犯罪嫌疑人、被告人的诉讼地位的需要。刑事诉讼主体理论的发展史，其实就是刑事诉讼中的国家机关与被追诉人之间诉讼地位此消彼长的历史。

在纠问式诉讼模式中，只有代表王权的司法官员才是刑事诉讼的主体，犯罪嫌疑人、被告人、被害人等参与诉讼活动的个体都是诉讼程序之客体。尤其是犯罪嫌疑人、被告人，非但没有主体地位，其口供还被用做发现案件事实的工具，为了获取犯罪嫌疑人、被告人的口供可以进行合法的刑讯逼供。资产阶级在民主革命过程中倡导人格尊严、人权保障理念，当事人及其他诉讼参与人才逐步开始获得与国家机关平等的诉讼主体地位。以此为起点，犯罪嫌疑人、被告人不再是国家刑事司法机关单方面进行追诉的客体，而是享有作为主体的人的一切权利，如生命权、健康权、不被任意逮捕权等。也就是说，刑事诉讼主体理论事实上是基于保障犯罪嫌疑人、被告人的权利而产生的，其提升了犯罪嫌疑人、被告人的诉讼地位。

当然，刑事诉讼主体理论的研究范围并不限于犯罪嫌疑人、被告人，还涵盖所有参与刑事诉讼活动的国家机关与其他诉讼参与人。对于国家机关而言，其在刑事诉讼中承担了侦查、起诉、审判以及执行等重要的职能，不可否认地具有刑事诉讼主体地位。而对于除犯罪嫌疑人、被告人以外的当事人，包括被害人、自诉人、附带民事诉讼中的当事人等，由于其与案件处理结果之间具有利害关系，因而其个体利益和尊严同样应当得到尊重和保障，也应当强调其刑事诉讼主体的地位。对于证人、辩护人等其他诉讼参与人而言，虽然其与案件之间本无利害关系，往往只作为辅助人员出现，但是在刑事诉讼中由于其享有一定的诉讼权利，并承担一定的诉讼义务，当然也有各自的独立的利益追求，因而其主体地位同样应当受到尊重。基于此，我们不难看出，刑事诉讼主体理论研究已经跳出了理论产生的最初背景，在范围上有了较大拓展。而研究范围的拓展，也使得刑事诉讼的所有参与人的主体地位能够得到进一步的保障。

第二节　专门机关

刑事诉讼中的专门机关，是指依照法定职权进行刑事诉讼活动的国家机关，包括人民法院、人民检察院和公安机关。另外，根据《刑事诉讼法》的规定，国家安全机关依照法律规定，在办理危害国家安全的刑事案件时，行使与公安机关相同的职权；军队保卫部门对军队内部发生的刑事案件行使侦查权；中国海警局履行海上维权执法职责，对海上发生的刑事案件行使侦查权；罪犯在监狱内犯罪的案件由监狱部门进行侦查。因此，国家安全机关、军队保卫部门、中国海警局以及监狱在办理特定的刑事案件时，属于刑事诉讼中的专门机关。此外，自1998年开始，国家在各级海关均设有走私犯罪侦查部门，专门负责对走私案件的侦查工作。在这种情形下，海关所属的走私犯罪侦查部门也属于刑事诉讼中的专门机关。

在刑事诉讼中，上述专门机关分别行使侦查权、检察权、审判权等国家权力，对刑事诉讼的进行起着主导作用。根据我国法律规定，这些专门机关之间实行分工负责、互相配合、互相制约的原则。同时，为保障这些机关能够正确有效地履行各自的职责，法律规定了这些专门机关的组织和活动原则，并规定了相应的权力和义务。

一、人民法院

（一）人民法院的性质、任务和职权

根据我国《宪法》第128条和《人民法院组织法》第2条的规定，人民法院是国家的审判

机关，代表国家依法独立行使审判权。人民法院通过审判刑事案件、民事案件、行政案件以及法律规定的其他案件，惩罚犯罪，保障无罪的人不受刑事追究，解决民事、行政纠纷，保护个人和组织的合法权益，监督行政机关依法行使职权，维护国家安全和社会秩序，维护社会公平正义，维护国家法制统一、尊严和权威，保障中国特色社会主义建设的顺利进行。依据《刑事诉讼法》第3条的规定，刑事诉讼中的审判由人民法院负责。在刑事诉讼中，审判是最重要和关键的阶段。只有经过审判，才能确定被告人是否有罪，对其应否判处刑罚和判处什么样的刑罚。未经人民法院依法审理和判决，对任何人都不得确定有罪。人民法院审判刑事案件的范围包括一切公诉案件的审判、自诉案件的审判以及刑事附带民事诉讼的审判，在诉讼程序上包括一审、二审、死刑复核程序和依审判监督程序进行的提审和再审。

（二）人民法院的组织体系

根据《人民法院组织法》的规定，我国人民法院的组织体系包括地方各级人民法院、专门人民法院和最高人民法院。

1. 地方各级人民法院。地方各级人民法院包括基层人民法院、中级人民法院和高级人民法院。

基层人民法院包括县、自治县人民法院和不设区的市人民法院、市辖区人民法院。基层人民法院根据地区、人口和案件情况，可以设立若干个人民法庭。人民法庭是基层人民法院的组成部分，它的判决和裁定即基层人民法院的判决和裁定。

中级人民法院包括省、自治区辖市的中级人民法院，在直辖市内设立的中级人民法院，自治州中级人民法院，在省、自治区内按地区设立的中级人民法院。中级人民法院审判法律规定由它管辖的第一审案件，基层人民法院报请审理的第一审案件，上级人民法院指定管辖的第一审案件，对基层人民法院判决和裁定的上诉、抗诉案件，按照审判监督程序提起的再审案件。

高级人民法院包括省高级人民法院、自治区高级人民法院和直辖市高级人民法院。高级人民法院审判法律规定由它管辖的第一审案件，下级人民法院报请审理的第一审案件，最高人民法院指定管辖的第一审案件，对中级人民法院判决和裁定的上诉、抗诉案件，按照审判监督程序提起的再审案件，中级人民法院报请复核的死刑案件。

2. 专门人民法院。我国目前建立的专门人民法院有军事法院和海事法院、知识产权法院、金融法院等。其中海事法院、知识产权法院、金融法院不具有对刑事案件的管辖权。

3. 最高人民法院。最高人民法院是国家的最高审判机关，监督地方各级人民法院和专门人民法院的审判工作。最高人民法院审判法律规定由其管辖的和其认为应当由自己管辖的第一审案件；对高级人民法院判决和裁定的上诉、抗诉案件；按照全国人民代表大会常务委员会的规定提起的上诉、抗诉案件；按照审判监督程序提起的再审案件；高级人民法院报请核准的死刑案件。死刑除依法由最高人民法院判决的以外，应当报请最高人民法院核准。此外，最高人民法院可以对属于审判工作中具体应用法律的问题进行解释，可以发布指导性案例。最高人民法院可以设巡回法庭，审理最高人民法院依法确定的案件。巡回法庭是最高人民法院的组成部分。巡回法庭的判决和裁定即最高人民法院的判决和裁定。

根据《宪法》和《人民法院组织法》的规定，人民法院必须对产生它的各级国家权力机关即各级人民代表大会及其常务委员会负责并报告工作，接受各级人民代表大会及其常设委员会对本级人民法院的工作实施监督。上下级人民法院之间则是监督与被监督的关系，即上级人民法院监督下级人民法院的审判工作，最高人民法院监督地方各级人民法院和专门人民法院的审判工作。这种监督主要表现在通过二审程序、审判监督程序、死刑复核程序来维持或者纠正下级人民法院的判决和裁定。

（三）审判组织

人民法院审理各类案件包括刑事案件，都是通过一定的组织形式来进行的，这种代表人民法院对刑事案件进行审理并作出裁判的组织，就是审判组织。根据《人民法院组织法》和《刑事诉讼法》的有关规定，人民法院审判刑事案件的具体组织形式有三种：独任庭、合议庭和审判委员会。其中合议庭是最普遍、最常见的形式，独任庭和审判委员会分别是为了贯彻诉讼经济原则和集体领导原则而设立的特殊的审判组织形式。

1. 独任庭

独任庭是由审判员一人审判案件的组织形式。

根据我国《刑事诉讼法》第 183 条第 1 款的规定，基层人民法院适用简易程序、速裁程序审理的案件，可以由审判员一人独任审判。简易程序主要适用于基层人民法院管辖的某些简单、轻微的刑事案件，具体包括：（1）案件事实清楚、证据充分；（2）被告人承认自己所犯罪行，对指控的犯罪事实没有异议的；（3）被告人对适用简易程序没有异议的。需要注意的是，适用简易程序审理的一审刑事案件并非全都采用独任庭的方式进行审理。根据我国《刑事诉讼法》第 216 条的规定，对可能判处 3 年有期徒刑以下刑罚的，可以组成合议庭审判，也可以由审判员一人独任审判；对可能判处的有期徒刑超过 3 年的，应当组成合议庭进行审判。也就是说，独任庭的审判组织形式只适用于可能判处 3 年有期徒刑以下刑罚的简易程序以及速裁程序案件。

由审判员一人对特定的案件进行审判，可以在保证办案质量的同时，节省人力、物力，便于人民法院集中力量处理比较重大、复杂的案件。适用简易程序审理的案件，也可以根据案情的需要，由合议庭进行审理，而并非必须采用独任审判方式。案件是否独任审判以及独任法官的指定问题，由法院院长或庭长决定。

审判员依法独任审判案件时，行使与合议庭的审判长同样的权力。同时，审判必须严格按照《刑事诉讼法》规定的程序进行，并要贯彻公开审理、回避、辩护、上诉等各项审判制度和原则，切实保证当事人和其他诉讼参与人的诉讼权利，保证办案质量。

2. 合议庭

合议庭是指人民法院内部设立的由审判员数人或审判员、人民陪审员数人组成的审判组织。合议庭是人民法院审判案件的基本组织形式。由合议庭审判案件，有利于集思广益，避免审判人员的主观片面性，防止个人独断专行，对于保证人民法院客观公正地审判案件具有重要意义。

合议庭的人员组成，因审判程序和法院级别的不同而不同。根据《刑事诉讼法》第 183 条和第 249 条的规定，人民法院合议庭组成的情况如下：（1）基层人民法院和中级人民法院审判第一审案件，应当由审判员 3 人或者由审判员和人民陪审员共 3 人或者 7 人组成合议庭进行；（2）高级人民法院审判第一审案件，应当由审判员 3 人至 7 人或者由审判员和人民陪审员共 3 人或者 7 人组成合议庭进行；（3）最高人民法院审判第一审案件，应当由审判员 3 人至 7 人组成合议庭进行；（4）中级人民法院以上的法院审判上诉和抗诉案件，由审判员 3 人或 5 人组成合议庭进行；（5）最高人民法院复核死刑案件，高级人民法院复核死刑缓期执行的案件，应当由审判员 3 人组成合议庭进行。各级人民法院合议庭的组成人数应当是单数。

根据《人民法院组织法》第 30 条第 2 款的规定，合议庭由一名法官担任审判长。院长或者庭长参加审理案件时，由自己担任审判长。根据 2012 年最高人民法院《关于适用〈中华人民共和国刑事诉讼法〉的解释》（以下简称最高人民法院《解释》）第 175 条的规定，助理审判员由本院院长提出，经审判委员会通过，可以临时代行审判员职务，并可担任审判长。审判长是法庭审判活动的组织者和指挥者。人民法院开庭审理和评议案件必须由同一合议庭进行。合议庭评议案件按少数服从多数的民主集中制原则作出决定，多数人的意见应作为案件判决的依据。根据《刑事诉讼法》第 184 条的规定，合议庭进行评议的时候，如果意见分歧，应按多数人意见作出决定，但是少数人的意见应当写入笔录。评议笔录由合议庭的组成人员签名。

3. 审判委员会

审判委员会是人民法院内部设立的对审判工作实行集体领导的组织。根据《人民法院组织法》的规定，我国各级人民法院均设立审判委员会，审判委员会由法院院长、庭长和若干资深法官组成，成员应当为单数，参加审判委员会的成员称为审判委员会委员。审判委员会会议分为全体会议和专业委员会会议。中级以上人民法院根据审判工作需要，可以按照审判委员会委员专业和工作分工，召开刑事审判、民事行政审判等专业委员会会议。

审判委员会的任务是总结审判工作经验，讨论决定重大、疑难、复杂案件的法律适用；讨论决定本院已经发生法律效力的判决、裁定、调解书是否应当再审；讨论决定其他有关审判工作的重大问题。最高人民法院对属于审判工作中具体应用法律的问题进行解释，应当由审判委员会全体会议讨论通过；发布指导性案例，可以由审判委员会专业委员会会议讨论通过。其中，从审判委员会讨论、决定重大、疑难、复杂案件这一点来说，它也是人民法院的一种审判组织。

我国《刑事诉讼法》第 185 条规定，对于疑难、复杂、重大的案件，合议庭认为难以作出决定的，由合议庭提请院长决定提交审判委员会讨论决定。最高人民法院《解释》第 178 条还规定，拟判处死刑的案件、人民检察院抗诉的案件，合议庭应当提请院长决定提交审判委员会讨论决定。对合议庭成员意见有重大分歧的案件、新类型案件、社会影响重大的案件以及其他疑难、复杂、重大的案件，合议庭认为难以作出决定的，可以提请院长决定提交审判委员会讨论决定。人民陪审员可以要求合议庭将案件提请院长决定是否提交审判委员会讨论决定。对提请院长决定提交审判委员会讨论决定的案件，院长认为不必要的，可以建议合议庭复议一次。独任审判的案件，审判员认为有必要的，也可以提请院长决定提交审判委员会讨论决定。

审判委员会召开全体会议和专业委员会会议，应当有其组成人员的过半数出席。审判委员会会议由院长或院长委托的副院长主持，实行民主集中制，各委员权利平等。审判委员会举行会议时，同级人民检察院检察长或者检察长委托的副检察长可以列席。审判委员会表决的案件，应当在合议庭审理的基础上进行，并充分听取合议庭成员关于审理和评议情况的说明，慎重考虑合议庭的评议结论。合议庭对其汇报的事实负责，审判委员会委员对本人发表的意见和表决负责。审判委员会对于案件的决定，合议庭应当执行。审判委员会讨论案件的决定及其理由应当在裁判文书中公开，法律规定不公开的除外。但是判决书或者裁定书仍应由审理该案的合议庭成员署名。

二、陪审制度

（一）陪审制度的概念和意义

陪审制度是由在公民中选举产生的人民陪审员参加合议庭，审理第一审案件的一种审判制度。陪审制度是在古代审判制度的基础上发展起来的具有民主性的一项司法制度。它起源于古代奴隶制国家的雅典与罗马时期，当时雅典设置了公民陪审法庭。它既是当时司法民主的体现，也是维护国家民主制的重要保证。由于这项制度与封建社会所推行的纠问式诉讼相抵触，所以遭到了封建国家的遏制和摒弃。资产阶级革命胜利后，陪审制度被视为民主与人权的象征而得到了前所未有的重视。

当前西方国家的陪审制，从表现形式上看，大致分为陪审团制和参审制。前者主要为英美法系国家所采用；后者主要是被大陆法系国家采用，我国也采用此种模式。陪审团制是指由陪审员组成的陪审团集体进行活动，通常在诉讼中只解决被告人被指控的犯罪事实是否成立的问题。而参审制是指陪审员个人参加到以法官为首的审判组织中进行活动，陪审员以审判组织成员的身份，与法官共同解决认定事实和适用法律的问题，并且与法官享有平等的表决权。

根据我国《刑事诉讼法》的规定，在我国，基层人民法院、中级人民法院审判第一审案件，应当由审判员 3 人或者由审判员和人民陪审员共 3 人或者 7 人组成合议庭进行；高级人民法院审判第一审案件，应当由审判员 3 人至 7 人或者由审判员和人民陪审员共 3 人或者 7 人组成合议庭进行。由此可见，在我国人民陪审员能够参与审判的案件仅限于第一审刑事案件，二审和死刑复核案件的合议庭只能由审判人员组成。2018 年 4 月 27 日生效的《人民陪审员法》就人民陪审员的产生和任免，适用陪审的案件，陪审员的资格和条件、任期以及陪审员的权利等作了明确的规定。其中第 15 条明确规定，人民法院审判第一审刑事、民事、行政案件，有下列情形之一的，由人民陪审员和法官组成合议庭进行：（1）涉及群体利益、公共利益的；（2）人民群众广泛关注或者其他社会影响较大的；（3）案情复杂或者有其他情形，需要由人民陪审员参加审判的。第 16 条规定，人民法院审判下列第一审案件，由人民陪审员和法官组成 7 人合议庭进行：（1）可能判处 10 年以上有期徒刑、无期徒刑、死刑，社会影响重大的刑事案件；（2）根据民事诉讼法、行政诉讼法提起的公益诉讼案件；（3）涉及征地拆迁、生态环境保护、食品药品安全，社会影响重大的案件；（4）其他社会影响重大的案件。人民陪审员制度，是吸收人民群众参与国家管理的一种形式，也是人民法院审判工作依靠群众、联系群众的一个重要途径。人民陪审员制度是社会主义民主政治的重要内容，是中国特色社会主义司法制度的重要组成部分，也是社会主义民主制度在司法领域的重要体现。具体来讲，设立人民陪审员制度具有以下几个方面的意义：其一，它是国家保障公民行使国家管理权和监督权的一种直接、有效的方式，有利于防止司法人员在审判过程中滥用权力；其二，人民陪审员制度是人民群众了解司法、参与司法的直接形式，也是人民法院弘扬司法民主、促进司法公开、保障司法公正、增强司法公信的有力保证；其三，人民陪审员来自群众，让人民陪审员参加审判，也有利于加强法制宣传教育，增强公民的法律意识，教育公民自觉守法，并勇于同犯罪分子作斗争。

（二）陪审员的资格和权利

我国《刑事诉讼法》没有对人民陪审员的资格和条件作出明确规定。《人民陪审员法》第

5 条规定，公民担任人民陪审员，应具备下列条件：（1）拥护中华人民共和国宪法；（2）年满 28 周岁；（3）遵纪守法、品行良好、公道正派；（4）具有正常履行职责的身体条件。担任人民陪审员，一般应当具有高中以上文化程度。第 13 条规定人民陪审员的任期为 5 年，一般不得连任。

根据《人民陪审员法》的规定，下列人员不能担任人民陪审员：（1）人民代表大会常务委员会的组成人员，监察委员会、人民法院、人民检察院、公安机关、国家安全机关、司法行政机关的工作人员；（2）律师、公证员、仲裁员、基层法律服务工作者；（3）其他因职务原因不适宜担任人民陪审员的人员。同时，有下列情形之一的，不得担任人民陪审员：（1）受过刑事处罚的；（2）被开除公职的；（3）被吊销律师、公证员执业证书的；（4）被纳入失信被执行人名单的；（5）因受惩戒被免除人民陪审员职务的；（6）其他有严重违法违纪行为，可能影响司法公信的。如前所述，世界上有两种陪审制度，而且处在两种陪审制度下的陪审员的权利是不一样的。在采用陪审团制的国家，陪审员在刑事诉讼中只解决被告人被指控的犯罪事实是否成立的问题，以此作为法官适用法律的根据；而在采用参审制的国家，陪审员以审判组织成员的身份，与法官共同解决认定事实和适用法律的问题，并且与法官享有平等的表决权。根据我国法律规定，人民陪审员参加 3 人合议庭审判案件，作为合议庭的组成人员，同审判员享有同等权利，对事实认定、法律适用，独立发表意见，行使表决权。但是不得担任审判长。人民陪审员参加 7 人合议庭审判案件，对事实认定，独立发表意见，并与法官共同表决；对法律适用，可以发表意见，但不参加表决。在合议庭对案件进行评议时，人民陪审员与审判员有平等的发言权和表决权，实行少数服从多数原则。人民陪审员同合议庭其他组成人员意见分歧的，应当将其意见写入笔录。人民陪审员参加审判活动期间，所在单位不得克扣或者变相克扣其工资、奖金及其他福利待遇。人民陪审员参加审判活动期间，由人民法院依照有关规定按实际工作日给予补助。人民陪审员因参加审判活动而支出的交通、就餐等费用，由人民法院依照有关规定给予补助。

三、人民检察院

（一）人民检察院的性质、任务和职权

《宪法》第 134 条和《人民检察院组织法》第 2 条都规定：“中华人民共和国人民检察院是国家的法律监督机关。”因此，人民检察院是我国的法律监督机关，行使国家检察权。检察权是国家权力的重要组成部分，其内容就是实行法律监督，保障宪法和法律的正确实施，维护社会主义法制的统一和尊严。

根据《人民检察院组织法》的规定，人民检察院通过行使检察权，追诉犯罪，维护国家安全和社会秩序，维护个人和组织的合法权益，维护国家利益和社会公共利益，保障法律正确实施，维护社会公平正义，维护国家法制统一、尊严和权威，保障中国特色社会主义建设的顺利进行。根据《人民检察院组织法》和《刑事诉讼法》的规定，在刑事诉讼中，人民检察院行使的职权包括：（1）侦查权。即人民检察院在对诉讼活动实行法律监督中发现的司法工作人员利用职权实施的非法拘禁、刑讯逼供、非法搜查等侵犯公民权利、损害司法公正的犯罪，可以由人民检察院立案侦查；对于公安机关管辖的国家机关工作人员利用职权实施的重大犯罪案件，需要由人民检察院直接受理的时候，经省级以上人民检察院决定，可以由人民检察院立案侦

查。(2) 公诉权。人民检察院是我国唯一的公诉机关，凡是需要提起公诉的案件一律由人民检察院审查决定，并对决定提起公诉的案件支持公诉。(3) 法律监督权。在刑事诉讼中，人民检察院依法有权对公安机关的立案和侦查活动、对人民法院的审判活动以及对法院生效判决和裁定的执行活动等进行监督。

(二) 人民检察院的组织体系

我国的人民检察院同人民法院一样是由国家权力机关产生，并受国家权力机关监督的。在组织体系上它独立于国家行政机关和审判机关，形成了以最高人民检察院为首的、包括地方各级人民检察院和专门人民检察院在内的统一的检察机关体系。

1. 最高人民检察院。最高人民检察院是我国的最高检察机关，领导地方各级人民检察院和专门人民检察院的工作；对全国性的重大刑事案件行使检察权，对各级人民法院已经发生法律效力的判决和裁定，如果发现确有错误，则依照审判监督程序提出抗诉；对最高人民法院的死刑复核活动实行监督；对报请核准追诉的案件进行审查，决定是否追诉；可以对属于检察工作中具体应用法律的问题进行解释，发布指导性案例。

2. 地方各级人民检察院。地方各级人民检察院包括：(1) 省级人民检察院，包括省、自治区、直辖市人民检察院；(2) 设区的市级人民检察院，包括省、自治区辖市人民检察院，自治州人民检察院，省、自治区、直辖市人民检察院分院；(3) 基层人民检察院，包括县、自治县、不设区的市、市辖区人民检察院。

3. 专门人民检察院。专门人民检察院的设置、组织、职权和检察官任免，由全国人民代表大会常务委员会规定。我国目前主要有军事检察院，共分为三级：中国人民解放军军事检察院、战区军事检察院和总直属军事检察院、基层军事检察院。

根据我国《宪法》的规定，人民检察院对产生它的权力机关，即各级人民代表大会及其常设机构负责并汇报工作。上下级人民检察院之间是领导与被领导关系。最高人民检察院领导地方各级人民检察院和专门人民检察院的工作，上级人民检察院领导下级人民检察院的工作，下级人民检察院对上级人民检察院的决定应当执行。另外，我国各级人民检察院均设立检察委员会，检察委员会由检察长、副检察长和若干资深检察官组成，成员应当为单数。检察委员会实行民主集中制，在检察长的主持下，总结检察工作经验，讨论决定重大、疑难、复杂案件，讨论决定其他有关检察工作的重大问题，按照少数服从多数的原则作出决定。

四、公安机关

(一) 公安机关的性质、任务和职权

公安机关是国家的治安保卫机关，是各级行政机关即人民政府的组成部分。公安机关是武装性质的国家治安行政力量和刑事司法力量，是负责社会治安和国内安全保卫工作的专门机关。

根据有关法律规定，公安机关的任务是：维护国家安全，维护社会治安秩序，保护公民的人身安全、人身自由和合法财产，保护公共财产，预防、制止和惩治违法犯罪活动。在刑事诉讼中，公安机关行使的是侦查权。公安机关的任务就是通过各种侦查手段，收集证据、查明犯罪事实、查获犯罪嫌疑人，为人民检察院的起诉工作和人民法院的审判工作奠定证据基础。此

外，公安机关在刑事诉讼中还要负责部分刑事判决、裁定的执行。

公安机关的工作范围和职权非常广泛。在刑事诉讼中，公安机关有权依法决定立案侦查和撤销案件；有权进行勘验、检查、搜查、扣押、鉴定、通缉、技术侦查、讯问犯罪嫌疑人、询问证人和被害人等活动；有权采用拘传、取保候审、监视居住、拘留等强制措施；刑事诉讼中逮捕犯罪嫌疑人、被告人一律由公安机关执行；公安机关还负责对在押犯罪嫌疑人的看管；对侦查终结的案件，有权提出起诉意见；对人民检察院不批准逮捕的决定和不起诉的决定，有权要求复议和提请复核。此外，根据《刑事诉讼法》的规定，公安机关还担负着执行部分刑罚的职责。

（二）公安机关的组织体系

在我国，公安机关的组织体系为：在中央一级，国务院设立了中华人民共和国公安部，领导全国的公安工作；在省、自治区、直辖市设公安厅（局）；在设区的市、自治州（地区、盟）设公安局（处）；在县、旗、县级市、自治县设立公安局；在市辖区设公安分局。此外，根据需要，在乡、镇、城市街道和其他必要的地方设立公安派出所，作为基层公安机关的派出机构，履行基层公安机关的部分职责。

在公安机关的组织体系中，公安部是国家的公安领导机关，负责领导和指挥全国的公安工作，并根据协议与国际刑警组织和国外、境外的警察机构共同打击跨国、跨境的犯罪活动。上下级公安机关之间是领导和被领导关系。上级公安机关可以直接领导和指挥下级公安机关的侦查和其他业务活动，也可以调动下级侦查力量参与上级公安机关侦查的案件。不同地区、不同系统的公安机关之间则互不隶属，在办案过程中是配合、协作的关系。根据我国《刑事诉讼法》第83条的规定，公安机关在异地执行拘留、逮捕的时候，应当通知被拘留、逮捕人所在地的公安机关，被拘留、逮捕人所在地的公安机关应当予以配合。

五、国家安全机关

为了适应改革开放的形势，加强同危害中华人民共和国国家安全的行为作斗争的需要，1983年第六届全国人民代表大会第一次会议决定设立国家安全机关。我国的国家安全机关是国家机关的重要组成部分，是人民民主专政的工具之一。它依法担负着办理危害国家安全的刑事案件、巩固人民民主专政的社会主义制度的重任。根据我国《刑事诉讼法》《反恐怖主义法》《国家安全法》和《反间谍法》的规定，我国的国家安全机关办理危害国家安全的刑事案件，除职能管辖与公安机关有所不同外，行使与公安机关相同的权力，诉讼地位也等同于公安机关。

六、军队保卫部门和监狱

军队和监狱内部发生的刑事案件之所以要由其保卫部门来进行侦查，主要是考虑到军队和监狱在日常的管理上与外界比较隔绝，内部环境比较特殊。一旦在其内部发生刑事案件，完全等待公安机关介入并进行侦查，很可能延误案件的侦破。所以法律赋予军队保卫部门和监狱对在其内部发生的刑事案件行使侦查权。

七、中国海警局

2013年，中国海警局正式成立。2018年6月22日，全国人民代表大会常务委员会通过《关于中国海警局行使海上维权执法职权的决定》，明确海警队伍整体划归中国人民武装警察部队领导指挥，调整组建中国人民武装警察部队海警总队，称中国海警局，中国海警局统一履行海上维权执法职责。其职权主要包括两个方面：履行海上维权执法职责和执行打击海上违法犯罪活动、维护海上治安和安全保卫等任务，行使法律规定的公安机关相应执法职权。2018年《刑事诉讼法》在此基础上进一步明确中国海警局对海上发生的刑事案件行使侦查权。

第三节　诉讼参与人

诉讼参与人是指在刑事诉讼中除司法人员以外的享有一定的诉讼权利、负有一定的诉讼义务的人。根据《刑事诉讼法》第108条的规定，诉讼参与人包括当事人、法定代理人、诉讼代理人、辩护人、证人、鉴定人和翻译人员。上述诉讼参与人通过行使诉讼权利、承担诉讼义务，对刑事诉讼的进程和结局发挥着不同程度的影响和作用，保证诉讼活动得以顺利进行。

根据诉讼参与人与案件结局的利害关系及对刑事诉讼进程的影响，诉讼参与人可以被区分为当事人和其他诉讼参与人。其中，凡是与案件结局有着直接利害关系，对刑事诉讼进程发挥着较大影响作用的诉讼参与人，就是当事人。根据我国《刑事诉讼法》的规定，当事人包括：自诉人、被害人、犯罪嫌疑人、被告人、附带民事诉讼的原告人和被告人。刑事诉讼开始后，当事人的自由、财产甚至是生命权处于待定状态，与刑事诉讼的结果有着密切的联系。根据《刑事诉讼法》的规定，当事人在刑事诉讼中拥有较广泛的诉讼权利，所以当事人本人的行为也会影响到诉讼的进行，即当事人的诉讼活动对刑事诉讼的启动、发展和终结起着重要的推动作用。

与案件没有直接利害关系，而是基于其他原因参加刑事诉讼的人，就是其他诉讼参与人，包括：法定代理人、诉讼代理人、辩护人、证人、鉴定人和翻译人员。他们参加诉讼的目的是协助某一方当事人充分有效地行使诉讼职能，或为诉讼一方提供证据材料，或为诉讼的顺利进行服务。由于这些诉讼参与人的实体权利不因刑事诉讼的进行而处于待定状态，诉讼的结果也不会对其产生有利或不利影响，因而其与案件的结局没有直接的利害关系。其他的诉讼参与人不承担独立的诉讼职能。

一、公诉案件中的被害人

刑事诉讼中的被害人是指其人身、财产及其他合法权益受到犯罪行为侵害的人。被害人可能因为参与刑事诉讼的方式不同而在刑事诉讼中担当不同的角色，如在自诉案件中，被害人担任自诉人的角色；在刑事附带民事诉讼中，它是附带民事诉讼中的原告人。本章所指的被害人仅限于公诉案件中的被害人。

公诉案件被害人诉讼地位的确定，在世界各国都有一个发展的过程，我国也不例外。在古代的弹劾式诉讼中，刑事、民事诉讼不分，没有被害人的起诉，法院不会主动开始审判活动，所以被害人处于原告人的地位。在封建社会的纠问式诉讼中，被害人不再承担原告的角色，而主要处于证人的诉讼地位，这种地位一直延续到近现代国家的刑事诉讼。在第二次世界大战后，随着国际性人权保障运动的广泛展开，被害人的诉讼地位引起人们的广泛关注。目前，无论是大陆法系国家还是英美法系国家，被害人的诉讼地位都开始得到加强，被害人拥有了更广泛的诉讼权利，在诉讼中发挥更大的作用。我国 1996 年修改的《刑事诉讼法》就已明确规定了被害人在诉讼中具有当事人的诉讼地位。

被害人作为当事人在刑事诉讼中享有的主要诉讼权利有：（1）根据《刑事诉讼法》第 9 条的规定，有权使用本民族的语言文字进行诉讼。（2）根据《刑事诉讼法》第 14 条的规定，对于审判人员、检察人员、侦查人员侵犯其诉讼权利和人身侮辱的行为，有权提出控告。（3）根据《刑事诉讼法》第 29、30、32 条的规定，对于审判人员、检察人员、侦查人员以及鉴定人、翻译人员和书记员有应当回避的情形的，有权申请他们回避；对于驳回回避申请的决定，有权申请复议一次。（4）根据《刑事诉讼法》第 191、192、194、195、197 条的规定，有权参加法庭调查，在法庭上就起诉书指控的犯罪进行陈述，可以向被告人发问；有权就证人证言、鉴定意见表示异议，并向证人、鉴定人发问；有权辨认、鉴别物证，听取书面证言及其他证据文书，并就上述证据向法庭陈述意见；有权申请通知新的证人到庭，调取新的物证，申请重新鉴定或者勘验。（5）根据《刑事诉讼法》第 198 条的规定，有权参加法庭辩论，对证据和案件情况发表意见，并与公诉人、其他当事人、辩护人等互相辩论。（6）根据《刑事诉讼法》第 252 条的规定，有权对已经发生法律效力的判决、裁定，向人民法院或人民检察院提出申诉，人民法院认为其申诉符合《刑事诉讼法》第 253 条规定的五种情形之一的，应当重新审判。（7）根据《刑事诉讼法》第 64 条的规定，被害人认为因其在诉讼中作证，本人及其近亲属的人身安全面临危险的，可以向公安司法机关请求予以保护，等等。

被害人享有的特别的诉讼权利有：（1）根据《刑事诉讼法》第 46 条的规定，有权自案件移送审查起诉之日起，委托诉讼代理人。法律还规定，人民检察院收到移送审查起诉材料之日起 3 日内，应当告知被害人及其法定代理人、近亲属有权委托诉讼代理人。（2）根据《刑事诉讼法》第 110、112、113 条的规定，对于侵犯人身、财产权利的犯罪事实或者犯罪嫌疑人，被害人有权向公安机关、人民法院或人民检察院报案或者控告，要求有关机关立案；对于人民法院、人民检察院、公安机关不立案的决定，有权获知原因，并可申请复议；对于公安机关应当立案侦查而不立案侦查的，有权向人民检察院提出。（3）根据《刑事诉讼法》第 180 条的规定，对于人民检察院所作出的不起诉决定，有权获得不起诉决定书，并向上一级人民检察院申诉，要求提起公诉。（4）根据《刑事诉讼法》第 210 条的规定，被害人有证据证明对被告人侵犯自己人身、财产权利的行为应当依法追究刑事责任，而公安机关或人民检察院不予追究的案件，被害人有权向人民法院提起自诉。（5）根据《刑事诉讼法》第 229 条的规定，对地方各级人民法院第一审判决不服的，有权请求人民检察院抗诉；人民检察院在收到这一请求后 5 日内，应作出是否抗诉的决定并答复请求人。

被害人作为当事人，在享有上述诉讼权利的同时，也要承担以下法定的诉讼义务：（1）如实向司法机关陈述案件事实；（2）接受司法机关依法对其进行的人身检查；（3）接受司法机关的传唤；（4）在法庭上接受询问和回答问题；（5）遵守法庭秩序；等等。

二、自诉人

自诉人，就是直接向人民法院提起自诉案件的当事人。被害人是遭受犯罪行为侵害的人，对于法律允许提起自诉的案件，被害人当然有权向审判机关提出指控。为了保证在某些特定情况下，被害人的合法权利能够得到适当的维护，我国《刑事诉讼法》第 114 条规定，被害人死亡或丧失行为能力的，被害人的法定代理人、近亲属有权向人民法院起诉。法定代理人，按照《刑事诉讼法》第 108 条的规定，包括被代理人的父母、养父母、监护人和负有保护责任的机关、团体的代表。被害人的近亲属有权提起控诉的情形有两种：一是被害人死亡的；二是对于告诉才处理的案件，被害人因受强制、威吓无法告诉的。根据《刑事诉讼法》第 108 条的规定，近亲属包括：夫、妻、父、母、子、女、同胞兄弟姊妹。

自诉人是自诉案件的一方当事人，具有独立的诉讼地位。他们在诉讼中执行的是控诉职能。自诉人的起诉、撤诉、与被告人和解、上诉等行为，将导致诉讼程序的启动、发展或终结。为了保证自诉人的合法权益，法律规定自诉人除了享有所有诉讼参与人共同享有的权利外，还享有下列各项权利：(1) 提起刑事诉讼；(2) 在提起刑事诉讼的同时提起附带民事诉讼；(3) 申请审判人员、书记员、鉴定人和翻译人员回避；(4) 出席法庭审判，参加法庭调查和辩论，申请人民法院调取新的证据、传唤新的证人、申请重新鉴定或勘验；(5) 委托诉讼代理人参加诉讼；(6) 在案件审理的过程中，请求调解或者与被告人自行和解；(7) 在判决宣告以前撤诉；(8) 阅读或听取审判笔录，并有权请求补充或更正；(9) 如不服地方各级人民法院的第一审判决和裁定，可以提起上诉；(10) 对已经发生法律效力的判决或裁定认为确有错误的，可以提出申诉。

自诉人在享有一定诉讼权利的同时，也需要承担如下义务：(1) 按时出庭的义务。自诉人经两次依法传唤，无正当理由拒不到庭的，或者未经法庭许可中途退庭的，按撤诉处理。(2) 如实提供案件真实情况的义务。如故意伪造证据陷害他人，则必须承担法律责任。(3) 举证的义务。自诉案件的证明责任由自诉人承担，如果自诉人提不出有力的证据来支持自己的主张，就要承担对自己不利的后果，或者被裁定驳回起诉，或者被告人被宣告无罪。(4) 执行人民法院生效的判决、裁定以及调解协议的义务。

三、犯罪嫌疑人、被告人

犯罪嫌疑人和被告人是指因涉嫌犯罪而受到刑事追究的人。根据《刑事诉讼法》的规定，在公诉案件中，受刑事追诉者在检察机关向人民法院提起公诉以前，被称为“犯罪嫌疑人”；在检察机关正式向人民法院提起公诉后，被称为“被告人”。换言之，以检察机关制作正式的起诉书并向人民法院提起公诉这一诉讼活动为分界线，在此以前受到刑事追诉的人称为“犯罪嫌疑人”，在此以后受刑事追诉者称为“被告人”。

《刑事诉讼法》明确规定了犯罪嫌疑人、被告人所享有的一系列诉讼权利，这些权利主要包括以下方面：(1) 有权使用本民族的语言文字进行诉讼。(2) 对于审判人员、检察人员、侦查人员侵犯其诉讼权利和人身侮辱的行为，有权提出控告。(3) 对于审判人员、检察人员、侦查人员以及鉴定人员、翻译人员和书记员有应当回避的情形的，有权申请他们回避；对于驳回申请回避的决定，有权申请复议。(4) 及时获知被指控的内容和理由，获知所享有的诉讼权利。(5) 拒绝回答侦查人员提出的与本案无关的问题。(6) 不受强迫证实自己有罪。(7) 犯罪嫌疑人在被侦查人员第一次讯问后或者是采取强制措施之日起，有权聘请律师作为辩护人。被告人有权随时委托辩护人；在法定条件下有权获得人民法院指定的辩护人的法律帮助；有权拒绝辩护人继续为其进行辩护，也有权另行委托辩护人辩护。(8) 对于人民法院、人民检察院、公安机关采取侦查措施超过法定期限的，有权要求解除强制措施。(9) 对于人民检察院的不起诉决定，有权对人民检察院提出申诉。(10) 有权在开庭 10 日前收到起诉书副本。(11) 有权参加法庭调查，就起诉书中指控的事实进行陈述，有权对证人证言、鉴定意见表示异议，并对证人、鉴定人发问，辨认、鉴别物证，听取未到庭的证人证言笔录、鉴定人的鉴定结论、勘验检查笔录和其他证据文书，并就上述书面证据发表意见；有权通知新的证人到庭、调取新的物证、申请重新鉴定或勘验；被告人有权向法庭作最后陈述。(12) 告诉才处理和被害人有证据证明的轻微刑事案件的被告人有权对自诉人提出反诉。(13) 如不服地方各级人民法院的第一审判决和裁定，则可以提起上诉。在只有被告人一方提起上诉的情形下，不得被加重刑罚。(14) 对已经发生法律效力的判决或裁定认为确有错误的，可以提出申诉。

《刑事诉讼法》在赋予犯罪嫌疑人、被告人以上诉讼权利的同时，也规定一些诉讼义务。这些义务包括：(1) 在法定的条件下接受拘留、逮捕、监视居住、取保候审、拘传等强制措施。(2) 接受侦查人员的讯问、搜查、扣押等侦查行为；对于侦查人员的讯问，犯罪嫌疑人应当如实回答。(3) 对于生效的判决或裁定，有义务执行，等等。

四、附带民事诉讼中的原告人和被告人

我国《刑事诉讼法》第 101 条规定：被害人由于被告人的犯罪行为而遭受物质损失的，在刑事诉讼过程中，有权提起附带民事诉讼。被害人死亡或者丧失行为能力的，被害人的法定代理人、近亲属有权提起附带民事诉讼。如果是国家财产、集体财产遭受损失的，人民检察院在提起公诉的时候，可以提起附带民事诉讼。根据这一法律规定，刑事附带民事诉讼是指司法机关在依法追究被告人刑事责任的同时，为解决犯罪行为所造成的物质损失的赔偿问题而进行的诉讼活动。由于这种属于民事追偿性质的活动是在刑事诉讼的过程中提起的，因而称之为刑事附带民事诉讼。

在刑事诉讼中，附带民事诉讼的原告人是指在刑事诉讼中以自己的名义向司法机关提起附带民事诉讼的人。附带民事诉讼的被告人则是指在刑事诉讼中被起诉承担民事赔偿责任的人。

刑事附带民事诉讼以刑事案件的成立为前提，而且必须是被告人的犯罪行为给被害人造成了物质损失。在实践中，即使经最终审理发现被告人的行为并不构成犯罪，但是其所实施的违法行为确实给被害人造成了损害，被告人也应就此损害负赔偿责任；或者经审理确认虽然被告人的行为给被害人造成了物质损失，但是被告人若属于无刑事责任能力人，如未满 14 周岁的未成年人，则应由其监护人负赔偿责任。因此，刑事附带民事诉讼中的原告人和被告人并不完全等同于刑事诉讼本身的被害人和被告人。

附带民事诉讼中的原告人和被告人作为刑事诉讼中的当事人，享有的诉讼权利主要有：(1) 有权使用本民族的语言文字进行诉讼。(2) 对于审判人员、检察人员、侦查人员侵犯其诉讼权利和人身侮辱的行为，有权提出控告。(3) 对于审判人员、检察人员、侦查人员以及鉴定人员、翻译人员和书记员有应当回避的情形的，有权申请他们回避；对于驳回申请回避的决定，有权申请复议。(4) 有权参加法庭调查。(5) 有权参加法庭辩论。(6) 如不服地方各级人

民法院的第一审附带民事判决和裁定，则可以提起上诉。(7) 对已经发生法律效力的附带民事判决或裁定认为确有错误的，可以提出申诉，等等。

此外，附带民事诉讼中的原告人和被告人还享有一些特殊的诉讼权利：(1) 原告人有权在刑事诉讼过程中，以口头或书面的方式提起诉讼；(2) 原告人有权申请诉讼保全或先行给付；(3) 原、被告双方均可以委托诉讼代理人参加诉讼；(4) 原、被告双方均有权要求民事诉讼同刑事诉讼一并审判，及时处理；(5) 双方可以要求人民法院进行调解，当事人双方可以自行和解，原告人有权撤诉，被告人有权提起反诉。

五、其他诉讼参与人

(一) 法定代理人

法定代理人是指根据法律规定代理当事人参加诉讼的人。在我国刑事诉讼中，并不是每一起案件中都存在法定代理人，只有当事人是无诉讼行为能力或限制诉讼行为能力的人时，才有可能出现法定代理人。法律确认和采取法定代理这种特定方式，就是为了解决无诉讼行为能力人或限制诉讼行为能力人的诉讼权利的行使问题。在刑事诉讼中，犯罪嫌疑人、被告人、被害人、自诉人、刑事附带民事诉讼的原告人和被告人都有可能因自己的诉讼行为能力缺乏或者不足而需要其法定代理人参加诉讼。法定代理人在不同的诉讼案件中和不同的被代理人之间形成复杂的关系，其诉讼地位和诉讼权利主要取决于被代理的当事人的诉讼地位。

(二) 诉讼代理人

诉讼代理人是指接受公诉案件的被害人及其法定代理人或近亲属、自诉人及其法定代理人、附带民事诉讼的当事人及其法定代理人的委托而参加诉讼的人。

刑事诉讼中代理人的代理权同民事诉讼中的代理权一样，是基于被代理人及其法定代理人的委托，而不是基于法律的规定。这是诉讼代理人和法定代理人的原则区别。诉讼代理人基于委托，以被代理人的名义进行诉讼，并在委托人的授权范围内进行活动。这种诉讼地位的从属性与辩护人的独立性具有明显的差别。

(三) 辩护人

辩护人是指接受犯罪嫌疑人、被告人的委托，或者受法律援助机构指派参加诉讼，帮助犯罪嫌疑人、被告人行使辩护权，依法维护犯罪嫌疑人、被告人合法权益的诉讼参与人。

根据我国《刑事诉讼法》第 33 条的规定，下列人员可以在刑事诉讼中担任犯罪嫌疑人、被告人的辩护人：(1) 律师；(2) 人民团体或者犯罪嫌疑人、被告人所在单位推荐的人；(3) 犯罪嫌疑人、被告人的监护人、亲友。但是，正在被执行刑罚或者依法被剥夺、限制人身自由的人，不得担任辩护人。

由于犯罪嫌疑人和被告人在刑事诉讼中处于被动、不利的诉讼地位，而诉讼的结果又与他们密切相关，因而，应当充分发挥辩护人在刑事诉讼中的作用，使之能够帮助犯罪嫌疑人、被告人，以切实有效地维护犯罪嫌疑人、被告人的合法权益。为保障辩护人充分地履行辩护职能，《刑事诉讼法》赋予了辩护人一系列的诉讼权利，如阅卷权、会见通信权、调查取证权、参加法庭调查权、参加法庭辩论权等，同时规定辩护人依法应当承担一定的诉讼义务，如忠于职守的义务、保密的义务等。

应当注意的是，虽然辩护人是犯罪嫌疑人、被告人委托或者受法律援助机构指派为犯罪嫌疑人、被告人进行辩护的人，但是他在诉讼中具有独立的诉讼地位，并不是犯罪嫌疑人、被告人的代言人。辩护人依据事实和法律，维护犯罪嫌疑人、被告人的合法权益，其辩护意见不受犯罪嫌疑人、被告人意见左右，也不受公诉人和审判人员意见的左右。

（四）证人

证人是指除当事人以外了解案件情况并向司法机关作证的人。刑事诉讼中的证人必须具备一定的条件：(1) 证人必须是在诉讼活动开始之前了解案件情况的人，证人具有不可替代性。(2) 证人必须是能够辨别是非、能够正确表达的人。生理上、精神上有缺陷或者年幼，不能辨别是非、不能正确表达的人，不能作证人。(3) 证人必须是自然人，而不能是法人。

证人是独立的诉讼参与人，同案件结果没有任何直接的利害关系，但是证人证言的内容有可能影响到诉讼中当事人的利益。所以，为了保障证人能够真实地提供证言，《刑事诉讼法》赋予证人一些诉讼权利：(1) 证人有权查阅询问笔录，并可以要求补充或者是修改；(2) 证人因履行作证义务而支出的交通、住宿、就餐等费用，有权获得相应的补助；(3) 证人及其近亲属的安全应受到人民法院、人民检察院和公安机关的保障；(4) 被告人的配偶、父母、子女在接到人民法院出庭通知后可以拒绝出庭作证。

（五）鉴定人

鉴定人是指受到司法机关的聘请或者指定后，凭借自己的专门知识和技能对案件事实中的某个专门性问题作出书面鉴定意见的诉讼参与人。

鉴定意见作为证据的一种，与证人证言有所不同，鉴定人也不同于证人。鉴定人在接受聘请或者指定之前，并不了解案件的情况，所以鉴定人并不像证人一样具有不可替代性。鉴定人如果和案件有利害关系，应当依法回避。

为保证鉴定人能够作出科学的鉴定意见，法律赋予鉴定人以下诉讼权利：(1) 有权查阅与鉴定事项有关的案卷材料；必要时，经侦查人员、审判人员的同意，可以参加勘验与检查。(2) 在同一专门性问题有两个以上的鉴定人鉴定时，可以共同作出一个鉴定意见，也可以分别作出各自的鉴定意见。(3) 鉴定人有权要求补充鉴定或者重新鉴定，重新提供鉴定意见。(4) 鉴定人认为因在诉讼中作证，本人及其近亲属的人身安全面临危险的，可以向公安司法机关请求予以保护。

鉴定人在享有诉讼权利的同时，也应承担一定的诉讼义务：鉴定人有义务出席法庭，回答有关人员就鉴定意见依法提出的问题；鉴定人必须客观、全面地反映鉴定的过程和结果，不得隐瞒或者编造虚假情况，故意提供虚假鉴定意见的，应当负法律责任。

（六）翻译人员

翻译人员是指受司法机关的聘请或指定在刑事诉讼中进行语言文字翻译活动的人员。刑事诉讼中需要翻译的语言文字，包括外国语、少数民族语、聋哑手语、盲文、密码等。翻译人员也不能同案件存在利害关系，否则适用回避的规定。

为保证翻译工作的准确和及时进行，从而保证诉讼参与人的合法权益和刑事诉讼的顺利进行，翻译人员在刑事诉讼中享有以下权利：(1) 有权了解和翻译内容有关的案件情况。(2) 有权查阅记载其翻译内容的笔录。笔录同实际翻译内容不符的，有权要求修改和补充。与此同时，翻译人员有义务按语言文字的原意进行翻译，不得隐瞒、歪曲或编造，如果有意弄虚作假，应负法律责任。

六、单位诉讼参与人

诉讼参与人在一般情况下是自然人，但是随着市场经济的建立和发展，单位以犯罪嫌疑人、被告人、被害人及附带民事诉讼原告人和被告人的身份参加刑事诉讼的机会越来越多。尤其是我国修正后的《刑法》，已经将单位犯罪正式纳入我国的刑事犯罪体系之中。为了依法惩治单位犯罪，也为了切实保障单位犯罪嫌疑人、被告人的合法权益，《刑事诉讼法》也应将单位列入诉讼参与人之中。

（一）单位被害人

在许多侵犯财产、职务人员犯罪的案件中，单位往往是犯罪行为造成的危害后果的承担者。在通常情况下，犯罪行为不仅仅侵犯了单位被害人的经济方面的利益，还损害了单位的信誉和声誉等。单位被害人可以通过其法定代表人反映自己的意志并实施各种行为。因此，在刑事诉讼中，单位被害人除了可以提起附带民事诉讼外，还可以依据法律的规定，对于符合自诉条件的案件提起自诉。

（二）单位犯罪嫌疑人、被告人

根据《刑法》第 13 条和第 30 条的规定，所谓单位犯罪是指公司、企业、事业单位、机关、团体实施的危害社会的、依照法律规定应受刑罚处罚的行为。依照《刑法》的规定，单位可以成为危害国家安全罪，破坏社会主义市场经济秩序罪，侵犯公民人身权利、民主权利罪，妨害社会管理秩序罪，危害国防利益罪，贪污贿赂罪等犯罪的主体。单位构成犯罪必须具备以下条件：(1) 单位犯罪是单位有目的、有意识的活动；(2) 单位犯罪必须是以单位的名义实施的；(3) 单位犯罪必须是为单位利益而实施的；(4) 单位犯罪的实施者是作为单位整体构成要素的法定代表人、主管人员、直接责任人员和单位其他成员。在我国，对单位犯罪实行“双罚制”，《刑法》第 31 条规定，单位犯罪的，对单位判处罚金，并对直接负责的主管人员和其他直接责任人员判处刑罚。

在单位犯罪的被追究对象中，有关单位的直接负责的主管人员和其他直接责任人员作为自然人参加刑事诉讼，其参与方式、诉讼权利和义务同普通犯罪嫌疑人、被告人相同。

为解决单位如何参与刑事诉讼这一问题，最高人民法院《解释》专门对单位犯罪案件的审理程序作了原则规定：刑事案件中被告人是单位的，代表被告单位出席的诉讼代表人应当是单位的法定代表人或者主要负责人；法定代表人或者主要负责人被指控为单位犯罪直接负责的主管人员或因客观原因无法出庭的，应当由单位委托其他负责人或者职工作为被告单位的诉讼代表人出庭。但是，有关人员被指控为单位犯罪的其他直接责任人员或者知道案件情况、负有作证义务的除外。开庭审理单位犯罪案件，应当通知被告单位的诉讼代表人出庭；没有诉讼代表人参与诉讼的，应当要求人民检察院确定。人民法院决定开庭审理单位犯罪案件，应当通知被告单位的诉讼代表人出庭，接到出庭通知的被告单位的诉讼代表人应当出庭。被告单位的诉讼代表人不出庭的，应当按照下列情形分别处理：(1) 诉讼代表人系被告单位的法定代表人或者主要负责人，无正当理由拒不出庭的，可以拘传其到庭；因客观原因无法出庭，或者下落不明的，应当要求人民检察院另行确定诉讼代表人；（2）诉讼代表人系被告单位的其他人员的，应当要求人民检察院另行确定诉讼代表人出庭。人民法院审理单位犯罪案件，被告单位的诉讼代表人享有《刑事诉讼法》规定的有关被告人的诉讼权利。开庭时，诉讼代表人席位位于审判台前左侧，与辩护人席并列。如果认为有必要，被告单位可以依据《刑事诉讼法》中的有关规定委托辩护人。

问题与思考

简答题

1. 试述我国人民法院的组织体系。

2. 简述我国刑事诉讼中诉讼参与人的范围。

3. 简述我国刑事诉讼中被害人的诉讼地位及诉讼权利和义务。

4. 简述我国犯罪嫌疑人、被告人享有的诉讼权利。

课堂讨论案例

被告人温某与被害人张某在一酒店用餐，两人因口角发生争执，温某将张某打成轻伤。公安机关赶到后将温某拘留。

结合本章内容，请回答下列问题：

1. 如果温某当时逃跑，公安机关到异地抓捕温某，要对其拘留，应当如何处理？

2. 如果经鉴定被害人张某的伤情轻微，公安机关决定不予立案，而张某执意要对温某追究刑事责任，那么张某应当以什么身份提起诉讼，并享有哪些诉讼权利？

法律职业资格（司法）考试真题

1. 关于被害人在法庭审理中的诉讼权利，下列哪一选项是错误的？（　　）（单选）

A. 有权委托诉讼代理人

B. 有权申请回避

C. 无权参与刑事部分的法庭调查和辩论，只能参加附带民事诉讼部分的审理活动

D. 对刑事判决部分不能提起上诉

2. 甲涉嫌过失致人重伤。在审查起诉阶段，检察院认为证据不足，遂作出不起诉决定。如果被害人对不起诉决定不服，依法可以采取下列哪些诉讼行为？（　　）（多选）

A. 可以向上一级检察院提起申诉

B. 可以直接向法院起诉

C. 向法院起诉后，可以与被告人自行和解

D. 向法院起诉后，可以请求法院调解

3. 关于被害人在刑事诉讼中的权利，下列哪一选项是正确的？（　　）（单选）

A. 自公诉案件立案之日起有权委托诉讼代理人

B. 对因作证而支出的交通、住宿、就餐等费用，有权获得补助

C. 对法院作出的强制医疗决定不服的，可向作出决定的法院申请复议一次
D. 对检察院作出的附条件不起诉决定不服的，可向上一级检察院申诉

4. 关于刑事诉讼当事人中的被害人的诉讼权利，下列哪些选项是正确的？（　　）（多选）

A. 撤回起诉、申请回避　　B. 委托诉讼代理人、提起自诉
C. 申请复议、提起上诉　　D. 申请抗诉、提出申诉

5. 高某系一抢劫案的被害人。关于高某的诉讼权利，下列哪些选项是正确的？（　　）（多选）

A. 有权要求不公开自己的姓名和报案行为
B. 如公安机关不立案，有权要求告知不立案的原因
C. 作为证据使用的鉴定意见，经申请可以补充或者重新鉴定
D. 如检察院作出不起诉决定，也可以直接向法院提起自诉

6. 下列哪些人是承担控诉职能的诉讼参与人？（　　）（多选）

A. 公诉人　　B. 自诉人　　C. 被害人　　D. 控方证人

7. 下列哪些人员不得担任人民陪审员？（　　）（多选）

A. 某甲，司法行政机关工作人员
B. 某乙，曾因盗窃受到刑事处罚
C. 某丙，所学专业为法律专业但只具有大学专科文化程度
D. 某丁，具有大学本科文化程度但所学专业为非法律专业

8. 下列关于人民陪审员的哪些表述是错误的？（　　）（多选）

A. 人民陪审员不得担任审判长
B. 人民陪审员有权参加法院所有的审判活动
C. 人民陪审员参加中级人民法院审判活动的，应当从本院的人民陪审员名单中随机抽取确定
D. 合议庭评议案件时，对于法律适用问题，人民陪审员应当接受法官的指导

9. 关于人民陪审员，下列哪些选项是正确的？（　　）（多选）

A. 各级法院审判第一审刑事案件，均可吸收人民陪审员作为合议庭成员参与审判
B. 一审刑事案件被告人有权申请由人民陪审员参加合议庭审判
C. 执业律师不得担任人民陪审员
D. 高级人民法院审判案件依法应当由人民陪审员参加合议庭审判的，在其所在城市的中级人民法院的人民陪审员名单中随机抽取

10. 关于我国人民陪审员制度与一些国家的陪审团制度存在的差异，下列哪一选项是正确的？（　　）（单选）

A. 人民陪审员制度目的在于协助法院完成审判任务，陪审团制度目的在于制约法官
B. 人民陪审员与法官行使相同职权，陪审团与法官存在职权分工
C. 人民陪审员在成年公民中随机选任，陪审团从有选民资格的人员中聘任
D. 是否适用人民陪审员制度取决于当事人的意愿，陪审团适用于所有案件

11. 罗某作为人民陪审员参与D市中级法院的案件审理工作。关于罗某的下列哪一说法是正确的？（　　）（单选）

A. 担任人民陪审员，必须经D市人大常委会任命
B. 同法官享有同等权利，也能担任合议庭审判长

C. 可参与中级法院二审案件审理，并对事实认定、法律适用独立行使表决权
D. 可要求合议庭将案件提请院长决定是否提交审委会讨论决定

12. 张某系某基层法院陪审员，可以参与审判下列哪些案件？（　　）（多选）
A. 所在区基层法院适用简易程序审理的案件
B. 所在市中级法院审理的一审案件
C. 所在市中级法院审理的二审案件
D. 所在省高级法院审理的一审案件

13. 关于合议庭的组成及活动原则，下列哪些选项是正确的？（　　）（多选）
A. 在审判员不能参加合议庭时，经院长指定，助理审判员可以临时代行审判员职务担任审判长
B. 开庭审理和评议案件，必须由同一合议庭进行
C. 合议庭成员如有意见分歧，应当按照三分之二以上多数作出决定
D. 经审判委员会讨论决定的案件，合议庭有不同意见时，可以建议院长提交审判委员会复议

14. 在单位犯罪案件的审理程序中，如被告单位的诉讼代表人与被指控为单位犯罪直接负责的主管人员是同一人，应当由下列哪一主体另行确定被告单位诉讼代表人？（　　）（单选）
A. 被告单位　　B. 被告单位的直接主管机关
C. 检察院　　D. 法院

15. 关于刑事诉讼法定代理人与诉讼代理人的区别，下列哪些选项是正确的？（　　）（多选）
A. 法定代理人基于法律规定或法定程序产生，诉讼代理人基于被代理人委托产生
B. 法定代理人的权利源于法律授权，诉讼代理人的权利源于委托协议授权
C. 法定代理人可以违背被代理人的意志进行诉讼活动，诉讼代理人的代理活动不得违背被代理人的意志
D. 法定代理人可以代替被代理人陈述案情，诉讼代理人不能代替被代理人陈述案情

16. 关于法定代理人对法院一审判决、裁定的上诉权，下列哪一说法是错误的？（　　）（单选）
A. 自诉人高某的法定代理人有独立上诉权
B. 被告人李某的法定代理人有独立上诉权
C. 被害人方某的法定代理人有独立上诉权
D. 附带民事诉讼当事人吴某的法定代理人对附带民事部分有独立上诉权

17. 关于公检法机关的组织体系及其在刑事诉讼中的职权，下列哪些选项是正确的？（　　）（多选）
A. 公安机关统一领导、分级管理，对超出自己管辖的地区发布通缉令，应报有权的上级公安机关发布
B. 基于检察一体化，检察院独立行使职权是指检察系统整体独立行使职权
C. 检察院上下级之间是领导关系，上级检察院认为下级检察院二审抗诉不当的，可直接向同级法院撤回抗诉
D. 法院上下级之间是监督指导关系，上级法院如认为下级法院审理更适宜，可将自己管辖的案件交由下级法院审理

第五章

刑事诉讼基本原则

本章概要

刑事诉讼的基本原则具有统摄具体诉讼制度和程序性规定的功能，对刑事诉讼全过程具有指导意义。这些概括性的规定可以涵摄立法和司法实践中出现的新问题。我国刑事诉讼基本原则体系虽然与国际上其他国家的原则体系有共通的一面，但更多地表现出自己的特征，如三机关分工负责、互相配合、互相制约原则，人民检察院依法对刑事诉讼活动实行监督的原则，依靠群众原则等。这些刑事诉讼基本原则的确立与贯彻，与我国的历史传统和现阶段的国情相适应。当然，随着全面推进依法治国不断深入，我国刑事诉讼基本原则还会有新的发展。

关键术语

刑事诉讼基本原则　侦查权　检察权　审判权　程序法定　正当程序　控审分离　无罪推定

第一节　刑事诉讼基本原则概述

一、刑事诉讼基本原则的概念和意义

刑事诉讼基本原则，是指法律所规定的进行刑事诉讼、处理刑事案件应当遵循的基本行为准则，它贯穿于整个刑事诉讼过程或主要诉讼阶段，对刑事诉讼的进行有普遍指导意义。我国刑事诉讼的基本原则是公安机关、人民检察院和人民法院等诉讼主体进行刑事诉讼必须遵循的基本行为准则。

我国刑事诉讼的基本原则，反映了中国刑事诉讼法的基本内容和特征，它对于指导公安司法机关和诉讼参与人的诉讼活动，保证刑事诉讼的顺利进行，实现刑事诉讼法的任务，有重要意义：

（一）有利于在实践中贯彻和掌握刑事诉讼的各项制度和程序

我国的刑事诉讼基本原则，是对刑事诉讼中重要问题的概括和总结；刑事诉讼法关于刑事诉讼程序和活动的规定，是基本原则的具体化。因此，领会了刑事诉讼基本原则的精神，便于理解关于具体诉讼程序、具体诉讼活动规定的立法原意，便于理解、掌握和遵守刑事诉讼的具体制度和程序。

（二）便于解决刑事诉讼中出现的新问题

1979 年颁布的《刑事诉讼法》，是新中国成立以来第一部系统的刑事诉讼法律文件。它虽然经过 1996 年、2012 年和 2018 年三次共计多达 247 处的修正，但仍然不是一个十分完备的刑事诉讼法典。由于刑事诉讼法律条文仍然不多，一些应该规定的问题没有规定，而且条文与条文之间不太协调的现象仍然存在，因而在司法实践中，肯定会存在无法用具体条文解决的新问题，出现需要适用法律而无具体条文可资利用的尴尬情况。在这种情况下，遵守刑事诉讼基本原则所规定的精神，就能够在一定程度上解决新的问题和矛盾。

（三）便于总结经验，进一步完善刑事诉讼法

如前所述，我国《刑事诉讼法》仍然不很完备，司法实践中必然会遇到新情况和新问题。有了刑事诉讼基本原则，就便于公安司法机关本着基本原则的精神，在刑事诉讼中积累一些具体的经验。这些实践经验可以弥补刑事诉讼立法之不足，有助于形成新的立法建议，从而促进《刑事诉讼法》的进一步完善，促进司法工作的规范化和科学化。

刑事诉讼基本原则与刑事诉讼各阶段中的其他原则不同。在刑事诉讼的不同阶段，存在一些特有的具有原则性的规则，在诉讼立法或诉讼理论上同样称之为诉讼原则。例如，在审查起诉阶段，涉及检控机关诉讼地位和起诉政策方面的原则有不告不理原则、国家公诉原则、起诉法定原则、起诉裁量原则等。在法庭审判阶段，有直接审理原则、言词审理原则、集中审理原则等。这些原则尽管都很重要，但不能称之为刑事诉讼的基本原则，或者说其具有刑事诉讼基本原则的意义。只有那些作用于刑事诉讼全过程或主要诉讼阶段，对国家专门机关和诉讼参与人的诉讼行为具有普遍指导和规范作用，对刑事诉讼任务的实现和刑事诉讼法的贯彻执行具有整体影响和制度保障作用的，才是刑事诉讼的基本原则。

二、刑事诉讼基本原则的体系

我国刑事诉讼的基本原则，是由《宪法》《刑事诉讼法》《人民法院组织法》《人民检察院组织法》等法律规定的。

宪法是国家的根本大法，它规定了刑事诉讼的基本原则，体现了国家对刑事诉讼的重视，表明了国家对刑事诉讼重大问题的基本态度。现代世界各国，一般都在宪法中对刑事诉讼的基本原则作出规定。我国《宪法》规定的刑事诉讼基本原则有：依靠群众原则（第 27 条）；对一切公民在适用法律上一律平等的原则（第 33 条）；尊重和保障人权原则（第 33 条）；公开审判原则（第 130 条）；被告人（犯罪嫌疑人）有权获得辩护原则（第 130 条）；独立行使审判权、检察权原则（第 131、136 条）；使用本民族语言文字进行诉讼的原则（第 139 条）；公、检、法三机关分工负责，互相配合，互相制约原则（第 140 条）。

刑事诉讼基本原则本身是由多项原则组合而成的规范体系。我国《刑事诉讼法》第一编第一章第 3 条至第 18 条规定了我国刑事诉讼中的基本原则和制度，主要包括：侦查权、检察权、审判权由专门机关依法行使；严格遵守法律程序；人民法院、人民检察院依法独立行使职权；依靠群众；以事实为根据，以法律为准绳；对一切公民在适用法律上一律平等；公、检、法分工负责，互相配合，互相制约；人民检察院依法对刑事诉讼实行法律监督；使用本民族语言文字进行诉讼；犯罪嫌疑人、被告人有权获得辩护；未经人民法院依法判决不得确定有罪；保障诉讼参与人的诉讼权利；具有法定情形不予追究刑事责任；追究外国人刑事责任适用我国《刑事诉讼法》；刑事司法协助；认罪认罚从宽。其中，《刑事诉讼法》第 10 条规定的“人民法院审判案件，实行两审终审制”，第 13 条规定的“人民法院审判案件，依照本法实行人民陪审员陪审的制度”，只是一项重要审判制度而不是基本原则。

我国《宪法》和《刑事诉讼法》确立的基本原则，是我国刑事诉讼长期经验的总结，体现了我国刑事诉讼的社会主义性质，反映出我国刑事诉讼的基本特点，对于保证刑事案件质量，实现刑事诉讼任务，具有重要意义。刑事诉讼各项基本原则是一个互相关联、互相统一的整体，其中任何一项原则遭到忽视，必然影响对其他有关原则的贯彻；违背其中任何一项原则，都是对刑事诉讼法治的严重破坏，都是对法律规定的诉讼程序的严重违反。因此，对于刑事诉讼的各项基本原则，都必须准确理解，认真贯彻执行。

第二节　尊重和保障人权的原则

一、本原则的法律依据和主要内容

2004 年 3 月 14 日，第十届全国人民代表大会第二次会议通过宪法修正案，在现行《宪法》第 33 条增加“国家尊重和保障人权”的内容，作为本条的第 3 款。2012 年 3 月 14 日，第十一届全国人民代表大会第五次会议通过的《关于修改〈中华人民共和国刑事诉讼法〉的决定》，把“尊重和保障人权”加入《刑事诉讼法》第 2 条。

我国《宪法》第 33 条规定的“国家尊重和保障人权”，表明了我国对人权的基本态度，它要求在国家和社会生活的各个领域，都必须尊重和保障人权，这当然也包括刑事诉讼领域。根据《宪法》和《刑事诉讼法》的规定，刑事诉讼中尊重和保障人权原则的基本含义是：其一，国家专门机关进行刑事诉讼，要把尊重和保障公民的人权作为基本的出发点之一，防止因刑事诉讼而使公民的人权受到侵犯。其二，充分尊重并保障包括犯罪嫌疑人、被告人在内的诉讼参与人的公民权利与诉讼权利，除非按照法律的规定必须予以限制或剥夺。其三，切实做到“保障无罪的人不受刑事追究”。司法机关在认定某人（法人）为犯罪嫌疑人、被告人时应当慎重，不能草率行事，不能把不应当被追究刑事责任的人确定为犯罪嫌疑人、被告人。在刑事诉讼中，司法机关及其工作人员要正确对待刑事诉讼中的犯罪嫌疑人和被告人，“未经人民法院依法判决，对任何人都不得确定有罪”。我国《刑事诉讼法》对犯罪嫌疑人和被告人赋予了广泛的诉讼权利，使他们有充分的防御手段，以保证无罪的人及时得以解脱。

二、本原则在刑事诉讼中的体现

刑事诉讼是国家司法机关在当事人和其他诉讼参与人的参加下，依照法定程序揭露犯罪、证实犯罪，确定犯罪嫌疑人、被告人罪责的有无和大小，并对应当负刑事责任的人处以应得刑罚的活动。刑事诉讼是一柄双刃剑，它是保护权利最得力的工具，也常常是侵犯人权最厉害的手段。为使这柄“双刃剑”有利而无害，必须对它加以严格的约束。在刑事诉讼活动中，甄别有罪与无罪、有罪人与无辜者，是最重要的内容。因此，作为规定刑事诉讼程序的刑事诉讼法，既应当有打击犯罪、保护社会秩序的功能，也应当有尊重和保障人权的功能；既应当有保证公安司法机关及其工作人员依法行使职权的功能，也应当有避免因国家司法权的滥用而使当事人，尤其是犯罪嫌疑人、被告人的合法权益受到侵害的功能。因而，人权保障是刑事诉讼法的主要功能之一。

在我国刑事诉讼法中，人权保障功能是以规定刑事诉讼法任务的形式表现出来的。《刑事诉讼法》第 2 条规定：“中华人民共和国刑事诉讼法的任务，是保证准确、及时地查明犯罪事实，正确应用法律，惩罚犯罪分子，保障无罪的人不受刑事追究，教育公民自觉遵守法律，积极同犯罪行为作斗争，维护社会主义法制，尊重和保障人权，保护公民的人身权利、财产权利、民主权利和其他权利，保障社会主义建设事业的顺利进行。”《刑事诉讼法》的这个条文，规定了刑事诉讼法的四种功能，即规制功能、保护（打击）功能、教育功能和保障功能。规制功能是指规范刑事诉讼主体的行为，防止滥用权力（利）；保护（打击）功能是指通过惩罚犯罪，保护公民的人身权利、财产权利、民主权利和其他权利；教育功能是指教育公民自觉遵守法律，积极同犯罪行为作斗争，维护社会主义法制；保障功能是指保障无罪的人不受刑事追究。在上述四项功能中，保护（打击）功能和保障功能是两个最重要的功能，教育功能是依附于这两个功能的，没有这两个功能，教育功能就无法实现。规制功能也是服务于这两项功能的，因为规范刑事诉讼主体的行为，是为了更好地实现打击犯罪和保障无罪的人不受刑事追究。

第三节　侦查权、检察权和审判权由专门机关依法行使的原则

一、本原则的法律依据及主要内容

我国《刑事诉讼法》第 3 条规定：对刑事案件的侦查、拘留、执行逮捕、预审，由公安机关负责。检察、批准逮捕、检察机关直接受理的案件的侦查、提起公诉，由人民检察院负责。审判由人民法院负责。除法律特别规定的以外，其他任何机关、团体和个人都无权行使这些权力。人民法院、人民检察院和公安机关进行刑事诉讼，必须严格遵守本法和其他法律的有关规定。这条规定，是侦查权、检察权、审判权由专门机关依法行使原则的法律依据。

侦查权、检察权和审判权由专门机关依法行使原则，主要包括以下内容。

第一，公、检、法三机关分别行使国家的侦查权、检察权和审判权。

侦查权是收集证据，揭露和证实犯罪，查获犯罪嫌疑人，实施必要的强制性措施的权力。侦查活动的内容极为广泛，侦查（在这里是指侦破案件）、拘留、执行逮捕、预审，是侦查活动的最主要和最集中的表现。根据《刑事诉讼法》第3、4条的规定，侦查权主要由公安机关、检察机关、国家安全机关行使。这些机关在行使侦查权时是有分工的。检察机关可以对司法工作人员利用职权实施的非法拘禁、刑讯逼供、非法搜查等侵犯公民权利、损害司法公正的犯罪案件行使侦查权。国家安全机关只对危害国家安全的刑事案件行使侦查权。除此之外的其他大多数案件，则由公安机关行使侦查权。

检察权是指对法律的执行与遵守进行专门监督的权力。从理论上讲，检察权的内容极为广泛，它包括对刑事法律、民事法律、行政法律的执行与遵守实行监督。我国宪法、法律对检察权规定得最多、最详细的部分，是对刑事法律的执行与遵守进行的法律监督。因而，在刑事诉讼活动中，检察机关的活动范围是很广泛的，但最主要的活动表现为批准逮捕，提起公诉以及对公安机关、人民法院等机关的诉讼活动实行法律监督。根据《刑事诉讼法》第3条第1款的规定，检察权只能由人民检察院行使。

审判权是指对案件进行审理并作出裁判的权力。审判权是一种最主要的司法权力，它决定着诉讼当事人的命运和诉讼的结局。根据《刑事诉讼法》第3条第1款的规定，审判权只能由人民法院行使。

因此，公、检、法三机关在刑事诉讼中应当各负其责，各司其职，在行使权力方面不能包办代替。

第二，公、检、法三机关以外的其他任何机关、团体和个人，都无权行使侦查权、检察权和审判权。

办理刑事案件，追究犯罪嫌疑人、被告人的刑事责任，是一项极其严肃的工作，它不仅关系被追究公民的名誉、财产、人身自由和生命，而且关系社会秩序的稳定、中国特色社会主义事业及广大人民的共同利益。这样的工作只能让专门的司法机关去做，这样的权力只能交给公、检、法机关去行使。否则，就会造成社会秩序的混乱，公民的合法权益就得不到应有的保障。

除公、检、法机关以外，我国法律还对其他机关行使司法权作了特别规定。根据《刑事诉讼法》第308条的规定，军队保卫部门对军队内部发生的刑事案件行使侦查权；中国海警局对海上发生的刑事案件行使侦查权；监狱对罪犯在监狱内犯罪的案件进行侦查。

第三，公、检、法三机关进行刑事诉讼也必须依照法律规定的方式、方法和程序。

公安机关、检察机关和人民法院进行刑事诉讼，必须遵守刑事诉讼法和其他法律的有关规定，不能认为刑事诉讼法是公、检、法机关用来处理刑事案件的工具，是用来约束其他诉讼参与人的。这包括两层含义：公、检、法机关行使法律规定的侦查权、检察权和审判权，也必须遵守法律规定的“权力界限”，依照法律规定的程序，不能恣意妄为；公、检、法机关必须履行法律规定的义务和职责。

二、刑事诉讼中实行这项原则的重要意义

在我国确立并认真实行这一原则有着非常重要的意义。

第一，它是我国建立现代司法体制的要求。这个原则一方面可以防止行政对司法的干预，另一方面可以在刑事诉讼中建立三机关权力分配和制约的机制。

第二，侦查权、检察权、审判权由专门机关行使，能够维护正常的社会秩序，保证法律的统一和正确实施。侦查权、检察权和审判权由专门机关行使，明确了公、检、法机关在刑事诉讼中的职责权限，一旦出现刑事案件，公、检、法机关依法开展工作，就能保证及时侦破案件，惩罚犯罪分子。同时，还能避免其他机关、团体和个人插手刑事诉讼，造成司法权行使的混乱。公、检、法机关作为行使司法职权的专门机关，熟悉法律，有丰富的司法经验，具备正确执行法律的条件，因而能够保证刑事法律得到统一的贯彻执行。

第三，侦查权、检察权、审判权由专门机关行使，能够保护公民的人身自由及其他合法权益免受非法侵犯。

第四节　严格遵守法律程序的原则

一、本原则的法律依据及意义

我国《刑事诉讼法》第 3 条第 2 款规定：人民法院、人民检察院和公安机关进行刑事诉讼，必须严格遵守本法和其他法律的有关规定。这一规定是严格遵守法律程序原则的法律依据。

严格规范国家专门机关及其工作人员行使权力的行为，将刑事诉讼活动纳入法治轨道，一方面有利于防止办案人员有法不依，滥用职权，恣意妄为；另一方面有助于加强刑事诉讼中的人权保障，维护当事人和其他诉讼参与人的合法权益。确立并强调严格遵守法律程序原则，实现依法办案、文明办案，对贯彻全面依法治国基本方略，实现刑事诉讼的科学化、民主化，具有十分重要的意义。

二、本原则的基本内容

严格遵守法律程序的原则主要包括如下基本内容。

首先，以立法的形式建立结构完整、设置科学的刑事诉讼程序。以严密的法律规定，构建刑事诉讼的结构，规范专门机关的职权，设置刑事诉讼的程序，明确诉讼主体的权利义务，是严格遵守法律程序的前提。这种刑事诉讼程序的规定应当既能保证国家专门机关有效地追究犯罪、惩罚犯罪，又能保障公民个人在诉讼中的基本权益；应当严谨缜密，具有可操作性，不应存在法律调整不到的死角，也不应因法律条文过于粗疏而在适用时产生歧义或较大的随意性。同时，为了保证诉讼的公开性、透明度，加强诉讼监督，这些程序规定应当是公开的，对社会公开，对公民公开，不能搞秘密的内部规定，不能搞“隐性法律”。

其次，在司法实践中公安司法机关进行刑事诉讼必须严格遵守法律程序，以保证及时、正确处理刑事案件。法律程序的内容，就是刑事诉讼法关于国家专门机关和诉讼参与人的诉讼权利和义务、诉讼的阶段和顺序、诉讼的方式和手段等方面的具体规定。这些程序的设置，是长期司法实践经验的积累，具有严密的科学体系。只有严格按照法律规定的程序办案，才能保证案件质量。公安司法人员应当做到有法必依、公正司法、严格执法。要更新诉讼观念，克服重实体、轻程序，重结果、轻过程的错误认识，重视程序正义的独立价值，树立正当法律程序观念，纠正一切不依法办案的现象。

最后，严格遵守法律程序，不仅应当遵守刑事诉讼法中的基本原则和制度，而且要严格遵守立案、侦查、起诉、审判和执行等各个诉讼阶段的具体程序规定。所有这些具体程序规定，都是实现刑事诉讼任务、贯彻刑事诉讼基本原则的具体措施和可靠保障，构成刑事诉讼法制的有机整体。如果这些具体程序规定得不到遵守，刑事诉讼的基本原则就得不到贯彻，刑事诉讼的任务就要落空。此外，严格遵守法律程序，不仅是对公安机关、人民检察院和人民法院的要求，当事人和其他诉讼参与人参与刑事诉讼，也应严格遵守法律规定的程序，在依法享有诉讼权利的同时，要依法履行诉讼义务，严格按照法律规定的程序进行活动，遵守法律为其制定的各项行为准则。如证人必须承担如实作证的义务，被告人上诉必须遵守法律规定的期限等。凡是违背法律程序的行为，都应坚决予以制止和纠正。

第五节　依法独立行使审判权、检察权的原则

一、本原则的法律依据及主要内容

我国《宪法》第 131 条及《人民法院组织法》第 4 条规定：人民法院依照法律规定独立行使审判权，不受行政机关、社会团体和个人的干涉。《宪法》第 136 条和《人民检察院组织法》第 4 条规定：人民检察院依照法律规定，独立行使检察权，不受行政机关、社会团体和个人的干涉。《刑事诉讼法》第 5 条规定：人民法院依照法律规定独立行使审判权，人民检察院依照法律规定独立行使检察权，不受行政机关、社会团体和个人的干涉。上述规定，是依法独立行使审判权、检察权原则的法律依据。

依法独立行使审判权、检察权原则的主要内容包括以下几个方面。

1. 人民法院、人民检察院依照法律规定，独立地对刑事案件行使审判权、检察权，不受行政机关、社会团体和个人的干涉。这段话包括两层意思：其一，人民法院、人民检察院办理刑事案件，除了服从法律以外，不服从任何行政机关、社会团体和个人有关处理具体刑事案件的指示和命令；其二，任何行政机关、社会团体和个人不仅不得参与人民法院、人民检察院处理刑事案件的活动，而且不得干涉人民法院、人民检察院对具体刑事案件的审判和检察。《中共中央关于全面推进依法治国若干重大问题的决定》明确规定：“任何党政机关和领导干部都不得让司法机关做违反法定职责、有碍司法公正的事情，任何司法机关都不得执行党政机关和领导干部违法干预司法活动的要求。”

应当明确的是，我们这里所说的“干涉”，是指于法无据的干预活动。比如，以领导身份对审判人员施加压力，为被告人开脱罪责等。而人民代表大会依照法律规定对人民法院、人民检察院的审判、检察工作实行监督，则不属于干涉的范畴。

2. 我国法律规定独立行使审判权、检察权的主体是人民法院、人民检察院，而不是法官、检察官。也就是说，是人民法院独立行使审判权，人民检察院独立行使检察权。因此，法院院长和审判委员会，检察院检察长和检察委员会，依照法律规定的职权讨论案件，对案件处理工作作决定、发指示，不是违背独立行使审判权、检察权的行为，而是贯彻民主集中制原则的行为，是当前保证依法独立行使审判权、检察权原则得以实现的重要条件。

3. 我国法律规定的独立行使审判权、检察权，与西方国家法律规定的司法独立是有原则区别的。西方资本主义国家的司法独立，是指司法权独立，它是相对于立法权、行政权而言的，是资本主义“三权分立”原则的组成部分，是资本主义国家政治制度的主要内容。我国法律规定的依法独立行使审判权、检察权原则，不是说审判权、检察权与立法权、行政权相鼎立，而是指人民法院、人民检察院行使审判权、检察权时不受非法干涉。它只是一种司法工作原则，而非一项政治原则。我国是社会主义国家，实行议行合一的政治制度。人民法院、人民检察院由同级立法机关产生，受立法机关监督，对立法机关负责，而不是与立法机关相鼎立。

二、在刑事诉讼中确立并实行本原则的意义

在我国刑事诉讼中确立依法独立行使审判权、检察权原则，具有极为重要的意义。

第一，确立依法独立行使审判权、检察权原则，有利于促进刑事诉讼结构的科学化。

第二，确立依法独立行使审判权、检察权原则，是贯彻刑事诉讼法其他原则所必需的。只有真正使法院独立行使审判权，检察院独立行使检察权，才能使侦查权、检察权、审判权由专门机关行使的原则落到实处，才能在刑事诉讼中排除一切干扰，做到以事实为根据，以法律为准绳，对一切公民在适用法律上一律平等。

值得注意的是，我们在刑事诉讼中应当正确理解这一原则。人民法院、人民检察院独立行使审判权、检察权不是绝对的，不能理解为人民法院、人民检察院的审判、检察工作完全独立，不受任何领导与制约。

我国是人民民主专政的社会主义国家，人民法院、人民检察院是国家机构的组成部分，审判工作、检察工作是国家统治活动的具体体现。因此，人民法院、人民检察院必须接受中国共产党的领导，接受人民的监督，接受其他国家机关、社会团体的监督与制约。

中国共产党对人民法院、人民检察院实行领导与依法独立行使审判权、检察权原则并不矛盾。我国的《宪法》和中国共产党党章规定，党必须在宪法和法律范围内活动，党对人民法院、人民检察院的领导，主要是政治领导与组织领导，其具体方式是为审判、检察工作制定正确的路线、方针和政策，用中国特色社会主义理论教育法官和检察官，提高他们的政治觉悟，加强他们的党性和严格执法意识。党的领导不是包揽审判、检察工作，不是审批具体案件，也不对某一具体案件的处理发号施令。

人民是国家的主人。任何国家机关的活动都要受人民的监督。人民监督法院、检察院的工作，主要是通过权力（立法）机关的监督和直接监督的方式来实现。权力机关对法院、检察院的监督主要是通过听取法院、检察院定期、不定期的工作报告，任命、撤换院长、检察长、法官、检察官的方式来实现。人民对法院、检察院的直接监督，主要是通过对生效但有错误的判决、裁定提出申诉或批评意见等方式进行。需要说明的是，权力机关也不能就如何处理某一具体案件，事先向法院、检察院发布指示和命令；人民群众向法院、检察院提出申诉或批评意见，也不能强迫法院、检察院接受，更不能使用“网络暴力”干涉法院、检察院独立行使职权。

此外，按照《刑事诉讼法》的规定，人民法院在独立行使审判权时，要受人民检察院的监督；人民检察院在独立行使检察权时，要受人民法院的制约。下级人民法院要受上级人民法院的监督；下级人民检察院要受上级人民检察院的领导等。

第六节　依靠群众原则

一、本原则的法律依据以及基本含义

我国《刑事诉讼法》第 6 条规定："人民法院、人民检察院和公安机关进行刑事诉讼，必须依靠群众"，这是依靠群众原则的法律依据。

司法机关进行刑事诉讼必须依靠群众，是指司法机关在刑事诉讼中，要坚持群众路线和群众观点，注意借助群众的智慧和力量，采取向群众进行调查研究等工作方法，完成《刑事诉讼法》规定的任务。

依靠群众进行刑事诉讼，是由我们国家的性质决定的。我国《宪法》第 27 条第 2 款明确规定：一切国家机关和国家工作人员必须依靠人民的支持，经常保持同人民的密切联系，倾听人民的意见和建议，接受人民的监督，努力为人民服务。《中共中央关于全面推进依法治国若干重大问题的决定》规定："保障人民群众参与司法。坚持人民司法为人民，依靠人民推进公正司法，通过公正司法维护人民权益。"

依靠群众进行刑事诉讼，是刑事诉讼工作自身的需要。揭露犯罪，证实犯罪，惩罚犯罪分子，是一项十分艰巨、复杂的工作。犯罪嫌疑人混迹于社会中，司法机关要将他们从广大群众中分辨出来，的确是一件不容易的事情。但是，正是由于犯罪嫌疑人生活于群众中，其实行的犯罪行为及犯罪前后的可疑举动，必然难逃群众的耳目。只要坚持依靠群众，深入群众调查研究，就有利于发现犯罪线索，取得犯罪证据，尽快查清案件事实。同时，在刑事诉讼中依靠群众，倾听群众意见，接受群众监督，还有利于正确适用法律，保证定罪准确、量刑适当。

犯罪行为危害国家利益，侵犯公民的合法权益，破坏社会安定和正常的社会秩序，人民群众对此是深恶痛绝的。司法机关进行刑事诉讼，打击犯罪，完全符合人民的利益和要求，因此必然能够获得人民的支持和拥护。司法机关依靠群众进行刑事诉讼，就具备了现实可行性。

二、正确理解和贯彻执行依靠群众原则

正确理解和贯彻执行依靠群众原则，必须注意以下几个问题：

（一）要具有相信群众的观念，学会做群众工作的方法

司法人员深入群众，要根据被调查者的具体情况，采取相应的方法和策略。对于有思想顾虑的证人或其他知情人，要做耐心的思想工作；如果调查事关被调查者的隐私，应当注意保守秘密；对于群众提供的情况，应当采取分析的态度，善于去粗取精、去伪存真，既不能完全不信，亦不能盲目相信。

（二）严格依法办事，在刑事诉讼中妥善处理依靠群众与进行专门工作的关系

只有严格依法办事，才能取信于民，得到他们的支持，司法机关如果有法不依、执法不严，就会损害其在群众心目中的地位和威信，最终会失去人民的拥护。司法机关是刑事诉讼的

主体，它们享有广泛的职权，最重要的刑事诉讼活动是它们依法进行的一系列专门工作，如立案、侦查、提起公诉、审判、执行及在诉讼中采取一系列的强制措施等。在刑事诉讼中依靠群众，绝不意味着让群众代替司法机关去进行这些活动，也不意味着把司法机关的职权交给群众行使，而是要把司法机关的专门性工作和依靠群众巧妙结合起来，既要保证侦查权、检察权、审判权由公、检、法机关行使，又要发挥群众参与、监督刑事诉讼的主动性、积极性，保障司法机关少犯错误，提高办案质量。

第七节　以事实为根据，以法律为准绳原则

一、本原则的法律依据以及基本含义

《刑事诉讼法》第 6 条规定："人民法院、人民检察院和公安机关进行刑事诉讼……必须以事实为根据，以法律为准绳。"这是以事实为根据，以法律为准绳原则的法律依据。

在刑事诉讼中，以事实为根据，是指司法机关不论作出什么样的决定，采取什么样的措施，也不论是解决实体问题，还是解决程序问题，都必须以查证属实的证据和凭借这些证据认定的案件事实为基础，而不能以主观想象、推测和查无实据的"传言"、舆论为根据。

在刑事诉讼中，以法律为准绳，是指必须以刑法、刑事诉讼法和其他法律的有关规定为定罪量刑和处理案件的标准，而不能以领导人的态度、某个人的言论或者其他东西为标准，也不能由司法机关及其工作人员随心所欲地处理刑事诉讼中的实体问题和程序问题。司法机关及其工作人员应当根据已查明的案件事实，用刑法的规定做尺度，犯罪嫌疑人、被告人的行为构成犯罪的，就认定为有罪，不构成犯罪的，就不能追究其刑事责任；构成此种犯罪的，就定此种罪名，而不能混淆罪与非罪、此罪与彼罪的界限，更不能乱定罪名，滥施刑罚。解决程序问题，应以刑事诉讼法的规定为标准。

就刑事诉讼而言，以事实为根据，以法律为准绳，如鸟之两翼，缺一不可。如果不以事实为根据，不查明案件的客观事实，就根本不可能正确适用法律，更谈不上以法律为准绳。如果不以法律为准绳，就无法按照法律规定的条件去取证，认定案件事实，因而也无法查明事实真相。即使查清了案件事实，也不能正确处理案件，完成刑事诉讼法的任务。

坚持以事实为根据，以法律为准绳的原则，关键的问题是按照《中共中央关于全面推进依法治国若干重大问题的决定》所要求的"健全事实认定符合客观真相、办案结果符合实体公正、办案过程符合程序公正的法律制度"。

二、贯彻实行本原则的意义

在刑事诉讼中贯彻这一原则具有重要意义：一方面，查明案件事实真相，正确适用法律，是司法机关进行刑事诉讼的两个基本任务，也是对司法机关和诉讼参与人进行刑事诉讼的基本要求。它贯穿于刑事诉讼活动的全部过程，是检查和评判办案质量高低的标准。因而，坚持了以事实为根据，以法律为准绳，就等于抓住了刑事诉讼的关键问题，为实现刑事诉讼法的任务创造了最根本的条件。另一方面，在司法实践中，出现"枉"或"纵"的原因不外有两个：或

是没有查明案情，或是没有正确适用法律。坚持这个原则，就可以杜绝“枉”、“纵”现象的发生，提高司法机关办理刑事案件的质量。

第八节　对一切公民在适用法律上一律平等原则

一、本原则的法律依据以及基本含义

我国《宪法》第33条第2款规定：中华人民共和国公民在法律面前一律平等。第5条第5款规定：任何组织或者个人都不得有超越宪法和法律的特权。为了在刑事诉讼中贯彻《宪法》规定的“公民在法律面前一律平等”，《刑事诉讼法》第6条规定：“……对于一切公民，在适用法律上一律平等，在法律面前，不允许有任何特权。”我国宪法和法律规定的这条原则，是在扬弃资产阶级启蒙思想家提出的“法律面前人人平等”原则的基础上，结合我国的司法实践经验，根据人民的意志确立的。

这一原则的基本含义是：司法机关在办理刑事案件时，不受民族、种族、性别、职业、社会出身、宗教信仰、受教育程度、财产状况、居住期限等因素的影响，对一切公民的合法权益都应依法给予保护，对一切公民的违法犯罪行为，都应依法予以追究，不允许有任何超越宪法法律的特权。在司法实践中，实施犯罪行为的人是多种多样的，有党和国家的高级干部，也有平民百姓。不论行为人是谁，只要其行为构成犯罪，都应依法追究其刑事责任。不能因为他地位高、功劳大而不予追究或轻罚轻判，也不能因为他是平民百姓而重判严惩；不能因为他地位高、功劳大而享有更多的诉讼权利，也不能因为他地位低而限制他依法享有诉讼权利。同样，受犯罪行为侵害的公民也是多种多样的，有国家的高级干部，也有一般的公民。不论受害人是谁，法律都应当对侵害他的犯罪者予以惩办。不能因为受害人地位高而对犯罪者重惩快办，也不能因为受害人地位低而对犯罪者轻惩慢办。

对一切公民在适用法律上一律平等，同在法律规定的范围内区别对待并不矛盾。在法律范围内区别对待，是依照犯罪事实等情况，根据法律的规定进行的。例如，把主犯同从犯、胁从犯区别对待等。这种区别对待所依据的事实，主要是犯罪的情况以及犯罪分子犯罪前后的表现，它们属于刑法规定的影响量刑的情节，区别对待的标准是法律，区别对待的目的是更好地实现刑罚的目的。所以，在法律范围内区别对待，正是实现了在适用法律上一律平等的原则，它与因当事人地位不同而区别对待，有原则的区别。

二、贯彻实行本原则的意义

这一原则的重要意义在于：对一切公民在适用法律上一律平等，符合我国法律的社会主义性质，它对于正确进行刑事诉讼有极其重要的意义：首先，在刑事诉讼中贯彻实行这项原则，有利于反对和防止特权。其次，实行这项原则，有利于广泛调动人民群众建设社会主义民主和法治的积极性，维护社会主义法治的尊严，而且，还可以密切党群关系，使党内、政府内特权思想、特权行为大大减少。

第九节 分工负责，互相配合，互相制约的原则

一、本原则的法律依据以及基本含义

我国《宪法》第140条规定：人民法院、人民检察院和公安机关办理刑事案件，应当分工负责，互相配合，互相制约，以保证准确有效地执行法律。《刑事诉讼法》第7条也作了同样的规定。这些规定是分工负责，互相配合，互相制约原则的法律依据。

公、检、法三机关分工负责，是指公安机关、检察机关和法院根据法律规定的职权，各负其责，各尽其职，严格按照分工进行刑事诉讼活动，不允许互相代替，也不允许超越各自的职责权限。根据《刑事诉讼法》第3条第1款的规定，三机关的职责分别是：公安机关负责侦查、拘留、执行逮捕和预审；检察机关负责检察、批准逮捕、提起公诉；法院负责审判。

公、检、法三机关互相配合，是指公安机关、检察机关和法院在办理刑事案件时，在各负其责的基础上，在程序对接、证据和案卷材料移送、侦查起诉审判工作关系协调等方面，依法协作，互相支持，确保刑事诉讼活动顺利进行。公、检、法三机关不能互相扯皮，人为设置障碍，抵消力量。

公、检、法三机关互相配合，广泛体现在刑事诉讼法律和司法实践中。公安机关对刑事案件进行侦查，在查清案件事实，收集到了充分、确实的证据，把犯罪嫌疑人抓获归案后，将案件移送给检察机关提起公诉，其本身就是对检察机关审查起诉工作的配合；检察机关对公安机关侦查终结、移送起诉的案件审查后，认为犯罪嫌疑人的犯罪事实清楚，证据确实、充分，依法应当追究其刑事责任的，制作起诉书，向人民法院提起公诉，也是对法院工作的配合。公安机关对检察机关退回补充侦查的案件，在法定期间内侦查完毕，并将补充侦查得来的证据材料移送检察机关，也是对审查起诉工作的配合；检察机关在法庭上举出大量证据证明被告人的行为构成犯罪，充分论证被告人应当承担刑事责任，也是对法院审判工作的配合。法院、检察院在刑事诉讼中，认为需要逮捕被告人、犯罪嫌疑人，作出逮捕决定，公安机关在接到法院、检察院的逮捕决定书后，及时将被告人、犯罪嫌疑人抓获归案，也是对法院、检察院工作的配合。

公、检、法三机关互相制约，是指公安机关、检察机关和法院的工作互为条件，并且依照法律规定的职权和程序，对其他机关作出的有关决定提出异议，要求其纠正错误，或者重新作出决定。

公、检、法三机关分工负责，互相配合，互相制约，是一个有机的统一体。分工负责是互相配合、互相制约的基础和前提，没有分工，就谈不上配合和制约。互相配合、互相制约是相辅相成、辩证统一的两个方面。相互配合便于协调工作，相互制约有利于避免和纠正错误，二者不可偏废。

二、实践中贯彻执行这一原则的意义

在刑事诉讼中贯彻执行公、检、法三机关分工负责，互相配合，互相制约原则具有重要意义：它是刑事公诉案件的诉讼过程中公、检、法三机关处理相互关系的准绳，贯彻执行这项原

则，可以保证正确适用法律，顺利完成刑事诉讼法的任务；也可以防止和减少错案，防止任何一个司法机关滥用司法权。

第十节　检察机关对刑事诉讼实行法律监督的原则

一、本原则的法律依据以及主要内容

我国《宪法》第134条规定：中华人民共和国人民检察院是国家的法律监督机关。《刑事诉讼法》第8条规定：人民检察院依法对刑事诉讼实行法律监督。《人民检察院组织法》除了在第2条有与《宪法》第134条相同的规定外，还在第20条关于各级检察院职权的规定中列举了三种刑事诉讼法律监督职权，这些职权是：其一，对刑事诉讼活动实行监督；其二，对判决、裁定等生效法律文书的执行工作实行监督；其三，对监狱、看守所的执法活动实行监督。这些规定是检察机关对刑事诉讼实行法律监督原则的法律依据。

根据《刑事诉讼法》和《人民检察院组织法》的规定，检察机关对刑事诉讼实行法律监督，主要包括三个方面的内容。

（一）对公安机关的立案侦查活动实行监督

检察机关认为公安机关对应当立案侦查的案件不立案侦查的，或者被害人认为公安机关对于应当立案侦查的案件而不立案侦查，向检察机关提出的，检察机关应当要求公安机关说明不立案的理由。检察机关认为公安机关不立案的理由不能成立的，通知公安机关立案，公安机关接到通知后应当立案。

检察机关对公安机关的侦查活动进行法律监督，主要是通过审查批捕和审查起诉的方式实现的。检察机关对于公安机关提请批准逮捕的犯罪嫌疑人，经过审查，认为不符合逮捕条件的，应当作出不批准逮捕的决定，防止公安机关滥用逮捕权。检察机关在对公安机关侦查终结移送起诉的案件进行审查时，审查的一项重要内容是侦查活动是否合法。

（二）对法院的审判实行监督

检察机关对法院的审判实行监督，主要包括两个方面：第一，对审判活动实行监督。《刑事诉讼法》第209条规定："人民检察院发现人民法院审理案件违反法律规定的诉讼程序，有权向人民法院提出纠正意见。"法院进行任何审判活动，都必须遵守法律规定的诉讼程序，任何不遵守法律规定的诉讼程序的活动，都是违法的活动，检察机关都有权监督。第二，对法院作出的判决、裁定实行监督。检察机关对法院作出的判决、裁定实行监督，其方式是提起抗诉。检察机关的抗诉分为两种：一是二审程序中的抗诉；二是审判监督程序中的抗诉。前者是针对一审法院作出的还未发生法律效力的判决、裁定提出的，后者是针对已经发生法律效力但在认定事实或适用法律上确有错误的判决、裁定作出的。

（三）对执行活动实行法律监督

《刑事诉讼法》第276条规定："人民检察院对执行机关执行刑罚的活动是否合法实行监

督。如果发现有违法的情况，应当通知执行机关纠正。”《刑事诉讼法》规定的“执行刑罚的活动”可以分为两个方面：一是把刑事判决、裁定所确定的内容付诸实施；二是解决执行中涉及的刑罚变更问题。对这两个方面，检察机关均有法律监督权。比如，法院在执行死刑判决时，同级检察院有权派员临场监督；检察院认为暂予监外执行不当时，有权向批准暂予监外执行的机关提出书面意见，批准暂予执行的机关接到检察机关的书面意见后，应当立即对该决定进行重新核查；检察院认为法院减刑、假释的决定不当的，有权向人民法院提出书面纠正意见，法院在收到检察院的书面纠正意见后，应当在1个月内重新组成合议庭进行审理，作出最终裁定。

二、检察机关对刑事诉讼实行法律监督原则的意义

（一）保障各司法机关依法进行刑事诉讼

刑事诉讼活动是一个系统工程，我国的刑事诉讼从立案到执行，要经过五个诉讼阶段，参加诉讼的司法机关，除检察院外，还有公安机关、国家安全机关、法院、监狱等，这些机关都有一定的职权。规定检察机关对刑事诉讼实行法律监督原则，目的在于让检察机关对其他司法机关的诉讼活动进行检查、督促，保障它们都能依法办事，使刑事诉讼活动协调有序地进行下去。

（二）保障诉讼参与人依法享有诉讼权利

诉讼参与人特别是诉讼参与人中的当事人，虽然也是诉讼的主体，但他们往往要在司法机关指挥下进行诉讼，司法机关能否依法诉讼，直接关系到他们的合法权益能否得到有效保护。检察机关依法监督其他机关的诉讼活动，也是为了维护诉讼参与人的合法权益，保障他们的诉讼权利得以实现。

（三）维护国家法治的尊严

刑事诉讼活动是国家法治的重要组成部分，刑事诉讼的质量代表着国家法治建设的水平。检察机关依法监督刑事诉讼，保障刑事诉讼依法有序进行，防止出现错案，就是维护国家法治的尊严。

第十一节　使用本民族语言文字进行诉讼原则

一、本原则的法律依据和基本内容

我国《宪法》第139条规定：各民族公民都有用本民族语言文字进行诉讼的权利。人民法院和人民检察院对于不通晓当地通用的语言文字的诉讼参与人，应当为他们翻译。在少数民族聚居或者多民族共同居住的地区，应当用当地通用的语言进行审理；起诉书、判决书、布告和其他文书应当根据实际需要使用当地通用的一种或者几种文字。我国《刑事诉讼法》第9条也有类似的规定。这些条文是各民族公民有权使用本民族语言文字进行诉讼原则的法律依据。

根据上述法律规定，各民族公民有权使用本民族语言文字进行诉讼的原则，包括以下三方面内容。

1. 各民族公民都有用本民族语言文字进行诉讼的权利，不论他是作为当事人还是作为其他诉讼参与人。各民族公民都有权用本民族的语言回答司法人员的询（讯）问，在法庭上发表意见，用本民族语言文字书写证人证言、鉴定结论、上诉书、申诉书及其他诉讼文书。

2. 如果诉讼参与人不通晓当地通用的语言文字，那么人民法院、人民检察院和公安机关有义务指定或者聘请翻译人员为他们翻译。这条规定不仅适用于我国少数民族公民，而且适用于参加诉讼的外国人。

3. 在少数民族聚居区或者多民族共同居住的地区，对案件的审理，应当用当地通用的语言进行；起诉书、判决书、布告及其他诉讼文书，应当使用当地通用的一种或几种文字。对于不通晓当地通用文字的诉讼参与人，在有条件的情况下，向他送达的诉讼文书，应当用他所通晓的文字，或者聘请翻译人员，向他翻译诉讼文书的内容。

二、贯彻实行本原则的意义

我国是个多民族的社会主义国家，各民族在国家中的政治地位、法律地位一律平等，各民族公民都有使用和发展本民族语言文字的权利。有权用本民族语言文字进行诉讼，是各民族公民政治、法律地位平等在刑事诉讼中的体现。贯彻实行这个原则，对于巩固民族团结，保证刑事诉讼顺利进行，有重要意义：有助于切实维护各民族诉讼参与人的合法权益；有助于司法机关准确、及时查明案件事实；有利于对各民族群众进行法治教育。

第十二节　犯罪嫌疑人和被告人有权获得辩护的原则

一、本原则的法律依据和基本内容

我国《宪法》第 130 条规定：被告人有权获得辩护。《刑事诉讼法》为了贯彻实行这一宪法性的原则，不仅在第 11 条明确规定“被告人有权获得辩护，人民法院有义务保证被告人获得辩护”，而且在第 14 条第 1 款中规定“人民法院、人民检察院和公安机关应当保障犯罪嫌疑人、被告人和其他诉讼参与人依法享有的辩护权和其他诉讼权利”。这些规定，是犯罪嫌疑人和被告人有权获得辩护原则的法律依据。

在我国宪法和法律中确立犯罪嫌疑人和被告人有权获得辩护原则，是由国家的性质决定的。我国是人民民主专政的社会主义国家，公民享有广泛的权利和自由。犯罪嫌疑人和被告人是具有“特殊地位”的公民，为了维护他们的合法权益，国家宪法、法律赋予他们辩护权，以保障其反驳不实的指控，使其合法权益得以实现。

犯罪嫌疑人和被告人有权获得辩护原则的基本内容如下。

（一）犯罪嫌疑人、被告人在刑事诉讼中依法享有辩护权

辩护权是犯罪嫌疑人、被告人针对控诉进行申辩，通过提出相应的事实和证明材料等手

段，说明自己无罪、罪轻或者有应当从轻、减轻、免除处罚的情节，以维护自己合法权益的权利。辩护权是犯罪嫌疑人、被告人所享有的最基本、最重要的诉讼权利。犯罪嫌疑人、被告人所享有的其他诉讼权利，都以辩护权为核心。

辩护权是宪法和法律专门赋予犯罪嫌疑人、被告人的权利。因此，刑事诉讼中的所有犯罪嫌疑人、被告人，不论他是涉嫌危害国家安全的犯罪，还是涉嫌其他刑事犯罪，不论案件性质如何严重、案情如何重大，都依法享有这项权利。

根据《刑事诉讼法》的规定，犯罪嫌疑人、被告人的辩护权，可以自己行使，也可以授予律师、亲友、监护人或者其他公民代为行使，犯罪嫌疑人、被告人可以在任何诉讼阶段为自己辩护，犯罪嫌疑人和被告人委托的辩护人，可以在侦查、审查起诉和审判阶段为他们辩护。

（二）法院及其他机关有义务保障犯罪嫌疑人和被告人行使辩护权

公安机关和检察机关在侦查和审查起诉阶段有义务保障犯罪嫌疑人行使辩护权。为此，它们应当做到：其一，允许犯罪嫌疑人自行辩护。即公安、检察机关应当给犯罪嫌疑人反驳指控的机会和时间，并认真听取其申辩意见。其二，告知犯罪嫌疑人在侦查阶段有权聘请律师为辩护人。检察机关自收到移送审查起诉的案件材料之日起 3 日以内，应当告知犯罪嫌疑人有权委托辩护人。

法院在审判阶段保障被告人行使辩护权，主要表现为：(1) 告知被告人有权自行辩护和委托辩护人辩护。(2) 依法在开庭前将起诉书副本送达被告人，使其有充足的时间为辩护进行准备。(3) 在法庭上，应当保障被告人、辩护人依法行使和辩护有关的程序性权利，并认真听取他们的辩护意见。

公、检、法机关都有义务通知法律援助机构为法律规定的部分犯罪嫌疑人、被告人指定辩护人。这些被告人包括公诉人出庭公诉案件中，盲、聋、哑人或者未成年人没有委托辩护人的；尚未完全丧失辨认或者控制能力的精神病人，没有委托辩护人的；可能被判处无期徒刑、死刑而没有委托辩护人的。公、检、法机关认真听取并慎重研究犯罪嫌疑人、被告人及其辩护人的意见，采纳正确的辩护意见。

二、贯彻实行本原则的意义

贯彻实行犯罪嫌疑人和被告人有权获得辩护的原则，可以防止审判人员、检察人员和侦查人员的主观片面性，可以保障客观、全面地查明案件事实，正确适用法律，准确惩罚犯罪，保障无罪的人不受刑事追究。因此，这项原则有利于提高办案质量，保护犯罪嫌疑人、被告人的合法权益，体现社会主义刑事诉讼的公平、公正和民主精神。

第十三节　未经法院依法判决不得确定有罪的原则

一、本原则的法律依据和基本含义

我国《刑事诉讼法》第 12 条规定：未经人民法院依法判决，对任何人都不得确定有罪。

这一规定是未经法院依法判决不得确定有罪原则的法律依据。

根据我国《刑事诉讼法》的这条规定，我们认为，未经法院依法判决不得确定有罪原则包括以下两点基本含义。

（一）只有法院才有确定被告人有罪的权力

在我国，参加刑事诉讼的机关有公安机关、检察机关和人民法院。公安机关和检察机关在刑事诉讼中行使侦查权和检察权，它们都属于控诉一方，在刑事诉讼中承担控诉职能。人民法院行使审判权，承担审判职能。在刑事诉讼中，控诉与辩护、控诉方和被告人（犯罪嫌疑人）相对立，审判居于二者之间。在这种情况下，确定被告人（犯罪嫌疑人）有罪的任务，只能由法院来最后完成，否则就会使被告人（犯罪嫌疑人）处于极为不利的地位，其合法权益就无法得到保护。

公安机关、检察机关在刑事诉讼中行使侦查权和检察权，随着诉讼的开始和进行，要作出各种各样的决定，比如立案决定，拘留、逮捕决定，提起公诉决定。这些决定往往建立在公安、检察机关认为犯罪嫌疑人的行为构成犯罪的基础上。但是，我们应当明确，这里的"认为犯罪嫌疑人有罪"不是最终确定犯罪嫌疑人有罪，而是一种暂时的认定。犯罪嫌疑人、被告人是否被确定为有罪，并不取决于公安、检察机关的"认定"，而是取决于法院的审判确定。法院可以否决公安、检察机关的"认定"，即使犯罪嫌疑人、被告人事实上有罪，在法院依法判决其有罪之前，公安、检察机关"认定"的法律效力也只能是确定其犯罪嫌疑人、被告人的地位，而不是确定其罪犯的法律地位。

（二）在法院确定被告人有罪的判决、裁定发生法律效力之前，不能把犯罪嫌疑人、被告人当做罪犯看待

在刑事诉讼中，犯罪嫌疑人、被告人是被追究刑事责任的对象，已经有一定证据证明他们犯了罪，他们因此也与一般公民出现了差别。但是，在诉讼过程中，由于还未经生效判决、裁定确定他们是有罪的人，所以不能把他们当做罪犯看待，而只应把他们作为特殊的公民，一方面根据诉讼需要，限制或暂时剥夺他们一定的人身自由权，另一方面要依法赋予他们诉讼权利——以辩护为核心的诉讼权利，以便让他们反驳控诉，为自己申辩。同时，国家应保护其合法权益不受侵犯。任何把犯罪嫌疑人、被告人当做罪犯看待的想法和做法，都将严重侵犯公民的合法权益，损害刑事司法的公平和公正。在刑事诉讼中不把犯罪嫌疑人、被告人当做罪犯看待，不仅应允许他们充分行使诉讼权利，而且应由控诉方承担证明犯罪嫌疑人、被告人有罪的责任。在没有确实、充分的证据证明被告人有罪的情况下，法院只能作出被告人无罪的判决。犯罪嫌疑人、被告人在一般情况下没有证明自己有罪或无罪的责任，但有说明自己无罪、罪轻或者不应当被追究刑事责任的权利。

二、贯彻实行本原则的意义

1996年3月17日，第八届全国人民代表大会第四次会议通过的《关于修改〈中华人民共和国刑事诉讼法〉的决定》，把"未经法院依法判决，对任何人都不得确定有罪"规定为刑事诉讼的基本原则，具有重大的理论意义和实践意义。在古今中外的刑事诉讼历史上，关于如何认识犯罪嫌疑人、被告人的诉讼地位，有"有罪推定"和"无罪推定"两种理论。"有罪推定"

理论是一种封建的、专制的理论观点，早已被社会抛弃。“无罪推定”虽然有其合理因素和进步意义，但由于它把犯罪嫌疑人、被告人硬性推定为无罪，有其局限性，因而难以为我国当前的司法实践所接受。既推定犯罪嫌疑人、被告人是无罪的人，在刑事诉讼中又要对其采取强制措施，这种冲突和矛盾的事实通过“无罪推定”是无法解释的。我国规定未经法院依法判决不得确定有罪的原则，既最大限度地吸收了“无罪推定”理论的合理因素和进步意义，又避免了“无罪推定”本身存在的不可克服的局限性，是一种实事求是的哲学观。这项原则的确立，标志着我国刑事诉讼理论已逐渐成熟，它反映了我国刑事诉讼更加尊重人权、保护人权。

在司法实践中贯彻实行这项原则，有以下意义：第一，有利于充分保护犯罪嫌疑人、被告人的诉讼权利，保护他们的合法权益不受非法侵犯。第二，有助于加强诉讼中的民主建设，保证刑事诉讼公平、公正地进行，防止出现冤、假、错案。第三，有助于防止司法机关滥用职权，保障司法机关依法办案。这对于加强我国的民主、法治建设，具有不可估量的作用。

第十四节　保障诉讼参与人的诉讼权利原则

一、本原则的法律依据

《刑事诉讼法》第 14 条规定：人民法院、人民检察院和公安机关应当保障犯罪嫌疑人、被告人和其他诉讼参与人依法享有的辩护权和其他诉讼权利。诉讼参与人对于审判人员、检察人员和侦查人员侵犯公民诉讼权利和人身侮辱的行为，有权提出控告。这条规定是保障诉讼参与人诉讼权利原则的法律依据。

根据《刑事诉讼法》第 108 条的规定，诉讼参与人是指当事人、法定代理人、诉讼代理人、辩护人、证人、鉴定人和翻译人员。这些人员是除司法人员以外的参加刑事诉讼的人员，他们有的与诉讼结果有切身的利害关系，如当事人；有的则与诉讼结果无利害关系，如证人、鉴定人、翻译人员等。前者参加诉讼的目的是保护他们的合法权益；后者参加诉讼，是履行法律规定的义务或执行一定的职务。因此，赋予并切实保障诉讼参与人的诉讼权利，是保护公民合法权益，准确、及时打击犯罪，保证刑事诉讼活动顺利进行的需要。

二、本原则的主要内容

根据《刑事诉讼法》第 14 条的规定，保障诉讼参与人的诉讼权利的原则，有以下几点内容。

1. 公安机关、检察机关和人民法院，对犯罪嫌疑人、被告人和其他所有诉讼参与人依法享有的辩护权和其他各种诉讼权利，都应给予保障，不允许侵犯或者剥夺。我国《刑事诉讼法》根据诉讼参与人在诉讼中的不同地位，赋予他们不同的诉讼权利，这些权利是他们参与诉讼时所必须具有的。如果这些权利得不到保障，诉讼活动便不能顺利进行。

公、检、法三机关保障诉讼参与人的诉讼权利，首先应当告知诉讼参与人享有哪些诉讼权利及每一诉讼权利的意义；其次要为他们行使诉讼权利创造一定的条件，不能剥夺、限制诉讼参与人依法享有的诉讼权利。

2. 赋予诉讼参与人控告权。根据法律规定，诉讼参与人对于侵犯其诉讼权利以及进行人格侮辱的行为有权提出控告，这是其依法行使诉讼权利的保护性措施，可以有效防止审判人员、检察人员或侦查人员侵犯诉讼参与人合法的诉讼权利。

三、贯彻实行本原则的意义

贯彻实行保障诉讼参与人的诉讼权利原则的意义在于：为诉讼参与人参加诉讼提供必要的条件，从而保障所有诉讼参与人的合法权益不受侵犯，同时有助于司法机关正确、文明地进行刑事诉讼。

第十五节　认罪认罚从宽原则

一、本原则的法律依据

2018 年 10 月 26 日通过的《全国人民代表大会常务委员会关于修改〈中华人民共和国刑事诉讼法〉的决定》第 1 条规定："增加一条，作为第十五条：'犯罪嫌疑人、被告人自愿如实供述自己的罪行，承认指控的犯罪事实，愿意接受处罚的，可以依法从宽处理。'"从此，我国刑事诉讼法增加了一条基本原则，即认罪认罚从宽原则。这是认罪认罚从宽原则的法律依据。

二、本原则的内容

所谓认罪认罚，是指犯罪嫌疑人、被告人在犯罪后（含立案前及刑事诉讼中）自愿如实向司法机关供述犯有刑法规定的罪行并愿意接受刑事法律处罚的行为。

在司法实践中，犯罪嫌疑人、被告人自愿认罪认罚的情况是常见的。认罪认罚的动机有多种：有的是基于悔过而认罪认罚；有的是基于在证据面前无法抵赖而认罪认罚；有的是基于争取从宽处理而认罪认罚。不论出于何种动机，认罪认罚较之于不认罪，都是具有诉讼意义和价值的。

在司法实践中，认罪的表现也有多种。有的犯罪嫌疑人笼统表示认罪，如在立案之初，案件事实还没有查清，构成何罪还不明朗时认罪，多属这种情况。有的是对明确具体犯罪的承认。比如，在法庭上，被告人对公诉机关指控的某个犯罪的承认，就属这种。有的承认指控的其中一个犯罪，有的承认指控的所有犯罪。不论是笼统的认罪还是具体的认罪，也不论是承认指控的全部犯罪还是部分犯罪，都有一定的诉讼价值，在立法和司法上都应当给予鼓励。

所谓认罚，是指犯罪嫌疑人、被告人表示愿意接受司法机关进行的刑事追究并依法承担刑事法律责任的意思表示。在司法实践中，认罚有的表现为笼统的表示接受刑事处罚，有的表现为接受具体明确的量刑意见。不论是哪一种，认罚行为都是应该鼓励的。

认罪认罚从宽，是指司法机关根据法律的规定，对于司法实践中认罪认罚的犯罪嫌疑人、被告人，根据认罪认罚的程度及其蕴含的诉讼价值，给予不同程度的实体处理上从宽、程序处理上从简、强制措施适用上从缓的处理。实体处理上从宽包括从轻、减轻和免除处罚。程序处理上从简包括根据不同情况分别对案件适用速裁程序、简易程序，或者在普通程序中简化一些事实、证据查证、争点辩论等环节，以减少诉讼时间。强制措施适用上从缓，是指针对认罪认罚的不同情况，对犯罪嫌疑人、被告人的人身危险性作出有利于他们的判断，降低强制措施的严厉程度，采取宽缓的措施。

三、贯彻实行本原则的意义

在刑事诉讼法中规定并在实践中实行认罪认罚从宽原则，有以下意义：(1) 鼓励事实上犯了罪的犯罪嫌疑人、被告人认罪认罚，降低诉讼中控辩双方的对抗程度，使案件得到相对快速的处理，及时修复被犯罪侵害了的社会关系，使正义早些到来。(2) 降低刑事诉讼成本，提高刑事诉讼效益，减少刑事诉讼中人力、财力、物力的支出。(3) 有利于教育犯罪人，最大化实现刑事诉讼的法治教育功能。

第十六节　依法不追诉原则

一、本原则的法律依据

《刑事诉讼法》第 16 条规定：有下列情形之一的，不追究刑事责任，已经追究的，应当撤销案件，或者不起诉，或者终止审理，或者宣告无罪：(1) 情节显著轻微、危害不大，不认为是犯罪的；(2) 犯罪已过追诉时效期限的；(3) 经特赦令免除刑罚的；(4) 依照《刑法》告诉才处理的犯罪，没有告诉或者撤回告诉的；(5) 犯罪嫌疑人、被告人死亡的；(6) 其他法律规定免予追究刑事责任的。这是依法不追诉原则的立法依据。

二、本原则的内容

依法不追诉原则的要求是：刑事案件只要存在《刑事诉讼法》第 16 条规定的六种情形中的任何一种，就不能追究犯罪嫌疑人、被告人的刑事责任。

依法不追诉刑事责任的六种情形如下。

1. 情节显著轻微、危害不大，不认为是犯罪的。这种情况指的是犯罪嫌疑人、被告人的行为虽然违法，也具有社会危害性，但由于行为人的行为情节显著轻微、危害不大，尚没有达到犯罪的严重程度，所以不能追究刑事责任。

2. 犯罪已过追诉时效期限的。一般来说，只要行为人的行为构成犯罪，就应当追究其刑事责任。但实际生活是复杂的，有的犯罪分子犯罪后，经过几年、几十年没有被追诉，本人也未再犯新罪，再对其追诉，既不利于社会的安定团结，也不利于司法机关集中精力打击现行的犯罪活动，同时与我国刑罚的目的不相符。因此，我国《刑法》第 87、88、89 条规定了追诉时效制度。按照这些条文规定，追诉时效的期限是：法定最高刑为不满 5 年有期徒刑的，经过 5 年；法定最高刑为 5 年以上不满 10 年有期徒刑的，经过 10 年；法定最高刑为 10 年以上有期徒刑的，经过15年；法定最高刑为无期徒刑、死刑的，经过20年。如果20年以后认为必须追究的，须报请最高人民检察院核准。

3. 经特赦令免除刑罚的。特赦是一种赦免制度，它是对受罪刑宣告的特定犯罪人免除其刑罚的制度。特赦是在审判后的执行期间宣告，在罪刑宣告前一般不能实行特赦。新中国成立后实行的7次赦免，都是这样的。因此，受特赦令赦免的罪犯，都已经受到过刑事追究，没有或正在受刑事追究的犯罪嫌疑人、被告人，一般不是特赦的对象。所以，这一规定的含义是：受到特赦令免除刑罚的犯罪分子，不论其刑罚已执行一部分还是完全没有执行，都等同于刑罚执行完毕，以后无论何时，都不能因为没有执行或没有执行完原判刑罚，再次对其进行刑事追诉，包括不能通过审判监督程序对裁判作不利于被特赦人的变更。

4. 依照《刑法》告诉才处理的犯罪，没有告诉或者撤回告诉的。我国《刑法》规定的某些犯罪，如尚未引起严重后果的公然侮辱罪、诽谤罪、暴力干涉婚姻自由罪、虐待罪和侵占罪，是情节轻微、危害不是很严重的犯罪。这些犯罪属于人民内部矛盾范畴，因此《刑法》把这些罪确定为“告诉才处理”的犯罪，即把受害人的告诉作为追究犯罪分子刑事责任的条件。但是，在上述犯罪案件中，被害人因受强制、威吓而无法告诉，人民检察院或被害人近亲属告诉的，司法机关应当予以处理。

5. 犯罪嫌疑人、被告人死亡的。犯罪嫌疑人、被告人死亡的刑事案件，包括两种情况：一是犯罪嫌疑人、被告人的行为确已构成犯罪；二是犯罪嫌疑人、被告人的行为没有构成犯罪。前者因为犯罪嫌疑人、被告人死亡，所以刑事责任的承担者消失，无法追究其刑事责任。后者因为犯罪嫌疑人、被告人的行为原本就没有构成犯罪，所以自应不追究刑事责任。

6. 其他法律规定免予追究刑事责任的。某些犯罪会随形势、时间等的变化而变化。在《刑法》《刑事诉讼法》颁布后制定的法律，如果取消了原来的某种罪或对原来的罪规定了免予追究刑事责任情形的，那么司法机关应当遵守这些新法律的规定，不予追诉。

根据《刑事诉讼法》的规定，刑事案件只要具备上述情况之一的，司法机关就应当分别情况，采取适当的不追诉措施予以处理。

1. 刑事诉讼开始前已经发现案件具有六种情形之一的，不应立案受理，不应追究行为人的刑事责任。这种处理办法对公、检、法三机关都适用。因为按照有关管辖的规定，公、检、法三机关都直接受理一部分刑事案件，在掌握立案标准时，都应遵守《刑事诉讼法》第16条的规定。

2. 在立案受理后的诉讼过程中，发现案件具有上述六种情形之一的，应当采取一定的措施终止诉讼，不再继续追究犯罪嫌疑人或被告人的刑事责任。这些终止诉讼的措施，根据刑事诉讼阶段的不同而不同。在侦查阶段，主持侦查工作的公安、检察机关发现案件具有上述六种情形之一的，应当撤销案件。撤销案件是指撤销原来的立案决定和对犯罪嫌疑人采取的强制措施，终止案件的诉讼程序。在审查起诉阶段，人民检察院发现案件具有上述六种情形之一的，应当作出不起诉的决定。不起诉决定是审查起诉阶段终止诉讼的唯一措施。在审判阶段，人民法院可以根据不同情形采取不同的措施。对于具有上述规定第一种情形的案件，应当作出判决，宣告无罪；对于告诉才处理的犯罪案件，被害人撤回告诉的，可以用准许撤诉的裁定结案；对于具有其他情形的案件，可以用裁定终止审理。需要说明的是，上述六种法定情形不论在哪个诉讼阶段被发现，都应由正在主持该阶段诉讼的司法机关依法采取终止诉讼的措施，不应再把案件往其他司法机关移送。

三、贯彻实行本原则的意义

实行这项原则，是正确进行刑事诉讼的前提。我国的刑事诉讼程序是从立案开始的，而这个原则为正确立案提供了基本依据。此外，这项原则可以保障国家追诉权得到统一正确的行使，防止把那些无罪的或者虽然有罪但已不能追究刑事责任的人作为刑事追究的对象，保障依法不应受到刑事追究的人不被追诉和判罪。

第十七节 追究外国人刑事责任适用我国刑事诉讼法的原则

一、本原则的法律依据和内容

《刑事诉讼法》第 17 条规定："对于外国人犯罪应当追究刑事责任的，适用本法的规定。对于享有外交特权和豁免权的外国人犯罪应当追究刑事责任的，通过外交途径解决。"这条规定是追究外国人刑事责任适用我国刑事诉讼法原则的法律依据。

根据上述法律规定，追究外国人刑事责任适用我国《刑事诉讼法》原则，包括以下两方面内容。

1. 按照我国刑事诉讼法追究外国人犯罪的刑事责任

外国人犯罪，包括在我国领域内的犯罪、在我国领域外对我国国家和公民的犯罪、我国有义务管辖的国际犯罪。凡在我国领域内的外国人，都应遵守我国的法律规定。对于违反我国刑法从而构成犯罪的，应当依照我国刑法、刑事诉讼法的规定处理。在我国领域外的外国人（包括无国籍人），也应尊重我国法律，不得蓄意作出危害我国国家和公民的行为。处于我国领域外的外国人对我国国家和公民实施犯罪行为，依照我国刑法规定应当追究其刑事责任的，也应适用我国刑事诉讼法。

对外国人犯罪适用我国《刑事诉讼法》，是指依照我国《刑事诉讼法》规定的原则、制度和程序处理案件。在这个问题上，不能有半点含糊。这里要特别注意以下几个问题：其一，对上述两类外国人犯罪的案件，我国司法机关享有管辖权，不能把这类案件的管辖权无缘无故地让给外国司法机关。对于应负刑事责任但身在我国领域之外的外国人，应当采取适当措施使其接受我国的起诉、审判。其二，凡由我国司法机关受理的外国人犯罪的案件，一律按照我国《刑事诉讼法》规定的原则、制度和程序进行诉讼，绝不能适用外国的诉讼原则、制度和程序。其三，外国犯罪嫌疑人、被告人委托律师辩护，只能委托我国律师，不允许外国律师在我国从事辩护业务。

2. 对于享有外交特权和豁免权的外国人犯罪，应当追究刑事责任的，通过外交途径解决

对于外国人犯罪而且需要追究其刑事责任的案件，一般应当适用我国刑事诉讼法。但是，为了保证某些从事外交工作的外国人执行职务，按照国际惯例和对等原则，我国法律授予某些外国人外交特权和豁免权。根据《中华人民共和国外交特权与豁免条例》的规定，下列外交人员享有外交特权和豁免权：来中国访问的外国国家元首、政府首脑、外交部长及其他具有同等

身份的官员；按照中国已加入的有关国际公约和中国与有关国际组织签订的协议而享有外交特权与豁免权的外国代表、联合国及其专门机构的官员和专家以及联合国及其专门机构驻中国代表机构的人员；各国驻中国使领馆的外交代表、使领馆行政技术人员及其配偶和未成年子女；途经中国的外国驻第三国的外交代表和与其共同生活的配偶和未成年子女；持中国外交签证或者持有外交护照（仅限互免签证的国家）来中国的外国官员；经我国政府同意给予特权与豁免的其他来中国访问的外国人士；等等。

对于享有外交特权和豁免权的外国人犯罪案件，不能由人民法院、人民检察院和公安机关按照我国刑事诉讼法立案追诉和审判，而是应当由外事部门通过外交途径解决。

二、贯彻实行本原则的意义

处理外国人犯罪案件，是个重大而且复杂的问题，它一方面涉及我国主权，另一方面涉及与相关国家的关系。确立追究外国人刑事责任适用我国刑事诉讼法的原则，一方面能体现我国的司法主权，保护我国国家和公民的利益不受侵犯，维护我国的法律尊严；另一方面可以妥善处理我国与外国的关系，防止因处理刑事案件给外交工作带来麻烦。

第十八节　国际通行的刑事诉讼原则简介

国际通行的刑事诉讼原则，是国际公约和多数国家的刑事诉讼法规定和认可的关于刑事诉讼的基本行为准则。它们是对刑事诉讼自身内在规律的科学总结，是当代刑事诉讼精神的体现。它们反映了当代人类对刑事诉讼目的和价值的理解与追求，反映了法治精神对刑事诉讼程序方面的基本要求，也反映了特定历史时期刑事诉讼民主与文明的发展程度。

根据有关国际公约和世界主要国家法律的规定，我们认为，国际通行的刑事诉讼原则主要有：程序法定原则、正当程序原则、控审分离原则、无罪推定原则、控辩平等原则、有效辩护原则、适度原则、禁止双重危险原则。

一、程序法定原则

程序法定原则，也被称为法治国家程序原则、程序法制原则。其基本含义：一是指为惩罚犯罪、维护社会秩序，国家应建立有效的刑事司法系统和刑事诉讼程序。二是指国家刑事司法机关的职权及追究犯罪、惩罚犯罪的程序，都只能由作为国民代表集合体的立法机关所制定的法律来加以明确规定，刑事诉讼法没有明确赋予的职权，司法机关不得行使；司法机关也不得违背刑事诉讼法所明确设定的程序规则而任意决定诉讼的进程。

程序法定原则是现代法治国家对刑事诉讼的基本要求，旨在将刑事诉讼活动纳入法治的轨道，以防止国家专门机关滥用职权、恣意妄为，保证刑事诉讼的民主性、公开性，从而顺利实现刑事诉讼的目的和任务。

在刑事诉讼领域贯彻程序法定原则，应当做到以下几个方面：刑事诉讼程序法制化；司法机关、执法机关和诉讼参与人应当严格按照法律的规定进行或参与诉讼；确立制裁性措施，明确违反法定程序所要承担的法律后果；建立必要的诉讼监督制约机制。

作为宪法层面的法定原则的重要内容，程序法定原则与刑法上的罪刑法定原则遥相对应，成为刑事程序的指导性原则。

二、正当程序原则

正当程序是一个含义十分模糊的概念，最早见于英国的《自由大宪章》和《人身保护法》。美国将《权利法案》中的一系列保证刑事诉讼公正进行的规定，称为正当程序条款。《布莱克法律辞典》对其的解释是："任何权益受到判决结果影响的当事人都有权获得法庭审判的机会，并且应被告知控诉的性质和理由……获得庭审的机会以及提出主张和辩护等体现在'程序性正当程序'之中。"① 正当程序原则要求不经正当程序，不得对公民实施逮捕、羁押等强制措施以及其他强制性侦查措施；没有法定的机关审理，不经法定的审理程序，不得剥夺公民的生命、自由或者对其科处其他刑罚。正当程序原则是一项贯穿于刑事诉讼全过程的指导性原则。在控诉阶段，其主要表现为侦控机关的强制处分措施必须经过法定的程序，履行法定的手续。在许多国家，侦控机关对犯罪嫌疑人采取强制措施必须获得法院的批准，即实行司法令状主义；在审判阶段其主要表现为只有法院才拥有审判权，其他机关无权作出剥夺他人（广义的人）生命、自由或财产的判决，且法院的审判必须严格依照立法制定的刑事审判程序。

三、控审分离原则

控审分离原则是现代刑事诉讼活动的重要原则，基本含义包括两个方面的内容：一是控诉职能和审判职能分别由不同的国家机关承担。这是从诉讼结构上来看的，即结构意义上的控审分离。其基本要求就是实现机构设置上和人员组织上的审检分离，检察院作为专门的国家控诉机关独立于作为审判机关的法院；检察官也不得同时在法院兼任审判法官。在操作上要求检察院在组织体制和工作业务上与法院相分离。二是"不告不理"。这是控审分离原则的核心。所谓不告不理，是指刑事审判程序在启动上必须以承担控诉职能的检察院提起控诉为前提，法官"无权自行受理刑事案件，必须等待检察院提起公诉"，检察院不提起控诉，法院就不能展开审判。它强调的是审判者在程序启动上的被动性以及审判程序运作中的"诉审同一"。所谓"诉审同一"是指在刑事审判过程中，法院审判的对象必须与检察院起诉指控的对象保持同一，法院只能在检察院起诉指控的对象范围内进行审判，对于检察院未指控的被告人及其罪行，法院无权进行审理和判决。即使法院在审判过程中发现检察院起诉指控的对象有错漏，也不能脱离检察院起诉指控的被告人或其罪行而另行审理和判决。这一层面的控审分离其实质是解决了控诉权的效力问题，即审判权作用的范围和效力受控诉机关制约。

控审分离原则作为调控审判权和控诉权关系的原则，明晰了刑事诉讼中检察院、当事人和审判机关的相互关系，特别是为控诉职能和审判职能作了准确定位，是规制审判权和控诉权的重要原则。同时，控审分离原则是对控诉权独立性、专属性的肯定，并使之与审判权形成制约，防止了法官的恣意和专断。

① 程荣斌．外国刑事诉讼法教程．北京：中国人民大学出版社，2002：25.

四、无罪推定原则

无罪推定原则，指在刑事诉讼中任何被怀疑犯罪或者受到刑事指控的人在未经司法程序最终确认有罪之前，在法律上应推定或假定其无罪，或者说不得被认定为有罪的人。

无罪推定是资产阶级针对封建专制时期的有罪推定而提出来的。最早提出无罪推定思想和概念的是意大利著名法学家贝卡利亚。1764 年，他在其名著《论犯罪与刑罚》一书中指出："在法官判决之前，一个人是不能被称为罪犯的，只要还不能断定他已经侵犯了给予他公共保护的契约，社会就不能取消对他的公共保护。"作为立法形式，最早采用无罪推定的当属法国 1789 年的《人权宣言》，该宣言第 9 条规定："对任何人，凡未宣告为有罪以前，皆应视为无罪。"此后，各国纷纷效仿法国，相继在宪法或法律中对无罪推定作出规定，使无罪推定成为刑事诉讼的一条重要原则、宪法性公民权利中的重要组成部分。

1948 年 12 月，联合国大会通过的《世界人权宣言》首次对无罪推定原则作出规定：凡受刑事控告者，在未经获得辩护上所需的一切保证的公开审判而依法证实有罪之前，有权被视为无罪。此后，联合国大会通过的多个法律文件和国际性学术会议决议又重申了无罪推定原则，如 1966 年 12 月的《公民权利和政治权利国际公约》，1994 年 9 月在巴西召开的世界刑法学协会第十五届代表大会通过的《关于刑事诉讼中的人权问题的决议》，都再次确认了无罪推定原则。这些文件和决议使无罪推定原则成为世界范围内被广泛认可的刑事诉讼原则。

尽管各国在法律上对无罪推定的表述不尽一致，但基本思想是一致的，即任何人未被依法确定为有罪以前，应当推定或者假定其无罪，其核心意义在于保护被追诉人的合法权益。无罪推定原则主要包含三层意思：其一，对任何人有罪决定的宣告，只能由法院确定，其他任何机关、个人、团体没有这个权力；其二，法院判决被告人有罪，必须是在控方有充足的证据证明被告人有罪的基础上，强调的是证据裁判主义；其三，在判决生效以前，被告人是无罪的，不能因为其被逮捕、被起诉、被审判而认为其有罪。西方国家，从无罪推定中进一步引申出一些诉讼规则，如被告方不负举证责任、享有沉默权、疑罪从无等。

五、控辩平等原则

控辩平等原则，指在刑事诉讼中，代表国家追诉犯罪的检察机关与作为个人应诉的犯罪嫌疑人、被告人诉讼地位平等，权利对等，并在此基础上展开一系列诉讼活动。

在古代弹劾式诉讼中，原告与被告处于平等对抗的地位，双方可以平等地进行辩论。但在封建纠问式诉讼中，控审不分且实行有罪推定，被告人沦为诉讼客体，控辩双方地位不再平等，也无法实现诉讼中的平等对抗。资产阶级司法革命重塑了控辩平等原则，使其成为保证诉讼公正、维护被告人合法权益的有力武器。

控辩平等原则的基本含义包括两个方面：一是控辩双方诉讼地位平等。控辩双方都是诉讼当事人，任何一方不能凌驾于对方之上。二是控辩双方在平等的基础上进行对抗或合作，即控诉方与辩护方在法庭审判中围绕被告人有罪与无罪、罪重与罪轻、证据是否充分、事实能否认定等问题，充分行使法律赋予的诉讼权利，展开诉讼攻防活动，论证己方观点，反驳对方主张；或在平等的基础上，就某些诉讼事项达成合意。

控辩平等原则有两个基本要求：一是"平等武装"（equalityofarms），即在立法层面赋予控辩双方平等的诉讼权利和攻防手段，以保障双方平等参与诉讼并最终胜诉的机会和能力；二是"平等保护"，即在司法层面上要求法官在刑事诉讼中，努力保持对双方的不偏不倚、客观中立，对控辩双方的意见和证据必须平等关注与保护。

应当注意的是，控辩平等原则主要适用于审判阶段，且不同的诉讼模式对控辩平等的要求是不同的。

六、有效辩护原则

犯罪嫌疑人、被告人有权自己或委托律师进行辩护是现代各国刑事诉讼的一项重要原则。辩护原则的主要内容是：被告人，包括犯罪嫌疑人，在刑事诉讼的任何阶段都有权进行辩护，反驳控诉，被告人既可以自行辩护，也可以委托律师或其他人为自己辩护。根据这一原则，被告人在刑事诉讼中享有辩护权，为保障这一权利得以有效行使，法律应赋予被告人其他相关的诉讼权利，如：知悉被指控罪名的性质和内容的权利；被告知可以委托律师进行辩护或提供法律帮助的权利；询问证人、鉴定人的权利；申请调取新的物证、书证，通知新的证人到庭的权利；对判决、裁定提出上诉的权利等。

从本原意义上讲，刑事辩护权应属被告人本人，它是被告人基于被指控的特定事实而产生的反射性权利。① 但被告人在刑事诉讼中行使辩护权会受到诸多主、客观条件的限制：首先是被告人法律知识和诉讼技巧的缺乏；其次是被告人行为自由可能受到限制；最后是当事者亲自调查取证可能更为困难。为保障被告人辩护权的实现，辩护人这个角色在刑事诉讼中的出现便具有了合理性和必然性。特别是在现代社会，由于刑事诉讼程序日益精细化，因而被告人甚至整个刑事诉讼程序的运作对辩护人的依赖程度加深，辩护人角色的重要性也日益凸显。为回应这一现实要求，各国普遍在立法中认可了辩护人在刑事诉讼中的独立地位，并不同程度地拓宽了其在刑事诉讼中的活动范围。

第二次世界大战后，维护被告人的人权成为资本主义国家刑事司法改革的主流，各国纷纷扩充了辩护原则的内容，主要表现在：(1) 将辩护律师介入诉讼的时间提前。目前，各国普遍允许被告人或犯罪嫌疑人自被采取强制措施起，便有权聘请律师并获得律师帮助。(2) 明确规定被告人有获得法律帮助的权利。如美国联邦宪法第 6 条修正案规定：在一切刑事案件中，被告人有获得律师帮助的权利。美国联邦最高法院通过判例确立了在刑事诉讼关键阶段，重罪案件的被告人如因经济困难或其他原因未委托律师，则要为其指定律师提供法律援助。② 法国刑事诉讼法规定，如果被拘留人无法选定律师，或者无从与选定的律师取得联系，那么被拘留人可以要求律师公会会长为其指定一名律师；被拘留人的此项要求应该以一切方法毫不迟延地通知律师公会会长。

七、适度原则

适度原则，又称"相应性原则"或"比例性原则"，是指刑事诉讼中采取的诉讼手段，特别是限制或剥夺公民基本权利的强制措施，在种类、轻重、力度上，必须与所追究的行为相适

---

① 谢佑平．生成与发展：刑事辩护制度的进化历程论纲．法律科学，2002 (1).

② 李学军．美国刑事诉讼规则．北京：中国检察出版社，2003：118-120.

应，不能过度。刑事追究措施与犯罪行为相适应，有两方面的要求：一是对被告人采取刑事追究措施的种类应当与犯罪行为的社会危害性相适应。犯罪行为性质越严重，刑事追究措施的性质一般越严厉，对犯罪嫌疑人和被告人的人身、财产的强制性一般也越大。严厉的刑事追究措施只能针对社会危害性严重的犯罪行为而采用，不能针对轻微的犯罪行为。二是刑事追究措施实施的程度或力度应当与犯罪的社会危害性程度保持一致，刑事追究措施在实施中应当注意不要过度侵犯当事人的权益，不应给当事人的权益造成不必要的损害。这两项要求是从“质”和“量”两方面对刑事诉讼中的国家机关的诉讼手段进行规制。

适度原则，体现在刑事诉讼的各个方面，其中最突出的是强制措施的适用。各国在刑事诉讼中采取强制措施，特别是限制或剥夺犯罪嫌疑人、被告人人身自由的强制措施，无不以受追究行为的性质和严重程度，犯罪嫌疑人、被告人的人身危险性程度及其在诉讼中的表现，作为是否适用强制措施以及适用何种强制措施的主要考虑因素。必要性和适度性由司法官员来审查和把握。

八、禁止双重危险原则

禁止双重危险原则的基本含义是指对被追究者的同一行为，一旦作出具有法律效力的确定判决，不论是有罪还是无罪的判决，不得再次启动刑事诉讼程序。禁止双重危险原则要求禁止基于同一事实将同一人置于双重危险之中。该原则源于古罗马的“任何人不得受两次磨难”的古老诉讼观念。这一概念的使用一般限于英美法系国家，大陆法系国家与之同义的是“一事不再理”原则。当然两者的侧重点有所不同：大陆法系的“一事不再理”原则，强调维护确定判决的“既判力”；英美法系的“禁止双重危险”或“禁止重复追究”原则，强调任何人不得因同一行为而遭受两次不利追究。

禁止双重危险原则的意义在于：维护判决的严肃性和权威性，符合诉讼经济原则，更重要的是，它有利于保障被告人的合法权益。

确定这一原则的表面理由是国家对犯罪的刑罚权已经适用殆尽，不得重复适用。但其深层的考虑在于保护被追究者的合法权益，防止国家权力的滥用。

禁止双重危险原则是各国刑事诉讼普遍遵从的一项原则，许多国家的宪法和法律都明确规定了这一原则。《日本宪法》第39条规定，对于同一犯罪不得重复追究刑事责任。《加拿大宪法》第11条也规定，被指控者如果已经终局性地被宣告无罪，那么其不得因该行为再次受审理；如果已经终局性地被认定为有罪并且因该犯罪受到处罚，那么其不得因该罪再次受审理或被处罚。

问题与思考

简答题

1. 比较无罪推定原则与我国未经人民法院依法判决不得确定有罪原则的异同。
2. 试分析禁止双重危险原则对完善我国再审制度的借鉴意义。
3. 如何理解分工负责，互相配合，互相制约原则？
4. 什么是检察监督原则？人民检察院如何对刑事诉讼实行监督？

课堂讨论案例

某日，一木材厂的职工按时到厂上班。厂财务科会计李某第一个来到办公室，开门后发现保险柜被打开，并丢失现金及支票若干。他立即向厂保卫科报告。保卫科派员来现场查看，初步了解被盗现金有10万元。厂领导立即报案。公安机关在接到报案后答复木材厂：公安机关正处于打黑除恶的攻坚阶段，警力严重不足，你厂保卫科力量很强，现将此案侦查权授予你厂保卫科，请你们组织力量，按《刑事诉讼法》的规定对此案进行侦查，我们将大力协助你们。

请结合本章的内容，谈谈你对公安机关这种答复的看法。

法律职业资格（司法）考试真题

1. 某人民检察院立案侦查该市工商局长利用职权报复陷害他人，侦查中发现已过追诉时效，检察院应如何处理？（　　）（单选）

A. 不起诉　　B. 撤销案件

C. 宣告无罪　　D. 移送法院处理

2. 某法院在审理张某贪污案前，被告人张某突发心脏病死亡，法院该如何处理？（　　）（单选）

A. 裁定撤销案件　　B. 宣告被告人张某无罪

C. 裁定终止审理　　D. 退回起诉的人民检察院处理

3. 检察院以涉嫌诈骗罪对某甲提起公诉。经法庭审理，法院认定，某甲的行为属于刑法规定的“将代为保管的他人财物非法占为已有并拒不退还”的侵占行为。对于本案，检察院拒不撤回起诉时，法院的哪种处理方法是正确的？（　　）（单选）

A. 裁定驳回起诉　　B. 裁定终止审理

C. 径行作出无罪判决　　D. 以侵占罪作出有罪判决

4. 下列哪些选项属于依法不追究刑事责任的情形？（　　）（多选）

A. 犯罪嫌疑人甲和被害人乙在审查起诉阶段就赔偿达成协议，被害人乙要求不追究甲刑事责任

B. 甲侵占案，被害人乙没有起诉

C. 高某犯罪情节轻微，对社会危害不大

D. 犯罪嫌疑人白某在被抓获前自杀身亡

5. 关于刑事诉讼基本原则，下列哪些说法是正确的？（　　）（多选）

A. 体现刑事诉讼基本规律，有着深厚的法律理论基础和丰富的思想内涵

B. 既可由法律条文明确表述，也可体现于刑事诉讼法的指导思想、目的、任务、具体制度和程序之中

C. 既包括一般性原则，也包括独有原则

D. 与规定具体制度、程序的规范不同，基本原则不具有法律约束力，只具有倡导性、指引性

6. 社会主义法治的公平正义，要通过法治的一系列基本原则加以体现。“未经法院依法判决，对任何人都不得确定有罪”是《刑事诉讼法》确立的一项基本原则。关于这一原则，下列

哪些说法是正确的？（　　）（多选）

A. 明确了定罪权的专属性，法院以外任何机关、团体和个人都无权行使这一权力

B. 确定被告人有罪需要严格依照法定程序进行

C. 表明我国刑事诉讼法已经全面认同和确立无罪推定原则

D. 按照该规定，可以得出疑罪从无的结论

7. 关于程序法定，下列哪些说法是正确的？（　　）（多选）

A. 程序法定要求法律预先规定刑事诉讼程序

B. 程序法定是大陆法系国家法定原则的重要内容之一

C. 英美国家实行判例制度而不实行程序法定

D. 以法律为准绳意味着我国实行程序法定

8. 关于有效辩护原则，下列哪些理解是正确的？（　　）（多选）

A. 有效辩护原则的确立有助于实现控辩平等对抗

B. 有效辩护是一项主要适用于审判阶段的原则，但侦查、审查起诉阶段对辩护人权利的保障是审判阶段实现有效辩护的前提

C. 根据有效辩护原则的要求，法庭审理过程中一般不应限制被告人及其辩护人发言的时间

D. 指派没有刑事辩护经验的律师为可能被判处无期徒刑、死刑的被告人提供法律援助，有违有效辩护原则

9. 社会主义法治要通过法治的一系列原则加以体现。具有法定情形不予追究刑事责任是《刑事诉讼法》确立的一项基本原则，下列哪一案件的处理体现了这一原则？（　　）（单选）

A. 甲涉嫌盗窃，立案后发现涉案金额 400 余元，公安机关决定撤销案件

B. 乙涉嫌抢夺，检察院审查起诉后认为犯罪情节轻微，不需要判处刑罚，决定不起诉

C. 丙涉嫌诈骗，法院审理后认为其主观上不具有非法占有他人财物的目的，作出无罪判决

D. 丁涉嫌抢劫，检察院审查起诉后认为证据不足，决定不起诉

第六章 管　辖

本章概要

管辖解决的是各司法机关在受理刑事案件方面的分工问题。刑事诉讼中的管辖包括立案管辖和审判管辖。明确、合理地规定刑事案件的管辖，对于保证刑事诉讼活动的顺利进行以及刑事诉讼任务的实现，具有十分重要的意义。司法机关应严格依法管辖，既不互相推诿，也不越俎代庖。

关键术语

管辖　立案管辖　职能管辖　审判管辖　级别管辖　地区管辖　专门管辖

第一节 概　述

一、管辖的概念

刑事诉讼中的管辖，是指国家专门机关依法在受理刑事案件方面的职权范围上的分工。我国《刑事诉讼法》中的管辖，是指公安机关、人民检察院和人民法院等依照法律规定立案受理刑事案件，以及人民法院系统内审判第一审刑事案件的分工制度。

管辖是刑事诉讼活动中首先要解决的问题。因为当刑事案件发生后，如果不解决受理刑事案件的分工问题，刑事诉讼活动就无法开始进行。刑事诉讼中的管辖，实质上就是公安司法机关在受理刑事案件方面的权限划分。公安司法机关受理刑事案件的范围，称作管辖范围。公安司法机关在一定范围内受理刑事案件的职权，称为管辖权。对不属于自己管辖的案件，则无权受理。

二、确定管辖的原则

刑事诉讼中的管辖，一般是根据刑事案件的性质、情节的轻重、复杂程度、发生地点、影响大小等不同特点和公安司法机关在刑事诉讼中的职责确定的。我国《刑事诉讼法》关于公、检、法机关管辖权限划分的基本出发点，是保证刑事诉讼任务的顺利实现。确立管辖的原则如下。

（一）促进司法公正的原则

公正是刑事诉讼追求的首要价值目标，确定管辖的第一个原则当然是促进司法公正。哪些案件需要立案侦查，哪些案件需要哪一个机关立案侦查；哪类案件由哪一级法院作为第一审法院，首先考虑的因素就是是否有利于促进司法公正。刑事诉讼管辖不是简单的办案工作分工，而是关乎司法公正的法律制度安排。所以，在确定管辖时，促进司法公正就是首要的原则。

（二）准确及时的原则

《刑事诉讼法》关于刑事案件管辖的规定，要充分考虑到适应公安司法机关的性质和职权，均衡公安司法机关的工作负担，以利于它们有效地履行各自的职责。只有这样，才能保证准确、及时、有效地查明犯罪事实，正确适用法律，保证办案质量，提高办案效率，完成《刑事诉讼法》规定的惩罚犯罪、保护人民的根本任务。

（三）便利诉讼的原则

《刑事诉讼法》关于管辖的规定，要充分考虑当事人参加诉讼是否便利的问题。当事人和其他诉讼参与人要到司法机关参加诉讼活动，如果管辖案件的司法机关确定不当，当事人和其他诉讼参与人可能要花大量的时间、财力参加诉讼，增加诉讼成本。因此，有利于诉讼参与人参加诉讼，节省财力和时间；有利于群众旁听案件，接受群众对审判工作的监督，扩大办案的社会效果，是确定管辖应当考虑的因素。

（四）原则性与灵活性相结合的原则

为了适应刑事案件复杂性的特点，以及办案实际工作的需要，刑事案件的管辖，除了要有明确的原则性规定以外，还应有一定的灵活性。例如，我国《刑事诉讼法》第 24 条关于上下级人民法院的变通管辖，第 27 条关于地区管辖中可以由上级人民法院指定管辖的规定，都体现了在依法管辖的前提下，仍需贯彻原则性与灵活性相结合的原则，以利于处理管辖中的争议和例外情况。

三、管辖的意义与分类

（一）管辖的意义

管辖是刑事诉讼中的一项重要的诉讼制度，明确、合理地确定刑事案件的管辖，对于保证刑事诉讼活动的顺利进行以及刑事诉讼任务的实现，具有十分重要的意义。管辖的意义在于。

第一，刑事案件管辖的规定，可以使公、检、法等机关明确各自受理刑事案件的权限和职责，这样既有利于它们依法行使自己的职权，防止在受理案件上互相争执或推诿；又有利于增强它们的责任感，充分发挥它们的积极、主动精神和职能作用，从而做到各司其职，各尽其责。

第二，明确公安司法机关的案件管辖范围，便于机关、团体、企事业单位和公民个人按照管辖范围向公、检、法等机关控告、检举犯罪。这不仅有利于单位和公民行使控告和检举的权利，充分发挥人民群众同犯罪作斗争的积极性，而且可以保证刑事诉讼活动及时、有效地进行。

第三，正确、合理地确定刑事案件的管辖，有助于诉讼活动的顺利进行，保证案件得到正确、及时的处理。

（二）管辖的分类

根据我国《刑事诉讼法》的规定，刑事诉讼中的管辖包括两个方面的内容：一是人民法院、人民检察院和公安机关各自直接受理刑事案件的职权范围；二是人民法院审判第一审刑事案件的职权范围。前者是解决人民法院、人民检察院和公安机关之间在直接受理刑事案件上的权限划分问题，称为立案管辖或职能管辖；后者是解决各级人民法院之间、同级人民法院之间以及普通人民法院与专门人民法院之间，在审判第一审刑事案件上的权限划分问题，称为审判管辖。审判管辖又分为级别管辖、地区管辖、指定管辖和专门管辖。

第二节　立案管辖

刑事诉讼中的立案管辖，在诉讼理论上又称职能管辖或部门管辖，是指人民法院、人民检察院和公安机关各自直接受理刑事案件的职权范围，也就是人民法院、人民检察院和公安机关之间，在直接受理刑事案件范围上的权限划分。立案管辖所要解决的是哪类刑事案件应当由公安司法机关中的哪一个机关立案受理的问题。具体地讲，也就是确定哪些刑事案件不需要经过侦查，而由人民法院直接受理审判；哪些刑事案件由人民检察院直接受理立案侦查；哪些刑事案件由公安机关立案侦查。立案管辖主要是根据公安司法机关在刑事诉讼中的职责分工，以及刑事案件的性质、案情的轻重、复杂程度等不同情况确定的。

我国《刑事诉讼法》第19条对人民法院、人民检察院和公安机关的立案管辖范围，作了概括性的规定。为了便于在实际工作中应用执行这一法律规定，有关司法解释和规章作了更为具体的规定。

一、公安机关直接受理的刑事案件

我国《刑事诉讼法》第19条第1款规定："刑事案件的侦查由公安机关进行，法律另有规定的除外。"这条规定说明，公安机关是刑事案件的主要侦查机关，立案受理绝大多数刑事案件。

法律规定不由公安机关立案受理的案件包括以下几类。

1.《刑事诉讼法》第4条规定的危害国家安全的刑事案件。

2.《刑事诉讼法》第308条规定的军队内部发生的刑事案件、海上发生的刑事案件和罪犯在监狱内犯罪的案件。

3.《刑事诉讼法》第19条第2款规定的司法工作人员利用职权实施的非法拘禁、刑讯逼供、非法搜查等侵犯公民权利、损害司法公正的犯罪案件。

4.《刑事诉讼法》第 19 条第 3 款、第 210 条规定的自诉案件。

5. 依照《监察法》规定由监察机关调查的职务犯罪案件。

公安机关是国家的治安保卫机关，具有同犯罪作斗争的丰富经验和必要的专门侦查手段。因此，法律把绝大多数需要侦查的刑事案件交由公安机关立案侦查，是与公安机关的性质、职能和办案条件相适应的；同时，也是完全符合同犯罪作斗争的需要的。

二、人民检察院直接受理的刑事案件

我国《刑事诉讼法》第 19 条第 2 款规定："人民检察院在对诉讼活动实行法律监督中发现的司法工作人员利用职权实施的非法拘禁、刑讯逼供、非法搜查等侵犯公民权利、损害司法公正的犯罪，可以由人民检察院立案侦查。对于公安机关管辖的国家机关工作人员利用职权实施的重大犯罪案件，需要由人民检察院直接受理的时候，经省级以上人民检察院决定，可以由人民检察院立案侦查。"因此，人民检察院可以自行立案侦查的案件为在对诉讼活动实行法律监督中发现的司法工作人员利用职权实施的侵犯公民权利、损害司法公正的犯罪案件。符合此类案件的条件如下。

一是此类犯罪主体仅限于司法工作人员，即依法律规定有侦查、检察、审判、监管职责的工作人员。

二是罪名主要涉及侵犯公民权利、损害司法公正的犯罪。具体包括 14 类犯罪：非法拘禁案（《刑法》第 238 条）（非司法工作人员除外）；非法搜查案（《刑法》第 245 条）（非司法工作人员除外）；刑讯逼供案（《刑法》第 247 条）；暴力取证案（《刑法》第 247 条）；虐待被监管人案（《刑法》第 248 条）；滥用职权案（《刑法》第 397 条）（非司法工作人员滥用职权侵犯公民权利、损害司法公正的情形除外）；玩忽职守案（《刑法》第 397 条）（非司法工作人员玩忽职守侵犯公民权利、损害司法公正的情形除外）；徇私枉法案（《刑法》第 399 条第 1 款）；民事、行政枉法裁判案（《刑法》第 399 条第 2 款）；执行判决、裁定失职案（《刑法》第 399 条第 3 款）；执行判决、裁定滥用职权案（《刑法》第 399 条第 3 款）；私放在押人员案（《刑法》第 400 条第 1 款）；失职致使在押人员脱逃案（《刑法》第 400 条第 2 款）；徇私舞弊减刑、假释、暂予监外执行案（《刑法》第 401 条）。

三是监察委员会没有开展调查。随着监察体制改革的推进，我国设立了行使国家监察职能的专责机关——各级监察委员会，监察委员会负责对行使公权力的公职人员职务犯罪进行调查。《刑事诉讼法》第 19 条规定，司法工作人员利用职权实施的侵犯公民权利、损害司法公正的犯罪案件"可以由人民检察院立案侦查"。对"可以"的理解，一方面意味着人民检察院有权对这些案件立案侦查。人民检察院行使法律监督权，更容易发现诉讼过程中司法人员相关职务犯罪，同时，查办这类职务犯罪，往往涉及证据合法性判断和诉讼走向，因此，由人民检察院立案查办这些案件，更为便捷，也有利于及时判断证据合法性，保障诉讼顺利进行。另一方面这也意味着这些案件并非必然由人民检察院侦查。人民检察院在立案侦查司法工作人员相关职务犯罪过程中，发现犯罪嫌疑人同时涉嫌监察委员会管辖的职务犯罪线索的，应当及时与同级监察委员会沟通，一般应当由监察委员会为主调查，人民检察院予以协助。经沟通，认为全案由监察委员会管辖更为适宜的，人民检察院应当撤销案件，将案件和相应职务犯罪线索一并移送监察委员会；认为由监察委员会和人民检察院分别管辖更为适宜的，人民检察院应当将监察委员会管辖的相应职务犯罪线索移送监察委员会，对依法由人民检察院管辖的犯罪案件继续侦查。

除上述犯罪案件外，《刑事诉讼法》第 19 条第 2 款还规定："对于公安机关管辖的国家机关工作人员利用职权实施的重大犯罪案件，需要由人民检察院直接受理的时候，经省级以上人民检察院决定，可以由人民检察院立案侦查。"对此应理解为：只有公安机关管辖的国家机关工作人员利用职权实施的极个别的重大犯罪案件，需要由人民检察院直接受理的，经省级以上人民检察院决定，才可以由人民检察院立案侦查。根据 2018 年最高人民检察院《关于人民检察院立案侦查司法工作人员相关职务犯罪案件若干问题的规定》，司法工作人员利用职权实施的侵犯公民权利、损害司法公正的犯罪案件由设区的市级人民检察院立案侦查。基层人民检察院发现犯罪线索的，应当报设区的市级人民检察院决定立案侦查。设区的市级人民检察院也可以将案件交由基层人民检察院立案侦查，或者由基层人民检察院协助侦查。最高人民检察院、省级人民检察院发现犯罪线索的，可以自行决定立案侦查，也可以将案件线索交由指定的省级人民检察院、设区的市级人民检察院立案侦查。由人民检察院直接受理的上述刑事案件，其犯罪主体主要限于司法工作人员，而且属于司法工作人员利用职权实施的犯罪。人民检察院是国家的法律监督机关，对司法工作人员是否遵守法律负有特殊的监督责任。因此，法律规定这些与司法工作人员职权有关的犯罪案件，由人民检察院立案侦查，是同人民检察院的性质及法定职责相适应的。

三、人民法院直接受理的刑事案件

由人民法院直接受理的刑事案件，是指刑事案件不需要经过公安机关或者人民检察院立案侦查，不通过人民检察院提起公诉，而由人民法院对当事人提起的诉讼直接立案和审判。这类刑事案件，在刑事诉讼中称为自诉案件。我国《刑事诉讼法》第 19 条第 3 款规定："自诉案件，由人民法院直接受理。"这一规定清楚地表明，人民法院直接受理的刑事案件，只限于自诉案件。所谓自诉案件，是指由被害人本人或者其法定代理人、近亲属向人民法院起诉的案件。根据我国《刑事诉讼法》第 210 条的规定，自诉案件包括下列三类案件。

1. 告诉才处理的案件。所谓告诉才处理，是指被害人或其法定代理人、近亲属告诉才处理。根据我国《刑法》的规定，告诉才处理的案件共有四种：即侮辱、诽谤案（严重危害社会秩序和国家利益的除外），暴力干涉婚姻自由案，虐待案和侵占案。这四种案件，犯罪情节轻微、案情都比较简单，不需要专门机关侦查即可查清案件事实，所以适宜由人民法院直接受理。

2. 人民检察院没有提起公诉，被害人有证据证明的轻微刑事案件，是指下列被害人有证据证明的刑事案件：故意伤害案（轻伤）；非法侵入住宅案；侵犯通信自由案；重婚案；遗弃案；生产、销售伪劣商品案（严重危害社会秩序和国家利益的除外）；侵犯知识产权案（严重危害社会秩序和国家利益的除外）；属于《刑法》分则第四章、第五章规定的，对被告人可以判处 3 年有期徒刑以下刑罚的案件。

这类案件不仅犯罪情节比较轻微，而且事实往往较为清楚，被告人明确，被害人具备证明案件真实情况的条件，不需要动用侦查机关的力量去侦查，只需采用一般的调查方法就可以查明案件事实，所以也适宜由人民法院直接受理。

3. 被害人有证据证明对被告人侵犯自己人身、财产权利的行为应当依法追究刑事责任，且有证据证明曾经提出控告，而公安机关或者人民检察院不予追究被告人刑事责任的案件。这类案件从性质上说属于公诉案件范围，其成为自诉案件，必须具备三个条件：一是被害人有证据证明；二是被告人侵犯了被害人的人身、财产权利，应当追究被告人刑事责任；三是公安机关或者人民检察院不予追究，并已经作出书面决定。作出这样的规定，是为了加强对公安、检察机关立案管辖工作的制约，维护被害人的合法权益，解决司法实践中存在的“告状难”问题。

上述被害人起诉的案件，由人民法院直接受理，有无证据证明，是否属于不需要侦查的轻微刑事案件，应由人民法院根据立案标准予以确认，并可以进行调解（《刑事诉讼法》第210条第3项规定的案件除外），这样既可以简化诉讼程序，避免诉讼的拖延，减轻群众的讼累，又有利于案件的解决和处理。另外，依照《刑事诉讼法》第114条及最高人民法院《解释》第260条的规定，在自诉案件中，如果被害人死亡、丧失行为能力或者因受强制、威吓等无法告诉，或者是限制行为能力人以及因年老、患病、盲、聋、哑等不能亲自告诉，其法定代理人、近亲属有权向人民法院起诉，人民法院应当依法受理。

四、关于执行立案管辖的几个问题

第一，《刑事诉讼法》关于立案管辖的规定，明确划分了人民法院、人民检察院和公安机关各自直接受理刑事案件的职权范围。司法机关在办案工作中，必须严格执行；既不能越权受理不属于自己管辖的案件，也不能放弃职守把属于自己管辖的案件推出不管。为了及时、有效地与犯罪作斗争，便利和保护人民群众行使控告、检举的权利，各公安司法机关对于控告、检举和犯罪人的自首，不管是否属于自己管辖，都应当接受，不得互相推诿。对于不属于自己管辖的，应当移送有管辖权的机关处理；对于不属于自己管辖而又必须采取紧急措施的，应当先采取紧急措施，然后再移送有管辖权的机关。根据最高人民法院《解释》的规定，对于人民检察院没有提起公诉，被害人有证据证明的轻微刑事案件，被害人直接向人民法院起诉的，人民法院应当依法受理，对其中证据不足、可由公安机关受理的，或者认为对被告人可能判处3年有期徒刑以上刑罚的，应当将案件移送公安机关立案侦查。

第二，公安机关或人民检察院在侦查过程中，如果发现被告人还犯有属于人民法院直接受理的罪行时，应分别情况进行处理。对于属于告诉才处理的案件，可以告知被害人向人民法院直接提起诉讼；对于属于人民法院可以受理的其他类型的自诉案件，可以立案进行侦查，然后在人民检察院提起公诉时，随同公诉案件移送人民法院，由人民法院合并审理。侦查终结后不提起公诉的，则应直接移送人民法院处理。

第三，人民法院在审理自诉案件过程中，如果发现被告人还犯有必须由人民检察院提起公诉的罪行时，则应将新发现的罪行另案移送有管辖权的公安机关或者人民检察院处理。

第四，公安机关侦查刑事案件涉及人民检察院管辖的司法工作人员利用职权实施的犯罪时，应当将司法人员利用职权实施的犯罪案件移送人民检察院；人民检察院侦查司法工作人员利用职权实施的犯罪案件涉及公安机关管辖的刑事案件时，应当将属于公安机关管辖的刑事案件移送公安机关。在上述情况中，如果涉嫌主罪属于公安机关管辖，由公安机关为主侦查，人民检察院予以配合；如果涉嫌主罪属于人民检察院管辖，由人民检察院为主侦查，公安机关予以配合。

第五，根据《中华人民共和国监察法》第34条的规定，人民法院、人民检察院、公安机关、审计机关等国家机关在工作中发现公职人员涉嫌贪污贿赂、失职渎职等职务违法或者职务犯罪的问题线索，应当移送监察机关，由监察机关依法调查处置。被调查人既涉嫌严重职务违法或者职务犯罪，又涉嫌其他违法犯罪的，一般应当由监察机关为主调查，其他机关予以协助。

第六，根据2012年最高人民法院、最高人民检察院、公安部、国家安全部、司法部、全国人大常委会法制工作委员会《关于实施刑事诉讼法若干问题的规定》（以下简称六部门《规定》），具有下列情形之一的，人民法院、人民检察院、公安机关可以在其职责范围内并案处理：一人犯数罪的；共同犯罪的；共同犯罪的犯罪嫌疑人、被告人还实施其他犯罪的；多个犯罪嫌疑人、被告人实施的犯罪存在关联，并案处理有利于查明案件事实的。

第三节　审判管辖

刑事诉讼中的审判管辖，是指人民法院审判第一审刑事案件的职权范围，包括各级人民法院之间、普通人民法院与专门人民法院之间以及同级人民法院之间，在审判第一审刑事案件上的权限划分。从诉讼的角度讲，审判管辖所要解决的是某个刑事案件由哪个人民法院作为第一审进行审判的问题。

立案管辖与审判管辖之间的关系因公诉案件和自诉案件而有所不同。对于自诉案件，人民法院的立案管辖和审判管辖是重合的，都是审判权的具体落实；对于公诉案件，则是侦查权、起诉权、审判权相互联系的直接反映，具体表现如下。

第一，公安机关、检察机关的立案管辖和法院的审判管辖，依刑事诉讼活动的先后次序，而发生于不同的诉讼阶段上。立案管辖是公安司法机关在受理案件上的第一次分工；审判管辖则是案件进入审判阶段后的第二次分工。

第二，立案管辖并不必然导致审判管辖，因为有的案件经过侦查或审查起诉阶段即告终结，并不进入其后的审判程序，当然也就不产生审判管辖的问题。

第三，《刑事诉讼法》关于划分人民法院的级别管辖、地区管辖以及专门管辖的原则和标准，应当同样适用于公安机关和检察机关，即公安机关、检察机关各自系统内部在立案侦查上的权限划分，既要与人民法院的级别管辖、地区管辖和专门管辖相互对应，又要不失灵活性，以适应侦查活动自身的特点。

根据我国《刑事诉讼法》第176条第1款的规定，人民检察院决定起诉的案件，应当按照审判管辖的规定，向人民法院提起公诉。所以，人民检察院提起公诉的案件，应当与各级人民法院管辖审理的案件范围相适应。因此，明确了审判管辖，也就相应地确定了提起公诉的检察机关。

根据我国《人民法院组织法》的规定，人民法院除设有最高人民法院作为国家的最高审判机关外，还设有地方各级人民法院和军事法院等专门人民法院。地方各级人民法院又分为：基层人民法院、中级人民法院和高级人民法院。与人民法院的设置相适应，刑事案件的审判管辖，分为级别管辖、地区管辖、指定管辖和专门管辖。

一、级别管辖

级别管辖，是指各级人民法院审判第一审刑事案件的职权范围。级别管辖所解决的是各级人民法院之间，在审判第一审刑事案件上的权限分工问题。

我国划分级别管辖主要是根据案件的性质、罪行的轻重和可能判处的刑罚、涉及面和对社会影响的大小，以及各级人民法院的工作职责来确定的。因为不同级别法院的人员素质、审判业务能力和审判水平一般略有不同，各级人民法院在审判体系中的地位、职责和条件也需要考虑。

我国《刑事诉讼法》对各级人民法院管辖的第一审刑事案件，作了明确的规定。

（一）基层人民法院管辖的第一审刑事案件

我国《刑事诉讼法》第20条规定："基层人民法院管辖第一审普通刑事案件，但是依照本法由上级人民法院管辖的除外。"可见，基层人民法院是普通刑事案件第一审的基本审级，普通刑事案件的第一审原则上由基层人民法院管辖。基层人民法院分布地区广，数量也最多，最接近犯罪地，也最接近人民群众。因此，把绝大多数的普通刑事案件划归它管辖，既便于法院就地审理案件，便于诉讼参与人就近参加诉讼活动，有利于审判工作的顺利进行和及时、正确地处理案件，又便于群众旁听案件的审判，有利于充分发挥审判活动的教育作用。

（二）中级人民法院管辖的第一审刑事案件

我国《刑事诉讼法》第21条规定："中级人民法院管辖下列第一审刑事案件：（一）危害国家安全、恐怖活动案件；（二）可能判处无期徒刑、死刑的案件。"

危害国家安全犯罪案件，属于性质严重、对国家危害极大的一类案件；恐怖活动犯罪案件，往往涉案人员众多，涉及面广，多存在跨国、跨境的情况，案情复杂。这两类刑事案件由中级人民法院作为初审法院，更加有利于保证一审案件质量。同时，处理这两类案件，在案件事实认定和法律适用上，往往也面临比较大的难度，这就需要法律、政策水平更高、业务能力更强的司法工作人员。因此，由中级人民法院作第一审，是适宜的，也是必要的，有利于保证案件的正确处理，实现司法公正。

中级人民法院是基层人民法院的上一级法院，《刑事诉讼法》既然将基层人民法院作为普通刑事案件的第一审法院，中级人民法院也就必然成为普通刑事案件的第二审法院。因此，它还有审判监督的任务。所以，划归中级人民法院管辖的第一审刑事案件不宜过多，一般仅限于上述两类刑事案件。

这里需要说明的是，根据最高人民法院《解释》第15条的规定，基层人民法院对可能判处无期徒刑、死刑的第一审刑事案件，应当移送中级人民法院审判。基层人民法院对下列第一审刑事案件，可以请求移送中级人民法院审判：（1）重大、复杂案件；（2）新类型的疑难案件；（3）在法律适用上具有普遍指导意义的案件。需要将案件移送中级人民法院审判的，应当在报请院长决定后，至迟于案件审理期限届满15日前书面请求移送。中级人民法院应当在接到申请后10日内作出决定。不同意移送的，应当下达不同意移送决定书，由请求移送的人民法院依法审判；同意移送的，应当下达同意移送决定书，并书面通知同级人民检察院。

（三）高级人民法院管辖的第一审刑事案件

我国《刑事诉讼法》第22条规定："高级人民法院管辖的第一审刑事案件，是全省（自治区、直辖市）性的重大刑事案件。"高级人民法院是地方各级人民法院中最高一级的法院，也就是一个省（自治区、直辖市）的最高一级的审判机关，它的主要任务是审判对中级人民法院裁判的上诉、抗诉案件，复核死刑案件，核准死刑缓期2年执行的案件，以及监督全省（自治区、直辖市）的下级人民法院的审判工作。所以，高级人民法院管辖的第一审刑事案件，不宜过宽。况且，高级人民法院管辖第一审刑事案件的多少，又直接关系着最高人民法院第二审的负担。法律规定高级人民法院只管辖极少的全省（自治区、直辖市）性的重大刑事案件，既可以保证这种重大案件的正确处理，又有利于它全面行使自己的职权，用更多的力量来监督、指导下级人民法院的审判工作。

（四）最高人民法院管辖的第一审刑事案件

我国《刑事诉讼法》第23条规定："最高人民法院管辖的第一审刑事案件，是全国性的重大刑事案件。"

最高人民法院是全国的最高审判机关，除核准死刑案件外，由最高人民法院作为第一审审判的刑事案件，只应当是极个别的，在全国范围内具有重大影响的，性质、情节都特别严重的刑事案件。只有这样，才有利于它集中主要精力监督、指导全国人民法院审判工作。

以上是《刑事诉讼法》关于各级人民法院第一审刑事案件管辖范围的规定，人民法院受理和审判刑事案件，必须遵照执行。但是，刑事案件的情况十分复杂，人民法院的审判工作由于主、客观因素的影响，也可能遇到这样或那样难以解决的问题。所以，为了适应审判实践中可能出现的某种特殊情况的需要，保证案件的正确、及时处理，级别管辖还必须有一定的灵活性。为此，《刑事诉讼法》第24条又规定："上级人民法院在必要的时候，可以审判下级人民法院管辖的第一审刑事案件；下级人民法院认为案情重大、复杂需要由上级人民法院审判的第一审刑事案件，可以请求移送上一级人民法院审判。"这是法律对级别管辖所作的变通规定。为执行好这一条款，应当注意以下问题。

第一，上级人民法院审判下级人民法院管辖的第一审刑事案件，可以由上级人民法院依职权自行决定，但只能"在必要的时候"对个别案件适用。

第二，根据最高人民法院《解释》第12条的规定，人民检察院认为可能判处无期徒刑、死刑而向中级人民法院提起公诉的普通刑事案件，中级人民法院受理后，认为不需要判处无期徒刑、死刑的，应当依法审判，不再交基层人民法院审判。

第三，根据最高人民法院《解释》第13条的规定，一人犯数罪、共同犯罪和其他需要并案审理的案件，只要其中一人或者一罪属于上级人民法院管辖的，全案由上级人民法院管辖。

第四，根据最高人民法院《解释》第14条的规定，上级人民法院决定审判下级人民法院管辖的第一审刑事案件的，应当向下级人民法院下达改变管辖决定书，并书面通知同级人民检察院。

二、地区管辖

地区管辖，是指同级人民法院之间，在审判第一审刑事案件上的权限划分。

（一）犯罪地法院管辖

我国《刑事诉讼法》第25条规定："刑事案件由犯罪地的人民法院管辖。如果由被告人居住地的人民法院审判更为适宜的，可以由被告人居住地的人民法院管辖。"这一规定表明，在我国，确定刑事案件地区管辖的因素有两个，即犯罪地和被告人居住地。但两者在地区管辖中的地位并不是并列的，而是以犯罪地管辖作为确定地区管辖的基本原则，被告人居住地管辖作为确定地区管辖的辅助性原则。

刑事案件原则上应由犯罪地的人民法院管辖。这里所说的犯罪地，包括犯罪行为发生地和结果发生地。一般理解为包括犯罪预备地、犯罪行为实施地、犯罪结果地以及销赃地等。根据最高人民法院《解释》第 2 条的规定，针对或者利用计算机网络实施的犯罪，犯罪地包括犯罪行为发生地的网站服务器所在地，网络接入地，网站建立者、管理者所在地，被侵害的计算机信息系统及其管理者所在地，被告人、被害人使用的计算机信息系统所在地，以及被害人财产遭受损失地。法律规定刑事案件原则上由犯罪地的人民法院管辖的主要理由是：(1) 犯罪地一般是罪证最集中存在的地方，案件由犯罪地人民法院管辖，便于及时、全面地收集和审查核实证据，有利于迅速查明案情；(2) 犯罪地是当事人、证人所在的地方，由犯罪地的人民法院审判，便于他们就近参加诉讼活动，有利于审判工作的顺利进行；(3) 案件既然在犯罪地发生，当地群众自然关心案件的处理，由犯罪地人民法院审判，能更有效地发挥审判的法治教育作用，而且也有利于群众对法院审判工作的监督；(4) 案件由犯罪地人民法院审判，便于人民法院系统地掌握和研究当地刑事案件发生的情况和规律，及时提出防范的建议，加强社会治安的综合治理，预防和减少犯罪的发生。

（二）被告人居住地法院管辖

刑事案件如果由被告人居住地的人民法院审判更为适宜的，可以由被告人居住地的人民法院管辖。单位犯罪的刑事案件由犯罪地的人民法院管辖，如果由被告单位所在地或者注册地的人民法院管辖更为适宜的，可以由该法院管辖。根据最高人民法院《解释》第 3 条的规定，被告人的户籍地为其居住地。经常居住地与户籍地不一致的，经常居住地为其居住地。经常居住地为被告人被追诉前已连续居住 1 年以上的地方，但住院就医的除外。被告单位登记的住所地为其居住地。主要营业地或者主要办事机构所在地与登记的住所地不一致的，主要营业地或者主要办事机构所在地为其居住地。至于什么是“更为适宜的”，这要根据案件和被告人的具体情况来决定。例如，案件发生在两个地区交界的地方，犯罪地的管辖界线不明确，致使犯罪地的管辖法院难以确定的；被告人在居住地民愤更大，当地群众强烈要求在其居住地审判的，等等。这种情况下适宜由被告人居住地的人民法院管辖。

（三）优先管辖和移送管辖

在司法实践中，经常会遇到被告人在几个人民法院的辖区内实施犯罪行为的案件，因而就可能出现几个犯罪地的人民法院都有管辖权的复杂情况。那么，案件究竟应由哪个人民法院审判呢？为了解决这个问题，《刑事诉讼法》第 26 条明确规定：“几个同级人民法院都有权管辖的案件，由最初受理的人民法院审判。在必要的时候，可以移送主要犯罪地的人民法院审判。”对这种案件，法律规定由最初受理的人民法院审判，主要是为了避免人民法院之间发生管辖争议而拖延案件的审判。同时，也是由于最初受理的人民法院往往已对案件开展了一些工作，由它进行审判，有利于及时审结案件。但是，为了适应各种案件的复杂情况，法律又规定，在必要的时候，最初受理的人民法院可以将案件移送主要犯罪地的人民法院审判。至于在什么情况下，才能认为是“必要的时候”，一般应从是否更有利于发挥审判活动的教育作用等方面来考虑确定。

（四）特殊情况的管辖

刑事案件错综复杂，使得有些案件尚不能完全适用上述地区管辖的法律规定。最高人民法院《解释》第 4 条至第 11 条，对下列特殊情况作出了特别规定。

1. 对罪犯在服刑期间发现漏罪及又犯新罪的：

（1）发现正在服刑的罪犯在判决宣告前还有其他犯罪没有受到审判的，由原审地人民法院管辖，如果罪犯服刑地或者新发现罪的主要犯罪地人民法院管辖更为适宜的，可以由服刑地的人民法院或者犯罪地的人民法院管辖。

（2）罪犯在服刑期间又犯罪的，由服刑地人民法院管辖。

（3）罪犯在脱逃期间犯罪的，由服刑地人民法院管辖；但是，在犯罪地抓获罪犯并发现其在脱逃期间的犯罪的，由犯罪地的人民法院管辖。

2. 在中华人民共和国领域外的中国船舶内的犯罪，由该船舶最初停泊的中国口岸所在地的人民法院管辖。

3. 在中华人民共和国领域外的中国航空器内的犯罪，由该航空器在中国最初降落地的人民法院管辖。

4. 在国际列车上的犯罪，根据我国与相关国家签订的协定确定管辖；没有协定的，由该列车最初停靠的中国车站所在地或者目的地的铁路运输法院管辖。

5. 中国公民在中国驻外使、领馆内的犯罪，由其主管单位所在地或者原户籍地的人民法院管辖。

6. 中国公民在中华人民共和国领域外的犯罪，由其入境地或者离境前居住地的人民法院管辖；被害人是中国公民的，也可由被害人离境前居住地的人民法院管辖。

7. 外国人在中华人民共和国领域外对中华人民共和国国家或者公民犯罪，根据《刑法》应当受处罚的，由该外国人入境地、入境后居住地或者被害中国公民离境前居住地的人民法院管辖。

8. 对中华人民共和国缔结或者参加的国际条约所规定的罪行，中华人民共和国在所承担条约义务的范围内，行使刑事管辖权的，由被告人被抓获地的人民法院管辖。

三、指定管辖

我国《刑事诉讼法》第 27 条规定：“上级人民法院可以指定下级人民法院审判管辖不明的案件，也可以指定下级人民法院将案件移送其他人民法院审判。”法律的这一规定表明，有些刑事案件的地区管辖是根据上级人民法院的指定而确定的，这在诉讼理论上称为指定管辖，是相对于法定管辖而言的。

指定管辖一般适用于三类刑事案件：一是地区管辖不明的刑事案件。例如，刑事案件发生在两个或两个以上地区的交界处，犯罪地属于哪个人民法院管辖的地区不明确。在这种情况下，就可以由上级人民法院指定某一个下级人民法院审判。这样，就可以避免案件无人管辖或者因管辖争议而延误案件的处理。二是由于各种原因，原来有管辖权的法院不适宜或者不能审判的刑事案件。例如，地方主要官员犯罪的案件，为了排除干扰，保证审判活动的顺利进行，犯罪地人民法院的上级人民法院，可以指定该人民法院将其管辖的案件移送其他人民法院审判。三是法院已受理的没有管辖权的特殊刑事案件。例如，第一审人民法院对于已经受理的网络犯罪案件，经审查发现没有管辖权的，为保证及时结案，避免超期羁押，可以依法报请共同的上级人民法院指定管辖。

根据最高人民法院《解释》第 18 条至第 21 条的规定，上级人民法院在必要的时候，可以指定下级人民法院将其管辖的案件移送其他下级人民法院审判。上级人民法院指定管辖的，应当将指定管辖决定书分别送达被指定管辖的人民法院及其他有关的人民法院。原受理案件的人民法院在收到上级人民法院改变管辖决定书、同意移送决定书或者指定其他人民法院管辖决定书后，对公诉案件，应当书面通知同级人民检察院，并将案卷材料退回，同时书面通知当事人；对自诉案件，应当将案卷材料移送被指定管辖的人民法院，并书面通知当事人。第二审人民法院发回重新审判的案件，人民检察院撤回起诉后，又向原第一审人民法院的下级人民法院重新提起公诉的，下级人民法院应当将有关情况层报原第二审人民法院。原第二审人民法院根据具体情况，可以决定将案件移送原第一审人民法院或者其他人民法院审判。

四、专门管辖

专门管辖，是指专门人民法院之间，以及专门人民法院与地方人民法院之间对第一审刑事案件在受理范围上的分工，即进一步明确各专门人民法院审判刑事案件的职权范围。它解决的是哪些刑事案件应当由哪些专门人民法院审判的问题。

我国目前已建立的受理刑事案件的专门人民法院主要是军事法院。专门人民法院是按照各种专门业务机构的组织体系建立起来的审判机关，是我国人民法院组织体系的重要组成部分。

五、管辖权异议

管辖权异议，是指当事人认为受诉法院对案件无管辖权，而向法院提出的不服管辖的意见或主张。作为当事人诉讼权利的重要组成部分，管辖异议权理应为三大诉讼法所共同规定。然而，我国只是在《民事诉讼法》和《行政诉讼法》中作出相应规定，《刑事诉讼法》对此一直没有涉及。随着对被告人人权保护的加强，越来越多的学者提出应当尽快确立我国的刑事诉讼管辖权异议制度，防止对当事人合法权益的损害，保障刑事诉讼程序公正。

国外有关管辖异议的规定主要存在于审判管辖，并且集中在地域管辖方面。至于申请异议的主体，相关国家或地区的规定并不一致。主要有以下三种：一是以英国、美国及我国香港特别行政区等为代表，申请管辖权异议的主体只限于被告人；二是以日本、德国、加拿大等国为代表，申请管辖权异议的主体是被告人和检察官；三是以法国、俄罗斯及我国台湾地区、澳门特别行政区等为代表，申请管辖权异议的主体是几乎所有当事人和检察院。① 此外，对于申请异议的期间、方式、效力、受理机关、法律后果等方面，各国和各地区的规定也都存在一定差异。因此，对于如何结合我国《刑事诉讼法》对管辖的规定并借鉴域外的有益经验，确立适合我国实际的刑事诉讼管辖权异议制度，学者们仁者见仁，智者见智，提出了很多不同的观点，目前还没有形成通说。

---

① 石晓波．刑事诉讼管辖权异议制度研究．中国刑事法杂志，2004（4）．

但从不同学者的观点中，也可以发现很多共同之处：（1）学界对于刑事诉讼管辖权异议制度的必要性有了基本统一的认识。认为这是保障当事人获得公平审判权利的必要条件，是保障刑事诉讼程序公正的前提。因此，应确立当事人对法院审判的管辖权异议制度。（2）至于申请管辖权异议的主体，多数认为首先是被告人，同时也应包括被害人、自诉人和附带民事诉讼的当事人等。（3）应对当事人提出管辖权异议的时间加以限制。最晚在法院进行实质性审判之前，也就是法庭调查之前提出。（4）管辖权异议必须具有法定理由，即法院无管辖权或者虽有管辖权但对当事人具有重大"不利益"，如舆论的极端偏激、民众的偏见等。（5）当事人向法院提出管辖权异议的，法院必须受理，并审查异议理由。（6）管辖权异议的证明责任在申请人一方。（7）存在救济程序，即当事人不服法院裁决有权上诉等。

随着学界对刑事诉讼管辖权异议问题的进一步研究，必将推动我国刑事诉讼中人权保护的加强，促进刑事诉讼文明的发展和程序公正的实现。目前最高人民法院《解释》第184条已将管辖权异议纳入庭前会议的讨论范围，明确审判人员可以就案件管辖权异议问题向控辩双方了解情况、听取意见，可谓在管辖权异议的立法进程中迈出了重要一步。

问题与思考

简答题

1. 简述管辖的概念和意义。
2. 简述立案管辖的概念及人民法院、人民检察院、公安机关的立案管辖范围。
3. 简述立案管辖和审判管辖的相互关系。
4. 简述级别管辖的概念及各级人民法院管辖的第一审刑事案件的范围。
5. 简述地区管辖的概念及原则。
6. 简述犯罪地法院管辖原则的立法理由。

课堂讨论案例

A县与B县相邻，分别属于某省下辖的两个不同的市。

一起盗窃案案发，首犯杨某、主犯邓某均系A县人，主犯林某和其余三名成员则系B县人。他们所进行的盗窃活动主要发生在B县境内，但在A县也有犯罪活动。

该案由A、B县公安局共同侦破后，杨某、邓某被押于A县，林某和其他三名成员被押于B县。A县人民法院和B县人民法院分别对押在本县的被告人进行了审理和判决。

请结合本章管辖的原理，分析A、B两县人民法院分别审判此案的做法是否正确，为什么？

法律职业资格（司法）考试真题

1. 王某担任甲省副省长期间受贿50多万元，有关法院指定乙省W市中级人民法院管辖。该项指定应当由下列哪一法院作出？（　　）（单选）

A. 甲省高级人民法院　　B. 乙省高级人民法院

C. W市中级人民法院　　D. 最高人民法院

2. 某市A区法院受理一起盗窃案件，因该案被告人与该区法院院长具有亲属关系，市中级人民法院遂指定将该案移交B区法院审判。对于该案的全部案卷材料，A区法院应按下列哪一选项处理？（　　）（单选）

A. 应当退回A区检察院　　B. 应当直接移交B区法院

C. 可以直接移交B区法院　　D. 应当通过中级人民法院移交B区法院

3. 甲非法拘禁乙于某市A区，后又用汽车经该市B区、C区，将乙转移到D区继续拘禁。对于甲所涉非法拘禁案，下列哪些法院依法享有管辖权？（　　）（多选）

A. A区法院　　B. B区法院

C. C区法院　　D. D区法院

4. 张某，甲市人，中国乙市远洋运输公司"黎明号"货轮船员。"黎明号"航行在公海时，张某因与另一船员李某发生口角将其打成重伤。货轮返回中国首泊丙市港口时，张某趁机潜逃，后在丁市被抓获。该案应当由下列哪一法院行使管辖权？（　　）（单选）

A. 甲市法院　　B. 乙市法院

C. 丙市法院　　D. 丁市法院

5. 国家机关工作人员高某与某军事部门有业务往来。一日，高某到该部门洽谈工作，趁有关人员临时离开将一部照相机窃走。该照相机中有涉及军事机密的照片。关于本案，负责立案侦查的是下列哪一机关？（　　）（单选）

A. 公安机关　　B. 检察机关

C. 国家安全机关　　D. 军队保卫部门

6. 下列哪一案件应由公安机关直接受理立案侦查？（　　）（单选）

A. 林业局副局长王某违法发放林木采伐许可证案

B. 吴某破坏乡长选举案

C. 负有解救被拐卖儿童职责的李某利用职务阻碍解救案

D. 某地从事实验、保藏传染病菌种的钟某，违反国务院卫生行政部门的有关规定，造成传染病菌种扩散构成犯罪的案件

7. 美国人杰克与香港居民赵某在内地私藏枪支、弹药，公安人员查缉枪支、弹药时，赵某以暴力方法阻碍公安人员依法执行职务。下列哪一说法是正确的？（　　）（单选）

A. 全案由犯罪地的基层法院审判，因为私藏枪支、弹药罪和妨碍公务罪都不属于可能判处无期徒刑以上刑罚的案件

B. 杰克由犯罪地中级法院审判，赵某由犯罪地的基层法院审判

C. 杰克由犯罪地中级法院审判，赵某由中级法院根据具体案件情况而决定是否交由基层法院审判

D. 全案由犯罪地的中级法院审判

8. 周某采用向计算机植入木马程序的方法窃取齐某的网络游戏账号、密码等信息，将窃取到的相关数据存放在其租用的服务器中，并利用这些数据将齐某游戏账户内的金币、点券等虚拟商品放在第三方网络交易平台上进行售卖，获利5 000元。下列哪些地区的法院对本案具有管辖权？（　　）（多选）

A. 周某计算机所在地　　B. 齐某计算机所在地

C. 周某租用的服务器所在地　　D. 经营该网络游戏的公司所在地

9. 某县破获一抢劫团伙，涉嫌多次入户抢劫，该县法院审理后认为，该团伙中只有主犯赵某可能被判处无期徒刑。关于该案的移送管辖，下列哪些选项是正确的？（　　）（多选）

A. 应当将赵某移送中级法院审理，其余被告人继续在县法院审理

B. 团伙中的未成年被告人应当一并移送中级法院审理

C. 中级法院审查后认为赵某不可能被判处无期徒刑，可不同意移送

D. 中级法院同意移送的，应当书面通知其同级检察院

10. 孙某系甲省乙市海关科长，与走私集团通谋，利用职权走私国家禁止出口的文物，情节特别严重。关于本案管辖，下列哪些选项是正确的？（　　）（多选）

A. 可由公安机关立案侦查

B. 经甲省检察院决定，可由检察院立案侦查

C. 甲省检察院决定立案侦查后可根据案件情况自行侦查

D. 甲省检察院决定立案侦查后可根据案件情况指定甲省丙市检察院侦查

第七章

回　避

本章概要

回避是诉讼中一项重要的制度，是实现刑事诉讼公正的前提和保障，也是当事人所享有的基本诉讼权利。各国刑事诉讼法对此均有规定。我国《刑事诉讼法》比较详尽地规定了回避的种类、理由、适用人员以及适用回避时所应当遵守的程序。

关键术语

回避　自行回避　申请回避　回避理由　回避适用人员

第一节　回避的概念和意义

一、回避的概念

刑事诉讼中的回避，是指法律规定的与案件当事人或者案件有利害关系或其他关系的侦查人员、检察人员、审判人员及其他人员，为了避免可能影响公正处理案件的情况发生，不得参与办理该案件的一项诉讼制度。

二、回避的意义

回避是一项重要的诉讼制度，也是一项比较古老的诉讼制度。“任何人不得做自己案件的法官”，这早在古罗马时期和中世纪就已被人们接受。这实际上就是回避制度基本精神的体现。回避制度已为当今世界各国所普遍采用，对刑事诉讼的进行具有重要的意义。

1. 回避制度是刑事诉讼公正进行的制度保障

公正是刑事诉讼追求的基本目标，一切刑事诉讼的进行都为了实现这个目标。实行回避制度，可以有效地避免司法人员因与本案有利害关系或其他关系而可能产生的弄虚作假、徇私舞弊、故意偏袒等不公正的现象，从而使案件能够得到客观、公正的处理。

2. 回避制度有利于当事人行使诉讼权利和接受案件处理结果

申请回避是当事人的一项诉讼权利，这就使当事人能够积极参加诉讼活动，充分行使其诉讼权利，推动诉讼活动的顺利、公正进行。而且，实行回避制度，使司法人员同案件及处理结果没有利害关系，案件能够得到公正处理。这就增强了当事人对司法机关及司法人员的信任，也有利于他们接受案件的处理结果，便于对案件裁判的执行。

3. 回避制度有利于维护司法机关的权威

实行回避制度，同案件或案件当事人有利害关系及其他关系的司法人员不能参与案件的处理，这就能保证司法机关及其工作人员在刑事诉讼中处于公正无私的中立地位，使得当事人更加信赖司法机关及司法人员。因而，回避制度有利于维护司法机关在诉讼中的权威地位，使司法机关对案件的处理更有权威性。

第二节　回避的种类、理由和适用的人员

一、回避的种类

根据《刑事诉讼法》的规定，回避有两种：自行回避和申请回避。

自行回避是指侦查人员、检察人员、审判人员以及其他人员，在刑事诉讼的进行当中，遇有法律规定的应当回避的情形，认为自己不应当参与案件的处理，主动提出的回避。申请回避是指案件的当事人及其法定代理人，在认为处理案件的侦查人员、检察人员、审判人员以及其他人员具有法律规定的应当回避的情形时，有权向司法机关提出申请，要求他们回避。

另外，根据最高人民法院《解释》第 29 条的规定，实践中除上述两种情形外，还有一种指令回避。应当回避的审判人员本人没有自行回避，当事人及其法定代理人也没有申请其回避的，院长或者审判委员会应当决定其回避。

二、回避的理由

回避的理由，也就是法律及司法解释规定的应当回避的具体情形。根据《刑事诉讼法》第 29 条和第 30 条，以及最高人民法院《关于审判人员在诉讼活动中执行回避制度若干问题的规定》、最高人民法院《关于对配偶子女从事律师职业的法院领导干部和审判执行岗位法官实行任职回避的规定（试行）》和《检察人员任职回避和公务回避暂行办法》的规定，回避的理由是：

1. 是本案的当事人或者是当事人的近亲属的

办案人员是本案的当事人，意味着办案人员同案件的处理结果有利害关系，其参与案件的处理，可能影响案件诉讼的公正公平。办案人员是当事人的近亲属的，就有可能偏袒作为其近亲属的当事人，也会影响案件的公正处理。

根据《刑事诉讼法》的规定，近亲属包括夫、妻、父、母、子、女、同胞兄弟姐妹。此外，根据最高人民法院《关于审判人员在诉讼活动中执行回避制度若干问题的规定》第 1 条第

2 款及《检察人员任职回避和公务回避暂行办法》第 2 条的规定，审判人员、检察人员的近亲属，包括与审判人员、检察人员有夫妻、直系血亲、三代以内旁系血亲及近姻亲关系。最高人民法院及最高人民检察院的规定，实际上扩大了回避制度中“近亲属”的范围。

2. 本人或者他的近亲属和本案有利害关系的

办案人员本人或者他的近亲属和本案有利害关系，意味着案件的处理结果将会对办案人员本人或者其近亲属产生影响。因此在这种情况下，他不宜也不应当参与案件的处理。这里的“近亲属”的范围也应当包括与审判人员、检察人员有夫妻、直系血亲、三代以内旁系血亲及近姻亲关系的亲属。

3. 担任过本案的证人、鉴定人、勘验人、翻译人员、辩护人、诉讼代理人的

根据《刑事诉讼法》第 29 条的规定，担任过本案的证人、鉴定人、辩护人、诉讼代理人的，也应属于回避的范围。除此之外，最高人民法院《关于审判人员在诉讼活动中执行回避制度若干问题的规定》第 1 条第 3 项补充规定，担任过本案的翻译人员、勘验人的，也应回避。这是因为证人、鉴定人、勘验人、翻译人员、辩护人、诉讼代理人基于其诉讼地位和职能，已经参与了本案的诉讼活动，对案件事实和案件应当如何处理已经有了一定的看法。其再担任侦查人员、检察人员、审判人员，就可能产生先入为主等主观片面性，难以客观公正地处理案件，因此其应当回避。

4. 与本案当事人有其他关系，可能影响公正处理案件的

与本案当事人有其他关系，是指与本案当事人有上述三种情形之外的某种关系，比如办案人员与本案当事人现在或曾经是邻居、同学、同事、师生等，或者有个人之间的恩怨等。由于存在上述关系而可能影响案件公正处理的，也应当回避。

5. 接受当事人及其委托的人的请客送礼，或者违反规定会见当事人及其委托的人的

公安司法人员代表国家进行刑事诉讼，应当严格依照法律规定，公正、无私地处理案件，特别是不能与一方当事人有不正当的关系。公安司法人员接受当事人及其委托的人请客送礼，或者违反规定会见当事人及其委托的人的，可能使案件得不到公正处理，甚至出现徇私枉法、出入人罪等严重的违法现象，会给公安司法机关的威信带来极为不良的影响。因此，《刑事诉讼法》第 30 条规定，公安司法人员有上述行为的，除应当依法追究其法律责任外，其他当事人及其法定代理人有权要求他们回避。

6. 参与过本案侦查、起诉、审判的有关司法人员以及在一个审判程序中参与过本案审判工作的合议庭组成人员

根据 2012 年最高人民法院《解释》第 25 条的规定，参与过本案侦查、审查起诉工作的侦查、检察人员，调至人民法院工作的，不得担任本案的审判人员。在一个审判程序中参与过本案审判工作的合议庭组成人员或者独任审判员，不得再参与本案其他程序的审判。但是发回重审的案件，在一审法院作出裁判后又进入二审程序或死刑复核程序的，原二审程序或者死刑复核程序中的合议庭成员不受该条限制。这是因为，在刑事诉讼中，侦查人员、检察人员、审判人员都依据其承担的诉讼职能进行相应的诉讼活动，这种职能的划分有利于客观、公正地查清案件事实，具有科学性。如果没有这种职能的划分，司法人员既是侦查人员，又是检察人员，还是审判人员，案件显然就难以得到客观、公正的处理。参加过本案侦查、起诉工作的侦查、检察人员如果调至法院工作，由于其对案件已经有了一定的认识，因而为了防止其先入为主和事实上的职能不分，这样的司法人员不得担任本案的审判人员。同样，在一个审判程序中参与过本案审判工作的工作人员，也不得再参与本案其他程序，如二审和再审的审判。同理，2012

年《人民检察院刑事诉讼规则（试行）》第 30 条也规定，参加过本案侦查的侦查人员，不得承办本案的审查逮捕、起诉和诉讼监督工作。

7. 审判人员与本案的诉讼代理人、辩护人有夫妻、父母、子女或者同胞兄弟姐妹关系的

审判人员与案件当事人虽然没有近亲属关系，但如果与当事人委托的诉讼代理人、辩护人具有近亲属关系，也很可能会影响对案件的公正处理。司法实践中，存在审判人员的亲属从事律师职业的现象，一些当事人据此委托其为诉讼代理人、辩护人，其目的就是希望通过这层关系获得有利的裁判。因此，最高人民法院《解释》第 23 条第 4 项及《关于审判人员在诉讼活动中执行回避制度若干问题的规定》第 1 条第 4 项规定，审判人员与本案的诉讼代理人、辩护人有夫妻、父母、子女或者同胞兄弟姐妹关系的，应当回避。此外，最高人民法院《关于对配偶子女从事律师职业的法院领导干部和审判执行岗位法官实行任职回避的规定（试行）》第 1 条中也再次强调，人民法院领导干部和审判、执行岗位法官，其配偶、子女在其任职法院辖区内从事律师职业的，应当实行任职回避。

除了上述回避理由外，最高人民法院《解释》第 24 条及《关于审判人员在诉讼活动中执行回避制度若干问题的规定》第 2 条还补充规定，审判人员具有下列情形之一的，当事人及其法定代理人有权申请回避：(1) 违反规定会见本案当事人、辩护人、诉讼代理人的；(2) 为本案当事人推荐、介绍辩护人、诉讼代理人，或者为律师、其他人员介绍办理该案件的；(3) 索取、接受本案当事人及其委托的人的财物或者其他利益的，或者要求当事人及其受托人报销费用的；(4) 接受本案当事人及其委托的人的宴请，或者参加由其支付费用的各项活动的；(5) 向本案当事人及其委托的人借款物的，包括借用交通工具、通讯工具或者其他物品，或者索取、接受当事人及其委托的人在购买商品、装修住房以及其他方面给予的好处的；(6) 有其他不正当行为，可能影响公正审判的。这些情形都表明，审判人员与一方当事人存在不正当的关系，可能影响到审判的公正进行，因此需要回避。提出这些主张，不能凭当事人或者其法定代理人的想象，当事人及其法定代理人应当提供相关证据材料，表明确实存在上述情形。

三、回避适用的人员

回避适用的人员，也就是回避适用的对象。根据《刑事诉讼法》第 29 条和第 32 条的规定，在刑事诉讼中适用回避的人员包括如下几类。

1. 审判人员。这里的审判人员应当作广义理解，不仅包括直接审理本案的审判员、助理审判员和人民陪审员，还应当包括参与本案讨论、审查和作出处理决定的法院院长、副院长、庭长、副庭长以及审判委员会的成员。根据最高人民法院《关于审判人员在诉讼活动中执行回避制度若干问题的规定》中的规定，人民法院的执行人员也包括在内。

2. 检察人员。这里的检察人员，不仅包括直接负责案件的审查批准逮捕、审查决定起诉、出庭支持公诉的检察人员，还应当包括对本案参与讨论、审查和作出处理决定的检察长、副检察长以及检察委员会的委员。根据《检察人员任职回避和公务回避暂行办法》的规定，检察人员是指各级人民检察院的检察官、书记官、司法行政人员和司法警察。

3. 侦查人员。这里的侦查人员，不仅包括直接负责案件侦查的公安人员和检察人员，还应当包括参与本案讨论和作出处理决定的公安机关负责人与检察机关的检察长、副检察长以及检察委员会的委员。

4. 书记员。包括在侦查、起诉、审判阶段担任记录工作的书记员。

5. 翻译人员。指在侦查、起诉、审判阶段担任语言文字翻译工作的人员。

6. 鉴定人。指在刑事诉讼中就某个专门问题提供鉴定意见的人员。

第三节 回避的程序

一、回避的提起

根据提起回避的主体的不同，回避的提起包括回避的提出和回避的申请。

1. 回避的提出

回避的提出是指在自行回避中，司法人员自己提出回避。侦查人员、检察人员、审判人员及其他人员，具有法律规定应当回避的情形，需要自行回避的，可以口头或者书面提出，并且说明理由，口头提出的，应当记录在案。

2. 回避的申请

回避的申请是指当事人及其法定代理人提出申请，要求公安司法人员回避。侦查人员、检察人员、审判人员及其他人员，如果具有法律规定应当回避的情形，那么当事人及其法定代理人有权申请其回避。申请回避是当事人及其法定代理人依法享有的重要的诉讼权利，公安司法机关应依法予以保障。《刑事诉讼法》第190条规定，人民法院开庭的时候，审判长要告知当事人有权对合议庭组成人员、书记员、公诉人、鉴定人和翻译人员申请回避。

根据上述规定的立法精神，在侦查、起诉阶段中，侦查人员、检察人员也应当告知当事人及其法定代理人有权申请回避。

当事人及其法定代理人申请公安司法人员回避的，可以口头或者书面提出，并且说明理由，口头提出的，应当记录在案。

依照《刑事诉讼法》第30条的规定提出回避申请的，即认为公安司法人员接受当事人及其委托的人请客送礼或者违反规定会见当事人及其委托的人而提出回避申请的，申请人应当提供证明材料。

二、回避的审查决定

回避应当由法律规定的组织或者人员依法进行审查，并且作出是否回避的决定。根据《刑事诉讼法》的规定，侦查人员、检察人员、审判人员的回避，应当分别由公安机关负责人、检察长、法院院长决定；院长的回避，由本院审判委员会决定；检察长和公安机关负责人的回避，由同级人民检察院检察委员会决定；书记员、翻译人员、鉴定人的回避，应当根据其所处诉讼阶段，分别由公安机关负责人、检察长、院长决定。

根据有关司法解释的规定，检察委员会在讨论检察长回避的问题时，由副检察长主持，检察长不得参加；审判委员会在讨论院长回避的问题时，由副院长主持，院长不得参加。根据最高人民法院《解释》第31条的规定，当事人及其法定代理人申请出庭的检察人员回避的，人民法院应当决定休庭，并通知人民检察院。

公安司法人员应当回避的，如果本人没有自行回避，当事人和他们的法定代理人也没有申请其回避，公安机关负责人、检察长、院长或者检察委员会、审判委员会应当决定其回避。

一般来讲，需要回避的人员在有关人员或者组织作出是否回避的决定前，应当暂停参与对本案的处理工作，以保证诉讼活动的公正进行。但是，根据《刑事诉讼法》及有关司法解释的规定，对侦查人员的回避作出决定前或者复议期间，侦查人员不能停止对案件的侦查。这是由侦查工作需要及时进行的特性决定的，特别是在案件需要采取紧急措施时，侦查人员更要迅速采取必要的侦查行动，及时收集证据和抓获犯罪人，尤其要防止犯罪人继续犯罪。

公安司法机关对当事人及其法定代理人的回避申请进行审查或者调查后，认为符合法律规定的回避条件的，应当作出回避决定；认为不符合法律规定的回避条件的，应当驳回申请。

根据《人民检察院刑事诉讼规则（试行）》第31条的规定，检察人员在回避决定作出前所取得的证据和进行的诉讼行为是否有效，由检察委员会或者检察长根据案件具体情况决定。《公安机关办理刑事案件程序规定》第37条也明确规定，被决定回避的公安机关负责人、侦查人员在回避决定作出以前所进行的诉讼活动是否有效，由作出决定的机关根据案件情况决定。

三、对驳回申请的复议

《刑事诉讼法》规定，对驳回申请回避的决定，当事人及其法定代理人可以申请复议一次。这是对当事人及其法定代理人申请回避诉讼权利的充分保障。

根据《公安机关办理刑事案件程序规定》，公安机关作出驳回申请回避的决定后，当事人及其法定代理人如不服，则可以在收到驳回申请回避决定书后5日内向作出决定的机关申请复议一次；当事人及其法定代理人对驳回申请回避的决定不服申请复议的，决定机关应当在收到复议申请后5日以内作出复议决定并书面通知申请人。

根据最高人民法院的司法解释，当事人及其法定代理人申请回避被驳回的，可以在接到决定时申请复议一次。另外，不属于《刑事诉讼法》第29、30条所列情形的回避申请，即不属于法律规定的回避情形的，由法院当庭驳回，并不得申请复议。

问题与思考

简答题

1. 应当回避的理由有哪些？
2. 回避适用于哪些人员？
3. 回避由谁来决定？

课堂讨论案例

某诈骗案中被告人甲16岁。在开庭审理过程中，甲的父亲乙提出回避的申请，要求担任本案庭审记录工作的书记员丙回避。申请理由是听人说被害人的父亲丁在开庭前曾请丙出去吃过饭。

请结合本章的内容，回答下列问题：

1. 乙提出回避申请时，是否应当提供相应的证明材料？
2. 本案中回避申请的批准权由谁行使？

法律职业资格（司法）考试真题

1. 聋哑被告人张某开庭审理前，要求其懂哑语的妹妹担任他的辩护人和翻译，对于张某的要求，法院应作出何种决定？（　　）（单选）

A. 准予担任辩护人　　B. 不准担任辩护人

C. 准予担任翻译人员　　D. 既准予担任翻译人员，也准予担任辩护人

2. 王某因涉嫌报复陷害罪被立案侦查后，发现负责该案的侦查人员刘某与自己是邻居，两家曾发生纠纷，遂请刘某回避。对于刘某的回避应当由谁决定？（　　）（单选）

A. 公安局局长　　B. 检察长

C. 法院院长　　D. 检察委员会

3. 某市检察院张某在办理一起受贿案件时，发现犯罪嫌疑人之一系其堂妹，故申请回避并经检察长同意。下列关于张某在申请回避前所取得的证据和进行的诉讼行为效力问题的表述，哪一项是正确的？（　　）（单选）

A. 取得的证据和进行的诉讼行为均无效

B. 取得的证据和进行的诉讼行为均有效

C. 取得的证据有效，但诉讼行为无效

D. 取得的证据和进行的诉讼行为是否有效，由检委会或检察长决定

4. 庭审过程中，被告人赵某指出，公诉人的书记员李某曾在侦查阶段担任鉴定人，并据此要求李某回避，对于赵某的回避申请，哪种做法正确？（　　）（单选）

A. 法庭应以不属于法定回避情形为由当庭驳回

B. 法庭应以符合法定情形为由当庭作出回避决定

C. 李某应否回避需提交法院院长决定

D. 李某应否回避需提交检察院检察长决定

5. 甲涉嫌刑讯逼供罪被立案侦查。甲以该案侦查人员王某与被害人存在近亲属关系为由，提出回避申请。对此，下列哪一选项是错误的？（　　）（单选）

A. 王某可以口头提出自行回避的申请

B. 作出回避决定以前，王某不能停止案件的侦查工作

C. 王某的回避由公安机关负责人决定

D. 如甲的回避申请被驳回，甲有权申请复议一次

6. 郭某（16 岁）与罗某发生争执，被打成轻伤，遂向法院提起自诉。法庭审理中，罗某提出，审判员李某曾在开庭前违反规定与自诉人父亲及姐姐会见，要求李某回避，但郭某父亲及姐姐均否认此事。法院院长经过审查作出李某回避的决定。下列何人有权要求对回避决定进行复议？（　　）（单选）

A. 郭某　　B. 郭某父亲

C. 郭某姐姐　　D. 李某

7. 法院审理过程中，被告人赵某在最后陈述时，以审判长数次打断其发言为理由申请更换审判长。对于这一申请，下列哪一说法是正确的？（　　）（单选）

A. 赵某的申请理由不符合法律规定，法院院长应当驳回申请

B. 赵某在法庭调查前没有申请回避，法院院长应当驳回申请

C. 如法院作出驳回申请的决定，赵某可以在决定作出后 5 日内向上级法院提出上诉

D. 如法院作出驳回申请的决定，赵某可以向上级法院申请复议一次

8. 林某盗版销售著名作家黄某的小说涉嫌侵犯著作权罪，经一审和二审后，二审法院裁定撤销原判，发回原审法院重新审判。关于该案的回避，下列哪些选项是正确的？（　　）（多选）

A. 一审法院审判委员会委员甲系林某辩护人妻子的弟弟，黄某的代理律师可申请其回避

B. 一审书记员乙系林某的表弟而未回避，二审法院可以此为由裁定发回原审法院重审

C. 一审合议庭审判长丙系黄某的忠实读者，应当回避

D. 丁系二审合议庭成员，如果林某对一审法院重新审判作出的裁判不服再次上诉至二审法院，丁应当自行回避

9. 未成年人小付涉嫌故意伤害袁某，袁某向法院提起自诉。小付的父亲委托律师黄某担任辩护人，袁某委托其在法学院上学的儿子担任诉讼代理人。本案中，下列哪些人有权要求审判人员回避？（　　）（多选）

A. 黄某

B. 袁某

C. 袁某的儿子

D. 小付的父亲

第八章

辩护与代理

本章概要

辩护与代理是现代刑事诉讼制度中的一项重要内容。完善的辩护制度和代理制度是一个国家诉讼进步、文明的标志。辩护制度的建立和完善对于一国法律制度的完善与发展具有重要意义。我国的辩护制度由《宪法》和《刑事诉讼法》确立。辩护人在刑事诉讼中有着独立的诉讼地位，法律赋予辩护人有查阅案卷，与在押的犯罪嫌疑人、被告人会见、通信以及调取证据等权利。司法机关必须保障犯罪嫌疑人、被告人辩护权的实现，人民法院应当保障被告人获得辩护。此外，我国还确立了刑事法律援助制度。

现代刑事诉讼中的代理是保障刑事诉讼当事人权益的另一种重要措施。在我国，刑事诉讼中的代理主要有三种：一是公诉案件中被害人的代理；二是自诉案件中自诉人的代理；三是附带民事诉讼中当事人的代理。刑事诉讼中的代理与辩护存在很大不同，代理人的权利依赖于当事人的授权，其代理活动受当事人授权范围的制约。

关键术语

辩护　辩护制度　辩护权　辩护人　刑事法律援助　代理

第一节　辩　护

一、辩护制度概述

（一）辩护制度的概念

辩护是指刑事诉讼中的犯罪嫌疑人、被告人及其辩护人针对控诉方的指控，提出有利于犯罪嫌疑人、被告人的事实和理由，以证明犯罪嫌疑人、被告人无罪、罪轻或者应当减轻、免除处罚，维护犯罪嫌疑人、被告人合法权益的诉讼活动。

辩护权是法律赋予犯罪嫌疑人、被告人的一项专属诉讼权利，是犯罪嫌疑人、被告人针对指控进行反驳、申辩和解释，以维护自己合法权益的一种诉讼权利。辩护权在犯罪嫌疑人、被告人享有的各项诉讼权利中，居于核心地位。在刑事诉讼中，辩护权具有以下特点：其一，辩护权贯穿于刑事诉讼的全过程，不受诉讼阶段的限制；其二，辩护权不受犯罪嫌疑人、被告人是否有罪以及罪行轻重的限制，任何犯罪嫌疑人、被告人都依法享有辩护权；其三，辩护权不受司法机关调查情况的限制，无论司法机关依据事实和法律得出什么结论，都不影响犯罪嫌疑人、被告人的刑事辩护权，也不影响犯罪嫌疑人、被告人提出自己的辩护意见和理由。

辩护制度是指一国关于辩护权、辩护的种类、辩护的方式、辩护人的范围、辩护人的职责、辩护人的诉讼权利和义务等一系列法律规范的总称。它是犯罪嫌疑人、被告人有权获得辩护原则在刑事诉讼中的具体体现和保障，是现代国家法律制度的重要组成部分。

辩护、辩护权和辩护制度三者间的关系是：辩护是辩护权的外在表现形式，辩护权通过各种具体的辩护活动得以实现；辩护权是辩护制度的基础，不承认犯罪嫌疑人、被告人的辩护权就不可能有辩护制度；辩护制度是辩护权的保障，各种辩护制度都是为了保障犯罪嫌疑人、被告人充分行使辩护权而设立的。

（二）辩护制度的意义

辩护制度的确立、发展和完善，是人类法律制度发展史上的重大进步，它的形成和确立具有重要意义：

首先，辩护制度的产生，确立了犯罪嫌疑人、被告人的诉讼主体地位，是刑事司法制度发展的结果，是诉讼民主化的体现。具有专制主义特征的纠问式诉讼程序，实行“有罪推定”原则，并广泛适用刑讯逼供。国家司法机关集侦查、起诉和审判权于一身，犯罪嫌疑人、被告人仅仅是被追究的对象，是诉讼的客体，其只有供述的义务，没有辩护的权利，辩护制度也因此而缺乏存在的基础和贯彻的条件。近现代的辩护制度，是资产阶级革命和资产阶级诉讼民主制度的产物。17、18 世纪资产阶级启蒙思想家和法学家，在提出将民主、自由、平等、人权等反封建口号作为资产阶级的政治纲领的同时，从“人的自然权利”出发，提出了“法律面前人人平等”的口号。在诉讼方面，主张实行“陪审”“公开”“辩护”等原则。资产阶级革命胜利以后，西方各国先后以法律的形式确立了刑事诉讼中的辩护制度。

其次，辩护制度的确立，能够保障犯罪嫌疑人、被告人辩护权的实现。从理论上讲，犯罪嫌疑人、被告人作为刑事诉讼中被追究的对象，有着最强烈的反驳指控的愿望；又由于他是最了解案件真实情况的人，所以他的辩解应最具说服力。但是在司法实践中，犯罪嫌疑人、被告人往往由于缺乏法律知识、人身自由受到限制以及惧怕辩解会导致更重的刑罚等，不能很好地行使辩护权，此时，辩护制度作为一项法律制度对犯罪嫌疑人、被告人所起的保护作用就显现出来。辩护制度规定犯罪嫌疑人、被告人有权自行辩护，也有权委托辩护人进行辩护。为了充分地保障被告人辩护权的实现，许多国家还规定了法律援助制度，以保障那些由于经济困难或其他原因而无力委托辩护人的犯罪嫌疑人、被告人，可以得到国家提供的法律帮助。我国《刑事诉讼法》对此也作了明确规定。

最后，辩护制度的确立，是确保刑事诉讼基本职能发挥作用的关键，能够促使刑事诉讼目的顺利实现。控诉、辩护、审判职能的充分发挥和平衡，是现代诉讼的标志之一。在司法过程中，控诉职能和审判职能是由国家机关来行使的，由国家强制力做后盾，所以其能够得到充分发挥。而辩护职能的实现以处在受追究的不利地位的犯罪嫌疑人、被告人个人为基础，难以有效发挥作用，更难以和控诉方形成有效的对抗。辩护制度的出现和确立就在法律上为保障犯罪嫌疑人、被告人辩护权的实现提供了依据，从而保证了辩护职能的充分发挥，保障了控诉、辩护职能之间的平衡，审判机关也可在听取双方事实和理由的基础上作出正确裁判。

二、辩护制度的内容

我国辩护制度的内容包括以下几个方面。

（一）辩护的种类

根据《刑事诉讼法》第33、34、35条的规定，我国刑事诉讼中辩护的种类有三种。

1. 自行辩护。自行辩护是指犯罪嫌疑人、被告人自己针对指控进行反驳、申辩和解释的行为。犯罪嫌疑人、被告人的自行辩护权，不受诉讼阶段的限制。

2. 委托辩护。委托辩护是指犯罪嫌疑人、被告人依法委托律师或者其他公民担任辩护人，协助其进行辩护。犯罪嫌疑人、被告人在押期间要求委托辩护人的，人民法院、人民检察院和公安机关应当及时转达其要求。犯罪嫌疑人、被告人在押的，也可以由其监护人、近亲属代为委托辩护人。根据《刑事诉讼法》第34条的规定，犯罪嫌疑人、被告人委托辩护人按照诉讼阶段具体又分为以下三种情形：（1）犯罪嫌疑人自被侦查机关第一次讯问或者采取强制措施之日起，有权委托辩护人。但在侦查期间，只能委托律师作为辩护人。侦查机关在第一次讯问犯罪嫌疑人或对犯罪嫌疑人采取强制措施的时候，应当告知犯罪嫌疑人有权委托辩护人。这里的“第一次讯问”指的是立案后的第一次讯问。（2）人民检察院自收到移送审查起诉的案件材料之日起3日内，应当告知犯罪嫌疑人有权委托辩护人。（3）被告人有权随时委托辩护人。人民法院自受理案件之日起3日以内，应当告知被告人有权委托辩护人。

委托辩护是保障犯罪嫌疑人、被告人辩护权的一项重要内容。在刑事诉讼的过程中，犯罪嫌疑人、被告人由于缺少法律知识、经验以及人身自由受到限制等方面的原因，自己行使辩护权往往存在许多障碍。允许犯罪嫌疑人、被告人委托他所信赖的辩护人参加诉讼，就可以有效弥补这一不足。我国《刑事诉讼法》关于犯罪嫌疑人、被告人委托辩护人的规定，主要反映在三个方面：其一，法律规定了可以充当辩护人的人员范围；其二，法律规定了委托辩护人的人数，规定犯罪嫌疑人、被告人可以委托1至2人作为辩护人；其三，同一辩护人不得同时为2名以上的同案犯罪嫌疑人、被告人辩护，不得为2名以上的未同案处理但实施的犯罪存在关联的犯罪嫌疑人、被告人辩护。

3. 指定辩护。指定辩护是指对于没有委托辩护人的犯罪嫌疑人、被告人，人民法院、人民检察院和公安机关在法律规定的某些特殊情况下，通知法律援助机构为犯罪嫌疑人、被告人指派承担法律援助义务的律师担任其辩护人，协助被告人进行辩护。根据《刑事诉讼法》第35条的规定，指定辩护必须符合以下几个条件。

（1）指定辩护必须以犯罪嫌疑人、被告人没有委托辩护人为前提，如果犯罪嫌疑人、被告人已经委托了辩护人，则不存在指定辩护的问题。

（2）犯罪嫌疑人、被告人必须存在法定的特殊情形。根据我国《刑事诉讼法》第35、278条的规定，只有在以下几种特殊情形下，法律援助机构才可以或者应当为犯罪嫌疑人、被告人指定辩护人：其一，犯罪嫌疑人、被告人因经济困难或者其他原因没有委托辩护人的，本人及其近亲属可以向法律援助机构提出申请，符合法律援助条件的，法律援助机构应当指派律师为其提供辩护；其二，犯罪嫌疑人、被告人是盲、聋、哑人，或者是尚未完全丧失辨认或者控制自己行为能力的精神病人，没有委托辩护人的，人民法院、人民检察院和公安机关应当通知法律援助机构指派律师为其提供辩护；其三，犯罪嫌疑人、被告人可能被判处无期徒刑、死刑，没有委托辩护人的，人民法院、人民检察院和公安机关应当通知法律援助机构指派律师为其提供辩护；其四，未成年犯罪嫌疑人、被告人没有委托辩护人的，人民法院、人民检察院和公安机关应当通知法律援助机构指派律师为其提供辩护。此外，最高人民法院《解释》第42、43条还对指定辩护的情形作了许多重要的补充规定。根据这些规定，高级人民法院复核死刑案件，被告人没有委托辩护人的，人民法院应当通知法律援助机构指派律师为其提供辩护。被告人具有下列情形之一而没有委托辩护人的，人民法院可以通知法律援助机构指派律师为其提供辩护：一是共同犯罪案件中，其他被告人已经委托辩护人的；二是有重大社会影响的案件；三是人民检察院抗诉的案件；四是被告人的行为可能不构成犯罪的；五是有必要指派律师提供辩护的其他情形。

从上述可以看出，在我国刑事诉讼中，指定辩护分为两种情形：第一种指定辩护属任意指定辩护。任意指定辩护，需要由犯罪嫌疑人、被告人及其近亲属向法律援助机构提出申请，只有符合条件才为其指派辩护人。第二种情形为强制辩护，即公安机关、人民检察院、人民法院应当通知法律援助机构为犯罪嫌疑人、被告人指派辩护人。在这种情形下，如果没有为犯罪嫌疑人、被告人指派辩护人就进行审判，则审判活动被视为违法。

(3) 指定辩护的时间没有限制，一般是在侦查机关第一次讯问或采取强制措施之日起，就可以由侦查机关通知法律援助机构为犯罪嫌疑人指派辩护人。在进入审查起诉阶段后，由人民检察院通知法律援助机构指派。在移送到法院审判后，则由人民法院通知法律援助机构进行指派。

(4) 被指定为犯罪嫌疑人、被告人进行辩护的人，只能是承担法律援助义务的律师，其他人不得被公安机关、人民检察院和人民法院指定担任辩护人。

（二）辩护人的范围

辩护人是指在刑事诉讼中接受犯罪嫌疑人、被告人的委托或者受法律援助机构的指派，协助犯罪嫌疑人、被告人行使辩护权，依法维护犯罪嫌疑人、被告人合法权益的诉讼参与人。辩护人的范围是指哪些人可以接受犯罪嫌疑人、被告人的委托，担任他们的辩护人。我国《刑事诉讼法》《律师法》以及最高人民法院《解释》的有关条款，对辩护人的范围作了全面的规定。

依据上述法律规定，下列人员可以担任辩护人。

1. 律师。根据我国《律师法》的规定，律师指依法取得律师执业证书，接受委托或者指定，为当事人提供法律服务的执业人员。

在刑事诉讼中，律师是最主要也是最有能力切实保障犯罪嫌疑人、被告人合法权益的辩护人。这是因为：一方面，在我国，律师作为专门的法律工作者，具有丰富的法律知识和办案经验，熟悉辩护业务；另一方面，法律赋予辩护律师较其他辩护人更多的权利，对律师行使辩护权的限制相对较少，同时律师执业必须严格遵守律师职业道德和职业纪律，这就使得律师有条件、有可能更好地发挥辩护作用，维护犯罪嫌疑人、被告人的合法权益。

2. 人民团体或者犯罪嫌疑人、被告人所在单位推荐的人。这里的人民团体是指工会、妇联、共青团等群众性团体。法律的这一规定，主要是从我国的具体国情出发的：一方面，在我国，因为工会、妇联等人民团体长期和人民群众接近，并为他们解决问题，所以他们在触犯法律或者遇到纠纷时，习惯于找有关人民团体寻求帮助。同样，从属于单位的传统观念在我国深入人心，人们习惯遇到纠纷后寻找单位进行帮助和支持，单位也习惯于管理其成员的各类事务。另一方面，虽然我国律师队伍发展迅速，但数量仍然有限，不可能承担全部刑事案件的辩护工作，允许人民团体或者犯罪嫌疑人、被告人所在单位推荐的人担任辩护人，可以在一定程度上解决这一问题。而且随着我国普法工作的开展，由人民团体或者犯罪嫌疑人、被告人所在单位推荐一些具备辩护能力和水平的人担任辩护人，是切实可行的。

3. 犯罪嫌疑人、被告人的监护人、亲友。监护人是指对未成年人、无行为能力或者限制行为能力的精神病人承担保护其人身、财产和其他合法权利责任的人或单位。根据《中华人民共和国民法总则》的规定，监护人一般由被监护人的亲属担任；没有亲属的，也可由其他愿意担任监护人的人和组织担任。所谓亲友，是指犯罪嫌疑人、被告人的亲戚朋友。允许犯罪嫌疑人、被告人的监护人、亲友担任辩护人，主要是考虑到他们同犯罪嫌疑人、被告人的关系比较近，比较了解情况。由他们担任辩护人，一方面可以缓解律师数量的不足，另一方面可以维护犯罪嫌疑人、被告人的合法权益，减轻、缓解犯罪嫌疑人、被告人的经济压力和精神压力。

虽然我国法律规定的辩护人的范围比较广泛，但是并不是任何人都可以担任辩护人。依据《刑事诉讼法》第 33 条第 2 款和第 3 款的规定，正在被执行刑罚或者依法被剥夺、限制人身自由的人，不得担任辩护人。被开除公职和被吊销律师、公证员执业证书的人，不得担任辩护人，但系犯罪嫌疑人、被告人的监护人、近亲属的除外。最高人民法院《解释》第 35 条进一步明确下列人员不得在刑事诉讼中担任辩护人：(1) 正在被执行刑罚或者处于缓刑、假释考验期间的人；(2) 依法被剥夺、限制人身自由的人；(3) 无行为能力或者限制行为能力的人；(4) 人民法院、人民检察院、公安机关、国家安全机关、监狱的现职人员；(5) 人民陪审员；(6) 与本案审理结果有利害关系的人；(7) 外国人或者无国籍人。其中第 (4)、(5)、(6)、(7) 项规定的人员，如果是被告人的近亲属或者监护人，被告人委托其担任辩护人的，人民法院可以准许。此外，根据《律师法》第 11 条的规定，律师担任各级人民代表大会常务委员会组成人员的，任职期间不得从事诉讼代理或者辩护业务。《律师法》第 41 条规定，曾经担任法官、检察官的律师，从人民法院、人民检察院离任后 2 年内，不得担任诉讼代理人或者辩护人。最高人民法院《解释》第 36 条进一步作出限制，审判人员和人民法院其他工作人员从人民法院离任后，不得担任原任职法院所审理案件的辩护人，但作为被告人的监护人、近亲属辩护的除外。

这些限制性规定，有的是从保障辩护质量的角度考虑的，有的则是从保障司法公正的角度考虑的，还有的是从维护辩护制度严肃性的角度考虑的。除了上述法律规定外，在司法实践中，本案的证人、鉴定人、翻译人员也不能同时担任本案的辩护人。因为这些人的诉讼地位、诉讼权利和义务同辩护人的诉讼地位、诉讼权利和义务有互相冲突之处。

（三）辩护人的责任和作用

1. 辩护人的责任

辩护人参加诉讼的目的，就是帮助犯罪嫌疑人、被告人依法行使辩护权，维护犯罪嫌疑人、被告人的合法权益。为此，我国《刑事诉讼法》第 37 条规定："辩护人的责任是根据事实和法律，提出犯罪嫌疑人、被告人无罪、罪轻或者减轻、免除其刑事责任的材料和意见，维护犯罪嫌疑人、被告人的诉讼权利和其他合法权益。"根据这一规定，辩护人的职责主要包括以下几项内容。

第一，从实体上维护犯罪嫌疑人、被告人的合法权益。即根据事实和法律，提出证明犯罪嫌疑人、被告人无罪、罪轻或者减轻、免除其刑事责任的材料和意见，反驳对犯罪嫌疑人、被告人不正确的指控，帮助司法机关全面了解案情，正确适用法律，依法公正地处理案件。这也是辩护人的首要任务。

第二，从程序上维护犯罪嫌疑人、被告人的诉讼权利和其他合法权益。即帮助犯罪嫌疑人、被告人依法正确行使自己的诉讼权利，并在发现犯罪嫌疑人、被告人的诉讼权利受到侵犯或者剥夺时，向司法机关提出意见，要求予以制止或纠正，或者向有关单位提出控告。

第三，为犯罪嫌疑人、被告人提供其他法律帮助。辩护人应当解答犯罪嫌疑人、被告人提出的有关法律问题，为犯罪嫌疑人、被告人代写有关文书；在案件宣判后，应当了解被告人的态度，征求其对判决的意见以及了解其是否决定上诉等。

2. 辩护人参加刑事诉讼的作用和意义

在刑事诉讼中，辩护人的辩护对于维护犯罪嫌疑人、被告人的合法权益，对于实现公正司法具有重要的作用和意义。

首先，辩护人参加刑事诉讼，能够弥补犯罪嫌疑人、被告人自行辩护的缺陷，帮助犯罪嫌疑人、被告人更好地行使辩护权。我国宪法和法律都明确规定犯罪嫌疑人、被告人有自行辩护的权利，但事实上，由于犯罪嫌疑人、被告人处在被追究、被讯问的地位，而且往往被采取了强制措施，人身自由受到限制，因而他们很难收集到有利于自己的证据和材料。另外，有些犯罪嫌疑人、被告人思想上有顾虑，担心为自己进行辩护会被视为认罪态度不好，而不敢为自己进行辩护，而且绝大多数犯罪嫌疑人、被告人缺乏必要的法律知识，不知道如何为自己进行辩护。在这种情况下，辩护人参加诉讼能够帮助犯罪嫌疑人、被告人充分行使辩护权，收集有利于犯罪嫌疑人、被告人的证据，维护犯罪嫌疑人、被告人的合法权益。

其次，辩护人的活动能够协助司法机关全面了解案情，准确认定案件事实，正确适用法律，公正地处理案件，防止冤、假、错案的发生。辩护人参加到刑事诉讼中，帮助犯罪嫌疑人、被告人行使刑事辩护权，其活动主要集中在两个方面：一是收集有利于犯罪嫌疑人、被告人的证据，从而有助于审判机关全面查明案情；二是通过在法庭上提出有利于被告人的事实、理由和处理意见，使审判机关能够“兼听则明”，从而正确地认定案件事实和适用法律，公正地处理案件。

最后，辩护人的辩护活动可以使审判活动更好地发挥法治宣传教育作用。辩护人，尤其是辩护律师参加诉讼，在法庭上就案件事实和法律适用与公诉人进行平等的辩论，可以使旁听群众受到生动的法治教育，增强法治观念，也可以使案件中的当事人尤其是被告人受到法治教育。

（四）辩护人的诉讼地位

辩护人在刑事诉讼中，处于专门维护犯罪嫌疑人、被告人合法权益的地位。辩护人在刑事诉讼中的这种诉讼地位包含两层意思：其一，辩护人是犯罪嫌疑人、被告人合法权益的维护者，即辩护人所维护的只是在诉讼中依照法律规定应当维护的犯罪嫌疑人、被告人的权益，而不是犯罪嫌疑人、被告人的所有利益，更不是法律规定应当限制或者剥夺的利益。其二，辩护人是犯罪嫌疑人、被告人合法权益的专门维护者，为犯罪嫌疑人、被告人进行辩护是辩护人在诉讼中的唯一职能。这是辩护人不同于侦查人员、公诉人以及审判人员的最主要的方面。在我国，侦查人员、公诉人及审判人员依法也应当维护被告人的合法权益。但是，这只是其在履行诉讼职能的过程中应当兼顾的内容，而不具有专门性，只有辩护人才是犯罪嫌疑人、被告人合法权益的专门维护者。因此，辩护人在刑事诉讼中绝对不能充当起诉人的角色，去检举、揭发犯罪嫌疑人、被告人所实施的犯罪行为。

虽然辩护人是专门维护犯罪嫌疑人、被告人合法权益的诉讼参与人，但是这并不意味着辩护人是犯罪嫌疑人、被告人的代言人。恰恰相反，辩护人在诉讼中具有独立的诉讼地位。同时，在辩护人与公诉人、审判人员的关系上，辩护人也具有独立性。辩护人依法帮助犯罪嫌疑人、被告人行使辩护权，不受公诉人、审判人员以及其他人的干涉。

要正确地理解辩护人的上述诉讼地位，还必须明确以下几个方面的问题。

第一，辩护人与犯罪嫌疑人、被告人的关系，不同于诉讼代理人与当事人之间的关系。辩护人在刑事诉讼中同犯罪嫌疑人、被告人一样，属于刑事辩护的一方，在维护犯罪嫌疑人、被告人合法权益方面，两者的目标是一致的。辩护人虽然为犯罪嫌疑人、被告人提供辩护服务，但其必须根据事实和法律进行辩护。在诉讼中，辩护人根据自己对案件事实的掌握和对法律的理解，来决定辩护的观点、方法和内容。辩护人的辩护意见可能与犯罪嫌疑人、被告人的辩护意见一致，也可能不一致。辩护人的辩护意见不受犯罪嫌疑人、被告人意见的左右。对于犯罪嫌疑人、被告人否认的事实，辩护人认为起诉有理有据的，就不能迎合他的观点；对于犯罪嫌疑人、被告人已经供认的事实，辩护人认为存在疑点的，仍可以提出辩护意见。因此，辩护人在接受了犯罪嫌疑人、被告人的委托后，就具有了独立的诉讼地位，在诉讼中依据事实和法律独立进行辩护，而不受犯罪嫌疑人、被告人的意思表示的约束。

第二，辩护与控诉是一对相对应的诉讼职能，这决定了辩护人与公诉人的关系是对立统一的关系。公诉人代表国家行使公诉职责，是从追诉犯罪的角度，收集和提供证据证明被告人犯有指控的罪行；而辩护人履行辩护职责，是从维护犯罪嫌疑人、被告人合法权益的角度，提出相应的事实和理由，以证明犯罪嫌疑人、被告人无罪或者罪轻，防止犯罪嫌疑人、被告人受到不应有的惩罚。两者的诉讼职能虽然不同，但其目的都在于保证客观公正地查明案件事实，保证国家法律的正确实施。所以，辩护人与公诉人在诉讼地位上是平等的、独立的，在法庭上公诉人进行指控，辩护人进行辩护。

第三，辩护人与审判人员的关系在本质上是一种协作关系。在这一关系中，辩护人具有独立的地位。辩护人与审判人员在诉讼中执行不同的职能，辩护人进行辩护，离不开审判人员的支持。只有审判人员依法保障辩护人履行辩护职责，认真听取辩护人的辩护意见，并采纳辩护人的正确观点，辩护职能才能充分实现。反过来，审判人员进行审判，也离不开辩护人的帮助，辩护人正确履行辩护职责，可以使审判人员全面了解案情；辩护人有关法律问题的辩护观点，也为审判人员正确适用法律提供参考意见。

（五）辩护人的诉讼权利与义务

辩护人依法享有辩护权利、承担辩护义务，是辩护人顺利开展辩护活动的重要保证。为此，我国《刑事诉讼法》和《律师法》对辩护人的诉讼权利和诉讼义务进行了明确规定。

1. *辩护人的诉讼权利*

（1）职务保障权。辩护人依法履行辩护职责，受国家法律保护。辩护人有权根据事实和法律独立地进行辩护，不受任何机关、团体和个人的非法限制和干涉。

（2）阅卷权。辩护律师自人民检察院对案件审查起诉之日起，有权查阅、摘抄、复制本案的案卷材料；其他辩护人经人民检察院许可，也可以查阅、摘抄、复制上述材料。

(3) 会见、通信权。辩护律师可以同在押的犯罪嫌疑人、被告人会见和通信。其他辩护人经人民法院、人民检察院许可，也可以同在押的犯罪嫌疑人、被告人会见和通信。辩护律师持律师执业证书、律师事务所证明和委托书或者法律援助公函，要求会见在押的犯罪嫌疑人、被告人的，看守所应当及时安排会见，至迟不得超过 48 小时。危害国家安全犯罪、恐怖活动犯罪，在侦查期间辩护律师会见在押的犯罪嫌疑人，应当经侦查机关许可。上述案件，侦查机关应当事先通知看守所。辩护律师会见在押的犯罪嫌疑人、被告人，可以了解案件有关情况，提供法律咨询等；自案件移送审查起诉之日起，可以向犯罪嫌疑人、被告人核实有关证据。辩护律师会见犯罪嫌疑人、被告人时不被监听。

(4) 调查取证权。辩护律师经证人或者其他有关单位和个人同意，可以向他们收集与本案有关的材料，也可以申请人民检察院、人民法院收集、调取证据，或者申请人民法院通知证人出庭作证。辩护律师经人民检察院或者人民法院许可，并且经被害人或者其近亲属、被害人提供的证人同意，可以向他们收集与本案有关的材料。

(5) 获得开庭通知的权利。人民法院在确定开庭日期时，应当考虑给辩护人留有准备出庭所需的时间；在人民法院决定开庭后，辩护人有权在开庭 3 日以前获得法院的出庭通知书。

(6) 参加法庭调查和法庭辩论的权利。在法庭调查阶段，辩护人经审判长许可，可以向被告人、证人、鉴定人发问；辩护人有权向法庭出示物证，让当事人辨认；辩护人有权提出新的证据；未到庭的证人证言、鉴定人的鉴定意见、勘验笔录和其他作为证据的文书当庭宣读后，辩护人可以提出自己的意见，并有进行质询的权利；在法庭审理中，辩护人有权申请新的证人到庭、调取新的物证、重新勘验或者鉴定。在法庭辩论阶段，辩护人可以对证据和案件情况发表意见并可以同控方展开辩论。

(7) 拒绝辩护权。我国《律师法》规定，对于以下情形，律师有权拒绝辩护：一是当事人的委托事项违法；二是委托人利用律师的服务从事违法活动；三是委托人故意隐瞒与案件有关的重要事实。

(8) 申请调取证据权。辩护人认为公安机关、人民检察院在侦查、审查起诉期间收集的证明犯罪嫌疑人、被告人无罪或者罪轻的证据材料未提交的，有权申请人民检察院、人民法院调取。

(9) 申诉、控告权。辩护人认为公安机关、人民检察院、人民法院及其工作人员阻碍其依法行使诉讼权利的，有权向同级或者上一级人民检察院申诉或者控告。人民检察院对申诉或者控告应当及时进行审查，情况属实的，通知有关机关予以纠正。

(10) 其他权利。主要包括：辩护人在征得被告人的同意后，可以对第一审判决、裁定提起上诉。辩护人有权得到与其刑事辩护权有关的法律文书，如人民检察院的起诉书、抗诉书副本，人民法院的判决书、裁定书副本等。辩护人有权对审判人员、检察人员和侦查人员侵犯公民诉讼权利和人身侮辱的行为提出控告。

2. 辩护人在诉讼中应当履行的义务

(1) 忠于职守的义务。辩护律师在接受委托或被指定担任辩护人以后，应当恪尽职守，为犯罪嫌疑人、被告人进行辩护，维护他们的合法权益，不能无故拖延，无正当理由不得拒绝辩护。

(2) 保守秘密的义务。辩护人对于在辩护过程中知悉的国家秘密、当事人的商业秘密以及个人隐私，应当保守。同时，辩护律师对在执业活动中知悉的委托人的有关情况和信息，有权予以保密。但是，辩护律师在执业活动中知悉委托人或者其他人，准备或者正在实施危害国家安全、公共安全以及严重危害他人人身安全的犯罪的，应当及时告知司法机关。

（3）辩护人不得帮助犯罪嫌疑人、被告人隐匿、毁灭、伪造证据或者串供，不得威胁、引诱证人作伪证以及进行其他干扰司法机关诉讼活动的行为。

（4）辩护人不得违反规定会见法官、检察官。在诉讼中，辩护人不得向法官、检察官及其他有关工作人员请客送礼或行贿，也不得指使、诱导委托人及其亲友行贿。

（5）辩护人有义务遵守诉讼纪律，如按照出庭通知中告知的时间、地点准时出席法庭进行辩护；在法庭上服从审判长的指挥；会见在押的犯罪嫌疑人、被告人时遵守看管场所的规定等。

（6）辩护人在接受犯罪嫌疑人、被告人委托后，应当及时告知办理案件的机关。辩护人在接受委托后及时告知办案机关，可让办案机关及时获知辩护人参与诉讼情况，依法及时告知辩护人相关诉讼事项。

（7）及时告知部分辩护证据的义务。辩护人收集到有关犯罪嫌疑人不在犯罪现场、未达到刑事责任年龄、属于依法不负刑事责任的精神病人的证据，应当及时告知公安机关、人民检察院。

三、值班律师制度

2018 年新修改的《刑事诉讼法》借鉴国外的做法，确立了值班律师制度。《刑事诉讼法》第 36 条第 1 款规定，法律援助机构可以在人民法院、看守所等场所派驻值班律师。犯罪嫌疑人、被告人没有委托辩护人，法律援助机构没有指派律师为其提供辩护的，由值班律师为犯罪嫌疑人、被告人提供法律咨询、程序选择建议、申请变更强制措施、对案件处理提出意见等法律帮助。从该规定来看，值班律师所享有的权利虽然与辩护权有一定的关联，但由于值班律师并未经过犯罪嫌疑人、被告人委托，也未经法律援助机制指派，同时其职责并不包括直接提出辩护意见，因而立法上并未完全将其视为一项辩护权，可以将其视为一种准辩护权。

为了保障值班律师能够有效行使职权，《刑事诉讼法》第 36 条第 2 款明确规定，人民法院、人民检察院、看守所应当告知犯罪嫌疑人、被告人有权约见值班律师，并为犯罪嫌疑人、被告人约见值班律师提供便利。

四、刑事法律援助制度

法律援助制度，通常是指国家对经济困难的公民或特殊案件中的当事人以给予减免费用，或者由国家支付律师费等方式提供法律帮助，以维护其合法权益的一种法律制度。法律援助制度被认为是实现社会正义，保障法律平等、公正实施，维护公民基本权利的一项重要措施，在现代国家的司法体系中占有重要地位。法律援助制度具有以下几个特点：其一，法律援助是一种国家行为，是现代法治社会要求国家承担的一种责任，由国家保障实施；其二，法律援助的对象是一个特定的社会阶层，这些人因经济困难或其他原因而难以通过法律救济手段保障自身的基本权利；其三，法律援助的内容有一个发展过程，起先仅限于为刑事案件中被关押的贫穷的被告人提供辩护，后来逐渐扩展到在民事诉讼中提供代理；其四，法律援助的宗旨是维护司法公正，实现社会正义，体现法律面前人人平等的精神。

刑事法律援助的范围，往往受一国经济发展水平与法律状况的影响较大，因此，各国在援助的范围上也存在着较大差别。我国现行《刑事诉讼法》从保障犯罪嫌疑人、被告人辩护权的角度，在1996年《刑事诉讼法》的基础上，扩大了对犯罪嫌疑人、被告人法律援助的适用范围。一是将审判阶段提供法律援助扩展为在侦查、起诉、审判阶段均提供法律援助。二是扩大了法律援助的对象范围。《刑事诉讼法》第35条规定：犯罪嫌疑人、被告人因经济困难或者其他原因没有委托辩护人的，本人及其近亲属可以向法律援助机构提出申请。对符合法律援助条件的，法律援助机构应当指派律师为其提供辩护。犯罪嫌疑人、被告人是盲、聋、哑人，或者是尚未完全丧失辨认或者控制自己行为能力的精神病人，没有委托辩护人的，人民法院、人民检察院和公安机关应当通知法律援助机构指派律师为其提供辩护。犯罪嫌疑人、被告人可能被判处无期徒刑、死刑，没有委托辩护人的，人民法院、人民检察院和公安机关应当通知法律援助机构指派律师为其提供辩护。第278条规定，未成年犯罪嫌疑人、被告人没有委托辩护人的，人民法院、人民检察院和公安机关应当通知法律援助机构指派律师为其提供辩护。最高人民法院《解释》第42条明确规定，高级人民法院复核死刑案件，被告人没有委托辩护人的，应当通知法律援助机构指派律师为其提供辩护。第43条又进一步补充，对于具有下列情形之一而没有委托辩护人的被告人，人民法院可以为其指定辩护人：(1) 共同犯罪案件中，其他被告人已经委托辩护人；(2) 有重大社会影响的案件；(3) 人民检察院抗诉的案件；(4) 被告人的行为可能不构成犯罪；(5) 有必要指派律师提供辩护的其他情形。

根据2003年《法律援助条例》，在刑事诉讼中有下列情形之一的，公民可以向法律援助机构申请法律援助：(1) 犯罪嫌疑人在被侦查机关第一次讯问后或者采取强制措施之日起，因经济困难没有聘请律师的；(2) 公诉案件中的被害人及其法定代理人或者近亲属，自案件移送审查起诉之日起，因经济困难没有委托诉讼代理人的；(3) 自诉案件的自诉人及其法定代理人，自案件被人民法院受理之日起，因经济困难没有委托诉讼代理人的。也就是说，在刑事诉讼中的法律援助虽然主要是针对犯罪嫌疑人、被告人，但并不限于犯罪嫌疑人、被告人，还包括对公诉案件中的被害人及其法定代理人或者近亲属、自诉案件的自诉人及其法定代理人也可以提供法律援助。2005年，最高人民法院、最高人民检察院、公安部、司法部联合发布了《关于刑事诉讼法律援助工作的规定》(2013年修订)。该规定又进一步细化了刑事诉讼活动中的法律援助工作的相关内容。新修改的《刑事诉讼法》在总结实践经验的基础上，结合《法律援助条例》及《关于刑事诉讼法律援助工作的规定》对法律援助的办理程序进行了适当调整，主要的内容是将法律援助的途径明确为向法律援助机构提出申请或者由人民法院、人民检察院和公安机关通知法律援助机构指派律师提供辩护，不再由人民法院直接指定辩护。

司法行政部门监督管理法律援助工作，律师协会对法律援助工作予以协助。犯罪嫌疑人、被告人申请法律援助的，应当向审理案件的人民法院所在地的法律援助机构提出申请。被羁押的犯罪嫌疑人的申请，由看守所在24小时内转交法律援助机构，申请法律援助所需提交的有关证件、证明材料由看守所通知申请人的法定代理人或者近亲属协助提供。法律援助机构在收到法律援助申请后，应当进行审查：认为申请人提交的证件、证明材料不齐全的，可以要求申请人作出必要的补充或者说明，申请人未按要求作出补充或者说明的，视为撤销申请；认为申请人提交的证件、证明材料需要查证的，由法律援助机构向有关机关、单位查证。对符合法律援助条件的，法律援助机构应当及时决定提供法律援助；对不符合法律援助条件的，应当书面告知申请人理由。

第二节　代　理

一、刑事代理制度的概念和意义

刑事诉讼代理制度是指代理人接受公诉案件的被害人及其法定代理人或近亲属、自诉案件的自诉人及其法定代理人、附带民事诉讼的当事人及其法定代理人的委托，以被代理人的名义参加诉讼，在授权范围内进行活动，由被代理人承担代理行为法律后果的一项法律制度。

刑事诉讼中的代理包括三种情况：一是公诉案件中被害人的代理；二是自诉案件中自诉人的代理；三是刑事附带民事诉讼中当事人的代理。被害人、自诉人及其法定代理人所委托的诉讼代理人，特别是代理律师，可以兼做附带民事诉讼中原告方的代理人，一般无须另外办理法律手续。刑事被告人或对被告人的行为负有赔偿责任的机关、团体，可以委托刑事被告人的辩护律师做诉讼代理人，但要征得该律师的同意，并另行办理有关法律手续。

刑事代理制度是一项重要的法律制度，其重要意义如下：

首先，刑事代理制度有利于维护当事人的合法权益。在刑事诉讼中，被代理人由于缺乏法律知识，因而不能充分地行使自己的诉讼权利，也很难提出和发表有利于自己的证据材料和法律意见，允许诉讼代理人参加刑事诉讼，可以帮助被代理人进行诉讼，维护被代理人的合法权益。

其次，刑事代理制度的确立有助于司法机关及时地查明案情，正确地处理案件。诉讼代理人特别是代理律师参加诉讼，能对案件事实、证据作出全面的分析，提出对案件处理的意见，可以促使司法机关正确、合法地处理案件。

最后，刑事代理制度的确立有助于刑事诉讼的顺利进行。代理人参加诉讼、帮助被代理人行使诉讼权利，可以帮助诉讼参与人合法地进行诉讼，防止当事人因诉讼权利行使不当而延误诉讼，从而保证诉讼活动的顺利进行。

二、自诉案件的代理

自诉案件是指当事人直接向人民法院起诉，由人民法院直接受理的案件。根据我国《刑事诉讼法》第 210 条的规定，自诉案件有三类：(1) 告诉才处理的案件；(2) 被害人有证据证明的轻微刑事案件；(3) 被害人有证据证明对被告人侵犯自己人身、财产权利的行为应当追究刑事责任，而公安机关、人民检察院不予追究被告人刑事责任的案件。

自诉案件中的代理，是指代理人接受自诉人及其法定代理人的委托参加诉讼，以维护自诉人合法权益的活动。自诉案件中的自诉人及其法定代理人随时可以委托代理人。我国《刑事诉讼法》第 46 条还规定，人民法院自受理自诉案件之日起 3 日内，应当告知自诉人及其法定代理人有权委托诉讼代理人，这就为自诉人委托代理人的诉讼权利提供了法律上的保障。

自诉人应与诉讼代理人签订委托合同，载明代理事项、代理权限、代理期间等重大事项。自诉人是自诉案件中的一方当事人，具有独立的诉讼地位。自诉案件的特点决定了自诉人有起诉、撤诉、与被告人和解、提起上诉等诉讼权利，这些诉讼权利将导致审判程序的启动、发展或终结。因此，在委托人给代理人出具的授权委托书上，要写明代理人是否享有上述权利。没有特别注明的，应视为诉讼代理人没有这些权利。在接受委托后，代理人可以开始代理活动，参加诉讼。

自诉案件的代理人在诉讼过程中主要承担以下义务：(1) 按时出庭。我国法律规定，自诉人经两次合法传唤，无正当理由拒不到庭的，或者未经许可中途退庭的，按撤诉处理。因此诉讼代理人在接受委托后应尽职尽责，以免因自己的失误而给自诉人带来损失。(2) 积极收集证据，在法庭上积极举证。自诉案件的证明责任由自诉人承担，如果自诉人提不出有力的证据来证明自己的主张，就要承担败诉的结果，或者被裁定驳回起诉。因此，诉讼代理人应当对证据的收集和运用给予充分重视。

三、公诉案件中被害人的代理

公诉案件中的被害人与案件的处理结果有法律上的利害关系，所以他是刑事诉讼的积极参与者。但是，在司法实践中，有的被害人出于种种原因不能出庭；有的被害人虽然出庭，但由于缺乏法律知识、诉讼经验等，不能充分维护自己的合法权益。因此法律赋予被害人委托诉讼代理人参加诉讼的权利，以维护被害人的合法权益。

根据《刑事诉讼法》第46条的规定，公诉案件中的被害人及其法定代理人或近亲属自案件移送审查起诉之日起，有权委托诉讼代理人。为了保障被害人知悉这一权利，《刑事诉讼法》还规定人民检察院自收到移送审查的案卷材料之日起3日内，应当告知被害人及其法定代理人或近亲属有权委托诉讼代理人。

被害人的诉讼代理人参加刑事诉讼，同公诉人一样都执行控诉职能。但是两者的诉讼地位不完全相同。公诉人除了执行控诉职能外，还执行法律监督职能。因此，公诉人同被害人的诉讼代理人的意见不同甚至发生冲突都是正常现象。在法庭审理过程中，应当允许被害人的诉讼代理人独立发表代理意见，并允许诉讼代理人同辩护人、公诉人进行辩论。在公诉案件中，被害人的代理人代理诉讼的权利范围，既受法律赋予被害人的诉讼权利范围的限制，又受委托人对代理人授权范围的限制。

四、附带民事诉讼中的代理

附带民事诉讼中的代理是指诉讼代理人接受附带民事诉讼的当事人及其法定代理人的委托，在受委托的权限范围内，代理参加诉讼，以维护当事人合法权益的活动。

根据我国《刑事诉讼法》的规定，附带民事诉讼案件中的当事人（包括原告人和被告人）及其法定代理人，均有权委托诉讼代理人。附带民事诉讼中的代理人的诉讼权利来自刑事附带民事诉讼中当事人享有的诉讼权利以及他们的授权。在有特别授权时，诉讼代理人可享有以下诉讼权利：(1) 原告方的诉讼代理人有权在刑事诉讼的过程中，以口头或者书面形式提起附带民事诉讼；(2) 原告方的诉讼代理人有权申请取保候审和先予执行；(3) 有权申请审判人员、书记员、鉴定人以及翻译人员回避；(4) 要求民事诉讼同刑事诉讼一并审判，及时处理；(5) 参加法庭调查和法庭辩论；(6) 可以要求人民法院进行调解，也可以自行和解，民事原告方有权撤诉，被告方有权提出反诉；(7) 在地方各级人民法院的一审判决作出后，对判决结果不服的，可以对一审判决中的附带民事部分提出上诉，对于已经发生法律效力的判决、裁定，有权向人民法院或人民检察院提出申诉。

问题与思考

简答题

1. 简述辩护制度的概念和意义。
2. 试述我国辩护人的范围。
3. 辩护可以分为哪几类？
4. 刑事法律援助的范围是什么？
5. 简述我国刑事代理的概念和种类。

课堂讨论案例

张三（16 岁）殴打王五致其重伤一案，经 M 市公安局侦查终结后，于 2013 年 5 月 6 日，移送人民检察院审查起诉。5 月 16 日，某检察人员开始对此案进行审查，并同时通知犯罪嫌疑人张三有权委托辩护人进行辩护。张三系父母双亡的孤儿，寄居于其二叔家。他认为自己已经给二叔带来不少麻烦，委托律师恐怕又要给二叔增添负担，而且二叔也不会为自己出这笔费用，因此没有委托律师。鉴于此，M 市人民检察院便通过法律援助机构指派了负有法律援助义务的王律师为其辩护。在审查起诉过程中，王律师提出要复印公安局制作的起诉意见书。人民检察院以保守案情秘密为由予以拒绝。5 月 28 日，该案由人民检察院提起公诉，移送 M 市人民法院。该法院决定于 6 月 17 日开庭审理，并于 6 月 15 日向辩护律师发出了开庭通知。王律师以法院通知开庭日过迟，并且未能得到起诉书的副本为由拒绝出庭辩护。经法院劝说无效，不得已，人民法院又通知法律援助机构重新指派了一名律师张某参加法庭辩护，并将开庭日期推迟至 6 月 27 日。开庭后，公诉人和律师进行了激烈辩论。6 月 29 日，法院判决张三有期徒刑 1 年，缓期 1 年执行。判决确定后，张律师没有向法院询问有关结果，也没有问张三的意见（后判决书副本虽送达律师，但已超过上诉期）。

请结合本章内容，回答下列问题：

1. 人民检察院通过法律援助机构为张三指派辩护律师的做法是否正确？为什么？
2. 某检察人员于 5 月 16 日告知张三有权委托辩护人的行为存在什么缺陷？
3. 人民检察院能否拒绝辩护律师复印起诉意见书的请求？
4. 人民法院一直未给辩护律师发送起诉书副本，这种做法正确吗？
5. 王律师有权拒绝辩护吗？
6. 张律师在判决确定之后的做法是否正确？为什么？

法律职业资格（司法）考试真题

1. 下列哪种情形下，法院应当通知法律援助机构指派律师辩护？（　　）（单选）

A. 在一起团伙犯罪案中，被告人有两人委托了辩护人，而有一名被告人没有委托辩护人

B. 王某涉嫌故意杀人，审理时未满 18 周岁，没有委托辩护人

C. 张某涉嫌故意伤害，被人民检察院提起公诉，而人民法院认为起诉意见和移送的案件证据材料可能影响正确定罪量刑

D. 外国人约翰涉嫌犯罪，被人民检察院提起公诉时没有委托辩护人

2. 某市法院审理被告人赵某故意伤害案，为其指定了律师，庭审中，赵某拒绝辩护律师的辩护，合议庭的下列做法哪些是正确的？（　　）（多选）

A. 赵某要求另行委托辩护人时，应当同意，并宣布延期审理

B. 赵某要求另行指定辩护律师时，应当同意，并宣布延期审理

C. 赵某要求另行指定辩护律师时，不应同意，并宣布继续审理

D. 赵某另行委托辩护人的，自宣布延期审理之日起至第十日止，准备辩护时间不计入审限

3. 涉嫌抢劫罪的张某在审查起诉期间准备委托辩护人，下列人员中，谁可以接受委托做他的辩护人？（　　）（不定项）

A. 张某的朋友徐某，因犯故意伤害罪被法院判处有期徒刑 1 年，缓刑 2 年，正在缓刑的考验期内

B. 张某的父亲，在本市法院任审判员

C. 张某的叔叔，已加入外国籍

D. 张某的朋友王某，本市出租汽车驾驶员

4. 辩护律师乙在办理甲涉嫌抢夺一案中，了解到甲实施抢夺时携带凶器，但办案机关并未掌握这一事实。对于该事实，乙应当如何处理？（　　）（单选）

A. 应当告知公安机关

B. 应当告知检察机关

C. 甲应当告知人民法院

D. 应当为被告人保守秘密

5. 在某县人民法院审理某甲抢劫案时，甲的辩护律师认为，侦查机关在侦查过程中收集的证明被告人罪轻的证据材料需要在法庭上出示。在此情况下，律师可以进行什么诉讼活动？（　　）（单选）

A. 申请人民法院向人民检察院调取该证据材料，并可以到人民法院查阅、摘抄、复制该证据材料

B. 申请人民法院向人民检察院调取该证据材料，但不得到人民法院查阅、摘抄、复制该证据材料

C. 申请人民检察院调取该证据材料

D. 申请公安机关提供该证据材料

6. 法庭审理一起盗窃案。辩护律师出示、宣读了一份其本人在审查起诉阶段向证人王某调查的谈话笔录，证明盗窃案件发生时，被告人与证人王某在一起看电视，没有作案时间。公诉人对谈话笔录提出了质证意见。下列缺乏法律依据的质证意见是：（　　）。（不定项）

A. 此谈话笔录仅由辩护人与证人二人谈话形成，不合法

B. 此谈话笔录只有证人王某签字而没有按手印，无效

C. 此谈话笔录在王某家中形成，不合法

D. 辩护人找王某调查未经办案机关批准，不合法

7. 甲因涉嫌故意泄露国家秘密罪被立案侦查。羁押 1 个月后，被变更为监视居住。甲回家后，约请律师乙见面商谈聘请其担任自己辩护律师的事宜。甲会见乙应否取得有关机关批准？（　　）（单选）

A. 须经侦查机关批准　　B. 不必经侦查机关批准

C. 须经执行机关批准　　D. 不必经执行机关批准

8. 关于律师担任刑事案件被告人的辩护人，下列哪些选项是正确的？（　　）（多选）

A. 辩护人不是被告人的代言人

B. 辩护人应当维护被告人的合法权益

C. 辩护人须按照被告人的要求作无罪辩护

D. 辩护人有权独立发表辩护意见

9. 甲因积怨将乙打成重伤，致乙丧失劳动能力。本案中，哪些人有权为乙委托诉讼代理人？（　　）（多选）

A. 乙的母亲　　B. 乙的祖父

C. 乙本人　　D. 乙的好友丙

10. 关于辩护，下列哪一选项是正确的？（　　）（单选）

A. 被告人王某在犯罪时 17 周岁，在审判时已满 18 周岁，法院应当为其指定辩护人

B. 被告人李某可能被判处死刑，在审判时法院为其指定辩护人。在法庭审理过程中，李某当庭拒绝指定的辩护人为其辩护，法院另行为其指定辩护人。在重新开庭审理后，李某再次拒绝法庭为其指定的辩护人，合议庭不予准许

C. 法院为外籍被告人汤姆（25 周岁）指定了辩护人，在法庭审理过程中，汤姆拒绝法院为其指定的辩护人，提出自行委托辩护人，法庭准许后，汤姆自行委托了辩护人。再次开庭审理后，汤姆再次拒绝辩护人为其辩护，要求另行委托辩护人，合议庭不予准许

D. 被告人当庭拒绝辩护人为其辩护的，法庭应当允许，宣布延期审理。延期审理的期限为十日，准备辩护时间计入审限

11. 根据《刑事诉讼法》的规定，下列何人有权委托诉讼代理人？（　　）（单选）

A. 涉嫌强奸罪被告人的父亲

B. 抢劫案被害人的胞妹

C. 伤害案中附带民事被告人的胞弟

D. 虐待案自诉人的胞妹

12. 郭某涉嫌招摇撞骗罪。在检察机关审查起诉时，郭某希望委托辩护人。下列哪一人员可以被委托担任郭某的辩护人？（　　）（单选）

A. 郭某的爷爷，美籍华人

B. 郭某的儿子，16 岁

C. 郭某的朋友甲，曾为郭某招摇撞骗伪造国家机关证件

D. 郭某的朋友乙，司法行政部门负责人

13. 在张某故意毁坏李某汽车案中，张某聘请赵律师为辩护人，李某聘请孙律师为诉讼代理人。关于该案辩护人和诉讼代理人，下列哪一选项是正确的？（　　）（单选）

A. 赵律师、孙律师均自案件移送审查起诉之日起方可接受委托担任辩护人、诉讼代理人

B. 赵律师、孙律师均有权申请该案的审判人员和公诉人员回避

C. 赵律师可在审判中向张某发问，孙律师无权向张某发问

D. 赵律师应以张某的意见作为辩护意见，孙律师应以李某的意见为代理意见

14. 关于诉讼代理人参加刑事诉讼，下列哪一说法是正确的？（　　）（单选）

A. 诉讼代理人的权限依据法律规定而设定

B. 除非法律有明文规定，诉讼代理人也享有被代理人享有的诉讼权利

C. 诉讼代理人应当承担被代理人依法负有的义务

D. 诉讼代理人的职责是帮助被代理人行使诉讼权利

15. 关于辩护律师在刑事诉讼中享有的权利和承担的义务，下列哪一说法是正确的？（　　）（单选）

A. 在侦查期间可以向犯罪嫌疑人核实证据

B. 会见在押的犯罪嫌疑人、被告人，可以了解案件有关情况

C. 收集到的有利于犯罪嫌疑人的证据，均应及时告知公安机关、检察院

D. 在执业活动中知悉犯罪嫌疑人、被告人曾经实施犯罪的，应及时告知司法机关

16. 鲁某与洪某共同犯罪，洪某在逃。沈律师为鲁某担任辩护人。案件判决生效 3 年后，洪某被抓获并被起诉。关于沈律师可否担任洪某辩护人，下列哪一说法是正确的？（　　）（单选）

A. 沈律师不得担任洪某辩护人

B. 如果洪某系法律援助对象，沈律师可以担任洪某辩护人

C. 如果被告人洪某同意，沈律师可以担任洪某辩护人

D. 如果公诉人未提出异议，沈律师可以担任洪某辩护人

17. 律师邹某受法律援助机构指派，担任未成年人陈某的辩护人。关于邹某的权利，下列哪些说法是正确的？（　　）（多选）

A. 可调查陈某的成长经历、犯罪原因、监护教育等情况，并提交给法院

B. 可反对法院对该案适用简易程序，法院因此只能采用普通程序审理

C. 可在陈某最后陈述后进行补充陈述

D. 可在有罪判决宣告后，受法庭邀请参与对陈某的法庭教育

18. 刘某涉嫌特别重大贿赂犯罪被指定居所监视居住，律师洪某担任其辩护人。关于洪某在侦查阶段参与刑事诉讼，下列哪些选项是正确的？（　　）（多选）

A. 会见刘某应当经公安机关许可

B. 可申请将监视居住的地点变更为刘某的住处

C. 可向刘某核实有关证据

D. 会见刘某不受监听

19. 在法庭审判中，被告人翻供，否认犯罪，并当庭拒绝律师为其进行有罪辩护。合议庭对此问题的处理，下列哪一选项是正确的？（　　）（单选）

A. 被告人有权拒绝辩护人辩护，合议庭应当准许

B. 辩护律师独立辩护，不受当事人意思表示的约束，合议庭不应当准许拒绝辩护

C. 属于应当提供法律援助的情形的，合议庭不应当准许拒绝辩护

D. 有多名被告人的案件，部分被告人拒绝辩护人辩护的，合议庭不应当准许

第九章

证据概述

本章概要

证据是刑事诉讼程序的灵魂，整个刑事诉讼程序就是运用证据证明案件事实的过程。客观性、相关性、合法性是证据的三大基本特征。根据各个证据的不同特征，《刑事诉讼法》规定了八种不同的证据。同时，学理上为了使司法部门在实践中能够操作简便，按一定的标准对各种证据进行了具体分类，如直接证据和间接证据，原始证据和传来证据，控诉证据和辩护证据等。

关键术语

刑事证据　刑事证据制度　刑事证据种类　刑事证据分类

第一节　证据和证据制度

一、证据的概念和意义

（一）证据的概念

证据，顾名思义，就是指证明的根据。用已知的事实，来证明未知的事实。已知的事实叫证据，未知的事实叫证明对象，人们对于这个证据概念是比较熟悉的。因为人们在日常的生活、工作和科学研究当中，经常在广泛地运用着证据，常常要举出自己已知道的一些事实，来论证另一些事实的存在。这虽是一般证据的概念，但它对于刑事诉讼证据是完全适用的。但是，仅仅用一般证据的概念来理解刑事诉讼证据还是很不够的，因为它没有指出刑事诉讼证据的本质和特征。

什么是刑事诉讼证据呢？我国《刑事诉讼法》第50条规定："可以用于证明案件事实的材料，都是证据。证据包括：（一）物证；（二）书证；（三）证人证言；（四）被害人陈述；（五）犯罪嫌疑人、被告人供述和辩解；（六）鉴定意见；（七）勘验、检查、辨认、侦查实验等笔录；（八）视听资料、电子数据。证据必须经过查证属实，才能作为定案的根据。”第 52 条规定：“审判人员、检察人员、侦查人员必须依照法定程序，收集能够证实犯罪嫌疑人、被告人有罪或者无罪、犯罪情节轻重的各种证据。”根据这些规定，刑事诉讼中的证据，是指审判人员、检察人员、侦查人员依照法定程序收集和审查属实的，用以确定或者否定犯罪事实，证明犯罪嫌疑人、被告人是否有罪、罪责轻重的一切材料。用一句话来说，刑事诉讼中的证据，就是指证明案件事实的一切材料。

（二）证据的意义

证据是刑事诉讼中最重要、最实际的问题。说它是最重要的问题，是因为它和刑事诉讼法的本质、任务紧密联系着。要实现刑事诉讼法的任务，做到惩罚犯罪，保障无罪的人不受刑事追究，不放纵犯罪，不冤枉好人，正确地执行刑事法律，首先就要正确地运用证据，查明案件事实真相。所以，证据是正确进行刑事诉讼活动的事实根据，从立案、侦查、起诉到审判，每一个诉讼阶段和诉讼程序都离不开运用证据。证据问题是司法人员需要反复进行调查研究的重要问题。证据方面的法律规定，应该是司法人员掌握得最熟练、运用得最多的法律。证据在刑事诉讼中具有重要的意义。

1. 证据是公安机关、人民检察院和人民法院进行立案、侦查、逮捕、起诉和审理，以及定罪判刑的依据，是司法人员查明和认定案件事实的基础。不论处理什么样的案件，都要首先运用证据，查明和认定案件事实，以作为正确适用法律的基础。案件的主要事实没有查清，绝不能定案进行处理；就是案件事实的某些重要情节存在疑问，也不能勉强定案进行处理。这是因为对于案件事实情节认定错了，在认定案件性质和适用法律上就不可能正确。只有查明案件全部事实情节，才能正确地应用法律处理案件。要查明案件事实，就必须依靠证据。刑事诉讼从立案、侦查、审查批捕、提起公诉到第一审、第二审、死刑复核、生效判决再审等一系列诉讼程序，其首要任务就是调查研究证据，查明案件事实，以作为进行诉讼活动和作出处理决定的依据。查明案件事实是一项十分复杂而重要的任务。对于司法人员来说，任何案件事实都是已经发生而不再重复的，司法人员不可能亲自观察到案件的事实情况。如果他们亲自看到案件的事实情况，他们就不应当作为处理本案的司法人员，而应当作为本案的证人参加诉讼。因此，司法人员只有依靠证据来查明案件的事实情况，确定被告人有罪或无罪，以及犯罪情节轻重。没有证据固然无法查明案件事实，而证据不充分、不确实，也难以查明案件事实的全部情况。只有掌握了充分、确实的证据，进行刑事诉讼和作出处理决定才有可靠的依据。

2. 证据是揭露犯罪、证实犯罪的重要手段，是迫使犯罪分子认罪服法、接受改造的事实根据。一切犯罪分子在作案前后，总是要掩盖罪迹，千方百计地逃避侦查、起诉和审判。尽管犯罪分子诡计多端，行动狡猾，但是，既然他实施了犯罪行为，就必然要在客观上引起一定的变化，留下一系列的相应证据，这是不以犯罪分子的主观意志为转移的，这些证据也是我们用来揭露犯罪、证实犯罪的重要手段。有的犯罪分子在作案后企图破坏现场，毁灭、隐匿罪证，但是，他所进行的破坏、毁灭和隐匿行为，又会留下新的证据。只要司法人员及时赶赴现场，进行勘验、搜查，仔细地调查研究证据，就可以揭露假象，查明真相，有效地揭露犯罪，证实犯罪。

有些犯罪分子自以为作案手段诡秘，司法人员未掌握证据，存有侥幸心理，百般抵赖，拒不认罪。一旦把确实的证据摆在他们面前，他们就会感到铁证如山，难以继续抵赖下去，不得不交代自己的罪行。由此可见，抓住适当的时机，正确地运用证据，对于改变犯罪分子的顽固态度，破除他的侥幸心理，迫使他交代自己的罪行，认罪服法、接受改造是有重要作用的。

3. 证据是保护公民合法权益不受侵犯，防止冤假错案发生的重要保证。刑事诉讼法要保护公民的合法权益不受侵犯，保障无罪的人不受刑事追究，不允许无根据地对公民进行立案、侦查、逮捕、起诉和审判。全面进行调查研究，掌握案件的真凭实据，刑事诉讼活动只要从始至终都以客观证据为基础，以案件事实为根据，就可以有效地防止无根据地任意进行刑事诉讼。实践证明，在过去发生的冤假错案当中，很多都是由于证据不够充分、确实，或者是在运用证据上发生差错造成的。所以，正确地运用证据，对于防止冤假错案，保护公民的合法权益，保障无罪的人不受刑事追究，都有重要的作用。

4. 证据对群众进行法治教育也具有重要作用。只要犯罪分子实施了犯罪行为，不管他是怎样地隐蔽和狡猾，终究会被司法人员运用证据揭露出来，受到应有的惩罚，从而增强人民群众同犯罪作斗争的积极性和主动性。同时，通过运用各种罪证材料对群众进行生动实际的法治教育，可以使群众了解犯罪行为给国家和人民利益所造成的危害，了解犯罪分子的作案动机、手段和特点，教育群众提高警惕性，积极参加社会治安综合治理工作，增强法治观念，做好预防犯罪工作。

二、证据的特征

刑事证据主要有客观性、相关性和合法性三个特征。

1. 证据的客观性

证据必须是客观存在的事实。客观性指证据是在社会中实际发生，或者是实际存在的事实，而不是主观推测、主观想象或者是人们捏造的东西。证据所具有的客观性，是由案件事实本身的客观性所决定的。犯罪行为会在客观上引起一定的变化，留下相应的痕迹、物证，或者为周围的人所耳闻、目睹，在头脑里留下一定的印象和记忆，从而留下一定的人证和物证。如果发生了刑事案件，那么伴随着刑事案件的发生过程，必然会相应地在客观外界留下证据。犯罪分子在作案现场留下的指纹、脚印等各种痕迹和物品，以及被毁坏或转移了的各种实物、赃证、尸体和作案工具，等等，这些都是可以收集和陈列出来的实实在在的东西。同时，刑事案件还会在被害人、目睹人和犯罪人的头脑中留下印象和记忆，通过他们的回忆和陈述，可以再现刑事案件的真实情况。所有这些都是刑事案件发生过程形成和留下的客观存在的事实。这也正是用来证明犯罪嫌疑人、被告人实施犯罪行为的客观证据。相反，如果没有发生刑事案件，或者犯罪嫌疑人、被告人没有实施犯罪行为，就不可能存有证明犯罪事实或者证明犯罪嫌疑人、被告人有罪的证据，这也正是用来否定犯罪事实存在或者排除犯罪嫌疑人、被告人实施犯罪的客观证据。总之，刑事证据是客观存在的事实，对于客观存在的事实任何人都无法改变。所以，客观性是刑事证据最基本的特征。

刑事证据必须具有客观性，一切主观上的东西都不能作为证据。由于被告人的狡辩和伪供，其他人的虚构和伪证，办案人员的主观臆断，等等，都不具有客观性，因而是不能作为证据使用的。

证据的客观性要求证据必须要有正确的来源，并且是经过查证属实的。根据《刑事诉讼法》第50条规定，证据包括物证，书证，证人证言，被害人陈述，犯罪嫌疑人、被告人供述和辩解，鉴定意见，勘验、检查、辨认、侦查实验笔录，视听资料、电子数据，这是刑事证据的合法来源。除此以外，其他来源都是不正确、不合法的。就是通过正确来源所收集的证据，也必须经过查证属实，具有客观真实性，才能作为定案的证据。对于没有正确来源的，例如道听途说、匿名报告等，由于无法进行查证，不具有客观真实性，所以不能作为证据使用。

2. 证据的相关性

证据必须是能够证明案件真实情况的事实。相关性是指作为证据的事实，必须和刑事案件具有客观的、必然的联系，是对查明刑事案件有意义的事实。凡是与案件事实具有客观的、必然的联系，对查明案件有意义的事实，就可以作为证据；凡是与案件事实无关，对查明案件没有意义的事实，不论它是怎样地真实可靠，都不能作为证据。因此，相关性是刑事证据的一个基本特征。

由于证据是伴随着刑事案件的发生过程形成的，所以，它和案情之间应当具有必然的、客观的联系。证据和证明对象之间的客观联系是多种多样的，有的是因果联系，有的是时间、空间上的联系，等等。只要与案件的某一方面、某种情节具有必然的、客观的联系，对查明案情有意义，就可以作为证据。我们通常所说的证据的证明力的大小，就是指证据与案件存在的客观联系的程度，以及对确定案件事实的作用。如果所收集到的材料与案件毫无关系，或者是只有表面上的联系，而在实际上并没有内在的必然的、客观的联系，那么不管它是怎样地客观存在，都不能作为证据。因此，证据的相关性是我们取舍证据材料的重要标准。

怎样确定证据的相关性呢？这是一个非常重要又极为复杂的问题。有的事实比较明显，容易判明；有的事实比较复杂，不大容易判明；有的事实需要经过仔细地检查、辨认、检验和鉴定才能确定。这种复杂性要求办案人员必须认真地确定证据的相关性。只有正确地确定证据的相关性，才能明确调查收集证据的方向和范围，保证及时地收集各种证据，查明案件的真实情况；才能避免盲目性，防止随意联系，乱抓证据，去收集那些对查明案情毫无意义的材料作为定案的证据；才能有利于排除各种干扰，保证调查研究证据工作的顺利进行。

3. 证据的合法性

证据的合法性是指证据只能由审判人员、检察人员、侦查人员依照法律规定的诉讼程序，进行收集、固定、保全和审查认定。证据的合法性，是证据客观性和相关性的重要保证，也是证据具有法律效力的重要条件。为了确保证据具有客观性和相关性，刑事诉讼法对于收集证据、固定和保全证据、审查和判断证据、查证核实证据等，都规定了严格的程序和制度。法律规定只有公安司法人员才有权收集、审查和运用证据，且必须依照法律规定的诉讼程序去收集、固定、保全和审查运用证据。证据只有在经过查证属实以后，才能作为逮捕、起诉和判决的根据。法律不允许公安司法人员以刑讯逼供和以威胁、引诱、欺骗以及其他非法的方法收集证据。一切用违法方法收取的材料，都不能作为定案的证据。公安司法人员只有依照法定程序来收集、审查和运用证据，才能具有法律效力。

综上所述，刑事诉讼中的证据有客观性、相关性、合法性三个基本特征。这三个特征是互相联系，缺一不可的。客观性和相关性是讲刑事证据的内容，合法性是讲刑事证据的形式。刑事证据的内容需要通过诉讼程序加以审查、检验、鉴别来确定。合法性是刑事证据客观性与相关性的法律保证。客观性、相关性和合法性表明了刑事证据内容和形式的统一。

三、刑事证据制度

刑事证据制度是指由国家法律规定或者确认的关于刑事诉讼中的证据、证据种类、证明对象、举证责任与证明责任、证明标准与证明要求，以及如何收集、审查判断证据，如何运用证据认定案情的一整套规则体系。

刑事证据制度是刑事诉讼制度的主要组成部分。不同性质的国家有不同性质的刑事诉讼制度，也就有不同性质的证据制度。随着刑事诉讼制度的发展变化，刑事证据制度也在发展变化。从刑事诉讼的历史发展来看，刑事证据制度主要有以下几种。

1. 神示证据制度。它是指法官根据神的旨意来判断是非曲直的证据制度。这是历史上最早出现的证据制度，主要实行于古代奴隶制国家和欧洲封建国家前期的刑事诉讼中。由于生产力水平低下，科学文化落后，奴隶主在政治上实行神权统治。人们相信神无所不知，无所不能，是人世间一切事物的主宰，可以洞察人世间的一切，是判断是非曲直的唯一标准。所以，对刑事诉讼中难以查明的案情和不易判断的争端，就应该借助于神的旨意。

2. 法定证据制度。它也叫形式证据制度，是指各种证据有无证明力、证明力大小，以及能否采用，均由法律预先明文规定。法官按照法律的明文规定进行计算和评定，并据以认定案件事实，而不能根据自己的认识来判断证据和认定案件事实的证据制度。这种证据制度取代了神示证据制度，主要盛行于欧洲 16 世纪至 18 世纪的封建君主专制国家的刑事诉讼中。中世纪的封建君主专制国家的法律以有罪推定为出发点，以封建等级特权为前提，以刑讯逼供为手段，对各种证据的证明力预先加以规定，要求法官运用证据必须符合法律规定，不要求符合客观事实。

3. 自由心证证据制度。它也叫内心确信证据制度，是指证据的取舍和证明力大小，以及对案件事实的认定，均由法官根据自己的良心、理性自由判断，形成确信的一种证据制度。它是近代许多资产阶级国家实行的一种证据制度。它是资产阶级民主革命的产物，也是同封建的法定证据制度进行斗争取得的一个胜利成果。

4. 新中国的证据制度。它是指在马克思列宁主义、毛泽东思想和中国特色社会主义理论的指导下，总结我国司法实践经验的基础上，吸收和借鉴国外的成功经验，建立在科学的世界观和认识论基础上的证据制度。辩证唯物主义认识论是我国证据制度的指导思想之一，其强调司法人员判断证据和认定案情必须符合客观案情的实际，必须查明案件的真实情况，刑事诉讼必须以案件事实为根据。

四、我国证据制度的理论基础

证据制度的构建需要有理论基础的指引，选择以何种理论作为证据制度的支撑，客观上也就决定了证据制度的基本模式与框架。因而在谈及证据制度时，十分有必要对证据制度的理论基础进行介绍。

对于我国的证据制度的理论基础问题，长期以来在理论界都有所争论。是单一的辩证唯物主义认识论还是复合性的理论基础，观点也并不完全一致。我们认为，我国的证据制度理论基础应当包含认识论及价值论两个层面：认识论是以辩证唯物主义认识论为指导，而价值论则主要指的是程序公正的价值观。

（一）辩证唯物主义认识论

认识论是哲学理论探讨的范畴，主要研究的是人类认识世界的活动。对于诉讼活动而言，解决诉讼纠纷的前提是明确案件事实。而对于案件事实的明确过程，就是我们对案件事实逐步认知的过程。认识活动贯穿诉讼活动的始终，表现为对案件事实的证明过程。

辩证唯物主义认识论是马克思主义理论的重要组成部分，同时也是我国证据制度的认识论基础，对我国证据制度具有重要的指导作用。辩证唯物主义认识论是关于人类认识自然、社会的一般规律的科学，它揭示了人类认识发展的最普遍的规律；证据理论则是司法人员认识案件事实的规律的科学，它揭示了司法人员认识案件事实的特殊规律。因此，认识案件事实的证据理论，必然要受辩证唯物主义认识论的指导和制约，必然要遵循辩证唯物主义认识论的基本原理。辩证唯物主义认识论既然是指导人们正确认识事物的“伟大的认识工具”，也是指导司法人员正确认识案件客观事实的“伟大的认识工具”。

辩证唯物主义认识论对我国证据制度的指导作用，主要有以下几点。

1. 辩证唯物主义认识论认为：案件的客观事实是第一性的，司法人员对案件事实的认识是第二性的。司法人员只能按照案件客观事实的本来面目去认识案情，司法人员的主观认识必须符合案件的客观事实，这既是我国证据理论的一个基本观点，也是指导司法人员运用证据认定案件客观事实的一个基本规则。

2. 辩证唯物主义认识论认为：案件的客观事实是完全可以认识的。司法人员运用证据的目的，就是确定案件的事实。司法人员运用证据认定案件的事实，既是我国证据理论的一个基本观点，也是我国法定的运用证据认定案件事实的规则。我国《刑事诉讼法》明确规定，司法机关进行刑事诉讼必须以事实为根据。公安机关提请批准逮捕书、人民检察院起诉书、人民法院判决书，必须忠实于事实真相。一切用做定案的证据必须查证属实，对客观案件事实的认定必须准确无疑，经得起时间的检验。

3. 辩证唯物主义认识论认为：司法人员认定案件客观事实的唯一途径是深入实际，进行深入细致的调查研究，收集确实、充分的证据。任何刑事案件对司法人员来说，都是已经发生而不再重复的客观事实。司法人员对于所承办的案件，必须从案件的实际出发，进行深入的调查研究，全面地收集充分的证据，经过认真的审查判断，由表及里、由此及彼地分析研究，去伪存真，排除矛盾，只有这样才能作出真实的正确结论。所以说，司法人员对案件的客观事实由不知到知的认识过程，只有依靠调查研究的方法，收集确实、充分的证据，才能查明案件事实真相。《刑事诉讼法》第 52 条规定：严禁刑讯逼供和以威胁、引诱、欺骗以及其他非法方法收集证据。第 55 条第 1 款规定：对一切案件的判处都要重证据，重调查研究，不轻信口供。只有被告人供述，没有其他证据的，不能认定被告人有罪和处以刑罚；没有被告人供述，证据充分确实的，可以认定被告人有罪和处以刑罚。这些规定的基本精神是要求司法人员必须进行调查研究，收集确实、充分的证据来查明案件的客观事实。

4. 唯物辩证法作为科学的方法论，对我国证据制度具有重要的指导意义。列宁指出：辩证法就是马克思主义的认识论。因此，唯物辩证法作为方法论，能够帮助司法人员在运用证据查明案件事实的过程中，把握普遍联系的观点，坚持全面性，防止片面性，通过外在的表面联系，寻找内在的本质联系；把握本质和现象统一性的观点，要透过现象，查明案件的客观真实，不为案件的假象，特别是伪造的现场、伪证、虚假的供述所迷惑。因此，收集的充分的证据，只有经过查证属实，才能作为定案的根据。

5. 辩证唯物主义认识论认为：要坚持以辩证唯物主义的基本观点为指导，就必须坚决反对一切主观主义的思想作风。在刑事诉讼中要坚持重证据、重调查研究，就必须反对轻信口供，反对一切主观主义的流毒和影响，禁止刑讯逼供。因为古今中外的司法实践证明，运用证据上所发生的错误，往往同刑讯逼供、轻信口供密切相关．所以，我国刑事诉讼法严禁以非法方法收集证据。而采用非法方法收集证据，就是主观主义形而上学的工作作风，不仅无助于查明案件事实，而且容易造成冤假错案。

（二）程序公正价值观

传统理论研究认为，我国的证据制度的理论基础是一元化的辩证唯物主义认识论，这种观点与长期以来的程序工具主义的法律传统有密切关系。随着近些年理论研究的深入，理论界也认识到，诉讼证明活动虽然包含着认识案件事实的过程，但并不仅仅限于此。诉讼证明活动还包含着价值的平衡与选择的过程，即价值观的选择同样也是对证据制度的构建起着至关重要作用的基础理论之一。最好的例证是非法证据排除规则的确立。对于违反法定程序收集的证据，尽管从认识论的角度来看，或许能够反映案件的客观事实，但是基于维护程序公正、保障人权的需要，应当排除非法证据。因此，我们认为，程序公正的价值观同样是证据制度的一个非常重要的理论基础。

程序公正是与实体公正相对应的一对概念，二者相辅相成，共同构成司法公正的基本要素。实体公正是法律制度在确定人们实体权利义务时所要遵循的价值标准，而程序公正则是法律制度在具体实施的程序设计及运作中所要实现的价值目标。相比较而言，实体公正更注重结果价值，即要求据以定罪量刑的案件事实尽可能贴近案件的客观事实，处理结果公正。程序公正则注重诉讼程序、证明运作过程应当符合基本的公正要素，如合法性、中立性、平等性等。理想的证据制度应当兼顾程序公正与实体公正。一般而言，程序公正是实体公正的保障，虽然程序公正并不能必然实现实体公正，但是如果离开程序公正，往往会导致实体公正与程序公正两败俱伤。在刑事证明过程中，通常情况下，通过公正的程序，往往能够发现案件真实情况，实现实体公正与程序公正的统一。但是，我们不得不承认，对于部分案件而言，由于受各种主、客观条件的限制，证据无法取得或者灭失，如果通过公正的诉讼程序来收集和运用证据，案件的客观事实有可能无法得到证明，真正的罪犯有可能逍遥法外。为了防止为收集证据、实现实体真实而不择手段的现象发生，应当严格以程序公正为指引，否则，极可能导致冤假错案的发生。如果这样，不但严重损害了程序公正，而且实体公正无法真正实现。此时，程序公正在证明制度中自身独立的存在价值就应当凸显出来。

我国传统上的刑事诉讼有“重实体、轻程序”的倾向。片面追求案件实体真实，过度注重口供在证明中的作用，甚至为获取犯罪嫌疑人、被告人的口供而不惜动用刑讯方式。在案件裁判过程中，对于事实不清、证据不足的案件，不按照“疑罪从无”的原则作出无罪判决，而是“疑罪从有”或者“疑罪从缓”，导致冤假错案，严重侵犯了犯罪嫌疑人、被告人的人权，损害了程序公正。在 2012 年《刑事诉讼法》的修改过程中，立法机关适应新形势下惩罚犯罪与保障人权的需要，十分注意平衡程序公正与实体公正两方面的价值，在证据制度中完善了非法证据排除制度，明确了证人出庭的范围，强化了对证人的保障，新增了讯问时的录音录像、不受强迫自证其罪等规定。这些规定，为扭转我国原有的“重实体、轻程序”的倾向，提供了很好的制度保障。

第二节　证据种类

一、物证

物证，是指能够证明案件事实的物品和痕迹。物证是以其外部形状、物质特性、存在的情形等来证明案件事实的。凡是对查明案件事实有意义的物品和痕迹，都是物证。在刑事诉讼中最常见的物证主要有以下几种。

1. 犯罪使用的工具。例如，犯罪人杀人时所使用的凶器、毒药，盗窃时使用的钳子、万能钥匙等。

2. 犯罪遗留下来的物质痕迹。即犯罪人在作案过程中留在某种物体上的犯罪痕迹。例如，犯罪人留在犯罪现场的指纹、脚印、血迹，强奸案件中的精斑，使用犯罪工具留下的破坏痕迹，等等。

3. 犯罪行为侵犯的客体物。例如，被犯罪人杀害的尸体，抢劫的财物，盗窃的赃款、赃物，窃取的机密文件，等等。

4. 犯罪现场留下的物品。例如，犯罪人留在犯罪现场的衣服、帽子、手绢、纽扣、烟头、火柴棒、票证、纸屑，等等。

5. 其他可以用来发现犯罪行为和查获犯罪分子的存在物。例如，人体的特征，物体的位置、大小、颜色、气味，等等。

随着科学技术的不断发展，可以作为证据使用的物品和痕迹也在逐步增多。在司法实践中，勘验现场拍摄的现场照片，对某些难以移动或易于消失的物品、痕迹复制的模型或拍摄的照片，都是对物证的固定和保全。在运用时，作为物证发挥证明作用的，当然不是这些照片和模型本身，而是被拍摄的照片、复制的模型所固定和保全下来的原物品和痕迹。但是，这些照片和模型是在诉讼过程中制作出来的，能够正确地反映客观存在的事物，同样可以起到物证的作用。

二、书证

书证，是指用文字、符号、图画等所表达的思想内容来证明案件事实的书面材料。例如，犯罪人伪造的各种证件、印章和证明材料，载有犯罪内容的标语、传单、信件、图画等，都是经常使用的书证。

书证是以一定的物质材料为载体的书面材料。由于书证具有物质属性，所以它与物证有一定的相同之处。从广义上来说，书证也是属于物证的范畴，因此，我国以前的《刑事诉讼法》将物证和书证并列为一类证据。但是，从狭义上来说，书证和物证是不同的，它们的主要区别在于：物证是以其外部特征、物品的物质特性以及存在的情况来证明案件事实的；而书证是以文字、符号、图画等所表达的思想内容来证明案件事实的。作为证据的某种文件，如果用它所表达的思想内容来证明案件事实，而它的外部特征、存在情况与案件事实无关，那么它就是书证，而不是物证；如果它所表达的思想内容以及它的存在情况、外部特征都能证明案件事实，这种文件就具有物证和书证两种属性，它既是物证又是书证。例如，某甲被杀，在犯罪现场发现了乙给丙的一封信，信中写有杀害甲的计划。从信的文字所记载的内容来看，其能够证明案件的真实情况，则它是书证；从信的外部特征和发现信的地点来看，其能够证明丙到过现场，以及乙与本案有同谋关系，因而它又是物证。

由于书证的内容反映了案件的事实情况，因而一般来说，只要查明它的内容是真实可靠的，它对查明案件事实就具有重要作用，特别是在贪污、诬告陷害、伪造票证等案件中，书证起着决定性的作用。

三、证人证言

（一）证人证言的概念及特点

证人证言，是指证人将自己所知道的有关案件的事实情况向司法机关所作的陈述。证人证言是证人直接或间接了解的有关案件的情况。证人应当说明他所知道的案情，是他亲自看到、听到的，还是从犯罪嫌疑人、被害人、见证人或者其他人那里间接了解的。如果证人不能说明其所知情况的确切来源，而只是证人的估计、猜测或者道听途说的消息，则不能作为证人证言，只能作为司法机关调查案件的线索。

证人证言的内容是十分广泛的，凡是证人所知道的与案件有关的情况，包括案件事实情况和当事人的情况，只要是对查明案件事实有意义的，就属于证人证言的范围。证人证言只要求证人陈述他所知道的案件情况，如实反映客观事实。证人陈述的事实情况越详细、越具体、越真实，对查明案件事实就越有意义。不要求证人对陈述的事实表明态度，发表意见。证人证言限于证人所了解的案件情况，不包括证人对案件事实、情节的分析、判断和发表的意见。但是，证人在提供证言时，往往包含有证人的看法、见解和判断。在遇到这种情况时，司法人员应当让证人说明他判断的根据和理由。

证人证言一般是口头陈述的，在特殊情况下也可以是书面证言。刑事诉讼法要求证言应当具有口头的形式，以便司法人员经过询问，全面了解证人所提供的情况，对证人证言作出正确判断。必要的时候，司法人员也可以要求证人书写证言，书面证言应由证人签名和盖章。

证人证言是证人直接向司法机关口头或书面陈述其所了解的案件事实。匿名举报、揭发的材料，不能直接作为证人证言，必要时只能作为查证的线索。证人向其他机关和其他人员所作的陈述，也不能成为证人证言。

刑事案件只要发生，就有可能被周围群众发现和感知，所以，在刑事诉讼实践中，几乎每一个案件都有一个或几个证人来提供证据、证言。证人证言是刑事诉讼中经常运用的一种证据，它对正确认定案件事实具有重要意义。

1. 证人证言有利于司法人员全面查明案情。证人就其了解的案件发生的时间、地点、原因、后果，行为人的动机、目的、特征等情况，向司法机关提供证言，有利于司法机关了解案情，查获犯罪嫌疑人，正确处理案件。

2. 证人证言可以为司法人员提供证据或者收集证据的线索，有利于司法人员进一步收集证据。证人是了解案件情况的人。有的证人直接感知了案件发生的过程，能够提供较具体的案件的情况；有的证人间接了解案件情况，只能提供一些调查证据的线索，对侦查人员进一步开展侦查、收集证据具有提示作用。

3. 证人证言可以用来审查判断其他证据是否真实可靠。由于证人是当事人之外知道案件情况的人，与案件没有直接的利害关系，所以，证人提供的证据、证言真实性较大，可以同其他证据互相对照，审查判断其他证据是否真实、可靠。

一般来说，证人证言是真实、可靠的。但是，由于刑事案件异常复杂，证人的范围非常广泛，情况复杂，证人对待作证的态度也是各种各样的，所以，证人提供的证据、证言也是复杂的。有真实的，也有虚假的，还有真假混杂的。至于证人证言反映的情况不够全面、不够精确，则更是常见。证人证言与客观事实不相符合的原因是多方面的，概括起来，主要有两方面的原因。

第一，证人可能故意地提供伪证，即证人主观上故意地提供伪证。有的证人因与被告人或被害人有亲属或利害关系而作伪证；有的证人因觉悟较低，存在思想顾虑，不敢或不愿意如实反映案件事实而作伪证；有的证人因思想品德不好，为了达到个人的某种目的而提供伪证；有的证人为了包庇犯罪人或者为了陷害好人而提供伪证；有的证人因受到司法人员的授意、引诱、威胁、欺骗，而按照他们的需要提供伪证；等等。不管证人的具体动机、目的是什么，其主观上都是故意地提供伪证。

第二，证人可能无意地提供错证。最诚实的证人也可能无意地提供错证。在刑事诉讼实践中，证人证言不符合客观事实，绝大多数都属于这种无意之错。证人在主观上虽然有作证的诚实态度和高度的责任心，愿意如实地提供自己所了解的案件情况，但是，证人证言的形成要经过感受、记忆和表述三个阶段，在这个过程中，受到主观和客观条件的限制和影响，证人可能没有看清楚或听清楚，或者理解力差，记忆力不好，或者表述不准确，从而不能完全准确地提供案件的真实情况，甚至提供了完全错误的情况。对于证人的无意错证，要和故意伪证严格地区分开来。因为无意错证与故意伪证是两种不同性质的问题。故意伪证是要负伪证罪的法律责任的，无意错证是不负法律责任的。

证人证言既可能是故意伪证，又可能是无意错证，因此，要防止证人的伪证和错证，就必须认真审查判断、仔细鉴别证言，查证属实以后才能加以运用。证人证言未经鉴别和查证核实的，绝不能轻易相信。

（二）证人资格

证人资格，也就是证人的范围，是指哪些人能够作为证人，哪些人不能作为证人的问题。我国《刑事诉讼法》第62条规定：凡是知道案件情况的人，都有作证的义务。生理上、精神上有缺陷或者年幼，不能辨别是非、不能正确表达的人，不能作证人。根据这一规定，刑事诉讼中的证人，是指经司法机关传唤，并有义务把自己所了解的案件情况告诉给司法机关的诉讼参与人。要正确理解证人的资格，应当掌握以下几点。

1. 凡是知道案件情况并有作证能力的人，就可以作为证人。“知道案件情况”，能够“辨别是非”，能够“正确表达”，是取得证人资格的绝对条件。是否作为证人，既不受性别、年龄、民族、出身、文化程度、思想觉悟、表现好坏、社会地位等限制，也不受是否与犯罪嫌疑人、被告人、被害人有亲属关系或其他利害关系的影响。只要符合证人的条件，就可以作为证人。对案件的同一事实，如果有几个人同时知道，那么他们都可以作为证人，而不能互相代替。各级领导干部同样有作证的义务，没有拒绝作证的特权。

2. 生理上、精神上有缺陷或者年幼，不能辨别是非、不能正确表达的人，不能作证人。因为这些人或者由于感觉器官或精神上的障碍，或者由于年龄关系，对于客观事物分不清是非，不能正确反映，不能正确表达思想，所以，不能提供对查明案件事实有意义的证言，不能作证人。在生理上或精神上虽然有某种缺陷，但是还能够辨别是非、能够正确表达的人，仍然可以作为证人。不能因为有些知情人在生理上、精神上有缺陷或者年幼，就一律取消他们作证的资格。这些人能不能作为证人，关键要看他们对客观事物能不能分清是非，能不能正确表达。根据这一标准，对具体人员的具体情况进行具体分析以后，才能够确定其能否作为证人。必要时，可以先进行鉴定再作决定。因此，“生理上、精神上有缺陷或者年幼”只是丧失作证资格的相对条件，而不是绝对条件。

3. 证人只能是当事人以外知道案件情况的人。只有知道案件情况的人才能作为证人，但知道案件情况的人并非都是证人。案件的当事人由于与案件有直接利害关系，因而不能作为证人。证人是与案件没有直接利害关系而知道某一案件或某些案件情况的第三人。证人得以作为证人是由其知道案件事实决定的，因此，证人永远都是特定的人，具有不可代替性，他既不能由司法机关自由选择和指定，也不能由别人来代替和更换。

4. 由于证人是以知道案件情况为特征的，具有不可代替性，因而证人在刑事诉讼中占有优先地位。凡是在刑事诉讼开始以前知道案件情况的人，都应当优先地作为证人参加诉讼，而不应当作为本案的侦查人员、检察人员、审判人员、辩护人、鉴定人、翻译人员参加诉讼。因为这些人员都是可以选择和替换的。同时，这也符合《刑事诉讼法》关于证人具有作证的义务和回避的有关规定。

5. 证人只能是公民个人，法人和非法人团体不具有证人资格。这是因为只有公民个人才能借感官感知案件事实，法人和非法人团体本身并无这种感知能力。同时，由于了解案件情况而产生的作证义务，是公民个人的法定义务，故意作伪证、隐匿罪证，必须负伪证的法律责任，而法人和非法人团体无法承担这种责任。因此，证人只能是公民个人，任何机关、团体、企事业单位等都不能作为证人。实践中，它们所提供的档案材料、证明文件和其他书面材料，属于书证的范围，而不是书面证言。

6. 刑事诉讼中的见证人，应视为“特殊的证人”。见证人，是指与案件无关，仅在勘验、检查、搜查、扣押和侦查实验等诉讼活动中，被司法人员邀请在现场观察并为此作证的人。这种人被邀请到现场见证，是可以选择和代替的，这与证人具有差异。但是，一旦被邀请到现场见证之后，他就成为了解有关诉讼活动的特定人，具有不可代替性，这与证人又有相似之处。尤其是见证人与证人具有类似的诉讼权利和义务。因此，可将见证人视为一种“特殊的证人”，但其见证的主要是诉讼程序的正当性与合法性，并不对案件事实起证明作用。

同案的几个犯罪嫌疑人、被告人之间能否互为证人？根据证人只能是当事人以外了解案情的第三人，同案犯罪嫌疑人、被告人不宜互相作为证人。因为犯罪嫌疑人、被告人对于案件事实情况，可以进行充分的供述和辩解。他们的供述和辩解经过查证核实后，可以作为证据使用。所以，没有必要把同案几个犯罪嫌疑人、被告人再互相作为证人进行讯问。特别是犯罪嫌疑人、被告人和证人在刑事诉讼中的地位、诉讼权利和诉讼义务是完全不同的，如果把犯罪嫌疑人、被告人同时作为本案的证人，这实际上是让犯罪嫌疑人、被告人承担证明责任，会影响他们的诉讼权利。但是，当同案中某一犯罪嫌疑人、被告人已经结案处理时，不管是否给予他刑事处罚，由于他已经结案，不再处于同案犯罪嫌疑人、被告人的诉讼地位，因而可以充当该案的证人。或者，同案的个别犯罪嫌疑人、被告人超越共同犯罪，个人单独实施了与共同犯罪无关的其他犯罪，其他的犯罪嫌疑人、被告人就个别犯罪嫌疑人、被告人单独实施的犯罪也是当事人以外的第三人，可以作为证人。

辩护人是否可以作为本案证人？律师在接受委托前了解本案情况的，根据证人在刑事诉讼中的优先原则，他应当作为证人参加诉讼，而不应接受委托担任本案的辩护人。他在接受被告人委托后，在执行辩护人职务过程中了解案件情况的，特别是发现起诉中漏掉了罪行或重罪轻诉的，律师能否作为证人向人民检察院或在法庭上揭露呢？对此我国法学界意见不一致。但在法律制度层面，《律师法》第 38 条第 2 款和《刑事诉讼法》第 48 条均明确规定，辩护律师对在执业活动中知悉的委托人的有关情况和信息，应当予以保密。基于此，我们认为，辩护律师在遇到这种情况时，首先，应当尽力说服被告人向人民检察院或人民法院坦白交代，争取从宽处理。其次，如果被告人拒不交代，那么一般情况下，根据辩护律师的职责以及他与委托人的相互关系，从维护我国辩护制度的目的考虑，辩护律师不应作为证人向人民检察院或在法庭上揭露被告人隐瞒的罪行。但是，在特殊情况下，如果被告人隐瞒的罪行特别严重，或者犯罪嫌疑人准备实施危害特别严重的犯罪行为，那么为了维护国家和人民的重大利益，辩护律师应当向人民检察院或人民法院揭露。对此特殊情况，《律师法》第38条第2款和《刑事诉讼法》第48条也作出明确规定，辩护律师在执业活动中知悉委托人或者其他人，准备或者正在实施危害国家安全、公共安全以及严重危害他人人身安全的犯罪的，应当及时告知司法机关。

为了更好地保护特定的社会关系和证人的特殊利益，近几年来刑事诉讼法学界有人主张吸收和借鉴中国历史上和国外的有益经验，建议刑事诉讼法应当明确规定配偶、近亲属之间或者关于职业、职务秘密等事项的特定证人，在法律规定的情况下享有拒绝作证的特权，并且应当说明其拒绝提供证言的理由，这样可以弥补证人权利方面的不足。《刑事诉讼法》在第193条中吸收了一些合理的建议，即人民法院不得强制被告人的配偶、父母、子女出庭作证。该项规定只是将被告人的配偶、父母、子女排除在强制出庭作证的证人范围之外，并未对从事特定职业、职务等的证人的拒绝作证权予以规定。同时这一规定只将配偶、父母、子女拒绝作证的权利限定在审判阶段，没有涉及侦查与起诉阶段能否拒绝作证的问题，因而还不能完全等同于拒绝作证的特权，仅仅是对特定对象免予强制出庭。

（三）证人的权利义务

为了保障证人客观充分地提供证言，保证司法机关顺利地收集证人证言，我国《刑事诉讼法》赋予了证人广泛的诉讼权利，同时规定了证人应当履行的诉讼义务。

1. 证人的诉讼权利

根据我国《刑事诉讼法》的规定，证人依法享有以下诉讼权利。

（1）司法人员在到证人所在单位或者住处进行询问时，证人有权要求他们出示司法机关的证明文件。《刑事诉讼法》第124条规定：侦查人员询问证人，可以在现场进行，也可以到证人所在单位、住处或者证人提出的地点进行。在必要的时候，可以通知证人到人民检察院或者公安机关提供证言。在现场询问证人，应当出示工作证件。到证人所在单位、住处或者证人提出的地点询问证人，应当出示人民检察院或者公安机关的证明文件。

（2）证人有权用本民族的语言文字进行诉讼。《刑事诉讼法》第9条第1款规定：各民族公民都有用本民族语言文字进行诉讼的权利。人民法院、人民检察院和公安机关对于不通晓当地通用的语言文字的诉讼参与人，应当为他们翻译。

（3）证人有权按照自己知道的案件情况提供证言，不受任何机关、团体、单位和个人的干涉。《刑事诉讼法》第52条规定："严禁刑讯逼供和以威胁、引诱、欺骗以及其他非法方法收集证据，不得强迫任何人证实自己有罪。必须保证一切与案件有关或者了解案情的公民，有客观地充分地提供证据的条件，除特殊情况外，可以吸收他们协助调查。"证人在行使这一权利时，可以补充、改正其陈述不实的部分，提交其持有的与案件有关的物证、书证。对其证言笔录，可以要求阅读或者请司法人员向其宣读，认为有遗漏或错误的，可以要求补充或修正。证人有权请求自己书写证言。

（4）证人在侦查期间，有权要求对自己的姓名保密和在整个诉讼阶段对自己的报案、举报的行为保密。根据《刑事诉讼法》第111条第3款的规定，在侦查期间，证人不愿公开自己的姓名的，有权要求侦查机关为其保密。在整个诉讼阶段，证人作为报案人、控告人、举报人，如果不愿公开自己的报案、控告、举报的行为，有权要求司法机关为其保密，司法机关必须为证人保密。这一规定有利于鼓励和保护公民举报犯罪，防止因被举报的事实有出入而对证人造成不良影响。在审判阶段，原则上证人没有要求为其姓名保密的权利。因为证人要到庭接受控辩双方的询问和质证，因故未到庭的证人，法庭要依法宣读其证言。但是也有一些特殊案件可以例外。《刑事诉讼法》第 64 条中规定，对于危害国家安全犯罪、恐怖活动犯罪、黑社会性质的组织犯罪、毒品犯罪等案件，证人因在诉讼中作证，本人或者其近亲属的人身安全面临危险的，人民法院、人民检察院和公安机关应当不公开其真实姓名、住址和工作单位等个人信息。该条意味着，办案机关可以在判决书、裁定书、起诉书、询问笔录等法律文书、证据材料中使用化名来代替证人信息。

(5) 证人对司法人员侵犯其诉讼权利和人身侮辱的行为，有权提出控告。《刑事诉讼法》第 14 条第 2 款规定：诉讼参与人对于审判人员、检察人员和侦查人员侵犯公民诉讼权利和人身侮辱的行为，有权提出控告。

(6) 证人有权要求司法机关保障自身及其近亲属的安全。对证人及其近亲属进行威胁、侮辱、殴打或打击报复的，证人有权要求对行为人予以制裁。《刑事诉讼法》第 63 条规定：人民法院、人民检察院和公安机关应当保障证人及其近亲属的安全。对证人及其近亲属进行威胁、侮辱、殴打或者打击报复，构成犯罪的，依法追究刑事责任；尚不够刑事处罚的，依法给予治安管理处罚。第 64 条规定：对于危害国家安全犯罪、恐怖活动犯罪、黑社会性质的组织犯罪、毒品犯罪等案件，证人、鉴定人、被害人因在诉讼中作证，本人或者其近亲属的人身安全面临危险的，人民法院、人民检察院和公安机关应当采取以下一项或者多项保护措施：1) 不公开真实姓名、住址和工作单位等个人信息；2) 采取不暴露外貌、真实声音等出庭作证措施；3) 禁止特定的人员接触证人、鉴定人、被害人及其近亲属；4) 对人身和住宅采取专门性保护措施；5) 其他必要的保护措施。证人、鉴定人、被害人认为因在诉讼中作证，本人或者其近亲属的人身安全面临危险的，可以向人民法院、人民检察院、公安机关请求予以保护。人民法院、人民检察院、公安机关依法采取保护措施，有关单位和个人应当配合。

(7) 证人出庭作证的通知书至迟要在开庭 3 日以前送达。《刑事诉讼法》第 187 条第 3 款规定，通知证人出庭的通知书至迟在开庭 3 日以前送达证人。

(8) 证人有权获得因到案作证所支出费用的相应补助。《刑事诉讼法》第 65 条规定：证人因履行作证义务而支出的交通、住宿、就餐等费用，应当给予补助。证人作证的补助列入司法机关业务经费，由同级政府财政予以保障。有工作单位的证人作证，所在单位不得克扣或者变相克扣其工资、奖金及其他福利待遇。

(9) 部分特殊身份的证人有免予强制出庭作证的权利。考虑到强制配偶、父母、子女在法庭上对被告人指控不利于家庭关系的维系和和谐社会的构建，《刑事诉讼法》第 193 条规定：经人民法院通知，证人没有正当理由不出庭作证的，人民法院可以强制其到庭，但是被告人的配偶、父母、子女除外。也就是说，如果证人是被告人的配偶、父母、子女，便可以因其特殊身份，免予强制出庭作证。

2. 证人的诉讼义务

根据我国《刑事诉讼法》的规定，证人应当履行的诉讼义务主要有以下几项。

(1) 证人有作证的义务。《刑事诉讼法》第 62 条第 1 款规定：凡是知道案件情况的人，都有作证的义务。因此，证人经公安机关、人民检察院和人民法院传唤，必须按时到指定地点提供证言。证人不得以任何借口，拒绝提供证言。证人在因故确实不能到案时，必须事先向传唤机关说明理由，不能无故不到案。《刑事诉讼法》第192条第1款明确规定了证人必须出庭作证的情形：公诉人、当事人或者辩护人、诉讼代理人对证人证言有异议，且该证人证言对案件定罪量刑有重大影响，人民法院认为证人有必要出庭作证的，证人应当出庭作证。第193条配套性地规定了证人不出庭作证的后果：经人民法院通知，证人没有正当理由拒绝出庭或者出庭后拒绝作证的，予以训诫，情节严重的，经院长批准，处以10日以下的拘留。被处罚人对拘留决定不服的，可以向上一级人民法院申请复议。复议期间不停止执行。

（2）证人有向司法人员如实陈述和回答所提问题的义务，即证人有如实作证的义务。《刑事诉讼法》第125条规定：询问证人，应当告知他应当如实地提供证据、证言和有意作伪证或者隐匿罪证要负的法律责任。根据这一规定，证人有义务向司法机关如实地陈述其所知道的案件情况，实事求是地提供证据、证言。知道多少，陈述多少，既不能扩大，也不能缩小。根据《刑法》第305条的规定，在刑事诉讼中，证人对与案件有重要关系的情节，故意作虚假证明，意图陷害他人或者隐匿罪证的，处3年以下有期徒刑或者拘役；情节严重的，处3年以上7年以下有期徒刑。必须指出，证人构成伪证罪，必须是“故意作虚假证明”，即“故意作伪证”。因此，只要证人主观上愿意如实陈述，即使有时由于对事物没有看清、听清或者由于记忆不清、表达不准确等，而提供了不完全准确甚至错误的证言，也不构成伪证罪。对此我国《刑事诉讼法》第111条第2款规定：“接受控告、举报的工作人员，应当向控告人、举报人说明诬告应负的法律责任。但是，只要不是捏造事实，伪造证据，即使控告、举报的事实有出入，甚至是错告的，也要和诬告严格加以区别。”这一规定有利于保证证人提供证据、证言。

（3）证人有义务保守司法机关向他询问的情况以及他所陈述内容的秘密，不得向无关人员泄露。证人与证人之间也不能互相串通，互相了解陈述的内容。其目的是防止证人将有关案件的情况泄露后造成不良的社会影响，干扰其他证人作证，影响被告人、被害人提供证据，妨碍司法机关侦查、起诉和审判工作的顺利进行。

（4）证人有遵守法庭秩序的义务。《刑事诉讼法》第199条规定：在法庭审判过程中，如果诉讼参与人或者旁听人员违反法庭秩序，审判长应当警告制止。对不听制止的，可以强行带出法庭；情节严重的，处以1 000元以下的罚款或者15日以下的拘留。根据这一规定，作为诉讼参与人之一的证人，如果在法庭审理过程中违反法庭秩序，就将受到警告、罚款或者拘留的处罚。所以，遵守法庭秩序，维护人民法院审判工作的顺利进行，是证人应尽的一项义务。

四、被害人陈述

被害人陈述，是指受犯罪行为直接侵害的人向公安机关、人民检察院或人民法院就其遭受犯罪行为侵害的事实和有关犯罪嫌疑人、被告人的情况所作的陈述。

被害人是犯罪行为的直接受害者。一般来说，被害人对犯罪嫌疑人、被告人犯罪的经过和自己的受害情况比较清楚，有的被害人同犯罪嫌疑人、被告人有过一定时间的正面接触，对案件事实情况会有更多的了解。被害人由于遭受了犯罪行为的侵害，因而一般都能积极主动地向司法机关揭发、控告、举报犯罪行为，要求司法机关追究犯罪嫌疑人、被告人的刑事责任，保护自己的合法权益。因此，被害人陈述具有双重性质：一方面，被害人陈述具有揭发犯罪、控诉犯罪的性质。它是追究犯罪嫌疑人、被告人的刑事责任，保护被害人合法权益的法律手段。另一方面，被害人所陈述的案件事实情况，是司法机关查明和认定案件事实的一种诉讼证据。

被害人陈述和证人证言都属于人证的范围。但是，根据《刑事诉讼法》的规定，被害人陈述和证人证言是两种独立的诉讼证据，因为二者具有不同的特点。被害人陈述同证人证言比较，主要有以下特点。

1. 被害人陈述的主体是被害人。被害人，是指受到犯罪行为直接侵害的人。而证人证言的主体，只能是当事人以外知道案件情况的人。

2. 被害人具有陈述的积极主动性，其陈述比较容易收集。被害人由于深受犯罪行为的侵害，因而一般都有要求惩罚犯罪人、保护自己的合法权益的强烈愿望，表现为积极、主动地向司法机关揭发犯罪、控告犯罪；同时有着协助司法机关查破案件的极大积极性和主动精神。因此，司法机关一般容易收集到被害人陈述。而证人与案件没有直接的利害关系，对案件如何处理，一般不大关心；有的证人还存在种种思想顾虑，不愿或不敢出庭作证。因此，司法机关收集证人证言较难。

3. 被害人陈述容易夸大犯罪事实和情节。被害人由于深受犯罪行为侵害之苦，对犯罪嫌疑人、被告人无比愤恨，一般都要求司法机关严惩犯罪嫌疑人、被告人。因而，其在陈述中，具有偏激情绪，容易夸大犯罪嫌疑人、被告人的犯罪事实和情节，甚至将无罪说成有罪。这一点是其他证据所少见的。

被害人陈述与证人证言具有上述区别，是由被害人与证人不同的诉讼地位决定的。了解上述区别，有利于进一步认识被害人陈述的特点。

被害人由于亲身受到犯罪行为的直接侵害，因而一般对案件事实了解得比较清楚、具体，而且记忆深刻。特别是在强奸、仇杀、伤害、诈骗等案件中，被害人与犯罪嫌疑人、被告人大都有过直接接触，其不仅了解犯罪的事实，而且了解犯罪嫌疑人、被告人的特征。因此，被害人陈述对于司法机关查明犯罪事实和查获犯罪嫌疑人、被告人，都具有重要意义。

五、犯罪嫌疑人、被告人供述和辩解

犯罪嫌疑人、被告人供述和辩解，是指犯罪嫌疑人、被告人就有关案件情况，向侦查人员、检察人员和审判人员所作的陈述，即通常所说的口供。口供主要包括以下三方面内容。

1. 犯罪嫌疑人、被告人承认自己犯罪事实的供述。即犯罪嫌疑人、被告人承认司法机关对其控告犯罪的事实，并向司法机关讲清他实施犯罪的全部事实和情节。供述表现为自首、坦白和供认。犯罪嫌疑人、被告人的供述应当是出于自愿的，完全没有外力强迫。犯罪嫌疑人、被告人供述的情况是比较复杂的，其中有的是真实的，有的是虚假的，有的是真假混杂的。

2. 犯罪嫌疑人、被告人说明自己无罪或罪轻的辩解。即犯罪嫌疑人、被告人否认自己有犯罪行为，或者虽然承认自己犯了罪，但提出依法不应追究刑事责任以及从轻、减轻或者免除处罚等的申辩和解释。表现为否认、申辩、反驳、提供反证等。一般来说，犯罪嫌疑人、被告人进行辩解态度是积极的，他经常在考虑如何为自己辩护，采用哪些手段、寻找什么理由来反驳控诉、进行辩解。犯罪嫌疑人、被告人在辩解中所提出的事实情况，经过查证属实，同样可以作为证据运用。犯罪嫌疑人、被告人在辩解中提出的事实情况也是比较复杂的，其中既有无根据的辩解，也有有理有据的辩解，还有的辩解是部分有根据、部分无根据的。

3. 犯罪嫌疑人、被告人揭发举报他人犯罪行为的陈述，也叫攀供。犯罪嫌疑人、被告人可能在承认自己犯罪以后，揭发共犯或者举报他人有犯罪行为；也可能是否认自己犯罪，而举报他人犯罪。犯罪嫌疑人、被告人揭发举报他人犯罪的动机是各种各样的。其中有的是经过政策法律教育之后，为了表示立功悔罪，有根有据地举报他人有犯罪行为；有的是为了推脱自己的罪责，毫无根据地举报他人有犯罪行为；有的是为了报复、陷害他人，利用举报嫁祸于人。犯罪嫌疑人、被告人揭发举报他人犯罪的情况，有的是真实的，有的是虚假的，有的是部分真实、部分虚假的。

犯罪嫌疑人、被告人是刑事诉讼中的核心人物，他所处的特殊诉讼地位决定了犯罪嫌疑人、被告人供述和辩解这种证据主要有以下特点。

1. 犯罪嫌疑人、被告人供述和辩解可能全面直接地反映案件事实情况。犯罪嫌疑人、被告人是案件的当事人，他对自己是否犯罪，为何犯罪以及犯罪的具体过程和情节，比任何人都知道得更清楚。因此，他所作的有罪供述，会更直接、更全面地反映出其犯罪的动机、目的、手段、时间、地点、后果等事实情况；他所作的无罪或罪轻的辩解，也会提出一些具体的事实根据和申辩理由，使司法人员了解案件的全貌；他所作的揭发举报他人犯罪行为的陈述，可以反映其犯罪的形成、分工和具体实施犯罪的全过程，还可以反映其认罪态度和思想状态。因此，犯罪嫌疑人、被告人供述和辩解能更直接、全面地反映案件事实情况，这是其他证据无法比拟的。

2. 犯罪嫌疑人、被告人供述和辩解虚假的可能性较大，往往真假混杂。犯罪嫌疑人、被告人作为刑事诉讼中被追诉的对象，他深知案件的处理结果与他有极大的利害关系，他在诉讼中不论是供述还是辩解，以及如何供述和辩解，都直接影响到司法机关对他的处理。因此，在大多数情况，犯罪嫌疑人、被告人为了逃避法律制裁，往往会隐瞒罪行，避重就轻，或者否认犯罪的事实，甚至编造谎言，进行狡辩。在少数情况下，犯罪嫌疑人、被告人为了掩盖某种隐私，把本来不是犯罪的行为供认为犯罪，或者为了给亲属开脱罪责，冒充犯罪人到司法机关投案自首，或者出于“哥们义气”，把别人的犯罪行为包揽在自己身上。基于上述原因，口供虚假的可能性较大，或者真真假假、真假混杂。这是口供不同于其他证据的又一特点。

3. 犯罪嫌疑人、被告人供述和辩解具有双重的诉讼性质。由于犯罪嫌疑人、被告人在诉讼中处于特殊地位，因而其供述和辩解一方面是对案件事实情况的陈述，是证据的一种，具有证明案件事实的性质；另一方面是对控诉内容所作的辩解，具有辩护的性质。犯罪嫌疑人、被告人供述和辩解是犯罪嫌疑人、被告人的一项法定诉讼权利，而不是他的诉讼义务，他可以利用供述和辩解的机会来充分行使其辩护权，提出自己无罪或罪轻的材料和意见，也可能利用陈述的机会制造假象，进行无理狡辩。由于陈述是他的一项重要诉讼权利，因而当他拒绝陈述和辩解时，不能强迫其供述和辩解。

由于犯罪嫌疑人、被告人供述和辩解具有上述特点，因而司法实践要正确对待这一诉讼证据，对其务必保持清醒认识，既不能对其一概不信，也不能盲目轻信，一定要同其他证据互相对照、互相印证，经过查证属实，才能将其作为定案的根据。

犯罪嫌疑人、被告人供述和辩解，在刑事诉讼中历来受到人们的重视，无论处理什么刑事案件，办案人员都应当听取犯罪嫌疑人、被告人的口供。如果犯罪嫌疑人确实是犯罪实施人，他的供述就可能详细具体地反映案件的真实情况，这有利于查明犯罪嫌疑人犯罪的动机、目的、时间、地点、手段、经过、后果等主要情节；如果他不是犯罪实施人，他在辩解中会提出反证的辩解和解释，这同样有利于查明案件的事实情况，同时可以防止冤假错案的发生。总之，无论是犯罪嫌疑人、被告人的供述还是辩解，对于及时查明案件事实情况，都具有重要的证据意义。

犯罪嫌疑人、被告人的供述和辩解，虽然对查明案件事实有重要作用，但是，犯罪嫌疑人、被告人的口供是一种普通证据，是一种依附性很强的证据，口供作为诉讼证据没有独立的证明作用。《刑事诉讼法》第 55 条第 1 款规定："对一切案件的判处都要重证据，重调查研究，不轻信口供。只有被告人供述，没有其他证据的，不能认定被告人有罪和处以刑罚；没有被告人供述，证据确实、充分的，可以认定被告人有罪和处以刑罚。"法律规定的这个基本原则，说明了犯罪嫌疑人、被告人的口供和其他证据的证明作用是不同的。只有口供是不能定案的，不能像封建社会的刑事诉讼那样，把口供看成是"最好的证据"，实行"无供不录案""罪从供定"。总之，我们不能把口供看做主要的证据、唯一的证据。当然，也不能把口供看成是"最坏的证据"，认为犯罪嫌疑人、被告人永远都是在说假话，不说真话，根本否定口供的证据意义。

六、鉴定意见

为了加强对鉴定人和鉴定机构的管理，适应司法机关和公民、组织进行诉讼的需要，保障诉讼活动的顺利进行，2005 年 2 月 28 日第十届全国人民代表大会常务委员会第十四次会议通过了《关于司法鉴定管理问题的决定》（2015 年修正）。这一文件的实施，将有利于加强对司法鉴定工作的管理，规范司法鉴定工作，使司法鉴定朝着公正性、科学性、合法性的方向发展。同时其对于保障诉讼公正、提高诉讼效率都有重要意义。

（一）鉴定意见的概念

鉴定是指鉴定人为了解案件中的某些专门性问题，运用自己的专门知识所进行的科学鉴别、检验活动。

鉴定意见是指在诉讼活动中，鉴定人运用科学技术或者专门知识，在对于诉讼所涉及的专门性问题进行鉴别和判断后，提出的结论性意见。"鉴定意见"只代表鉴定人个人的主观判断，不是不容置疑的"科学结论"，诉讼中仍然需要经过司法机关的审查判断，才能作为定案根据。

鉴定意见主要有以下特点。

1. 鉴定意见是鉴定人运用自己所掌握的专业知识和技能，在对专门性问题进行鉴别和判断以后所作出的判决性意见。因此，鉴定意见是一种有科学根据的意见。鉴定实行鉴定人负责制，鉴定人对鉴定意见负责并在鉴定书上签名或盖章；多数人参加鉴定，对鉴定意见有不同意见的，应当注明。实行鉴定人负责制既有利于强化鉴定人的个人责任，又有利于鉴定意见的公正性、科学性，也有利于办案人员的审查判断。为了便于法庭查清案件有关事实，当事人对鉴定意见有疑义的，经法院依法通知，鉴定人应当出庭作证。

2. 鉴定意见的内容是在案件发生以后形成的，只是对案件有关专门性问题作出的判断，而不是从法律上评价案件。鉴定人如果有正当理由，可以拒绝作出鉴定意见。

3. 鉴定意见要写出书面的形式，鉴定人应当根据法官的要求出庭作证，接受质证，以保证鉴定意见的公正性、科学性。鉴定人故意作虚假鉴定的，应当依法追究其法律责任。

鉴定意见是一种法定的独立的诉讼证据，它和其他证据一样，必须经过司法人员的审查判断，确定其真实可靠以后，才能作为定案依据。

（二）鉴定的种类

根据《刑事诉讼法》的规定，对为了查明案情需要解决的专门性问题，都应当进行鉴定。刑事诉讼中需要鉴定的专门性问题很多，在我国司法实践中经常遇到的需要鉴定解决的专门性问题主要有以下几种。

1. 法医鉴定。主要用于确定死亡原因、伤害情况等。

2. 司法精神病鉴定。主要用于确定犯罪嫌疑人、被告人、被害人、证人的精神状态是否正常，以便确定被鉴定人有无行为能力和责任能力。

3. 痕迹鉴定。主要包括对指纹、脚印，工具、枪弹、轮胎等痕迹进行鉴定，以确认是否同一。

4. 化学鉴定。主要用于确定毒物的化学性质和剂量、对人体的危害程度和伤害性质。

5. 会计鉴定。主要用于确定账目、表册是否真实，是否符合有关规定。

6. 文件书法鉴定。主要用于确定文件的书写、签名是否同一或伪造。

7. 其他鉴定。主要是为了解决案件中的其他专门性问题所进行的鉴定，比如建筑、交通运输、产品质量等方面的鉴定。随着科学技术的不断发展，需要鉴定解决的专门性问题日益增多，鉴定的种类和范围会不断地扩大。

（三）鉴定人的诉讼权利与义务

鉴定人是一种独立的诉讼参与人，其在依法执行鉴定人职责时，依法享有以下诉讼权利。

1. 有权了解和查阅鉴定所必需的案件材料，要求补充鉴定材料。必要时可以勘验和检查。

2. 有权要求明确鉴定的目的和要求。自己不能胜任鉴定的有权拒绝鉴定。

3. 有权独立地进行鉴定，不受外界的干涉和影响。同一案件在有几个鉴定人进行鉴定时，他们有权进行讨论，互相研究，共同作出一个鉴定意见。在几个鉴定人的意见不一致时，每个鉴定人都有权单独作出自己的鉴定意见。

4. 有权得到报酬。

5. 有权请求对鉴定人本人及其近亲属的人身予以保护。《刑事诉讼法》第 64 条第 2 款规定：鉴定人认为因在诉讼中作证，本人或者其近亲属的人身安全面临危险的，可以向人民法院、人民检察院、公安机关请求予以保护。并且该条还规定了对于危害国家安全犯罪、恐怖活动犯罪、黑社会性质的组织犯罪、毒品犯罪等案件，鉴定人因在诉讼中作证，本人或者其近亲属的人身安全面临危险的，公安司法机关应当采取以下一项或者多项保护措施：（1）不公开真实姓名、住址和工作单位等个人信息；（2）采取不暴露外貌、真实声音等出庭作证措施；（3）禁止特定的人员接触证人、鉴定人、被害人及其近亲属；（4）对人身和住宅采取专门性保护措施；（5）其他必要的保护措施。

鉴定人依法履行以下诉讼义务。

1. 鉴定人在接受鉴定任务后，应当认真负责，运用科学的方法按时作出鉴定意见，并且签名以示自己负责，没有正当理由不能拒绝鉴定。

2. 应当公正无私地进行鉴定。

3. 在接到法庭通知后，应当按时出席法庭，接受质证。

（四）鉴定人和证人的主要区别

鉴定人和证人同属于人证的范畴。在一些国家，鉴定人又被称为专家证人。在我国法律制度中，鉴定人不同于证人，二者主要有以下区别。

1. 鉴定人必须具备解决案件中专门性问题的业务知识和技能，对于案件的专门性问题能够作出鉴别和判断；而证人只要求他了解案件的某些情况，就其所知道的案件有关情况进行陈述。

2. 鉴定人是在诉讼开始后，由司法机关指派或者当事人委托才参与诉讼的，具有委托性与选择性；而证人是随案件的发生而了解了案件情况的，具有“原发性“和不可选择性。如果鉴定人事先了解案件的有关情况，他就只能作为证人而不能作为鉴定人。

3. 鉴定意见的内容是鉴定人运用自己的业务知识和技能对专门性问题所作的判断性意见，而不是对整个案件所作的法律评价；而证人证言是证人对案件事实所作的陈述，是在案件发生过程中形成的。

4. 鉴定人在与案件有利害关系时应当进行回避；而证人没有回避问题，不受利害关系的影响。

5. 鉴定人所作的鉴定意见必须是书面的；而证人就其所知的案件情况的陈述没有这种要求。

6. 鉴定人的职责、诉讼权利、诉讼义务与证人的职责、诉讼权利和诉讼义务与鉴定人是不同的。

七、勘验、检查、辨认、侦查实验笔录

勘验、检查、辨认、侦查实验等笔录，是《刑事诉讼法》第50条规定的一种刑事诉讼证据。这种证据的表现形式是侦查行为的记录，统称为笔录类证据。因为他们都是对侦查行为过程的客观记载，所以将其列在一起。但是，由于各种侦查行为分别有着不同的程序和特点，记载其内容的各种笔录相互之间也有一些差异，因而需要分别理解。

（一）勘验、检查笔录

勘验、检查笔录，是指侦查人员对于同案件有关的场所、物品、人身、尸体进行勘验、检查所作的书面记录。勘验、检查笔录不仅包括勘验、检查过程中发现的与案件有关的一切事实情况的文字记录，而且包括绘图、照片等附件。

勘验、检查笔录，包括对勘验和检查这两种侦查行为所作的记录。勘验，是指侦查人员针对与案件有关的场所、物品、尸体等“死”的物体所进行的观察、测量、检验、拍照、绘图等活动。其目的是直接了解案件的有关场所、物品、尸体，发现和收集证据材料。检查，是指侦查人员针对与案件有关的活着的人体所进行的观察、检验等活动。其目的在于确定犯罪嫌疑人、被害人的某些特征、伤害情况或者生理状态。对这两种侦查行为所作的书面记录，都归于勘验、检查笔录这种证据形式。

勘验、检查笔录虽然与物证、书证和鉴定意见有着密切的联系，但是，它是一种独立的证据，与其他证据有明显的区别。

勘验、检查笔录不同于物证。勘验、检查笔录虽然客观地记载有物证资料，比如物证的特征、所处空间位置、物证之间的外部联系等。但它只是反映物证的一种方法，并且它是在案件发生后由侦查人员制作的。而物证是在案件发生过程中使用的物品或形成的痕迹。因此，勘验、检查笔录不是物证本身，与物证不同。

勘验、检查笔录也不同于书证。勘验、检查笔录虽然是以其内容来证明案件事实的书面材料，这与书证有些相似，但是，它与书证又有着本质的区别。因为，书证形成于案件发生之前

或发生过程中，一般是由证人、被害人、犯罪嫌疑人提供的。而勘验、检查笔录是在案件发生之后，由侦查人员通过勘验、检查客观地作出的一种“特殊的书面材料”。显然，二者是不同的。

勘验、检查笔录也与鉴定意见不同。勘验、检查笔录与鉴定意见的对象，虽然在某种情况下是相同的，比如对人身的检查，但是，二者之间是有区别的：首先，二者制作的主体不同。勘验、检查笔录制作的主体是侦查人员，而鉴定意见制作的主体是鉴定人。其次，二者运用的方法不同。勘验、检查笔录是侦查人员运用自己的感官或器材直接观察和测量所作的如实记录，不具有分析、判断的因素。而鉴定意见是鉴定人运用其专门知识对某种特定事物进行检验、分析后所作的一种判断。

勘验、检查笔录是侦查人员在诉讼过程中制作的。它客观地记载了勘验、检查中发现的各种情况，具有综合证明作用，是一种可靠性较强的证据，对于查明案件事实具有重要意义。

司法机关依照法定程序进行勘验、检查所制成的笔录，一般来说，是比较客观真实的，是一种客观的诉讼证据，具有较强的证明力。但是，由于某些主观条件和客观因素的影响，笔录也可能发生差错。因此，侦查人员对勘验、检查笔录不可迷信，应同对待其他证据一样，只有经过审查判断，查证属实以后，才能作为定案的根据。根据诉讼实践经验，要审查勘验、检查笔录的制作是否符合法定要求。因为依法进行勘验、检查是勘验、检查笔录真实可靠的重要保障。要审查勘验、检查的对象是否真实，有无伪造和变化。此外，还要注意审查勘验、检查人员的工作责任心和业务水平。

（二）辨认笔录

辨认是指侦查机关为了查明案情，在必要的时候，让被害人、犯罪嫌疑人或者证人对与犯罪有关的物品、文件、尸体、场所或者犯罪嫌疑人进行的辨别和指认的行为。辨认笔录就是对辨认经过和结果所作的客观记载。

辨认是司法实践中常用的一种侦查行为，但我国《刑事诉讼法》并未对其作出规定。《人民检察院刑事诉讼规则（试行）》和《公安机关办理刑事案件程序规定》分别设有专节对其进行规范。这一立法现状造成了在很长一段时间内，我国法律没有关于辨认笔录的内容和形式上的要求，对于辨认笔录证据种类的归属问题有一定争议。原来的司法实践，一般是按照辨认主体的不同，将辨认笔录归为犯罪嫌疑人、被告人的供述和辩解、被害人陈述、证人证言这三类证据。然而这种归类方式有着很大的弊端，其实际上仅涉及对辨认结果的证据认定问题，对于辨认过程中所作记载的证据归类问题却没有予以明确，而且辨认笔录中除了有辨认主体的指认以外，还往往附有与犯罪有关的物品、文件、尸体、场所或者犯罪嫌疑人的照片，这些内容是犯罪嫌疑人、被告人的供述和辩解、被害人陈述、证人证言等言词证据所不能涵盖的。而且，辨认笔录是通过笔录记载的内容和所附的材料记录来共同证明案件事实，不是单纯的言语记录。此外，辨认的过程一般均要求有见证人参加，辨认笔录也要求有见证人签名。这种见证人制度，也使得辨认笔录有别于犯罪嫌疑人、被告人供述和辩解、被害人陈述和证人证言。2012年《刑事诉讼法》开始明确将辨认笔录与勘验、检查笔录并列规定，实际上是承认辨认笔录是一种独立的证据种类。

在刑事诉讼中根据辨认主体的不同，辨认笔录被分为证人的辨认笔录、被害人的辨认笔录和犯罪嫌疑人的辨认笔录。

1. 证人的辨认笔录，是由案件中了解案件情况的证人对犯罪现场、物品、文件、尸体或者犯罪嫌疑人等进行辨别和指认而制作的笔录。

2. 被害人的辨认笔录，是由受到犯罪行为直接侵害的被害人对犯罪现场、物品、文件、犯罪嫌疑人等辨认对象进行辨别和指认而制作的笔录。

3. 犯罪嫌疑人的辨认笔录，是由实施犯罪行为的嫌疑人对犯罪现场、物品、文件、尸体、共同犯罪的嫌疑人等进行辨别和指认而制作的笔录。

按照辨认对象的不同，可以将辨认笔录分为对人的辨认笔录、对物的辨认笔录以及对现场的辨认笔录。

1. 对人的辨认笔录。对人的辨认笔录主要是由证人、被害人对犯罪嫌疑人，犯罪嫌疑人对共同犯罪的其他嫌疑人进行辨别和指认而制作的笔录。在辨认时，可以对犯罪嫌疑人面对面进行辨认，也可以对犯罪嫌疑人的照片进行辨认。

2. 对物的辨认笔录。对物的辨认笔录主要是由证人、被害人、犯罪嫌疑人对与犯罪有关的物品、文件等实物进行辨别和指认而制作的笔录。在辨认时，辨认主体可以对实物进行辨认，也可以对实物的照片进行辨认。

3. 对现场的辨认笔录。对现场的辨认笔录主要是由证人、被害人、犯罪嫌疑人对与犯罪有关的场所，包括犯罪预备场所、犯罪实行场所、销赃场所等，进行辨别和指认而制作的笔录。对现场的辨认，辨认主体应当亲自到场进行指认。

对于辨认笔录的具体表现形式的理解不应局限于书面材料，如果对辨认的过程进行了同步拍照和录像，这些材料也应当归属于辨认笔录。辨认笔录应当由侦查人员签名，辨认人、见证人签字或者盖章。

（三）侦查实验笔录

侦查实验是侦查人员为了验证在某种条件下某一事件或现象是否发生、发生过程及其后果如何，在与案件相同的条件下实验性地重演该事件的专门活动。侦查实验笔录是指对在与案件相同条件下实验性地重演该事件的专门活动以及结果作出的实况记录。《刑事诉讼法》第50条明确将侦查实验笔录与勘验、检查笔录并列规定，实际上既承认了它们的共性，也承认了它们的区别。

由于我国原来的《刑事诉讼法》未将侦查实验笔录作为一种证据加以规定，故许多学者认为侦查实验笔录应归于勘验、检查笔录，侦查实验笔录是勘验、检查笔录的一种具体表现形式。事实上，虽然侦查实验与勘验、检查作为侦查行为，都被规定在《刑事诉讼法》第二编第二章第四节“勘验、检查”这一标题下。但是二者是两种性质并不完全相同的侦查行为。从侦查行为的具体实施来看，勘验、检查是针对已经存在的场所、物品、人身、尸体等进行的活动，而侦查实验是要在某种条件下模拟重演某一事件发生的场景。勘验、检查是通过观察来发现以及收集证据的；侦查实验是以模拟为前提，以此来推断某种事件发生的可能性以及发生的条件、过程及状态。因而，侦查实验与勘验、检查并不相同，分别作为两种活动客观记录的侦查实验笔录与勘验、检查笔录当然也有所不同。

侦查实验的情况应当写成笔录，笔录应记明实验的时间、地点、参加人员，进行实验的目的和过程，包括实验在什么条件下进行，用何种材料或方法进行，实验的种类、方式和结果等。在实验过程中可采用照相、绘图、录像、录音等方法记录和固定。实验笔录由参加实验的主持人、参加人、见证人签名或者盖章。

八、视听资料、电子数据

（一）视听资料

视听资料，是指以录音、录像以及其他设备所储存的声音、影像信息，证明案件事实情况的一种证据。

视听资料是现代科学技术迅速发展的产物。由于它不同于其他证据，具有自身的特点，而且近年来视听资料在刑事司法实践中运用得越来越广泛，所以，《刑事诉讼法》将它规定为一种诉讼证据。

视听资料不同于书证。视听资料是通过声音、影像所表现的内容来证明案件事实情况的，而书证是以文字、符号、图画所表示的内容来证明案情的。

视听资料不同于物证。视听资料无特殊的外形，是以其内容发挥证明作用的，而物证是以其外形、特性、质量等来证明案情的。

视听资料不同于证人证言，被害人陈述，犯罪嫌疑人、被告人供述和辩解。视听资料形成于案件发生前或发生过程中，它客观地记录了案件事实情况，不存在人的主观因素。而证人证言、被害人陈述、犯罪嫌疑人、被告人供述和辩解形成于案件发生后的诉讼过程中，是在诉讼过程中向司法人员所作的语言叙述，因此包含有叙述人的主观因素。

视听资料的形式多种多样。主要包括录音资料、录像资料。录音资料是指录音磁带、唱片等录有或储存有的与案件事实有关的声音资料。它通过录音机、唱片机等在诉讼中播放，再现与案件有关的声音，有助于司法人员查明案件的真实情况。录像资料是指录像带、电视片、电影片等摄录的与案件事实有关的各种影像资料。它通过录像机、电视机、电影放映机等在诉讼中播放，再现与案件有关的各种情况，有助于司法人员全面了解案件发生的动态过程，查明案件的真实情况。视听资料只有在以其所储存的内容来证明案件事实时，才是视听资料证据，否则就属于其他证据。比如没收的非法制造的或贩卖的黄色录音带、录像带和扣押的盗窃的录音带、录像带，则是证明犯罪案件的物证，而不是视听资料。又如对证人、被害人陈述和犯罪嫌疑人、被告人供述和辩解所进行的录音、录像，则是固定这些证据的一种手段，不是一种独立的证据，更不是视听资料。

视听资料作为一种诉讼证据，与其他证据相比，具有以下突出的特点。

1. 视听资料具有较强的客观性。因为视听资料是借助科技设备作为信息载体的，所以具有高度的科学技术性。这一特点决定了视听资料的信息载体能够准确地记录、储存和反映有关案件的各种情况。同其他证据相比，它在记录、储存和反映案件事实情况的过程中，受各种主观因素和客观因素的影响而失真的可能性较小。因此，它具有较客观地反映有关案件事实情况的特征。

2. 视听资料具有信息量大、全方位的直观性。视听资料通过运用科技手段，能够再现与案件有关的各种声音和图像，具有内容丰富，信息含量大，给人以直观感觉的特征。比如关于某人说话的视听资料，能够准确地反映说话人的音质、音量、语言习惯、说话时的动作、说话时的表情等。因此，视听资料能够把有关案件的事实情况全方位地、直观地再现在司法人员面前，这一点是其他证据无法比拟的。

3. 视听资料具有动态性和连续性。视听资料能够反映案件事实情况在一定时间范围持续的声响和形象，再现案件事实情况发生的动态过程，这也是其他证据所不具备的。

视听资料是现代科学技术不断发展的产物。在当今犯罪日益科技化、集团化、智能化、专业化的情况下，视听资料的作用日益增大。由于视听资料是运用录音机、录像机等科技设备记录案件发生时的各种信息，因而其能够客观、全面、准确地记录案件发生时的各种声响和形象，具有较强的客观性、直观性、动态性和连续性等特点。它对司法机关准确查明案情，查获犯罪嫌疑人，正确地认定案件性质，审查判断其他证据等，都具有重要意义。

视听资料虽然是现代科技的产物，与其他证据比较，具有高度的科学性、较强的客观性和信息量大等优点；但是，它也存在一些缺陷：其一，视听资料伪造方便。比如录音带、录像带容易冲洗、消磁、剪辑等。其二，视听资料被篡改、伪造后，凭人的感官往往难以发现。因此，视听资料有出现虚假的可能性。在将其作为证据运用之前，也必须同其他证据一样，对其认真地进行审查判断。要审查视听资料的来源。视听资料一般来源于两个方面：对于通过搜查、扣押等方法取得的视听资料，要审查是否有非法收集和伪造证据、栽赃陷害的情况；对他人提供的视听资料，要审查他是在什么情况下制作的，有无伪造、剪辑。要审查视听资料的形成过程。看它是在正常情况下形成的，还是受他人威胁、引诱、欺骗等被迫作出的；是原始的，还是转录的；制作者的技术高低、设备是否先进、制作的时间、制作的地点等，以鉴别其是否准确可靠。要审查视听资料是否被伪造、篡改。通过音素分辨仪鉴别，可知录音带中的声响是否是模仿、伪造而成；通过分辨仪勘测，可知录像带中的图像是否是剪辑、拼凑而成。

（二）电子数据

电子数据，又称为电子证据，是2012年《刑事诉讼法》修正时所新增的证据种类。它指与案件事实有关的电子邮件、网上聊天记录、电子签名、访问记录等电子形式的证据。这些证据往往是在电子计算机和其他高科技设备中以电磁或光信号等物理方式存储的指令和资料，包括计算机程序和程序运行过程中所处理的信息资料。前者如各种系统软件和应用软件，后者如文本资料、运算数据、图形表格等。借助于电子计算机和其他高科技设备可以展现有关的案件事实情况，有助于司法人员查明案情。

在很长的一段时间里，电子数据被归入视听资料这一证据种类中。事实上，二者虽然都是通过存储的信息来展现案件事实，但是二者在存储与展示的原理、设备等方面完全不同。视听资料是通过电磁记录的方式，通过视听设备来录制和展示声音和图像信息。而电子数据虽然也利用电磁记录的方式，但是其在记录的时候，需要把已有的信息用二进制编码的形式输入并存储到介质中，在调用时，又需要将存储的二进制编码转化为能为人们所感知的文本、数据、图像等信息。同时视听资料所存储的信息往往只是声音与图像，而电子数据所存储的信息，既可能是声音、图像，也可能是文本、数据、程序等。所以不难看出，电子数据实际上与视听资料并不相同。

电子数据一般而言具有以下五个特点。

1. 电子数据具有多媒体性。电子数据以计算机为主要载体，综合了文本、图形、图像等多种表现形式。

2. 电子数据具有隐蔽性。电子数据在存储、处理的过程中，一切信息均由不可见的二进制编码来传递。单独地看这些二进制编码是无法获知具体的信息的。

3. 电子数据具有高科技性。电子数据的产生、存储和传输都以计算机技术、存储技术、网络技术等为依托，并且存储及其展示都需要借助于计算机及其他高科技设备。

4. 电子数据具有易于复制性。电子数据能够被无限制的、快速的复制，且复制时只要有计算机及其他相关科技设备即可。复制前后的电子数据没有任何区别，往往无法区分原件和复制件。

5. 电子数据具有易篡改性。电子数据是以编码的形式存在的，这些编码容易被篡改，而且一旦数据被人为篡改，如果没有可以比照的副本，则很难判断电子数据的真实性。

第三节　证据的分类

一、原始证据与传来证据

根据证据的来源不同，可以将其分为原始证据和传来证据。

1. 原始证据，是指直接来源于案件事实的证据，也就是来自原始出处的证据，即通常所说的第一手材料。例如，证人根据他亲自看到、听到的事实所提供的证言；被害人对自己受害经过的陈述；犯罪嫌疑人、被告人对自己罪行的供认；文件的原本、物证的原物等等，都是原始证据。

2. 传来证据，是指从第二手来源收集来的证据，也就是从原始出处以外的其他来源传来的证据。凡不是直接来源于案件事实，而是通过原始证据所派生出来的证据，都叫做传来证据。例如，并非证人亲自看到、听到的案件的事实情况，而是证人从犯罪嫌疑人、被告人或者其他人的谈话中了解到的某种事实。这种传来的证言必须是有确切来源和根据的。没有确切来源的道听途说，并不是传来证据。文件的副本或者抄件，勘验、检查的笔录，物证的照片，等等，都是传来证据。

把证据分为原始证据和传来证据的意义，是提醒司法人员在收集证据时，应当努力寻找原始证据，尽量掌握第一手材料。只有在第一手材料实在收集不到的时候，才可以收集第二手、第三手材料。因为一般来说，原始证据比传来证据要可靠一些。实践证明：证据被转手传递的次数越多，它的真实性和准确性就会相对地越小。因为中间环节过多，转述的人有可能有意无意地把事实情况夸大、缩小或传错。所以，一般来说，原始证据要比传来证据的可靠性大些。但是，这并不是说传来证据完全不可靠，是“第二等”证据，进而认为传来证据不重要而不注意去收集传来证据。实际上，通过传来证据可以追根溯源、顺藤摸瓜去发现和收集原始证据；可以审查原始证据是否完整和确实，判断原始证据的可靠程度。特别是在没有原始证据的情况下，传来证据就具有重要的作用。所以对传来证据也是不能忽视的。

二、有罪证据与无罪证据

根据证据的证明作用，即是肯定犯罪嫌疑人、被告人实施了犯罪，还是否定犯罪嫌疑人、被告人实施了犯罪，可以把证据分为有罪证据和无罪证据。

1. 有罪证据，是指能够证明犯罪事实存在，犯罪嫌疑人、被告人有罪的证据。由于它是肯定犯罪嫌疑人、被告人犯罪的证据，所以叫做有罪证据。有罪证据一般是由控诉人在对犯罪嫌疑人、被告人进行指控时提出的，也是人民法院作出有罪判决的根据。

2. 无罪证据，是指反驳控诉，能够证明犯罪事实不存在，或者是证明犯罪嫌疑人、被告人无罪的证据。由于它是否定犯罪的证据，所以叫做无罪证据。无罪证据一般是由犯罪嫌疑人、被告人及其辩护人在进行辩护时提出的，是人民法院制作无罪判决的根据。例如，证人证明被告人杀人不是出于故意，而是正当防卫；或者证人证明他所看见的放火者不是被告人，这都是无罪证据。

应当指出，有罪证据和无罪证据的分类，是根据证据的内容和作用划分的，而不是根据是由诉讼当事人哪一方提供证据划分的。

把证据分为有罪证据和无罪证据的意义，是便于全面客观地收集和运用证据，防止主观片面性。《刑事诉讼法》第 52 条规定，侦查人员、检察人员、审判人员必须全面地收集能够证实犯罪嫌疑人、被告人有罪或者无罪、犯罪情节轻重的各种证据。对于每个案件，既要查明犯罪嫌疑人、被告人有罪和加重罪责的情况，也要查明犯罪嫌疑人、被告人无罪和减轻罪责的情况；既要收集对犯罪嫌疑人、被告人不利的证据，又要收集对犯罪嫌疑人、被告人有利的证据。只有全面地收集和运用证据，才能查明案件的事实真相。

三、言词证据与实物证据

根据证据事实形成的方法、表现形式、存在状况、提供方式，以及运用程序上的不同，可以把证据分为言词证据与实物证据，也叫人证与物证。

1. 言词证据，也叫人证，是指以人的意识对案情作出精神上的反映而形成的证据。凡证据事实是通过人的陈述来反映，以语言形式表现的，就叫做言词证据。因为案件事实在当事人、见证人的头脑中造成印记，是留在人的记忆中的反映现象。言词证据是指当事人、证人、鉴定人等有关人员对客观案件事实的反映现象。言词证据是由人的理性状态、思维活动通过口头或者书面叙述的形式提供的，并且固定在笔录当中。言词证据包括：证人证言，被害人陈述，犯罪嫌疑人、被告人供述和辩解，鉴定意见。法庭调查言词证据是通过询问、讯问和宣读进行的。言词证据的共同特点是：容易受到提供证据者的主观因素的影响。由于每个人的感受、判断、记忆和复述能力不同，因而每个人如实反映案件事实的程度也就不同。这种特点说明必须仔细地审查鉴别言词证据。

2. 实物证据，俗称物证，其是以各种事物的特征、存在的状态和变化，以及各种事物之间的联系形成的，它是以物理状态、自然现象表现出来的。凡是以实物形态、特性，以其记载的内容表现出来的证据，就叫做实物证据。这里所说的实物证据指的是广义上的物证，既包括犯罪的工具、赃物和有犯罪痕迹的物品，也包括对案情有证明意义的书面文件。实物证据多是在勘验、检查中被发现和收集的，并被以扣押的方法妥善保管或者封存在一定处所。法庭调查实物证据的方式是出示和宣读。

把证据分为言词证据和实物证据的意义在于根据不同证据的特点和作用，采取相应的方法进行收集、固定、保全、审查和运用。

四、直接证据与间接证据

根据证据与案件的主要事实的关系，即能不能独立地证明案件的主要事实，可以将证据分为直接证据和间接证据。所谓案件的主要事实，是指犯罪事实是否存在，犯罪嫌疑人、被告人是否犯罪。

1. 直接证据，是指能够独立地说明案件主要事实的证据。凡是直接说明犯罪事实是否存在，以及犯罪嫌疑人、被告人有罪或无罪的证据，就叫做直接证据。直接证据是案件主要事实的直接反映。通过一个直接证据就可以了解到案件的主要事实。例如，犯罪嫌疑人、被告人承认自己有罪，并供述自己出于什么动机，在什么时间、地点、条件下实施了犯罪。通过这个供述，我们就可以了解到案件的主要事实。

2. 间接证据，也叫情况证据。这种证据不能独立地直接证明案件的主要事实，而只能证明案件事实的某种情况，证明和案件主要事实有关联的一些事实情节，其必须与案内的其他证据结合起来，构成一个证据体系，才能共同证明案件的主要事实，对案件的主要事实作出肯定或否定的结论。间接证据和案件的主要事实之间没有直接的联系，其只能够间接地证明案件事实的某种情况。例如，作案的动机、目的、准备、手段、条件、机会，持有赃款赃物，被害人和犯罪嫌疑人、被告人的人身情况，以及他们之间的关系等，只有把证明这些情况的间接证据结合起来，构成一个具有内在联系的证据体系，才能对案件的主要事实作出结论。

把证据分为直接证据和间接证据，是为了全面掌握证据的不同特点，以便采用正确的方法去运用证据，查明案件事实。一般来说，直接证据要比间接证据信息量大，能够反映案件事实的多个方面，运用直接证据，证明过程比较简单，它可以直接证明案件的主要事实。例如，被害人指控犯罪嫌疑人、被告人强奸她，被害人的陈述是直接证据，经过查证核实以后，就证明了强奸事实。因此，在使用直接证据时，主要是审查直接证据本身的真实性。但是，任何一个孤证都是靠不住的，只凭一个直接证据仍然难以定案，一般还需要有一些别的证据互相鉴别，互相印证、核实，才能认定事实。而间接证据只是对案件的某一个点、某一个环节、某一个侧面的反映，运用间接证据证明案件事实比较复杂，需要更加慎重。但这并不是说，间接证据的证明力弱，是“第二等”证据。运用间接证据所证明的案件事实同样是可靠的，是推翻不了的。只要审查仔细，运用正确，间接证据对于证明案件事实同样是非常有力的。

问题与思考

简答题

1. 什么是刑事诉讼证据？
2. 刑事诉讼证据有哪些特点？
3. 简述我国证据制度的理论基础。
4. 物证和书证有什么不同？
5. 证人证言有什么特点？
6. 证人应当具有什么条件？
7. 被害人陈述有什么特点？
8. 犯罪嫌疑人、被告人供述和辩解有什么特点？
9. 鉴定意见在刑事诉讼中有什么特点和作用？
10. 视听资料在刑事诉讼中有什么特点和作用？
11. 刑事证据从理论上可以作哪些分类？
12. 在法定的八种证据中哪种证据可能成为直接证据？

课堂讨论案例

2001 年 11 月 17 日凌晨，在甲市郊区的公路上，发生了一起交通肇事案件。接到报案后，甲市公安局迅速组织侦查人员赶往事故现场。现场有被害人的尸体和被害人骑的自行车，自行车已被摔坏，在尸体旁边留有被害人的大摊血迹。在离尸体不远处有汽车紧急刹车留下的摩擦痕迹。在被害人手腕上，有一块上海牌手表，手表已经被摔坏，时针指在 6 点 5 分。事故现场不远处有里程碑证明事故发生地距甲市 15 000 米。侦查人员对现场进行了勘验，拍摄了一张现场全景照片。法医经过对被害人进行鉴定，得出的结论是：被害人系男性，40 岁左右，身高 177 厘米，根据其伤势可判断，被害人系被汽车撞击而死。公安局遂立案侦查。在侦查过程中，有位妇女张某对侦查人员说，她丈夫曾告诉过她，交通事故发生时，他刚好路过离事故现场 10 米处，目击一辆解放牌大卡车撞倒被害人后，司机打开车门看了看，然后飞速逃离现场，他看到司机是市化工厂驾驶员杨某。根据甲市交通管理局来往车辆登记记录查明，6 点 5 分左右，曾有两辆解放牌大卡车经过事故现场处。其中有一辆为甲市化工厂车辆。经侦查人员查看，该车上有一漆皮新脱落的痕迹。厂调度员证明司机杨某 17 日早晨驾车从乙市返回甲市，下车后神色慌张。出车登记表证明司机杨某 17 日 6 点 10 分回厂。侦查人员询问杨某与同车的陈某，两人均否认他们当天早上发生过交通事故。

请结合本章内容，并根据案情回答下列问题：

1. 本案侦查人员收集到的证据分别属于证据种类中的哪一种？

2. 本案侦查人员收集到的证据中属于直接证据的有哪些？属于传来证据的有哪些？

3. 本案侦查人员收集到的证据中属于无罪证据的有哪些？属于言词证据的有哪些？

法律职业资格（司法）考试真题

1. 被害人在临死前向抢救他的医生魏某讲述了遭受犯罪分子侵害的事实，在诉讼过程中医生魏某就该情况向司法机关作证。根据刑事诉讼证据的分类理论，医生魏某的证言属于什么类型的证据？（　　）（单选）

A. 言词证据、原始证据、直接证据、有罪证据

B. 言词证据、传来证据、直接证据、有罪证据

C. 言词证据、原始证据、间接证据、无罪证据

D. 实物证据、传来证据、直接证据、有罪证据

2. 某伤害案，提取的血迹经 DNA 鉴定，系来自被害人身上的血。对于这一鉴定意见，侦查机关应当告知哪些诉讼参与人？（　　）（多选）

A. 犯罪嫌疑人　　B. 被害人

C. 犯罪嫌疑人聘请的律师　　D. 被害人的近亲属

3. 李某涉嫌故意杀人罪，法庭审理期间李某声称侦查人员曾对其实施刑讯逼供，李妻也提出其证言出自侦查人员的威胁、引诱、欺骗。经法院查明，上述情况属实。下列证据材料哪些不能作为定案的根据？（　　）（多选）

A. 李某的有罪供述

B. 根据李某的有罪供述找到的杀人凶器

C. 李妻的证言

D. 根据李妻的证言找到的李某转移被害人尸体时使用的布口袋

4. 下列哪一种证据属于直接证据？（　　）（单选）

A. 韩某杀人案，证明被告人到过案发现场的证人证言

B. 马某盗窃案，被害人陈某关于犯罪给自己造成物质损害的陈述

C. 高某放火案，表明大火系因电器短路引起的录像

D. 吴某投毒案，证明被告人指纹与现场提取的指纹相同

5. 下列哪些证据属于书证？（　　）（多选）

A. 某强奸案，在犯罪嫌疑人住处收集的笔记本，其中记载着其作案经过及对被害人的描述

B. 某贪污案，为查明账册涂改人而进行鉴定的笔迹

C. 某故意伤害案，证人书写的书面证词

D. 某走私淫秽物品案，犯罪嫌疑人非法携带的淫秽书刊

6. 某市公安机关根据商场电子监视系统拍摄的图像资料破获一盗窃团伙，收缴赃款 8 万余元，并缴获金、银首饰及 CD 机、电视剧录像带等赃物。下列说法正确的是：（　　）。（不定项）

A. 现金、CD 机、首饰属于物证

B. 电子监视系统拍摄的图像资料属于视听资料

C. 电视剧录像带属于视听资料

D. 监视系统拍摄的图像资料属于勘验笔录，电视剧录像带属于视听资料

7. 在杨某被控故意杀人案的审理中，公诉人出示了死者女儿高某（小学生，9 岁）的证言。高某证称，杨某系其表哥，案发当晚，她看到杨某举刀杀害其父。下列哪一选项是正确的？（　　）（单选）

A. 因高某年幼，其证言不能作为证据出示

B. 因高某对所证事实具有辨别能力，其证言可以作为证据出示

C. 高某必须到庭作证，否则其证言不能作为证据出示

D. 高某与案件有利害关系，其证言不可以作为定案的根据

8. 公安机关勘验杀人现场时，提取了插在被害人胸部上的一把匕首。从证据分类的角度看，该匕首属于下列哪种分类？（　　）（单选）

A. 原始证据、直接证据　　　　B. 传来证据、间接证据

C. 实物证据、直接证据　　　　D. 原始证据、间接证据

9. 某银行被盗，侦查机关将沈某确定为犯罪嫌疑人。在进行警犬辨认时，一“功勋警犬”在发案银行四处闻了闻后，猛地扑向沈某。随后，侦查人员又对沈某进行心理测试，测试结论显示，只要犯罪嫌疑人说没偷，测谎仪就显示其撒谎。关于可否作为认定案件事实的根据，下列哪一选项是正确的？（　　）（单选）

A. 警犬辨认和心理测试结论均可以

B. 警犬辨认可以，心理测试结论不可以

C. 警犬辨认不可以，心理测试结论可以

D. 警犬辨认和心理测试结论均不可以

10. 甲致乙重伤，收集到下列证据，其中既属于直接证据，又属于原始证据的是哪一项？（　　）（单选）

A. 有被害人血迹的匕首

B. 证人看到甲身上有血迹，从现场走出的证言
C. 匕首上留下的指印与甲的指纹同一的鉴定意见
D. 乙对甲伤害自己过程的陈述
11. 下列哪些选项属于实物证据？（　　）（多选）
A. 杀人案中现场勘验笔录
B. 贪污案中证明贪污数额的账册
C. 强奸案中证明被害人精神状态的鉴定意见
D. 伤害案中证明伤害发生过程情况的监控录像
12. 张某、李某共同抢劫被抓获。张某下列哪一陈述属于证人证言？（　　）（单选）
A. 我确实参加了抢劫银行
B. 李某逼我去抢的
C. 李某策划了整个抢劫，抢的钱他拿走了一大半
D. 李某在这次抢劫前还杀了赵某
13. 关于证人与鉴定人的共同特征，下列哪些选项是正确的？（　　）（多选）
A. 是当事人以外的人
B. 与案件或案件当事人没有利害关系
C. 具有不可替代性
D. 有义务出席法庭接受控辩双方询问
14. 下列哪一选项既属于原始证据，又属于间接证据？（　　）（单选）
A. 被告人丁某承认伤害被害人的供述
B. 证人王某陈述看到被告人丁某在案发现场擦拭手上血迹的证言
C. 证人李某陈述被害人向他讲过被告人丁某伤害她的经过
D. 被告人丁某精神病鉴定结论的抄本
15. 关于司法鉴定，下列哪些选项是正确的？（　　）（多选）
A. 某鉴定机构的三名鉴定人共同对某杀人案进行法医类鉴定，这三名鉴定人依照诉讼法律规定实行回避
B. 某鉴定机构的鉴定人钱某对某盗窃案进行了声像资料鉴定，该司法鉴定应由钱某负责
C. 当事人对鉴定人胡某的鉴定意见有异议，经法院通知，胡某应当出庭作证
D. 鉴定人刘某、廖某、徐某共同对被告人的精神状况进行了鉴定，刘某和廖某意见一致，但徐某有不同意见，应当按照刘某和廖某的意见作出结论

16. 张某伪造、变造国家机关公文、证件、印章案的下列哪一证据既属于言词证据，又属于间接证据？（　　）（单选）
A. 用于伪造、变造国家机关公文、证件、印章的设备、工具
B. 伪造、变造的国家机关公文、证件、印章
C. 张某关于实施伪造、变造行为的供述
D. 判别国家机关公文、证件、印章真伪的鉴定意见
17. 关于证据的关联性，下列哪一选项是正确的？（　　）（单选）
A. 关联性仅指证据事实与案件事实之间具有因果关系
B. 具有关联性的证据即具有可采性
C. 证据与待证事实的关联度决定证据证明力的大小

D. 类似行为一般具有关联性

18. 下列哪一选项所列举的证据属于补强证据？（　　）（单选）

A. 证明讯问过程合法的同步录像材料

B. 证明获取被告人口供过程合法，经侦查人员签名并加盖公章的书面说明材料

C. 根据被告人供述提取到的隐蔽性极强、并能与被告人供述和其他证据相印证的物证

D. 对与被告人有利害冲突的证人所作的不利于被告人的证言的真实性进行佐证的书证

19. 关于鉴定人与鉴定意见，下列哪一选项是正确的？（　　）（单选）

A. 经法院通知，鉴定人无正当理由拒不出庭的，可由院长签发强制令强制其出庭

B. 鉴定人有正当理由无法出庭的，法院可中止审理，另行聘请鉴定人重新鉴定

C. 经辩护人申请而出庭的具有专门知识的人，可向鉴定人发问

D. 对鉴定意见的审查和认定，受到意见证据规则的规制

20. 关于证人证言与鉴定意见，下列哪一选项是正确的？（　　）（单选）

A. 证人证言只能由自然人提供，鉴定意见可由单位出具

B. 生理上、精神上有缺陷的人有时可以提供证人证言，但不能出具鉴定意见

C. 如控辩双方对证人证言和鉴定意见有异议的，相应证人和鉴定人均应出庭

D. 证人应出庭而不出庭的，其庭前证言仍可能作为证据；鉴定人应出庭而不出庭的，鉴定意见不得作为定案根据

21. 关于网络犯罪案件证据的收集与审查，下列哪一选项是正确的？（　　）（单选）

A. 询问异地证人、被害人的，应由办案地公安机关通过远程网络视频等方式进行

B. 收集、提取电子数据，能够获取原始存储介质的应封存原始存储介质，并对相关活动录像

C. 远程提取电子数据的，应说明原因，并对相关活动录像

D. 对电子数据涉及的专门性问题难以确定的，可由公安部指定的机构出具检验报告

22. 甲涉嫌盗窃室友乙存放在储物柜中的笔记本电脑一台并转卖他人，但甲辩称该电脑系其本人所有，只是暂存于乙处。下列哪一选项既属于原始证据，又属于直接证据？（　　）（单选）

A. 侦查人员在乙储物柜的把手上提取的甲的一枚指纹

B. 侦查人员在室友丙手机中直接提取的视频，内容为丙偶然拍下的甲打开储物柜取走电脑的过程

C. 室友丁的证言，内容是曾看到甲将一台相同的笔记本电脑交给乙保管

D. 甲转卖电脑时出具的现金收条

23. 下列哪一选项属于传闻证据？（　　）（单选）

A. 甲作为专家辅助人在法庭上就一起伤害案的鉴定意见提出的意见

B. 乙了解案件情况但因重病无法出庭，法官自行前往调查核实的证人证言

C. 丙作为技术人员"就证明讯问过程合法性的同步录音录像是否经过剪辑"在法庭上所作的说明

D. 丁曾路过发生杀人案的院子，其开庭审理时所作的"当时看到一个人从那里走出来，好像喝了许多酒"的证言

24. 赵某、石某抢劫杀害李某，被路过的王某、张某看见并报案。赵某、石某被抓获后，2名侦查人员负责组织辨认。回答下列（1）、（2）题。（不定项）

（1）关于辨认的程序，下列选项正确的是？（　　）

A. 在辨认尸体时，只将李某尸体与另一尸体作为辨认对象

B. 在 2 名侦查人员的主持下，将赵某混杂在 9 名具有类似特征的人员中，由王某、张某个别进行辨认

C. 在对石某进行辨认时，9 名被辨认人员中的 4 名民警因紧急任务离开，在 2 名侦查人员的主持下，将石某混杂在 5 名人员中，由王某、张某个别进行辨认

D. 根据王某、张某的要求，辨认在不暴露他们身份的情况下进行

(2) 关于辨认笔录的审查与认定，下列选项正确的是？（　　）

A. 如对尸体的辨认过程没有录像，则辨认结果不得作为定案证据

B. 如侦查人员组织辨认时没有见证人在场，则辨认结果不得作为定案的根据

C. 如在辨认前没有详细向辨认人询问被辨认对象的具体特征，则辨认结果不得作为定案证据

D. 如对赵某的辨认只有笔录，没有赵某的照片，无法获悉辨认真实情况的，也可补正或进行合理解释

25. 案例分析

案情：

某日凌晨，A 市某小区地下停车场发现一具男尸，经辨认，死者为刘瑞，达永房地产公司法定代表人。停车场录像显示一男子持刀杀死了被害人，但画面极为模糊，小区某保安向侦查人员证实其巡逻时看见形似刘四的人拿刀捅了被害人后逃走（开庭时该保安已辞职无法联系）。

侦查人员在现场提取了一只白手套，一把三棱刮刀（由于疏忽，提取时未附笔录）侦查人员对现场提取的血迹进行了 ABO 血型鉴定，认定其中的血迹与犯罪嫌疑人刘四的血型一致。

刘四到案后几次讯问均不认罪，后来交代了杀人的事实并承认系被他人雇佣所为，公安机关据此抓获了另外两名犯罪嫌疑人康雍房地产公司开发商张文、张武兄弟。

侦查终结后，检察机关提起公诉，认定此案系因开发某地块利益之争，张文、张武雇佣社会人员刘四杀害了被害人。

法庭上张氏兄弟、刘四同时翻供，称侦查中受到严重刑讯，不得不按办案人员意思供认，但均未向法庭提供非法取证的证据或线索，未申请排除非法证据。

公诉人指控定罪的证据有：①小区录像；②小区保安的证言；③现场提取的手套、刮刀；④ABO 血型鉴定；⑤侦查预审中三被告人的有罪供述及其相互证明。三被告对以上证据均提出异议，主张自己无罪。

问题：

(1) 请根据《刑事诉讼法》及相关司法解释的规定，对以上证据分别进行简要分析，并作出是否有罪的结论。

(2) 请结合本案，谈谈对《中共中央关于全面推进依法治国若干重大问题的决定》中关于“推进以审判为中心的诉讼制度改革，确保侦查、审查起诉的案件事实证据经得起法律的检验”这一部署的认识。

第十章
证　明

本章概要

刑事诉讼中的证明是司法机关运用已知的证据来证明案件事实的活动。由于刑事诉讼活动比其他国家活动更易对公民的人身权利和自由造成粗暴的践踏，因而刑事诉讼立法对各类证据的收集、审查、判断等，都作了明确的规定。在司法实践中，必须严格按照法定程序来进行操作。以非法方法收集的证据经过核实的应当予以排除。

关键术语

刑事证明　刑事证明责任　刑事证明要求　刑事证据收集　刑事证据核实的原则　刑事证据运用的规则　非法证据排除

第一节　证明概述

一、证明的概念

证明是指人类认识客观世界的一种有意识、有目的的活动，广泛地存在于自然科学和社会生活之中。刑事诉讼中的证明是指国家司法机关在刑事诉讼中依照法定程序，运用证据来查明和确定案件事实的诉讼活动。刑事诉讼中的证明活动一般有狭义和广义两种：狭义的证明是指侦查人员、检察人员和审判人员依照法定程序收集证据，审查判断证据，运用证据来确定有无犯罪，是谁实施了犯罪，犯罪人的罪责轻重，以及其他有关事实的诉讼活动；广义上的证明是指司法人员依法运用证据确定案件事实的诉讼活动、当事人和其他诉讼参与人依法提供证据，运用证据证明自己诉讼主张的活动。刑事诉讼中的证明主要有以下特征。

1. 刑事诉讼证明的任务是确定案件的真实情况。也就是说，在刑事诉讼中，要证明犯罪事实是否发生，犯罪嫌疑人、被告人是否实施了犯罪，以及有无从重、从轻、减轻或者免除其刑事责任的情节等。证明所确定的案件事实必须符合客观实际。

2. 刑事诉讼证明的主体主要是人民法院、人民检察院和公安机关，其依法收集、审查和运用证据来证明案件事实；刑事诉讼的当事人也应当依法提供证据，证明自己的指控或者主张。刑事诉讼证明具有职责性或者是义务性。

3. 刑事诉讼证明必须依法进行，才具有诉讼上的有效性。刑事诉讼证明是由国家法律所调整的诉讼活动，从证明任务、证明主体、证明责任、证明范围、证明手段到收集、审查、运用证据的规则和程序等，都有明确的法律规定，司法人员只有严格依照法律规定加以证明，才是合法的和有效的。刑事诉讼证明具有严格的法律要求。

4. 刑事诉讼证明的内容，包括收集证据、审查和运用证据证明案件事实的全过程，刑事诉讼的证明方法主要是事实推断与逻辑推断相结合。从刑事诉讼案件中确定其证明对象，依法收集各种真凭实据，再根据已知的证据事实和生活经验推断案件未知的证明对象。只有逻辑推断与事实推断相结合，才是证明案件事实的唯一方法。

在刑事诉讼中，证明是最重要的诉讼活动，是确定案件事实的唯一方法，是正确适用法律的基础，对司法公正具有重要意义。

二、证明对象

（一）证明对象的概念和意义

证明对象，是指需要用证据加以证明的与刑事案件有关的各种问题，既包括需要证明的刑事案件的主要事实，也包括需要证明的与刑事案件有关的其他事实，凡是与追究犯罪嫌疑人、被告人刑事责任有关的一切需要证明的事实，就是证明的对象。

研究确定证明对象，对于司法人员明确具体案件需要证明的各种问题，有目的、有重点、有计划地调查收集证据，及时查明全部案件的事实情况，正确适用法律来处理案件是有重要意义的。如果案件的证明对象不明确，对于需要证明的问题没有及时地去调查收集证据，对于不需要证明的问题，却花费了很多时间和精力去调查收集证据，这不仅拖延了诉讼时间，造成人力、物力的浪费，而且会错过有利时机，影响及时调查收集证据，查明案情，及时正确处理案件。

具体案件的证明对象应当怎样确定呢？由于刑事案件错综复杂，法律上难以作出统一的具体规定，因而办案人员要根据具体案件的情况和特点，依照刑法关于犯罪构成的规定和《刑事诉讼法》的有关规则，经过分析研究确定。既要防止把证明对象确定得过宽，也要防止把证明对象确定得过窄。把与具体案件无关的情况作为证明对象，势必会分散精力，影响对案件的及时处理；把与具体案件有关的重要情节不作为证明对象，将会造成运用证据上的差错，影响对案件事实的认定和处理。

（二）证明对象的范围

根据我国刑法和刑事诉讼法的有关规定，以及刑事审判的实践经验，最高人民法院《解释》第 64 条规定，需要运用证据证明的案件事实包括：（1）被告人、被害人的身份；（2）被指控的犯罪是否存在；（3）被指控的犯罪是否为被告人所实施；（4）被告人有无刑事责任能力、罪过，实施犯罪的动机、目的；（5）实施犯罪的时间、地点、手段、后果以及案件起因等；（6）被告人在共同犯罪中的地位、作用；（7）被告人有无从重、从轻、减轻、免除处罚情节；(8) 有关附带民事诉讼、涉案财物处理的事实；(9) 有关管辖、回避、延期审理等的程序事实；(10) 与定罪量刑有关的其他事实。根据上述规定，我国刑事诉讼中的证明对象，主要包括以下几类：

1. 犯罪行为是否已经发生。首先要查明构成犯罪的具体行为是否确已发生，是否属于正当防卫、紧急避险或其他不构成犯罪的行为。在一般情况下，这个问题是明显的、不需要证明的。但是，如果对犯罪行为产生怀疑，就需要证明。例如对于非自然死亡的事件，究竟是杀人案件，还是意外事件，就需要证明，以防止对没有发生的犯罪行为继续进行刑事诉讼。

2. 谁是犯罪行为的实施者，是否达到刑事责任年龄，有无刑事责任能力，实施犯罪者在主观上有无故意或过失，以及实施犯罪行为的动机和目的。

3. 依法应当从重或从轻、减轻以及免除刑事处罚的情节。这些情节，特别是法定情节，对量刑轻重具有直接影响。只有全面查明这些情节，才能正确适用法律，做到量刑适当。

4. 解决刑事诉讼程序问题需要证明的事实。在刑事诉讼中对于管辖权异议的事由，当事人申请回避时提出的回避理由，当事人因不可抗拒的原因或有其他正当理由耽误法定诉讼期限而提出申请的事由，以及违反法定的刑事诉讼程序而可能影响正确判决的事由，等等，也应当加以证明。

5. 其他需要运用证据加以证明的事实。

上述所列的各种证明对象，只是根据实践经验加以总结，对一般刑事案件概括性的列举。并不是说，所有刑事案件都要证明这些问题，也不是说，所有刑事案件只证明这些问题就完全够了。由于每个刑事案件的具体情况不同，因而需要证明的问题也有所不同，必须根据案件的实际情况，具体确定每个案件的证明对象。对于关键性问题，属于主要的证明对象的，要多下工夫用证据来加以证明；对于一般性问题，属于次要的证明对象的，也必须查证清楚。总之，对于刑事案件的证明对象，只有由相应的证据来加以证明，才能做到证据充分、确实，事实清楚，处理恰当。

应当指出，在刑事诉讼中，也并非所有事实均需要证明，有些事实在诉讼中不必提出证据加以证明，而可以直接认定。这主要是出于证明的可能性以及诉讼效率的考虑。《人民检察院刑事诉讼规则（试行）》第 437 条明确规定了 6 项在法庭审理中一般无须提供证据证明的事项：(1) 为一般人共同知晓的常识性事实。即在一定区域内大多数人都知道的事实。当然，对于某一事实是否为大家都知道而不用证明的事实，应当由司法人员根据具体情况决定。(2) 人民法院生效裁判所确认的并且未依审判监督程序重新审理的事实。例如，甲控告乙造成伤害的刑事案件，人民法院判决认定乙犯故意伤害罪判处徒刑。当判决生效后，甲又起诉要求乙赔偿因伤害犯罪所造成的物质损失，这时已经生效的刑事判决所认定的事实，法院可以直接用来作为解决赔偿问题的根据。(3) 法律、法规的内容以及适用等属于审判人员履行职务所应当知晓的事实。(4) 在法庭审理中不存在异议的程序事实。应当注意的是，在刑事诉讼中，对于控辩双方不存在争议的实体事实仍然需要证明。(5) 法律规定的推定事实。(6) 自然规律或者定律。

三、证明要求

刑事诉讼中的证明要求，是指法律规定的司法人员运用证据证明案件事实要达到的程度。

不同的证据制度有不同的证明要求。从诉讼发展历史来看，在古代神示证据制度中，诉讼证明只要符合神的规定，就达到了真实的要求；在封建制的法定证据制度中，诉讼证明只要符合法律规定，就达到了真实的要求；在现代西方大陆法系国家的自由心证制度中，诉讼证明只要符合法官的良心、理性，就达到了真实的要求；在我国的证据制度中，诉讼证明必须以事实为依据，只有符合案件的真实情况，才算达到客观真实的要求。这就是说，我国证据制度中的证明要求是：案件事实清楚，证据确实、充分。这同以往的证明要求是根本不同的。

证明要求与证明对象密切相关。在刑事诉讼中是否达到了证明要求的程度，往往也是检验证明对象的事实情节是否都有相应的证据加以证明，事实情节是否清楚的标准。

证明要求与证明责任密切相关。在刑事诉讼中是否达到了证明要求的程度，往往也是检验是否履行证明责任的标准。证明要求承担证明责任的司法机关和个人依法提供证据来证明案件事实，否则就要承担不履行证明责任的法律后果。

（一）案件事实清楚，证据确实、充分

《刑事诉讼法》第55条规定，对于一切案件只有“证据确实、充分”，才“可以认定被告人有罪和处以刑罚”。第162条规定，“公安机关侦查终结的案件，应当做到犯罪事实清楚，证据确实、充分”。第176条规定，检察院决定起诉的案件，必须达到“犯罪事实已经查清，证据确实、充分，依法应当追究刑事责任的”要求。第200条规定，法院经过审理以后，对于“案件事实清楚，证据确实、充分，依据法律认定被告人有罪的，应当作出有罪判决”。这些规定说明，在侦查、起诉和审判工作中，必须做到案件事实清楚，证据确实、充分。《刑事诉讼法》所规定的证据确实、充分的要求，是办案人员运用证据的重要原则。

所谓证据确实，是指所有证据都必须经过查证属实，真实可靠，确凿无疑，是真凭实据，具有真实性和证明力。所谓证据充分，是指案件的证明对象都有相应的证据证明其真实可靠，能排除其他一切可能性。证据确实、充分的证明原则，是对证据在质与量上的要求。确实是指对定案的证据在质量上的要求：一是指据以定案的单个证据，必须经查证属实；二是指单个证据与案件事实之间，必须存在客观联系；三是单个证据的证明力大小。充分是指对定案的证据在数量上的要求：一是所有证明对象都依法收集到相应的证据；二是证明对象都有相应的证据加以证明；三是所有的证据在数量上都能排除其他一切可能性，作出确实无疑的唯一结论。

《刑事诉讼法》第55条第2款对于证据确实、充分的具体标准也作出了明确的规定。证据确实、充分，应当符合以下条件：（1）定罪量刑的事实都有证据证明；（2）据以定案的证据均经法定程序查证属实；（3）综合全案证据，对所认定事实已排除合理怀疑。

刑事诉讼的各个阶段对诉讼证明的要求是不同的，其具有一定的阶段性和层次性。在立案阶段，诉讼证明的要求是：具有犯罪事实和需要追究刑事责任；在逮捕犯罪嫌疑人时的诉讼证明要求是：有证据证明有犯罪事实，可能判处徒刑以上刑罚，采取取保候审不足以防止发生社会危险性的；对于使用拘留措施、申请回避等诉讼程序均有不同的证明要求。当侦查终结以后，不论是检察机关提起公诉，还是法院作出有罪判决，都要求犯罪事实清楚，证据确实、充分。由此可见，犯罪事实清楚，证据确实、充分，是法律对刑事诉讼中作出的各种认定犯罪嫌疑人、被告人有罪决定的证明要求。上述分析说明，随着刑事诉讼活动的进行，司法人员对案件事实的认识不断深化，法律对诉讼证明的要求也在相应提高，直至犯罪事实清楚，证据确实、充分。

（二）疑案从无

由于证明活动既与公民的人身权利自由直接相关，又与证明要求有直接关系，因而，我国《宪法》和《刑事诉讼法》都明确规定了人权保障和无罪推定内容。

在刑事诉讼中研究证明要求的时候，必然要涉及对疑案的处理问题。所谓的疑案，又叫疑罪，是指虽然有相当的证据说明被告人有犯罪嫌疑，但全案的诉讼证据未达到确实、充分的要求，不能确定无疑地作出被告人犯罪的结论。这种由于案情复杂或者受主、客观条件的限制，处断难明的“疑案”无论是在过去、现在还是在将来都会存在。承认这种“疑案”是客观现实的存在，才是实事求是的科学态度。

不同的证据制度对于事出有因、查无实据，或者是证据不足、处断难明的“疑案”，采用不同的处理原则。封建专制的诉讼，根据有罪推定的原则，对“疑案”实行“疑罪从有”的处理。我国古代实行“罪疑从赎”的处理原则，对“疑案”实行按有罪从轻处罚。当代许多国家的刑事诉讼根据无罪推定的原则，对“疑案”实行有利于被告人的解释与处理。即在被告人有罪无罪难以确定时，按无罪处理；在被告人罪重罪轻难以确定时，按罪轻处理。在我国，1979年《刑事诉讼法》回避了对“疑案”的处理问题，实践中对于事实不清、证据不足的“疑案”，要求继续侦查、补充侦查，直到案件事实清楚，证据确实、充分才作处理，结果使“疑案”往往久拖不决。1996年修正后的《刑事诉讼法》第12条明确规定了未经法院依法判决不得确定有罪原则，2012年和2018年《刑事诉讼法》的修正均延续了1996年《刑事诉讼法》的规定。根据《刑事诉讼法》第175条的规定，人民检察院在审查起诉阶段，对于需要补充侦查的，可以退回公安机关补充侦查，也可以自行侦查。补充侦查以两次为限，经过两次补充侦查，仍然认为证据不足，不符合起诉条件的，应当作出不起诉决定。根据《刑事诉讼法》第200条第3项的规定，人民法院在审判阶段，经过法庭审理，合议庭对“证据不足，不能认定被告人有罪的，应当作出证据不足、指控的犯罪不能成立的无罪判决”。这就在法律上明确规定了“疑案从无”的处理原则。

实行“疑案从无”的处理原则，会不会放纵真正的犯罪呢？当然会有这种可能性，但是，绝不会冤枉无辜。采用“疑案从有”的处理原则，既有可能放纵犯罪，又有可能冤枉无辜。两害相权取其轻，所以，实行“疑案从无”的处理原则是最好的选择，这充分表明了国家对处理犯罪的谨慎态度，体现了宪法尊重和保障人权的基本要求。

四、证明责任和举证责任

根据《刑事诉讼法》的有关规定，证明责任是指司法机关应当承担的收集依据，提供证据，证明案件事实的法律责任。人民法院、人民检察院和公安机关有权向有关单位和个人收集、调取证据。司法人员必须依照法定程序，收集能够证明犯罪嫌疑人、被告人有罪或者无罪、犯罪情节轻重的各种证据。证据必须经过查证属实，才能作为定案的根据。这些规定说明：公安机关、人民检察院和人民法院在刑事诉讼中承担依法收集证据，提供证据，证明犯罪的职责和义务。可见，证明责任总是和司法机关承担的法律职责、义务相联系的。例如，公安机关在需要逮捕犯罪嫌疑人时，应当向人民检察院提供证据，证明有犯罪事实发生。公安机关侦查终结在将案件移送人民检察院审查起诉时，必须就认定的犯罪事实提供确实、充分的证据。人民检察院决定提起公诉的案件，必须做到案件事实清楚，证据确实、充分。第一审法院的定罪判决，必须是案件事实清楚，证据确实、充分。如果证据不足，第二审法院将予以撤销或改判。即使是生效的判决，如果证据不足，也可依照审判监督程序对案件进行再审。

举证责任是指控辩双方在向法院提出自己诉讼主张的同时，应当承担提供证据加以证明的责任，使法官确信其举出的证据事实，能够证明其诉讼主张的确实性。如果承担举证责任的一方没有履行举证责任，就要遭受败诉的法律后果。自古罗马法确立“谁主张，谁举证”的举证责任原则以后，它对各国的举证责任有很大的影响。当代的诉讼中一般都有提出自己诉讼主张和提供证据证明自己诉讼主张的举证责任和说服责任。例如人民检察院既有依法指控犯罪的职责，也必须承担对指控犯罪事实的举证责任。举证责任总是与一定的法律后果相联系。对当事人来说，如果不能依法履行其举证责任，就可能要承担败诉的法律后果；对人民检察院来说，如果不能依法履行其举证责任，其指控的犯罪事实就不能成立。也正是基于这一点，《刑事诉讼法》第 51 条对刑事诉讼中的举证责任的分担予以明确：公诉案件中被告人有罪的举证责任由人民检察院承担，自诉案件中被告人有罪的举证责任由自诉人承担。根据该条规定，被告人没有义务承担证明自己有罪或无罪的举证责任。在诉讼中，辩方对于自己提出的具体的事实主张，也要承担相应的举证责任，否则，其提出的主张将不会被接受。比如辩方提出被告人不在犯罪现场的意见，就需要辩方提供相应的证据支持其主张。此外，根据《刑法》第 395 条的巨额财产来源不明罪的规定，出于打击贪污贿赂犯罪的需要，实行举证责任的转换，即在巨额财产来源不明案中，公诉机关只要用证据证明被告人的财产或支出明显超出合法收入，差额巨大，即已完成了举证责任，然后，对于这些财产的具体来源则由辩方来承担举证责任，如果辩方无法说明这些财产或支出有合法的来源，则由辩方承担败诉的后果。

证明责任与举证责任是既有联系又有区别的两种不同的责任。举证是证明的基础，证明是对举证的认定结论。二者密切联系，始终对查明案件事实起着重要作用。证明责任和举证责任的区别在于：一是性质与范围不同。举证责任与诉讼主张密不可分，举证责任是在诉讼主张范围内履行，而证明责任是司法机关依法履行收集、审查判断、运用证据认定案情的职责，与诉讼主张没有必然的联系。二是目的与后果不同。举证的目的是为自己的诉讼主张服务，如果不履行举证责任，就要承担败诉的法律后果。证明的目的是确认案件的事实真相，如果没有履行证明责任，就会导致案件无法处理，直接影响诉讼任务的完成。三是主体不同。举证的主体是根据“谁主张，谁举证”的原则确定的，举证责任一般是由为了证明自己的诉讼主张的控辩双方来承担的。证明的主体是根据司法机关的职权来确定的。当事人的举证必须经过司法机关的最后确证，才能作为定案的依据。

关于证明责任与举证责任的概念是否相同，理论界仍有不同的认识。多数学者认为证明责任也就是举证责任，二者是同一概念；有的学者认为，应当区分证明责任与举证责任，二者是不同的概念。对此至今没有取得共识。

关于证据公开问题，多数学者主张建立刑事证据公开制度。对于证据的主体、对象、过程、范围、规则、结果等事项都应依法公开，特别是对于举证、质证的理由更应依法公开。我国《刑事诉讼法》第 40 条规定：辩护律师自人民检察院对案件审查起诉之日起，可以查阅、摘抄、复制本案的案卷材料。其他辩护人经人民法院、人民检察院许可，也可以查阅、摘抄、复制上述材料。第 42 条规定：辩护人收集的有关犯罪嫌疑人不在犯罪现场、未达到刑事责任年龄、属于依法不负刑事责任的精神病人的证据，应当及时告知公安机关、人民检察院。这两条规定虽然并未明确说是对证据公开的规定，但其实已经达到了证据公开的效果，使承担举证责任的控辩双方在庭前就可以在一定范围内相互进行证据的展示。

第二节　证据的收集与运用

一、收集证据

收集证据是指司法机关依法通过侦查、审讯和调查工作，来发现和收取与案件有关的证据材料的诉讼活动。司法人员为了收集与案件有关的各种证据，必须深入实际，依靠群众，采取一些特殊方式、专门手段和强制性方法，进行调查研究，以便收取充分、确实的证据材料。

收集证据是运用证据的首要工作，是分析研究案情的前提和先决条件，是判断、认定案件事实的基础。没有调查就没有发言权，更没有决定权和处理权。只有把收集证据的工作做好了，才能为审查证据、运用证据认定案件事实提供充分可靠的证据材料。如果没有把收集证据的工作做好，缺少必要的证据材料，所谓运用证据来查明案件事实就是一句空话。所以，收集证据对于运用证据查明案件事实，是一项很重要的基础工作。

收集证据的目的，是如实地反映案件事实的本来面目，查明案件的事实真相，在取得充分、确实的证据基础上，对犯罪嫌疑人、被告人是否犯罪，犯什么罪，得出正确的结论。

收集证据的大量工作是在侦查阶段进行的，收集证据是侦查工作的主要任务，但是，在起诉、审判阶段，如果认为证据不够充分、确实，人民检察院和人民法院也需要调查收集证据。收集证据的范围是广泛的，凡是与案件事实有关的证据都要注意收集。应当根据具体案件的不同特点，抓住关键性问题，去收集与案件有关的各种证据。

收集证据是一种调查研究工作，但是同一般的调查研究工作相比，它有自己的特殊要求。

1. 合法性。《刑事诉讼法》第 54 条第 1 款规定：人民法院、人民检察院和公安机关有权向有关单位和个人收集、调取证据。有关单位和个人应当如实提供证据。这一规定说明：只有司法机关的司法人员才有权收集和调取证据。行政机关在行政执法和查办案件过程中收集的物证、书证、视听资料、电子数据等证据材料，在刑事诉讼中可以作为证据使用。其他任何机关、企业、事业单位、人民团体和公民个人，都无权收集和调取证据；即使在特殊需要的情况下做了收集证据的工作，也必须经司法机关依照法定的诉讼程序审查核实以后，才能作为证据使用。

《刑事诉讼法》第 52 条规定：审判人员、检察人员、侦查人员必须依照法定程序，收集能够证实犯罪嫌疑人、被告人有罪或者无罪、犯罪情节轻重的各种证据。严禁刑讯逼供和以威胁、引诱、欺骗以及其他非法的方法收集证据，不得强迫任何人证实自己有罪。必须保证一切与案件有关或者了解案情的公民，有客观、充分地提供证据的条件，除特殊情况外，可以吸收他们协助调查。关于收集证据的法定程序，《刑事诉讼法》第 115 条至第 154 条对如何审讯犯罪嫌疑人，询问证人、被害人，勘验、检查，搜查，查封、扣押书证、物证，鉴定，技术侦查等，都作了明确的具体规定。只有司法人员严格地执行这些规定，收集到的证据才有合法性。严禁采用非法手段去收集证据。因为这样做，不但无助于收集真实可靠的证据，而且会把收集证据引上违法侵权行为的歧途，造成很坏的后果和影响。所以，法律严禁这种错误做法。《刑事诉讼法》第 56 条第 1 款也明确规定：采用刑讯逼供等非法方法收集的犯罪嫌疑人、被告人供述和采用暴力、威胁等非法方法收集的证人证言、被害人陈述，应当予以排除。收集物证、书证不符合法定程序，可能严重影响司法公正的，应当予以补正或者作出合理解释；不能补正或者作出合理解释的，对该证据应当予以排除。对于违法行为构成犯罪的，要按照《刑法》第247条的规定，根据违法行为的情节轻重，追究其刑事责任。

2. 及时性。收集证据必须抓紧进行，力求及时主动，不要错过任何有利时机，防止情况发生变化。特别对于有现场的案件，在接到报案以后，司法人员应当不顾时间早晚、天气好坏，及时赶到现场进行勘验，抓住现场未被破坏、证据尚未丢失和变化、了解案情的人记忆犹新等有利条件。只有这样，才容易发现和收集充分、确实的证据。因此，及时收集证据，千万不能错过有利时机。有些案件由于没有及时、主动地去收集证据，时过境迁，错过了有利时机，情况发生了变化，因而给收集证据造成了很大困难，甚至出现了假证，或者使证据变化、消失无法取得，结果形成了证据不足的“无头案”和“老大难”案件，使刑事诉讼活动难以顺利进行。

3. 深入实际，采用专门手段和依靠群众相结合，是收集证据的基本方法。收集证据是一项政策性、法律性、策略性很强的工作，是由司法人员进行的专门性的调查研究工作，特别是在使用专门手段、技术手段和强制手段时，只能严格依照法定程序进行。《刑事诉讼法》规定的讯问犯罪嫌疑人、询问证人、勘验、检查、搜查、鉴定、扣押书证、扣押物证、侦查实验、技术侦查等，可以使用仪器、技术设备等各种专门技术手段，可以使用拘留、逮捕等各种强制手段，这些都是收集证据的重要手段。这些手段可以有效地保证发现、收取和保全证据，以及防止毁灭、伪造证据和串供。随着科学技术的普及和发展，犯罪手段也在不断变化和发展，当前各种智能型犯罪越来越多地涉及科技领域，为了更好地同这类犯罪作斗争，必须充分运用科学技术手段。如果不重视利用科学技术手段，在有些情况下，就难以发现和收集到揭露与证实犯罪的重要证据。所以，收集证据必须充分使用专门手段，做好专门调查工作。但是，单靠专门工作来收集证据是很不够的，还必须依靠群众，进行调查研究。因为案件发生在群众当中，犯罪分子活动在群众之中，他们既然要进行犯罪活动，就不可能完全避开群众的耳目，其总会在群众中暴露出种种“蛛丝马迹”，所以各种证据散存在群众手里。只有深入群众中详查细访，才能发现和收取到证据。实践中的许多案件都是根据群众提供的线索和证据，经过调查研究破案、定案的。总之，收集证据既要注意加强专门工作，又要紧密依靠群众，只有进行专门工作与依靠群众相结合，才是收集证据的正确途径和方法。

4. 客观全面。真实性是收集证据的核心。真实性要求坚持客观性和全面性，反对主观性和片面性。客观性就是为了收集真实的证据，必须从案件的实际情况出发，尊重客观事实，要按照客观证据的本来面目去了解它、反映它，如实收集。只有这样，才可能收集到真实的证据，运用证据来查明案件事实真相，做到实事求是。如果从主观想象出发，带着主观框框去收集证据，凭主观愿望任意地取舍证据，往往会找错证据，使收集证据工作发生差错。

全面性就是对与案件有关的证据内容，要全面调查、全面收集，不能抓住一点、不及其余。一个刑事案件事实的发生，相应地会形成各种证据，只有全面收集案件留下的各种证据，才能查明案件事实的全部情节。从证据的内容来说，既要收集证明犯罪嫌疑人、被告人有罪和加重其罪责的证据，又要收集证明犯罪嫌疑人、被告人无罪和减轻其罪责的证据；既要听取被害人的陈述，又要听取犯罪嫌疑人、被告人的辩解。凡是能够证明案情的证据，都要全面地加以收集。实践证明：收集的证据愈全面、愈充分，就愈有利于全面查清案件事实的各种情节，对案件事实得出正确的结论。如果从主观愿望出发，带着主观框框片面地去收集所需要的证据，是不可能收集到充分、确实的证据的。根据片面的证据材料，对案件事实是难以得出正确结论的。

5. 深入细致。深入主要是指深入案件实际中去，深入群众中去，调查研究，收集一切与案件有关的证据，掌握证据与案件的内在联系，不能浮光掠影、粗枝大叶，被表面现象迷惑。细致主要是指精密观察，详细查问，仔细发现和了解微小的迹象和可疑的线索，细心加以收集。证据材料是各种各样的，其中有许多是很不显眼的细节，也有一些是模模糊糊的零星痕迹，还有一些是容易忽略的细小东西。实践证明：从“蛛丝马迹”“只言片语”等细微的材料中，往往能够发现很重要的证据。所以，在收集证据工作中，要善于细致地从细小的材料中去发现和收集证据，防止马虎从事、粗心大意，丢掉眼皮底下的重要证据。

证据的保全是指司法人员在刑事诉讼过程中，为了保持证据的真实性和完整性，使证据具有法律上的证明效力，对已经收集到的证据材料，通过法定的保全方法，使其稳定化、定型化，保持其原样、原意，长期不变。

对于已经收集到的证据材料，只有通过法定的有效方法加以保全，妥善地保存，才能保持其真实性和证明力。已经收集到的证据材料，由于各种原因可能会发生消失、丢失、变质、毁损，最终难以起到证明的作用，所以，对已经收集到的证据材料，要根据证据的特征和要求，选用不同的证据保全方法加以保全，妥善保存，长期地使用。

根据不同证据的特征和要求，依照法律规定，司法实践中采用不同的保全方法。在刑事诉讼中最常使用的证据保全方法主要有制作笔录、拍照、制图、录音、录像、鉴定，以及扣押、封存等。具体来说，主要有以下几种。

1. 对于证人证言，被害人陈述，犯罪嫌疑人、被告人的供述和辩解，主要采用笔录和录音、录像的方法加以保全。《刑事诉讼法》第 123 条专门规定：侦查人员在讯问犯罪嫌疑人的时候，可以对讯问过程进行录音或者录像；对于可能判处无期徒刑、死刑的案件或者其他重大犯罪案件，应当对讯问过程进行录音或者录像。

2. 对于一般物证，应当开列清单附卷保存，移送案件时，随同案件一并移送。对于不宜附卷保存的物证，或者是不宜随案移送的物证，除对原物采用妥善方法保存外，应当采用拍照、制图、复制、录像等方法予以保全，并且用文字详细说明物证的性质、特征和形状，收取的时间、地点、经过，以及与案件之间的联系等情况，再将其清单、照片或者其他证明文件随案移送。

3. 对于各种痕迹应当采用不同的方法予以保全。可以用石膏溶液制成模型来保全足迹，可以用硅胶、橡胶或可塑性橡皮来保全遗留痕迹，还可以用照相或录像的方法来保全痕迹，等等。总之，对各种痕迹证据所采用的保全方法要能够防止其变质、变形或被污染、毁损，才为有效。证据的保全对保证诉讼活动的顺利进行以及诉讼结束后的案件复查工作，都有重要的意义。已经收集到的证据是各种各样的，随着时间的推移、自然条件和客观情况的变化，以及受其他种种因素的影响，证据可能会发生变化、毁坏、消失，如果不及时采取有效的证据保全方法，在诉讼进行中就难以了解证据的原状、原意，对诉讼中运用证据查明案情将造成困难。所以，证据保全的目的就是对已经收集到手的证据及时采取有效的保全方法，保持证据不失原状、原意，防止证据变质、变形或灭失，确保证据具有证明的效力，以便在诉讼过程中运用证据来认定案件事实；即使在案件处理之后，也能运用证据来复查对案件的处理。证据的保全有利于长期发挥证据的效力。如果不重视证据的保全，或者对证据保全的方法不当，就可能使经过艰苦努力才收取到手的证据失去证明力，给侦查、起诉、审判工作带来困难，以致造成不应有的损失。

二、审查判断证据

审查判断证据，是指司法人员对于已经收集到的各种证据材料，进行分析研究，审查判断，鉴别真伪，以确定各个证据有无证据能力、证明力以及证明力大小，并对整个案件事实得出合乎实际的结论。

审查判断证据由审查与判断两个词构成。审查是指查证核实证据的资格。判断是指确定证据的证明力。审查与判断两个词是相辅相成，相互联系，结合使用的。

审查判断证据主要有两方面内容：一是对每个证据逐一地进行审查核实。在确定每个证据客观真实的基础上，进而判断每个证据的证明力。每个证据是全案证据的基础。只有对每个证据查证核实，确定其证明力以后，才能对全案证据进行审查判断，对案件事实得出结论。二是在对每个证据审查判断的基础上，把案内全部证据联系起来，进行综合分析，比较研究，排除一切矛盾，找出其内在联系，考查案内证据是否充分，判断案内证据对案件事实的证明力，从而对案件事实得出结论。

审查判断证据是运用证据查明案件事实的重要活动，对正确运用证据查明案件事实有重要意义。因为对已经收集到的证据，只有通过审查判断，鉴别真伪，去伪存真，排除与本案无关的证据，才能找出本案确实充分的证据，从而查明案件事实真相，为正确适用法律奠定基础。

审查判断证据是对证据材料进行去伪存真的研究过程。在刑事诉讼过程中，通过各种方式所收集来的证据材料是各种各样、十分复杂的。其中有真实的，也有虚假的；有正面肯定的，也有反面否定的；有直接证明的，也有间接证明的；有互相一致的，也有互相矛盾的。总之，各种证据材料是真假虚实混杂在一起的。因此，必须经过审查判断，进行一番去伪存真、去粗取精、由此及彼、由表及里的分析研究工作，才能确定证据的证明力，对案件事实得出正确的结论。任何未经审查判断的证据材料，都不能作为认定案件事实的依据。审查证据的目的，就是对于收集到的证据材料逐件审查，鉴别真伪，对全案证据进行综合研究，以确定案件的事实情节。

收集证据和审查判断证据既有区别，又有联系，二者是结合进行的，并且贯穿于刑事诉讼的全过程。在收集证据的过程中往往要进行审查判断。在审查判断证据过程中，往往又需要进一步去收集补充证据。

审查判断证据是司法人员对于客观证据和案件事实的认识过程。只有坚持辩证唯物主义的立场、观点和方法，采取实事求是的态度，才能正确反映案件的事实真相。这是审查判断证据的指导思想。在这个正确思想的指导下，坚持从实际出发，根据各种证据的特点，对每个证据逐件进行审查判断。在审查判断时主要注意以下几点。

1. 审查证据的来源是否可靠。要审查每个证据是怎样形成的，弄清每个证据是在什么时间、从什么地方、用什么方法收取来的；查明每个证据的确切来源，是来自第一手材料，还是来自第二手、第三手的材料；证据在抄写、复制、转述过程中有无问题；收取、固定和保全的方法是否正确、合理，仔细研究证据材料的来龙去脉，才容易从来源上审查发现问题，辨别真伪，以判断其来源是否真实可靠，在发现证据的来源可疑时，要进一步调查核实，只有这样才能确定它的证明力。

2. 审查证据的具体内容是否真实，证据和案件事实有无必然的内在联系。各个证据的具体内容是不同的，要审查每个证据所反映的具体内容是否完整和真实，其中有无矛盾，是否合情合理和符合案件的客观实际。例如，对物证要审查它有无伪造或者发生差错的可能，它能否证明案情，证明哪些案情；对证人证言要审查是否是本人亲自看到、听到的情况，有无错觉和发生差错的可能，证言内容是否合乎情理，前后是否一致，有无矛盾。只有认真研究证明证据反映的具体内容符合实际，才能确定证据的真实性。同时，还要审查证据与案件事实之间有无必然的内在联系，只有这样才能正确判明证据在证实案件事实中的证明作用。

3. 审查各个证据之间的关系。把案内的各种证据联系起来，进行综合研究，加以对照审查，这是审查判断证据的基本方法。对于各种证据，如果只是从它本身来审查，有时是难以判断真伪和确定其证明作用的，但是，把案内的各种证据联系起来，进行综合研究，互相对照、互相鉴别，就能判明真伪，得出正确的结论。如果证据之间互相一致，互相印证，那么它们反映的案件事实一般是真实可靠的；如果证据之间互相矛盾，就要找出产生矛盾的原因，通过调查加以解决。在矛盾尚未解决之前，绝不能轻易地得出结论。

4. 审查证据是否充分。根据查明案件事实情节的需要，特别是案件事实的主要情节，如作案动机、目的、时间、地点、手段、经过、后果等，来审查其是否都有相应的证据来证实。只有证据充分，才有可能得出正确的结论。如果证据不充分、不完备，那么必须进一步调查取证，绝不能凭想象当然得出结论。当然，一个案件事实的证据是否充分，要从具体案件事实出发加以具体分析，以能否证明案件的全部事实为标准。

以上所说的审查判断证据的种种方法，是互相联系、互相补充、综合运用的。对于每个证据既要审查它的来源和内容，又要审查它和其他证据之间的关系，能够证明案件中的什么问题。只有从多方面研究审查，分析判断，才能得出符合实际的正确结论。

三、各类证据的收集、审查判断

（一）物证的收集、审查判断

1. 物证的收集。在刑事诉讼中主要是通过侦查活动来收集物证。收集物证的方法主要有以下几种：(1) 通过勘查现场收集物证。刑事现场是犯罪嫌疑人进行犯罪活动的场所，也是物证比较集中的场所。为了避免现场遭受变动与破坏，《刑事诉讼法》规定任何单位和个人，都有义务保护犯罪现场，并且立即通知公安机关派员勘验。侦查人员应当主动、及时地到现场收集物证。(2) 通过搜查收集物证。根据《刑事诉讼法》的规定和司法实践，侦查人员可以对犯罪嫌疑人以及可能隐藏物证的人的身体、物品、住处和其他有关的地方进行搜查，来发现和收集物证。(3) 通过向知情人与有关单位调查收集物证。犯罪嫌疑人生活于群众之中，其犯罪活动所遗留的物品、痕迹有可能为群众所察知或捡收，侦查人员只有深入实际向知情人进行调查访问，才有可能收集到散存于知情人处或有关单位中的物证。(4) 通过对诉讼当事人的讯问与询问，了解物证隐匿处所，便于收集物证。并且要使用科学技术手段来发现、收集、固定和保全，以确保物证的客观性、真实性和稳定性，充分发挥物证的证明作用。

2. 对物证的审查判断。主要注意以下几点：(1) 通过鉴定、辨认、实验、印证以及科学仪器等技术方法，审查判断物证的来源是否客观真实，物证在收集、保管、鉴定过程中是否有受损或改变，有无伪造或其他原因导致物证发生变形失真；(2) 通过上述方法审查物证与案情之间有无必然的联系，能否证明本案的案情，具体能够证明案件中哪些问题，对现场遗留的与犯罪有关的具备鉴定条件的血迹、体液、毛发、指纹等生物样本、痕迹、物品，是否已作

DNA 鉴定、指纹鉴定等，并与被告人或者被害人的相应生物检材、生物特征、物品等比对；（3）通过上述方法审查判断物证是原物还是复制品，物证的照片、录像、复制品是否与原物相符，是否由二人以上制作，有无制作人关于制作过程以及原物存放于何处的文字说明和签名，物证与其他证据之间的关系如何，是否相互印证一致，有无矛盾；（4）物证的收集程序、方式是否符合法律、有关规定，经勘验、检查、搜查提取、扣押的物证，是否附有相关笔录、清单，笔录、清单是否经侦查人员、物品持有人、见证人签名，没有物品持有人签名的，是否注明原因，物品的名称、特征、数量、质量等是否注明清楚；（5）与案件事实有关联的物证是否全面收集。

（二）书证的收集、审查判断

1. 书证的收集方法与物证的收集方法基本相同。

2. 对书证的审查判断具体包括以下几点：（1）通过鉴定、比对、印证等方法审查书证的制作过程。书证是否为原件，是否经过辨认、鉴定，对书证的笔迹、印章要仔细核对或者鉴定，查明书证是否伪造或变造。（2）通过上述方法审查书证的内容是否符合事实与法规，是否真实可靠，有无错误，是否违法，书证与案情有无必然联系，能够证明案件中哪些问题。（3）通过上述方法审查书证的收集过程和保管方法。（4）通过上述方法审查书证本身是公文书证还是非公文书证，是报道性书证还是处分性书证，是否经过公证。（5）审查与案件事实有关联的书证是否全面收集，等等。

据以定案的书证原则上应为原件。取得原件确有困难的，才可使用副本、复制件。书证如有更改或对更改迹象不能作出合理解释，或者书证的副本、复制件不能反映原件及其内容的，不得作为定案的根据。书证的副本、复制件，经与原件核对无误、经鉴定为真实或者以其他方式确认为真实的，可以作为定案的根据。

（三）证人证言的收集、审查判断

1. 证人证言的收集。（1）通过询问证人的方法收集证人证言，证人必须如实提供证言，并应当出庭作证，必要时可以要证人书写证言，未到庭证人的书面证言在法庭上必须宣读。（2）询问证人应当个别进行。对于涉及国家机密、商业秘密、个人隐私的证人证言应当保密。（3）询问证人应当制作笔录，经签名附卷保存。

2. 对证人证言的审查判断。（1）证言的内容是否为证人直接感知。（2）证人作证时的年龄，认知、记忆和表达能力，生理和精神状态是否影响作证。处于明显醉酒、中毒或者麻醉等状态，不能正常感知或者正确表达的证人所提供的证言，不得作为证据使用。证人的猜测性、评论性、推断性的证言，不得作为证据使用，但根据一般生活经验判断符合事实的除外。（3）证人与案件当事人、案件处理结果有无利害关系。（4）询问证人是否个别进行。（5）询问笔录的制作、修改是否符合法律、有关规定，是否注明询问的起止时间和地点，首次询问时是否告知证人有关作证的权利义务和法律责任，证人对询问笔录是否核对确认。（6）询问未成年证人时，是否通知其法定代理人或者有关人员到场，其法定代理人或者有关人员是否到场。（7）证人证言有无以暴力、威胁等非法方法收集的情形。（8）证言之间以及与其他证据之间能否相互印证，有无矛盾。证人当庭作出的证言与其庭前证言矛盾，证人能够作出合理解释，并有相关证据印证的，应当采信其庭审证言；不能作出合理解释，而其庭前证言有相关证据印证的，可以采信其庭前证言。

（四）被害人陈述的收集、审查判断

1. 被害人陈述的收集。（1）通过询问、辨认等方法收集被害人陈述。（2）对被害人陈述的收集基本上适用收集证人证言的规定，但应注意被害人陈述的特点。

2. 对被害人陈述的审查判断。对被害人陈述的审查判断基本上适用审查证人证言的规定，但应注意被害人陈述的基本特点，并应当注意以下几点：（1）审查被害人陈述是如何形成与收集的；（2）审查被害人与犯罪嫌疑人、被告人之间的关系，他们之间是否相识，有无利害关系；（3）审查被害人在告发或陈述前后有无反常表现，有无错觉或失真；（4）审查被害人陈述是否合乎情理，有无矛盾，与其他证据是否一致，有无矛盾。

（五）犯罪嫌疑人、被告人供述和辩解的收集、审查判断

1. 犯罪嫌疑人、被告人供述和辩解的收集。（1）只有公安司法机关的人员才有权讯问犯罪嫌疑人、被告人。讯问的司法人员不得少于2人。（2）对已被拘留和逮捕的犯罪嫌疑人、被告人进行第一次讯问，应当于拘捕后的24小时之内在羁押场所进行。（3）在讯问未成年犯罪嫌疑人、被告人时，应当通知其法定代理人到场；讯问聋、哑犯罪嫌疑人、被告人时，应当有通晓聋、哑手势的人参加，并在讯问笔录上注明犯罪嫌疑人的聋、哑情况，以及翻译人员的姓名、工作单位和职业；讯问不通晓当地语言文字的人与外国人，应当配备翻译人员。（4）在讯问犯罪嫌疑人、被告人时，不许采用刑讯逼供、威胁、引诱和欺骗的方法，不得强制其自证其罪，不准指名问供。凡是采用非法方法收集的供述不能作为证据使用。（5）讯问时应当让他自然陈述，然后向他提出问题，被讯问人对提问应当如实回答。（6）讯问犯罪嫌疑人、被告人应当依法制作笔录。笔录经核对后，应当签名。

2. 对犯罪嫌疑人、被告人供述和辩解的审查判断。（1）审查讯问的时间、地点，讯问人的身份、人数以及讯问方式等是否符合法律、有关规定；（2）审查讯问笔录的制作、修改是否符合法律、有关规定，是否注明讯问的具体起止时间和地点，首次讯问时是否告知被告人相关权利和法律规定，被告人是否核对确认；（3）审查讯问未成年被告人时，是否通知其法定代理人或者有关人员到场，其法定代理人或者有关人员是否到场；（4）审查被告人的供述有无以刑讯逼供等非法方法收集的情形；（5）审查被告人的供述是否前后一致，有无反复以及出现反复的原因；被告人的所有供述和辩解是否均已随案移送；（6）审查被告人的辩解内容是否符合案情和常理，有无矛盾；（7）审查被告人的供述和辩解与同案被告人的供述和辩解以及其他证据能否相互印证，有无矛盾。必要时，可以调取讯问过程的录音录像、被告人进出看守所的健康检查记录、笔录，并结合录音录像、记录、笔录对上述内容进行审查。

（六）鉴定意见的审查判断

审查鉴定意见主要注意以下几点。

1. 鉴定机构和鉴定人是否具有法定资质；

2. 定人是否存在应当回避的情形；

3. 检材的来源、取得、保管、送检是否符合法律、有关规定，与相关提取笔录、扣押物品清单等记载的内容是否相符，检材是否充足、可靠；

4. 鉴定意见的形式要件是否完备，是否注明提起鉴定的事由、鉴定委托人、鉴定机构、鉴定要求、鉴定过程、鉴定方法、鉴定日期等相关内容，是否由鉴定机构加盖司法鉴定专用章

并由鉴定人签名、盖章；

5. 鉴定程序是否符合法律、司法解释和部门规章的有关规定；

6. 鉴定的过程和方法是否符合相关专业的规范要求；

7. 鉴定意见是否明确；

8. 鉴定意见与案件待证事实有无关联；

9. 鉴定意见与勘验、检查笔录及相关照片等其他证据是否矛盾；

10. 鉴定意见是否依法及时告知相关人员，当事人对鉴定意见有无异议。

(七) 勘验、检查笔录，辨认笔录，侦查实验笔录的审查判断

对勘验、检查笔录应当着重审查以下内容。

1. 勘验、检查是否依法进行，笔录的制作是否符合法律、有关规定，勘验、检查人员和见证人是否签名或者盖章。

2. 勘验、检查笔录是否记录了提起勘验、检查的事由，勘验、检查的时间、地点，在场人员、现场方位、周围环境等，现场的物品、人身、尸体等的位置、特征等情况，以及勘验、检查、搜查的过程；文字记录与实物或者绘图、照片、录像是否相符；现场、物品、痕迹等是否伪造、有无破坏；人身特征、伤害情况、生理状态有无伪装或者变化等。

3. 补充进行勘验、检查的，是否说明了再次勘验、检查的原因，前后勘验、检查的情况是否矛盾。

对辨认笔录应当着重审查辨认的过程、方法，以及辨认笔录的制作是否符合有关规定。尤其要注意，辨认时是否依程序让辨认主体进行单独辨认和混杂辨认，辨认笔录是否有参加辨认的有关人员签名、盖章。

对侦查实验笔录应当着重审查实验的过程、方法，以及笔录的制作是否符合有关规定。特别要关注，侦查实验是否经过审批，是否有足以造成危险、侮辱人格或者有伤风化的行为。

(八) 视听资料、电子数据的收集、审查判断

1. 视听资料、电子数据的收集。只有司法机关才有收集的职责和权力，其他任何单位或个人都有义务提供视听资料、电子数据。司法机关收集视听资料、电子数据的方法与收集物证、书证的方法基本相同，主要是通过勘验、搜查、扣押和向知情人调查等方法来发现和收集。侦查机关可以依法采用技术侦查措施对犯罪活动过程进行秘密录音、录像，除此以外，原则上严格禁止非法录制音像作为证据使用。对于电子数据的收集，要注意收集数据的全面性和客观性，必须运用与电子数据存储特点相适应，并能保证数据不被丢失或损毁的手段进行。

2. 对视听资料、电子数据的审查判断。

对视听资料应当着重审查以下内容：(1) 是否附有提取过程的说明，来源是否合法；(2) 是否为原件，有无复制及复制份数；是复制件的，是否附有无法调取原件的原因、复制件制作过程和原件存放地点的说明，制作人、原视听资料持有人是否签名或者盖章；(3) 制作过程中是否存在威胁、引诱当事人等违反法律、有关规定的情形；(4) 是否写明制作人、持有人的身份，制作的时间、地点、条件和方法；(5) 内容和制作过程是否真实，有无剪辑、增加、删改等情形；(6) 内容与案件事实有无关联。对视听资料有疑问的，应当进行鉴定。

对电子邮件、电子数据交换、网上聊天记录、博客、微博客、手机短信、电子签名、域名等电子数据，应当着重审查以下内容：(1) 是否随原始存储介质移送；在原始存储介质无法封

存、不便移动或者依法应当由有关部门保管、处理、返还时，提取、复制电子数据是否由 2 人以上进行，是否足以保证电子数据的完整性，有无提取、复制过程及原始存储介质存放地点的文字说明和签名；（2）收集程序、方式是否符合法律及有关技术规范；经勘验、检查、搜查等侦查活动收集的电子数据，是否附有笔录、清单，并经侦查人员、电子数据持有人、见证人签名；没有持有人签名的，是否注明原因；远程调取境外或者异地的电子数据的，是否注明相关情况；对电子数据的规格、类别、文件格式等注明是否清楚；（3）电子数据的内容是否真实，有无删除、修改、增加等情形；（4）电子数据与案件事实有无关联；（5）与案件事实有关联的电子数据是否全面收集。对电子数据有疑问的，应当进行鉴定或者检验。

四、运用证据认定案情

运用证据认定案情，是指司法人员对于收集到的证据材料进行审查核实以后，依据查证属实的证据来确定案件事实。

运用证据认定案情与审查判断证据既有联系又有区别。说它们之间有联系是指，运用证据认定案情，往往是与审查判断证据同时进行的。在刑事诉讼的各个阶段，司法人员运用证据认定案情与审查判断证据，都有一个逐步深入的认识过程。随着刑事诉讼的进展，司法人员对证据的审查判断与对案情的认定，都会不断地完善。通过不同的刑事诉讼程序，反复检验，层层把关，司法人员对证据的审查判断和对案情的认定，必然会达到犯罪事实清楚，证据确实、充分的证明要求。说它们之间有区别是指，审查判断证据的真伪和对案件事实的证明力，主要是对单个证据本身进行审查，判断单个证据对案情的证明力。运用证据认定案情则是在审查判断单个证据的基础上，依据查证属实的全部证据对案件事实得出判断性结论，也就是运用证据来认定整个案情。

根据我国《刑事诉讼法》的有关规定和司法实践经验，运用证据认定案情应当掌握以下几点。

1. 坚持重证据，重调查研究，不轻信口供的原则。《刑事诉讼法》第 55 条规定：对一切案件的判处都要重证据，重调查研究，不轻信口供。只有被告人供述，没有其他证据的，不能认定被告人有罪和处以刑罚；没有被告人供述，证据确实、充分的，可以认定被告人有罪和处以刑罚。这一规定要求司法人员特别注意调查和运用口供以外的其他证据。强调调查研究，要凭确实、充分的证据定案，把自己对案件的处理决定建立在确实、充分的证据基础之上。因为客观案情对于司法人员来说，都是过去发生的、未知的事情，查明案情的唯一科学的方法，就是深入实际，调查研究，全面收集各种证据，经过分析研究、审查判断，实事求是地得出正确结论。同时要谨慎地对待口供，绝不能轻易地相信口供，更不能单凭口供定案。对于共同犯罪的案件，只有同案被告人之间的相互供述，没有其他证据的，一般也不能对被告人定罪处罚。

2. 严禁刑讯逼供。《刑事诉讼法》第 52 条规定：严禁刑讯逼供和以威胁、引诱、欺骗以及其他非法方法收集证据，不得强迫任何人证实自己有罪。必须保证一切与案件有关或者了解案情的公民，有客观地充分地提供证据的条件。同时为了保证这一规定的贯彻执行，《刑法》第 247 条专门规定了刑讯逼供罪。国家工作人员对人犯实行刑讯逼供的，处 3 年以下有期徒刑或者拘役。以肉刑致人伤残的，以伤害罪从重论处。这些规定说明，刑讯逼供在我国是法律上严加禁止使用的收取证据方法。刑讯逼供是指使用肉刑或变相肉刑，或者采用其他使被告人在肉体上或者精神上遭受剧烈疼痛或者痛苦的方法，迫使被告人违背意愿供述的一种审讯方式，不仅在对被告人的讯问中要严禁使用这种方法逼供，就是在对其他诉讼参与人的询问中，也要严禁使用这种方式逼证。我国是社会主义的法治国家，国家的性质和社会主义法制原则决定了要严禁刑讯逼供。凡是以刑讯的方法收取的犯罪嫌疑人、被告人的供述、被害人的陈述、证人的证言、鉴定意见都不能作为认定指控犯罪的证据。以威胁、引诱、欺骗以及其他非法的方法收集上述证据，而且严重损害犯罪嫌疑人、被告人、被害人、证人、鉴定人的合法权益，或者可能影响证据客观真实性的，也不能作为认定指控犯罪的证据。实践证明，刑讯逼供完全违背了实事求是的思想，也是造成冤假错案的一个重要原因。所以法律对此作了禁止性规定，要求司法人员在收集和运用证据时必须遵守这一原则。

3. 一切证据必须经过查证属实，才能作为认定案件事实的根据。《刑事诉讼法》第50条第3款规定，各种"证据必须经过查证属实，才能作为定案的根据"。这就是说，司法人员的主观认识必须完全符合客观案情，所认定的案件事实必须达到客观真实，而不是"可能真实"、"大概真实"。证据是查明和认定案件事实的根据，必须经过查证属实，真实可靠，才能作为定案的根据。任何证据材料未经查证属实，来源不清，真伪不明，都不能作为定案的根据。司法人员对于收集到的各种证据材料，都必须认真审查判断，只有查证属实，才能作为认定案情的根据，特别是审判人员必须在法庭上亲自审查核实各种证据，并且要让当事人、辩护人、代理人对证据辨明真伪，发表意见。所有证据必须经过法庭调查核实以后，才能作为定案的根据。如果证据不经查证属实就轻率地作为定案根据，则违反了运用证据的原则，必然导致错案。

4. 案件事实清楚，并有相应的证据予以证明。证据确实、充分，在证据之间、证据与案情之间，排除了所有疑问与其他的可能性，应当依法得出认定结论。案件事实部分清楚，证据确实、充分的，应当依法得出部分认定结论；对事实不清，证据不足部分，依法得出不予认定的结论。人民法院在审理过程中发现有新的事实，可能影响认定案情的，应当建议起诉机关补充或者变更起诉。起诉机关不同意的，人民法院应当就起诉所指控的犯罪事实依法作出认定；对于证据不足的案件，应当按无罪处理。根据《刑事诉讼法》的规定，经法庭审理后，对于证据不足、不能认定被告人有罪的，应当作出证据不足、指控犯罪不能成立的无罪判决。

5. 必须忠实于案件事实真相。《刑事诉讼法》第53条规定：公安机关提请批准逮捕书、人民检察院起诉书、人民法院判决书，必须忠实于事实真相。故意隐瞒事实真相的，应当追究责任。这一规定说明，司法人员对证据必须采取科学态度，尊重客观事实，如实反映客观事实。在收集和运用证据过程中，一旦发现确有错误，就要实事求是地加以改正。同时要敢于坚持真理，排除各种干涉和压力，对就说对，错就说错。绝不能患得患失，屈从于权势，隐瞒事实、歪曲事实、捏造事实，不能根据自己的主观需要，对证据任意取舍，或者是牵强附会任意推论。如果司法人员故意隐瞒案件的事实真相，那么不管他是出于什么动机，都要对他追究责任。《刑法》第399条第1款规定："司法工作人员徇私枉法、徇情枉法，对明知是无罪的人而使他受追诉、对明知是有罪的人而故意包庇不使他受追诉，或者在刑事审判活动中故意违背事实和法律作枉法裁判的，处五年以下有期徒刑或者拘役；情节严重的，处五年以上十年以下有期徒刑；情节特别严重的，处十年以上有期徒刑。"

五、完全运用间接证据认定犯罪的规则

间接证据问题，在证据理论中和诉讼实践中，都是一个重要而又复杂的问题。证据理论上的许多问题，都与间接证据有着密切联系。间接证据的性质、特点和意义，以及间接证据之

间、间接证据和案件的事实之间的联系等许多问题，都需要从证据理论上进行深入研究。从诉讼实践来看，由于间接证据来源广泛，容易收集，所以大部分刑事案件都是从发现、收集和研究间接证据开始的。分析已有的间接证据，确定调查的方向和范围，肯定有关情况，排除无关情况，进而发现直接证据或者查证直接证据。同时，有很多犯罪事实是依据间接证据来查明和认定的。所以，运用间接证据是查明犯罪事实的一个很重要的问题。

（一）间接证据的特点

1. 间接证据的依赖性。间接证据具有互相依赖的特性，任何一个间接证据本身并没有单独的证明作用，它必须依赖于其他证据，并且和其他证据结合起来才能具有证明作用。例如，某甲购买砒霜，这个事实本身并不能证明其犯罪，但是某甲购买砒霜是准备用它去毒害他人的；经过一段时间，某甲的妻子确被他人用砒霜毒害致死。在这种情况下，某甲购买砒霜的事实就能具有间接证据的作用。

2. 间接证据的关联性。任何一个间接证据的证明意义，都是由间接证据与案件事实之间的客观联系，以及与其他证据在证明过程中互相结合决定的，这就叫间接证据的关联性。间接证据的依赖性，决定了间接证据的关联性。间接证据的作用，不仅取决于间接证据本身的真实可靠，而且取决于它在其他证据中的地位，以及它和案件之间的客观联系。这说明，运用间接证据查明案情，不仅要审查证据本身是否真实可靠，而且要审查间接证据之间，以及各个间接证据与证明对象之间的客观联系，从它们之间的客观联系中确定其证明作用。

由于间接证据存在以上特点，因而在运用间接证据时，必须经过复杂的推理过程，需要具体分析和综合研究。这说明运用间接证据的困难和复杂性。

（二）运用间接证据的基本规则

由于运用间接证据来认定案件事实要比运用直接证据更困难、更复杂，稍有不慎，往往就容易出现偏差和错误，所以，为了正确地运用间接证据，必须采取慎重态度，并且要掌握以下一些规则。

1. 必须审查每个间接证据本身是否真实可靠。如果间接证据本身不可靠，当然不可能得出正确的结论。这个规则对于审查各种证据都是普遍适用的。由于间接证据容易收集，所以，在办案中的间接证据数量较多，关系复杂，真假并存，这就需要对每个间接证据反复查证，以确定其真实性。

2. 必须审查间接证据与案件事实有无客观的内在联系，防止把那些与案件毫无关系的材料当做间接证据加以收集和使用，同时，运用间接证据进行的推理应符合逻辑和经验。间接证据与案件事实的客观联系是多种多样的，最常见的联系有：是引起犯罪的原因；是决定、制约犯罪的条件；是犯罪造成的后果；是伴随犯罪而发生的情况；等等。由于存在着各种复杂的内在联系，所以要仔细地分析它们之间是否具有客观的内在联系，有什么样的联系，要防止把表面上的联系当做客观的内在联系，而将其作为间接证据使用，延误诉讼时间，影响查明案件的真实情况。同时，运用间接证据来证明案件事实主要是通过推理的方式，而推理的主要依据则为逻辑和经验，如果错误运用逻辑，或者违背日常生活经验进行推理，最终会导致推理结论的错误。

3. 必须审查各个间接证据之间是否互相衔接、协调一致、互相印证，不存在无法排除的矛盾和无法解释的疑问，形成一个完整的证据锁链。在这个证据锁链中，各个证据必须互相一致，不能互相矛盾、互相脱节。如果间接证据之间不相符合、互相脱节、互相矛盾，那么应当进一步调查研究，只有查证清楚以后，才能确定其证明效力。

4. 必须审查间接证据有无反证的可能性。所有的间接证据结合起来，对案件只能得出一个正确的结论。这种结论必须具有肯定性和真实性，并且足以排除合理怀疑，具有唯一性。如果其中任何一个间接证据被反证推翻了，就要重新审查其他间接证据的证明力，研究整个证据链条。如果在同一案件中存在两种以上的可能性，并且各有一些证据证明，就要重新调查，认真研究，直到排除了错误的可能性，才能得出正确的结论。

第三节　非法证据的认定与排除

一、非法证据的认定

（一）非法证据的概念

非法证据从字面意思上来理解就是不符合法律规定的证据，与合法证据相对应。非法证据在刑事诉讼中，是指运用非法手段或者违反法定程序所收集或取得的证据，并不包括证据内容非法的证据。

根据《刑事诉讼法》第 56 条第 1 款的规定，采用刑讯逼供等非法方法收集的犯罪嫌疑人、被告人供述和采用暴力、威胁等非法方法收集的证人证言、被害人陈述，应当予以排除。收集物证、书证不符合法定程序，可能严重影响司法公正的，应当予以补正或者作出合理解释；不能补正或者作出合理解释的，对该证据应当予以排除。我国《刑事诉讼法》中所认可的非法证据主要包括采用刑讯逼供等非法方法收集的犯罪嫌疑人、被告人供述，采用暴力、威胁等非法方法收集的证人证言、被害人陈述，不符合法定程序所收集的物证和书证。

（二）非法证据的种类

根据不同的标准，我们可以把非法证据划分为以下几类。

1. 根据非法证据侵害合法权益的严重程度，可以将非法证据分为严重侵害公民合法权益的非法证据、一般性侵害公民合法权益的非法证据和没有侵害法益的非法证据。

这一分类标准可以与英美法系的非法证据排除规则对非法证据的分类进行对应：违宪的非法证据、一般的非法证据和技术性违法证据。违宪的非法证据，是指明显侵犯公民的宪法性权利而获得的非法证据。上升到宪法地位的公民权利当是最为重要和根本性的权利，在美国对于此类非法证据一般都采取绝对排除的做法。例如，对以肉体酷刑行为逼取的被告人的口供、无律师在场讯问获得的口供等往往都要直接予以排除。一般的非法证据主要是指侦查人员的行为没有明显违反宪法，但侵害了公民的一般实体性权利和程序性权利，构成了一般意义上的违法取证行为。对于一般性的非法证据，英美法系国家往往采用裁量排除的方式，交给法官结合具体案件情况自由裁量是否排除。技术性的非法证据就是侦查人员以没有侵害任何一方权益的违法行为获取的证据，其仅仅是违反了程序法的规定，例如，在无见证人在场情况下进行搜查、扣押，未开具清单等。一般认为技术性错误导致的非法证据虽有一定瑕疵，但可以予以补正，补正后仍具有可采性。我国在《刑事诉讼法》中并未明确区分这三种形式，而是列举了具体非法收集证据的方法。

2. 根据非法证据的证据形式，可以将非法证据分为非法实物证据和非法言词证据。凡是以非法手段取得的物证，书证，勘验、检查笔录，视听资料，电子数据等实物证据都是非法实物证据，而以非法手段取得的犯罪嫌疑人、被告人的供述和辩解、证人证言、被害人陈述等言词证据属于非法言词证据。前者如违法扣押的书证、物证，非法冻结的银行存款，后者如以暴力、胁迫、诱骗等非法手段获取的证人证言、被害人陈述或者被告人、犯罪嫌疑人供述与辩解。一般而言，对于非法言词证据，由于其违反了自愿性原则，因而各国往往都采用直接排除的处理方式，而对于非法实物证据，各国做法不一，大多数国家采用交给法官自由裁量的方式决定。

3. 根据非法证据是否是直接获取的，可以将非法证据分为原始的非法证据和衍生的非法证据。直接获取，并可以作为发现其他证据线索的非法证据被称为原始的非法证据；不是直接获取，而是以其他非法证据为线索而获得的证据，被称为衍生的非法证据，衍生的非法证据俗称“毒树之果”。一般而言，对于衍生的非法证据，各国的规定相对较为宽松，可以由法官自由裁量，而对于原始的非法证据，尤其是言词证据，各国法律的规定往往相对较为严格。

二、非法证据的排除

（一）非法证据排除的概念与意义

所谓证据的排除是指由司法机关将那些不具有可采性或证据能力的证据排除于法庭之外，不作为法庭认定案件事实的根据，包括对传闻证据的排除、对非法证据的排除等。而其中非法证据排除主要是将那些在取证手段与证据搜集程序上违反法律规定的证据不作为认定案件事实的依据。

非法证据排除规则就是围绕着非法证据的排除而建构起来的一系列的制度体系。这一规则最早产生于美国，并在英国、德国、日本等国家有着广泛的运用。而我国的法治历程起步较晚，人权观念扎根不深，所以，我国早先的法律并没有充分重视该规则的运用。1996 年《刑事诉讼法》第 43 条虽然明确规定了严禁刑讯逼供和以威胁、引诱、欺骗以及其他非法的方法收集证据，但未明确非法证据是否具有可采性。而后，与 1996 年《刑事诉讼法》配套的最高人民法院《关于执行〈中华人民共和国刑事诉讼法〉若干问题的解释》第 61 条和最高人民检察院《人民检察院刑事诉讼规则》第 265 条作出了补充性解释，规定凡经查证确实属于采用刑讯逼供或者威胁、引诱、欺骗等非法的方法取得的证人证言、被害人陈述、被告人供述，不能作为指控犯罪或者定案的根据。但是当时的两个解释并未对如何排除非法言词证据作出更为明确的规定。直到最高人民法院、最高人民检察院、公安部、国家安全部和司法部于 2010 年联合发布的《关于办理刑事案件排除非法证据若干问题的规定》，才明确规定了非法证据排除规则的适用范围、法律后果、启动程序、证明标准、调查程序、救济方式等，这使得非法证据排除规则向前跨出了一大步。2012 年《刑事诉讼法》的修正将该规定的内容纳入其中，并且在最高人民法院《解释》及最高人民检察院新的《人民检察院刑事诉讼规则（试行）》中对非法证据排除的具体操作程序予以了细化。2017 年 6 月 20 日，最高人民法院、最高人民检察院、公安部、国家安全部、司法部联合发布《关于办理刑事案件严格排除非法证据若干问题的规定》，进一步明确了非法证据排除的范围以及不同诉讼阶段中非法证据排除的具体程序，提高了非法证据排除的可操作性。2017 年 11 月，最高人民法院又发布了《人民法院办理刑事案件排除非法证据规程（试行）》，重点针对非法证据排除程序适用中存在的启动难、证明难、认定难、排除难等问题，进一步明确了人民法院审查和排除非法证据的具体规则和程序。

确立非法证据排除规则在理论上具有以下几点重要意义。

第一，确立非法证据排除规则有利于司法机关严肃执法，遏制非法取证行为。确立非法证据排除规则可以使侦查人员在实施违法行为前就想到后果。非法证据的排除，是对侦查机关调查取证工作的最终的否定和谴责。通过这种否定非法取证行为所获材料的证据可采性的方式，促使侦查机关严肃执法，有效制止侦查人员的非法取证行为。

第二，确立非法证据排除规则有利于保障证据的真实性和可靠性，防止或减少冤假错案。从司法实践来看，造成冤假错案无不与办案人员的违法取证行为有关。非法证据排除规则从保证言词证据的自愿性出发，在一定程度上可以使得提供证据的当事人及证人如实作陈述，相较于违背作证意愿的刑讯行为而言，能够更好地保障判决的准确性。

第三，确立非法证据排除规则有利于切实保障诉讼人权。我国《刑事诉讼法》明确要求在惩罚犯罪的同时应当注意对诉讼人权的保障，不能为了获取证据不择手段，甚至不惜以牺牲诉讼人权为代价来查明案件事实。允许将非法取得的证据作为定案证据，可能会对查明案件的真实情况，实现国家刑罚权有一定的益处，但这样做是以破坏国家法律所确立的秩序和侵犯公民基本权利为代价的。这里就涉及惩罚犯罪与保障人权的平衡问题。非法证据排除规则是一国法治文明程度的一个重要标准，它体现了司法机关及其工作人员法治观念的转变，即从惩罚犯罪第一到注重保护人权的诉讼观念的进步。

（二）非法证据排除规则的适用

新修正的《刑事诉讼法》和最高人民法院《解释》、最高人民检察院《人民检察院刑事诉讼规则（试行）》《关于办理刑事案件排除非法证据若干问题的规定》《关于办理刑事案件严格排除非法证据若干问题的规定》《人民法院办理刑事案件排除非法证据规程（试行）》等规定，对非法证据排除规则的适用作出了明确规定。

1. 非法证据排除的范围

《刑事诉讼法》第 56 条规定：采用刑讯逼供等非法方法收集的犯罪嫌疑人、被告人供述和采用暴力、威胁等非法方法收集的证人证言、被害人陈述，应当予以排除。收集物证、书证不符合法定程序，可能严重影响司法公正的，应当予以补正或者作出合理解释；不能补正或者作出合理解释的，对该证据应当予以排除。从该条可以看出，我国的非法证据排除的范围整体上包括非法收集的犯罪嫌疑人、被告人供述、证人证言、被害人陈述等言词证据，也包括实物证据中的物证、书证，但法律规定并未涉及违法收集的鉴定意见，勘验、检查笔录，辨认笔录，侦查实验笔录以及视听资料、电子数据等证据是否适用非法证据排除规则。对于“毒树之果”，即根据非法的言词证据及实物证据所提供的线索进一步获得的证据是否予以排除，《刑事诉讼法》并未明确规定。

根据《刑事诉讼法》的规定，对于非法收集的犯罪嫌疑人、被告人供述、证人证言、被害人陈述等言词证据，和实物证据中的物证、书证的排除采用不同的做法。对于采用刑讯逼供等非法方法收集的犯罪嫌疑人、被告人供述和采用暴力、威胁等非法方法收集的证人证言、被害人陈述，只要依法确认，就应当直接予以排除。“刑讯逼供”是指使用肉刑或者变相肉刑，“等其他非法方法”是指违法程度和对当事人的强迫强度达到与刑讯逼供或者暴力、威胁相当，迫使被告人违背意愿供述的讯问方式。对于违反法定程序收集的物证、书证，则要求在可能严重影响司法公正的情况下，才能启动排除程序。“可能严重影响司法公正”，应当综合考虑收集物证、书证违反法定程序以及所造成后果的严重程度等情况。同时还规定对于物证、书证，可以在排除前进行补正或者作出合理解释，只有不能补正或者作出合理解释的，才予以排除。“补正或者作出合理解释”的主体是收集证据的办案机关或者人员。“补正”是指对于取证程序中的非实质性的瑕疵进行补救，如在缺少侦查人员签名的文书上签名等。“作出合理解释”是指对取证程序的瑕疵作出符合逻辑的解释，如对书证副本的复制时间作出解释等。在《刑事诉讼法》规定的基础上，2017年《关于办理刑事案件严格排除非法证据若干问题的规定》采用列举的方式对非法证据排除的范围进一步明确，明确了对采用严重损害本人及其近亲属合法权益等进行威胁的方法、非法拘禁等非法限制人身自由的方法收集的犯罪嫌疑人、被告人供述、证人证言、被害人陈述予以排除的规定。

另外需要注意，非法证据排除规则并不适用于辩护方提供的证据，而只限于侦查机关违反法定程序所收集的证据，因为非法证据排除的目的主要在于规范侦查机关的取证行为。

2. 非法证据排除的程序

（1）排除非法证据程序的启动。按照非法证据排除的启动方式，可以将其分为公安司法机关主动排除和依申请排除。公安司法机关主动排除非法证据是指公安机关、人民检察院、人民法院在履行侦查、起诉、审判职能过程中，可以依职权排除非法证据。《刑事诉讼法》第56条第2款对此作出了明确的规定：在侦查、审查起诉、审判时发现有应当排除的证据的，应当依法予以排除，不得作为起诉意见、起诉决定和判决的依据。依申请排除是指，当事人及其辩护人、诉讼代理人在审判阶段发现有非法证据的，可以向人民法院申请予以排除。《关于办理刑事案件排除非法证据若干问题的规定》第4条规定，起诉书副本送达后开庭审判前，被告人提出其审判前供述是非法取得的，应当向人民法院提交书面意见。被告人书写确有困难的，可以口头告诉，由人民法院工作人员或者其辩护人作出笔录，并由被告人签名或者捺指印。《刑事诉讼法》第58条第2款对此也有明确规定：当事人及其辩护人、诉讼代理人有权申请人民法院对以非法方法收集的证据依法予以排除。申请排除以非法方法收集的证据的，应当提供相关线索或者材料。被告人及其辩护人在开庭审理前或者庭审中，提出被告人审判前供述是非法取得的，法庭在公诉人宣读起诉书之后，应当先行当庭调查。法庭辩论结束前，被告人及其辩护人提出被告人审判前供述是非法取得的，法庭也应当进行调查。

（2）排除非法证据的主体。一般而言，对于非法证据的排除主要是在审判阶段由法官主持进行。但应当注意到我国《刑事诉讼法》第56条第2款规定：在侦查、审查起诉、审判时发现有应当排除的证据的，应当依法予以排除，不得作为起诉意见、起诉决定和判决的依据。这就意味着，排除非法证据无时间限制，在侦查、审查起诉、审判阶段均可能会进行非法证据排除，这种排除依据所处的诉讼阶段由不同的专门机关自行决定。侦查阶段较为特殊的一点是，根据《关于办理刑事案件严格排除非法证据若干问题的规定》的规定，犯罪嫌疑人及其辩护人在侦查期间可以向人民检察院申请排除非法证据。对确有以非法方法收集证据情形的，人民检察院应当向侦查机关提出纠正意见。规定每个诉讼阶段的办案机关均有排除非法证据的义务，有利于尽早发现和排除非法证据，维护诉讼参与人的权利。

（3）排除非法证据的审判过程。根据相关司法解释的规定，被告人及其辩护人申请排除非法证据，应当在开庭审理前提出，但在庭审期间发现相关线索或者材料等情形除外。开庭审理前，当事人及其辩护人、诉讼代理人申请排除非法证据，人民法院经审查，对证据收集的合法性有疑问的，应当召开庭前会议，就非法证据排除等问题了解情况，听取意见。被告人及其辩护人在开庭审理前申请排除非法证据，未提供相关线索或者材料，不符合法律规定的申请条件的，人民法院对申请不予受理。被告人及其辩护人在开庭审理前未申请排除非法证据，在法庭审理过程中提出申请的，应当说明理由。对前述情形，法庭经审查，对证据收集的合法性有疑问的，应当进行调查；没有疑问的，应当驳回申请。法庭驳回排除非法证据申请后，被告人及其辩护人没有新的线索或者材料，以相同理由再次提出申请的，法庭不再审查。对证据收集合法性的调查，根据具体情况，可以在当事人及其辩护人、诉讼代理人提出排除非法证据的申请后进行，也可以在法庭调查结束前一并进行。法庭审理过程中，当事人及其辩护人、诉讼代理人申请排除非法证据，人民法院经审查，不符合最高人民法院《解释》第 97 条规定的，应当在法庭调查结束前一并进行审查，并决定是否进行证据收集合法性的调查。法庭决定对证据收集的合法性进行调查的，可以由公诉人通过出示、宣读讯问笔录或者其他证据，有针对性地播放讯问过程的录音、录像，提请法庭通知有关侦查人员或者其他人员出庭说明情况等方式，证明证据收集的合法性。公诉人当庭不能举证的，可以建议法庭延期审理。在庭审中，控辩双方可以就被告人审判前供述取得的合法性问题进行质证、辩论。法庭对于控辩双方提供的证据有疑问的，可以宣布休庭，对证据进行调查核实。必要时，可以通知检察人员、辩护人到场。庭审中，公诉人为提供新的证据需要补充侦查，建议延期审理的，或者被告人及其辩护人申请通知讯问人员、讯问时其他在场人员或者其他证人到庭，法庭认为有必要的，可以宣布延期审理。经法庭审查，具有下列情形之一的，被告人审判前供述可以当庭宣读、质证：(1) 被告人及其辩护人未提供非法取证的相关线索或者证据的；(2) 被告人及其辩护人已提供非法取证的相关线索或者证据，法庭对被告人审判前供述取得的合法性没有疑问的；(3) 公诉人提供的证据确实、充分，能够排除被告人审判前供述属非法取得的。对于当庭宣读的被告人审判前供述，应当结合被告人当庭供述以及其他证据确定其能否作为定案的根据。

对于被告人及其辩护人提出的被告人审判前供述是非法取得的意见，第一审人民法院没有审查，并以被告人审判前供述作为定案根据的；人民检察院或者被告人、自诉人及其法定代理人不服第一审人民法院作出的有关证据收集合法性的调查结论，提出抗诉、上诉的；当事人及其辩护人、诉讼代理人在第一审结束后才发现相关线索或者材料，申请人民法院排除非法证据的。以上三种情形下，第二审人民法院应当对被告人审判前供述取得的合法性进行审查。检察人员不提供证据加以证明，或者已提供的证据不够确实、充分的，被告人的该供述不能作为定案的根据。

3. 非法证据的证明责任

根据《刑事诉讼法》第 59 条的规定，在对证据收集的合法性进行法庭调查的过程中，人民检察院应当对证据收集的合法性加以证明。现有证据材料不能证明证据收集的合法性的，人民检察院可以提请人民法院通知有关侦查人员或者其他人员出庭说明情况；人民法院可以通知有关侦查人员或者其他人员出庭说明情况。有关侦查人员或者其他人员也可以要求出庭说明情况。经人民法院通知，有关人员应当出庭。《关于办理刑事案件排除非法证据若干问题的规定》第 13 条规定：庭审中，检察人员、被告人及其辩护人提出未到庭证人的书面证言、未到庭被害人的书面陈述是非法取得的，举证方应当对其取证的合法性予以证明。公诉人提交加盖公章的说明材料，未经有关讯问人员签名或者盖章的，不能作为证明取证合法的证据。从这两条规定可以看出，对于非法证据应当由公诉机关承担证明责任，而由于公诉机关未参加案件的侦查工作，不熟悉侦查取证工作，因而可以由侦查人员或其他人员出庭予以说明。另外，根据《刑事诉讼法》第58条第2款的规定，当事人及其辩护人、诉讼代理人申请人民法院对以非法方法收集的证据依法予以排除的，应当提供相关线索或者材料。也就是在依申请进行非法证据排除时，应当由提出申请的当事人及其辩护人、诉讼代理人承担推动非法证据排除程序启动的证明责任。

4. 非法证据排除的法律后果

根据《刑事诉讼法》的规定，在侦查、审查起诉、审判时发现有应当排除的证据的，应当依法予以排除，不得将其作为起诉意见、起诉决定和判决的依据。可以看出，非法证据排除的法律后果在每个诉讼阶段表现不一：在侦查阶段发现应排除的非法证据的，应当排除，并不得作为起诉意见的依据。人民检察院接到报案、控告、举报或者发现侦查人员以非法方法收集证据的，应当进行调查核实。对于确有以非法方法收集证据情形的，应当提出纠正意见；构成犯罪的，依法追究刑事责任。同时，不得将该证据作为起诉决定的依据。对于经过法庭审理，确认或者不能排除存在《刑事诉讼法》规定的以非法方法收集证据情形的，对有关证据应当予以排除，不得将其作为判决的依据。

问题与思考

简答题

1. 什么是刑事诉讼中的证明？什么是证明对象？
2. 什么是刑事诉讼中的证明要求？
3. 试述证明责任和举证责任的区别。
4. 收集收据的基本原则是什么？
5. 为什么要审查判断证据？审查判断证据的基本方法是什么？
6. 如何审查判断物证？
7. 如何审查判断证人证言？
8. 如何理解重证据，不轻信口供的原则？
9. 如何处理刑事证明中的疑案？
10. 间接证据有什么特点？运用间接证据定案有什么规则？

课堂讨论案例

某个周末，轮到某公司财务科李某值班。李某到达办公室后，发现财务室内有被盗现象，即向公安机关报案。经查，财务室内的保险柜被撬开，里面的现金9875元被盗。经勘验、检查和鉴定，发现现场留有报案人李某指纹一枚，并且公安机关发现李某神情有异样，便怀疑李某有作案嫌疑。于是对李某进行传讯。尽管李某矢口否认，提出反证，但侦查起诉后，法院一、二审均认定李某构成盗窃罪。

几个月后，原与李某同一公司因另案被判刑正在服刑的王某，在主动交代余罪时供称，财务科被盗是他所为，李某系无辜遭受错判。法院进行再审后，宣告李某无罪。

请结合证明理论中审查判断证据的原则，分析本案错误的原因。

法律职业资格（司法）考试真题

1. 17 周岁的职高学生陈某，于 2000 年 10 月 5 日潜入某单位办公室，窃得手提电话 5 部。下列哪些属于刑事诉讼的证明对象？（ ）（多选）

A. 陈某的年龄　　B. 陈某盗窃的事实

C. 被盗物品的价值　　D. 2000 年国庆节期间放长假的事实

2. 关于我国刑事诉讼中证明责任的分担，下列说法正确的是：（ ）。(不定项)

A. 犯罪嫌疑人应当如实回答侦查人员的提问，承担证明自己无罪的责任

B. 自诉人对其控诉承担提供证据予以证明的责任

C. 律师进行无罪辩护时必须承担提供证据证明其主张成立的责任

D. 在巨额财产来源不明案中，检察机关应当证明国家工作人员的财产明显超过合法收入且差额巨大这一事实的存在

3. 法庭在审理被告人某甲入室盗窃案的过程中发现，某甲在实施犯罪过程中，为逃避抓捕曾以暴力伤害被害人。关于法院的做法，下列哪一选项是正确的？（ ）（单选）

A. 建议检察机关补充侦查

B. 建议检察机关变更起诉

C. 建议检察机关撤回起诉

D. 应当自行补充侦查

4. 下列案件能够作出有罪认定的是哪一选项？（ ）（单选）

A. 甲供认自己强奸了乙，乙否认，该案没有其他证据

B. 甲指认乙强奸了自己，乙坚决否认，该案没有其他证据

C. 某单位资金 30 万元去向不明，会计说局长用了，局长说会计用了，该案没有其他证据

D. 甲乙二人没有通谋，各自埋伏，几乎同时向丙开枪，后查明丙身中一弹，甲乙对各自犯罪行为供认不讳，但收集到的证据无法查明这一枪到底是谁打中的

5. 石某杀人后弃尸河中。在法庭审理中，对下列哪些事实不必提出证据证明？（ ）（多选）

A. 被弃尸的河流从案发村镇穿过的事实

B. 刑法关于杀人罪的法律规定

C. 检察机关和石某都没有异议的案件基本事实

D. 石某的精神状态

6. 关于刑事诉讼中的证明责任，下列哪些选项是正确的？（ ）（多选）

A. 总是与一定的积极诉讼主张相联系，否认一方不负证明责任

B. 总是与一定的不利诉讼后果相联系，受到不利裁判的不一定承担证明责任

C. 是提出证据责任与说服责任的统一，提出证据并非完全履行了证明责任

D. 是专属于控诉方独自承担的责任，具有一定的责任排他性

7. 关于吴某涉嫌故意泄露国家秘密罪，下列哪些选项属于需要运用证据加以证明的事实？（ ）（多选）

A. 吴某是否为国家机关工作人员

B. 是否存在为吴某所实施的被指控事实

C. 被指控事实是否情节严重

D. 是否具有法定或酌定从重、从轻、减轻及免除处罚的情节

8. 甲乙两家曾因宅基地纠纷诉至法院，尽管有法院生效裁判，但甲乙两家关于宅基地的争议未得到根本解决。一日，甲、乙因各自车辆谁先过桥引发争执继而扭打，甲拿起车上的柴刀砍中乙颈部，乙当场死亡。对此，下列哪一选项是不需要用证据证明的免证事实？（　　）（单选）

A. 甲的身份状况

B. 甲用柴刀砍乙颈部的时间、地点、手段、后果

C. 甲用柴刀砍乙颈部时精神失常

D. 法院就甲乙两家宅基地纠纷所作出的裁判事项

9. “证人猜测性、评论性、推断性的证言，不能作为证据使用”，系下列哪一证据规则的要求？（　　）（单选）

A. 传闻证据规则　　B. 意见证据规则

C. 补强证据规则　　D. 最佳证据规则

10. 关于证据的审查判断，下列哪一说法是正确的？（　　）（单选）

A. 被害人有生理缺陷，对案件事实的认知和表达存在一定困难，故其陈述在任何情况下都不得采信

B. 与被告人有利害冲突的证人提供的对被告人不利的证言，在任何情况下都不得采信

C. 公安机关制作的放火案的勘验、检查笔录没有见证人签名，一律不得采信

D. 搜查获得的杀人案凶器，未附搜查笔录，不能证明该凶器来源，一律不得采信

11. 具有特定情形的下列哪些证据不能作为定案的根据？（　　）（多选）

A. 视听资料的制作时间、地点存有异议，不能作出合理解释，也没有提供必要证明的

B. 在做 DNA 检测时送检材料与比对样本属于同一个来源的

C. 证人在犯罪现场听到被告人喊“给他点厉害瞧瞧”的陈述

D. 犯罪嫌疑人拒绝签名、盖章而由侦查人员在笔录上注明情况的讯问笔录

12. 关于死刑案件的证明对象的表述，下列哪些选项是正确的？（　　）（多选）

A. 被指控的犯罪事实的发生

B. 被告人实施犯罪的时间、地点、手段、后果以及其他情节

C. 被害人有无过错及过错程度

D. 被告人的近亲属是否协助抓获被告人

13. 关于补强证据，下列哪一说法是正确的？（　　）（单选）

A. 应当具有证据能力　　B. 可以和被补强证据来源相同

C. 对整个待证事实有证明作用　　D. 应当是物证或者书证

14. 关于证人证言的收集程序和方式存在瑕疵，经补正或者作出合理解释后，可以作为证据使用的情形，下列哪一选项是正确的？（　　）（单选）

A. 询问证人时没有个别进行的

B. 询问笔录反映出在同一时间内，同一询问人员询问不同证人的

C. 询问聋哑人时应当提供翻译而未提供的

D. 没有经证人核对确认并签名（盖章）、捺指印的

15. 关于非法证据的排除，下列哪些说法是正确的？（ ）（多选）

A. 非法证据排除的程序，可以根据当事人等申请而启动，也可以由法庭依职权启动

B. 申请排除以非法方法收集的证据的，应当提供相关线索或者材料

C. 检察院应当对证据收集的合法性加以证明

D. 只有确认存在《刑事诉讼法》第 54 条规定的以非法方法收集证据情形时，才可以对有关证据应当予以排除

16. 关于证人出庭作证，下列哪些说法是正确的？（ ）（多选）

A. 需要出庭作证的警察就其执行职务时目击的犯罪情况出庭作证，适用证人作证的规定

B. 警察就其非执行职务时目击的犯罪情况出庭作证，不适用证人作证的规定

C. 对了解案件情况的人，确有必要时，可以强制到庭作证

D. 证人没有正当理由拒绝出庭作证的，只有情节严重，才可以处以拘留，且拘留不可以超过 10 日

17. 在法庭审理过程中，被告人屠某、沈某和证人朱某提出在侦查期间遭到非法取证，要求确认其审前供述或证言不具备证据能力。下列哪些情形下应当根据法律规定排除上述证据？（ ）（多选）

A. 将屠某“大”字形吊铐在窗户的铁栏杆上，双脚离地

B. 对沈某进行引诱，说“讲了就可以回去”

C. 对沈某进行威胁，说“不讲就把你老婆一起抓进来”

D. 对朱某进行威胁，说“不配合我们的工作就把你关进来”

18. 案例分析

案情：

张某——某国企副总经理

石某——某投资管理有限公司董事长

杨某——张某的朋友

姜某——石某公司出纳

石某请张某帮助融资，允诺事成后给张某好处，被张某拒绝。石某请杨某帮忙说服张某，允诺事成后各给张某、杨某 400 万股的股份。后经杨某多次撮合，2018 年 3 月 6 日，张某指令下属分公司将 5 000 万元打入石某公司账户，用于股权收购项目。2018 年 5 月 10 日，杨某因石某允诺的 400 万股未兑现，遂将石某诉至法院，并提交了张某出具的书面证明作为重要证据，证明石某曾有给杨某股份的允诺。石某因此对张某大为不满，即向某区监察委揭发了张某收受贿赂的行为。监察委立案调查，查得证据及事实如下：

——石某称：2018 年 3 月 14 日，在张某办公室将 15 万元现金交给张某。同年 4 月 17 日，在杨某催促下，让姜某与杨某一起给张某送去 40 万元。因担心杨某私吞，特别告诉姜某一定与杨某同到张某处（石某讲述了张某办公室桌椅、沙发等摆放的具体位置）。

——姜某称：取出 40 万元后与杨某约好见面时间和地点，但杨某称堵车迟到很久。自己因有重要事情需要处理，就将钱交杨某送与张某。

——杨某称：确曾介绍张某与石某认识，并积极撮合张某为石某融资。与姜某见面时因堵车迟到，姜某将钱交给他后匆匆离开。他随后在自己车上将钱交给张某，张某拿出 10 万元给他，说是辛苦费（案发后，杨某将 10 万元交检察院）。

——张某称：帮助石某公司融资，是受杨某所托（监察委共对张某讯问六次，张某每次都

否认收受过任何贿赂）。

据石某公司日记账、记账凭证、银行对账单等记载，2018年3月6日张某公司的下属分公司将5 000万元打入石某公司账户。同年3月14日和4月17日，分别有15万元和40万元现金被提出。

问题：

依据有关法律、司法解释规定和刑事证明理论，运用本案现有证据，分析能否认定张某构成受贿罪，请说明理由。

19. 案例分析

案情：

2010年10月2日午夜，A市某区公安人员在辖区内巡逻时，发现路边停靠的一辆轿车内坐着三个年轻人（朱某、尤某、何某），形迹可疑，即上前盘查。经查，在该车后备箱中发现盗窃机动车工具，遂将三人带回区公安分局进一步审查。案件侦查终结后，区检察院向区法院提起公诉。

（证据）朱某——在侦查中供称，其作案方式是3人乘坐尤某的汽车在街上寻找作案目标，确定目标后由朱某、何某下车盗窃，得手后共同分赃。作案过程由尤某策划、指挥。在法庭调查中承认起诉书指控的犯罪事实，但声称在侦查中被刑讯受伤。

尤某——在侦查中与朱某供述基本相同，但不承认作案由自己策划、指挥。在法庭调查中翻供，不承认参与盗窃机动车的犯罪，声称对朱某盗窃机动车毫不知情，并声称在侦查中被刑讯受伤。

何某——始终否认参与犯罪。声称被抓获当天从C市老家来A市玩，与原先偶然认识的朱某、尤某一起吃完晚饭后坐在车里闲聊，才被公安机关抓获。声称以前从没有与A市的朱某、尤某共同盗窃，并声称在侦查中被刑讯受伤。

公安机关——在朱某、尤某供述的十几起案件中核实认定了A市发生的3起案件，并依循线索找到被害人，取得当初报案材料和被害人陈述。调取到某一案发地录像，显示朱某、尤某盗窃汽车经过。根据朱某、尤某在侦查阶段的供述，认定何某在2010年3月19日参与一起盗窃机动车案件。

何某辩护人——称在案卷材料中看到朱某、尤某、何某受伤后包有纱布的照片，并提供4份书面材料：(1) 何某父亲的书面证言：2010年3月19日前后，何某因打架被当地公安机关告知在家等候处理，不得外出。何某未离开C市。(2) 2010年4月5日，公安机关发出的行政处罚通知书。(3) C市某机关工作人员赵某的书面证言：2010年3月19日案发前后，经常与何某在一起打牌，何某随叫随到，期间未离开C市。(4) 何某女友范某的书面证言：2010年3月期间，何某一直在家，偶尔与朋友打牌，未离开C市。

（法庭审判）庭审中，3名被告人均称受到侦查人员刑讯。辩护人提出，在案卷材料中看到朱某、尤某、何某受伤后包有纱布的照片，被告人供述系通过刑讯逼供取得，属于非法证据，应当予以排除，要求法庭调查。公诉人反驳，被告人受伤系因抓捕时3人有逃跑和反抗行为造成，与讯问无关，但未提供相关证据证明。法庭认为，辩护人意见没有足够根据，即开始对案件进行实体审理。

法庭调查中，根据朱某供述，认定尤某为策划、指挥者，系主犯。

审理中，何某辩护人向法庭提供了证明何某没有作案时间的4份书面材料。法庭认为，公诉方提供的有罪证据确实、充分，辩护人提供的材料不足以充分证明何某在案发时没有来过A

市，且材料不具有关联性，不予采纳。

最后，法院采纳在侦查中朱某、尤某的供述笔录、被害人陈述、报案材料、监控录像作为定案根据，认定尤某、朱某、何某构成盗窃罪（尤某为主犯），分别判处有期徒刑 9 年、5 年和 3 年。

问题：

（1）法院对于辩护人提出排除非法证据的请求的处理是否正确？为什么？

（2）如法院对证据合法性有疑问，应当如何进行调查？

（3）法院对尤某的犯罪事实的认定是否已经达到事实清楚、证据确实充分？为什么？

（4）现有证据能否证明何某构成犯罪？为什么？

（5）如何判断证据是否具有关联性？法院认定何某辩护人提供的 4 份书面材料不具有关联性是否适当？为什么？

20. 案例分析

案情：

花园小区发生一起入室抢劫杀人案，犯罪现场破坏严重，未发现有价值的痕迹物证。经查，李某有重大犯罪嫌疑，其曾因抢劫被判有期徒刑 12 年，刚刚刑满释放，案发时小区保安见李某出入小区。李某被东湖市公安局立案侦查并被逮捕羁押。审讯期间，在保安的指认下，李某不得不承认其在小区他处入室盗窃 3 000 元，后经查证属实。但李某拒不承认抢劫杀人行为。审讯人员将李某带到公安局办案基地对其实施了捆绑、吊打、电击等行为，3 天 3 夜不许吃饭，不许睡觉，只给少许水喝，并威胁不坦白交代抢劫杀人罪行、认罪态度不好，法院会判死刑。最终，李某按审讯人员的意思交代了抢劫杀人的事实。在此期间，侦查人员还对李某的住处进行了搜查，提取扣押了李某鞋子等物品，当场未出示搜查证。

案件经东湖市人民检察院审查后，向东湖市中级人民法院提起公诉。庭审中，应李某辩护人的申请，法庭启动了排除非法证据程序。

问题：

（1）本案哪些行为收集的证据属于非法证据？哪些非法证据应当予以排除？

（2）本案负有排除非法证据义务的机关有哪些？

（3）针对检察院的指控，东湖市中级人民法院应当如何判决本案？

（4）结合本案，简要说明刑事诉讼法对保障刑法实施的价值。

（5）结合本案，简述非法证据排除规则的完善过程，阐明非法证据排除规则的诉讼价值。

第十一章

强制措施

本章概要

刑事诉讼中的强制措施是公安机关、人民检察院、人民法院为了保证刑事诉讼活动顺利进行，依法对犯罪嫌疑人、被告人实施的，暂时限制或剥夺其人身自由的各种强制方法。刑事强制措施立足于防范，目的是保证刑事诉讼活动的顺利进行。我国现行的强制措施按照强制力度由轻到重的次序排列为：拘传、取保候审、监视居住、拘留和逮捕，司法机关根据案件的具体情况选择适用。

关键术语

强制措施　拘传　传唤　取保候审　监视居住　拘留　扭送　逮捕

第一节　概　述

一、强制措施的概念和意义

（一）强制措施的概念

刑事诉讼中的强制措施是指公安机关、人民检察院和人民法院为了保证刑事诉讼活动的顺利进行，防止犯罪嫌疑人、被告人等逃避或妨碍侦查、起诉和审判，依法对其适用的暂时限制或剥夺其人身自由的各种强制方法。

我国《刑事诉讼法》所规定的强制措施，按照强制力度从轻到重的顺序排列依次为：拘传、取保候审、监视居住、拘留和逮捕。这五种强制方法构成了严密完整的强制措施体系，司法机关在具体办案的过程中可视案情不同而选择适用。

刑事强制措施的性质、目的是立足于防范，即只是为了防止犯罪嫌疑人、被告人逃避或妨碍侦查、起诉和审判，保证刑事诉讼活动的顺利进行，其本身并不具有惩罚或制裁性质。

刑事强制措施与刑罚、行政处罚都是对被适用对象的人身自由进行一定程度的限制或剥夺，都是以国家的强制力为后盾。但是，它们之间是有较大区别的，不能混淆。

1. 强制措施同刑罚的区别

(1) 法律性质和目的不同。强制措施的性质是立足于防范，不具有惩罚或制裁功能，其目的只是保证刑事诉讼活动的顺利进行；而刑罚具有明显的惩罚性质，其目的是惩罚、教育和改造犯罪分子，使之尽快回归社会。

(2) 适用的对象不同。强制措施适用的对象是现行犯、犯罪嫌疑人或者被告人，他们是有可能实施了犯罪但并未被法院最终判定为有罪的人；而刑罚适用的对象是已经被法院判决为有罪的罪犯。

(3) 适用的机关不同。有权适用刑事强制措施的机关是人民法院、人民检察院和公安机关；而刑罚只能由人民法院依法判处。

(4) 稳定性不同。刑事强制措施具有相对的可变性，可视案情的变化而变更或者撤销；而刑罚相对稳定，判决一经生效，非经审判监督程序改判或在执行中依法定程序减轻，不得变更。

(5) 适用的法律依据不同。刑事强制措施适用的法律依据是《刑事诉讼法》，属于程序法的范畴；而刑罚的适用依据是《刑法》，属于实体法范畴。

2. 强制措施与行政处罚的区别

刑事强制措施与行政处罚在某些强制方法（如刑事拘留与行政拘留）上有相似之处，但有重大区别。

(1) 性质不同。强制措施是为了保证刑事诉讼活动的顺利进行，是一种预防性措施；而行政处罚是对违反行政法规的公民、法人或其他组织进行惩罚的手段，它是一种制裁方法。

(2) 适用的对象不同。刑事强制措施适用的对象是可能触犯了刑律的犯罪嫌疑人、被告人；而行政处罚的适用对象是违反了行政法律、法规的公民、法人或者其他组织。

(3) 有权适用的机关不同。强制措施只能由公安机关、人民法院、人民检察院适用；而有权决定实施行政处罚的是相应的国家行政机关。

(4) 法律依据不同。适用强制措施的依据是《刑事诉讼法》，表现形式单一；适用行政处罚的依据是行政法律、法规以及部门规章等，呈现出多样性。

(5) 稳定性不同。刑事强制措施具有相对的可变性，适用机关可视案情的具体变化予以变更或撤销；行政处罚则是一种行政制裁手段，一经决定，非依法定程序，不得变更。

（二）强制措施的意义

刑事强制措施是同犯罪行为作斗争的有力武器，正确、合法、及时地适用刑事强制措施，对于保证刑事诉讼活动的顺利进行，维护社会安定等，都具有重要意义。具体体现在以下几个方面。

1. 可以防止现行犯、犯罪嫌疑人、被告人逃避侦查、起诉和审判。一般而言，犯罪分子实施了犯罪以后，总是千方百计想逃避刑事追究，司法机关对他采用相应的强制措施，就可能最大限度地防止上述情况的发生，从而保证刑事诉讼活动的顺利进行。

2. 可以防止被告人、现行犯或者重大犯罪嫌疑人串供、隐匿或者伪造证据。犯罪分子在实施犯罪行为以后，为了掩盖自己的罪行，往往会制造假象、毁灭证据、伪造证据、互相订立攻守同盟等，以转移司法人员的视线。在这种情况下，剥夺或限制其人身自由，有利于司法机关调查收集证据，查明案情。

3. 可以防止犯罪嫌疑人、被告人、现行犯等继续作案，再犯新罪。有的犯罪分子在实施了一次犯罪以后，有可能铤而走险，继续犯罪。对这类犯罪分子限制或剥夺人身自由之后，可以防止上述情况的发生。

4. 可以防止现行犯、犯罪嫌疑人或者被告人自杀、自残或者发生其他意外事件。有些犯罪分子罪行严重，为了逃避刑事追究，或者不知自己行为的性质，就有可能畏罪自杀、自残或者发生其他意外事件。为了避免这种现象的发生，就应该及时对其适用刑事强制措施。

5. 可以震慑社会上的不稳定分子，使其不敢以身试法，起到预防犯罪的作用。对于犯罪分子适用刑事强制措施，就会警告那些企图作案的不稳定分子不得轻举妄动，他们会慑于法律的威严而停止犯罪。这样就可以较好地预防犯罪，从而有利于社会治安综合治理。

二、适用强制措施应当考虑的因素

强制措施是一把“双刃剑”，适用得当，就可以保证侦查、起诉和审判活动的顺利进行。但由于任何一种强制措施都是对公民人身自由的限制或剥夺，适用不当，就会造成对公民基本人权的粗暴侵犯，从而产生巨大的负面影响，因而，司法机关在决定对犯罪嫌疑人、被告人适用强制措施时，一定要严肃谨慎，切不可滥用。一般来说，在刑事诉讼中适用强制措施时应考虑以下因素。

1. 犯罪嫌疑人、被告人所实施的犯罪行为的性质和社会危害性大小。是否采取强制措施，以及采取何种严厉程度的强制措施，必须与犯罪行为的性质以及社会危害性程度成正比，如果犯罪性质严重，社会危害性大，就必须对其适用强制措施，并且采用较为严厉的措施。反之，就可不必适用或适用较轻种类的强制措施。

2. 犯罪嫌疑人、被告人的人身危险性大小。如果犯罪嫌疑人、被告人是惯犯、累犯、主犯或者严重危害社会治安的犯罪分子，由于他们的人身危险性较大，因而采用强制措施的可能性就较大，并且应该采用较严厉的强制措施；若是偶犯或过失犯罪，对其适用强制措施的可能性就较小。

3. 犯罪嫌疑人、被告人是否有逃避或妨碍侦查、起诉和审判的可能。实施刑事强制措施的目的在于保证侦查、起诉和审判的顺利进行，如果犯罪嫌疑人、被告人有可能串供、毁灭证据、伪造证据，对其适用强制措施的可能性就较大。

4. 司法机关对案件事实的掌握程度以及证据的收集情况。《刑事诉讼法》规定了适用各种强制措施的条件，例如，对逮捕的要求是“有证据证明有犯罪事实”。司法机关在具体的操作中，应该严格依照法定条件，根据已经查明的案件事实和已有的证据来决定采用的强制措施种类。

在适用强制措施时，不仅要考虑到上述因素，而且如果案情发生了变化，还要适时变更或撤销强制措施。

第二节 拘 传

一、拘传的概念和意义

拘传是指公安机关、人民法院和人民检察院对未被羁押的犯罪嫌疑人、被告人强制其到案接受讯问的一种强制方法。拘传是刑事强制措施体系中最轻的一种，公安机关、人民法院、人民检察院在刑事诉讼过程中，根据案件情况都有权决定适用。

拘传的对象一般是经司法机关合法传唤，无正当理由拒不到案的犯罪嫌疑人、被告人。在刑事诉讼中，拘传和传唤虽然都是要求犯罪嫌疑人、被告人到案接受讯问，但它们是两种不同性质的诉讼行为。传唤是以传票的形式通知犯罪嫌疑人、被告人到案接受讯问，其性质等同于通知，不具有强制性质，它基于犯罪嫌疑人、被告人的自觉性而实施；但拘传具有一定的强制性，对不愿到案接受讯问的犯罪嫌疑人、被告人可以强制其到案接受讯问，在其抗拒到案的情况下可以使用械具。

传唤不是拘传的必经程序，根据《刑事诉讼法》第66条的规定，人民法院、人民检察院和公安机关根据案件情况，对犯罪嫌疑人、被告人可以拘传。也就是说，司法机关可以不经传唤而直接进行拘传。

拘传作为刑事强制措施的一种，其目的是保证刑事诉讼活动的顺利进行。在刑事诉讼过程中适用拘传具有以下意义。

1. 可以保证未受羁押的犯罪嫌疑人、被告人及时到案接受讯问，有利于司法机关收集证据、查明案情。

2. 可以保证犯罪嫌疑人、被告人的一些合法权利不受限制，使其得以正常地工作和学习，有利于维护社会稳定。

3. 拘传是强制措施中最轻的一种，适用拘传可以教育感化一些犯罪嫌疑人、被告人，以起到预防犯罪的作用。

二、拘传的程序

根据《刑事诉讼法》及其相关司法解释的规定，适用拘传的具体程序如下。

1. 首先应由案件的承办人提出申请，经部门负责人审核同意后，报县级以上公安机关负责人、检察院检察长或者法院院长决定，填写拘传证。

2. 执行拘传应当到被拘传对象所在的市、县内进行。首先应当向被拘传人出示拘传证，并责令其在拘传证上签名、捺指印，执行人员不得少于2人。对于抗拒拘传的犯罪嫌疑人、被告人，执行人员可以使用械具强制其到案接受讯问。

3. 对犯罪嫌疑人、被告人拘传后应当立即讯问。讯问完毕后应立即释放。为了防止将拘传变成变相羁押，《刑事诉讼法》第119条第2、3款规定，一次拘传持续的最长时间不得超过12小时；案情特别重大、复杂，需要采取拘留、逮捕措施的，传唤、拘传持续的时间不得超过24小时。不得以连续传唤、拘传的形式变相拘禁犯罪嫌疑人。传唤、拘传犯罪嫌疑人，应当保证犯罪嫌疑人的饮食和必要的休息时间。《人民检察院刑事诉讼规则（试行）》第 80 条第 2 款还特别规定，两次拘传间隔的时间一般不得少于 12 小时。为防止连续拘传，在犯罪嫌疑人到案后，应当责令其在拘传证上填写到案时间，拘传结束后，应当由其在拘传证上填写结束时间。犯罪嫌疑人拒绝填写的，侦查人员应在拘传证上注明。

第三节　取保候审和监视居住

一、取保候审的概念、种类和意义

取保候审是指人民法院、人民检察院和公安机关对未被羁押的犯罪嫌疑人、被告人，依法责令其提供保证人或者交纳保证金，并出具保证书，保证不逃避或者妨碍侦查、起诉和审判，并随传随到的一种强制方法。取保候审类似于美国、德国等其他国家法律规定的保释，但也不尽相同。在修改《刑事诉讼法》的过程中，有人主张将取保候审更名为保释。但立法机关考虑到国外一般是先有羁押（逮捕），后有保释，而我国的取保候审并不以羁押为前提，故未采纳这一立法建议。

对于取保候审，1996 年《刑事诉讼法》第 51 条在 1979 年《刑事诉讼法》的基础上作了较大幅度的修改，如增加交纳保证金保证的方式，明确了取保候审的期限和执行机关等。但是这一当时看来较为先进的改革，随着司法实践的不断变化也出现了一些立法滞后的问题，主要体现在以下几个方面。

1. 取保候审和监视居住的适用条件不加区分。两种强制措施之间并无适用对象和范围的区分，没有体现出本质上对犯罪嫌疑人、被告人人身自由限制程度有强弱之分的两种强制措施之间的层次性，不利于根据不同犯罪嫌疑人、被告人的社会危险性采取有针对性的强制措施，也存在公安司法机关执行不统一的问题。

2. 取保候审作为对社会危险性较小的犯罪嫌疑人、被告人采取的限制人身自由较轻的强制措施，根据必要性和比例原则，取保候审应为原则，本应是优先适用。但在我国司法实践中却适用较少，羁押措施反而成了原则。

3. 对被取保候审人的执行较为困难，很多情况下无力进行实质性的监管，导致被取保候审人脱逃。

2012 年《刑事诉讼法》的修正关注了立法与司法实践中的这些问题，并着力进行了完善。比如将取保候审与监视居住在定位、适用对象上进行明确的区分，并进一步明确了被取保候审人的义务等。这些制度的变革在一定程度上有利于取保候审制度的完善。

公安机关、人民检察院和人民法院在刑事诉讼过程中适用取保候审制度具有重大意义。

1. 可以防止犯罪嫌疑人、被告人实施逃跑等妨碍刑事诉讼活动顺利进行的行为。对犯罪嫌疑人、被告人适用取保候审之后，由于有经济利益上的驱动或者保证人的监督，他们一般不会逃跑或实施其他妨碍刑事诉讼活动顺利进行的行为。

2. 赋予其一定限度的人身自由，有利于保障犯罪嫌疑人、被告人的合法权利。取保候审只是对被适用对象的人身自由进行一定程度的限制，他可以正常地工作和学习、照顾家庭生活或为社会做一些有益的事情。

3. 取保候审可以节约司法机关的办案经费，免除在押人员生活费、管理费开支，使司法机关将人力、物力集中到打击严重的犯罪行为上去。

二、取保候审的条件和程序

（一）取保候审的条件

根据修正以后的《刑事诉讼法》第 67 条的规定，司法机关对有下列情形之一的犯罪嫌疑人、被告人可以取保候审。

1. 可能判处管制、拘役或者独立适用附加刑的。采用强制措施的种类应该与犯罪行为的严重程度相适应，如果罪行较轻，就应该适用较轻种类的强制措施。可能被判处这些刑罚的犯罪嫌疑人、被告人涉嫌的罪行较轻，通常情况下，不羁押不会发生社会危险性。

2. 可能判处有期徒刑以上刑罚，采取取保候审不致发生社会危险性的。这里的“社会危险性”主要是指《刑事诉讼法》第 81 条规定的可能实施新的犯罪，有危害国家安全、公共安全或者社会秩序的现实危险，可能毁灭、伪造证据，干扰证人作证或者串供，可能对被害人、举报人、控告人实施打击报复，企图自杀或者逃跑等情形。适用取保候审的目的在于防止犯罪嫌疑人、被告人逃避或妨碍刑事诉讼活动的顺利进行，即使犯罪嫌疑人、被告人的罪行较为严重，但如果适用取保候审即可达到上述目的，就不能采取较为严厉的强制措施。

3. 患有严重疾病、生活不能自理，怀孕或者正在哺乳自己婴儿的妇女，采取取保候审不致发生社会危险性的。这里规定的情形有三类：一是患有严重疾病；二是因为年老、残疾等原因生活不能自理；三是怀孕或正在哺乳自己婴儿的妇女。这三类犯罪嫌疑人、被告人由于身体方面的原因，其人身危险性已经有所减弱，况且从人道主义出发，也不应该对其予以关押。而且，对那些虽然患有严重疾病、生活不能自理，怀孕或者正在哺乳自己婴儿的妇女，但仍有《刑事诉讼法》第 81 条规定的社会危险性的犯罪嫌疑人、被告人，也不得对其取保候审。比如对以自伤、自残等方法逃避追究的犯罪嫌疑人、被告人就不得取保候审。

4. 羁押期限届满，案件尚未办结，需要采取取保候审的。“羁押期限”主要指的是侦查羁押、审查起诉、一审、二审等办案期限。法定期限对当事人和公安司法机关同样具有拘束力，公安司法机关必须严格按照办案期限的规定来办理刑事案件，法定的羁押期限届满仍不能结案的，可以对犯罪嫌疑人、被告人适用取保候审。

上述第一种情形中所谓的“可能判处”某种刑罚，是指根据司法机关初步查明的涉嫌犯罪事实，承办案件的司法人员所认定的对其可能判处的刑罚。它绝不是指犯罪嫌疑人、被告人的行为所触犯的《刑法》条文某一条款的法定最高刑，更不是指该条文规定的某种罪名的法定最高刑。第二种情形中所谓的“可能判处有期徒刑以上刑罚，采取取保候审不致发生社会危险性”，是指根据司法机关已经查明的涉嫌犯罪事实，尽管可以认定其所犯罪行比较严重，且根据其对应的《刑法》条款应当判处有期徒刑以上刑罚，但是，对其适用取保候审也不会发生社会危险性。

除上述确定可以采取取保候审的范围外，最高人民检察院和公安部还分别对一些排除适用取保候审的情形予以了明确。在《人民检察院刑事诉讼规则（试行）》第 84 条中规定，人民检察院对于严重危害社会治安的犯罪嫌疑人，以及其他犯罪性质恶劣、情节严重的犯罪嫌疑人不得取保候审。《公安机关办理刑事案件程序规定》第 78 条规定，对累犯，犯罪集团的主犯，以自伤、自残办法逃避侦查的犯罪嫌疑人，严重暴力犯罪以及其他严重犯罪的犯罪嫌疑人不得取保候审，但犯罪嫌疑人属于上述可以取保候审中第三、四种情形的除外。

（二）取保候审的程序

1. 取保候审的申请。根据《刑事诉讼法》第38条和第97条的规定，犯罪嫌疑人、被告人及其法定代理人、近亲属或者辩护人，有权提出变更羁押措施为取保候审的申请。取保候审只能以书面形式，而不能以口头方式提出。公安机关、人民检察院、人民法院在接到取保候审的申请书后，应当在3日之内作出决定，同意取保候审的，应当依法办理取保候审的手续；不同意变更为取保候审的，应当通知申请人，并说明不同意的理由。这样规定的意义在于督促决定机关及时给申请人以答复，有利于当事人行使自己的合法权利，使得取保候审制度更具可操作性。

犯罪嫌疑人、被告人或者其法定代理人、近亲属、辩护人提出取保候审的，司法机关经审查认为符合取保候审条件，或者司法机关主动依职权决定取保候审的，应当责令犯罪嫌疑人、被告人提出保证人或交纳保证金。对同一犯罪嫌疑人，不得同时责令其提出保证人和交纳保证金。

2. 保证人的条件。根据《刑事诉讼法》第69条的规定，保证人必须具备以下条件。

（1）与本案无牵连。这是指保证人不能是本案的当事人或者其他诉讼参与人，以防止保证人串供、隐匿和伪造证据，或者实施其他妨碍刑事诉讼活动顺利进行的行为。

（2）有能力履行保证义务。这是要求保证人必须具有完全的民事行为能力和权利能力，并且对犯罪嫌疑人、被告人有一定的影响力，能对其产生一定的心理强制，使之不敢实施妨碍刑事诉讼活动顺利进行的行为。

（3）享有政治权利，人身自由未受到限制。保证人必须是依法享有宪法和法律规定的各种权利的中华人民共和国公民，依法被判处刑罚或者被采取了民事、刑事、行政强制措施的，人身自由受到限制或剥夺的人，不能充当保证人。

（4）有固定的收入和住处。要求保证人有固定的住处，是为了便于司法机关随时与保证人取得联系，了解被保证人的情况。同时，要求保证人有固定的收入，是为了在保证人没有尽到保证义务时，司法机关可以对其处以罚款，追究其经济责任。

作为保证人，必须同时具备上述四个条件，决定机关对此必须严格审查。保证人应当履行监督被保证人遵守《刑事诉讼法》第71条规定的义务，并且在发现被保证人可能发生或者已经发生违反《刑事诉讼法》第71条规定的行为时，应当及时向执行机关报告。如被保证人有违反第71条规定的行为，保证人未履行保证义务的，对保证人处以1 000元以上2万元以下罚款，保证人与犯罪嫌疑人、被告人串通，协助被保证人逃跑、隐匿，情节严重，构成犯罪的，依法追究刑事责任。

在取保候审期间，随着案情的变化以及其他方面的原因，保证人不愿意继续担保或者丧失担保条件的，应当责令犯罪嫌疑人、被告人重新提出保证人或交纳保证金。

3. 保证金数额。适用保证金担保，要注意的是如何确定保证金的具体数额。由于我国各地区的经济发展情况不平衡，各类刑事案件的具体情况又千差万别，因而《刑事诉讼法》对保证金的具体数额并没有规定一个统一的适用标准，只是原则性地在第72条中规定：取保候审的决定机关应当综合考虑保证诉讼活动正常进行的需要，被取保候审人的社会危险性，案件的性质、情节，可能判处刑罚的轻重，被取保候审人的经济状况等情况，确定保证金的数额。

根据最高人民检察院《人民检察院刑事诉讼规则（试行）》第90条及公安部《公安机关办理刑事案件程序规定》第83条的规定，保证金的起点数额为1000元，但并未规定上限。为了防止公、检、法三机关在收取保证金上出现混乱，根据《刑事诉讼法》规定，提供保证金的人应当将保证金存入执行机关指定银行的专门账户。

4. 取保候审的决定。公安机关、人民法院、人民检察院需要对犯罪嫌疑人、被告人取保候审的，应当制作呈请取保候审报告书，说明取保候审的理由、采取的保证方式及应当遵守的规定，报县级以上公安机关负责人、检察院检察长或者人民法院院长批准，制作取保候审决定书。取保候审的执行机关为公安机关，因此，如果是检察院或者法院决定取保候审的，那么其在签发取保候审决定书的同时，还应另行签发执行取保候审通知书，一并送达公安机关执行。

根据《刑事诉讼法》第71条第1款的规定，被取保候审的犯罪嫌疑人、被告人在取保候审期间，应当遵守以下规定：(1) 未经执行机关批准不得离开指定居住的市、县。(2) 住址、工作单位和联系方式发生变动的，在24小时以内向执行机关报告。(3) 在传讯的时候及时到案。(4) 不得以任何方式干扰证人作证。(5) 不得毁灭、伪造证据或者串供。

此外，人民法院、人民检察院和公安机关可以根据案件情况，责令被取保候审的犯罪嫌疑人、被告人遵守以下一项或者多项规定。

(1) 不得进入特定的场所。“特定场所”，是指根据犯罪性质及犯罪嫌疑人的个人倾向、心理状态等，可能会对这一场所正常的生产、生活或者学习造成不利影响，比如引起恐慌等，或者可能导致犯罪嫌疑人因场景刺激而再次犯罪的地点，如禁止猥亵儿童犯罪嫌疑人、被告人进入学校等场所。

(2) 不得与特定的人员会见或者通信。“特定人员”一般指案件的同案犯、被害人、证人、鉴定人等人员。

(3) 不得从事特定的活动。“特定活动”一般是指与被指控的犯罪有关的活动，如对涉嫌贩毒的犯罪嫌疑人、被告人禁止其从事接触精神药品和麻醉药品的活动。

(4) 将护照等出入境证件、驾驶证件交执行机关保存。应当注意的是，由于犯罪嫌疑人、被告人在所居住的市、县内有活动的自由，因而对其身份证件不应收缴。

这些额外的义务并非所有被取保候审的犯罪嫌疑人、被告人均必须遵守，而是具有一定的选择性，由公安司法机关根据具体的案件情况决定是否对犯罪嫌疑人、被告人课以额外的义务。

5. 取保候审的执行。公安机关决定取保候审的，应当及时通知犯罪嫌疑人居住地派出所执行；人民法院、人民检察院决定取保候审的，负责执行的县级以上公安机关应当在收到有关的法律文书和材料后，及时指定犯罪嫌疑人、被告人所在地的派出所执行。

公安机关在执行取保候审时，应当向被取保候审的犯罪嫌疑人、被告人宣读取保候审决定书并令其签名或盖章，告知其在取保候审期间应当遵守的规定。

执行的公安机关发现被取保候审人违反《刑事诉讼法》第71条规定的，若是以保证金形式担保，已交纳保证金的，没收部分或者全部保证金，并且区别情形，责令犯罪嫌疑人、被告人具结悔过，重新交纳保证金、提出保证人，或者监视居住、予以逮捕。对违反取保候审规定，需要予以逮捕的，可以对犯罪嫌疑人、被告人先行拘留。

犯罪嫌疑人、被告人在取保候审期间没有违反《刑事诉讼法》第73条规定的，取保候审期间届满以后，被取保候审人凭解除取保候审的通知或者有关法律文书到银行领取退还的保证金。

根据最高人民法院《解释》第129条的规定，在法庭审判阶段，被取保候审的被告人有下列情形之一的，人民法院应当决定逮捕：(1) 故意实施新的犯罪的；(2) 企图自杀、逃跑的；(3) 毁灭、伪造证据，干扰证人作证或者串供的；(4) 对被害人、举报人、控告人实施打击报复的；(5) 经传唤，无正当理由不到案，影响审判活动正常进行的；(6) 擅自改变联系方式或者居住地，导致无法传唤，影响审判活动正常进行的；(7) 未经批准，擅自离开所居住的市、县，影响审判活动正常进行，或者两次未经批准，擅自离开所居住的市、县的；(8) 违反规定进入特定场所、与特定人员会见或者通信、从事特定活动，影响审判活动正常进行，或者两次违反有关规定的；(9) 依法应当决定逮捕的其他情形。

《人民检察院刑事诉讼规则（试行）》第100条则区分违反取保候审规定行为的情节，规定在侦查及审查起诉阶段，犯罪嫌疑人有下列四种违反取保候审规定的行为的，人民检察院应当对犯罪嫌疑人予以逮捕：(1) 故意实施新的犯罪的；(2) 企图自杀、逃跑，逃避侦查、审查起诉的；(3) 实施毁灭、伪造证据，串供或者干扰证人作证，足以影响侦查、审查起诉工作正常进行的；(4) 对被害人、证人、举报人、控告人及其他人员实施打击报复的。犯罪嫌疑人有下列违反取保候审规定的行为，人民检察院可以对犯罪嫌疑人予以逮捕：(1) 未经批准，擅自离开所居住的市、县，造成严重后果，或者两次未经批准，擅自离开所居住的市、县的；(2) 经传讯不到案，造成严重后果，或者经两次传讯不到案的；(3) 住址、工作单位和联系方式发生变动，未在24小时以内向公安机关报告，造成严重后果的；(4) 违反规定进入特定场所、与特定人员会见或者通信、从事特定活动，严重妨碍诉讼程序正常进行的。

6. 取保候审的期限。《刑事诉讼法》第79条规定，取保候审最长不得超过12个月，在取保候审期间不得中断对案件的侦查、起诉和审理。发现不应当追究其刑事责任或取保候审期间届满的，应当及时解除取保候审。对于人民法院、人民检察院和公安机关取保候审超过法定期限的，犯罪嫌疑人、被告人及其法定代理人、近亲属或者犯罪嫌疑人、被告人委托的律师及其他辩护人，有权向作出取保候审决定的人民法院、人民检察院和公安机关要求解除取保候审，有关机关经查证属实的，应当解除取保候审。

取保候审的期限届满，或者发现了有《刑事诉讼法》第16条规定的不应当追究刑事责任情形的，或者案件已经办结的，原决定机关应当作出撤销取保候审的决定，并通知负责执行的公安机关。

三、监视居住的概念和条件

（一）监视居住的概念

监视居住是指人民法院、人民检察院和公安机关对符合逮捕条件，但因有法定情形不能羁押或不能继续羁押的犯罪嫌疑人、被告人，依法采取的责令其不得擅自离开住处或者指定居所，并对其活动加以监视和控制的一种强制方法。

监视居住的强制程度介于取保候审与逮捕之间，在司法实践中，司法机关适用监视居住这种强制措施具有一定的现实意义。

1. 可以对特殊的犯罪嫌疑人、被告人在不予关押的情况下，予以应有的控制，使其不得逃避或妨碍侦查、起诉和审判，有利于保证刑事诉讼活动的顺利进行。

2. 可以防止错捕、滥捕，以免给司法机关的工作带来被动。同时也可以少捕少关，使犯罪嫌疑人、被告人能够正常地工作和生活，有利于维护社会稳定。

3. 可以体现诉讼经济原则。刑事诉讼活动在保证公正地处理案件的前提下，也要兼顾效益，对没有关押必要的犯罪嫌疑人、被告人不予关押，司法机关可以用同样的经费办理更多的刑事案件，这与诉讼经济原则是相一致的。

（二）监视居住的条件

1. 监视居住的条件。1996 年《刑事诉讼法》对监视居住和取保候审规定了完全相同的适用条件，但由于实践中监视居住执行起来较取保候审更难，因而在相同适用条件下，多选择适用取保候审，监视居住适用率非常低，不能起到其应有的作用。在 2012 年修正《刑事诉讼法》时，立法机关对原监视居住的适用条件作了一些修改，将监视居住定位为逮捕的替代性措施，规定人民法院、人民检察院和公安机关对符合逮捕条件，有下列情形之一的犯罪嫌疑人、被告人，可以监视居住。

（1）患有严重疾病、生活不能自理的。此处的“严重疾病”主要指病情严重，生命垂危、在羁押场所内易导致传染、羁押场所的医疗条件无法治疗、确需家属照料等情况。“生活不能自理”则指因年老、严重疾病等导致丧失行动能力，无法自己照料自己的基本生活，需要他人照料的情形。

（2）怀孕或者正在哺乳自己婴儿的妇女。此种规定主要是为了更好地对怀孕妇女及哺乳期的婴儿进行照顾，体现了人道主义精神。

（3）系生活不能自理的人的唯一扶养人。具体来说：一是要求被扶养人丧失生活自理能力，二是犯罪嫌疑人、被告人必须系其唯一扶养人，即除犯罪嫌疑人、被告人外，无人对该生活不能自理的人负有法律上的扶养义务。这里的“扶养”包括父母、祖父母、外祖父母对子女、孙子女、外孙子女的抚养，子女、孙子女、外孙子女对老人的赡养以及配偶之间、兄弟姐妹之间的相互扶养。

（4）因为案件的特殊情况或者办理案件的需要，采取监视居住措施更为适宜的。“案件的特殊情况”一般是指案件的性质、情节等表明虽然犯罪嫌疑人、被告人符合逮捕条件，但并不致发生社会危险性，或者采取监视居住能取得更好的社会效果的情形。如犯罪嫌疑人犯罪后悔罪赎罪，积极取得被害人谅解的个别案件。“办理案件的需要”则通常指有利于继续侦查犯罪或者诉讼活动的社会效果等情形，如为抓获潜逃的同案犯或者避免惊动其他同案犯等。

（5）羁押期限届满，案件尚未办结，需要采取监视居住措施的。

对符合取保候审条件，但犯罪嫌疑人、被告人不能提出保证人，也不交纳保证金的，可以监视居住。

从该条规定来看，监视居住的适用条件与逮捕条件捆绑在一起，主要适用于符合逮捕条件，但又具有一些特殊情况不能适用羁押的情形，明确地将监视居住定位为羁押的替代性措施。此外，对于符合取保候审条件，但无法提出保证人或交纳保证金的也可以监视居住，在一定程度上将监视居住作为取保候审与羁押的中间地带，避免因为无保证人或不交纳保证金就直接羁押的情形，体现出强制措施的层次性，也能增加监视居住的适用率。

2. 监视居住对象应当遵守的规定。根据《刑事诉讼法》第 77 条的规定，被监视居住的犯罪嫌疑人、被告人应当遵守以下规定。

（1）未经执行机关批准不得离开执行监视居住的处所。根据《刑事诉讼法》第 75 条的规定，监视居住应当在犯罪嫌疑人、被告人的住处执行；无固定住处的，可以在指定的居所执行。对于涉嫌危害国家安全犯罪、恐怖活动犯罪，在住处执行可能有碍侦查的，经上一级公安机关批准，也可以在指定的居所执行。但是，不得在羁押场所、专门的办案场所执行。这里的“固定住处”是指犯罪嫌疑人、被告人在办案机关所在的市、县生活的合法住处；“指定的居所”是指公安机关根据案件情况，在办案所在的市、县内为犯罪嫌疑人、被告人指定的生活居所。根据规定，指定居所监视居住仅限于两种情形：一是无固定住所；二是涉嫌危害国家安全犯罪、恐怖活动犯罪，在住处执行可能有碍侦查的，经上一级公安机关批准的情形。为了防止将监视居住变成变相羁押，有关的法律规定，公安机关不得建立专门的监视居住场所，对犯罪嫌疑人、被告人不得在看守所、行政拘留所、留置室或者公安机关其他的工作场所等羁押和办案场所执行监视居住。被监视居住人如有正当理由要求离开住处或指定处所，应当经执行机关批准，如果是人民法院、人民检察院决定的监视居住，还应征得原决定机关的同意。

（2）未经执行机关批准不得会见他人或者通信。这里的“他人”是指共同居住的家庭成员以及聘请的律师以外的其他人。也就是说，被监视居住人与聘请的辩护律师、辩护人或者共同居住的人会见或通信，是不需要征得执行机关的同意的。但是，如果辩护律师在侦查期间会见涉嫌危害国家安全犯罪案件、恐怖活动犯罪案件的犯罪嫌疑人，应当经侦查机关许可。这里的“通信”，既包括一般的信件往来，也包括新的一些通信方式，如电话、传真、电子邮件、手机短信等。

（3）在传讯的时候及时到案。即被监视居住人应随传随到，以保证刑事诉讼的顺利进行。

（4）不得以任何形式干扰证人作证。

（5）不得毁灭、伪造证据或者串供。

（6）将护照等出入境证件、身份证件、驾驶证件交执行机关保存。相较于取保候审应当遵守的规定，将护照等出入境证件、身份证件、驾驶证件交执行机关保存是被监视居住人必须遵守的规定，考虑到监视居住是将犯罪嫌疑人的活动限制在其居所，将身份证件交执行机关保存不会对其生活、学习造成影响，因而要求身份证件也应交执行机关保存。

被监视居住的犯罪嫌疑人、被告人违反相关规定，情节严重的，可以予以逮捕；需要予以逮捕的，可以对犯罪嫌疑人、被告人先行拘留。对于哪些具体情形需要逮捕，最高人民法院《解释》第130条中规定，被监视居住的被告人具有下列情形之一的，人民法院应当决定逮捕：（1）故意实施新的犯罪的；（2）企图自杀、逃跑的；（3）毁灭、伪造证据，干扰证人作证或者串供的；（4）对被害人、举报人、控告人实施打击报复的；（5）经传唤，无正当理由不到案，影响审判活动正常进行的；（6）未经批准，擅自离开执行监视居住的处所，影响审判活动正常进行，或者两次未经批准，擅自离开执行监视居住的处所的；（7）未经批准，擅自会见他人或者通信，影响审判活动正常进行，或者两次未经批准，擅自会见他人或者通信的；（8）对因患有严重疾病、生活不能自理，或者因怀孕、正在哺乳自己的婴儿而未予逮捕的被告人，疾病痊愈或者哺乳期已满的；（9）依法应当决定逮捕的其他情形。《人民检察院刑事诉讼规则（试行）》则规定，在侦查与审查起诉阶段，犯罪嫌疑人有下列违反监视居住规定的行为的，人民检察院应当对犯罪嫌疑人予以逮捕：（1）故意实施新的犯罪行为的；（2）企图自杀、逃跑，逃避侦查、审查起诉的；（3）实施毁灭、伪造证据或者串供、干扰证人作证行为，足以影响侦查、审查起诉工作正常进行的；（4）对被害人、证人、举报人、控告人及其他人员实施打击报复的。犯罪嫌疑人有下列违反监视居住规定的行为的，人民检察院可以对犯罪嫌疑人予以逮捕：（1）未经批准，擅自离开执行监视居住的处所，造成严重后果，或者两次未经批准，擅自离开执行监视居住的处所的；（2）未经批准，擅自会见他人或者通信，造成严重后果，或者两次未经批准，擅自会见他人或者通信的；（3）经传讯不到案，造成严重后果，或者经两次传讯不到案的。可见，最高人民检察院对监视居住人违反规定的情形在处罚上进行了区分。

从以上规定可以看出，由于监视居住是比取保候审更为严厉的强制措施，因而被监视居住的对象除了应该遵守与被取保候审人应当遵守的规定相同的规定以外，其人身自由还应受到进一步的限制。

四、监视居住的程序

人民法院、人民检察院和公安机关对犯罪嫌疑人、被告人监视居住的，应当制作呈请监视居住报告书，说明监视居住的理由、采取的方式及应当遵守的规定，由法院院长、检察院检察长和公安机关负责人决定，并签发监视居住决定书。如果被监视居住人因涉嫌危害国家安全犯罪、恐怖活动犯罪需要指定居所监视居住的，还需报上一级公安机关、人民检察院审查批准。由于监视居住的执行机关为公安机关，所以人民检察院和人民法院决定监视居住的，还应当另行填写执行监视居住通知书，及时送达公安机关执行。

公安机关决定监视居住的，由犯罪嫌疑人住处或者指定的居所地的派出所执行，办案机关可以协助执行。

人民法院、人民检察院决定监视居住的，负责执行的县级公安机关应当在收到法律文书和有关材料，核实被监视居住对象后，及时指定被监视居住人住所或者居所所在地派出所执行。

公安机关对犯罪嫌疑人、被告人执行监视居住的，应当向被执行人宣读监视居住决定书，并由其签名（盖章）或捺指印，同时告知其在监视居住期间应当遵守的规定。指定居所监视居住的，除无法通知的以外，应当在执行监视居住后 24 小时以内，通知被监视居住人的家属。“无法通知”一般是指犯罪嫌疑人不讲真实姓名、住址，身份不明，没有家属，或者根据其提供的家属联系方式无法取得联系，以及因自然灾害等不可抗拒的事由阻碍等无法通知的情形。无法通知家属的，应当在监视居住通知书中注明原因。被监视居住的犯罪嫌疑人、被告人可以委托辩护人。人民检察院对指定居所监视居住的决定和执行是否合法实行监督。

执行机关对被监视居住的犯罪嫌疑人、被告人，可以采取电子监控、不定期检查等监视方法对其遵守监视居住规定的情况进行监督；在侦查期间，可以对被监视居住的犯罪嫌疑人的通信进行监控。但应当注意，这些监控措施只能针对被监视居住人本人，不宜对其家人监控。同时，这里对通信的监控有别于技术侦查措施，仅仅是对被监视居住人进行监督管理的方式，如果需要采取监控通讯的方式侦查犯罪，还需按照技术侦查措施的程序报请批准。

执行机关发现犯罪嫌疑人、被告人违反《刑事诉讼法》第 77 条规定的行为，应当区分情形责令被监视居住人具结悔过或者给予治安管理处罚。情节严重的，可以予以逮捕；需要予以逮捕的，可以对犯罪嫌疑人、被告人先行拘留。

监视居住的最长期限为 6 个月。在监视居住期间不得中断对案件的侦查、起诉和审判。监视居住期限届满或者发现有符合《刑事诉讼法》第 16 条规定不应该追究刑事责任情形的，原决定监视居住的机关应当立即解除监视居住，并通知执行机关、被监视居住人和有关单位。

犯罪嫌疑人、被告人及其法定代理人、近亲属或者犯罪嫌疑人、被告人委托的辩护人，对监视居住超过法定期限的，有权要求解除监视居住。经审查情况属实的，应当作出解除的决定，并通知执行机关。

由于指定居所监视居住已经与羁押措施较为接近，因而指定居所监视居住的期限应当折抵刑期。被判处管制的，监视居住 1 日折抵刑期 1 日；被判处拘役、有期徒刑的，监视居住 2 日折抵刑期 1 日。

第四节 拘 留

一、拘留的概念和意义

（一）拘留的概念和意义

刑事诉讼中的拘留是指公安机关、人民检察院在法定的紧急情况下，对现行犯或重大嫌疑分子采取的临时剥夺其人身自由的一种强制方法，也称刑事拘留。

刑事拘留是公安机关、人民检察院在侦查过程中的一种紧急处置措施，是同犯罪分子作斗争的有力武器。公安机关、人民检察院在刑事诉讼中，正确采用拘留具有重大意义。

1. 在这些法定紧急情况下都是有一定的证据证明犯罪嫌疑人、被告人实施了较为严重的犯罪，对他们及时采取拘留措施以后，就可以防止他们逃跑、自杀、自残或者继续犯罪。

2. 有利于公安机关、人民检察院及时收集证据、查明案情，防止现行犯或者重大嫌疑人串供、伪造证据或者毁灭证据。

3.《刑事诉讼法》对适用拘留的条件、期限等作了严格的规定，有利于防止“乱拘滥捕”的现象发生，以保障公民的人身自由不受侵犯。

（二）刑事拘留与行政拘留、司法拘留之间的区别

1. 刑事拘留与行政拘留都是暂时剥夺被适用对象的人身自由并且都由公安机关执行。但二者之间是有重大区别的。

（1）法律性质不同。刑事拘留是一种预防性措施，不具有惩罚功能，不是一种制裁手段；行政拘留则是对违反行政法律、法规者的一种制裁手段，具有惩罚性质。

（2）适用对象不同。刑事拘留的适用对象是具有触犯刑律、需要追究刑事责任情形的现行犯或重大嫌疑分子；行政拘留的适用对象则是违反《治安管理处罚法》、依法应当受到行政处罚的人。

（3）适用的目的不同。刑事拘留的目的在于保证刑事诉讼活动的顺利进行，防止犯罪嫌疑人、被告人实施妨碍侦查、起诉和审判顺利进行的行为；而行政拘留的目的是教育和惩罚行政违法人员。

（4）羁押的期限不同。一般刑事案件的拘留期限为 10 天，最长不得超过 14 天，对流窜作案、结伙作案和多次作案的重大嫌疑分子的拘留期限不超过 37 天；而行政拘留的期限一般为 15 天，数行为并罚不超过 20 天。

2. 刑事拘留与司法拘留的区别。司法拘留包括民事诉讼、行政诉讼中的司法拘留和《刑事诉讼法》第 199 条规定的司法拘留，民事诉讼、行政诉讼中的司法拘留是诉讼中的强制措施，刑事诉讼中的司法拘留则是一种司法处罚措施。司法拘留实质上都是对已经妨碍了诉讼活动顺利进行的人所施加的惩罚和制裁。虽然刑事拘留和司法拘留都是在诉讼过程中实施的保障

性措施，都是暂时剥夺有关人员的人身自由，并且都由公安机关执行，但它们之间是有很大差别的。

（1）决定适用的机关不同。刑事拘留由公安机关和人民检察院决定适用；而司法拘留的决定权在人民法院。

（2）适用的对象不同。刑事拘留的适用对象是法定情形下的重大嫌疑人、现行犯；司法拘留的适用对象是已经严重妨碍了民事、行政和刑事诉讼活动进行的人，既可以是诉讼参与人，也可以是案外人。

（3）羁押的期限不同。刑事拘留的羁押期限如前所述；司法拘留的期限为 15 天，被拘留人在拘留期间承认并改正错误的，人民法院可以提前予以解除。

（4）与判决结果的关系不同。被刑事拘留的对象被法院判处管制以上刑罚的，其羁押期限可以折抵刑期；而司法拘留与判决的结果不发生关系，不得因为被司法拘留而要求减免判决应当承担的义务。

（三）公民的扭送

《刑事诉讼法》第 84 条规定：对于有下列情形的人，任何公民都可以立即扭送公安机关、人民检察院或者人民法院处理：（1）正在实行犯罪或者在犯罪后即时被发觉的；（2）通缉在案的；（3）越狱逃跑的；（4）正在被追捕的。

扭送是公民将有法定紧急情形的现行犯强制送交司法机关处理的行为，它是法律赋予公民同犯罪行为作斗争的一种权利和手段，可以调动广大人民群众同犯罪行为作斗争的积极性，有利于司法机关及时制止和查获犯罪分子，同时体现了我国刑事诉讼中专门机关与群众相结合的原则。

但是，从扭送的法律性质来看，它虽然带有一定的强制性，但是不是诉讼中的强制措施，公民在抓获现行犯之后，应立即送交司法机关处理。现行犯抗拒扭送的，可以对其施以适度的人身强制，但不能伤害被扭送人的身体或侮辱其人格。

公安机关、人民检察院和人民法院对于扭送来的现行犯，都应当接受并立即讯问。发现现行犯已经构成犯罪、依法应当追究刑事责任，对于不属于自己管辖的，应当按照职能管辖的规定移送有管辖权的机关处理，需要采取强制措施的，应该先采取强制措施。如果被扭送人不构成犯罪或不应当追究刑事责任，或者虽然构成犯罪，但不够逮捕、拘留条件，应当立即将被扭送人送回，并做好双方的思想工作，以免出现打击报复的现象。

二、拘留的条件和程序

（一）拘留的条件

根据《刑事诉讼法》第 82 条的规定，公安机关对于现行犯或重大嫌疑分子，有下列情形之一的，可以先行拘留：（1）正在预备犯罪、实行犯罪或者在犯罪后即时被发觉的。（2）被害人或者在场亲眼看见的人指认他犯罪的。（3）在身边或者住处发现有犯罪证据的。（4）犯罪后企图自杀、逃跑或者在逃的。（5）有毁灭、伪造证据或者串供可能的。（6）不讲真实姓名、住址，身份不明的。（7）有流窜作案、多次作案、结伙作案重大嫌疑的。

《刑事诉讼法》第 165 条规定，人民检察院对直接受理的案件，符合《刑事诉讼法》第 82

条第 4、5 项规定的情形，即“犯罪后企图自杀、逃跑或者在逃的”和“有毁灭、伪造证据或者串供可能的”犯罪嫌疑人，需要拘留的，由检察院作出决定，并交由公安机关执行。

人民检察院直接受理的案件，都是司法工作人员犯罪的案件。由于检察机关有逮捕的决定权，且在这些犯罪案件的侦查过程中，出现需要先行拘留的紧急情况较少，所以现行的《刑事诉讼法》并没有赋予检察院同公安机关一样广泛的决定拘留权限。

（二）拘留的程序

公安机关如果需要拘留现行犯或者重大嫌疑分子，应当由承办部门填写呈请拘留报告书，经县级以上公安机关负责人批准，签发拘留证，然后交由承办单位执行。

人民检察院依法需要拘留犯罪嫌疑人的，应当由办案人员提出意见，部门负责人审核，检察长决定，然后送达公安机关签发拘留证并负责执行。必要时人民检察院可以协助公安机关执行。

各级人大代表的人身自由，依法受到特别保护。根据《全国人民代表大会和地方各级人民代表大会代表法》第 32 条的规定，担任县级以上各级人民代表大会代表的犯罪嫌疑人因为是现行犯被拘留的，执行拘留的机关应当立即向该代表所属的人民代表大会主席团或者常务委员会报告。

公安机关在执行拘留的时候，首先必须向被拘留人出示拘留证，并责令其在拘留证上签名（盖章）、按指印，拒绝签字的，执行人员应该注明。对于符合《刑事诉讼法》第 82 条规定的情形之一，因情况紧急，来不及办理拘留手续的，也可先将犯罪嫌疑人带至公安机关，但必须立即补办拘留手续。

被拘留人抗拒拘留的，执行人员可对其采取适度的人身强制措施，在必要的情况下可使用武器、械具等。

犯罪嫌疑人被拘留后，决定机关应当在 24 小时内进行讯问。发现不应当拘留的，应当立即释放，并发给释放证明。

拘留后，应当立即将被拘留人送看守所羁押，至迟不得超过 24 小时。除无法通知或者涉嫌危害国家安全犯罪、恐怖活动犯罪通知可能有碍侦查的情形以外，应当在拘留后 24 小时以内，通知被拘留人的家属。有碍侦查的情形消失以后，应当立即通知被拘留人的家属。这里的“有碍侦查”包括以下情形：可能毁灭、伪造证据，干扰证人作证或者串供的；可能引起同案犯逃避、妨碍侦查的；犯罪嫌疑人的家属与犯罪有牵连的。“无法通知”是指犯罪嫌疑人不讲真实姓名、住址，身份不明，被拘留人无家属，或者通过提供的家属联系方式无法取得联系，以及因自然灾害等不可抗拒的事由阻碍等无法通知的情形。

公安机关在异地执行拘留的，应当通知被拘留人所在地的公安机关，该地公安机关应当在人力、物力上给予配合与支持。

公安机关对被拘留的人，认为需要逮捕的，应当在拘留后的 3 日内提请人民检察院审查批准。在特殊情况下，经县级以上公安机关负责人批准，可延长 1 天至 4 天。对于流窜作案、结伙作案和多次作案的重大嫌疑分子，‘提请审查批捕的时间可延长至 30 天。这里的“流窜作案”，是指跨市、县管辖范围连续作案，或在居住地作案后逃跑到外市、县继续作案；“多次作案”，是指三次以上作案；“结伙作案”，是指二人以上共同作案。犯罪嫌疑人不讲真实姓名、住址，身份不明的，应当对其身份进行调查。经县级以上公安机关负责人批准，拘留期限自查清其身份之日起计算，但不得停止对其犯罪行为的侦查取证。

人民检察院对直接受理的案件中被拘留的人，认为应当逮捕的，应当在14日以内作出决定，特殊情况下可延长1天至3天。

公安机关、人民检察院拘留犯罪嫌疑人超过法定期限的，犯罪嫌疑人及其法定代理人、近亲属或者被拘留人委托的律师，有权要求释放或者变更强制措施，有关机关经查证属实以后，应该予以释放或者依法变更强制措施。

第五节　逮　捕

一、逮捕的概念和意义

（一）逮捕的概念

逮捕是指公安机关、人民检察院和人民法院为防止犯罪嫌疑人、被告人逃避侦查、起诉和审判，防止其发生社会危险性，依法采取的在一段时间内剥夺其人身自由，予以羁押的强制方法。逮捕是刑事诉讼强制措施体系中最严厉的一种，它不仅剥夺了犯罪嫌疑人、被告人的人身自由，而且一般都要羁押到法院的判决生效为止。拘留也是剥夺犯罪嫌疑人、被告人的人身自由，而且被拘留的人往往会被逮捕。但是，逮捕和拘留是两种不同性质的强制措施，二者之间还是有较大区别的。

1. 决定或者批准的机关不同。有权决定拘留的机关为公安机关和人民检察院；逮捕则是由人民检察院批准或决定，或由人民法院决定。

2. 依据的条件和适用的对象不同。逮捕的对象是有证据证明存在犯罪事实，并有可能被判处徒刑以上刑罚，采取取保候审措施不足以防止其发生社会危险性的犯罪嫌疑人或被告人；而拘留的对象是具有《刑事诉讼法》第82条规定的情形之一的现行犯或者重大嫌疑分子。

3. 羁押的期限不同。公安机关决定的拘留羁押期限一般为10天，特殊情况下可延长到14天，对流窜作案、结伙作案和多次作案的犯罪嫌疑人可以延长到37天；逮捕后羁押的期限，根据侦查、起诉和审判的需要，相对较长，一般依附于办案期限，要羁押到案件审判终结。

（二）逮捕的意义

逮捕是较长时间地剥夺犯罪嫌疑人、被告人的人身自由，准确、及时地使用逮捕措施，可以有效地防止犯罪嫌疑人、被告人逃跑、自杀、毁灭罪证和继续犯罪，有助于司法机关收集证据、证明犯罪和查明案情，从而保证侦查、起诉和审判活动的顺利进行。所以，逮捕是同犯罪作斗争的有力武器，能够达到其他强制措施无法实现的效果。

但是，司法机关滥用逮捕权，会伤害无辜，从而侵犯公民的人身权利和民主权利，破坏社会主义法制的尊严，损害司法机关的威信。所以，在具体的操作中，司法机关必须认真贯彻“严肃与谨慎相结合”的原则，做到不枉不纵、不错不漏，既不能任意扩大逮捕的对象，也不能对该捕的不捕。同时，对查明不存在犯罪事实而错捕的，应该按照《国家赔偿法》的规定予以赔偿。

二、逮捕的条件

《刑事诉讼法》第81条对逮捕的条件进行了细化规定，将逮捕分为三种情形：

1. 对有证据证明有犯罪事实，可能判处徒刑以上刑罚的犯罪嫌疑人、被告人，采取取保候审尚不足以防止发生下列社会危险性的，应当予以逮捕：（1）可能实施新的犯罪的。（2）有危害国家安全、公共安全或者社会秩序的现实危险的。（3）可能毁灭、伪造证据，干扰证人作证或者串供的。（4）可能对被害人、举报人、控告人实施打击报复的。（5）企图自杀或者逃跑的。批准或者决定逮捕，应当将犯罪嫌疑人、被告人涉嫌犯罪的性质、情节和认罪认罚等情况，作为是否可能发生社会危险性的考虑因素。

2. 对有证据证明有犯罪事实，可能判处10年有期徒刑以上刑罚的，或者有证据证明有犯罪事实，可能判处徒刑以上刑罚，曾经故意犯罪或者身份不明的，应当予以逮捕。

3. 被取保候审、监视居住的犯罪嫌疑人、被告人违反取保候审、监视居住规定，情节严重的，可以予以逮捕。

根据上述规定，适用逮捕的条件分为三种情况。

1. 有证据证明存在犯罪事实，可能判处徒刑以上刑罚的犯罪嫌疑人、被告人，采取取保候审尚不足以防止发生《刑事诉讼法》第81条第1款列举的社会危险性的。（1）“有证据证明有犯罪事实”是逮捕的证据条件，要求逮捕的证据应同时具备三个条件：1）有证据证明发生了犯罪事实；2）有证据证明是犯罪嫌疑人、被告人实施的；3）证明犯罪嫌疑人、被告人实施犯罪行为的证据已被查证属实。犯罪事实可以是犯罪嫌疑人、被告人实施的数个犯罪行为中的一个，并不要求查清全部犯罪事实。（2）逮捕作为一种最为严厉的强制措施，只能对性质较为严重的犯罪分子适用，可能判处管制、拘役的犯罪分子由于其罪行较轻，一般不会逃避刑事追究，因而对其不适用逮捕。当然，这里的“可能判处徒刑以上刑罚”只是根据已有的证据，比照《刑法》的规定所作出的初步判断，而不是人民法院最终判决适用的刑罚。将逮捕的实体条件限定为“可能判处徒刑以上的刑罚”，体现了羁押的比例性原则，将较轻的犯罪排除在逮捕的适用范围之外，有利于限制逮捕的过多适用。（3）在适用逮捕时还必须具备采取取保候审尚不足以防止发生社会危险性，而有逮捕必要这一要件。这是从被逮捕对象的人身危险性而言的，逮捕的目的也只是保证刑事诉讼活动的顺利进行，即使犯罪嫌疑人、被告人具备了上述两个条件，但人身危险性不大，采取取保候审即可防止其发生社会危险性的，也不应该对其适用逮捕。对于何种情况属于有社会危险性，《刑事诉讼法》第81条作了明确的列举，《人民检察院刑事诉讼规则（试行）》在此基础上又进一步作出以下详尽的阐释：

（1）可能实施新的犯罪的，即犯罪嫌疑人多次作案、连续作案、流窜作案，其主观恶性、犯罪习性表明其可能实施新的犯罪，以及有一定证据证明犯罪嫌疑人已经开始策划、预备实施犯罪的；

（2）有危害国家安全、公共安全或者社会秩序的现实危险的，即有一定证据证明或者有迹象表明犯罪嫌疑人在案发前或者案发后正在积极策划、组织或者预备实施危害国家安全、公共安全或者社会秩序的重大违法犯罪行为的；

（3）可能毁灭、伪造证据，干扰证人作证或者串供的，即有一定证据证明或者有迹象表明犯罪嫌疑人在归案前或者归案后已经着手实施或者企图实施毁灭、伪造证据，干扰证人作证或者串供行为的；

(4) 有一定证据证明或者有迹象表明犯罪嫌疑人可能对被害人、举报人、控告人实施打击报复的;

(5) 企图自杀或者逃跑的，即犯罪嫌疑人归案前或者归案后曾经自杀，或者有一定证据证明或者有迹象表明犯罪嫌疑人试图自杀或者逃跑的。

同时,《刑事诉讼法》第 81 条第 2 款还明确了要将犯罪嫌疑人、被告人涉嫌犯罪的性质、情节和认罪认罚等情况，作为是否可能发生社会危险性的考虑因素。这些规定都较为具体，具有一定的可操作性，能够弥补原来对逮捕条件规定得过于粗疏和抽象的缺陷。

2. 对有证据证明有犯罪事实，可能判处 10 年有期徒刑以上刑罚的，或者有证据证明有犯罪事实，可能判处徒刑以上刑罚，曾经故意犯罪或者身份不明的，应当予以逮捕。这一规定针对的是可以径行逮捕的情形，这几类人要么罪行严重，要么有前科，改造不彻底，要么是难以查清其身份，这三类情况均属于犯罪嫌疑人、被告人具有较强的反社会心理和较大的社会危险性的情形，因而有必要针对这三类犯罪嫌疑人、被告人直接予以逮捕。

3. 被取保候审、监视居住的犯罪嫌疑人、被告人违反取保候审、监视居住规定，情节严重的，可以予以逮捕。被取保候审、监视居住的犯罪嫌疑人、被告人违反取保候审、监视居住规定说明其阻碍刑事诉讼活动顺利开展的现实危险仍然存在，因而可以考虑予以逮捕。

以上三种逮捕适用的具体情形和条件在适用时应当从严掌握，避免出现过度滥用逮捕措施，导致羁押常态化的现象。

三、逮捕的批准、决定和执行权限与程序

(一) 批准逮捕的程序

根据《刑事诉讼法》的规定，公安机关没有决定逮捕的权力。公安机关在侦查过程中，需要逮捕犯罪嫌疑人的，应当经县级以上的公安机关负责人批准，制作提请批准逮捕书，连同案卷材料、证据一并移送同级人民检察院审查批准。必要时，人民检察院可以派人参加公安机关对重大案件的讨论。

人民检察院根据《刑事诉讼法》规定的逮捕条件，对公安机关提请审查批准的材料进行审查，审查的中心内容是案卷材料是否齐全、是否符合逮捕条件。检察院一般是采取个人阅卷、集体讨论、检察长决定，重大案件提交检察委员会讨论决定的办法。

根据《刑事诉讼法》和《人民检察院刑事诉讼规则(试行)》，人民检察院审查批准逮捕，可以讯问犯罪嫌疑人；有下列情形之一的，应当讯问犯罪嫌疑人：(1) 对是否符合逮捕条件有疑问的；(2) 犯罪嫌疑人要求向检察人员当面陈述的；(3) 侦查活动可能有重大违法行为的；(4) 案情重大、疑难、复杂的；(5) 犯罪嫌疑人系未成年人的；(6) 犯罪嫌疑人是盲、聋、哑人或者是尚未完全丧失辨认或者控制自己行为能力的精神病人的。

人民检察院审查批准逮捕，可以询问证人、被害人、鉴定人等诉讼参与人，听取辩护律师的意见；辩护律师提出要求的，应当听取辩护律师的意见。

公安机关提请批准逮捕时，犯罪嫌疑人已被拘留的，人民检察院应该在 7 天之内作出是否批准逮捕的决定；未被拘留的，应当在接到提请批准逮捕书后 15 天内作出是否批准逮捕的决定，重大、复杂的案件，不得超过 20 天。

人民检察院经过审查后，对符合《刑事诉讼法》第 81 条规定的逮捕条件的犯罪嫌疑人，

应当作出批准逮捕的决定，连同案卷材料送达公安机关执行，并可以对收集证据、适用法律提出意见；对不符合《刑事诉讼法》规定的逮捕条件的，人民检察院应当作出不批准逮捕的决定，并说明理由。需要补充侦查的，应当同时通知公安机关。人民检察院不得自行补充侦查，也不得直接提出采取取保候审措施的意见。

对于人民检察院批准逮捕的决定，公安机关应当立即执行，并将执行回执及时送达作出批准决定的人民检察院；如果未能执行，也应当将回执送达人民检察院，并写明未能执行的原因。对于人民检察院决定不批准逮捕的，公安机关在收到不批准逮捕决定书后，应当立即释放在押的犯罪嫌疑人或者变更强制措施，并将执行回执在收到不批准逮捕决定书后的 3 日以内送达作出不批准逮捕决定的人民检察院。

公安机关对人民检察院不批准逮捕的决定，如果认为有错误，可以要求人民检察院复议。如果复议意见不被接受，可以向上一级人民检察院提请复核。但是，在复议、复核期间，犯罪嫌疑人已被拘留的，应当立即释放。

人民检察院是国家专门的法律监督机关。人民检察院在审查批准逮捕工作中，如果发现公安机关的侦查活动有违法情况，应当通知公安机关予以纠正，公安机关应当将纠正情况通知人民检察院。如果人民检察院在审查批准逮捕工作中，发现公安机关讯问时可能存在刑讯逼供等非法行为的，应当调取公安机关讯问犯罪嫌疑人的录音、录像并审查相关的录音、录像，对于重大、疑难、复杂的案件，必要时可以审查全部录音、录像。经审查讯问犯罪嫌疑人录音、录像，发现侦查机关讯问不规范，讯问过程存在违法行为，录音、录像内容与讯问笔录不一致等情形的，应当逐一列明并向侦查机关书面提出，要求侦查机关予以纠正、补正或者书面作出合理解释。发现讯问笔录与讯问犯罪嫌疑人录音、录像内容有重大实质性差异的，或者侦查机关不能补正或者作出合理解释的，该讯问笔录不能作为批准逮捕或者决定逮捕的依据。

（二）决定逮捕的程序

根据《刑事诉讼法》的规定，人民检察院在自侦案件中或者人民法院在审理案件的过程中，认为犯罪嫌疑人、被告人应该逮捕的，有权决定逮捕。

1. 人民检察院决定逮捕的程序。人民检察院决定逮捕的程序主要有自侦案件中的决定逮捕以及审查起诉中的决定逮捕两种情形，其中自侦案件中的决定逮捕又有两种情形。

（1）省级以下（不含省级）人民检察院直接受理立案侦查的案件，认为需要逮捕犯罪嫌疑人的，由侦查部门制作报请逮捕书，报检察长或者检察委员会审批后，连同案卷材料、讯问犯罪嫌疑人录音、录像一并报上一级人民检察院审查，报请逮捕时应当说明犯罪嫌疑人的社会危险性并附相关证据材料。

（2）最高人民检察院、省级人民检察院直接受理立案侦查的案件，需要逮捕犯罪嫌疑人的，由侦查部门填写逮捕犯罪嫌疑人意见书，连同案卷材料、讯问犯罪嫌疑人录音、录像一并移送本院侦查监督部门审查。犯罪嫌疑人已被拘留的，侦查部门应当在拘留后 7 日以内将案件移送本院侦查监督部门审查。

除自侦案件侦查过程中，人民检察院可以自行决定逮捕外，人民检察院对于公安机关移送起诉的案件认为需要逮捕的，应当由审查起诉部门填写逮捕犯罪嫌疑人审批表，连同案卷材料和证据，移送侦查监督部门审查。

2. 人民法院决定逮捕的程序。人民法院决定逮捕被告人的也有两种情形。

（1）对于直接受理的自诉案件，人民法院认为被告人应当逮捕的，由院长或审判委员会作出逮捕的决定，签发逮捕决定书，送交公安机关执行。

（2）对于人民检察院提起公诉的案件，被告人未被羁押，人民法院认为符合逮捕条件的，也可以决定逮捕。

为了保证各级人大代表依法履行职务，根据《全国人民代表大会和地方各级人民代表大会代表法》的规定，如果被逮捕的对象是县级以上各级人民代表大会的代表，那么人民法院或人民检察院应当经同级人民代表大会主席团或常务委员会许可，才能决定逮捕。

（三）逮捕的执行程序

根据《刑事诉讼法》的规定，人民法院、人民检察院各自决定逮捕的犯罪嫌疑人、被告人，以及公安机关提请人民检察院批准逮捕的犯罪嫌疑人，一律由公安机关执行。公安机关执行逮捕的程序如下。

1. 公安机关接到检察院的批准逮捕决定书、决定逮捕通知书或者法院的逮捕决定书以后，由县级以上公安机关负责人签发逮捕证，立即指派两个以上的执行人员具体执行。必要时，可以请人民法院、人民检察院协助执行。执行逮捕后，应当及时通知决定机关。

2. 公安人员执行逮捕时，必须向被逮捕人出示逮捕证，宣布逮捕，并责令被逮捕人在逮捕证上签名、捺指印，拒绝签名、捺指印的，应该记录在案。

被逮捕人抗拒逮捕的，执行人员可以使用武器或械具。对于人民检察院批准逮捕的决定，公安机关执行完毕以后，应当及时将执行回执送达检察院，因犯罪嫌疑人在逃或者其他原因而未能执行的，也应当将回执送达人民检察院，并写明未能执行的原因。

3. 人民法院、人民检察院对于各自决定逮捕的人，公安机关对于经人民检察院批准逮捕的人，都必须在逮捕后的 24 小时以内进行讯问。在发现不应当逮捕的时候，必须立即释放，发给释放证明。

4. 逮捕后，应当立即将被逮捕人送看守所羁押。除无法通知的以外，应当在逮捕后 24 小时以内，通知被逮捕人的家属。“无法通知”的情形消除后，应当立即通知被逮捕人的家属。此处“无法通知”的情形与拘留中“无法通知”的情形一致。

5. 公安机关在异地执行逮捕，应当携带批准逮捕决定书、逮捕证、办案协作函件和工作证件等法律文书，与协作地县级以上公安机关联系，协作地公安机关应当派员协助执行，这体现了公安系统内的互相配合。

6. 被逮捕的犯罪嫌疑人、被告人及其法定代理人、近亲属或者辩护人，有权申请变更强制措施。批准或决定机关经过审查，认为符合采取取保候审或监视居住条件的，可以决定取保候审或监视居住。

7. 犯罪嫌疑人、被告人被逮捕后，人民检察院仍应当对羁押的必要性进行审查。对不需要继续羁押的，应当建议予以释放或者变更强制措施。有关机关应当在 10 日以内将处理情况通知人民检察院。犯罪嫌疑人、被告人及其法定代理人、近亲属、辩护人也可以向人民检察院申请进行羁押必要性审查，但应当说明不需要继续羁押的理由。有相关证明材料的，应当一并提供。羁押必要性审查的申请由办案机关对应的同级人民检察院刑事执行检察部门统一办理，审查的具体程序及处理方式应依照《人民检察院办理羁押必要性审查案件规定（试行）》办理。

犯罪嫌疑人、被告人被羁押的案件，不能在《刑事诉讼法》规定的侦查羁押、审查起诉或者一审、二审期限内办结的，对犯罪嫌疑人、被告人应当予以释放；需要继续查证、审理的，对犯罪嫌疑人、被告人可以取保候审或者监视居住。

问题与思考

简答题

1. 强制措施的概念以及适用强制措施的意义是什么？
2. 拘传的概念是什么？拘传与传唤的区别何在？
3. 《刑事诉讼法》是如何规定适用取保候审和监视居住的条件、程序的？
4. 刑事拘留的适用对象有哪些？决定和适用拘留时应该注意哪些问题？
5. 逮捕的概念和条件是什么？决定、批准和执行逮捕的权限是如何规定的？

课堂讨论案例

某区人民检察院根据群众举报，立案侦查警察马某刑讯逼供一案。2019 年 5 月 5 日，人民检察院对马某决定拘留，并于 5 月 10 日决定对马某进行逮捕。

请结合本章内容回答：

1. 刑讯逼供案件应当由哪个机关立案侦查？
2. 人民检察院是否有决定拘留的权力？
3. 人民检察院是否有执行拘留的权力？
4. 人民检察院是否有决定逮捕的权力？
5. 本案在拘留羁押期限上是否违反法律的规定？

法律职业资格（司法）考试真题

1. 下列犯罪嫌疑人、被告人中，哪些不适用取保候审？（　　）（多选）

A. 甲在取保候审期间故意实施新的犯罪行为

B. 乙涉嫌抢夺他人数额较大的财物被拘留，需逮捕而证据尚不符合逮捕条件

C. 丙刑满释放后第二年又涉嫌重婚

D. 丁是持刀抢劫的被告人

2. 甲因涉嫌盗窃罪被逮捕。经其辩护人申请，公安机关同意对甲取保候审。公安机关应当如何办理变更手续？（　　）（单选）

A. 报请原批准机关审批　　B. 报请原批准机关备案

C. 自主决定并通知原批准机关　　D. 要求原批准机关撤销逮捕决定

3. 下列关于司法拘留、行政拘留与刑事拘留的表述，哪一项是正确的？（　　）（单选）

A. 司法拘留是对妨害诉讼的强制措施，行政拘留是行政制裁方法，被司法拘留和行政拘留的人均羁押在行政拘留所；刑事拘留是一种强制措施，被刑事拘留的人羁押在看守所

B. 司法拘留、行政拘留、刑事拘留都是一种处罚手段

C. 司法拘留、行政拘留、刑事拘留都是一种强制措施

D. 司法拘留、行政拘留、刑事拘留均可由公安机关决定

4. 常某涉嫌投毒杀人被立案侦查，考虑到常某怀孕已近分娩，县公安机关决定对其取保候审，责令其交纳保证金 3 000 元。婴儿出生 1 个月后，常某写下遗书，两次自杀未果，家人

遂轮流看护常某及其婴儿，以防意外。在此情况下，对常某应当采取什么强制措施？（ ）（单选）

A. 维持原取保候审决定

B. 将取保候审变更为监视居住

C. 增加取保候审保证金或者改为保证人担保

D. 依法提请人民检察院批准逮捕

5. 无国籍人吉姆涉嫌在甲市为外国情报机构窃取我国秘密，侦查机关报请检察机关批准逮捕吉姆。甲市检察院应当如何审查批捕？（ ）（单选）

A. 可以直接审查批准逮捕吉姆

B. 应当报请省检察院审查批准

C. 应当审查并提出意见后，层报最高人民检察院审查，最高人民检察院经征求外交部的意见后，决定批准逮捕

D. 应当层报最高人民检察院审查，最高人民检察院经审查认为不需要逮捕的，报经外交部备案后，作出不批准逮捕的决定

6. 某市检察院在审查甲杀人案中，发现遗漏了依法应当移送审查起诉的同案犯罪嫌疑人乙。对此检察院应该如何处理？（ ）（多选）

A. 应当建议公安机关对乙提请批准逮捕

B. 应当建议公安机关对乙补充移送审查起诉

C. 如果符合逮捕条件，可以直接决定逮捕乙

D. 如果符合起诉条件，可以直接将甲与乙一并提起公诉

7. 被取保候审人高某在取保候审期间涉嫌重新犯罪，被公安机关立案侦查。关于保证金的处理，下列哪些选项是错误的？（ ）（多选）

A. 由正在审查起诉的检察院暂扣其交纳的保证金

B. 由取保候审的执行机关暂扣其交纳的保证金

C. 由正在审查起诉的检察院没收其交纳的保证金

D. 由取保候审的执行机关没收其交纳的保证金

8. 在审判阶段，法院认为被告人某甲有毁灭证据的可能，遂决定逮捕某甲。关于该案逮捕程序，下列哪一选项是正确的？（ ）（单选）

A. 法院可以自行执行逮捕

B. 异地执行逮捕的，可以由当地公安机关负责执行

C. 执行逮捕后，应当由法院负责对某甲进行讯问

D. 执行逮捕后，应当由公安机关负责通知被逮捕人的家属或所在单位

9. 甲、乙、丙三人实施信用证诈骗。侦查过程中，某地级市公安机关向该市检察院提请批准逮捕甲、乙、丙三人。其中，甲系省、市两级人民代表大会代表；乙系自由职业者；丙系无国籍人士。在审查批捕过程中，检察院查明：乙已怀有两个月身孕。请回答（1）～（3）题。（不定项）

（1）在人民代表大会闭会期间，检察机关决定对甲批准逮捕。下列选项正确的是：（ ）。

A. 只需报请省人民代表大会常务委员会许可

B. 应当在市人民代表大会常务委员会许可后，再报省人民代表大会常务委员会许可

C. 应当分别报请省、市两级人民代表大会常务委员会许可

D. 等待人民代表大会常务委员会许可期间，应当先取保候审

(2) 关于检察院对乙审查批捕，下列选项正确的是：(　　)。

A. 可以对乙作出批准逮捕的决定

B. 可以直接建议公安机关对乙取保候审

C. 对证据有疑问的，可以决定另行侦查

D. 认为需要补充侦查的，应当作出不批准逮捕的决定，同时通知公安机关

(3) 关于检察院对丙审查批捕，下列选项正确的是：(　　)。

A. 市检察院认为不需要逮捕的，可以自行作出决定

B. 市检察院认为需要逮捕的，报省检察院审查

C. 省检察院征求同级政府外事部门的意见后，决定批准逮捕

D. 省检察院批准逮捕的，应同时报最高人民检察院备案

10. 关于法院可以决定对什么人采取拘传这一刑事强制措施，下列哪一选项是正确的？(　　)(单选)

A. 某公司涉嫌生产、销售伪劣产品罪，作为该公司诉讼代表人而拒不出庭的高某

B. 抢夺案中非在押的被告人陈某

C. 盗窃案中非在押的犯罪嫌疑人卢某

D. 贿赂案中拒不出庭的证人李某

11. 甲将潜艇的部署情况非法提供给一外国著名军事杂志。在审判过程中，法院决定对其取保候审。关于对甲取保候审的执行机关，下列哪一选项是正确的？(　　)(单选)

A. 法院　　B. 公安机关

C. 军队保卫部门　　D. 国家安全机关

12. 关于应当变更为取保候审、监视居住或解除强制措施，下列哪一选项是正确的？(　　)(单选)

A. 甲被逮捕后发现患有严重疾病

B. 乙被逮捕后经检查正在怀孕

C. 丙被逮捕后侦查羁押期限届满仍须继续查证

D. 丁被逮捕后一审法院判处有期徒刑1年，缓刑2年，判决尚未发生效力

13. 对下列哪些重大犯罪嫌疑分子，公安机关可以执行先行拘留？(　　)(多选)

A. 为投毒而买毒药的甲　　B. 在其住处发现被盗金项链的乙

C. 被举报挪用公款企图逃跑的丙　　D. 不讲真实姓名、住址，身份不明的丁

14. 甲涉嫌盗窃罪被逮捕。甲父为其申请取保候审，公安机关要求甲父交纳10万元保证金。甲父请求减少保证金的数额。公安机关在确定保证金数额时应当考虑下列哪些情况？(　　)(多选)

A. 当地经济水平落后

B. 甲和甲父靠种地为生且无其他收入，生活贫困

C. 甲只偷他人一头牛，可能判处的刑罚不重

D. 甲无前科，社会危险性小，妨碍诉讼可能性小

15. 下列哪一情形下，法院对已经逮捕的被告人应当变更强制措施或者释放？(　　)(单选)

A. 涉嫌盗窃的孕妇张某，认罪态度良好

B. 涉嫌故意杀人的李某，因对其进行司法鉴定该案尚未审结，法律规定的期限已届满

C. 涉嫌走私的王某，由于案件复杂不能在法律规定的期限内审结

D. 涉嫌贩毒的孙某，患有严重疾病

16. 关于被法院决定取保候审的被告人在取保候审期间应当遵守的法定义务，下列哪些选项是正确的？（　　）（多选）

A. 未经法院批准不得离开所居住的市、县

B. 未经公安机关批准不得会见他人

C. 在传讯的时候及时到案

D. 不得以任何形式干扰证人作证

17. 李某系富家子弟，王某系下岗职工子女，二人共同伤害（轻伤）被害人张某。在侦查过程中，公安机关鉴于二人犯罪情节较轻且认罪态度较好，决定取保候审，对李某采取了保证金的保证方式，由于王某经济困难，对其采取了保证人的保证方式。公安机关的做法，体现了社会主义法治理念的下列哪一要求？（　　）（单选）

A. 实体公正　　B. 追求效率

C. 执法为民　　D. 公平正义

18. 逮捕条件中“有证据证明有犯罪事实”是指同时具备下列哪些情形？（　　）（单选）

A. 有证据证明犯罪事实已经发生

B. 有证据证明的犯罪事实应当是主要犯罪事实

C. 有证据证明犯罪事实是犯罪嫌疑人实施的

D. 证明犯罪嫌疑人实施犯罪的证据已有查证属实的

19. 检察院审查批准逮捕时，遇有下列哪一情形依法应当讯问犯罪嫌疑人？（　　）（单选）

A. 辩护律师提出要求的　　B. 犯罪嫌疑人要求向检察人员当面陈述的

C. 犯罪嫌疑人要求会见律师的　　D. 共同犯罪的

20. 甲涉嫌黑社会性质组织犯罪，10 月 5 日上午 10 时被刑事拘留。下列哪一处置是违法的？（　　）（单选）

A. 甲于当月 6 日上午 10 时前被送至看守所羁押

B. 甲涉嫌黑社会性质组织犯罪，因考虑通知家属有碍进一步侦查，决定暂不通知

C. 甲在当月 6 日被送至看守所之前，公安机关对其进行了讯问

D. 讯问后，发现甲依法需要逮捕，当月 8 日提请检察院审批

21. 关于拘传，下列哪些说法是正确的？（　　）（多选）

A. 对在现场发现的犯罪嫌疑人，经出示工作证件可以口头拘传，并在笔录中注明

B. 拘传持续的时间不得超过 12 小时

C. 案情特别重大、复杂，需要采取拘留、逮捕措施的，拘传持续的时间不得超过 24 小时

D. 对于被拘传的犯罪嫌疑人，可以连续讯问 24 小时

22. 在符合逮捕条件时，对下列哪些人员可以适用监视居住措施？（　　）（多选）

A. 甲患有严重疾病、生活不能自理

B. 乙正在哺乳自己婴儿

C. 丙系生活不能自理的人的唯一扶养人

D. 丁系聋哑人

23. 关于取保候审的程序限制，下列哪一选项是正确的？（　　）（单选）

A. 保证金应当由决定机关统一收取，存入指定银行的专门账户

B. 对于可能判处徒刑以上刑罚的，不得采取取保候审措施

C. 对同一犯罪嫌疑人不得同时使用保证金担保和保证人担保两种方式

D. 对违反取保候审规定，需要予以逮捕的，不得对犯罪嫌疑人、被告人先行拘留

24. 未成年人郭某涉嫌犯罪被检察院批准逮捕。在审查起诉中，经羁押必要性审查，拟变更为取保候审并适用保证人保证。关于保证人，下列哪一选项是正确的？（　　）（单选）

A. 可由郭某的父亲担任保证人，并由其交纳 1 000 元保证金

B. 可要求郭某的父亲和母亲同时担任保证人

C. 如果保证人协助郭某逃匿，应当依法追究保证人的刑事责任，并要求其承担相应的民事连带赔偿责任

D. 保证人未履行保证义务应处罚款的，由检察院决定

25. 关于犯罪嫌疑人的审前羁押，下列哪一选项是错误的？（　　）（单选）

A. 基于强制措施适用的必要性原则，应当尽量减少审前羁押

B. 审前羁押是临时性的状态，可根据案件进展和犯罪嫌疑人的个人情况予以变更

C. 经羁押必要性审查认为不需要继续羁押的，检察院应及时释放或变更为其他非羁押强制措施

D. 案件不能在法定办案期限内办结的，应当解除羁押

26. 郭某涉嫌报复陷害申诉人蒋某，侦查机关因郭某可能毁灭证据将其拘留。在拘留期限即将届满时，因逮捕郭某的证据尚不充足，侦查机关责令其交纳 2 万元保证金取保候审。关于本案处理，下列哪一选项是正确的？（　　）（单选）

A. 取保候审由本案侦查机关执行

B. 如郭某表示无力全额交纳保证金，可降低保证金数额，同时责令其提出保证人

C. 可要求郭某在取保候审期间不得进入蒋某居住的小区

D. 应要求郭某在取保候审期间不得变更住址

27. 章某涉嫌故意伤害致人死亡，因犯罪后企图逃跑被公安机关先行拘留。关于本案程序，下列哪一选项是正确的？（　　）（单选）

A. 拘留章某时，必须出示拘留证

B. 拘留章某后，应在 12 小时内将其送看守所羁押

C. 拘留后对章某的所有讯问都必须在看守所内进行

D. 因怀疑章某携带管制刀具，拘留时公安机关无须搜查证即可搜查其身体

第十二章

刑事附带民事诉讼

本章概要

刑事附带民事诉讼是刑事诉讼中的一项重要制度。设立这项制度的目的在于：在刑事诉讼进行的过程中一并解决因犯罪行为而造成的物质损失赔偿问题，保护国家、集体和公民个人的合法财产，同时节约诉讼成本，提高诉讼效率。附带民事诉讼在本质上是一种民事诉讼，但是其同刑事诉讼又具有密切联系，是一种依附于刑事诉讼的特殊民事诉讼。因此，附带民事诉讼同刑事诉讼既有不可分割的关系，又具有民事诉讼的特色。

关键术语

刑事附带民事诉讼　刑事附带民事诉讼的当事人　刑事附带民事诉讼的提起刑事附带民事诉讼的成立

第一节　刑事附带民事诉讼的概念、成立条件和意义

一、刑事附带民事诉讼的概念及特点

刑事附带民事诉讼是指在刑事诉讼过程中，在依法追究被告人刑事责任的同时，为附带解决被告人的犯罪行为所造成的物质损失的赔偿问题而进行的诉讼活动。

刑事附带民事诉讼作为一项诉讼制度，是有关附带民事诉讼中的当事人、赔偿范围、提起和审理程序等相关问题的法律规范的总称。我国《刑事诉讼法》第 101 条规定：被害人由于被告人的犯罪行为而遭受物质损失的，在刑事诉讼过程中，有权提起附带民事诉讼。被害人死亡或者丧失行为能力的，被害人的法定代理人、近亲属有权提起附带民事诉讼。如果是国家财产、集体财产遭受损失的，人民检察院在提起公诉的时候，可以提起附带民事诉讼。

刑事附带民事诉讼具有以下特点。

首先，附带民事诉讼就其解决的问题的性质而言，是经济赔偿问题，与民事诉讼中的损害

赔偿并无不同，属于民事诉讼性质。但同一般的民事诉讼相比，附带民事诉讼又有所不同。这种赔偿是由犯罪行为引起的，并且是在刑事诉讼的过程中提起的，由审判刑事案件的审判组织进行审理。所以它是刑事诉讼中的一部分，是一种特殊的民事诉讼。

其次，就附带民事诉讼所适用的法律来看，它具有复合性。由于附带民事诉讼所解决的是刑事犯罪行为所引起的民事赔偿责任的问题，所以其所适用的法律具有复合性。从实体法上看，对损害事实的认定，既要遵循《刑法》关于具体案件犯罪构成的规定，还要受民事法律规范的调整；从程序法上看，除《刑事诉讼法》有特殊规定的以外，应当适用《民事诉讼法》的规定。因此，最高人民法院《解释》第 163 条规定："人民法院审理附带民事诉讼案件，除刑法、刑事诉讼法以及刑事司法解释已有规定的以外，适用民事法律的有关规定。"

最后，从附带民事诉讼的处理程序上来看，它具有依附性。附带民事诉讼以刑事案件的成立为前提，必须在刑事诉讼的过程中提起，附带民事诉讼的判决不得同刑事部分的判决相抵触，附带民事诉讼的起诉时效、上诉期限、管辖法院等都取决于刑事案件。因此，附带民事诉讼在处理程序上是依附于刑事诉讼的，如果刑事诉讼不存在，附带民事诉讼就无从谈起。

二、刑事附带民事诉讼的成立条件

1. 刑事诉讼成立。附带民事诉讼是由刑事诉讼派生的，若刑事诉讼不成立，则谈不上附带民事诉讼。因此，附带民事诉讼必须以刑事诉讼的成立为前提。在实践中应当注意以下两种情况：一是虽然有物质损害存在，但是被告人的行为属合法行为，如被告人的行为属于正当防卫，因这些行为而导致的损害，不能提起附带民事赔偿请求。二是被告人的行为虽然不构成犯罪，但是有违法情形存在。在这种情形下应如何处理，在理论界存在争议。本书认为，只要关于这种行为的刑事诉讼程序存在，被害人就可以提起附带民事诉讼；在侦查或审查起诉阶段，侦查机关或公诉机关决定不追究行为人刑事责任的，被害人可以独立提起民事诉讼，也可以在依法提起自诉时附带提起民事诉讼；如果刑事诉讼已经进入审判阶段，则被害人当然可以提出赔偿请求，由法院根据事实进行裁判。

2. 必须是犯罪行为给被害人造成了物质损失。在这一条件中包含两个互相联系的内容：一是被害人遭受了物质损失。最高人民法院《解释》第 138 条第 1 款明确规定："被害人因人身权利受到犯罪侵犯或者财物被犯罪分子毁坏而遭受物质损失的，有权在刑事诉讼过程中提起附带民事诉讼"。这里的物质损失是指被害人因犯罪行为已经遭受的实际损失和必然遭受的损失。所谓实际损失是指犯罪行为已经给被害人造成的损失，如盗窃案中被盗窃的财物；所谓必然遭受的损失是指犯罪行为使被害人将来必然要遭受的物质损失，如伤害案件中的被害人今后需要继续治疗的费用。对于被害人的精神损失能否提起附带民事诉讼，理论界争议很大，最高人民法院《解释》第 138 条第 2 款明确规定：因受到犯罪侵犯，提起附带民事诉讼或者单独提起民事诉讼要求赔偿精神损失的，人民法院不予受理。可见，目前我国刑事附带民事诉讼不支持精神损害赔偿的诉讼请求。二是被害人所遭受的物质损失是由被告人的犯罪行为直接造成的。被害人提起附带民事诉讼要求赔偿的损失，必须是被告人的犯罪行为直接造成的，即被告人的犯罪行为与被害人所遭受的物质损失之间存在直接的因果关系。如果被害人的物质损失不是被告人的犯罪行为造成的，而是他人的行为造成的，那么其就不能提起附带民事诉讼要求赔偿损失。

3. 必须符合提起民事诉讼的条件。根据民事诉讼的一般理论，任何人只有同时具备诉讼权利能力和诉讼行为能力，才有资格提起诉讼，也才有能力享有原告的诉讼权利、履行其诉讼义务。因此，附带民事诉讼的原告人必须是具有诉讼权利能力的人。同时，原告人提起附带民事诉讼，必须要有明确的被告人和具体的诉讼请求，即提出应当赔偿的具体数额，同时对被告人的加害事实所造成的物质损失，要提出证据予以证明。

4. 必须在刑事诉讼的过程中提起。附带民事诉讼必须在刑事诉讼的过程中提起，就是说从刑事案件立案开始，到刑事案件审结之前，在刑事诉讼中的任何阶段都可以提起附带民事诉讼。

三、刑事附带民事诉讼的意义

刑事附带民事诉讼作为一项重要的诉讼制度，在刑事诉讼中具有重要意义，主要体现在以下几个方面。

1. 有利于维护被害人的经济利益。刑事犯罪往往给被害人造成经济损失，有的还是严重的经济损失。附带民事诉讼制度的设立，可以使被害人通过附带民事诉讼程序，得到物质损害赔偿。

2. 有利于打击和制裁犯罪。附带民事诉讼制度，从根本上否定了“打了不罚，罚了不打”的陈旧观念。它意味着给他人造成物质损害的犯罪分子不仅要承担刑事责任，还要承担民事责任，这对于有效地打击和制裁犯罪活动，教育和改造犯罪分子具有重要意义。

3. 有利于公、检、法三机关全面、正确地处理案件。附带民事诉讼制度的设立，要求公、检、法三机关在刑事诉讼的过程中，查明被告人的犯罪活动所造成的物质损害情况以及被告人对待其犯罪行为造成危害后果的态度，这些情况对于正确认定案件事实，判断被告人的认罪态度和悔罪表现，对于审判机关正确定罪量刑，具有重要的参考价值。

4. 有利于保证人民法院审判工作的统一性和严肃性。由于附带民事诉讼是由审理刑事案件的同一审判组织负责审理的，因而这有利于保证对案件事实认识的统一性，避免因不同审判组织分别进行审判可能导致的对同一违法行为或者同一案件事实得出不同的结论，从而维护法院审判工作的严肃性。

5. 有利于节约诉讼成本，提高诉讼效率。在刑事诉讼的过程中附带解决被害人由于被告人的犯罪行为而遭受的物质损害的赔偿问题，对于司法机关来讲，避免了重复审理活动，节省了办案时间，节约了人力、物力和财力等诉讼资源；对当事人来说，在刑事诉讼中解决附带民事诉讼问题，可以使他们避免重复出庭、重复举证等活动，减轻了他们的讼累。因此，附带民事诉讼制度有利于提高诉讼效率。

第二节 刑事附带民事诉讼的当事人

一、刑事附带民事诉讼的原告人

刑事附带民事诉讼的原告人是指在刑事诉讼进行过程中，向人民法院提起附带民事诉讼，要求被告人赔偿因其犯罪行为而遭受的物质损失的人，是附带民事诉讼的一方当事人。根据

《刑事诉讼法》以及最高人民法院《解释》的规定，附带民事诉讼的原告人包括以下几种。

1. 因犯罪行为而遭受物质损失的被害公民和被害单位

任何公民由于被告人的犯罪行为而遭受物质损失的，在刑事诉讼进行过程中，都有权利向人民法院提起附带民事诉讼，要求得到经济赔偿。这也是刑事附带民事诉讼中最常见的原告人。此外，由于被告人的犯罪行为而遭受物质损失的单位，在刑事诉讼进行过程中，也有权向人民法院起诉，要求得到经济赔偿。因此，刑事诉讼中的被害人应当包括自然人、法人及企事业单位、机关、团体等其他组织。

2. 已死亡的被害人的法定代理人、近亲属

在刑事案件中被害人已经死亡的情况下，被害人的法定代理人和近亲属可以代为提起附带民事诉讼。被害人的法定代理人是被害人的父母、养父母、监护人和负有保护责任的机关、团体的代表，他们对于被害人的权利有维护的职责，在被害人遭受犯罪行为侵害而死亡时，有权为被害人的权利而提起附带民事诉讼。被害人的近亲属与被害人之间具有血缘关系或者婚姻关系，而且是被害人的法定继承人，依法享有继承被害人财产的权利。被害人因被告人的犯罪行为而遭受物质损失，作为继承人的近亲属也间接地成为犯罪行为的受害人。因此，已死亡的被害人的法定代理人、近亲属为了挽回所受到的经济损失，有权向人民法院提起附带民事诉讼，请求得到赔偿。

3. 人民检察院

在国家、集体的财产因被告人的犯罪行为而遭受损失的情况下，如果受损失的单位没有提起附带民事诉讼，则人民检察院在提起公诉的同时可以提起附带民事诉讼，人民法院应当受理。此时，人民检察院既是公诉机关，也是附带民事诉讼的原告人，享有原告人的诉讼权利，但是就赔偿问题无权同被告人通过调解达成协议或者自行和解。

还需要说明的是，在被害人是未成年人、精神病患者等丧失行为能力者的情况下，他们的法定代理人或者近亲属可以代为提起附带民事诉讼。这是因为其个人缺乏诉讼行为能力，仅靠自己的力量难以维护其合法权益。在这种情况下，附带民事诉讼的原告人仍然是被害人，其法定代理人或近亲属是诉讼代理人。

二、刑事附带民事诉讼的被告人

刑事附带民事诉讼的被告人是附带民事诉讼中被起诉的一方当事人，根据《刑事诉讼法》以及最高人民法院《解释》的规定，附带民事诉讼的被告人包括以下几类。

1. 刑事被告人以及未被追究刑事责任的其他共同侵害人

附带民事诉讼的被告人通常就是刑事诉讼中的被告人。但是在有些情况下，附带民事诉讼的被告人不仅仅指被依法追究刑事责任的被告人，还包括未被追究刑事责任的其他共同侵害人，这些共同侵害人由于情节轻微或者其他原因，没有被依法追究刑事责任，但是对于因其加害行为而造成的物质损失，仍负有赔偿责任，应当成为附带民事诉讼的被告人。

2. 未成年人、精神病人的监护人

未成年人、精神病人实施危害社会的行为给被害人造成物质损失的，因为该未成年人、精神病人的监护人未能尽到监护职责，所以其应当成为附带民事诉讼的被告人。

3. 死刑罪犯的遗产继承人

死刑罪犯的遗产继承人事实上是死刑罪犯生前债务的继承人，对刑事被害人的赔偿应当属

于遗产的清偿范围。但如果该继承人已声明放弃对死刑罪犯遗产的继承权的，不得继续以其为被告。

4. 共同犯罪案件中，案件审结前死亡的被告人的遗产继承人

共同犯罪案件中，如果案件审结前部分被告人死亡的，在刑事诉讼中可以终止对其追究刑事责任，但其民事责任不能免除，如果有遗产继承人的，应以继承人所继承的遗产为限对被害人清偿。但如果继承人已声明放弃继承权的，则不得将其列为被告。

5. 对被害人的物质损失依法应当承担赔偿责任的其他单位和个人

除上述几种应当承担赔偿责任的人以外，其他对刑事被告人的犯罪行为依法应当承担赔偿责任的单位和个人也是附带民事诉讼的被告人。例如，某些企业的工作人员在执行职务中犯罪因而造成物质损害的，有关企业可以成为附带民事诉讼的共同被告人。

另外，如果附带民事诉讼被告人的亲友自愿代为赔偿的，应当准许，但在此时，不能将其列为被告人。

第三节　刑事附带民事诉讼的程序

一、刑事附带民事诉讼的提起

（一）提起刑事附带民事诉讼的条件

刑事附带民事诉讼的提起条件与民事诉讼的提起条件有很多相同之处，包括以下几个方面。

1. 提起附带民事诉讼的原告人、法定代理人必须符合法定条件。附带民事诉讼的原告人必须是因为犯罪行为而遭受物质损失的被害人（包括被害公民、法人及其他组织），已死亡或无行为能力的被害人的法定代理人、近亲属，只有这些人才具有附带民事诉讼原告人的资格，才能依法向人民法院提起附带民事诉讼。

2. 有明确的被告人。提起附带民事诉讼，必须有明确的被告人，就是说向法院起诉时必须明确指出侵犯自己合法利益或依法负有赔偿责任的对方当事人。只有明确对方当事人，诉讼才能形成，否则诉讼根本无法正常进行。

3. 有请求赔偿的具体要求和事实依据。提起附带民事诉讼，必须有请求赔偿的具体要求，即要求人民法院予以保护的具体内容。原告人起诉时如果没有具体的诉讼请求，没有要求保护的具体的合法权益，那么起诉难以成立。事实依据是指提出诉讼请求所依据的事实和理由，即有关案件事实情况以及必要的证据，以便在诉讼中证明其诉讼请求是正当的。

4. 属于人民法院受理附带民事诉讼案件的范围。属于人民法院受理附带民事诉讼案件的范围是当事人提起附带民事诉讼所必须具备的条件，即案件必须属于人民法院主管和管辖，如果案件属于法院以外的其他机关主管，则不能提起附带民事诉讼，而只能通过其他途径解决。

（二）提起附带民事诉讼的时间

提起附带民事诉讼的时间包括两个问题：一是提起附带民事诉讼的起始时间；二是提起附

带民事诉讼的终结时间。关于这两个问题，最高人民法院《解释》第 147 条中有明确规定，主要内容如下。

1. 提起附带民事诉讼的起始时间，应当是刑事案件立案以后。具体分为以下情形：(1) 被害人是公民个人的，可以直接向人民法院提起附带民事诉讼；公诉案件中，也可以在侦查、审查起诉阶段通过侦查、起诉机关提起。(2) 国家、集体财产遭受损失的，遭受损失的法人或其他组织既可以直接向人民法院提起附带民事诉讼，也可以在侦查、审查起诉阶段通过侦查、审查起诉机关提起；遭受损失的单位未提起诉讼的，人民检察院在提起公诉的时候，可以提起附带民事诉讼。其中，在侦查、审查起诉阶段提起附带民事诉讼的，人民检察院应当记录在案，并将原告人的诉讼请求和有关材料，在提起公诉的同时，一并移送人民法院。

2. 提起附带民事诉讼终结的时间，应当是一审判决宣告前。即只有在一审判决宣告以前才能提起附带民事诉讼，一旦一审刑事判决已经宣告，就不能再提起附带民事诉讼，原告人只能在刑事判决生效以后另行提起民事诉讼，而这不属于附带民事诉讼情形。

总之，附带民事诉讼应当在刑事案件成立后，法院的第一审刑事判决宣告以前提起。刑事案件尚未立案，意味着刑事诉讼能否成立尚不确定，提起附带民事诉讼的前提也就不具备；如果刑事案件的一审判决已经宣告，还允许提起附带民事诉讼的话，则容易造成刑事诉讼的过分迟延，造成审判程序的混乱，从而使得附带民事诉讼没有意义。

(三) 提起附带民事诉讼的方式

我国《刑事诉讼法》对于提起附带民事诉讼的方式没有作出明确规定。根据最高人民法院《解释》第 147 条的规定，提起附带民事诉讼应当提交附带民事起诉状。但上述解释第 150 条中又规定，“人民法院受理附带民事诉讼后，应当在五日内将附带民事起诉状副本送达附带民事诉讼被告人及其法定代理人，或者将口头起诉的内容及时通知附带民事诉讼被告人及其法定代理人，并制作笔录”。因而，我们认为，提起附带民事诉讼的方式并不限于书面形式，口头形式提起附带民事诉讼也为人民法院所允许。

人民检察院在提起公诉时一并提起附带民事诉讼的，只能以书面方式进行。起诉书中应当写明：被告人的基本情况；被告人的犯罪行为给国家、集体财产造成损失的情况；代表国家、集体要求被告人赔偿损失的诉讼请求和适用的法律依据。

(四) 对起诉的审查和受理

人民法院收到附带民事诉讼起诉状后，应当进行审查，并在 7 日内决定是否立案。对于符合立案条件的，应当受理；不符合条件的，应当裁定不予受理。

二、刑事附带民事诉讼的财产保全和先予执行

(一) 附带民事诉讼的财产保全

附带民事诉讼的财产保全是指人民法院在受理附带民事诉讼之后，为了保证将来发生法律效力的附带民事诉讼判决能够得到切实执行，而对被告人的财产采取的一定的强制措施。我国《刑事诉讼法》第 102 条规定：“人民法院在必要的时候，可以采取保全措施，查封、扣押或者冻结被告人的财产。附带民事诉讼原告人或者人民检察院可以申请人民法院采取保全措施。人

民法院采取保全措施，适用民事诉讼法的有关规定。”可见，附带民事诉讼中的财产保全可以由原告人提出申请，也可由人民法院在必要时主动采取。这里的“查封、扣押或者冻结”，就是附带民事诉讼的保全措施。

附带民事诉讼的财产保全应当注意：其一，确实存在因被告人的行为或其他原因使将来的附带民事判决不能执行或难以执行的可能性；其二，有权提起附带民事诉讼的人因情况紧急，不立即申请保全将会使其合法权益受到难以弥补的损害的，可以向被保全财产所在地、被申请人居住地或者对案件有管辖权的人民法院申请采取诉前财产保全措施，但申请人在人民法院受理刑事案件后 15 日内未提起附带民事诉讼的，人民法院应当解除保全措施；其三，关于附带民事诉讼的保全措施，《刑事诉讼法》规定了查封、扣押及冻结三项；其四，查封、扣押或冻结的财产，只能以被告人的个人财产为限，不得查封、扣押或冻结他人包括被告人近亲属的财产；其五，查封、扣押或冻结的财产应以足够支付赔偿为限，赔偿的数额暂时难以确定的，可以以请求数额确定，不得任意扩大查封、扣押或冻结范围；其六，对于查封、扣押或冻结的财产，应当妥善保存，在不宜长期保存的情况下，可以变卖，保存价款。

（二）附带民事诉讼的先予执行

附带民事诉讼的先予执行是指人民法院受理附带民事诉讼之后、作出判决之前，根据附带民事诉讼原告人的请求决定附带民事诉讼被告人先给付附带民事诉讼原告人一定款项或特定物并立即执行的措施。附带民事诉讼的先予执行必须具有法定的理由，即由于被告人的犯罪行为给被害人造成了极大的困难。例如，在伤害案件中，不先予执行医疗费则被害人就无法住院治疗这一情形。《刑事诉讼法》及最高人民法院《解释》并未对附带民事诉讼中是否可以提出先予执行的申请作出明确规定。

三、刑事附带民事诉讼的审判程序

（一）刑事附带民事诉讼审判的一般原则

我国《刑事诉讼法》第 104 条对附带民事诉讼的审判原则作了规定，即：“附带民事诉讼应当同刑事案件一并审判，只有为了防止刑事案件审判的过分迟延，才可以在刑事案件审判后，由同一审判组织继续审理附带民事诉讼。”根据这一原则，在一般情况下，附带民事诉讼应当同刑事案件一并审理并作出判决，这样便于全面查明案件事实，也节省了人力、物力和时间。但刑事案件的审判是有时间限制的，如果附带民事部分同刑事部分一并审判，会影响刑事部分在法定期间内结案，那么也可以先审判刑事案件，后审判民事案件。但是在分别审判时要注意：其一，只能先审刑事部分，后审民事部分，而不能相反；其二，必须由审理刑事案件的同一审判组织继续审理附带民事诉讼部分，不得另行组成合议庭进行审理，但如果同一审判组织的成员确实不能继续参与审判的，可以更换；其三，附带民事诉讼判决部分对案件事实的认定不得同刑事判决相抵触；其四，附带民事诉讼部分的延期审理，一般不影响刑事判决的生效。

（二）审理前的准备工作

人民法院在受理案件后，开庭审理之前，为开庭审理应当进行一些必要的准备工作。包括以下内容。

1. 人民法院在受理案件后，应当在5日内向附带民事诉讼的被告人送达附带民事诉讼起诉状的副本，或者将口头起诉的内容及时通知附带民事诉讼的被告人，并制作笔录。被告人是未成年人的，应当将附带民事诉状副本送达其法定代理人，或者将口头起诉的内容及时通知其法定代理人。同时应根据刑事案件审理的期限，确定被告人或者其法定代理人提交民事答辩状的时间。

2. 人民法院开庭审判案件前，要向附带民事诉讼的当事人送达传票，传唤他们出庭。原告人无正当理由而不出庭的，或者未经许可中途退庭，应按撤诉处理；刑事被告人以外的附带民事诉讼被告人经传唤，无正当理由拒不到庭，或者未经法庭许可中途退庭的，应按撤诉处理。

（三）审理中的调解

审理附带民事诉讼案件，可以进行调解或者根据物质损失情况作出判决、裁定。调解应当在当事人双方自愿的基础上进行。经调解达成协议的，审判人员应当及时制作调解书。调解书经双方当事人签收后即发生法律效力。

调解达成协议并即时履行完毕的，可以不制作调解书，但应当记入调解笔录，经双方当事人、审判人员、书记员签名或盖章即发生法律效力。

经调解无法达成协议或者调解书签收前当事人反悔的，附带民事诉讼应当同刑事案件一并判决。开庭审理时，一般应当分阶段进行，先审理刑事部分，然后审理民事部分，附带民事部分的审理程序参照民事审判程序进行。

人民法院认定公诉案件被告人的行为不构成犯罪，对已经提起的附带民事诉讼，经调解不能达成协议的，应当一并作出刑事附带民事判决。因为虽然被告人的行为不构成犯罪，但是案件仍属于刑事案件，审理案件所适用的程序也是刑事诉讼程序，不论人民法院的最终判决是有罪判决还是无罪判决，都属于刑事案件的判决，所以附带民事诉讼既然已经提起，就应当一并审理，一并判决。

人民法院准许人民检察院撤回起诉的公诉案件，对已经提起的附带民事诉讼，可以进行调解；不宜调解或者经调解不能达成协议的，应当裁定驳回起诉，并告知附带民事诉讼原告人可以另行提起民事诉讼。

（四）刑事附带民事诉讼审理中的几个具体问题

1. 被告人非法占有、处置被害人财产的，应当依法予以追缴或者责令退赔。被害人提起附带民事诉讼的，人民法院不予受理。追缴、退赔的情况，可以作为量刑情节考虑。

2. 国家机关工作人员在行使职权时，侵犯他人人身、财产权利构成犯罪，被害人或者其法定代理人、近亲属提起附带民事诉讼的，人民法院不予受理，但应当告知其可以依法申请国家赔偿。

3. 被害人或者其法定代理人、近亲属仅对部分共同侵害人提起附带民事诉讼的，人民法院应当告知其可以对其他共同侵害人，包括没有被追究刑事责任的共同侵害人，一并提起附带民事诉讼，但共同犯罪案件中同案犯在逃的除外。被害人或者其法定代理人、近亲属放弃对其他共同侵害人的诉讼权利的，人民法院应当告知其相应法律后果，并在裁判文书中说明其放弃诉讼请求的情况。共同犯罪案件，同案犯在逃的，不应列为附带民事诉讼被告人。逃跑的同案犯到案后，被害人或者其法定代理人、近亲属可以对其提起附带民事诉讼，但已经从其他共同犯罪人处获得足额赔偿的除外。

4. 附带民事诉讼的赔偿原则，应以被告人本人的财产为限。被告人没有经济赔偿能力的，不能让被告人的近亲属代为赔偿，当然，如果他的近亲属自愿代为承担，那么人民法院应当许可，以便使被害人遭受的损失能得到赔偿。

5. 人民检察院提起附带民事诉讼，人民法院经审理，认为附带民事诉讼被告人依法应当承担赔偿责任的，应当判令附带民事诉讼被告人直接向遭受损失的单位作出赔偿；遭受损失的单位已经终止，有权利义务继受人的，应当判令其向继受人作出赔偿；没有权利义务继受人的，应当判令其向人民检察院交付赔偿款，由人民检察院上缴国库。

6. 处理附带民事诉讼的情况，可以作为人民法院量刑时予以考虑的情节。最高人民法院《解释》第157条规定："审理刑事附带民事诉讼案件，人民法院应当结合被告人赔偿被害人物质损失的情况认定其悔罪表现，并在量刑时予以考虑。"

（五）附带民事诉讼的上诉

根据《刑事诉讼法》第227条第2款、第228条的规定，第一审判决作出后，附带民事诉讼的当事人和他们的法定代理人以及人民检察院如果对判决不服，可以对地方各级人民法院第一审判决、裁定中的附带民事诉讼部分提出上诉或抗诉。对附带民事诉讼部分的上诉不影响刑事判决部分的生效，即一审刑事部分的判决在上诉期满后即发生法律效力。但是第二审人民法院应当对第一审判决中的刑事和民事部分全面审查，审查后认为，一审判决的刑事部分并无不当的，二审法院只需就附带民事部分作出处理，一审判决的附带民事部分事实清楚，适用法律正确的，应以刑事附带民事裁定维持原判，驳回上诉。

一审期间未提起附带民事诉讼，在二审期间提起的，二审人民法院可以依法进行调解；调解不成的，告知当事人可以在刑事判决、裁定生效后另行提起民事诉讼。

问题与思考

简答题

1. 什么是刑事附带民事诉讼？其有何意义？

2. 哪些人能够成为刑事附带民事诉讼的当事人？

3. 刑事附带民事诉讼的审判程序有哪些特点？

课堂讨论案例

被告人李某、郭某在一次公共汽车抢劫案中，打伤了刘某和谢某两人，打死了万某。人民法院在审理此案过程中，谢某和万某的儿子提起了附带民事诉讼，共要求赔偿损失约20万元。人民法院为了保证民事判决能够顺利进行，依法查封和扣押了两被告人的部分财产。同时人民法院将刘某、谢某和万某的儿子列为附带民事诉讼的共同原告人开始审判。在审判过程中，发现附带民事诉讼部分比较复杂，人民法院考虑到审判人员的业务能力，为了保证案件的质量，于是将附带民事诉讼部分移交民事审判庭审判。

请结合本章内容，回答下列问题：

1. 刘某是否有权不提起附带民事诉讼？本案中人民法院是否有权将刘某列为附带民事诉讼的原告人？

2. 人民法院能否将刑事案件与附带民事诉讼部分分开审理？能否将附带民事诉讼部分移交民事审判庭？

3. 本案中，人民法院查封、扣押被告人的财产是否有法律依据？

法律职业资格（司法）考试真题

1. 阮某向陆某借款2万元，到期不还。陆某向阮某索款，被阮某殴打致重伤，其母因受刺激生病住院。在刑事诉讼过程中，陆某可以提起哪些附带民事诉讼？（　　）（多选）

A. 要求阮某偿还其借款2万元

B. 要求阮某赔偿治伤所花医药费

C. 要求阮某赔偿陆某之母住院所花医药费

D. 要求阮某赔偿因伤所致误工损失费

2. 某县检察院以抢劫罪对孙某提起公诉，被害人李某提起附带民事诉讼。下列哪一种说法是正确的？（　　）（单选）

A. 审判附带民事诉讼案件，应当适用民事诉讼法，不适用刑事诉讼法

B. 尽管在侦查阶段孙某、李某已就赔偿达成协议且孙某已给付，法院仍然可以受理李某提起的附带民事诉讼

C. 附带民事诉讼案件，由检察机关决定查封被告人财产

D. 如果调解达成协议，不论是否当庭执行完毕，审判人员都必须制作调解书

3. 甲因遭受强奸住院治疗一个多月，出院后仍长期精神恍惚，后经多方医治才恢复正常。在诉讼过程中，甲提起附带民事诉讼。下列哪些赔偿要求具有法律依据？（　　）（多选）

A. 甲因住院支付的费用　　B. 甲住院期间的陪护费用

C. 甲住院期间的误工费用　　D. 甲医治精神恍惚支付的费用

4. 关于法院审理附带民事诉讼案件，下列哪些选项是正确的？（　　）（多选）

A. 犯罪分子非法处置被害人财产而使其遭受物质损失的，被害人可以提起附带民事诉讼

B. 因财物被犯罪分子毁坏而遭受物质损失的，被害人可以提起附带民事诉讼

C. 依法判决后，查明被告人确实没有财产可供执行的，应当裁定中止或者终结执行

D. 被告人已经赔偿被害人物质损失的，法院可以作为量刑情节予以考虑

5. 关于附带民事诉讼，下列哪一选项是正确的？（　　）（单选）

A. 在侦查、审查起诉阶段，被害人提出赔偿要求经记录在案的，公安机关、检察院可以对民事赔偿部分进行调解

B. 在侦查、审查起诉阶段，经调解当事人达成协议并已给付，被害人又向法院提起附带民事诉讼的，法院不再受理

C. 法院审理刑事附带民事诉讼案件，可以进行调解

D. 附带民事诉讼经调解达成协议并当庭执行完毕的，无须制作调解书，也不需记入笔录

6. 在罗某放火案中，钱某、孙某和吴某3家房屋均被烧毁。一审时，钱某和孙某提起要求罗某赔偿损失的附带民事诉讼，吴某未主张。一审判决宣告后，吴某欲让罗某赔偿财产损失。下列哪一说法是正确的？（　　）（单选）

A. 吴某可另行提起附带民事诉讼

B. 吴某不得再提起附带民事诉讼，可在刑事判决生效后另行提起民事诉讼

C. 吴某可提出上诉，请求法院在二审程序中判令罗某予以赔偿

D. 吴某既可另行提起附带民事诉讼，也可单独提起民事诉讼

7. 关于附带民事诉讼案件诉讼程序中的保全措施，下列哪一说法是正确的？（　　）（单选）

A. 法院应当采取保全措施

B. 附带民事诉讼原告人和检察院都可以申请法院采取保全措施

C. 采取保全措施，不受《民事诉讼法》规定的限制

D. 财产保全的范围不限于犯罪嫌疑人、被告人的财产或与本案有关的财产

8. 王某被姜某打伤致残，在开庭审判前向法院提起附带民事诉讼，并提出财产保全的申请。法院对于该申请的处理，下列哪一选项是正确的？（　　）（单选）

A. 不予受理

B. 可以采取查封、扣押或者冻结被告人财产的措施

C. 只有在王某提供担保后，法院才予以财产保全

D. 移送财产所在地的法院采取保全措施

9. 韩某和苏某共同殴打他人，致被害人李某死亡、吴某轻伤，韩某还抢走吴某的手机。后韩某被抓获，苏某在逃。关于本案的附带民事诉讼，下列哪一选项是正确的？（　　）（单选）

A. 李某的父母和祖父母都有权提起附带民事诉讼

B. 韩某和苏某应一并列为附带民事诉讼的被告人

C. 吴某可通过附带民事诉讼要求韩某赔偿手机

D. 吴某在侦查阶段与韩某就民事赔偿达成调解协议并全部履行后又提起附带民事诉讼，法院不予受理

10. 法院可以受理被害人提起的下列哪一附带民事诉讼案件？（　　）（单选）

A. 抢夺案，要求被告人赔偿被夺走并变卖的手机

B. 寻衅滋事案，要求被告人赔偿所造成的物质损失

C. 虐待被监管人案，要求被告人赔偿因体罚虐待致身体损害所产生的医疗费

D. 非法搜查案，要求被告人赔偿因非法搜查所导致的物质损失

11. 甲因琐事与乙发生口角进而厮打，推搡之间，不慎致乙死亡。检察院以甲涉嫌过失致人死亡提起公诉，乙母丙向法院提起附带民事诉讼。关于本案处理，下列哪些选项是正确的？（　　）（多选）

A. 法院可对附带民事部分进行调解

B. 如甲与丙经法院调解达成协议，调解协议中约定的赔偿损失内容可分期履行

C. 如甲提出申请，法院可组织甲与丙协商以达成和解

D. 如甲与丙达成刑事和解，其约定的赔偿损失内容可分期履行

12. 张一、李二、王三因口角与赵四发生斗殴，赵四因伤势过重死亡。其中张一系未成年人，王三情节轻微未被起诉，李二在一审开庭前意外死亡。请回答（1）、（2）题。（不定项）

（1）本案依法负有民事赔偿责任的人是？（　　）

A. 张一、李二　　B. 张一父母、李二父母

C. 张一父母、王三　　D. 张一父母、李二父母、王三

（2）在一审过程中，如果发生附带民事诉讼原、被告当事人不到庭情形，法院的下列做法正确的是？（　　）

A. 赵四父母经传唤，无正当理由不到庭，法庭应当择期审理

B. 赵四父母到庭后未经法庭许可中途退庭，法庭应当按撤诉处理

C. 王三经传唤，无正当理由不到庭，法庭应当采取强制手段强制其到庭

D. 李二父母未经法庭许可中途退庭，就附带民事诉讼部分，法庭应当缺席判决

第十三章
期间与送达

本章概要

期间与送达虽然内容不多，但都是刑事诉讼中不可或缺的部分，是整个刑事诉讼正常运行的保障，也是当事人以及其他诉讼参与人的诉讼权利得以实现的前提。《刑事诉讼法》对许多诉讼行为都规定有具体的期间，这既保障了刑事诉讼的及时进行，又能防止诉讼参与人的合法权益受到非法侵犯。送达则关系到当事人知悉权的实现，关系到刑事诉讼活动的正常顺利开展。期间和送达能够保证司法机关正确履行职责，也能够保证诉讼参与人的诉讼权利得以实现。

关键术语

期间　期间的计算　送达　送达回证　直接送达　留置送达　邮寄送达

第一节　期　间

一、期间的概念和意义

（一）期间的概念

刑事诉讼中的期间，是指公安机关、人民检察院、人民法院和诉讼参与人进行刑事诉讼、完成某些诉讼行为所必须遵守的法定期限。也就是说，司法机关和诉讼参与人进行刑事诉讼有时间上的要求，必须在法律规定的时间内完成其诉讼活动。

我国《刑事诉讼法》在第一编总则第八章中对期间问题作了原则性的规定，在其他章节中对诉讼活动的期限作了具体的规定。法定期间主要有采取强制措施的期限，司法机关的办案期限，上诉、申诉、抗诉和请求抗诉的期限，通知、送达的期限，以及其他重要的诉讼期限。采取强制措施的期限又包括拘传的期限、取保候审和监视居住的期限、拘留的期限、逮捕的期限。司法机关的办案期限又包括侦查机关的侦查羁押期限、检察机关的审查起诉期限、法院的审判期限。

（二）期间的意义

法律对司法机关和诉讼参与人进行诉讼活动明确规定了具体期限，要求司法机关和诉讼参与人进行刑事诉讼时必须严格遵守。从刑事诉讼的目的和保障刑事诉讼正常进行来看，法律明确规定进行诉讼活动的具体期间有着非常重要的意义。

1. 防止诉讼拖延，保障刑事诉讼的及时进行

《刑事诉讼法》规定了司法机关和诉讼参与人进行诉讼活动的具体期限，要求司法机关和诉讼参与人都必须在法律规定的期限以内完成诉讼活动，这就使刑事诉讼能够及时进行，案件能够及时得到处理，从而防止诉讼拖延。

2. 保障当事人等诉讼参与人的诉讼权利和合法权益

《刑事诉讼法》规定刑事诉讼程序的一个基本目的在于保障当事人以及其他诉讼参与人在刑事诉讼中的合法权益，法律规定诉讼活动的期限正是上述目的得以实现的具体步骤和方法。无论是采取强制措施的期限、司法机关的办案期限，还是其他期限的规定，都对司法机关的权力进行了必要的限制，保障了诉讼参与人的诉讼权利和合法权益不受侵犯。尤其是采取强制措施的期限和侦查羁押期限等办案期限，直接关系犯罪嫌疑人、被告人的人身自由。严格遵守法律规定的强制措施期限和侦查羁押期限等办案期限，能够避免对犯罪嫌疑人、被告人久押不决，从而保障犯罪嫌疑人、被告人的人身自由权利不受非法侵犯，维护其合法权益。另外，通知、送达等期限的规定使诉讼参与人能够及时了解和知道其享有的诉讼权利，并且可以进行相应的准备，保障了诉讼参与人能够充分行使其诉讼权利。还有，案件及时得到处理也是对被害人合法权益的最好维护。被害人受到了犯罪行为的侵害，而办案期限的规定使案件及时得到处理，犯罪及时得到惩罚，因此被害人的合法权益得到了及时维护。

3. 保障及时惩罚犯罪

《刑事诉讼法》关于期间的规定，尤其是司法机关办案期限的规定，可以促使司法机关努力在法定期限内办理完毕案件，使实施了犯罪行为的犯罪人及时受到应有的惩罚。如果案件处理缓慢，久拖不决，犯罪人迟迟得不到应有的惩罚，就会损害法律的权威，并且放纵了犯罪人。

二、期间的计算

（一）期间的计算单位

期间的计算单位是指期间以什么标准进行计算。我国《刑事诉讼法》第 105 条第 1 款规定，期间以时、日、月计算。就是说，我国刑事诉讼中期间的计算单位有时、日、月三个。其他日常使用的时间单位，如分、秒、周、季度、年等都不是刑事诉讼期间的计算单位。不过，有学者从刑事诉讼实践需要出发，考虑到与《民事诉讼法》关于期间计算单位的规定相协调，并且借鉴国外的立法经验，建议增加年作为刑事诉讼期间的计算单位。

（二）期间的起算和届满

期间的具体计算通常涉及两个问题，即期间的起算问题和届满问题。期间的起算，是指期

间应当从什么时候开始计算；期间的届满，是指期间应当到何时终止。根据《刑事诉讼法》的规定，期间开始的时和日不算在期间以内。

据此，以时为计算单位的期间，期间开始的时不计算在期间以内，应当从期间开始的下一时起算，期间的届满是到法定期间时数的最后一时结束为止。比如，逮捕犯罪嫌疑人的时间是在上午 10 时，告知其家属或者所在单位的期间就应当从上午 11 时起算，到次日上午 11 时整期间届满。

以日为计算单位的期间，期间开始的日不计算在内，应当从期间开始的次日起算，期间的届满是到法定期间日数的最后一日结束为止。比如，被告人接到一审判决书是在 4 月 8 日，其上诉期间就应当从 4 月 9 日起算，到 4 月 18 日期间届满，4 月 18 日当天仍然在期间之内，是期间的最后一天。

以月为计算单位的期间，《刑事诉讼法》没有具体规定。根据最高人民法院的司法解释，以月为计算单位的期间，应当自本月某日至下月某日为 1 个月，如本月 1 日收案至下一个月 1 日、本月最后一日至下一个月最后一日为一个月的审理期限；半月一律按 15 日计算期限。下月同日不存在的，自本月某日至下月最后一日为 1 个月。

在期间的起算上，针对司法实践中有些犯罪嫌疑人隐瞒其真实身份，影响侦查机关进行侦查的情况，《刑事诉讼法》规定，犯罪嫌疑人不讲真实姓名、住址，身份不明的，侦查羁押期限自查清其身份之日起计算，但是不得停止对其犯罪行为的侦查取证。

关于期间届满的计算，如果期间的最后一日为节假日，则以节假日后的第一日为期间届满日期。但是，对于犯罪嫌疑人、被告人或者罪犯的在押期间，应当至期间届满之日为止，不得因节假日而延长在押期限至节假日后的第一日。

（三）期间计算的其他规定

《刑事诉讼法》及司法解释对期间的计算还有其他一些规定，主要包括如下内容。

1. 法定期间不包括路途上的时间；上诉状或者其他文件在期间届满前已经交邮的，不算过期。

2. 当事人由于不能抗拒的原因或者有其他正当理由而耽误期限的，在障碍消除后 5 日以内，可以申请继续进行应当在期限届满以前完成的诉讼活动。人民法院查证属实后，应当裁定准许。

3. 对犯罪嫌疑人作精神病鉴定的期间不计入办案期限。犯罪嫌疑人、被告人在押的案件，除对犯罪嫌疑人、被告人的精神病鉴定时间不计入办案期限外，其他鉴定时间都应当计入办案期限。对于因鉴定时间较长，办案期限届满仍不能终结的案件，根据《刑事诉讼法》第 98 条的规定，自期限届满之日起，应当对被羁押的犯罪嫌疑人、被告人予以释放；需要继续查证、审理的，对犯罪嫌疑人、被告人可以取保候审或者监视居住。

4. 中止审理的期间不计入审理期限。在审判过程中，有下列情形之一，致使案件在较长时间内无法继续审理的，可以中止审理：(1) 被告人患有严重疾病，无法出庭的；(2) 被告人脱逃的；(3) 自诉人患有严重疾病，无法出庭，未委托诉讼代理人出庭的；(4) 由于不能抗拒的原因。中止审理的原因消失后，应当恢复审理。中止审理的期间不计入审理期限。

5. 第二审程序中，人民检察院提出抗诉或第二审人民法院开庭审理的公诉案件，人民检察院查阅案卷的时间不计入审理期限。

（四）期间的重新计算

期间的重新计算，是指由于出现了某种法定情形，已进行的期间归于无效，不再计入期间以内，而应当从法定情形出现之时起重新计算期间。重新计算期间的规定仅适用于司法机关的办案期限。根据《刑事诉讼法》的规定，期间的重新计算包括如下情形。

1. 在侦查期间，发现犯罪嫌疑人另有重要罪行的，自发现之日起依照《刑事诉讼法》第160条的规定重新计算羁押期限。

2. 人民检察院审查起诉中退回公安机关补充侦查的案件，补充侦查完毕移送人民检察院后，人民检察院重新计算审查起诉期限。

3. 人民检察院审查起诉的案件，改变管辖的，从改变后的人民检察院收到案件之日起计算审查起诉期限。

4. 人民法院改变管辖的案件，从改变后的人民法院收到案件之日起计算审理期限。

5. 人民检察院补充侦查的案件，补充侦查完毕移送人民法院后，人民法院重新计算审理期限。

6. 第二审人民法院发回原审人民法院重新审判的案件，原审人民法院从收到发回的案件之日起，重新计算审理期限。

第二节 送 达

一、送达的概念和意义

（一）送达的概念

刑事诉讼中的送达，是指公安机关、人民检察院、人民法院等司法机关，依照法律规定的方式和程序，将有关诉讼文书送交给诉讼参与人或者司法机关的诉讼活动。

作为法律规定的一种诉讼活动，送达具有以下几个特征。

1. 送达是公安机关、检察机关、人民法院等司法机关在诉讼中为履行其职责而进行的诉讼活动，核心是司法机关将有关诉讼文书送交诉讼参与人。诉讼参与人将上诉书、答辩状等诉讼文书送交给司法机关的行为，不属于送达。

2. 送达所要送交的是司法机关的诉讼文书。司法机关进行刑事诉讼时通常要制作许多诉讼文书，需要送达的诉讼文书主要有传票、通知书、起诉书、不起诉决定书、裁定书、判决书等。

3. 送达必须依照法律规定的方式和程序进行。违反法律规定的方式和程序送达诉讼文书，将不产生法律效力。

4. 送达的收件人是诉讼参与人或者有关的司法机关。诉讼参与人就是当事人、法定代理人、诉讼代理人、辩护人、证人、鉴定人、翻译人员，一般是公民个人，也可以是法人和其他组织等单位。公安机关、检察机关、人民法院也可以成为收件人，比如，人民法院将开庭通知送交检察机关，此时检察机关就成为收件人。

（二）送达的意义

送达是刑事诉讼中不可缺少的一种诉讼活动，对于刑事诉讼的进行具有如下意义。

1. 保障刑事诉讼的顺利开展与进行

送达表面上只是诉讼中一个很小的诉讼活动，却关系刑事诉讼的顺利进行，是其他刑事诉讼活动得以正常开展的有效保证。不难看出，收件人只有及时收到诉讼文书，了解有关情况，才能依法参与诉讼活动，行使法律赋予的诉讼权利，履行法律规定的义务，刑事诉讼活动才能正常、顺利地开展与进行。

2. 保障诉讼参与人的诉讼权利得以实现

诉讼参与人享有法律赋予的诉讼权利，而这些诉讼权利的实现依赖于送达，就是说，送达保障了诉讼参与人诉讼权利的实现。诉讼文书的送达，通常是告知诉讼参与人诉讼活动进行的情况以及诉讼参与人在诉讼中所享有的诉讼权利，诉讼参与人也正是通过送达的诉讼文书了解有关案件情况，并且在此基础上有效地行使其诉讼权利。比如，将起诉书副本送达被告人，使被告人能够及时知道案件已由检察机关向法院提起公诉，了解检察机关对其控诉的罪名等情况，这样被告人就能够及时为自己辩护做准备，或者委托辩护人帮助其进行辩护，从而保障被告人充分、有效地行使辩护权。

3. 保证司法机关正确履行职责

司法机关在刑事诉讼中负有许多职责，承担很多重要的诉讼活动，送达能够保证司法机关正确行使其职权，履行其负有的职责。比如，法院在开庭前将开庭通知书送达给检察机关，检察机关收到开庭通知书后，才能在开庭前认真准备，按时出席法庭审判，履行其出庭支持公诉的职责。

二、送达程序

送达直接关系刑事诉讼活动的正常进行，因此法律对送达规定了具体的程序，司法机关将诉讼文书送达给收件人，必须严格遵守法律规定的送达程序。

（一）送达必须按照法律规定的送达方式进行

在刑事诉讼中送达诉讼文书应当按照法律规定的方式进行，根据《刑事诉讼法》和有关司法解释的规定，送达的方式主要有以下几种。

1. 直接送达

直接送达是指送达传票、通知书和其他诉讼文件应当直接交给收件人本人，收件人本人应当在送达回证上记明收到的日期，并且签名或者盖章。收件人本人在送达回证上签收的日期为送达的日期。

2. 间接送达

间接送达是指送达传票、通知书和其他诉讼文件时，如果本人不在，可以交给他的成年家属或者所在单位的负责人代收，代收人应当在送达回证上记明收到的日期，并且签名或盖章。代收人在送达回证上签收的日期为送达的日期。送达人应当告知代收人及时将诉讼文书转交给收件人，以便收件人及时了解诉讼文件的内容，依法参与诉讼。

3. 留置送达

留置送达是指送达传票、通知书和其他诉讼文件时，如果收件人本人或者代收人拒绝接收或者拒绝签名、盖章，那么送达人可以邀请他的邻居或者其他见证人到场，说明情况，把文件留在他的住处，在送达回证上记明拒绝的事由、送达的日期，由送达人签名，即视为或者认为已经送达。留置送达与直接送达和间接送达产生同样的法律效力。

4. 委托送达

委托送达是指直接送达诉讼文书有困难的，可以委托收件人所在地的司法机关代为送达。委托送达的，应当将委托函、委托送达的诉讼文书及送达回证，寄送给收件人所在地的司法机关。受委托的司法机关收到委托送达的诉讼文书，应当登记，并由专人及时送达收件人，然后将送达回证及时退回委托送达的司法机关。受委托的司法机关无法送达时，应当将不能送达的原因及时告知委托的司法机关，并且将诉讼文书及送达回证退回。

5. 邮寄送达

邮寄送达是指直接送达诉讼文书有困难的，可以将诉讼文书、送达回证挂号邮寄给收件人。挂号回执上注明的日期为送达的日期。

6. 转交送达

转交送达是指对某些特殊的收件人，可以通过有关部门将诉讼文书转交给收件人。这里特殊的收件人主要包括军人、正在服刑的犯人、正在被劳动教养的人。根据最高人民法院的司法解释，转交送达需要通过的有关部门及程序如下。

（1）收件人是军人的，可以通过所在部队团级以上单位的政治部门转交。

（2）收件人正在服刑的，可以通过执行机关转交。

（3）收件人正在被采取强制性教育措施的，可以通过强制性教育机构转交。

上述代为转交的部门、单位收到诉讼文书后，应当立即交收件人签收，并将送达回证及时寄送人民法院。

（二）送达诉讼文书必须有送达回证

送达回证是指司法机关依法将诉讼文书送达收件人的证明文书，即送达活动的凭证。根据最高人民法院的司法解释，送达诉讼文书必须有送达回证。收件人或者代收人应当在送达回证上记明收到的日期，其在送达回证上签收的日期为送达的日期。可见，送达回证不仅是送达诉讼活动的证明，而且是计算各类期间的基本根据，具有很重要的意义。

（三）送达必须遵守法律规定的期限

《刑事诉讼法》明确规定了送达某些诉讼文书的期限，因此司法机关进行送达时必须严格遵守。比如，《刑事诉讼法》规定人民法院决定开庭审判后，将人民检察院的起诉书副本至迟在开庭 10 日以前送达被告人；将开庭的时间、地点在开庭 3 日以前通知人民检察院；传唤当事人，通知辩护人、诉讼代理人、证人、鉴定人和翻译人员，传票和通知书至迟在开庭 3 日以前送达。所有涉及送达期限的法律规定，关系收件人的诉讼权利和刑事诉讼的顺利进行，因此司法机关进行送达时必须遵守法律规定的期限。

问题与思考

简答题

1. 什么是期间？如何计算刑事诉讼的期间？

2. 什么是送达？送达应当如何进行？

课堂讨论案例

李某因涉嫌犯罪被公安机关依法逮捕。公安机关有关人员在向李家送达逮捕通知书时，李某的父母拒绝在通知书上签字。有关人员只好将逮捕书拿回了公安机关。最后，李某被一审判处有期徒刑3年。李某在同年9月21日收到判决书，他到了10月3日才提出上诉。人民法院以李某超过上诉期限为由不许其上诉。

请结合本章内容回答：

本案中公安机关和人民法院有哪些违反法律的地方？

法律职业资格（司法）考试真题

1. 何某不服一审人民法院以故意伤害罪判处其12年有期徒刑的判决，但又因故耽误上诉期限。障碍消除后，何某申请继续进行应当在期满前完成的上诉活动，必须满足什么条件？（　　）（不定项）

A. 何某耽误期间是由于不能抗拒的原因或者有其他正当理由

B. 在障碍消除后5日内何某提出上诉

C. 继续应当在期满以前提出上诉的申请，需要由辩护人为其提出

D. 经人民法院查证属实，裁定允许

2. 根据《刑事诉讼法》及有关司法解释的规定，下列哪一项办案期限是不能重新计算的？（　　）（单选）

A. 补充侦查完毕后的审查起诉期限

B. 发现犯罪嫌疑人另有重要罪行后的侦查羁押期限

C. 处理当事人回避申请后的法庭审理期限

D. 检察院补充侦查完毕移送法院继续审理的审理期限

3. 在下列何种情形下，经公诉人建议法庭延期审理的时间一次不得超过1个月？（　　）（多选）

A. 发现事实不清、证据不足的

B. 发现遗漏罪行、遗漏同案犯罪嫌疑人，需要补充侦查或者补充提供证据的

C. 发现遗漏罪行或者遗漏同案犯罪嫌疑人，虽不需要补充侦查和补充提供证据，但需要提出追加或者变更起诉的

D. 需要通知开庭前未向人民法院提供名单的证人、鉴定人或者经人民法院通知而未到庭的证人出庭陈述的

4. 下列哪一段时间应计入一审案件审理期限？（　　）（单选）

A. 需要延长审理期限的案件，办理报请高级法院批准手续的时间

B. 当事人申请重新鉴定，经法院同意延期审理的时间

C. 检察院补充侦查完毕后重新移送法院的案件，法院收到案件之日以前补充侦查的时间

D. 法院改变管辖的案件，自改变管辖决定作出至改变后的法院收到案件之日的时间

5. 关于期间的计算，下列哪一说法是正确的？（　　）（单选）

A. 因被告人脱逃而中止审理的期间，计入审理期限

B. 法院对提起公诉案件进行审查的期限，不计入审理期限

C. 被告人要求法院另行指定辩护律师，自合议庭同意而宣布延期审理之日起至第 10 日止准备辩护的时间，计入审理期限

D. 因当事人和辩护人申请调取新的证据而延期审理期限，不计入审理期限

6. 关于刑期计算，下列哪一说法是不正确的？（　　）（单选）

A. 甲被判处拘役 6 个月，其被指定居所监视居住 154 天的期间折抵刑期 154 天

B. 乙通过贿赂手段被暂予监外执行，其在监外执行的 267 天不计入执行刑期

C. 丙在暂予监外执行期间脱逃，脱逃的 78 天不计入执行刑期

D. 丁被判处管制，其判决生效前被逮捕羁押 208 天的期间折抵刑期 416 天

7. 关于期间的计算，下列哪一选项是正确的？（　　）（单选）

A. 重新计算期限包括公检法的办案期限和当事人行使诉讼权利的期限两种情况

B. 上诉状或其他法律文书在期满前已交邮的不算过期，已交邮是指在期间届满前将上诉状或其他法律文书递交邮局或投入邮筒内

C. 法定期间不包括路途上的时间，比如有关诉讼文书材料在公检法之间传递的时间应当从法定期间内扣除

D. 犯罪嫌疑人、被告人在押的案件，在羁押场所以外对患有严重疾病的犯罪嫌疑人、被告人进行医治的时间，应当从法定羁押期间内扣除

8. 王某涉嫌在多个市县连续组织淫秽表演，2014 年 9 月 15 日被刑事拘留，随即聘请律师担任辩护人，10 月 17 日被检察院批准逮捕，12 月 5 日被移送检察院审查起诉。关于律师提请检察院进行羁押必要性审查，下列哪一选项是正确的？（　　）（单选）

A. 10 月 14 日提出申请，检察院应受理

B. 11 月 18 日提出申请，检察院应告知其先向侦查机关申请变更强制措施

C. 12 月 3 日提出申请，由检察院承担监所检察工作的部门负责审查

D. 12 月 10 日提出申请，由检察院公诉部门负责审查

9. 关于办案期限重新计算的说法，下列哪一选项是正确的？（　　）（单选）

A. 甲盗窃汽车案，在侦查过程中发现其还涉嫌盗窃 1 辆普通自行车，重新计算侦查羁押期限

B. 乙受贿案，检察院审查起诉时发现一笔受贿款项证据不足，退回补充侦查后再次移送审查起诉时，重新计算审查起诉期限

C. 丙聚众斗殴案，在处理完丙提出的有关检察院书记员应当回避的申请后，重新计算一审审理期限

D. 丁贩卖毒品案，二审法院决定开庭审理并通知同级检察院阅卷，检察院阅卷结束后，重新计算二审审理期限

10. 被告人徐某为未成年人，法院书记员到其住处送达起诉书副本，徐某及其父母拒绝签收。关于该书记员处理这一问题的做法，下列哪些选项是正确的？（　　）（多选）

A. 邀请见证人到场

B. 在起诉书副本上注明拒收的事由和日期，该书记员和见证人签名或盖章

C. 采取拍照、录像等方式记录送达过程

D. 将起诉书副本留在徐某住处

第十四章
刑事诉讼的中止和终止

本章概要

诉讼中止和终止是刑事诉讼中两种非正常的诉讼程序的停止。诉讼中止是司法机关决定暂时停止诉讼程序，待中止的事由消失后，再恢复进行诉讼的制度。而诉讼终止是有关司法机关决定结束诉讼，不再恢复。诉讼中止和终止对于保障诉讼的严肃性、提高诉讼效率、节约司法资源具有非常重要的意义。

关键术语

诉讼中止　诉讼终止　终止审理

第一节　诉讼中止

一、诉讼中止的概念和意义

刑事诉讼的中止，是指在刑事诉讼过程中，因发生某种特殊情况或法定原因，诉讼无法进行或不宜进行，由司法机关决定暂时停止诉讼程序，待影响诉讼的原因消失后，再恢复进行诉讼的制度。

正常情况下，刑事公诉案件自立案起，自诉案件自人民法院受理以后，应当按照诉讼程序不间断地进行下去，直到人民法院作出的判决、裁定生效并交付执行。但是刑事诉讼是一个牵扯很多机关、人员和因素的复杂的运作过程，在诉讼过程中有时会出现一些特殊的情况或一时难以克服的客观障碍，致使诉讼活动无法进行下去，但是又不能终结诉讼。如在侦查阶段，侦查工作已经展开，查明了部分案件事实，也收集到了相应的证据，但是犯罪嫌疑人下落不明；在审判阶段，被告人突患精神病或其他严重疾病不能接受审判；等等。此时需要中断诉讼的正常进程，但是又不能确定何时恢复，只能是不定期地停止下来，待引起诉讼中止的原因消失或者客观障碍排除后，再继续进行诉讼。刑事诉讼中，诉讼中止的情况可以发生在各个阶段。

法律上设立诉讼中止制度的意义在于：其一，可以维护刑事诉讼的严肃性，以法律认可的形式使无法进行下去的诉讼处于一个相对确定的状态。同时表明暂时的停止不等于结束诉讼，司法机关仍有权力也有义务对有罪的犯罪嫌疑人、被告人进行追究。其二，中止诉讼可以使司法机关集中力量办理其他刑事案件。由于体制和国情的原因，我国的司法队伍一直处在超负荷运转的状态。所以，将那些由于特殊原因暂时无法进行下去的案件停下来，有利于司法机关集中力量办理其他案件。其三，中止诉讼有利于维护当事人的合法权益。我国刑事诉讼的目的是打击犯罪，保护人民。如果由于特殊的原因诉讼无法进行，但法律又不予以明确，这势必使当事人的权益长期处在一种不稳定状态，不利于维护与案件结果有利害关系的犯罪嫌疑人、被告人以及被害人一方的合法权益。

二、诉讼中止的条件和程序

根据《刑事诉讼法》第206条第1款的规定：在审判过程中，有下列情形之一，致使案件在较长时间内无法继续审理的，可以中止审理：（1）被告人患有严重疾病，无法出庭的；（2）被告人脱逃的；（3）自诉人患有严重疾病，无法出庭，未委托诉讼代理人出庭的；（4）由于不能抗拒的原因。从该条规定来看，审判程序中的诉讼中止主要集中在犯罪嫌疑人、被告人的身体状况或客观上是否能够支持诉讼的进行。这一条规定仅涉及审判阶段的中止，对于刑事诉讼中其他阶段的中止并未涉及。司法实践中，其他诉讼阶段仍然有可能面临诉讼中止的情形。例如，犯罪嫌疑人突患严重精神病，无法承受讯问，那么刑事诉讼无论处在侦查阶段还是审查起诉阶段，都必须停止下来。又如，在执行阶段正在服刑的犯人脱逃，在追捕归案之前，他的剩余刑期也只能中止。对于其他阶段的诉讼中止，有关立法司法部门应当在总结经验的基础上尽快制定相应的法律法规，以调整实践中大量的类似状况。

我国《刑事诉讼法》第204条还规定了延期审理制度，即在法庭审判过程中，遇有下列情形之一，影响审判进行的，可以延期审理：（1）需要通知新的证人到庭，调取新的物证，重新鉴定或者勘验的；（2）检察人员发现提起公诉的案件需要补充侦查，提出建议的；（3）由于申请回避而不能进行审判的。从表面看来，刑事诉讼中的中止审理和延期审理都是由法庭决定暂停审理的制度，但是两者有所区别：首先，中止审理和延期审理的理由不同。中止审理主要是因为与案件有直接利害关系的当事人不能到庭，尤其是被告人因故不能到庭受审，才决定中止案件的审理；而延期审理是因故不能按照原定的时间开庭对案件进行审理，或者是在开庭后因故不能继续进行审理而决定顺延审判时间，当影响开庭审理的原因消失后，再继续开庭的情况。其次，中止审理是停止审理程序，因此中止审理的期间不计入审判期限；而延期审理只是中断审理的具体时间，不是停止审判程序，所以延期审理的期间一般计入审判期限。

刑事诉讼中的中止是正常诉讼程序的例外，由于涉及期间的停止和重新计算，涉及当事人权利义务以及身份的确定，所以必须由有权机关经严格程序决定。根据中止诉讼所处的不同阶段，应分别由公安机关、检察机关和人民法院以决定或裁定的方式予以确定，并通知有关机关和当事人。在诉讼中止的原因消失后，应当恢复诉讼。

第二节 诉讼终止

一、诉讼终止的概念和意义

刑事诉讼终止，是指在刑事诉讼过程中，由于出现某种法定的特殊情况，刑事诉讼没有必要或者不可能继续进行，从而由有关机关决定结束诉讼的制度。

正常的刑事诉讼案件要经过一个比较复杂的过程才能够宣告结束。以刑事公诉案件为例，要经过立案、侦查、审查起诉、审判以及执行等程序。但是在刑事诉讼过程中有时会出现特殊的情况，使得刑事诉讼进行下去没有必要或不可能。如犯罪嫌疑人、被告人在诉讼过程中意外死亡，由于刑事诉讼要解决的中心问题就是犯罪嫌疑人、被告人的刑事责任问题，因而犯罪嫌疑人、被告人死亡后，刑事诉讼也就失去了追究的对象，诉讼进行下去就没有意义了。在这种情况下，应当及时终止诉讼。

及时终止诉讼首先维护了法制的严肃性，避免任何一起刑事案件处于长期的待定状态，使我国法制以及司法机关的威信受到影响。其次，终止诉讼可以避免办案人员的无效劳动，节省人力、物力，节省司法资源。最后，及时终止诉讼，可以使有关当事人及时从诉讼中解脱出来，减少讼累，从而维护其合法权益。

二、诉讼终止的条件和程序

关于诉讼终止的条件，许多国家在刑事诉讼立法中都有规定。德国刑事诉讼法规定：处理轻罪的时候，行为人责任轻微，不存在追究责任的公共利益的，经负责开始审判程序的法院同意，检察院可以不追诉；已经提起诉讼的，经检察院、被告人同意，法院可以在程序的任何一个阶段停止诉讼。法国刑事诉讼法典规定：请求科刑的公诉因被告人死亡、时效、大赦、刑事法律的废除和既决案件等原因而消失；当告诉是起诉的一个必要条件时，公诉可因告诉的撤回而消失。我国的《民事诉讼法》中也有关于诉讼终结的条件和程序方面的规定，适用诉讼终结的情况有：(1) 原告死亡，没有继承人，或者继承人放弃诉讼权利的；(2) 被告人死亡，没有遗产，也没有应当承担义务的人的；(3) 离婚案件中的一方当事人死亡的；(4) 追索赡养费、扶养费、抚育费以及解除收养关系案件的一方当事人死亡的。我国《民事诉讼法》中还规定：诉讼终结并没有解决当事人之间的实体权益问题，因此人民法院以裁定的形式决定诉讼终结。诉讼终结的裁定一经作出即发生法律效力，当事人不得上诉，也不得申请复议；诉讼终结的案件，当事人不得以同一事实和理由，就同一诉讼标的再行起诉，法院也不得再行受理此案。

我国《刑事诉讼法》中没有诉讼终止的概念，但是明确规定了诉讼终止中的终止审理的情况。在其他诉讼阶段中以其他的概念出现，即在侦查阶段为撤销案件，在审查起诉阶段为不起诉。我国《刑事诉讼法》第 16 条规定：有下列情形之一的，不追究刑事责任，已经追究的，应当撤销案件，或者不起诉，或者终止审理，或者宣告无罪：(1) 情节显著轻微、危害不大，不认为是犯罪的；(2) 犯罪已过追诉时效期限的；(3) 经特赦令免除刑罚的；(4) 依照《刑法》告诉才处理的案件，没有告诉或者撤回告诉的；（5）犯罪嫌疑人、被告人死亡的；（6）其他法律规定免予追究刑事责任的。

在侦查阶段终止诉讼的，须由案件的侦查机关，包括公安机关、国家安全机关和人民检察院的侦查部门作出撤销案件的决定；在审查起诉阶段终止诉讼的，则由人民检察院决定不起诉；在审判阶段，由人民法院一般以裁定的形式来终止审理。在此应当明确的是，对于前述第一项中规定的情形，即情节显著轻微、危害不大，不认为是犯罪的，应当判决宣告无罪，而不是终止审理；除此之外，对于已死亡的被告人，如根据已查明的案件事实和认定的证据，能够确认无罪的，应当判决宣告被告人无罪。

问题与思考

简答题

1. 简论如何完善我国刑事诉讼中止制度。

2. 在我国刑事诉讼中，终止审理的条件是什么？

课堂讨论案例

高某以诽谤罪将范某起诉至某县法院。县法院经审查认为，该案应属本院管辖，该案有明确的被告人、具体的诉讼请求和能证明被告人犯罪事实的证据，应予受理。但被告人范某目前下落不明。

请结合本章内容，讨论对于此案，法院应当如何处理。

法律职业资格（司法）考试真题

1. 某市人民法院审理市人民检察院依照审判监督程序提出抗诉的案件时，原审被告人王某收到抗诉书后下落不明。该法院应当作出什么处理？（ ）（单选）

A. 驳回抗诉　　B. 中止审理

C. 终止审理　　D. 裁定维持原判

2. 下列哪些选项属于法院应当终止审理的情形？（ ）（多选）

A. 张某涉嫌销售赃物一案，经审理认为情节显著轻微、危害不大的

B. 赵某涉嫌抢劫一案，赵某在第一审开庭审理前发病猝死的

C. 李某以遭受遗弃为由提起自诉，法院审查后不予立案的

D. 王某以遭受虐待为由提起自诉，后又撤回自诉的

3. 某电子科技有限公司因涉嫌虚开增值税专用发票罪被提起公诉，公司董事长、总经理、会计等5人被认定为该单位犯罪的直接责任人员。在法院审理中，该公司被注销。关于法院的处理，下列哪一选项是正确的？（ ）（单选）

A. 继续审理

B. 终止审理

C. 终止审理，建议检察机关对公司董事长、总经理、会计等另行起诉

D. 退回检察机关，建议检察机关对公司董事长、总经理、会计等另行起诉

4. 关于刑事案件的延期审理和中止审理，下列哪些说法是正确的？（　　）（多选）

A. 延期审理适用于法庭审理过程中，中止审理适用于法院受理案件后至作出判决前

B. 导致延期审理的原因是庭审自身出现障碍，因而不停止法庭审理以外的诉讼活动；导致中止审理的原因是出现了不能抗拒的情况，使诉讼活动无法正常进行，因而暂停诉讼活动

C. 延期审理的案件再行开庭的时间具有可预见性，中止审理的案件再行开庭的时间往往无法预见

D. 不论延期审理还是中止审理，其时间都计入审理期限

5. 下列哪一选项属于刑事诉讼中适用中止审理的情形？（　　）（单选）

A. 由于申请回避而不能进行审判的

B. 需要重新鉴定的

C. 被告人患有严重疾病，长时间无法出庭的

D. 检察人员发现提起公诉的案件需要补充侦查，提出建议的

6. 被告人刘某在案件审理期间死亡，法院作出终止审理的裁定。其亲属坚称刘某清白，要求法院作出无罪判决。对于本案的处理，下列哪些选项是正确的？（　　）（多选）

A. 应当裁定终止审理

B. 根据已查明的案件事实和认定的证据，能够确认无罪的，应当判决宣告刘某无罪

C. 根据刘某亲属要求，应当撤销终止审理的裁定，改判无罪

D. 根据刘某亲属要求，应当以审判监督程序重新审理该案

第三编

普通程序论

第十五章

立　案

本章概要

立案程序是刑事诉讼的开启程序。正确、合法、及时地启动立案程序，能够保证司法机关及时、准确地同犯罪作斗争，保障公民的合法权益不受侵犯，同时有助于搞好司法统计，分析各个时期的犯罪情况，正确指导实际工作。司法机关的立案条件是有犯罪事实存在，依法需要追究刑事责任。立案的证明标准要明显低于起诉、审判的要求。人民检察院是国家专门的法律监督机关，依法对公安机关的立案活动进行监督。

关键术语

立案　立案材料　控告　举报　报案　自首　立案条件　立案程序　立案监督

第一节　立案程序的概念和意义

一、立案程序的概念

刑事诉讼中的立案程序是指公安机关、人民检察院和人民法院对报案、控告、举报和犯罪嫌疑人自首的材料进行审查，根据事实和法律，决定是否作为刑事案件进行侦查或者审判的诉讼程序。

我国的刑事诉讼程序是从立案程序开始的。立案程序是我国刑事诉讼开始的法定诉讼程序，是我国刑事诉讼过程中独立的诉讼阶段，是我国刑事诉讼的法定启动程序。根据我国《刑事诉讼法》的规定，立案程序包括三方面的内容：发现立案材料或者对立案材料的接受；对立案材料的审查和处理；人民检察院对不立案的监督。立案程序中以上三个方面的内容互相衔接，互相联系，构成我国刑事诉讼的立案程序体系。

《刑事诉讼法》第110条第3款规定："公安机关、人民检察院或者人民法院对于报案、控告、举报，都应当接受。对于不属于自己管辖的，应当移送主管机关处理，并且通知报案人、控告人、举报人；对于不属于自己管辖而又必须采取紧急措施的，应当先采取紧急措施，然后移送主管机关。”这里所说的“接受”，是指对有关立案材料的接收，这种活动还不等于立案，至于能否立案须经审查后才能决定。司法机关对于报案、控告、举报和犯罪人的自首，都应当接受处理，不得以任何理由加以推诿。但是应当指出，接受处理并不等同于立案。司法机关对于受理的报案、控告、举报或者犯罪人自首的材料，必须进行审查和必要的调查，认为符合立案条件的，才能立案；不符合立案条件的，应当作出不立案的决定，或者移送主管机关处理。

二、立案程序的意义

立案程序作为刑事诉讼的开始和必经程序，是我国长期司法实践经验的总结。立案程序对于保证刑事诉讼的正确进行具有十分重要的意义。

立案程序能够保证司法机关及时、准确地同犯罪行为作斗争。对于已经发生的犯罪行为，司法机关只有及时、准确地予以立案追究，才能不失时机地沿着正确的方向进行侦查、起诉和审判活动，及时、准确地揭露犯罪，证实犯罪，惩罚犯罪。

严格遵守立案程序有利于保障公民的合法权益不受非法侵犯。我国是人民民主专政的社会主义国家，人民是国家的主人，人民的合法权益受到国家的保护。我国《宪法》第 33 条第 3 款明确规定：“国家尊重和保障人权。”《刑事诉讼法》也将尊重和保障人权作为我国刑事诉讼法的重要任务。当某个公民被指控犯有某种罪行时，司法机关首先应当查明有无犯罪事实发生，被指控人是否实施了犯罪行为，然后依法查明其应否负刑事责任。如果被指控人并未实施犯罪行为，或者依法不需要对其追究刑事责任，就不予立案。这样就能够避免对那些不构成犯罪或者具有法定不追究刑事责任情形的公民进行刑事追究，从而实现从刑事诉讼源头防止错误追究刑事责任的现象发生，实现《刑事诉讼法》尊重和保障人权的使命。

严格遵守立案程序能够为正确评价社会治安形势、预防和打击犯罪提供科学的决策依据。正确执行立案程序有利于准确地了解社会治安状况，更好地分析研究犯罪的动向、特点和规律，及时总结刑事司法工作经验，采取相应措施，预防和打击犯罪。

第二节　立案的材料来源和立案的条件

一、立案的材料来源

立案程序作为刑事诉讼的开始程序，其启动必须具备说明犯罪事实和犯罪嫌疑人、被告人存在的事实材料。这些事实材料是立案程序启动的材料来源，也即司法机关决定是否启动立案程序的事实根据。根据我国《刑事诉讼法》的规定和司法实践，作为启动立案程序事实根据的材料来源主要有以下几个方面。

（一）公安机关或者人民检察院发现的犯罪事实或者犯罪嫌疑人

《刑事诉讼法》第 109 条规定：“公安机关或者人民检察院发现犯罪事实或者犯罪嫌疑人，应当按照管辖范围，立案侦查。”公安机关（包括其他侦查机关）、人民检察院是国家专门同犯罪作斗争的职能机关，其职责即包括发现有关犯罪事实、犯罪嫌疑人或者犯罪线索的事实材料。这些材料都是公安机关、人民检察院决定启动立案程序的重要事实根据。

（二）单位、个人的报案、举报和控告

《刑事诉讼法》第110条第1款和第2款规定：“任何单位和个人发现有犯罪事实或者犯罪嫌疑人，有权利也有义务向公安机关、人民检察院或者人民法院报案或者举报。被害人对侵犯其人身、财产权利的犯罪事实或者犯罪嫌疑人，有权向公安机关、人民检察院或者人民法院报案或者控告。”报案是指任何单位和个人发现犯罪事实后，向公安机关、人民检察院或者人民法院反映案件情况的行为。举报是指任何单位或者个人向公安机关、人民检察院或者人民法院揭发、检举犯罪嫌疑人并要求查处的行为。控告则是指受犯罪行为直接侵害的被害人或者其法定代理人、近亲属，为被害人的利益向司法机关指控犯罪，并请求依法追究侵害者刑事责任的行为。其中向人民法院正式提起自诉的控告行为经人民法院审查启动立案程序后，直接进入自诉案件的审判程序，而不经过侦查程序和提起公诉程序。

根据《刑事诉讼法》第110条第3款的规定，公安机关、人民检察院或者人民法院对于报案、控告、举报，都应当接受，不得互相推诿。对于不属于自己管辖的，应当移送主管机关处理，并且通知报案人、控告人、举报人；对于不属于自己管辖而又必须采取紧急措施的，应当先采取紧急措施，然后移送主管机关。根据《刑事诉讼法》第111条第1款的规定，报案、控告、举报可以书面提出，也可以口头提出。

对犯罪行为或者犯罪嫌疑人进行报案、控告和举报，这是公民的民主权利，任何单位和个人不得以任何借口对报案人、控告人、举报人打击报复。国家机关工作人员滥用职权，假公济私，对控告人、举报人实行报复陷害的，根据《刑法》第254条报复陷害罪的规定应当受到刑罚处罚。

（三）犯罪人的自首

根据《刑法》第67条的规定，自首是指行为人犯罪以后，自动投案，如实供述自己罪行的行为。行为人的自首也是司法机关启动立案程序的材料来源之一。

二、立案的条件

立案的条件是指启动立案程序的法定理由和根据。《刑事诉讼法》第112条规定：人民法院、人民检察院或者公安机关对于报案、控告、举报和自首的材料，应当按照管辖范围，迅速进行审查，认为有犯罪事实需要追究刑事责任的时候，应当立案；认为没有犯罪事实，或者犯罪事实显著轻微，不需要追究刑事责任的时候，不予立案，并且将不立案的原因通知控告人。控告人如果不服，可以申请复议。根据这一规定，启动立案程序必须同时具备两个条件：一是有犯罪事实；二是需要追究刑事责任。

（一）有犯罪事实

有犯罪事实，这是启动立案程序的首要条件。犯罪事实是指刑法规定的危害社会、依照法律应当受到刑罚处罚的行为。有犯罪事实即指危害社会的犯罪行为已经客观存在。启动立案程序的前提是有一定的证据材料证明犯罪事实已经发生。当然，在立案阶段没必要也不可能掌握

证实犯罪事实和犯罪嫌疑人的全部证据，只要掌握了足以证明犯罪事实已经发生的一定的证据材料，即已达到了启动立案程序的证明标准。至于整个犯罪的过程、犯罪的具体情节、犯罪人是谁等，并不要求在启动立案程序时就予以全部查清。这些问题应当通过以后的侦查程序或者审判程序予以解决。

（二）需要追究刑事责任

只有在存在犯罪事实并且需要追究刑事责任的情况下，才能启动立案程序。司法机关启动立案程序的目的是对犯罪行为进行刑事追究，并通过立案以后的侦查、起诉和审判活动，揭露犯罪、证实犯罪和惩罚犯罪。因此，只有在存在犯罪事实并且依法需要追究行为人刑事责任的情况下，才具备立案的条件。否则，就不应当立案。

根据《刑事诉讼法》的规定，凡属下列情形之一者，不应当启动立案程序予以追究：没有犯罪事实存在（包括不存在危害社会的行为）的；犯罪已过追诉时效期限的；经特赦令免除刑罚的；依照《刑法》告诉才处理的犯罪，没有告诉或者撤回告诉的；犯罪嫌疑人、被告人死亡的；其他法律规定免予追究刑事责任的。

有犯罪事实，需要追究刑事责任，这是《刑事诉讼法》所规定的立案的总体要求。至于某个具体的刑事案件能否立案，还必须结合《刑法》规定的该种犯罪的构成要件加以确定。国家司法机关在实践中还会根据《刑法》《刑事诉讼法》以及其他有关法律规定，结合司法实践经验，制定有关案件立案的具体标准，这是立案原则条件的具体化。

第三节 立案的程序

一、对立案材料的接受

公安机关、人民检察院或者人民法院对报案、控告、举报以及行为人的自首，都应当接受，不得推诿和拒绝。对于不属于自己管辖的，应当移送主管机关处理，并且通知报案人、控告人、举报人和自首的犯罪人。对于不属于自己管辖而又必须采取紧急措施的，应当先采取紧急措施，以防止犯罪人逃跑、自杀、行凶等逃避、妨碍诉讼活动的行为发生，然后再移送主管机关处理。

对于自诉案件，根据《刑事诉讼法》的规定，被害人有权向人民法院直接起诉。被害人死亡或者丧失行为能力的，被害人的法定代理人、近亲属有权向人民法院起诉。人民法院应当依法受理并根据法律规定的条件进行审查，决定是否立案。

为了便于单位和个人报案、控告、举报，《刑事诉讼法》规定报案、控告、举报可以书面或者口头提出。接受口头报案、控告、举报的工作人员，应当写成笔录，经宣读无误后，由报案人、控告人、举报人签名或者盖章。

对于匿名的报案、控告、举报，司法机关应当持特别慎重的态度。这种匿名行为的原因是复杂的，有人可能是由于害怕遭受打击报复而不敢署名，也可能有人利用匿名举报诬告陷害他人，等等。因此，对匿名报案、控告、举报行为既要高度重视，又要慎重对待，对其进行认真审查，以正确决定是否启动立案程序。

为了防止诬告，确保控告、举报的真实性，《刑事诉讼法》规定接受控告、举报的工作人员应当向控告人、举报人说明诬告应负的法律责任。我国《刑法》第243条诬告陷害罪明确规定，捏造事实诬告陷害他人，意图使他人受刑事追究，情节严重的，处3年以下有期徒刑、拘役或者管制；造成严重后果的，处3年以上10年以下有期徒刑。国家机关工作人员犯诬告陷害罪的，从重处罚。但是，只要不是捏造事实，伪造证据，即使控告、检举的事实有出入，甚至是错告的，也要和诬告严格加以区别。

为了保护公民同犯罪作斗争的积极性，《刑事诉讼法》第111条第3款规定："公安机关、人民检察院或者人民法院应当保障报案人、控告人、举报人及其近亲属的安全。报案人、控告人、举报人如果不愿公开自己的姓名和报案、控告、举报的行为，应当为他保守秘密。"根据这一规定，司法机关不仅应当保障报案人、控告人、举报人的安全，而且应当保障其近亲属的安全。当他们的安全由于报案、控告、举报行为而受到威胁时，司法机关应当主动采取保护措施或者接受申请采取相应的保护措施。对于对报案人、控告人、举报人及其近亲属进行威胁、侮辱或者打击报复的，应当严肃查处。对于报案人、控告人、举报人不愿公开自己的姓名和报案、控告、举报行为的，司法机关应当为他们保密。

二、对立案材料的审查和处理

对立案材料的审查是指公安机关、人民检察院、人民法院对立案材料在决定是否立案前所进行的鉴别和判断，其任务是正确认定有无犯罪事实发生，依法应否追究行为人的刑事责任，为正确决定是否立案提供相关的事实根据。对立案材料的审查是立案程序的中心环节。

根据《刑事诉讼法》第112条的规定，人民法院、人民检察院或者公安机关对于报案、控告、举报和自首的材料，应当按照管辖范围，迅速进行审查。在司法实践中，司法机关对立案材料进行审查时，可以要求报案、控告、举报的单位和个人提供补充材料，或者要求他们作补充说明，也可以进行必要的调查。司法机关对立案材料进行审查，只要达到足以证明有犯罪事实发生、依法需要追究刑事责任的证明标准即可决定立案。

对立案材料进行审查后，公安机关、人民检察院、人民法院应当作出相应的处理决定。对立案材料的处理包括立案决定和不立案决定两种形式。

司法机关对立案材料审查后，认为有犯罪事实需要追究刑事责任的，应当作出立案决定。

司法机关对立案材料审查后，认为没有犯罪事实，或者犯罪事实显著轻微，不需要追究刑事责任，或者具有法定不追究刑事责任的情形之一的，应当作出不立案决定。有控告人的，应当将不立案的原因通知控告人。控告人如果不服，可以申请复议。

根据公安部的有关规定，公安机关接受案件后，经审查，认为有犯罪事实需要追究刑事责任，且属于自己管辖的，经县级以上公安机关负责人批准，予以立案；认为没有犯罪事实，或者犯罪事实显著轻微不需要追究刑事责任，或者具有其他依法不追究刑事责任情形的，经县级以上公安机关负责人批准，不予立案。对有控告人的案件，决定不立案的，公安机关应当制作不立案通知书，并在3日以内送达控告人。控告人对不予立案决定不服的，可以在收到不予立案通知书后7日以内向作出决定的公安机关申请复议；公安机关应当在收到复议申请后7日以内作出决定，并书面通知控告人。控告人对不予立案的复议决定不服的，可以在收到复议决定书后7日以内向上一级公安机关申请复核；上一级公安机关应当在收到复核申请后7日以内作出决定。对上级公安机关撤销不予立案决定的，下级公安机关应当执行。对行政执法机关移送的案件，公安机关应当自接受案件之日起 3 日以内进行审查，认为有犯罪事实，需要追究刑事责任，依法决定立案的，应当书面通知移送案件的行政执法机关；认为没有犯罪事实，或者犯罪事实显著轻微，不需要追究刑事责任，依法不予立案的，应当说明理由，并将不予立案通知书送达移送案件的行政执法机关，相应退回案件材料。移送案件的行政执法机关对不予立案决定不服的，可以在收到不予立案通知书后 3 日以内向作出决定的公安机关申请复议；公安机关应当在收到行政执法机关的复议申请后 3 日以内作出决定，并书面通知移送案件的行政执法机关。

根据《刑事诉讼法》规定，人民检察院在对诉讼活动实行法律监督中发现的司法工作人员利用职权实施的非法拘禁、刑讯逼供、非法搜查等侵犯公民权利、损害司法公正的犯罪，可以由人民检察院立案。对于公安机关管辖的国家机关工作人员利用职权实施的重大犯罪案件，需要由人民检察院直接受理的时候，经省级以上人民检察院决定，可以由人民检察院立案。

人民检察院对直接受理的犯罪线索进行初查后，侦查部门认为有犯罪事实需要追究刑事责任的，应当制作审查报告，提请批准立案侦查，报检察长决定。经初查决定不立案的，侦查部门应当制作不立案决定书，写明案由和案件来源、决定不立案的理由和法律依据，连同举报材料和调查材料，答复举报人。对于其他机关或者部门移送的案件线索，经初查决定不立案的，侦查部门应当制作不立案通知书，写明案由和案件来源、决定不立案的理由和法律依据，送达移送案件线索的单位。

人民检察院对于直接受理的案件，经审查认为有犯罪事实需要追究刑事责任的，应当制作立案报告书，经检察长批准后予以立案。在决定立案之日起 3 日以内，将立案备案登记表、提请立案报告和立案决定书一并报送上一级人民检察院备案。上一级人民检察院应当审查下级人民检察院报送的备案材料，并在收到备案材料之日起 30 日以内，提出是否同意下级人民检察院立案的审查意见。认为下级人民检察院的立案决定错误的，应当在报经检察长或者检察委员会决定后，书面通知下级人民检察院纠正。上一级人民检察院也可以直接作出决定，通知下级人民检察院执行。下级人民检察院应当执行上一级人民检察院的决定，并在收到上一级人民检察院的书面通知或者决定之日起 10 日以内将执行情况向上一级人民检察院报告。下级人民检察院对上一级人民检察院的决定有异议的，可以在执行的同时向上一级人民检察院报告。

人民检察院决定不予立案的，如果是被害人控告的，应当制作不立案通知书，写明案由和案件来源、决定不立案的原因和法律依据，由人民检察院侦查部门在 15 日以内送达控告人。控告人如果不服，可以在收到不立案通知书后 10 日以内申请复议。

人民检察院决定对人民代表大会代表立案的，应当向该代表所属的人民代表大会主席团或者常务委员会进行通报。

对于那些虽不具备立案的条件，但有严重错误或者一般违法行为，需要追究党纪、政纪责任的被控告人、被举报人，司法机关应当将报案、控告、举报材料移送主管机关处理。

人民检察院决定对人民代表大会代表立案的，应当向该代表所属的人民代表大会主席团或者常务委员会进行通报。

对于那些虽不具备立案的条件，但有严重错误或者一般违法行为，需要追究党纪、政纪责任的被控告人、被举报人，司法机关应当将报案、控告、举报材料移送主管机关处理。

根据 2015 年最高人民法院《关于人民法院登记立案若干问题的规定》，人民法院对依法应该受理的刑事自诉，实行立案登记制。对于刑事自诉，人民法院应当一律接收诉状，出具书面凭证并注明收到日期。对符合法律规定的刑事自诉，人民法院应当当场予以登记立案。对不符合法律规定的刑事自诉，人民法院应当予以释明。登记立案后，人民法院立案庭应当及时将案件移送审判庭审理。

国家深化监察体制改革后，制定了《监察法》，完善了《监察法》与《刑事诉讼法》的衔接，调整了人民检察院的侦查职权。职务犯罪的调查职权转隶于监察委员会行使。监察委员会对涉嫌贪污贿赂、滥用职权、玩忽职守、权力寻租、利益输送、徇私舞弊以及浪费国家资财等职务违法和职务犯罪进行调查。对涉嫌职务犯罪的，将调查结果移送人民检察院依法审查、提起公诉。根据《监察法》规定，监察机关对于报案或者举报，应当接受并按照有关规定处理。对于不属于本机关管辖的，应当移送主管机关处理。监察机关应当严格按照程序开展工作，建立问题线索处置、调查、审理各部门相互协调、相互制约的工作机制。经过初步核实，对监察对象涉嫌职务违法犯罪，需要追究法律责任的，监察机关应当按照规定的权限和程序办理立案手续。立案调查决定应当向被调查人宣布，并通报相关组织。涉嫌严重职务违法或者职务犯罪的，应当通知被调查人家属，并向社会公开发布。

三、人民检察院对不立案的监督

人民检察院依法对刑事诉讼实行法律监督，包括对立案活动实行法律监督。《刑事诉讼法》第113条规定：人民检察院认为公安机关对应当立案侦查的案件而不立案侦查的，或者被害人认为公安机关对应当立案侦查的案件而不立案侦查，向人民检察院提出的，人民检察院应当要求公安机关说明不立案的理由。人民检察院认为公安机关不立案理由不能成立的，应当通知公安机关立案，公安机关接到通知后应当立案。该条规定的是人民检察院对公安机关的立案活动进行法律监督的重要方式。

根据最高人民检察院司法解释的规定，被害人及其法定代理人、近亲属或者行政执法机关，认为公安机关对其控告或者移送的案件应当立案侦查而不立案侦查，或者当事人认为公安机关不应当立案而立案，向人民检察院提出的，人民检察院应当受理并进行审查。人民检察院发现公安机关可能存在应当立案侦查而不立案侦查情形的，应当依法进行审查。

人民检察院控告检察部门受理对公安机关应当立案而不立案或者不应当立案而立案的控告、申诉，应当根据事实和法律进行审查，并可以要求控告人、申诉人提供有关材料，认为需要公安机关说明不立案或者立案理由的，应当及时将案件移送侦查监督部门办理。

人民检察院侦查监督部门经过调查、核实有关证据材料，认为需要公安机关说明不立案理由的，经检察长批准，应当要求公安机关书面说明不立案的理由。有证据证明公安机关可能存在违法动用刑事手段插手民事、经济纠纷，或者利用立案实施报复陷害、敲诈勒索以及谋取其他非法利益等违法立案情形，尚未提请批准逮捕或者移送审查起诉的，经检察长批准，应当要求公安机关书面说明立案理由。

人民检察院进行调查核实，可以询问办案人员和有关当事人，查阅、复制公安机关刑事受案、立案、破案等登记表册和立案、不立案、撤销案件、治安处罚等相关法律文书及案卷材料。

人民检察院要求公安机关说明不立案或者立案理由，应当制作要求说明不立案理由通知书或者要求说明立案理由通知书，及时送达公安机关，并且告知公安机关在收到要求说明不立案理由通知书或者要求说明立案理由通知书后7日以内，书面说明不立案或者立案的情况、依据和理由，连同有关证据材料回复人民检察院。

公安机关说明不立案或者立案的理由后，人民检察院侦查监督部门应当进行审查，认为公安机关不立案或者立案理由不能成立的，经检察长或者检察委员会讨论决定，应当通知公安机关立案或者撤销案件。侦查监督部门认为公安机关不立案或者立案理由成立的，应当通知控告检察部门，由其在10日以内将不立案或者立案的理由和根据通知被害人及其法定代理人、近亲属或者行政执法机关。

人民检察院通知公安机关立案或者撤销案件，应当制作通知立案书或者通知撤销案件书，说明依据和理由，连同证据材料送达公安机关，并且告知公安机关应当在收到立案通知书后15日以内立案，对通知撤销案件书没有异议的应当立即撤销案件，并将立案决定书或者撤销案件决定书及时送达人民检察院。

根据公安部的有关规定，对人民检察院要求说明不立案理由的案件，公安机关应当在收到通知书后7日以内，对不立案的情况、依据和理由作出书面说明，回复人民检察院。公安机关作出立案决定的，应当将立案决定书复印件送达人民检察院。人民检察院通知公安机关立案的，公安机关应当在收到通知书后15日以内立案，并将立案决定书复印件送达人民检察院。人民检察院认为公安机关不应当立案而立案，提出纠正意见的，公安机关应当进行调查核实，并将有关情况回复人民检察院。

人民检察院通知公安机关立案或者撤销案件的，应当依法对执行情况进行监督。公安机关在收到通知立案书或者通知撤销案件书后超过15日不予立案或者既不提出复议、复核也不撤销案件的，人民检察院应当发出纠正违法通知书予以纠正。公安机关仍不纠正的，报上一级人民检察院协商同级公安机关处理。公安机关立案后3个月以内仍未侦查终结的，人民检察院可以向公安机关发出立案监督案件催办函，要求公安机关及时向人民检察院反馈侦查工作进展情况。

对于公安机关认为人民检察院撤销案件通知有错误要求同级人民检察院复议的，人民检察院应当重新审查，在收到复议意见书和案卷材料后7日以内作出是否变更的决定，并通知公安机关。对于公安机关不接受人民检察院复议决定而提请上一级人民检察院复核的，上级人民检察院应当在收到提请复核意见书和案卷材料后15日以内作出是否变更的决定，通知下级人民检察院和公安机关执行。上级人民检察院复核认为撤销案件通知有错误的，下级人民检察院应当立即纠正；上级人民检察院复核认为撤销案件通知正确的，应当作出复核决定并送达下级公安机关。

根据《刑事诉讼法》第114条的规定，对于自诉案件，被害人有权向人民法院直接起诉。被害人死亡或者丧失行为能力的，被害人的法定代理人、近亲属有权向人民法院起诉，由人民法院决定是否作为自诉案件立案。

问题与思考

简答题

1. 什么是立案？
2. 立案的材料来源有哪些？
3. 立案必须具备什么条件？应当怎样正确理解和掌握立案的条件？
4. 立案的程序有哪些？

5. 人民检察院对立案如何依法进行监督？

课堂讨论案例

张某为一中学生，在上学的路上被一男子强奸。到学校后她将此事向王老师哭诉，于是王老师向公安机关报案。但是公安机关以王老师不是张某的监护人为由不予立案，无奈之下，王老师告知张某父母。当张某父母报案时，公安机关要求编写详细的报案材料，然后他们才受理，但是之后公安机关迟迟不予立案。当检察院要求公安机关说明不立案的理由时，公安机关不予理睬，在这种情况下，检察院自己立案侦查。

请结合立案的规定，指出本案中公安司法机关有何错误。

法律职业资格（司法）考试真题

1. 某县公安机关收到孙某控告何某对其强奸的材料，经审查后认为何某没有强奸的犯罪事实。县公安机关应当如何处理？（　　）（单选）

A. 不予立案　　B. 要求孙某撤回控告

C. 撤销案件　　D. 侦查终结后移送检察院作不起诉决定

2. 甲的汽车被盗。第二日，甲发现乙开的是自己的汽车（虽然更换了汽车号牌仍可认出），遂前去拦车。在询问时，乙突然将车开走。甲追了一段路未追上，遂向公安机关陈述了这一事实，要求公安机关追究乙的法律责任。甲这一行为的法律性质是什么？（　　）（单选）

A. 报案　　B. 控告

C. 举报　　D. 扭送

3. 辛某到县公安机关报案称其被陈某强奸，公安机关传讯了陈某，陈某称他与辛某是恋爱关系。公安机关遂作出不立案决定，并向辛某送达了不立案通知书。辛某对不立案决定不服而采取的哪一项措施不符合法律规定？（　　）（单选）

A. 向该公安机关申请复议

B. 要求该县检察院撤销该不立案决定

C. 请求该县检察院进行立案监督

D. 向该县法院提起自诉

4. 国家机关工作人员李某多次利用职务之便向境外间谍机构提供涉及国家机密的情报，同事赵某发现其行迹后决定写信揭发李某。关于赵某行为的性质，下列哪一选项是正确的？（　　）（单选）

A. 控告　　B. 告诉

C. 举报　　D. 报案

5. 被害人向检察院投诉，公安机关对于他遭受犯罪侵害的线索应当立案侦查而未立案侦查。检察院的下列哪些做法是正确的？（　　）（多选）

A. 公安机关尚未作出不立案决定的，移送公安机关处理

B. 不属于被投诉的公安机关管辖的，应当告知投诉人有管辖权的机关并建议向该机关控告

C. 公安机关应当立案而作出不立案决定的，经检察长批准，应当要求公安机关书面说明不立案的理由

D. 认为犯罪情节显著轻微不需追究刑事责任的，应当要求公安机关向被害人说明不立案的理由

6. 卢某坠楼身亡，公安机关排除他杀，不予立案。但卢某的父母坚称他杀可能性大，应当立案，请求检察院监督。检察院的下列哪一做法是正确的？（　　）（单选）

A. 要求公安机关说明不立案理由

B. 拒绝受理并向卢某的父母解释不立案原因

C. 认为符合立案条件的，可以立案并交由公安机关侦查

D. 认为公安机关不立案理由不能成立的，应当建议公安机关立案

7. 甲公司以虚构工程及伪造文件的方式，骗取乙工程保证金400余万元。公安机关接到乙控告后，以尚无明确证据证明甲涉嫌犯罪为由不予立案。关于本案，下列哪一选项是正确的？（　　）（单选）

A. 乙应先申请公安机关复议，只有不服复议决定的才能请求检察院立案监督

B. 乙请求立案监督，检察院审查后认为公安机关应立案的，可通知公安机关立案

C. 公安机关接到检察院立案通知后仍不立案的，经省级检察院决定，检察院可自行立案侦查

D. 乙可直接向法院提起自诉

第十六章 侦 查

本章概要

侦查程序是我国《刑事诉讼法》所规定的重要的刑事诉讼程序。侦查的主体是特定的司法机关。侦查机关必须依法行使国家的侦查权。侦查是一种诉讼活动，具有严格的法律性质，只适用于同犯罪作斗争。侦查的基本任务就是收集证据，查明案情，查获犯罪嫌疑人，为提起公诉提供确实、充分的证据。侦查是我国刑事诉讼中独立的诉讼阶段，是公诉案件的必经程序。侦查是提起公诉的基础和前提。侦查是同犯罪作斗争的重要手段，也是进行社会治安综合治理的有力措施。同时，在我国刑事诉讼中侵犯公民人身权利和民主权利的行为多发生在侦查阶段，因此完善侦查阶段的人权保障就显得尤为重要。

讯问犯罪嫌疑人，询问证人，询问被害人，勘验、检查，搜查，扣押物证、书证，鉴定，通缉以及采取特殊的技术手段进行侦查等，都是重要的侦查行为，必须严格按照《刑事诉讼法》规定的程序进行。侦查终结是侦查程序中的最后阶段，同时是刑事诉讼中一道相当重要的工序。人民检察院是国家的法律监督机关，依照《刑事诉讼法》的规定，对部分刑事案件行使侦查权。人民检察院依法对公安机关的侦查活动实行法律监督。监察委员会是我国行使国家监察职能的专责机关，依照《监察法》对所有行使公权力的公职人员进行监察，调查职务违法和职务犯罪，开展廉政建设和反腐败工作，维护宪法和法律的尊严。

关键术语

侦查　讯问犯罪嫌疑人　询问证人　询问被害人　辨认　勘验　检查　搜查　扣押物证、书证　鉴定　技术侦查措施　监听　诱惑侦查　控制下交付　卧底侦查　通缉　侦查终结　侦查监督

第一节　侦查的概念、任务和意义

一、侦查的概念

侦查是特定的公安司法机关为证实犯罪和查获犯罪人而依法采取的收集证据、查明案情的

工作和有关的强制性措施。我国《刑事诉讼法》第108条对侦查的概念作了明确的规定即“侦查”是指公安机关、人民检察院对于刑事案件，依照法律进行的收集证据、查明案情的工作和有关的强制性措施。

侦查权是依法收集证据、揭露和证实犯罪、查获犯罪人并采取强制性措施的权力。侦查权与审判权和检察权同属于国家司法权，是国家权力的重要组成部分。侦查机关行使国家的侦查权，均有法律规定的侦查管辖范围，侦查机关必须严格遵照执行。

侦查是一种诉讼活动，具有严格的法律性质。侦查只能用于同犯罪作斗争，不能用于民事案件和行政案件，更不能用于其他方面。滥用侦查权，势必造成社会的混乱，侵犯公民的人身权利、民主权利、财产权利和其他权利。

侦查活动的内容就是依照法律进行的收集证据、查明案情的工作和有关的强制性措施。进行收集证据、查明案情和采取强制性措施属于侦查活动的两大组成部分。所谓的“收集证据、查明案情的工作”是相对于其他非侦查机关的调查活动而言的，也就是由侦查机关为收集犯罪证据、查获犯罪嫌疑人而进行的调查活动。我国现行《刑事诉讼法》规定的收集证据、查明案情的工作包括讯问犯罪嫌疑人、询问证人、询问被害人、勘验、检查、鉴定、辨认、强制采样、技术侦查措施等内容。所谓“强制性措施”，是指侦查机关采取的涉及限制或者剥夺个人人身自由、财产、隐私等权益的措施，它既包括法定的五种强制措施，即拘传、取保候审、监视居住、拘留和逮捕，也包括诸如搜查、扣押、查询、冻结、通缉等侦查措施。

根据《刑事诉讼法》规定，公安机关对已经立案的刑事案件，应当进行侦查，收集、调取犯罪嫌疑人有罪或者无罪、最轻或者罪重的证据材料。对现行犯或者重大嫌疑分子可以依法先行拘留，对符合逮捕条件的犯罪嫌疑人，应当依法逮捕。公安机关经过侦查，对有证据证明有犯罪事实的案件，应当进行预审，对收集调取的证据材料予以核实。当事人和辩护人、诉讼代理人、利害关系人对于司法机关及其工作人员有下列行为之一的，有权向该机关申诉或者控告：采取强制措施法定期限届满，不予以释放、解除或者变更的；应当退还取保候审保证金不退还的；对与案件无关的财物采取查封、扣押、冻结措施的；应当解除查封、扣押、冻结不解除的；贪污、挪用、私分、调换、违反规定使用查封、扣押、冻结的财物的；受理申诉或者控告的机关应当及时处理。对处理不服的，可以向同级人民检察院申诉。人民检察院对申诉应当及时进行审查，情况属实的，通知有关机关予以纠正。《刑事诉讼法》通过大量条文规定了侦查的具体程序，足见立法对侦查活动进行法律规范的高度重视。

二、侦查的任务

侦查的基本任务就是揭露、证实犯罪和犯罪人，打击和预防犯罪人的破坏活动，为提起公诉提供可靠的证据，对公民进行社会主义法治教育，保护国家财产、集体财产，保护公民的人身权利、民主权利、财产权利和其他权利，维护社会主义法制。具体而言，侦查的任务就是收集证据，查明案情，查获犯罪人，进行法治教育，预防犯罪和减少犯罪。

证据是查明案件事实的依据。侦查机关进行刑事诉讼必须依靠证据。只有掌握确实、充分的证据，才能对犯罪嫌疑人进行起诉活动。因此，收集证据是侦查机关进行侦查工作的首要任务。

查明案情是处理刑事案件的基础，也是侦查的重要任务。在侦查过程中，整个工作都是围绕着查明案情展开的。查明案情主要包括两个方面的内容：首先是查明是否发生了犯罪事实；

其次是查明犯罪嫌疑人实施犯罪行为的时间、地点、手段、动机、目的、侵害的对象和造成的危害后果以及行为人实施危害社会行为时的年龄和精神状况。总之，对于凡是根据我国《刑法》和《刑事诉讼法》的规定属于犯罪构成要件的事实、量刑情节的事实以及是否需要追究刑事责任的事实，都应当通过侦查予以查清。

侦查的另一项重要任务就是查获犯罪嫌疑人。对于已经查获的犯罪嫌疑人，一般要采取相应的措施以防止其逃避刑事追究或者继续犯罪。同时，通过侦查活动，可以教育公民增强法律观念，自觉遵守法律，积极同犯罪行为作斗争。侦查机关还要结合侦查工作，发现并堵塞某些地区、部门存在的漏洞，加强安全防范工作，消除隐患，不给犯罪人以可乘之机，从而预防犯罪案件的发生。

三、侦查的意义

侦查是刑事诉讼中的独立的诉讼阶段，是公诉案件的必经程序。立案虽然是刑事诉讼的开始，但是关于犯罪行为的实施情况以及谁是犯罪嫌疑人、犯罪嫌疑人的具体罪责等实质性问题，只有通过侦查才能解决。因此，对于刑事公诉案件而言，侦查阶段起着承前启后的重要作用，它是公诉案件立案后和提起公诉前的必经程序。

侦查是提起公诉和审判的基础。侦查作为刑事诉讼的一个重要阶段，对以后的诉讼程序的进行具有至关重要的作用：对公诉案件来说，没有侦查，就没有起诉；没有起诉，就没有审判。因此，侦查机关的侦查是在为起诉和审判进行准备工作。侦查的质量如何，直接关系公诉案件能否顺利起诉。如果侦查工作做得好，真正做到案件事实清楚，证据确实充分，法律手续完备，那么可以为下一步的起诉和审判创造良好的条件。如果侦查工作做得不好，就会给起诉工作带来困难，并进而影响审判工作，甚至可能造成难以弥补的损失。

侦查是侦查机关同犯罪行为作斗争的重要手段，也是进行社会治安综合治理的有力措施。犯罪人作案后，总会想方设法逃避罪责，或者隐匿、毁灭、伪造证据，或者与同案人订立攻守同盟，有的还可能潜逃隐藏，甚至自杀或者继续犯罪，继续危害社会。因此，要准确、及时地查明犯罪事实，抓获犯罪人，就必须依靠强有力的侦查，进行一系列的专门调查工作和采取有关的强制性措施。否则，就不能及时、有效地同犯罪行为作斗争。

在强调侦查积极意义的同时也应当看到，侦查往往是发生违反法律程序的情况较为集中的诉讼阶段。这些情况主要表现在刑讯逼供、非法搜查和扣押、超期羁押、违法使用强制措施等诸多方面。因此，必须高度重视侦查程序中的人权保障，坚决杜绝侦查程序中侦查机关滥用职权的非法行为。

第二节　讯问犯罪嫌疑人

一、讯问犯罪嫌疑人的概念和意义

讯问犯罪嫌疑人是侦查人员为了查明案件事实和其他有关情况，依照法定程序，以言词方式对犯罪嫌疑人进行讯问的一种诉讼行为。

讯问犯罪嫌疑人是专门调查工作中的重要活动，在侦查程序中具有十分重要的意义。犯罪嫌疑人作为刑事诉讼当事人的一种，对自己是否实施犯罪以及如何实施犯罪知道得最为清楚。通过讯问犯罪嫌疑人，一方面可以揭露和证实犯罪嫌疑人的犯罪行为，弄清犯罪的情节，判明犯罪的性质，查明其他应当追究刑事责任的犯罪人；另一方面可以听取犯罪嫌疑人的辩解，保护犯罪嫌疑人的合法权益，保障无罪的人不受刑事追究。因此，讯问犯罪嫌疑人作为收集与核实证据的一种法定程序，对于全面查清案情，防止冤假错案发生，具有重要的作用。

二、讯问犯罪嫌疑人的程序

讯问犯罪嫌疑人是一项十分复杂艰巨的工作。讯问犯罪嫌疑人的主要目的是取得犯罪嫌疑人的供述和辩解。由于犯罪嫌疑人与案件的处理结果有着直接的利害关系，因而存在犯罪嫌疑人虚假供述的可能。同时，在讯问犯罪嫌疑人的过程中，存在着侦查人员对犯罪嫌疑人实施刑讯逼供的可能性。因此，《刑事诉讼法》明确规定了讯问犯罪嫌疑人的程序，侦查实践也总结了讯问犯罪嫌疑人的经验做法，这些内容在讯问犯罪嫌疑人时，侦查人员应当严格遵循。

讯问犯罪嫌疑人之前，侦查人员应当认真审阅案件材料，熟悉案情，确定讯问的重点和应当查明的问题，制订讯问计划，列出讯问提纲，保证讯问工作有目的、有计划地进行。

根据《刑事诉讼法》的规定，讯问犯罪嫌疑人必须由人民检察院或者公安机关的侦查人员负责进行。讯问犯罪嫌疑人的时候，侦查人员不得少于2人。法律这样规定的目的在于使侦查人员在讯问犯罪嫌疑人的时候，互相配合，提高讯问质量，同时加强侦查人员的互相监督，防止违法乱纪现象发生，防止犯罪嫌疑人行凶、自杀、逃跑以及其他意外事件的发生。

根据《刑事诉讼法》和公安部有关规定，犯罪嫌疑人被送交看守所羁押以后，侦查人员对其进行讯问，应当在看守所内进行。对不需要逮捕、拘留的犯罪嫌疑人，可以传唤到犯罪嫌疑人所在市、县内的指定地点或者到他的住处进行讯问，但是应当出示人民检察院或者公安机关的证明文件，包括传唤证和侦查人员的工作证件，并责令其在传唤证上签名、捺指印，以证明执行职务的合法性。犯罪嫌疑人到案后，应当由其在传唤证上填写到案时间。传唤结束时，应当由其在传唤证上填写传唤结束时间。犯罪嫌疑人拒绝填写的，侦查人员应当在传唤证上注明。

对在现场发现的犯罪嫌疑人，侦查人员经出示工作证件，可以口头传唤，并将传唤的原因和依据告知被传唤人。在讯问笔录中应当注明犯罪嫌疑人的到案方式，并由犯罪嫌疑人注明到案时间和传唤结束时间。传唤期限届满，未采取其他强制措施的，应当立即结束传唤。犯罪嫌疑人经合法传唤，无正当理由不到案的，可以拘传；侦查机关也可以不经传唤，直接拘传犯罪嫌疑人到案接受讯问。一次传唤、拘传的时间不得超过12小时；案情特别重大、复杂，需要采取拘留、逮捕措施的，经办案部门负责人批准，传唤、拘传持续的时间不得超过24小时。不得以连续传唤、拘传的形式变相拘禁犯罪嫌疑人。传唤、拘传、讯问犯罪嫌疑人，应当保证犯罪嫌疑人的饮食和必要的休息时间，并记录在案。对已经拘留、逮捕的犯罪嫌疑人，第一次讯问应当在拘留、逮捕后的24小时以内进行。在发现不应当拘留、逮捕的时候，必须立即释放，发给释放证明。

侦查人员在讯问犯罪嫌疑人的时候，应当告知犯罪嫌疑人在侦查阶段的诉讼权利，如实供述自己罪行可以从宽处理和认罪认罚的法律规定。讯问时侦查人员应当首先讯问犯罪嫌疑人是否有犯罪行为，并告知犯罪嫌疑人如实供述自己罪行可以从轻或者减轻处罚的法律规定，让他陈述有罪的情节或者无罪的辩解，然后向他提出问题。犯罪嫌疑人对侦查人员的提问，应当如实回答。但是，对与本案无关的问题，有拒绝回答的权利。根据《刑事诉讼法》和公安部的有关规定，侦查机关讯问犯罪嫌疑人时，严禁刑讯逼供和以威胁、引诱、欺骗以及其他非法方法收集证据，不得强迫任何人证实自己有罪。

由于在侦查阶段对于犯罪嫌疑人是否犯罪尚在调查之中，案件仍然存在有罪与无罪两种可能性，因而在讯问犯罪嫌疑人的时候，应当首先讯问他是否有犯罪行为。这样做可以避免侦查工作的主观片面性。

侦查人员在第一次讯问时，应当首先查明犯罪嫌疑人的身份情况，包括犯罪嫌疑人的姓名、别名、曾用名、出生年月日、户籍所在地、现住地、籍贯、出生地、民族、职业、文化程度、家庭情况、社会经历、是否属于人大代表、政协委员、是否受过刑事处罚或者行政处理等情况，以避免错误逮捕、拘留。如果犯罪嫌疑人在接受讯问时承认有犯罪行为，就让他陈述犯罪的事实和情节；如果犯罪嫌疑人否认犯罪行为，就让他进行无罪的辩解。然后，就其供述或者辩解不清楚、不充分、有意隐瞒或者矛盾的地方向他提出问题。

为了防止串供和互相影响，对共同犯罪的同案犯罪嫌疑人的讯问应当分别进行，必要时可以互相对质。

为了保障生理上有缺陷的犯罪嫌疑人的诉讼权利，讯问聋、哑的犯罪嫌疑人时，应当有通晓聋、哑手势的人参加，并在讯问笔录上注明犯罪嫌疑人的聋、哑情况，以及翻译人员的姓名、工作单位和职业。讯问不通晓当地语言文字的犯罪嫌疑人，应当配备翻译人员。

对于未成年人刑事案件，在讯问的时候，应当通知未成年犯罪嫌疑人的法定代理人到场。无法通知、法定代理人不能到场或者法定代理人是共犯的，也可以通知未成年犯罪嫌疑人的其他成年亲属，所在学校、单位、居住地基层组织或者未成年人保护组织的代表到场，并将有关情况记录在案。到场的法定代理人可以代为行使未成年犯罪嫌疑人的诉讼权利。到场的法定代理人或者其他人员认为办案人员在讯问中侵犯未成年人合法权益的，可以提出意见。讯问笔录应当交给到场的法定代理人或者其他人员阅读或者向他宣读。讯问女性未成年犯罪嫌疑人，应当有女工作人员在场。

侦查人员应当将问话和犯罪嫌疑人的供述或者辩解如实地记录清楚。制作讯问笔录应当使用能够长期保持字迹的材料。讯问笔录应当交犯罪嫌疑人核对或者向他宣读。如果记载有遗漏或者差错，应当允许犯罪嫌疑人补充或者更正，捺指印，并在末页写明“以上笔录我看过（或向我宣读过），和我说的相符”。拒绝签名、捺指印的，侦查人员应当在笔录上注明。讯问笔录上所列项目，应当按照规定填写齐全。侦查人员、翻译人员应当在讯问笔录上签名。

犯罪嫌疑人请求自行书写供述的，应当准许；必要的时候，侦查人员也可以要求犯罪嫌疑人亲笔书写供词。犯罪嫌疑人应当在亲笔供词上逐页签名、捺指印。侦查人员收到后，应当在首页右上方写明“于某年某月某日收到”，并签名。

讯问犯罪嫌疑人的笔录作为犯罪嫌疑人供述和辩解这种证据材料的记载，经过审查核实，将会作为认定案件事实的重要依据，因此，必须以极其严肃、慎重的态度对待讯问犯罪嫌疑人的笔录。

根据《刑事诉讼法》规定，侦查人员在讯问犯罪嫌疑人的时候，可以对讯问过程进行录音或者录像；对于可能判处无期徒刑、死刑的案件或者其他重大犯罪案件，应当对讯问过程进行录音或者录像。录音或者录像应当全程进行，保持完整性。前述“可能判处无期徒刑、死刑的案件”，是指应当适用的法定刑或者量刑档次包含无期徒刑、死刑的案件。“其他重大犯罪案件”，是指致人重伤、死亡的严重危害公共安全犯罪、严重侵犯公民人身权利犯罪，以及黑社会性质组织犯罪、严重毒品犯罪等重大故意犯罪案件。对讯问过程录音或者录像的，应当对每一次讯问不间断进行，保持完整性。不得选择性地录制，不得剪接、删改。

对犯罪嫌疑人供述的犯罪事实、无罪或者罪轻的事实、申辩和反证，以及犯罪嫌疑人提供的证明自己无罪、罪轻的证据，公安机关应当认真核查；对有关证据，无论是否采信，都应当如实记录、妥善保管，并连同核查情况附卷。

为了切实维护犯罪嫌疑人的合法权利，《刑事诉讼法》规定，犯罪嫌疑人自被侦查机关第一次讯问或者采取强制措施之日起，有权委托辩护人；在侦查期间，犯罪嫌疑人只能委托律师作为辩护人。侦查机关在第一次讯问犯罪嫌疑人或者对犯罪嫌疑人采取强制措施的时候，应当告知犯罪嫌疑人有权委托辩护人。犯罪嫌疑人在押期间要求委托辩护人的，侦查机关应当及时转达其要求。犯罪嫌疑人在押的，也可以由其法定代理人、近亲属代为委托辩护人。辩护人接受犯罪嫌疑人委托后，应当及时告知办理案件的机关。犯罪嫌疑人是盲、聋、哑人，或者是尚未完全丧失辨认或者控制自己行为能力的精神病人，没有委托辩护人的，侦查机关应当通知法律援助机构指派律师为其提供辩护。犯罪嫌疑人可能被判处无期徒刑、死刑，没有委托辩护人的，侦查机关应当通知法律援助机构指派律师为其提供辩护。辩护律师在侦查期间可以为犯罪嫌疑人提供法律帮助；代理申诉、控告；申请变更强制措施；向侦查机关了解犯罪嫌疑人涉嫌的罪名和案件有关情况，提出意见。辩护律师可以同在押的犯罪嫌疑人会见和通信。辩护律师持律师执业证书、律师事务所证明和委托书或者法律援助公函要求会见在押的犯罪嫌疑人的，看守所应当及时安排会见，至迟不得超过 48 小时。危害国家安全犯罪、恐怖活动犯罪案件，在侦查期间辩护律师会见在押的犯罪嫌疑人，应当经侦查机关许可。上述案件，侦查机关应当事先通知看守所。根据《刑事诉讼法》规定，辩护律师会见犯罪嫌疑人时不被监听。在案件侦查终结前，辩护律师提出要求的，侦查机关应当听取辩护律师的意见，并记录在案。辩护律师提出书面意见的，应当附卷。为了切实保障律师执业权利，充分发挥律师维护当事人合法权益、维护法律正确实施、维护社会公平和正义的作用，促进司法公正，最高人民法院、最高人民检察院、公安部、国家安全部、司法部于 2015 年 9 月 16 日印发了《关于依法保障律师执业权利的规定》。根据该规定，辩护律师会见在押的犯罪嫌疑人的，看守所应当采取必要措施，保障会见顺利和安全进行。辩护律师会见犯罪嫌疑人时不被监听，办案机关不得派员在场。在律师会见室不足的情况下，看守所经辩护律师书面同意，可以安排在讯问室会见，但应当关闭录音、监听设备。这些规定对于尊重和保障人权，监督侦查机关依法进行讯问犯罪嫌疑人等具体的侦查活动，防止刑讯逼供等违法犯罪现象的发生，具有极其重要的意义。

第三节　询问证人、被害人

一、询问证人的概念和意义

询问证人是侦查人员依照法定程序，以言词方式向证人了解案件情况的一种诉讼行为。

证人是直接利害冲突双方以外的向公安司法机关提供自己感受到的案件情况的人。证人证言是我国刑事诉讼中重要的证据种类。任何犯罪活动都是在一定的社会环境中进行的，犯罪活动被周围的人部分或者全部、直接或者间接地感觉到，这是一个普遍的现象。询问证人是一种重要的侦查方法，是侦查机关及时查明案件事实、准确揭露和证实犯罪的不可缺少的手段。询问证人的目的在于收集证人证言这种证据材料，正确认定案件事实。

二、询问证人的程序

在侦查中询问证人只能由公安机关、人民检察院的侦查人员负责进行。侦查人员在询问证人之前，应当仔细分析和研究案件的有关材料，了解证人的身份、职业、证人与案件或者案件处理结果的关系以及证人与犯罪嫌疑人、被害人的关系，明确需要通过询问证人查明的问题，拟定询问提纲，以保证询问有计划地进行。

根据《刑事诉讼法》和公安部的有关规定，侦查人员询问证人，可以在现场进行，也可以到证人所在单位、住处或者证人提出的地点进行，在必要的时候，可以通知证人到人民检察院或者公安机关提供证言。在现场询问证人，应当出示工作证件，到证人所在单位、住处或者证人提出的地点询问证人，应当出示人民检察院或者公安机关的证明文件。选择询问证人的地点，既要考虑到便利证人，保证证人作证的积极性，又要有利于询问的顺利进行。在一般情况下，侦查人员应当尽可能到证人所在单位、住处进行询问。只有在必要的时候，例如为了保守国家秘密或者侦查工作秘密，保护证人的安全，防止外界的干扰等，才需要通知证人到人民检察院或者公安机关提供证言。

《刑事诉讼法》规定，询问证人应当个别进行。这是指同一案件有几个证人需要询问的时候，应当对每个证人分别进行询问，询问时其他证人不能在场，并对每个证人分别制作询问笔录。这样规定的目的在于使证人能够独立地提供自己所知道的案件情况，避免证人之间互相影响。同时，个别进行能够保证证人毫无顾虑地充分陈述自己所知道的案件情况，从而保证证人证言的真实性。

侦查人员询问证人，应当问明证人的基本情况以及与当事人的关系，并且告知证人作证的权利和义务，告知证人应当如实提供证据、证言和故意作伪证或者隐匿罪证应当承担的法律责任，但是不得向证人泄露案情或者表示对案件的看法，不得采用羁押、暴力、威胁、引诱、欺骗以及其他非法方法获取证言。这是保证证人如实陈述、防止伪证和隐匿罪证的一项重要法律措施。根据我国《刑法》的规定，在刑事诉讼中，证人对与案件有重要关系的情节，故意作虚假证明，意图陷害他人或者隐匿罪证的，处 3 年以下有期徒刑或者拘役；情节严重的，处 3 年以上 7 年以下有期徒刑。

根据《刑事诉讼法》的规定，询问未成年证人，应当通知未成年证人的法定代理人到场。无法通知、法定代理人不能到场或者不宜到场的，也可以通知未成年证人的其他成年亲属，所在学校、单位、居住地基层组织或者未成年人保护组织的代表到场，并将有关情况记录在案。到场的法定代理人或者其他人员认为办案人员在询问中侵犯未成年证人合法权益的，可以提出意见。询问笔录应当交给到场的法定代理人或者其他人员阅读或者向他宣读。询问女性未成年证人，应当有女工作人员在场。这些规定体现了我国法律对未成年证人的特殊保护。

侦查人员询问证人，应当注意采取适当的方式，既要严肃地告知法律责任，又要不使证人产生不必要的紧张情绪。一般的做法应当是，先让证人就其所知道的有关情况进行连续陈述，然后针对陈述不清的重要问题或者矛盾之处进行提问，并让其说明来源与根据。询问证人时，侦查人员提出的问题应当明确、易懂。侦查人员不得使用暴力、威胁、引诱、欺骗、暗示自己看法等方法，使证人按照侦查人员的意图提供证言。询问未成年证人时，侦查人员应当注意未成年证人的特点。

询问证人应当制作笔录。询问证人笔录要完整、准确地记载证人的陈述。询问证人笔录应当交给证人核对或者向他宣读。如果记载有遗漏或者差错，证人可以提出补充或者改正。证人承认笔录没有错误后，应当签名或者盖章。侦查人员也应当在笔录上签名。证人要求亲自书写证言的，应当允许。必要的时候，侦查人员也可以要求证人亲笔书写证词。

侦查机关应当保障证人及其近亲属的安全。对证人及其近亲属进行威胁、侮辱、殴打或者打击报复，构成犯罪的，依法追究刑事责任；尚不够刑事处罚的，依法给予治安管理处罚。对于危害国家安全犯罪、恐怖活动犯罪、黑社会性质的组织犯罪、毒品犯罪等案件，证人因在诉讼中作证，本人或者其近亲属的人身安全面临危险的，侦查机关应当采取法律规定的保护措施。证人认为因在诉讼中作证，本人或者其近亲属的人身安全面临危险的，可以向侦查机关请求予以保护。侦查机关依法采取保护措施，有关单位和个人应当配合。证人因履行作证义务而支出的交通、住宿、就餐等费用，应当给予补助。证人作证的补助列入司法机关业务经费，由同级政府财政予以保障。有工作单位的证人作证的，所在单位不得克扣或者变相克扣其工资、奖金及其他福利待遇。

三、询问被害人

询问被害人是侦查人员依照法定程序，以言词方式向直接遭受犯罪行为侵害的人就其遭受的侵害以及犯罪嫌疑人的有关情况进行调查询问的一项侦查活动。

被害人是刑事诉讼当事人之一，在刑事诉讼中享有一系列诉讼权利。被害人陈述是我国《刑事诉讼法》所规定的证据种类之一。被害人往往与犯罪嫌疑人有直接接触，或者对犯罪结果有着直接的感受。因此，询问被害人这种侦查行为对于侦查人员收集证据，查明案件事实，惩治犯罪和保护被害人的合法权益，具有十分重要的作用。

我国《刑事诉讼法》规定，询问被害人适用询问证人的程序。在侦查中询问被害人与询问证人的基本要求是相同的。但是应当指出的是，被害人与证人的诉讼地位以及他们与案件的关系是不同的，因此在询问被害人时，除依照询问证人的各项规定进行外，还应当充分考虑被害人的特殊性。对被害人陈述既要认真听取，又要注意分析是否合乎情理，有无夸大或者虚构的情况。对于因担心受到打击报复或者由于其他原因不敢、不愿揭露犯罪行为的被害人，要做好思想工作并切实保障被害人的人身安全。对于被害人的个人隐私，侦查人员应当为其保守秘密。询问未成年被害人，应当通知未成年被害人的法定代理人到场。无法通知、法定代理人不能到场或者不宜到场的，也可以通知未成年被害人的其他成年亲属，所在学校、单位、居住地基层组织或者未成年人保护组织的代表到场，并将有关情况记录在案。到场的法定代理人或者其他人员认为办案人员在询问中侵犯未成年被害人合法权益的，可以提出意见。询问笔录应当交给到场的法定代理人或者其他人员阅读或者向他宣读。询问女性未成年被害人，应当有女工作人员在场。这些规定体现了我国法律对未成年被害人的特殊保护。

四、辨认

辨认是指在侦查人员的主持下，由被害人、犯罪嫌疑人或者证人对与犯罪有关的物品、文件、尸体、场所或者犯罪嫌疑人进行辨别和确认的侦查行为。

辨认是司法实践中经常进行的侦查行为，侦查机关通过辨认活动，可以对与犯罪有关的物品、文件、场所的真实性，死者的身份情况以及犯罪嫌疑人是否确系作案人予以辨别确认，从而为侦查工作提供线索和证据，进而有利于查明案情，正确认定案件事实，迅速查获犯罪人，为侦查破案提供重要依据。《刑事诉讼法》将勘验、检查、辨认、侦查实验等笔录规定为证据种类之一，说明了辨认这种侦查行为在侦查实践中的重要性。实际上，辨认是一种与讯问犯罪嫌疑人、询问证人、询问被害人有联系的侦查行为，应当分别遵守讯问犯罪嫌疑人、询问证人、询问被害人的程序规定。同时，根据侦查机关的实践做法，基于辨认的共同特性，辨认应当科学进行。

根据公安部的有关规定，为了查明案件，在必要的时候，侦查人员可以让被害人、证人或者犯罪嫌疑人对与犯罪有关的物品、文件、尸体、场所或者犯罪嫌疑人进行辨认。辨认应当在侦查人员的主持下进行。主持辨认的侦查人员不得少于 2 人。几名辨认人对同一辨认对象进行辨认时，应当由辨认人个别进行。辨认时，应当将辨认对象混杂在特征相似的其他对象中，不得给辨认人任何暗示。辨认犯罪嫌疑人时，被辨认的人数不得少于 7 人；对犯罪嫌疑人照片进行辨认的，不得少于 10 人的照片；辨认物品时，混杂的同类物品不得少于 5 件。对场所、尸体等特定辨认对象进行辨认，或者辨认人能够准确描述物品独有特征的，陪衬物不受数量的限制。对犯罪嫌疑人的辨认，辨认人不愿意公开进行时，可以在不暴露辨认人的情况下进行，并应当为其保守秘密。

对辨认经过和结果，应当制作辨认笔录，由侦查人员、辨认人、见证人签名。必要时，应当对辨认过程进行录音或者录像。

第四节 勘验、检查

一、勘验、检查的概念和意义

勘验、检查是侦查人员对与犯罪有关的场所、物品、人身、尸体亲临查看、了解与检验，以发现和固定犯罪活动所遗留下来的各种痕迹和物品的一种诉讼活动。

勘验、检查是一种重要的侦查行为，其任务是发现、收集和研究犯罪的痕迹和物证，分析研究罪犯作案情况、作案手段和动机，判断案件性质，确定侦查方向和范围，揭露和证实犯罪嫌疑人。勘验、检查的性质是一样的，其差别只是对象的不同。勘验的对象是现场、物品和尸体，而检查的对象是活人的身体。侦查人员对于与犯罪有关的场所、物品、人身、尸体应当进行勘验或者检查，及时提取、采集与案件有关的痕迹、物证、生物样本等。在必要的时候，可以指派或者聘请具有专门知识的人，在侦查人员的主持下进行勘验、检查。

勘验、检查是获取侦查线索和犯罪证据的重要手段，是侦查破案的重要活动。这是因为，任何犯罪都是在一定时间和空间内进行的，犯罪人在实施犯罪行为时，必然会在犯罪现场留下一定的痕迹、物品，或者对被害人人身造成一定的伤害。有时犯罪人自己也会由于遭到被害人反抗而受伤。因此，通过勘验、检查可以发现和提取由于犯罪活动而留下的种种痕迹和物品。通过对这些证据材料的分析研究，可以了解犯罪人实施犯罪的情况，判断案件的性质，了解犯罪嫌疑人的特征，发现侦破案件的线索，明确侦查方向和范围，从而为查获犯罪嫌疑人提供可靠的依据。

二、勘验、检查的种类和程序

勘验、检查可以分为现场勘验、物证检验、人身检查、尸体检验和侦查实验。

（一）现场勘验

现场勘验是对发生刑事案件的地点和留有犯罪痕迹的场所进行专门调查的活动。刑事案件的犯罪现场是指犯罪人实施犯罪的地点或者其他遗留有与犯罪有关的痕迹和物品的场所。犯罪现场是犯罪证据比较集中的地方。因此，现场勘验是获取案件线索和犯罪证据的一个重要来源。现场勘验的目的就是发现和收集与犯罪有关的痕迹和物品，查明与犯罪有关的情况，研究分析案情，判断案件性质，确定侦查方向与侦查范围，为破案提供线索和证据。正因为如此，《刑事诉讼法》规定，任何单位和个人都有义务保护犯罪现场，并且立即通知公安机关派员勘验。侦查机关应当做好现场勘验工作，对于在犯罪现场发现的与犯罪有关的痕迹和物品，必须全部提取，不能遗漏，勘验人员更不得擅自取舍。

根据公安部的有关规定，发案地派出所、巡警等部门和人员应当妥善保护犯罪现场和证据，控制犯罪嫌疑人，并立即报告公安机关主管部门。执行勘查的侦查人员接到通知后，应当立即赶赴现场；勘查现场，应当持有刑事犯罪现场勘查证。公安机关对案件现场进行勘查不得少于2人。勘查现场时，应当邀请与案件无关的公民作为见证人。勘查现场，应当拍摄现场照片、绘制现场图，制作笔录，由参加勘查的人和见证人签名。对重大案件的现场，应当录像。

（二）物证检验

物证检验是侦查人员查验收集到的物证特征，以便确定物证与案件事实关系的活动。

侦查人员检验物证应当仔细，要特别注意查验其与案件有关的重要特征，如单据上涂改的痕迹、鞋底的花纹等。如果对物证的特征非经有专门知识的人进行鉴定不能了解，则应指派或者聘请有专门知识的人进行鉴定。

检验物证应当制作检验笔录。物证检验笔录应当详细记载物证的特征，如物品的材料、形状、尺寸、体积、重量、颜色、商标、号码，痕迹的位置、大小、形状、性质等。参加检验的人和见证人应当在物证检验笔录上签名或者盖章。

（三）人身检查

人身检查是指为了确定被害人、犯罪嫌疑人的某些特征、伤害情况或者生理状态，对其身体依法进行检查的一种侦查活动。根据《刑事诉讼法》的规定，为了确定被害人、犯罪嫌疑人的某些特征、伤害情况或者生理状态，可以对人身进行检查，可以提取指纹信息，采集血液、尿液等生物样本。

人身特征是指被害人、犯罪嫌疑人身体上有别于他人而特有的某些状态或者标记。伤害情况是指被害人、犯罪嫌疑人身体的某个部位受到损坏的情况。生理状态是指被害人、犯罪嫌疑人的生理活动和身体各器官的机能状态。通过人身检查，可以查明犯罪嫌疑人是否实施了犯罪行为，了解犯罪的手段、情节和危害情况，判断犯罪工具的类别，核对案内证据。

人身检查涉及公民的合法权益，必须严格依法进行。

进行人身检查，必须由侦查人员实施，必要时可以邀请法医或者医师参加。检查时必须遵守有关的法律，不得侮辱被检查人的人格。犯罪嫌疑人拒绝检查的，侦查人员认为必要的时候，可以强制检查。但是，对于被害人不能强制进行人身检查。检查妇女的身体，应当由女工作人员或者医师进行。

人身检查的情况应当制作笔录，由参加检查的侦查人员、检查人员、被检查人员和见证人签名。被检查人拒绝签名的，侦查人员应当在笔录中注明。

采样检查是人身检查中经常进行的侦查行为。所谓采样检查是指侦查机关从被采样人体内或者体外收集样本或者标本的侦查行为。采样检查的被采样人在侦查阶段一般为犯罪嫌疑人或者被害人。采样的目的是为司法鉴定提供材料。采样的范围包括人体血液、唾液、精液、尿液、粪便及人体其他分泌物、毛发、阴毛、指甲、指纹、掌纹及身体任何其他部位类似的印记等。根据《刑事诉讼法》规定，为了确定被害人、犯罪嫌疑人的某些特征、伤害情况或者生理状态，可以提取指纹信息，采集血液、尿样等生物样本。犯罪嫌疑人如果拒绝提取指纹信息，采集血液、尿液等生物样本，侦查人员认为必要的时候，可以强制采样。强制采样作为一种经常进行的侦查行为，对公民的隐私权、人身自由权和健康权具有高度的侵犯性，因而世界各国的刑事诉讼立法均对其予以严格的法律控制。根据公安部的有关规定，犯罪嫌疑人如果拒绝检查、提取、采集的，侦查人员认为必要的时候，经办案部门负责人批准，可以强制检查、提取、采集。

（四）尸体检验

尸体检验是通过尸表检验和尸体解剖，以确定或者判断死亡的时间和原因，致死的工具和手段、方法等，为查明案情提供根据的侦查活动。

在勘验有尸体的现场或者遇有死因不明的尸体时，应当进行尸体检验。尸体检验分为尸表检验和尸体解剖。尸表检验是对尸体在现场的位置、姿势、尸体上的伤痕和尸体衣着、附着物以及尸体的变化等的检验。对尸体内部器官进行的检验则为尸体解剖。

检验尸体应当在侦查人员的主持下，由法医或者医师进行。检验尸体必须及时，以防尸体上的痕迹因尸体的变化和腐烂而消失。

对尸体首先应当进行尸表检验。通过尸表检验尚不能确定死因的，应当进行尸体解剖。根据《刑事诉讼法》和公安部的有关规定，为了确定死因，经县级以上公安机关负责人批准，可以解剖尸体，并且通知死者家属到场，让其在解剖尸体通知书上签名。死者家属无正当理由拒不到场或者拒绝签名的，侦查人员应当在解剖尸体通知书上注明。对身份不明的尸体，无法通知死者家属的，应当在笔录中注明。对已查明死因，没有继续保存必要的尸体，应当通知家属领回处理，对于无法通知或者通知后家属拒绝领回的，经县级以上公安机关负责人批准，可以及时处理。尸体检验应当严格依照有关法律、法规的规定进行，并应注意当地公民的风俗习惯。

（五）侦查实验

侦查实验是为了确定案件中某些特定行为或者事件在某种情况下能否发生或者怎样发生，而按照原有情况和条件，将该行为或者事件加以重演或者进行试验的侦查活动。侦查实验的目的是证明某种行为的可能性，或者证明某种事件进程的可能性。

《刑事诉讼法》第135条第1款规定："为了查明案情，在必要的时候，经公安机关负责人批准，可以进行侦查实验。"根据公安部的有关规定，进行侦查实验应当经县级以上公安机关负责人批准。侦查实验并不是每个案件必须进行的程序，只有在必要时，即在不进行这种实验无法确定案件某一事实或者某一情节是否有可能发生时，才需要进行。在侦查过程中，根据实践经验，遇有下列情况可以进行侦查实验：确定在一定条件下能否听到或者看到；确定在一定时间内能否完成某一行为；确定在什么条件下能够发生某种现象；确定在某种条件下，某种行为和某种痕迹是否吻合；确定在某种条件下，使用某种工具可能或者不可能留下某种痕迹；确定某种痕迹在什么条件下会发生变异；确定某种事件是怎样发生的；等等。

侦查实验作为一种特殊的侦查措施，可以在现场勘验过程中进行，也可以单独进行。进行侦查实验，应当邀请见证人在场。进行实验时，禁止一切足以造成危险、侮辱人格或者有伤风化的行为。

对侦查实验的经过和结果，应当制作侦查实验笔录，由参加实验的人签名。必要时，应当对侦查实验过程进行录音或者录像。

第五节 搜 查

一、搜查的概念和意义

搜查是侦查人员为了收集证据、查获犯罪人而对犯罪嫌疑人以及可能隐藏罪犯或者犯罪证据的人的身体、物品、住处和其他有关的地方进行搜索检查的一种侦查活动。搜查的目的是收集犯罪证据，查获犯罪人。

搜查是侦查机关同犯罪作斗争的一种重要手段。在大多数情况下，侦查机关搜查的主要目的是收集证据，有时也可能是查找犯罪人。犯罪人作案后，总是千方百计把赃物、作案工具及其他有关可以证明其犯罪行为的物品隐藏起来。对有关人员的身体或者有关的场所进行搜查，对于发现证据、弄清犯罪事实和查获犯罪人有着非常重要的意义。

二、搜查的程序

搜查既关系犯罪的有效控制，又与人权保障紧密相连，因此世界各国均对搜查的程序通过立法或者判例进行详细的规定，对搜查的理由、搜查的权限、搜查的具体程序进行严格的规制。在我国，搜查直接关系公民的人身自由和住宅不受侵犯的权利。我国《宪法》规定：中华人民共和国公民的人身自由不受侵犯。禁止非法搜查公民的身体。中华人民共和国公民的住宅不受侵犯。禁止非法搜查或者非法侵入公民的住宅。因此，搜查必须严格依照法律规定的程序进行。

在侦查中，搜查只能由公安机关或者人民检察院的侦查人员进行，其他任何机关、团体和个人都无权对公民的人身或者住宅进行搜查。非法搜查他人身体、住宅是一种违法犯罪行为，应当追究犯罪人的刑事责任。

搜查作为一种侦查手段，其目的是发现和收集与犯罪有关的证据，查获隐藏的犯罪嫌疑人。因此，不能为了其他目的而滥用搜查措施。《刑事诉讼法》第136条规定："为了收集犯罪证据、查获犯罪人，侦查人员可以对犯罪嫌疑人以及可能隐藏罪犯或者犯罪证据的人的身体、物品、住处和其他有关的地方进行搜查。"根据《刑事诉讼法》的规定，任何单位和个人，都有义务按照公安机关或者人民检察院的要求，交出可以证明犯罪嫌疑人有罪或者无罪的物证、书证、视听资料等证据。

根据公安部的有关规定，为了收集犯罪证据、查获犯罪人，经县级以上公安机关负责人批准，侦查人员可以对犯罪嫌疑人以及可能隐藏罪犯或者犯罪证据的人的身体、物品、住处和其他有关的地方进行搜查。进行搜查，必须向被搜查人出示搜查证，执行搜查的侦查人员不得少于2人。执行拘留、逮捕的时候，遇有下列紧急情况之一的，不用搜查证也可以进行搜查：可能随身携带凶器的；可能隐藏爆炸、剧毒等危险物品的；可能隐匿、毁弃、转移犯罪证据的；可能隐匿其他犯罪嫌疑人的；其他突然发生的紧急情况。

进行搜查时，应当有被搜查人或者他的家属、邻居或者其他见证人在场。公安机关可以要求有关单位和个人交出可以证明犯罪嫌疑人有罪或者无罪的物证、书证、视听资料等证据。遇到阻碍搜查的，侦查人员可以强制搜查。搜查妇女的身体，应当由女工作人员进行。

搜查的情况应当制作笔录，由侦查人员和被搜查人或者他的家属、邻居或者其他见证人签名。如果被搜查人拒绝签名，或者被搜查人在逃，他的家属拒绝签名或者不在场的，侦查人员应当在笔录中注明。

第六节　扣押物证、书证

一、扣押物证、书证的概念和意义

扣押物证、书证是指侦查机关依法强制扣留某人或者某单位所持有的与案件有关的物品、文件的一种侦查行为。

扣押物证、书证是一种具有强制性的侦查行为。扣押物证、书证的目的在于取得和保全诉讼证据。侦查人员通过扣押可以取得能够证明案件事实的物证、书证，以防止其毁损或者丢失，保全物证、书证原有的证明价值。这样就可以保证物证、书证发挥其在诉讼中应有的证明作用。

二、扣押物证、书证的程序

在勘验、搜查中发现的可用以证明犯罪嫌疑人有罪或者无罪的各种财物和文件，应当查封、扣押；与案件无关的财物、文件，不得查封、扣押。根据《公安机关办理刑事案件程序规定》，持有人拒绝交出应当查封、扣押的财物、文件的，公安机关可以强制查封、扣押。

在侦查过程中需要扣押财物、文件的，应当经办案部门负责人批准，制作扣押决定书；在现场勘查或者搜查中需要扣押财物、文件的，由现场指挥人员决定；但扣押财物、文件价值较高或者可能严重影响正常生产经营的，应当经县级以上公安机关负责人批准，制作扣押决定书。在侦查过程中需要查封土地、房屋等不动产，或者船舶、航空器以及其他不宜移动的大型机器、设备等特定动产的，应当经县级以上公安机关负责人批准并制作查封决定书。执行查封、扣押的侦查人员不得少于2人，并出示扣押决定书或者查封决定书。

查封、扣押的情况应当制作笔录，由侦查人员、持有人和见证人签名。对于无法确定持有人或者持有人拒绝签名的，侦查人员应当在笔录中注明。

对查封、扣押的财物和文件，应当会同在场见证人和被查封、扣押财物、文件的持有人查点清楚，当场开列清单一式三份，写明财物或者文件的名称、编号、数量、特征及来源等，由侦查人员、持有人和见证人签名，一份交给持有人，一份交给公安机关保管人员，一份附卷备查。对于无法确定持有人的财物、文件或者持有人拒绝签名的，侦查人员应当在清单中注明。

依法扣押文物、金银、珠宝、名贵字画等贵重财物的，应当拍照或者录像，并及时鉴定、估价。对作为犯罪证据但不便提取的财物、文件，经登记、拍照或者录像、估价后，可以交财物、文件持有人保管或者封存，并且开具登记保存清单一式二份，由侦查人员、持有人和见证人签名，一份交给财物、文件持有人，另一份连同照片或者录像资料附卷备查。财物、文件持有人应当妥善保管，不得转移、变卖、毁损。对查封、扣押的财物和文件，应当会同在场见证人和被查封、扣押财物、文件持有人查点清楚，当场开列清单一式二份，由侦查人员、见证人和持有人签名或者盖章，一份交给持有人，另一份附卷备查。对于决定查封、扣押而又不便提取的财物，应当现场加封，妥为保存；不能加封的财物，应当责成专人负责保管。

查封、扣押的财物、文件大都是案件中的证据。《刑事诉讼法》规定，对查封、扣押的财物、文件，要妥善保管或者封存，不得使用、调换或者损毁。对不能存入卷宗的财物，应当拍成照片；容易损坏、变质的物证、书证，应当用笔录、绘图、照相、录像等方法加以保全。

根据《刑事诉讼法》的规定，侦查人员认为需要扣押犯罪嫌疑人的邮件、电报的，经公安机关或者人民检察院批准，即可通知邮电机关将有关的邮件、电报检交扣押。不需要继续扣押的时候，侦查机关应立即通知邮电机关。

《刑事诉讼法》在扣押物证、书证程序中还专门规定了查询、冻结资产程序。这里所说的查询、冻结资产，是指侦查机关根据侦查犯罪的需要依法向银行或者其他金融机构、邮电机关查询与犯罪嫌疑人有关的存款、汇款、债券、股票、基金份额等财产。《刑事诉讼法》第144条规定："人民检察院、公安机关根据侦查犯罪的需要，可以依照规定查询、冻结犯罪嫌疑人的存款、汇款、债券、股票、基金份额等财产。有关单位和个人应当配合。犯罪嫌疑人的存款、汇款、债券、股票、基金份额等财产已被冻结的，不得重复冻结。"

根据公安部的有关规定，公安机关办理刑事案件需要冻结犯罪嫌疑人在金融机构等单位的存款、汇款、债券、股票、基金份额等财产的，应当经县级以上公安机关负责人批准，制作协助冻结财产通知书，通知金融机构等单位执行。犯罪嫌疑人的存款、汇款、债券、股票、基金份额等财产已被冻结的，不得重复冻结，但可以轮候冻结。冻结存款、汇款等财产的期限为6个月。冻结债券、股票、基金份额等证券的期限为2年。有特殊原因需要延长期限的，公安机关应当在冻结期限届满前办理继续冻结手续。每次续冻存款、汇款等财产的期限最长不得超过6个月；每次续冻债券、股票、基金份额等证券的期限最长不得超过2年。继续冻结的，应当按照规定重新办理冻结手续。逾期不办理继续冻结手续的，视为自动解除冻结。

根据《刑事诉讼法》规定，对查封、扣押的财物、文件、邮件、电报或者冻结的存款、汇款、债券、股票、基金份额等财产，经查明确实与案件无关的，应当在3日以内解除查封、扣押、冻结，予以退还。

第七节 鉴 定

一、鉴定的概念和意义

刑事侦查中的鉴定是指公安机关、人民检察院为了查明案情，指派或者聘请具有专门知识的人对案件中的某些专门性问题进行鉴别和判断的一种侦查行为。

鉴定具有较强的技术性。在侦查工作中，由于刑事案件往往涉及许多领域的专门技术问题，因而鉴定的适用范围是十分广泛的。凡是与案件有关的物品、文件、痕迹、人身、尸体等，都可能需要鉴定。在侦查实践中常用的鉴定有法医鉴定、司法精神病鉴定、刑事科学技术鉴定、司法会计鉴定、化学鉴定等。

鉴定是一种重要的侦查手段。随着科学技术的发展，鉴定在侦查中的作用日益增大。鉴定对于审查判断其他证据，查明案件事实，认定案件性质，准确揭露犯罪，证实犯罪人，都具有十分重要的作用。

二、鉴定的程序

为了保证鉴定客观、公正进行，鉴定人只能由侦查机关指派或者聘请的同案件以及当事人无利害关系而又具有该方面专门知识的人担任。鉴定人应当是具有特定方面专门知识的自然人。通过鉴定解决的问题只能是案件中有关案情的某些专门性问题，也即有关专门科学技术上的问题，而不能要求鉴定人去解决法律性质的问题。法律性质的问题只能由侦查人员负责解决。决定鉴定后，侦查机关应当向鉴定人提出需要鉴定的问题，并为鉴定人提供鉴定所需要的材料。侦查机关提供的材料应当充分，能够保证鉴定人足以完成鉴定任务。鉴定人有权了解案件的情况，以便作出正确的鉴定。鉴定人只能根据科学检验的结果提出鉴定意见。鉴定人故意作虚假鉴定的，应当承担法律责任。鉴定人进行鉴定后，应当写出鉴定意见，并且签名。鉴定意见应当对提出鉴定的问题作出明确的回答，不能模棱两可，其意见应当具有科学技术根据。侦查人员对鉴定人所作的鉴定意见应当及时进行审查。如有疑问，则侦查机关可以要求鉴定人补充鉴定。在必要时，侦查机关也可以另行指派或者聘请鉴定人重新鉴定。侦查机关应当将用做证据的鉴定结论告知犯罪嫌疑人、被害人。如果犯罪嫌疑人、被害人提出申请，可以补充鉴定或者重新鉴定。

根据公安部的有关规定，需要聘请有专门知识的人进行鉴定的，应当经县级以上公安机关负责人批准后，制作鉴定聘请书。公安机关应当为鉴定人进行鉴定提供必要的条件，及时向鉴定人送交有关检材和对比样本等原始材料，介绍与鉴定有关的情况，并且明确提出要求鉴定解决的问题。禁止暗示或者强迫鉴定人作出某种鉴定意见。侦查人员应当做好检材的保管和送检工作，并注明检材送检环节的责任人，确保检材在流转环节中的同一性和不被污染。鉴定人应当按照鉴定规则，运用科学方法独立进行鉴定。鉴定后，应当出具鉴定意见，并在鉴定意见书上签名，同时附上鉴定机构和鉴定人的资质证明或者其他证明文件。多人参加鉴定，鉴定人有不同意见的，应当注明。对鉴定意见，侦查人员应当进行审查。对经审查作为证据使用的鉴定意见，公安机关应当及时告知犯罪嫌疑人、被害人或者其法定代理人。犯罪嫌疑人、被害人对鉴定意见有异议提出申请，以及办案部门或者侦查人员对鉴定意见有疑义的，可以将鉴定意见送交其他有专门知识的人员提出意见。必要时，询问鉴定人并制作笔录附卷。公诉人、当事人或者辩护人、诉讼代理人对鉴定意见有异议，经人民法院依法通知的，公安机关鉴定人应当依法出庭作证。

第八节　技术侦查措施

一、技术侦查措施的概念

所谓技术侦查措施，是指侦查机关运用技术装备调查犯罪人和案件证据的一种秘密侦查措施，包括电子监听，秘密录音、录像，秘密拍照，用机器设备排查、传送个人情况数据以及用机器设备对比数据等侦查措施。技术侦查措施是侦查机关为对付技术化、高隐秘性犯罪而发展起来的，其特点在于在当事人不知晓的情况下运用技术装备秘密调查、秘密取证，因而是典型的秘密侦查措施，《德国刑事诉讼法典》称其为"不经当事人知晓的措施"。技术侦查措施可以定位于广义的秘密侦查措施范畴。但是，技术侦查措施不同于普通的秘密侦查措施，普通的秘密侦查措施一般是指诱惑侦查、控制下交付、卧底侦查等侦查措施。技术侦查措施以监听为其典型形式，因其高隐秘性而与公民个人的隐私权相冲突。代表社会公益的技术侦查措施与代表个人私益的公民隐私权之间存在着价值冲突而只能进行价值选择。世界各国均认为，在对上述价值进行价值权衡时，应做有利于具有高度公益性质一方的判断，为了维护法律和秩序，国家侦查机关在一定条件下限制公民隐私权，依照法定程序进行技术侦查是正当的，在这种情况下，对隐私权的侵犯应被视为一种必要的成本或代价。我国《国家安全法》和《人民警察法》均规定了类似的侦查措施。根据《刑事诉讼法》第150条规定，公安机关在立案后，对于危害国家安全犯罪、恐怖活动犯罪、黑社会性质的组织犯罪、重大毒品犯罪或者其他严重危害社会的犯罪案件，根据侦查犯罪的需要，经过严格的批准手续，可以采取技术侦查措施。追捕被通缉或者批准、决定逮捕的在逃的犯罪嫌疑人、被告人，经过批准，可以采取追捕所必需的技术侦查措施。

根据公安部的有关规定，公安机关在立案后，根据侦查犯罪的需要，可以对下列严重危害社会的犯罪案件采取技术侦查措施：危害国家安全犯罪、恐怖活动犯罪、黑社会性质的组织犯罪、重大毒品犯罪案件；故意杀人、故意伤害致人重伤或者死亡、强奸、抢劫、绑架、放火、爆炸、投放危险物质等严重暴力犯罪案件；集团性、系列性、跨区域性重大犯罪案件；利用电信、计算机网络、寄递渠道等实施的重大犯罪案件，以及针对计算机网络实施的重大犯罪案件；其他严重危害社会的犯罪案件，依法可能判处7年以上有期徒刑的。公安机关追捕被通缉或者批准、决定逮捕的在逃犯罪嫌疑人、被告人，可以采取追捕所必需的技术侦查措施。

根据《刑事诉讼法》规定，批准决定应当根据侦查犯罪的需要，确定采取技术侦查措施的种类和适用对象。批准决定自签发之日起3个月以内有效。对于不需要继续采取技术侦查措施的，应当及时解除；对于复杂、疑难案件，期限届满仍有必要继续采取技术侦查措施的，经过批准，有效期可以延长，每次不得超过3个月。采取技术侦查措施，必须严格按照批准的措施种类、适用对象和期限执行。侦查人员对采取技术侦查措施过程中知悉的国家秘密、商业秘密和个人隐私，应当保密；对采取技术侦查措施获取的与案件无关的材料，应当及时销毁。采取技术侦查措施获取的材料，只能用于对犯罪的侦查、起诉和审判，不得用于其他用途。公安机关采取技术侦查措施，有关单位和个人应当配合，并对有关情况予以保密。

根据公安部的有关规定，技术侦查措施是指由设区的市一级公安机关负责技术侦查的部门实施的记录监控、行踪监控、通信监控、场所监控等措施。技术侦查措施的适用对象是犯罪嫌疑人、被告人以及与犯罪活动直接关联的人员。

需要采取技术侦查措施的，应当制作呈请技术侦查措施报告书，报设区的市一级以上公安机关负责人批准，制作采取技术侦查措施决定书。人民检察院等部门决定采取技术侦查措施，交公安机关执行的，由设区的市一级以上公安机关按照规定办理相关手续后，交负责技术侦查的部门执行，并将执行情况通知人民检察院。

在有效期限内，对不需要继续采取技术侦查措施的，办案部门应当立即书面通知负责技术侦查的部门解除技术侦查措施；负责技术侦查的部门认为需要解除技术侦查措施的，报批准机关负责人批准，制作解除技术侦查措施决定书，并及时通知办案部门。对复杂、疑难案件，采取技术侦查措施的有效期届满仍需继续采取技术侦查措施的，经负责技术侦查的部门审核后，报批准机关负责人批准，制作延长技术侦查措施期限决定书。

采取技术侦查措施收集的材料在刑事诉讼中可以作为证据使用。使用技术侦查措施收集的材料作为证据时，可能危及有关人员的人身安全，或者可能产生其他严重后果的，应当采取不暴露有关人员身份和使用的技术设备、侦查方法等保护措施。采取技术侦查措施收集的材料作为证据使用的，采取技术侦查措施决定书应当附卷。采取技术侦查措施收集的材料，应当严格依照有关规定存放，只能用于对犯罪的侦查、起诉和审判，不得用于其他用途。采取技术侦查措施收集的与案件无关的材料，必须及时销毁，并制作销毁记录。

侦查人员对采取技术侦查措施过程中知悉的国家秘密、商业秘密和个人隐私，应当保密。公安机关依法采取技术侦查措施，有关单位和个人应当配合，并对有关情况予以保密。

为了查明案情，在必要的时候，经县级以上公安机关负责人决定，可以由侦查人员或者公安机关指定的其他人员隐匿身份实施侦查。隐匿身份实施侦查时，不得使用促使他人产生犯罪意图的方法诱使他人犯罪，不得采用可能危害公共安全或者发生重大人身危险的方法。

对涉及给付毒品等违禁品或者财物的犯罪活动，为查明参与该项犯罪的人员和犯罪事实，根据侦查需要，经县级以上公安机关负责人决定，可以实施控制下交付。

公安机关依照刑事诉讼法规定实施隐匿身份侦查和控制下交付收集的材料在刑事诉讼中可以作为证据使用。使用隐匿身份侦查和控制下交付收集的材料作为证据时，可能危及隐匿身份人员的人身安全，或者可能产生其他严重后果的，应当采取不暴露有关人员身份等保护措施。

二、监听

刑事诉讼法意义上的监听，是指侦查机关按照法律规定在办理刑事案件过程中，为了搜集、审查证据，揭发、证实犯罪，在侦查相对人不知情的情况下，采用技术手段和设备，对侦查相对人的自然谈话进行监控或者截取侦查相对人的有线电话、无线电话、电报、网络通信等电子通讯信息的秘密侦查措施。自美国最早将监听作为侦查手段后，世界各国陆续在立法上对监听作出明确的程序规定。为了防止侦查机关滥用监听这种秘密侦查措施侵犯公民的隐私权，世界各国通行的做法是将监听的控制权与监听的实施权分离，由两个不同的机关分别行使。监听与一般侦查措施相比，对公民宪法权利的侵害相对更大，因此世界各国均规定只有在采用一般侦查措施难以达到侦查目的时，才能使用监听这种技术侦查措施，并对其进行严格的司法审查。根据《刑事诉讼法》的规定，公安机关在立案后，对于危害国家安全犯罪、恐怖活动犯罪、黑社会性质的组织犯罪、重大的毒品犯罪或者其他严重危害社会的犯罪案件，根据侦查犯罪的需要，经过严格的批准手续，可以采取监听措施。人民检察院在立案后，对于重大的贪污、贿赂犯罪以及利用职权实施的严重侵犯公民人身权利的重大犯罪案件，根据侦查犯罪的需要，经过严格的批准程序，可以采取监听措施，按照规定交有关机关执行。追捕被通缉或者被批准、决定逮捕的在逃的犯罪嫌疑人、被告人，经过批准，可以采取追捕所必需的监听措施。根据《刑事诉讼法》规定，批准监听的决定应当和批准其他技术侦查措施一样，根据侦查犯罪的需要确定监听的适用对象。批准决定自签发之日起3个月以内有效。对于不需要继续采取监听措施的，应当及时解除；对于复杂、疑难案件，期限届满仍有必要继续采取监听措施的，经过批准，有效期可以延长，每次不得超过3个月。

三、诱惑侦查

诱惑侦查是侦查机关为侦查特定犯罪的需要，以实施某种行为有利可图为诱饵，暗示或者诱使犯罪嫌疑人实施犯罪，待犯罪行为实施或者犯罪结果发生后将其拘捕的秘密侦查措施。

诱惑侦查是刑事诉讼中的一种特殊侦查手段，通常分为机会提供型和犯意诱发型。所谓机会提供型诱惑侦查是指被诱惑者本来就已经产生犯罪倾向或者已有先前犯罪行为，作为诱惑者的侦查机关仅仅是提供了一种有利于其实施犯罪的客观条件和机会。在机会提供型诱惑侦查中，侦查机关的行为旨在诱使潜在的犯罪嫌疑人现身或者使其犯罪行为暴露，诱惑行为只是为犯罪嫌疑人提供一个有利的作案条件。所谓犯意诱发型诱惑侦查即通常所称的侦查陷阱或者警察圈套，是指侦查机关促使被诱惑者产生犯罪意图并实施犯罪。在犯意诱发型诱惑侦查中，被诱惑者虽然被侦查机关认为是犯罪嫌疑人，但实际上他并无犯罪意图，并未意欲实施犯罪，而正是由于侦查机关采取了主动、积极、过度、不适当的刺激行为，使其在强烈的诱惑下实施了犯罪行为。

当今世界各国刑事诉讼立法与司法实践，均肯定机会提供型诱惑侦查的合法性与必要性，否定犯意诱发型诱惑侦查的合法性，该种侦查措施在西方法治国家一般形成“陷阱之法理”，作为犯罪嫌疑人的免责事由。根据我国《刑事诉讼法》第153条第1款规定，我国刑事诉讼立法亦肯定机会提供型诱惑侦查措施，而否定犯意诱发型诱惑侦查措施，后者根据我国《刑事诉讼法》的规定，可能导致非法证据排除以及其他法律后果。

四、控制下交付

控制下交付是指侦查机关在发现涉及给付毒品等违禁品或者财物的犯罪活动后，为将犯罪组织或者团伙一网打尽，在侦查机关的监控下将毒品等违禁品或者财物放行，借此发现犯罪组织者和其他犯罪嫌疑人的秘密侦查措施。

控制下交付是当今世界各国为对付日益严重的毒品犯罪而广泛采用的一种秘密侦查措施，也为国际社会所普遍认可。1988年《联合国禁止非法贩运麻醉药品和精神药物公约》将控制下交付界定为一种侦查技术，即在一国或者多国的主管当局知情或者监视下，允许货物中非法可疑的麻醉药品、精神药物以及其他毒品物质或者它们的替代物质运出、通过或者运入其领土，以期查明各类毒品犯罪嫌疑人。2000年《联合国打击跨国有组织犯罪公约》和2003年《联合国反腐败公约》将控制下交付界定为在主管当局知情并由其进行监测的情况下，允许非法或者可疑货物运出、通过或者运入多国领土的一种做法，其目的在于侦查某项犯罪并辨认参与该项犯罪的人员。这里所说的货物不仅包括毒品，还可以扩展到非法贩运、交易的武器、珍稀动植物物品、仿造的货币以及其他走私物品，控制下交付手段的适用范围也相应地由毒品犯罪扩展到各种非法交易、走私的物品。

控制下交付在我国也是一种合法有效的秘密侦查措施。《刑事诉讼法》第153条第2款规定："对涉及给付毒品等违禁品或者财物的犯罪活动，公安机关根据侦查犯罪的需要，可以依照规定实施控制下交付。"

五、卧底侦查

卧底侦查是经特别挑选的侦查人员隐藏其真实身份，潜伏于所欲调查的犯罪组织或者犯罪环境中，在法律规定的范围内暗中搜集犯罪证据的秘密侦查措施。

卧底侦查是侦查的一种特殊方式，侦查人员一般以其他身份为掩护，打入犯罪组织内部，搜集犯罪情报，控制犯罪活动。卧底侦查的主要任务是搜集犯罪情报，弄清犯罪集团内幕，查明主要犯罪事实，掌握犯罪动向，控制犯罪活动，搜集犯罪证据。卧底侦查以其能够更有效揭露犯罪、证实犯罪和制止犯罪而受到世界各国的高度重视。

我国《刑事诉讼法》第153条第1款规定：为了查明案情，在必要的时候，经公安机关负责人决定，可以由有关人员隐匿其身份实施侦查。但是，不得诱使他人犯罪，不得采用可能危害公共安全或者发生重大人身危险的方法。这项规定本质上是我国侦查机关实施诱惑侦查和卧底侦查措施的法律依据。实施卧底侦查必须严格遵守法律规定的各项程序制度。

第九节 通 缉

一、通缉的概念和意义

通缉是公安机关通令缉拿依法应当逮捕而在逃的犯罪嫌疑人的一种侦查措施。通缉对公安机关通力协作，动员和依靠广大群众捕获犯罪嫌疑人，打击和制止犯罪，保证侦查工作的顺利进行，具有十分重要的作用。在侦查实践中，需要通缉的一般都是重大案件的犯罪嫌疑人。他们或者是罪行很严重的犯罪嫌疑人，或者是有继续犯罪的可能性，或者有潜逃国外的可能。为了及时将罪该逮捕而在逃的犯罪嫌疑人追捕归案，需要采取通缉这种侦查行为。

二、通缉的对象和通缉的程序

通缉的对象必须是依法应当逮捕而在逃的犯罪嫌疑人，包括已经被逮捕而在羁押期间逃跑的犯罪嫌疑人。不构成犯罪或者虽然构成犯罪但情节轻微、不需要逮捕的人，不能通缉。

通缉令只能由公安机关发布，其他任何组织和个人都无权发布通缉令。人民检察院直接受理的案件中应当逮捕的犯罪嫌疑人已经在逃或者已被逮捕的犯罪嫌疑人脱逃的，经检察长批准可以作出通缉的决定，将通缉决定通知书和通缉犯的照片、身份、特征、案情简况送达公安机关，由公安机关发布通缉令，将其追捕归案。

根据《刑事诉讼法》和公安部的有关规定，各级公安机关在自己管辖的地区以内，可以直接发布通缉令；超出自己管辖的地区，应当报请有权决定的上级机关发布。通缉令的发送范围，由签发通缉令的公安机关负责人决定。

通缉令中应当尽可能写明被通缉人的姓名、别名、曾用名、绰号、性别、年龄、民族、籍贯、出生地、户籍所在地、居住地、职业、身份证号码、衣着和体貌特征、口音、行为习惯，并附被通缉人近期照片，可以附指纹及其他物证的照片。除了必须保密的事项以外，应当写明发案的时间、地点和简要案情。通缉令发出后，如果发现新的重要情况可以补发通报。通报必须注明原通缉令的编号和日期。公安机关接到通缉令后，应当及时布置查缉。抓获犯罪嫌疑人后，报经县级以上公安机关负责人批准，凭通缉令或者相关法律文书羁押，并通知通缉令发布机关进行核实，办理交接手续。

需要对犯罪嫌疑人在口岸采取边控措施的，应当按照有关规定制作边控对象通知书，经县级以上公安机关负责人审核后，层报省级公安机关批准，办理全国范围内的边控措施。需要限制犯罪嫌疑人人身自由的，应当附有关法律文书。紧急情况下，需要采取边控措施的，县级以上公安机关可以出具公函，先向当地边防检查站交控，但应当在 7 日以内按照规定程序办理全国范围内的边控措施。

为发现重大犯罪线索，追缴涉案财物、证据，查获犯罪嫌疑人，必要时，经县级以上公安机关负责人批准，可以发布悬赏通告。悬赏通告应当写明悬赏对象的基本情况和赏金的具体数额。

通缉令、悬赏通告应当广泛张贴，并可以通过广播、电视、报刊、计算机网络等方式发布。经核实，犯罪嫌疑人已经自动投案、被击毙或者被抓获，以及发现有其他不需要采取通缉、边控、悬赏通告的情形的，发布机关应当在原通缉、通知、通告范围内，撤销通缉令、边控通知、悬赏通告。

如果被通缉的犯罪嫌疑人已经被捕归案，或者犯罪嫌疑人自动投案，或者出现已无必要通缉犯罪嫌疑人的其他情况，那么发布通缉令的公安机关应当立即通知有关地区撤销通缉令。

第十节　侦查终结

一、侦查终结的概念和意义

侦查终结是指侦查机关对于自己立案侦查的案件，经过一系列的侦查活动，根据已经查明的事实、证据和有关的法律规定，足以认定犯罪嫌疑人是否有罪和应否对其追究刑事责任而决定结束侦查，依法对案件作出处理或者提出处理意见的诉讼活动。

侦查终结是侦查程序中的最后阶段，也是刑事诉讼中一道相当重要的工序。做好侦查终结工作对于保证人民检察院准确、及时地提起公诉，使依法应当受到刑事追究的犯罪人受到应有的惩罚，保障无罪的和依法不应受到刑事追究的公民及时得到解脱，保护公民的合法权益，具有极其重要的意义。

二、移送审查起诉的条件和程序

《刑事诉讼法》第162条规定：公安机关侦查终结的案件，应当做到犯罪事实清楚，证据确实、充分，并且写出起诉意见书，连同案卷材料、证据一并移送同级人民检察院审查决定；同时将案件移送情况告知犯罪嫌疑人及其辩护律师。犯罪嫌疑人自愿认罪的，应当记录在案，随案移送，并在起诉意见书中写明有关情况。因此，公安机关侦查终结移送审查起诉必须符合以下条件。

（一）犯罪事实已经查清

犯罪事实已经查清是指犯罪人、犯罪的时间和地点、犯罪的动机和目的、犯罪手段、犯罪结果以及其他有关犯罪的具体情节都已查清，犯罪的性质和罪名已经确定，并且没有遗漏罪行和其他应当追究刑事责任的人。

（二）证据确实、充分

根据《刑事诉讼法》第55条第2款的规定，证据确实、充分应当符合以下条件：其一，定罪量刑的事实都有证据证明；其二，据以定案的证据均经法定程序查证属实；其三，综合全案证据，对所认定事实已排除合理怀疑。

（三）法律手续完备

法律手续完备包括诉讼中依法形成的文书和应当履行的法律手续齐备完整，并符合法律规定的要求。

根据公安部的有关规定，公安机关立案侦查的案件，当案件侦查终结时，案件承办人应当及时制作侦查终结报告，由县级以上公安机关负责人批准；重大、复杂、疑难的案件应当经过集体讨论。侦查终结后，应当将全部案卷材料按照要求装订立卷。向人民检察院移送案件时，只移送诉讼卷，侦查卷由公安机关存档备查。具备起诉条件的，公安机关写出起诉意见书，连同案卷材料、证据一并移送同级人民检察院审查决定。根据《刑事诉讼法》第160条第2款规定，犯罪嫌疑人不讲真实姓名、住址，身份不明，但犯罪事实清楚，证据确实、充分的，也可以按其自报的姓名起诉、审判。

对查封、扣押的犯罪嫌疑人的财物及其孳息、文件或者冻结的财产，作为证据使用的，应当随案移送，并制作随案移送清单一式两份，一份留存，另一份交人民检察院。对于实物不宜移送的，应当将其清单、照片或者其他证明文件随案移送。待人民法院作出生效判决后，按照人民法院的通知，上缴国库或者依法予以返还，并向人民法院送交回执。人民法院未作出处理的，应当征求人民法院意见，并根据人民法院的决定依法作出处理。

公安机关对侦查终结的案件，应当制作起诉意见书，经县级以上公安机关负责人批准后，连同全部案卷材料、证据，以及辩护律师提出的意见，一并移送同级人民检察院审查决定；同时将案件移送情况告知犯罪嫌疑人及其辩护律师。共同犯罪案件的起诉意见书，应当写明每个犯罪嫌疑人在共同犯罪中的地位、作用、具体罪责和认罪态度，并分别提出处理意见。被害人提出附带民事诉讼的，应当记录在案；移送审查起诉时，应当在起诉意见书末页注明。人民检察院作出不起诉决定的，如果犯罪嫌疑人在押，公安机关应当立即办理释放手续，并根据人民检察院解除查封、扣押、冻结财物的书面通知，及时解除查封、扣押、冻结。人民检察院提出对被不起诉人给予行政处罚、行政处分或者没收其违法所得的检察意见，移送公安机关处理的，公安机关应当将处理结果及时通知人民检察院。认为人民检察院作出的不起诉决定有错误的，应当在收到不起诉决定书后 7 日以内制作要求复议意见书，经县级以上公安机关负责人批准后，移送同级人民检察院复议。要求复议的意见不被接受的，可以在收到人民检察院的复议决定书后 7 日以内制作提请复核意见书，经县级以上公安机关负责人批准后，连同人民检察院的复议决定书，一并提请上一级人民检察院复核。

三、撤销案件的条件和程序

根据《刑事诉讼法》的规定，在侦查过程中，发现不应对犯罪嫌疑人追究刑事责任的，应当撤销案件；犯罪嫌疑人已被逮捕的，应当立即释放，发给释放证明，并且通知原批准逮捕的人民检察院。这里所讲的不应对犯罪嫌疑人追究刑事责任的情形，主要是指《刑事诉讼法》第 16 条规定的情形，以及根本没有犯罪发生等不应追究刑事责任的情形。

四、侦查程序中对犯罪嫌疑人的羁押期限

《刑事诉讼法》第 156 条至第 160 条规定了侦查程序中对犯罪嫌疑人的羁押期限，侦查机关必须严格遵守。

对犯罪嫌疑人逮捕后的侦查羁押期限不得超过 2 个月。案情复杂、期限届满不能终结的案件，可以经上一级人民检察院批准延长 1 个月。这是《刑事诉讼法》对侦查羁押期限的一般规定。

因为特殊原因，在较长时间内不宜交付审判的特别重大、复杂的案件，由最高人民检察院报请全国人民代表大会常务委员会批准延期审理。

下列案件在《刑事诉讼法》第 156 条规定的期限届满前不能侦查终结的，经省、自治区、直辖市人民检察院批准或者决定，可以延长 2 个月：交通十分不便的边远地区的重大复杂案件；重大的犯罪集团案件；流窜作案的重大复杂案件；犯罪涉及面广，取证困难的重大复杂案件。

对犯罪嫌疑人可能判处 10 年有期徒刑以上刑罚，依照《刑事诉讼法》第 158 条规定延长期限届满，仍不能侦查终结的，经省、自治区、直辖市人民检察院批准或者决定，可以再延长 2 个月。在侦查期间，发现犯罪嫌疑人另有重要罪行的，自发现之日起依照《刑事诉讼法》第 156 条的规定重新计算侦查羁押期限。犯罪嫌疑人不讲真实姓名、住址，身份不明的，侦查羁押期限自查清其身份之日起计算，但是不得停止对其犯罪行为的侦查取证。对于犯罪事实清楚，证据确实、充分的，也可以按其自报的姓名移送人民检察院审查起诉。

根据《刑事诉讼法》第 149 条的规定，对犯罪嫌疑人做精神病鉴定的期间不计入办案期限。

第十一节　人民检察院的侦查

一、人民检察院依法行使侦查权

人民检察院是国家的法律监督机关。根据《刑事诉讼法》的规定，人民检察院在对诉讼活动实行法律监督中发现的司法工作人员实施的非法拘禁、刑讯逼供、非法搜查等侵犯公民权利、损害司法公正的犯罪，可以由人民检察院立案侦查。对于公安机关管辖的国家机关工作人员利用职权实施的重大犯罪案件，需要由人民检察院直接受理的时候，经省级以上人民检察院决定，可以由人民检察院立案侦查。

人民检察院对直接受理的案件的侦查，根据《刑事诉讼法》第 164 条规定，适用其第二编第二章第一节至第十节的有关规定，也即《刑事诉讼法》关于侦查的所有规定均适用于人民检察院直接受理的案件。同时，考虑到人民检察院的性质和其直接受理的案件的特殊性，《刑事诉讼法》和最高人民检察院的司法解释对其侦查权的行使进行了进一步的规定。

根据《刑事诉讼法》第 165 条的规定，人民检察院直接受理的案件中符合《刑事诉讼法》第 81 条、第 82 条第 4 项、第 5 项规定情形，需要逮捕、拘留犯罪嫌疑人的，由人民检察院作出决定，由公安机关执行。

人民检察院对直接受理的案件中被拘留的人，认为需要逮捕的，应当在 14 日以内作出决定。在特殊情况下，决定逮捕的时间可以延长 1 日至 3 日。对不需要逮捕的，应当立即释放；对需要继续侦查，并且符合取保候审、监视居住条件的，依法取保候审或者监视居住。人民检察院侦查终结的案件，应当依法作出提起公诉、不起诉或者撤销案件的决定。

检察人员在侦查中对于与犯罪有关的场所、物品、人身、尸体应当进行勘验或者检查。在必要的时候，可以指派检察技术人员或者聘请其他具有专门知识的人，在检察人员的主持下进行勘验、检查。进行勘验、检查，应当持有检察长签发的勘查证。勘查现场，应当拍摄现场照片，勘查的情况应当写明笔录并制作现场图，由参加勘查的人和见证人签名。对重大案件的现场，应当录像。勘验时，人民检察院应当邀请 2 名与案件无关的见证人。

为了确定被害人、犯罪嫌疑人的某些特征、伤害情况或者生理状态，人民检察院可以对人身进行检查，可以提取指纹信息，采集血液、尿液等生物样本。必要时，可以指派、聘请法医或者医师进行人身检查。采集血液等生物样本应当由医师进行。犯罪嫌疑人如果拒绝检查，检察人员认为必要的时候，可以强制检查。

检查妇女的身体，应当由女工作人员或者医师进行。人身检查不得采用损害被检查人生命、健康或贬低其名誉或人格的方法。在人身检查过程中知悉的被检查人的个人隐私，检察人员应当保密。

人民检察院解剖死因不明的尸体，应当通知死者家属到场，并让其在解剖通知书上签名或者盖章。死者家属无正当理由拒不到场或者拒绝签名、盖章的，不影响解剖的进行，但是应当在解剖通知书上记明。对于身份不明的尸体，无法通知死者家属的，应当记明笔录。

人民检察院在办理刑事案件过程中，为了查明案情，在必要的时候，经检察长批准，可以进行侦查实验。侦查实验，禁止一切足以造成危险、侮辱人格或者有伤风化的行为。侦查实验，在必要的时候可以聘请有关专业人员参加，也可以要求犯罪嫌疑人、被害人、证人参加。侦查实验，应当制作笔录，记明侦查实验的条件、经过和结果，由参加侦查实验的人员签名。必要时可以对侦查实验录音、录像。

人民检察院在侦查过程中有权要求有关单位和个人，交出能够证明犯罪嫌疑人有罪或者无罪以及犯罪情节轻重的证据。为了收集犯罪证据，查获犯罪人，经检察长批准，检察人员可以对犯罪嫌疑人以及可能隐藏罪犯或者犯罪证据的人的身体、物品、住处、工作地点和其他有关的地方进行搜查。进行搜查，应当向被搜查人或者他的家属出示搜查证。搜查证由检察长签发。人民检察院在搜查前，应当了解被搜查对象的基本情况、搜查现场及周围环境，确定搜查的范围和重点，明确搜查人员的分工和责任。搜查应当在检察人员的主持下进行，可以有司法警察参加。必要的时候，可以指派检察技术人员参加或者邀请当地公安机关、有关单位协助进行。执行搜查的检察人员不得少于2人。在执行逮捕、拘留的时候，遇有下列紧急情况之一，不另用搜查证也可以进行搜查：可能随身携带凶器的；可能隐藏爆炸、剧毒等危险物品的；可能隐匿、毁弃、转移犯罪证据的；可能隐匿其他犯罪嫌疑人的；其他紧急情况。搜查结束后，搜查人员应当在24小时内向检察长报告，及时补办有关手续。搜查时，应当有被搜查人或者他的家属、邻居或者其他见证人在场，并且对被搜查人或者其家属说明阻碍搜查、妨碍公务应负的法律责任。搜查妇女的身体，应当由女工作人员进行。搜查时，如果遇到阻碍，可以强制进行搜查。对以暴力、威胁方法阻碍搜查的，应当予以制止，或者由司法警察将其带离现场；阻碍搜查构成犯罪的，应当依法追究刑事责任。搜查应当全面、细致、及时，并且指派专人严密注视搜查现场的动向。进行搜查的人员，应当遵守纪律，服从指挥，文明执法，不得无故损坏搜查现场的物品，不得擅自扩大搜查对象和范围。对于查获的重要书证、物证、视听资料、电子数据及其放置、存储地点应当拍照，并且用文字说明有关情况，必要的时候可以录像。搜查情况应当制作笔录，由检察人员和被搜查人或者其家属、邻居或者其他见证人签名或者盖章。被搜查人在逃，其家属拒不到场，或者拒绝签名、盖章的，应当记明笔录。人民检察院到本辖区以外进行搜查，检察人员应当携带搜查证、工作证以及载有主要案情、搜查目的、要求等内容的公函，与当地人民检察院联系，当地人民检察院应当协助搜查。

人民检察院根据侦查犯罪的需要，可以依照规定查询、冻结犯罪嫌疑人的存款、汇款、债券、股票、基金份额等财产，并可以要求有关单位和个人配合。查询、冻结犯罪嫌疑人的存款、汇款、债券、股票、基金份额等财产，应当经检察长批准，制作查询、冻结财产通知书，通知银行或者其他金融机构、邮电部门执行。犯罪嫌疑人的存款、汇款、债券、股票、基金份额等财产已冻结的，人民检察院不得重复冻结，但是应当要求有关银行或者其他金融机构、邮电部门在解除冻结或者作出处理前通知人民检察院。扣押、冻结债券、股票、基金份额等财产，应当书面告知当事人或者其法定代理人、委托代理人有权申请出售。对于被扣押、冻结的债券、股票、基金份额等财产，在扣押、冻结期间权利人申请出售，经审查认为不损害国家利益、被害人利益，不影响诉讼正常进行的，以及扣押、冻结的汇票、本票、支票的有效期即将届满的，经检察长批准，可以在案件办结前依法出售或者变现，所得价款由检察机关指定专门的银行账户保管，并及时告知当事人或者其近亲属。对于冻结的存款、汇款、债券、股票、基金份额等财产，经查明确实与案件无关的，应当在3日以内解除冻结，并通知被冻结存款、汇款、债券、股票、基金份额等财产的所有人。

人民检察院为了查明案情，解决案件中某些专门性的问题，可以进行鉴定。鉴定由检察长批准，由人民检察院技术部门有鉴定资格的人员进行。必要的时候，也可以聘请其他有鉴定资格的人员进行，但是应当征得鉴定人所在单位的同意。鉴定人进行鉴定后，应当出具鉴定意见、检验报告，同时附上鉴定机构和鉴定人的资质证明，并且签名或者盖章。多个鉴定人的鉴定意见不一致的，应当在鉴定意见上写明分歧的内容和理由，并且分别签名或者盖章。对于鉴定意见，检察人员应当进行审查，必要的时候，可以提出补充鉴定或者重新鉴定的意见，报检察长批准后进行补充鉴定或者重新鉴定。检察长也可以直接决定进行补充鉴定或者重新鉴定。用做证据的鉴定意见，人民检察院办案部门应当告知犯罪嫌疑人、被害人；被害人死亡或者没有诉讼行为能力的，应当告知其法定代理人、近亲属或诉讼代理人。犯罪嫌疑人、被害人或被害人的法定代理人、近亲属、诉讼代理人提出申请，经检察长批准，可以补充鉴定或者重新鉴定，鉴定费用由请求方承担，但原鉴定违反法定程序的，由人民检察院承担。犯罪嫌疑人的辩护人或者近亲属以犯罪嫌疑人有患精神病可能而申请对犯罪嫌疑人进行鉴定的，鉴定费用由请求方承担。人民检察院决定重新鉴定的，应当另行指派或者聘请鉴定人。

根据《刑事诉讼法》第150条第2款规定，人民检察院在立案后，对于利用职权实施的严重侵犯公民人身权利的重大犯罪案件，根据侦查犯罪的需要，经过严格的批准手续，可以采取技术侦查措施，按照规定交有关机关执行。

人民检察院采取技术侦查措施应当根据侦查犯罪的需要，确定采取技术侦查措施的种类和适用对象，按照有关规定报请批准。批准决定自签发之日起3个月以内有效。对于不需要继续采取技术侦查措施的，应当及时解除；对于复杂、疑难案件，期限届满仍有必要继续采取技术侦查措施的，应当在期限届满前10日以内制作呈请延长技术侦查措施期限报告书，写明延长的期限及理由，经过原批准机关批准，有效期可以延长，每次不得超过3个月。

采取技术侦查措施收集的材料作为证据使用的，批准采取技术侦查措施的法律决定文书应当附卷，辩护律师可以依法查阅、摘抄、复制。对于采取技术侦查措施收集的物证、书证及其他证据材料，侦查人员应当制作相应的说明材料，写明获取证据的时间、地点、数量、特征以及采取技术侦查措施的批准机关、种类等，并签名和盖章。对于使用技术侦查措施获取的证据材料，如果可能危及特定人员的人身安全、涉及国家秘密或者公开后可能暴露侦查秘密或者严重损害商业秘密、个人隐私的，应当采取不暴露有关人员身份、技术方法等保护措施。在必要的时候，可以建议不在法庭上质证，由审判人员在庭外对证据进行核实。

检察人员对采取技术侦查措施过程中知悉的国家秘密、商业秘密和个人隐私，应当保密；对采取技术侦查措施获取的与案件无关的材料，应当及时销毁，并对销毁情况制作记录。采取技术侦查措施获取的证据、线索及其他有关材料，只能用于对犯罪的侦查、起诉和审判，不得用于其他用途。

人民检察院办理直接受理立案侦查的案件，应当逮捕的犯罪嫌疑人如果在逃，或者已被逮捕的犯罪嫌疑人脱逃的，经检察长批准，可以通缉。各级人民检察院需要在本辖区内通缉犯罪嫌疑人的，可以直接决定通缉；需要在本辖区外通缉犯罪嫌疑人的，由有决定权的上级人民检察院决定。人民检察院应当将通缉通知书和通缉对象的照片、身份、特征、案情简况送达公安机关，由公安机关发布通缉令，追捕归案。为防止犯罪嫌疑人等涉案人员逃往境外，需要在边防口岸采取边控措施的，人民检察院应当按照有关规定制作边控对象通知书，商请公安机关办理边控手续。人民检察院应当及时了解通缉的执行情况。对于应当逮捕的犯罪嫌疑人，如果潜逃出境，可以按照有关规定层报最高人民检察院商请国际刑警组织中国国家中心局，请求有关方面协助，或者通过其他法律规定的途径进行追捕。

二、人民检察院侦查终结的程序

《刑事诉讼法》第168条规定："人民检察院侦查终结的案件，应当作出提起公诉、不起诉或者撤销案件的决定。"根据这一规定，侦查终结后人民检察院应当区分三种情况分别处理，即提起公诉、不起诉和撤销案件。

经过侦查，人民检察院认为犯罪事实清楚，证据确实、充分，足以认定犯罪嫌疑人构成犯罪，依法应当追究刑事责任的，直接作出提起公诉的决定，按照审判管辖的规定，向人民法院提起公诉。

经过侦查，人民检察院认为犯罪事实清楚，证据确实、充分，足以认定犯罪嫌疑人构成犯罪，但犯罪情节轻微，依照《刑法》规定不需要判处刑罚或者应当免除刑罚的，可以作出不起诉决定。

经过侦查，有足够的证据证明不应当对犯罪嫌疑人追究刑事责任的，应当撤销案件。犯罪嫌疑人已被逮捕的，应当立即释放，发给释放证明。

第十二节　监察委员会的调查

一、监察委员会对职务犯罪依法行使调查权

监察委员会是我国行使国家监察职能的专责机关，依照《监察法》对所有行使公权力的公职人员进行监察，调查职务违法和职务犯罪，开展廉政建设和反腐败工作，维护宪法和法律的尊严。根据《监察法》规定，国家监察委员会领导地方各级监察委员会的工作，上级监察委员会领导下级监察委员会的工作。监察委员会的重要职责就包括对涉嫌贪污贿赂、滥用职权、玩忽职守、权力寻租、利益输送、徇私舞弊以及浪费国家资财等职务犯罪进行调查。对涉嫌职务犯罪的，将调查结果移送人民检察院依法审查、提起公诉。

监察机关行使调查职权，有权依法向有关单位和个人了解情况，收集、调取证据。有关单位和个人应当如实提供。监察机关及其工作人员对调查过程中知悉的国家秘密、商业秘密、个人隐私，应当保密。任何单位和个人不得伪造、隐匿或者毁灭证据。对涉嫌贪污贿赂、失职渎职等职务犯罪的被调查人，监察机关可以进行讯问，要求其如实供述涉嫌犯罪的情况。在调查过程中，监察机关可以询问证人等人员。被调查人涉嫌贪污贿赂、失职渎职等职务犯罪，监察机关已经掌握其部分犯罪事实及证据，仍有重要问题需要进一步调查，并有下列情形之一的，经监察机关依法审批，可以将其留置在特定场所：涉及案情重大、复杂的；可能逃跑、自杀的；可能串供或者伪造、隐匿、毁灭证据的；可能有其他妨碍调查行为的。对涉嫌行贿犯罪或者共同职务犯罪的涉案人员，监察机关可以依照前述规定采取留置措施。

监察机关调查涉嫌贪污贿赂、失职渎职等职务犯罪，根据工作需要，可以依照规定查询、冻结涉案单位和个人的存款、汇款、债券、股票、基金份额等财产，有关单位应当配合。冻结的财产经查明与案件无关的，应当在查明后3日内解除冻结，予以退还。监察机关可以对涉嫌职务犯罪的被调查人以及可能隐藏被调查人或者犯罪证据的人的身体、物品、住处和其他有关

地方进行搜查。在搜查时，应当出示搜查证，并有被搜查人或者其家属等见证人在场。搜查女性身体，应当由女性工作人员进行。监察机关进行搜查时，可以根据工作需要提请公安机关配合。公安机关应当依法予以协助。

监察机关在调查过程中，可以调取、查封、扣押用以证明被调查人涉嫌犯罪的财物、文件和电子数据等信息。采取调取、查封、扣押措施，应当收集原物原件，会同持有人或者保管人、见证人，当面逐一拍照、登记、编号，开列清单，由在场人员当场核对、签名，并将清单副本交财物、文件的持有人或者保管人。对调取、查封、扣押的财物、文件，监察机关应当设立专用账户、专门场所，确定专门人员妥善保管，严格履行交接、调取手续，定期对账核实，不得毁损或者用于其他目的。对价值不明物品应当及时鉴定，专门封存保管。查封、扣押的财物、文件经查与案件无关的，应当在查明后的3日内解除查封、扣押，予以退还。

监察机关在调查过程中，可以直接或者指派、聘请具有专门知识、资格的人员在调查人员主持下进行勘验检查。勘验检查情况应当制作笔录，由参加勘验检查的人员和见证人签名或者该章。

监察机关在调查过程中，对于案件中的专门性问题，可以指派、聘请有专门知识的人进行鉴定。鉴定人进行鉴定后，应当出具鉴定意见，并且签名。

监察机关调查涉嫌重大贪污贿赂等职务犯罪，根据需要，经过严格的批准手续，可以采取技术调查措施，按照规定交有关机关执行。批准决定应当明确采取技术调查措施的种类和适用对象，自签发之日起3个月内有效；对于复杂、疑难案件，期限届满仍有必要继续采取技术调查措施的，经过批准，有效期可以延长，每次不得超过3个月。对于不需要继续采取技术调查措施的，应当及时解除。

依法应当留置的被调查人如果在逃，监察机关可以决定在本行政区域内通缉，由公安机关发布通缉令，追捕归案。通缉范围超出本行政区域的，应当报请有权决定的上级监察机关决定。

监察机关为防止被调查人及相关人员逃匿境外，经省级以上监察机关批准，可以对被调查人及相关人员采取限制出境措施，由公安机关依法执行。对于不需要继续采取限制出境措施的，应当依法解除。

涉嫌职务犯罪的被调查人主动认罪认罚，有下列情形之一的，监察机关经领导人员集体研究，并报上一级监察机关批准，可以在移送人民检察院时提出从宽处罚的建议：自动投案，真诚悔罪悔过的；积极配合调查工作，如实供述监察机关还未掌握的违法犯罪行为的；积极退赃，减少损失的；具有重大立功表现或者案件涉及国家重大利益等情形的。职务违法犯罪的涉案人员揭发有关被调查人职务违法犯罪行为，查证属实的，或者提供重要线索，有助于调查其他案件的，监察机关经领导人员集体研究，并报上一级监察机关批准，可以在移送人民检察院时提出从宽处罚的建议。

监察机关依照《监察法》规定收集的物证、书证、证人证言、被调查人供述和辩解、视听资料、电子数据等证据材料，在刑事诉讼中可以作为证据使用。监察机关在收集、固定、审查、运用证据时，应当与刑事审判关于证据的要求和标准相一致。以非法方法收集的证据应当依法予以排除，不得作为案件处置的依据。

人民法院、人民检察院、公安机关、审计机关等国家机关在工作中发现公职人员涉嫌贪污贿赂、失职渎职等职务违法或者职务犯罪的问题线索，应当移送监察机关，由监察机关依法调查处置。被调查人既涉嫌严重职务违法或者犯罪，又涉嫌其他违法犯罪的，一般应当由监察机关为主调查，其他机关予以协助。

二、监察委员会对职务犯罪的调查程序

根据《监察法》规定，监察机关对职务违法和职务犯罪案件，应当进行调查，收集被调查人有无违法犯罪以及情节轻重的证据，查明违法犯罪事实，形成相互印证、完整稳定的证据链。严禁以威胁、引诱、欺骗及其他非法方式收集证据，严禁侮辱、打骂、虐待、体罚或者变相体罚被调查人和涉案人员。

监察委员会有权采取讯问、询问、留置、搜查、调取、查封、扣押、勘验检查等调查措施。监察委员会采取上述措施时，均应当依照规定出示证件，出具书面通知，由 2 人以上进行，形成笔录、报告等书面材料，并由相关人员签名、盖章。调查人员进行讯问以及搜查、查封、扣押等重要取证工作，应当对全过程进行录音录像，留存备查。调查人员应当严格执行调查方案，不得随意扩大调查范围、变更调查对象和事项。对调查过程中的重要事项，应当集体研究后按程序请示报告。

监察委员会采取留置措施，应当由监察机关领导人员集体研究决定。设区的市级以下监察机关采取留置措施，应当报上一级监察机关批准。省级监察机关采取留置措施，应当报国家监察委员会备案。留置时间不得超过 3 个月。在特殊情况下，可以延长一次，延长时间不得超过 3 个月。省级以下监察机关采取留置措施的，延长留置时间应当报上一级监察机关批准。监察机关发现留置措施不当的，应当及时解除。监察机关采取留置措施，可以根据工作需要提请公安机关配合。公安机关应当依法予以协助。对被调查人采取留置措施后，应当在 24 小时以内，通知被留置人员所在单位和家属，但有可能毁灭、伪造证据，干扰证人作证或者串供等有碍调查情形的除外。有碍调查的情形消失后，应当立即通知被留置人员所在单位和家属。监察机关应当保障被留置人员的饮食、休息和安全，提供医疗服务。讯问被留置人员应当合理安排讯问时间和时长，讯问笔录由被讯问人阅看后签名。

对涉嫌职务犯罪的，监察机关经调查认为犯罪事实清楚，证据确实、充分的，制作起诉意见书，连同案卷材料、证据一并移送人民检察院依法审查、提起公诉。监察机关经调查，对没有证据证明被调查人存在违法犯罪行为的，应当撤销案件，并通知被调查人所在单位。

监察机关经调查，对违法取得的财物，依法予以没收、追缴或者责令退赔；对涉嫌犯罪取得的财物，应当随案移送人民检察院。

监察机关在调查贪污贿赂、失职渎职等职务犯罪案件过程中，被调查人逃匿或者死亡，有必要继续调查的，经省级以上监察机关批准，应当继续调查并作出结论。被调查人逃匿，在通缉 1 年后不能到案，或者死亡的，由监察机关提请人民检察院依照法定程序，向人民法院提出没收违法所得的申请。

第十三节　补充侦查

一、补充侦查的概念和种类

补充侦查是指公安机关或者人民检察院依照法定程序，在原有侦查工作或者调查工作的基

础上继续收集补充证据的一种侦查活动。补充侦查是侦查工作或者调查工作的重要补充。

补充侦查不是每一个案件的必经程序，它是在原有侦查工作没有完成侦查任务的前提下就案件的部分情况、事实进行的侦查活动。如果原有的侦查工作或者调查工作已经达到侦查或者调查的目的和要求，侦查任务或者调查任务已经完成，就不存在补充侦查的问题。

根据《刑事诉讼法》的规定，补充侦查有退回补充侦查和自行补充侦查两种形式。退回补充侦查是决定退回补充侦查的人民检察院将案件退回给原侦查机关进行的补充侦查。自行补充侦查是决定补充侦查的人民检察院不再将案件退回公安机关而由自己进行的补充侦查。

二、不同阶段的补充侦查

（一）审查批准逮捕阶段的补充侦查

《刑事诉讼法》第 90 条规定：“人民检察院对于公安机关提请批准逮捕的案件进行审查后，应当根据情况分别作出批准逮捕或者不批准逮捕的决定。对于批准逮捕的决定，公安机关应当立即执行，并且将执行情况及时通知人民检察院。对于不批准逮捕的，人民检察院应当说明理由，需要补充侦查的，应当同时通知公安机关。”根据这一规定，在审查逮捕阶段需要补充侦查的，由人民检察院通知公安机关，退回公安机关补充侦查，而不能由人民检察院自行补充侦查。

（二）审查起诉阶段的补充侦查

根据《刑事诉讼法》第 175 条第 2 款至第 4 款规定，人民检察院审查案件，对于需要补充侦查的，可以退回公安机关补充侦查，也可以自行侦查。对于补充侦查的案件，应当在 1 个月以内补充侦查完毕。补充侦查以 2 次为限。补充侦查完毕移送人民检察院后，人民检察院重新计算审查起诉期限。对于两次补充侦查的案件，人民检察院仍然认为证据不足，不符合起诉条件的，应当作出不起诉决定。

根据《监察法》第 47 条规定，对监察机关移送的案件，人民检察院经审查，认为需要补充核实的，应当退回监察机关补充调查，必要时可以自行补充侦查。对于补充调查的案件，应当在 1 个月内补充调查完毕。补充调查以 2 次为限。

（三）法庭审理阶段的补充侦查

根据《刑事诉讼法》第 204 条第 2 项和第 205 条的规定，在法庭审判过程中，检察人员发现提起公诉的案件需要补充侦查的，可以提出延期审理的建议，由人民检察院决定补充侦查。人民检察院应当在 1 个月以内补充侦查完毕。

第十四节　侦查监督

一、侦查监督的概念和意义

侦查监督是人民检察院对公安机关的刑事侦查工作实行的法律监督。侦查监督在人民检察院的职能活动中占有相当重要的地位。

人民检察院是国家的法律监督机关。对公安机关的侦查活动实行法律监督，是人民检察院的重要职权。侦查监督的作用在于监督公安机关的侦查活动严格按照《刑事诉讼法》的规定进行，发现和纠正侦查过程中的错误，保证准确、及时地查明犯罪事实，正确适用法律，惩罚犯罪分子，既不让真正的罪犯逃避法律制裁，又不罪及无辜，从而保障公民的人身权利、财产权利、民主权利以及其他合法权益不受非法侵犯，维护国家法律的统一实施。

二、侦查监督的内容

《刑事诉讼法》规定的侦查监督，主要包括三个方面的内容，即批准逮捕、审查起诉和对侦查活动的监督。

（一）批准逮捕

批准公安机关逮捕犯罪嫌疑人的权力是人民检察院侦查监督权的重要组成部分。根据《刑事诉讼法》的规定，公安机关要求逮捕犯罪嫌疑人的时候，应当写出提请批准逮捕书，连同案卷材料、证据，一并移送同级人民检察院审查批准。必要的时候，人民检察院可以派人参加公安机关对于重大案件的讨论。人民检察院通过审查批准逮捕活动，监督公安机关严格执行逮捕的条件与程序。

（二）审查起诉

《刑事诉讼法》第 169 条规定："凡需要提起公诉的案件，一律由人民检察院审查决定。"人民检察院作为国家专门的法律监督机关，是代表国家对犯罪追诉的唯一机关。人民检察院审查起诉即是其依法对公安机关认定的犯罪事实和证据、犯罪性质以及适用法律等进行审查核实并作出处理决定的诉讼活动。在审查起诉过程中，人民检察院认为公安机关可能存在《刑事诉讼法》第 56 条规定的以非法方法收集证据情形的，可以要求公安机关对证据收集的合法性作出说明。发现移送起诉的案件证据不足的，人民检察院可以退回公安机关补充侦查，也可以自行侦查。对于 2 次补充侦查的案件，人民检察院仍然认为证据不足，不符合起诉条件的，应当作出不起诉决定，从而保证起诉的公正性和准确性。

（三）对侦查活动的监督

人民检察院依法对公安机关的侦查活动是否合法实行监督。人民检察院在审查逮捕、审查起诉中，应当审查公安机关的侦查活动是否合法。发现违法情况的，应当提出意见通知公安机关纠正。构成犯罪的，移送有关部门依法追究刑事责任。人民检察院发现侦查中违反法律规定的羁押和办案期限的，应当依法提出纠正违法意见。

问题与思考

简答题

1. 侦查的任务和意义是什么？

2. 讯问犯罪嫌疑人的法定程序是什么？
3. 法律对勘验、检查有什么要求？
4. 扣押物证、书证应当注意哪些问题？
5. 搜查应当注意哪些问题？
6. 侦查终结的条件和程序是什么？
7. 补充侦查有哪几种情况？

课堂讨论案例

犯罪嫌疑人王诚，因涉嫌组织、领导、参加黑社会性质组织罪，抢劫罪，走私罪和故意伤害罪被公安机关立案侦查。公安机关于2013年1月1日拘留犯罪嫌疑人王诚，王诚提出聘请律师，公安机关以涉嫌黑社会性质犯罪为由拒绝了王诚的要求。2013年2月6日，人民检察院批准逮捕王诚。由于案情重大，经上级人民检察院批准，延长侦查羁押期限。公安机关于2013年6月11日侦查终结，向人民检察院移送审查起诉。检察机关认为部分犯罪事实不清，证据不足，退回补充侦查。补充侦查完毕后，人民检察院仍认为王诚涉嫌走私罪证据不足，但在公安机关的催促下，于1个月之后向人民法院提起公诉。

请结合侦查程序的相关内容，回答下列问题：

1. 在侦查阶段，犯罪嫌疑人王诚可以行使哪些诉讼权利？

2. 犯罪嫌疑人王诚认为公安机关对其拘留超过法定期限，公安机关则认为对王诚的拘留没有超过法定期限。请谈谈你的看法。

法律职业资格（司法）考试真题

1. 某公安机关对涉嫌盗窃罪的钱某及其妻子范某执行拘留时搜查了他们的住处。在搜查时，因情况紧急未用搜查证，但钱某夫妇一直在场。由于没有女侦查人员在场，所以由男侦查人员对钱某、范某的身体进行了搜查。搜查结束时，侦查人员要求被搜查人在搜查笔录上签名时遭到拒绝，侦查人员就此结束搜查活动。该案搜查活动中哪些违反法律规定？（ ）（多选）

A. 在搜查时因情况紧急未用搜查证
B. 在搜查时钱某夫妇一直在场
C. 由男侦查人员对范某的身体进行了搜查
D. 侦查人员要求被搜查人在搜查笔录上签名遭拒绝后就此结束了搜查活动

2. 侦查人员询问证人时，正确的做法是：（ ）。（不定项）

A. 侦查人员甲，询问前向证人介绍了基本案情，告知证人应当如实地提供证言
B. 侦查人员乙，对拒绝作证的证人进行了拘留，保证了及时收集证据
C. 侦查人员丙，询问17岁的证人许某时，通知其父到场
D. 侦查人员丁，同时询问了共同目击证人李某、杨某

3. 在刑事诉讼中，下列哪些材料不得作为鉴定意见使用？（ ）（多选）

A. 材料甲，系被害人到医院就诊时医生出具的诊断证明
B. 材料乙，盖有某鉴定机构公章，但签名人系被撤销鉴定人登记的人员
C. 材料丙，由具有专门知识但因职务过失犯罪受过刑事处罚的张某作出

D. 材料丁，经依法登记的司法鉴定机构指定的鉴定人王某作出

4. 甲公司向公安机关报案，称高某利用职务便利侵占本公司公款 320 万元。侦查机关在侦查中发现，高某有存款 380 万元，利用侵占的公款购买的汽车 1 部和住房 1 套，还发现高某私藏军用子弹 120 发。公安机关对于上述财物、物品所做的下列哪种处理是错误的？（　　）（单选）

A. 扣押汽车 1 部　　B. 查封住房 1 套

C. 扣押子弹 120 发　　D. 冻结存款 380 万元

5. 黄某住甲市 A 区，因涉嫌诈骗罪被甲市检察院批准逮捕。由于案情复杂，期限届满侦查不能终结，侦查机关报请有关检察机关批准延长 1 个月。其后，由于该案重大复杂，涉及面广，取证困难，侦查机关报请有关检察机关批准后，又延长了 2 个月。但是，延长 2 个月后，仍不能侦查终结，且根据已查明的犯罪事实，对黄某可能判处无期徒刑，侦查机关第三次报请检察院批准再延长 2 个月。在报请延长手续问题上，下列哪一选项是错误的？（　　）（单选）

A. 第一次延长，须经甲市检察院批准

B. 第二次延长，须经甲市检察院的上一级检察院批准

C. 第二次延长，须经甲市所属的省检察院批准

D. 第三次延长，须经甲市所属的省检察院批准

6. 为确定强奸案被害人甲受到暴力伤害的情况，侦查人员拟对她进行人身检查。下列哪些选项是正确的？（　　）（多选）

A. 如果甲拒绝检查，可以对她进行强制检查

B. 如果甲拒绝检查，不得对她进行强制检查

C. 如果甲同意检查，可以由医师进行检查

D. 如果甲同意检查，可以由女工作人员进行检查

7. 张某因涉嫌放火罪被批准逮捕。公安机关在侦查过程中，发现张某另有抢劫罪的重大嫌疑，决定依照刑事诉讼法的规定重新计算羁押期限。关于重新计算羁押期限，下列哪一选项是正确的？（　　）（单选）

A. 报同级检察院批准　　B. 报同级检察院备案

C. 报上一级公安机关批准　　D. 报上一级公安机关备案

8. 关于侦查中的检查与搜查，下列哪一说法是正确的？（　　）（单选）

A. 搜查的对象可以是活人的身体，检查只能对现场、物品、尸体进行

B. 搜查只能由侦查人员进行，检查可以由具有专门知识的人在侦查人员主持下进行

C. 搜查应当出示搜查证，检查不需要任何证件

D. 搜查和检查对任何对象都可以强制进行

9. 关于扣押物证、书证，下列哪些做法是正确的？（　　）（多选）

A. 侦查人员在搜查钱某住宅时，发现一份能够证明钱某无罪的证据，对此证据予以扣押

B. 在杜某故意杀人案中，侦查机关依法扣押杜某一些物品和文件。对与案件无关的物品和文件，侦查机关应当在五日内解除扣押、冻结，退还杜某

C. 公安机关在侦查刘某盗窃案中，可以依照规定查询、冻结刘某的存款、汇款

D. 在对周某盗窃罪审查起诉中，周某死亡，检察院决定将依法冻结的周某赃款的一部分上缴国库，其余部分返还给被害人

10. 公安机关抓获一起抢夺案犯罪嫌疑人黄某、王某。王某声称被错抓，公安机关决定组织对王某进行辨认。关于公安机关的做法，下列哪些选项是正确的？（ ）（多选）

A. 让2名被害人一同对王某进行辨认

B. 让黄某单独对王某进行辨认

C. 在辨认时没有安排见证人在场

D. 将王某混在其他5名被辨认人当中

11. 高某涉嫌抢劫犯罪，公安机关经二次补充侦查后将案件移送检察机关，检察机关审查发现高某可能还实施了另一起盗窃犯罪。检察机关关于此案的处理，下列哪一选项是正确的？（ ）（单选）

A. 再次退回公安机关补充侦查，并要求在1个月内补充侦查完毕

B. 要求公安机关收集并提供新发现的盗窃犯罪的证据材料

C. 对新发现的盗窃犯罪自行侦查，并要求公安机关提供协助

D. 将新发现的盗窃犯罪移送公安机关另行立案侦查，对已经查清的抢劫犯罪提起公诉

12. 在一起聚众斗殴案件发生时，证人甲乙丙丁四人在现场目睹事实经过，侦查人员对上述四名证人进行询问。关于询问证人的程序和方式，下列哪一选项是错误的？（ ）（单选）

A. 在现场立即询问证人甲

B. 传唤证人乙到公安机关提供证言

C. 到证人丙租住的房屋询问证人丙

D. 到证人丁提出的其工作单位附近的快餐厅询问证人丁

13. 对侦查所实施的司法控制，包括对某些侦查行为进行事后审查。下列哪一选项是正确的？（ ）（单选）

A. 事后审查的对象主要包括逮捕、羁押、搜查等

B. 事后审查主要针对的是强行性侦查措施

C. 采取这类侦查行为不可以由侦查机关独立作出决定

D. 对于这类行为，公民认为侦查机关侵犯其合法权益的，可以寻求司法途径进行救济

14. 关于勘验、检查，下列哪一选项是正确的？（ ）（单选）

A. 为保证侦查活动的规范性与合法性，只有侦查人员可进行勘验、检查

B. 侦查人员进行勘验、检查，必须持有侦查机关的证明文件

C. 检查妇女的身体，应当由女工作人员或者女医师进行

D. 勘验、检查应当有见证人在场，勘验、检查笔录上没有见证人签名的，不得作为定案的根据

15. 检察机关审查批准逮捕，下列哪些情形存在时应当讯问犯罪嫌疑人？（ ）（多选）

A. 犯罪嫌疑人的供述前后反复且与其他证据矛盾

B. 犯罪嫌疑人要求向检察机关当面陈述

C. 侦查机关拘留犯罪嫌疑人36小时以后将其送交看守所羁押

D. 犯罪嫌疑人是聋哑人

16. 在侦查过程中，下列哪些行为违反我国刑事诉讼法的规定？（ ）（多选）

A. 侦查人员拒绝律师讯问时在场的要求

B. 公安机关变更逮捕措施，没有通知原批准的检察院

C. 公安机关认为检察院不批准逮捕的决定有错误，提出复议前继续拘留犯罪嫌疑人

D. 侦查机关未告知犯罪嫌疑人家属指定居所监视居住的理由和处所

17. 关于补充侦查，下列哪些选项是正确的？（　　）（多选）

A. 审查批捕阶段，只有不批准逮捕的，才能通知公安机关补充侦查

B. 审查起诉阶段的补充侦查以两次为限

C. 审判阶段检察院应自行侦查，不得退回公安机关补充侦查

D. 审判阶段法院不得建议检察院补充侦查

18. 关于讯问犯罪嫌疑人，下列哪些选项是正确的？（　　）（多选）

A. 在拘留犯罪嫌疑人之前，一律不得对其进行讯问

B. 在拘留犯罪嫌疑人之后，可在送看守所羁押前进行讯问

C. 犯罪嫌疑人被拘留送看守所之后，讯问应当在看守所内进行

D. 对于被指定居所监视居住的犯罪嫌疑人，应当在指定的居所进行讯问

第十七章
起　诉

本章概要

起诉制度是刑事诉讼法的重要组成部分。现代各国的刑事起诉制度主要分为两种类型：一是刑事起诉完全实行公诉的方式；二是实行刑事公诉与自诉并存的方式。我国刑事诉讼实行以公诉为主、自诉为辅的犯罪追诉机制。审查起诉对保证人民检察院正确地提起公诉，发现和纠正侦查、调查活动中的违法行为具有重要意义。人民检察院经过审查起诉，应当根据案件的不同情况，依法作出提起公诉、不起诉、退回补充侦查的决定。不起诉是人民检察院审查案件的结果之一，具有终止诉讼的法律效力。不起诉分为法定不起诉、酌定不起诉、存疑不起诉和附条件不起诉四类。自诉包括下列三类案件：告诉才处理的案件；被害人有证据证明的轻微刑事案件；被害人有证据证明对被告人侵犯自己人身、财产权利的行为应当依法追究刑事责任，而公安机关或者人民检察院不予追究被告人刑事责任的案件。

关键术语

起诉　审查起诉提起公诉法定不起诉　酌定不起诉　存疑不起诉　附条件不起诉自诉

第一节　起诉的概念和意义

一、起诉的概念

刑事起诉，是指享有控诉权的国家机关和公民，依法向法院提起诉讼，请求法院对指控的内容进行审判，以确定被告人刑事责任并依法予以刑事制裁的诉讼活动。起诉是刑事诉讼程序的重要环节。根据我国刑事诉讼法的有关规定，刑事起诉可分为两种，即自诉和公诉。自诉是指刑事被害人及其法定代理人、近亲属等以个人的名义向法院起诉，要求保护被害人的合法权益，追究被告人刑事责任的诉讼活动。公诉则是指依法享有刑事起诉权的国家专门机关，代表国家向法院提起诉讼，要求法院通过审判确定被告人犯有被指控的罪行并给予相应的刑事制裁的诉讼活动。

二、刑事起诉的基本理论

人类社会最早的起诉方式是自诉。犯罪发生后，一般由被害人及其近亲属等直接向有管辖权的司法机关控告犯罪人。随着社会的发展进步和司法文明化程度的提高，国家的统治者逐步意识到，犯罪行为并不仅仅是对被害人个人利益的侵犯，更重要的是，犯罪的泛滥也从根本上危害了国家和社会利益，对整个统治秩序都构成威胁。为了有效地维护统治阶级的利益和控制社会秩序，国家开始设立专门的机构和官员来承担起诉职能，这就促使刑事公诉制度逐步形成。

现代各国的刑事起诉制度主要分为两种类型：一种是刑事起诉完全实行公诉的方式，即刑事案件的起诉权被国家垄断，排除被害人自诉；另一种是刑事公诉兼自诉制度，即较为严重的犯罪案件由检察机关代表国家提起刑事公诉，而少数轻微的刑事案件允许公民自诉。对于符合起诉条件的刑事公诉案件是否必须向审判机关起诉的问题，也存在两种不同的原则：一种是起诉法定主义，即只要被告人的行为符合法定起诉条件，公诉机关就不享有自由裁量的权力，必须起诉，而不论具体情节；另一种是起诉便宜主义，即被告人的行为具备起诉条件的，是否起诉，由检察官根据被告人及其行为的具体情况以及刑事政策等因素自由裁量。现代刑事诉讼普遍强调起诉法定主义与起诉便宜主义的二元并存、相互补充的起诉原则。

我国刑事诉讼实行以公诉为主、自诉为辅的犯罪追诉机制，即在对刑事犯罪实行国家追诉的同时，兼采被害人追诉制度。绝大多数刑事案件由人民检察院代表国家向人民法院提起公诉，只有部分刑事案件由被害人及其法定代理人、近亲属直接向人民法院提起自诉，由人民法院直接受理。我国实行公诉为主、自诉为辅的起诉机制的目的是在保护国家利益、社会利益的同时，最大限度地保护被害人等的个人合法权益。公诉和自诉两种控诉形式互相补充，构成了我国刑事起诉的完整体系。在起诉原则上，我国以采用起诉法定主义为主，兼采起诉便宜主义，检察官的起诉裁量权受到严格限制。

在我国，提起公诉是指行使国家公诉权的检察机关，对侦查终结或调查终结移送起诉的案件或者对自行侦查终结的案件，经过全面审查，确认侦查阶段或调查阶段所收集的证据已经确实、充分，案件事实清楚，犯罪嫌疑人的行为已经构成犯罪，依法应当追究其刑事责任而提请人民法院审判的一项诉讼活动。提起公诉是我国刑事诉讼程序中的重要阶段，是人民检察院的核心职能。提起公诉，是侦查终结后的一个独立的诉讼阶段，具有下列特定任务。

1. 代表国家对侦查（调查）终结移送起诉的案件和自行侦查终结的案件，进行全面审查。

2. 根据事实和法律，对案件分别决定起诉、不起诉、退回补充侦查、退回补充调查或撤销案件，并制作相应的法律文书。

3. 通过对有关机关移送案件的审查，实行侦查监督，纠正违法的侦查行为。

4. 对于决定提起公诉交付审判的案件，做好出庭支持公诉的准备工作，并将案卷材料、证据移送人民法院；对于决定不起诉或者撤销的案件，从综合治理的目的出发做好善后工作。

三、起诉的意义

起诉是连接侦查与审判的唯一桥梁，是刑事诉讼的关键性程序之一，具有非常重要的诉讼地位。首先，起诉是审判程序之前的必经程序。不告不理是现代刑事诉讼的一项基本原则。所以，起诉是刑事审判的前提，没有起诉，也就没有审判。其次，当社会主体的权益受到犯罪行为侵害时，需要借助国家审判力量予以保护，控制犯罪，恢复权益的正常状态。而起诉正是向审判提供对象的诉讼活动。因此，起诉对于有效地控制犯罪和保障人权，都具有重要意义。最后，起诉程序对于保证准确地控制犯罪，保障无辜的人及依法不受刑事追究的人免受刑事追究，实现程序正义都具有非常重要的意义。在公诉案件中，人民检察院通过审查起诉和提起公诉活动，可以对侦查终结后移送起诉的案件，从认定事实到适用法律进行全面审查，监督侦查工作依法进行；将符合起诉条件的人起诉到人民法院，保障准确控制犯罪，使无辜的人和依法不受追诉的人尽早从刑事诉讼程序中解脱出来。在自诉案件中，通过提起自诉和对自诉的审查，既能够解决公民告状难的问题，也可以保证案件处理的准确性，顺利实现刑事诉讼公正与诉讼效率的双重价值。

第二节 提起公诉的程序

一、审查起诉

（一）审查起诉的概念

我国《刑事诉讼法》规定，凡需要提起公诉的案件，一律由人民检察院审查决定。因此，审查起诉，是人民检察院独立行使的专属诉讼职能。审查起诉，是指人民检察院在提起公诉阶段，为了确定对经侦查、调查终结的刑事案件是否应当提起公诉，而对调查、侦查机关确认的犯罪事实和证据、犯罪性质和罪名进行审查核实，并作出处理决定的一项诉讼活动，是实现人民检察院公诉职能的一项最基本的准备工作，也是人民检察院对侦查、调查活动实行法律监督的一项重要手段。因此，审查起诉对保证人民检察院正确地提起公诉，发现和纠正侦查、调查活动中的违法行为，具有重要意义。

（二）移送审查起诉案件的受理

根据我国《刑事诉讼法》及相关司法解释的规定，人民检察院对于移送审查起诉的案件，应当在7日内进行审查，审查的期限计入审查起诉的期限。人民检察院收到起诉意见书、移送起诉意见书后，应当指定检察人员审查案件是否属于本院管辖，起诉意见书以及案卷材料是否齐备，案卷装订、移送是否符合有关规定和要求，诉讼文书、技术性鉴定材料是否单独装订成卷，作为证据使用的实物是否随案移送及移送的实物与物品清单是否相符，犯罪嫌疑人是否在案及采取强制措施等情况。经过审查，对具备受理条件的，填写受理审查起诉登记表。对移送的起诉意见书及其他材料不符合有关规定和要求或者有遗漏的，应当要求相关部门在3日内补送。对于犯罪嫌疑人在逃的，应当要求监察、公安机关采取措施保证在逃的犯罪嫌疑人到案后另案移送审查起诉，对在案的犯罪嫌疑人的审查起诉应当照常进行。人民检察院审查起诉部门受理本院侦查部门移送审查起诉的案件，应当按照上述程序办理。

人民检察院对于监察机关移送起诉的案件，依照《刑事诉讼法》和《监察法》的有关规定进行审查。人民检察院经审查，认为需要补充核实的，应当退回监察机关补充调查，必要时可以自行补充侦查。对于监察机关移送起诉的已采取留置措施的案件，人民检察院应当对犯罪嫌疑人先行拘留，留置措施自动解除。人民检察院应当在拘留后的10日以内作出是否逮捕、取保候审或者监视居住的决定。在特殊情况下，决定的时间可以延长1日至4日。人民检察院决定采取强制措施的期间不计入审查起诉期限。

人民检察院受理同级监察、公安机关移送审查起诉的案件，经审查认为属于上级人民法院管辖的第一审案件的，应当写出审查报告，连同案卷材料报送上一级人民检察院，同时通知移送起诉的监察、公安机关；认为属于同级其他人民法院管辖的第一审案件的，应当写出审查报告，连同案卷材料移送有管辖权的人民检察院或者共同的上级人民检察院指定管辖，同时通知移送审查起诉的监察、公安机关。上级人民检察院受理同级监察、公安机关移送审查起诉的案件，认为属于下级人民法院管辖的，可以直接交由下级人民检察院审查，由下级人民检察院向同级人民法院提起公诉，同时通知移送审查起诉的监察、公安机关。一人犯数罪、共同犯罪和其他需要并案审理的案件，其中一人或一罪属于上级人民检察院管辖的，全案由上级人民检察院审查起诉。

（三）审查起诉的内容

根据《刑事诉讼法》相关规定和司法解释，人民检察院审查案件的时候，必须查明以下内容。

1. 犯罪事实、情节是否清楚，证据是否确实、充分，犯罪性质和罪名的认定是否正确。
2. 有无遗漏罪行和其他应当追究刑事责任的人。
3. 是否属于不应追究刑事责任的情形。
4. 有无附带民事诉讼。
5. 侦查、调查活动是否合法。

在司法实践中，人民检察院审查移送起诉的案件，应当查明：(1) 犯罪嫌疑人身份状况是否清楚，包括姓名、性别、国籍、出生年月日、职业和单位等；单位犯罪的，单位的相关情况是否清楚。(2) 犯罪事实、情节是否清楚；实施犯罪的时间、地点、手段、犯罪事实、危害后果是否明确。(3) 认定犯罪性质和罪名的意见是否正确；有无法定的从重、从轻、减轻或者免除处罚的情节及酌定从重、从轻情节；共同犯罪案件的犯罪嫌疑人在犯罪活动中的责任的认定是否恰当。(4) 证明犯罪事实的证据材料包括采取技术侦查措施的决定书及证据材料是否随案移送；证明相关财产系违法所得的证据材料是否随案移送；不宜移送的证据的清单、复制件、照片或者其他证明文件是否随案移送。(5) 证据是否确实、充分，是否依法收集，有无应当排除非法证据的情形。(6) 侦查、调查的各种法律手续和诉讼文书是否完备。(7) 有无遗漏罪行和其他应当追究刑事责任的人。(8) 是否属于不应当追究刑事责任的。(9) 有无附带民事诉讼；对于国家财产、集体财产遭受损失的，是否需要由人民检察院提起附带民事诉讼。(10) 采取的强制措施是否适当，对于已经逮捕的犯罪嫌疑人，有无继续羁押的必要。(11) 侦查、调查活动是否合法。(12) 涉案款物是否查封、扣押、冻结并妥善保管，清单是否齐备；对被害人合法财产的返还和对违禁品或者不宜长期保存的物品的处理是否妥当，移送的证明文件是否完备等。

人民检察院审查起诉未成年人刑事案件，自收到移送审查起诉的案件材料之日起3日以内，应当告知被害人及其法定代理人或者其近亲属、附带民事诉讼的当事人及其法定代理人有权委托诉讼代理人。对未成年被害人或者其法定代理人提出聘请律师意向，但因经济困难或者其他原因没有委托诉讼代理人的，应当帮助其申请法律援助。未成年犯罪嫌疑人被羁押的，人民检察院应当审查是否有必要继续羁押。对不需要继续羁押的，应当予以释放或者变更强制措施。审查起诉未成年犯罪嫌疑人，应当听取其父母或者其他法定代理人、辩护人、被害人及其法定代理人的意见。

人民检察院审查起诉未成年人刑事案件，具备以下条件之一，且其法定代理人、近亲属等与本案无牵连的，经公安机关同意，检察人员可以安排在押的未成年犯罪嫌疑人与其法定代理人、近亲属等进行会见、通话：（1）案件事实已基本查清，主要证据确实、充分，安排会见、通话不会影响诉讼活动正常进行。（2）未成年犯罪嫌疑人有认罪、悔罪表现，或者虽尚未认罪、悔罪，但通过会见、通话有可能促使其转化，或者通过会见、通话有利于社会、家庭稳定。（3）未成年犯罪嫌疑人的法定代理人、近亲属对其犯罪原因、社会危害性以及后果有一定的认识，并能配合司法机关进行教育。未成年犯罪嫌疑人同其法定代理人、近亲属等进行会见、通话时，检察人员应当告知其会见、通话不得有串供或者其他妨碍诉讼的内容。会见、通话时检察人员可以在场。会见、通话结束后，检察人员应当将有关内容及时整理并记录在案。（4）人民检察院办理未成年人刑事案件，可以应犯罪嫌疑人家属、被害人及其家属的要求，告知其审查逮捕、审查起诉的进展情况，并对有关情况予以说明和解释。

人民检察院审查批准逮捕、审查起诉未成年犯罪嫌疑人，应当同时依法监督侦查活动是否合法，发现有下列违法行为的，应当提出纠正意见；构成犯罪的，依法追究刑事责任：（1）违法对未成年犯罪嫌疑人采取强制措施或者采取强制措施不当的；（2）未依法实行对未成年犯罪嫌疑人与成年犯罪嫌疑人分别关押、管理的；（3）对未成年犯罪嫌疑人采取刑事拘留、逮捕措施后，在法定时限内未进行讯问，或者未通知其家属的；（4）讯问未成年犯罪嫌疑人或者询问未成年被害人、证人时，未依法通知其法定代理人或者合适成年人到场的；（5）讯问或者询问女性未成年人时，没有女性检察人员参加的；（6）未依法告知未成年犯罪嫌疑人有权委托辩护人的；（7）未依法通知法律援助机构指派律师为未成年犯罪嫌疑人提供辩护的；（8）对未成年犯罪嫌疑人威胁、体罚、侮辱人格、游行示众，或者刑讯逼供、指供、诱供的；（9）利用未成年人认知能力低而故意制造冤、假、错案的；（10）对未成年被害人、证人以暴力、威胁、诱骗等非法手段收集证据或者侵害未成年被害人、证人的人格尊严及隐私权等合法权益的；（11）违反羁押和办案期限规定的；（12）已作出不批准逮捕、不起诉决定，公安机关不立即释放犯罪嫌疑人的；（13）在侦查中有其他侵害未成年人合法权益行为的。

（四）审查起诉的程序

审查起诉是一项重要的诉讼活动，在整个刑事诉讼过程中，处于承前启后的中间环节。为保证审查起诉得以顺利进行，审查起诉的具体方法和步骤应当符合如下程序要求。

1. 人民检察院审查案件，应当讯问犯罪嫌疑人，听取辩护人或者值班律师、被害人及其诉讼代理人的意见，并记录在案，这是人民检察院审查起诉的必经程序。辩护人或者值班律师、被害人及其诉讼代理人提出书面意见的，应当附卷。讯问犯罪嫌疑人或者询问被害人、证人、鉴定人时，必须向其出示人民检察院的证明文件，并分别告知其在审查起诉阶段所享有的诉讼权利，且由 2 名以上办案人员进行。同时，讯问犯罪嫌疑人，询问证人、鉴定人、被害人，应当个别进行。询问证人、被害人的地点按照刑事诉讼法的规定执行。在司法实践中，有许多被害人、犯罪嫌疑人缺乏法律知识或受其文化水平限制，不能准确地陈述和回答检察人员的问题，需要委托他人代为诉讼。因此，刑事诉讼法规定人民检察院审查案件，应当听取辩护人或者值班律师、被害人及其诉讼代理人的意见，并记录在案。这些规定更有助于检察人员核实证据，查明案件事实。

犯罪嫌疑人认罪认罚的，人民检察院应当告知其享有的诉讼权利和认罪认罚的法律规定，听取犯罪嫌疑人、辩护人或者值班律师、被害人及其诉讼代理人对下列事项的意见，并记录在案：(1) 涉嫌的犯罪事实、罪名及适用的法律规定；(2) 从轻、减轻或者免除处罚等从宽处罚的建议；(3) 认罪认罚后案件审理适用的程序；(4) 其他需要听取意见的事项。人民检察院听取值班律师意见的，应当提前为值班律师了解案件有关情况提供必要的便利。辩护人、被害人及其诉讼代理人提出书面意见的，应当附卷。直接听取辩护人、被害人及其诉讼代理人的意见有困难的，可以通知辩护人、被害人及其诉讼代理人提出书面意见，在指定期限内未提出意见的，应当记录在案。

2. 审阅案卷材料。办案人员接到案件后，应当及时地审查监察、公安机关或其他刑事侦查部门移送的案卷材料是否齐备，有无起诉意见书、证据材料和其他法律文书。例如，如果犯罪嫌疑人被拘留、留置、逮捕和被搜查过，审查有无拘留证、留置证、逮捕证和搜查证。然后仔细阅读起诉意见书，了解犯罪嫌疑人的犯罪事实、情节，犯罪性质和罪名以及要求起诉的理由，详细审阅案卷中的证据材料，按照法定审查起诉的五项内容，逐项进行审查。发现疑问，可以向侦查、调查人员询问。审阅案卷要认真细致，并应制作阅卷笔录。

3. 对于随案移送的讯问犯罪嫌疑人录音、录像或者人民检察院调取的录音、录像，人民检察院应当审查相关的录音、录像；对于重大、疑难、复杂的案件，必要时可以审查全部录音、录像。

4. 人民检察院公诉部门经审查认为需要逮捕犯罪嫌疑人的，报请检察长批准作出逮捕决定；审查起诉期间，人民检察院可以根据辩护人的申请，向公安机关调取在侦查期间收集的证明犯罪嫌疑人、被告人无罪或者罪轻的证据材料。

5. 犯罪嫌疑人自愿认罪，同意量刑建议和程序适用的，办案人员应当在辩护人或者值班律师在场的情况下签署认罪认罚具结书。犯罪嫌疑人认罪认罚，有下列情形之一的，不需要签署认罪认罚具结书：(1) 犯罪嫌疑人是盲、聋、哑人，或者是尚未完全丧失辨认或者控制自己行为能力的精神病人的；(2) 未成年犯罪嫌疑人的法定代理人、辩护人对未成年人认罪认罚有异议的；(3) 其他不需要签署认罪认罚具结书的情形。

6. 人民检察院办案人员认为应当向人民法院提出量刑建议的，可以在审查报告中提出量刑的意见，一并报请决定。

7. 检察长承办的审查起诉案件，除应当由检察委员会讨论决定的以外，可以直接作出起诉或者不起诉的决定。

8. 追缴的财物中，属于被害人的合法财产，不需要在法庭出示的，应当及时返还被害人，并由被害人在发还款物清单上签名或者盖章，注明返还的理由，并将清单、照片附卷。追缴的财物中，属于违禁品或者不宜长期保存的物品，应当依照国家有关规定处理，并将清单、照片、处理结果附卷。

9. 人民检察院对于侦查机关移送审查起诉的案件，如果犯罪嫌疑人脱逃的，应当要求侦查机关采取措施保证犯罪嫌疑人到案后再移送审查起诉。共同犯罪中的部分犯罪嫌疑人脱逃的，对其他犯罪嫌疑人的审查起诉应当照常进行。

10. 犯罪嫌疑人患有精神病或者其他严重疾病丧失诉讼行为能力不能接受讯问的，人民检察院可以依法变更强制措施。对实施暴力行为的精神病人，人民检察院可以商请公安机关采取临时的保护性约束措施。经审查，应当按照下列情形分别处理：(1) 经鉴定系依法不负刑事责任的精神病人的，人民检察院应当作出不起诉决定。符合刑事诉讼法规定的强制医疗条件的，可以向人民法院提出强制医疗的申请。(2) 有证据证明患有精神病的犯罪嫌疑人尚未完全丧失辨认或者控制自己行为的能力，或者患有间歇性精神病的犯罪嫌疑人实施犯罪行为时精神正常，符合起诉条件的，可以依法提起公诉。(3) 案件事实不清、证据不足的，可以根据刑事诉讼法的规定退回侦查机关补充侦查。

11. 人民检察院审查起诉的案件，应当与人民法院审判管辖相适应。人民检察院受理同级监察、公安机关移送审查起诉的案件，经审查，认为属于上级人民法院管辖的第一审案件的，应当退回，由其按照案件管辖规定交由上级监察、公安机关向同级人民检察院移送审查起诉；必要时也可以写出审查报告，连同案卷材料报送上一级人民检察院。认为属于同级其他人民检察院管辖的第一审案件的，应当退回监察、公安机关，由其按照案件管辖规定向有管辖权的人民检察院移送审查起诉；必要时也可以写出审查报告，连同案卷材料报送共同上级人民检察院指定。上级人民检察院受理同级监察、公安机关移送审查起诉的案件，认为属于下级人民法院管辖的，可以建议同级监察、公安机关按照案件管辖规定，交由下级监察、公安机关向同级人民检察院移送审查起诉；也可以直接交下级人民检察院审查起诉。上级人民检察院认为需要指定管辖的，应当协商同级人民法院办理指定管辖有关事宜。人民检察院受理移送审查起诉案件，应当指定检察员或者经检察长批准代行检察员职务的助理检察员办理，也可以由检察长办理。

12. 人民检察院认为需要对案件中某些专门性问题进行鉴定而侦查机关没有鉴定的，应当要求侦查机关进行鉴定，必要时也可以由人民检察院进行鉴定或者由人民检察院送交有鉴定资格的人进行。人民检察院自行进行鉴定的，可以商请侦查机关派员参加，必要时可以聘请有鉴定资格的人参加。人民检察院在审查起诉中，发现犯罪嫌疑人可能患有精神病的，人民检察院应当依照有关规定对犯罪嫌疑人进行鉴定。犯罪嫌疑人的辩护人或者近亲属以犯罪嫌疑人可能患有精神病而申请对犯罪嫌疑人进行鉴定的，人民检察院也可以依照有关规定对犯罪嫌疑人进行鉴定，鉴定费用由申请方承担。人民检察院对鉴定意见有疑问的，可以询问鉴定人并制作笔录附卷，也可以指派检察技术人员或者聘请有鉴定资格的人对案件中的某些专门性问题进行补充鉴定或者重新鉴定。公诉部门对审查起诉案件中涉及专门技术问题的证据材料需要进行审查的，可以送交检察技术人员或者其他有专门知识的人审查，审查后应当出具审查意见；人民检察院审查案件的时候，对公安机关的勘验、检查，认为需要复验、复查的，应当要求公安机关复验、复查，人民检察院可以派员参加；也可以自行复验、复查，商请公安机关派员参加，必要时也可以聘请专门技术人员参加；人民检察院对物证、书证、视听资料、电子数据及勘验、检查、辨认、侦查实验等笔录存在疑问的，可以要求侦查人员提供获取、制作的有关情况。必要时也可以询问提供物证、书证、视听资料、电子数据及勘验、检查、辨认、侦查实验等笔录的人员和见证人并制作笔录附卷，对物证、书证、视听资料、电子数据进行技术鉴定；人民检察院对证人证言笔录存在疑问或者认为对证人的询问不具体或者有遗漏的，可以对证人进行询问并制作笔录附卷。询问前还要告知他们应当如实提供证据和陈述，询问时应个别进行，同时注意做好笔录。

13. 补充侦查。补充侦查是指人民检察院对监察、公安机关侦查终结移送起诉的案件，或者对自行侦查终结的案件，在审查起诉中，发现有事实不清、证据不足或者遗漏了罪行或同案人，需要补充进行有关专门调查等工作的一项诉讼活动。补充侦查的目的在于查清有关事实和证据，以决定是否将犯罪嫌疑人交付人民法院审判。根据刑事诉讼法规定，补充侦查有两种形式：一种是由人民检察院退回监察、公安机关进行。这种方式一般适用于主要犯罪事实不清、证据不足，或者遗漏了重要犯罪事实及应追究刑事责任的同案犯的案件。人民检察院对需要退回补充侦查的案件，应当制作退回补充侦查决定书，写明退查的理由和需要补充查明的具体事项及要求。另一种是由人民检察院自行侦查。这种方式一般适用于只有某些次要的犯罪事实、情节不清，证据不足，监察、公安机关侦查、调查活动中有违法情况，在认定事实和证据上与监察、公安机关有较大分歧或者已经退查过但仍未查清的案件。自侦案件需要补充侦查的，人民检察院刑事检察部门应将案件退回本院侦查部门。

根据刑事诉讼法规定，对于补充侦查的案件，应当在1个月以内补充侦查完毕。补充侦查以两次为限。这一规定是为了防止拖延结案时间，避免对犯罪嫌疑人超期羁押、久押不决的情况，有利于保护犯罪嫌疑人的合法权益，提高调查、侦查机关的工作效率。退回补充侦查的案件，如果在主要事实或证据上发生了重大变化，调查、侦查机关应当重新制作起诉意见书；如果只是在个别情节上补充了有关材料，则可以书面意见的形式移送人民检察院；认为应当撤销案件的，必须通知人民检察院。

14. 作出决定。人民检察院办案人员对案件进行审查后，应当制作案件审查报告，提出起诉或者不起诉以及是否需要提起附带民事诉讼的意见，经公诉部门负责人审核，报请检察长或者检察委员会决定。一般来说，人民检察院审查起诉，应当首先全面阅卷，找出疑点、矛盾后，再有针对性地讯问犯罪嫌疑人，听取被害人、值班律师和犯罪嫌疑人、被害人委托的人的意见，以解决案卷中存在的问题。如果发现新情况，根据需要做进一步的调查和补充侦查。人民检察院在审查起诉时发现遗漏罪行或者依法应当移送审查起诉同案犯罪嫌疑人的，应当要求调查、侦查机关补充移送审查起诉。检察人员对案件经过一系列审查活动，查清全部案件事实以后，应当拟写案件审查意见书，根据审查的具体情况，提出起诉或者不起诉以及是否需要提起附带民事诉讼的意见，报请审查起诉部门负责人审核。审查起诉部门负责人对案件进行审核后，应当提出审核意见，报请检察长或者检察委员会决定起诉或者不起诉。

（五）审查起诉的期限

刑事诉讼法规定，人民检察院对于监察、公安机关移送起诉的案件，应当在1个月以内作出决定，重大、复杂的案件，可以延长15日；犯罪嫌疑人认罪认罚，符合速裁程序适用条件的，应当在10日以内作出决定，对可能判处的有期徒刑超过1年的，可以延长至15日。人民检察院审查起诉的案件，改变管辖的，从改变后的人民检察院收到案卷材料之日起计算审查起诉期限。上述规定是长期审查起诉经验的总结，是符合准确、及时办案要求的。对补充侦查的案件，补充侦查完毕移送人民检察院后，人民检察院也要重新计算审查起诉期限。审查起诉的期限是针对犯罪嫌疑人被羁押的案件来说的，实践中对犯罪嫌疑人未被羁押的案件，人民检察院不受1个月至1个半月期限的限制，既可以在1个月至1个半月内完成，也可以超过这个期限，但是，必须贯彻迅速、及时原则，不得中断对案件的审查。此外，在审查起诉过程中犯罪嫌疑人在逃的，人民检察院应当中止审查，并按照刑事诉讼法的有关规定作出通缉的决定并通知监察、公安机关执行。共同犯罪中的部分犯罪嫌疑人在逃的，对在逃犯罪嫌疑人应当中止审查，对其他犯罪嫌疑人的审查起诉应当照常进行。中止审查应当由审查起诉部门负责人提出意见报请检察长决定。中止审查的时间不计入审查起诉的期限。

二、提起公诉

提起公诉是指检察机关对调查机关、侦查机关移送或自行终结的案件进行审查，确认被告人犯有罪行，代表国家提请法院对被告人进行审判的一种诉讼活动。根据我国法律规定，提起公诉是人民检察院的专属职权，凡需要提起公诉的案件，一律由人民检察院审查决定。我国刑事诉讼法规定，人民检察院经审查认为犯罪嫌疑人的犯罪事实已经查清，证据确实、充分，依法应当追究刑事责任的，应当作出起诉决定，按照审判管辖的规定，向人民法院提起公诉，并将案卷材料、证据移送人民法院。犯罪嫌疑人认罪认罚的，人民检察院应当就主刑、附加刑、是否适用缓刑等提出量刑建议，并随案移送认罪认罚具结书等材料。人民检察院向人民法院提起公诉时，应当将案卷材料和全部证据移送人民法院，包括犯罪嫌疑人、被告人翻供的材料，证人改变证言的材料，以及对犯罪嫌疑人、被告人有利的其他证据材料。人民检察院决定起诉的，应当制作起诉书。

（一）提起公诉应向同级人民法院提出

人民检察院决定起诉的时候，应当依法按照审判管辖的规定，向同级人民法院提出，不允许越级起诉。人民检察院受理不属于同级人民法院管辖的案件，应当分别情况报送相应的上级人民检察院或者移送相应的下级人民检察院，由其向同级人民法院提起公诉。例如，县（市、区）人民检察院受理的属于中级人民法院管辖的案件，应当报送地市级人民检察院审查决定后，由其向同级的中级人民法院提起公诉。反之，地市级人民检察院受理的属于县级人民法院管辖的案件，应移送县（市、区）人民检察院，由其向同级的县（市、区）人民法院提起公诉。

（二）提起公诉的条件

根据刑事诉讼法规定，人民检察院提起公诉时，必须具备以下条件。

1. 犯罪嫌疑人的犯罪事实已经查清。犯罪事实是对犯罪嫌疑人正确定罪和量刑的基础，只有查清犯罪事实，才能正确定罪量刑。因此，人民检察院提起公诉，必须首先查清犯罪嫌疑人的犯罪事实。这里的“犯罪事实”，是指影响定罪量刑的案件事实，包括：(1) 确定犯罪嫌疑人实施的行为是犯罪，而不是一般违法行为的事实。(2) 确定犯罪嫌疑人是否负刑事责任或者免除刑事责任的事实。比如犯罪嫌疑人的主观状态（包括故意、过失、动机和目的），犯罪嫌疑人的年龄、精神状态等。(3) 确定对犯罪嫌疑人应当从轻、减轻或者从重处罚的事实。查清上述各项事实，就符合犯罪嫌疑人的犯罪事实已经查清的条件。

实践中，就具体案件来说，具有下列情形之一的，可以确认犯罪事实已经查清：(1) 属于单一罪行的案件，与定罪量刑有关的事实已经查清，不影响定罪量刑的事实无法查清的；(2) 属于数个罪行的案件，部分罪行已经查清并符合起诉条件，其他罪行无法查清的；(3) 无法查清作案工具、赃物去向，但有其他证据足以对被告人定罪量刑的；(4) 言词证据中主要情节一致，只有个别情节不一致且不影响定罪的。对于符合上述第 (2) 种情况的，应当以已经查清的罪行起诉。因此，对那些并不影响定罪量刑的事实，则没有必要查清，司法实践中那种查清案件的一切事实后才提起公诉的做法是不可取的。

2. 证据确实、充分。证据是认定犯罪事实的客观依据。因此，人民检察院指控犯罪嫌疑人实施犯罪行为，必须要有确实、充分的证据。证据确实，是对证据质的要求，是指用以证明犯罪事实的每一证据必须是客观真实存在的事实，同时与犯罪事实有内在的联系，能够证明案件的事实真相。证据充分，是对证据量的要求，只要一定数量的证据形成完整的证据链，足够证明犯罪事实，并排除合理怀疑，就达到了证据充分性的要求。

证据确实与证据充分是相互联系、不可分割的两个方面，证据确实必须以证据充分为条件，如果证据不充分，那么证据确实也无法达到；反之，如果证据不确实，那么证据再充分，也不能证明案件真实。因此，证据确实、充分是提起公诉的一个必要条件。

3. 依法应当追究刑事责任。犯罪嫌疑人实施了某种犯罪，并非一定要负刑事责任。根据刑法、刑事诉讼法的有关规定，有些犯罪行为为法定不予追究刑事责任的情形。因此，决定对犯罪嫌疑人提起公诉，还必须排除法定不予追究刑事责任的情形。依法应当追究犯罪嫌疑人的刑事责任，就成为对其提起公诉的又一必要条件。

总之，对犯罪嫌疑人决定提起公诉，必须同时具备上述三个条件，缺少上述三个条件中的任何一个，都不能对犯罪嫌疑人提起公诉。

（三）移送起诉书、案卷材料和证据

人民检察院提起公诉的案件，应当向人民法院移送起诉书、案卷材料和证据。

1. 移送的起诉书。主要内容如下。

（1）被告人的基本情况，包括姓名、性别、出生年月日、出生地和户籍地、身份证号码、民族、文化程度、职业、工作单位及职务、住址，是否受过刑事处分及处分的种类和时间，采取强制措施的情况等；如果是单位犯罪，应当写明犯罪单位的名称和组织机构代码、所在地址、联系方式，法定代表人和诉讼代表人的姓名、职务、联系方式；如果还有应当负刑事责任的直接负责的主管人员或其他直接责任人员，应当按上述被告人基本情况的内容叙写。

（2）案由和案件来源。

（3）案件事实，包括犯罪的时间、地点、经过、手段、动机、目的、危害后果等与定罪量刑有关的事实要素。起诉书叙述的指控犯罪事实的必备要素应当明晰、准确。被告人被控有多项犯罪事实的，应当逐一列举，对于犯罪手段相同的同一犯罪可以概括叙写。

（4）起诉的根据和理由，包括被告人触犯的刑法条款、犯罪的性质及认定的罪名、处罚条款、法定从轻、减轻或者从重处罚的情节，共同犯罪各被告人应负的罪责等。实践中，对于被告人真实姓名、住址无法查清的，应当按其绰号或者自报的姓名、住址制作起诉书，并在起诉书中注明。被告人自报的姓名可能造成损害他人名誉、败坏道德风俗等不良影响的，可以对被告人编号并按编号制作起诉书，并附具被告人的照片，记明足以确定被告人面貌、体格、指纹以及其他反映被告人特征的事项。起诉书应当附有被告人现在处所，证人、鉴定人、需要出庭的有专门知识的人的名单，需要保护的被害人、证人、鉴定人的名单，涉案款物情况，附带民事诉讼情况以及其他需要附注的情况。证人、鉴定人、有专门知识的人的名单应当列明姓名、性别、年龄、职业、住址、联系方式，并注明证人、鉴定人是否出庭。

起诉书应当一式8份，每增加一名被告人增加起诉书5份。关于被害人姓名、住址、联系方式等问题，人民检察院也应当在起诉书中列明，不再单独移送材料；对于涉及被害人隐私或者为保护证人、鉴定人、被害人人身安全，而不宜公开证人、鉴定人、被害人姓名、住址、工作单位和联系方式等个人信息的，可以在起诉书中使用化名替代证人、鉴定人、被害人的个人信息，但是应当另行书面说明使用化名等情况，并标明密级。

2. 移送案卷材料和证据。人民检察院提起公诉的案件，应当向人民法院同时移送案卷材料和证据。人民检察院对于犯罪嫌疑人、被告人或者证人等翻供、翻证的材料以及对于犯罪嫌疑人、被告人有利的其他证据材料，应当移送人民法院。人民法院向人民检察院提出书面意见要求补充移送材料，人民检察院认为有必要移送的，应当自收到通知之日起 3 日以内补送。对提起公诉后，在人民法院宣告判决前补充收集的证据材料，人民检察院应当及时移送人民法院。

（四）提出适用简易程序的建议

简易程序是指基层人民法院审理某些案件事实清楚、情节简单、被告人认罪的刑事案件所适用的比普通程序相对简化的第一审程序。根据刑事诉讼法规定，人民检察院对于符合下列条件的案件，在提起公诉时，可以建议人民法院适用简易程序审理：(1) 案件事实清楚、证据充分的；(2) 被告人承认自己所犯罪行，对指控的犯罪事实没有异议的；(3) 被告人对适用简易程序没有异议的。根据刑事诉讼法规定，有下列情形之一的，不适用简易程序：(1) 被告人是盲、聋、哑人，或者是尚未完全丧失辨认或者控制自己行为能力的精神病人的；(2) 有重大社会影响的；(3) 共同犯罪案件中部分被告人不认罪或者对适用简易程序有异议的；(4) 其他不宜适用简易程序审理的。

适用简易程序审理公诉案件，人民检察院应当派员出席法庭。

三、不起诉

（一）不起诉的概念

不起诉，是指人民检察院对调查、侦查机关移送起诉的案件或者对自行侦查终结的案件，经过审查后，认为犯罪嫌疑人具有刑事诉讼法规定的法定或者可以酌定的情形，而作出的不将案件移送人民法院进行审判的决定。不起诉是人民检察院审查案件的结果之一，具有终止诉讼的法律效力。

（二）不起诉的种类

根据刑事诉讼法的有关规定，不起诉分为法定不起诉、酌定不起诉、存疑不起诉和附条件不起诉四类。

1. 法定不起诉，又称绝对不起诉。是指犯罪嫌疑人没有犯罪事实或者具有刑事诉讼法第 15 条规定的不追究刑事责任情形之一的，人民检察院应当作出的不起诉决定。法定不起诉是法律规定的应当不起诉。《刑事诉讼法》第 177 条第 1 款规定："犯罪嫌疑人没有犯罪事实，或者有本法第十六条规定的情形之一的，人民检察院应当作出不起诉决定。"这里规定的"应当作出不起诉决定"，是指人民检察院遇到犯罪嫌疑人没有犯罪事实或者具有《刑事诉讼法》第 16 条规定的情形之一时，只能依法作出不起诉决定，没有自由裁量的余地。除了犯罪嫌疑人没有犯罪事实的情形之外，根据《刑事诉讼法》第 16 条的规定，法定不起诉还有以下六种情形：(1) 犯罪嫌疑人实施的行为情节显著轻微，危害不大，不认为是犯罪的；(2) 犯罪嫌疑人的犯罪已过追诉时效期限的；(3) 犯罪嫌疑人的犯罪经特赦令免除刑罚的；(4) 依照刑法告诉才处理的犯罪，没有告诉或者撤回告诉的；(5) 犯罪嫌疑人、被告人死亡的；(6) 其他法律规定免予刑事责任的。

以上情形，有的没有犯罪事实，有的不认为是犯罪，有的是不应追究刑事责任或无法追究刑事责任，总之都不具备起诉的法定条件。因此，人民检察院在审查起诉中，对于具有上述情形之一的，都应当作出不起诉决定，而无须权衡作出这一决定是否适宜，这是法定不起诉不同于酌定不起诉的重要特征。

2. 酌定不起诉，又称相对不起诉，是指人民检察院认为犯罪嫌疑人的犯罪情节轻微，依照刑法规定不需要判处刑罚或者免除刑罚，可以作出的不起诉决定。

我国《刑事诉讼法》第 177 条第 2 款规定：对于犯罪情节轻微，依照刑法规定不需要判处刑罚或者免除刑罚的，人民检察院可以作出不起诉决定。根据这一规定，酌定不起诉必须同时具备两个条件：一是犯罪嫌疑人实施的行为触犯了刑律，符合犯罪构成的要件，已经构成犯罪；二是犯罪行为情节轻微，依照刑法规定不需要判处刑罚或者免除刑罚。《刑法》第 37 条规定：对于犯罪情节轻微不需要判处刑罚的，可以免予刑事处罚，但是可以根据案件的不同情况，予以训诫或责令具结悔过、赔礼道歉、赔偿损失，或者由主管部门予以行政处罚或者行政处分。这是刑法规定的不需要判处刑罚的情形。依照刑法规定，免除刑罚的情形主要是指：(1) 犯罪嫌疑人在中华人民共和国领域外犯罪，依照我国刑法规定应当负刑事责任，但在外国已经受过刑事处罚的；(2) 犯罪嫌疑人又聋又哑，或者是盲人犯罪的；(3) 犯罪嫌疑人因防卫过当或紧急避险超过必要限度，造成不应有的危害而犯罪的；(4) 为犯罪准备工具、制造条件的；(5) 在犯罪过程中自动中止或自动有效地防止犯罪结果发生的；(6) 在共同犯罪中，起次要或辅助作用的；(7) 被胁迫、诱骗参加犯罪的；(8) 犯罪嫌疑人自首或者在自首后有立功表现的。

在司法实践中，人民检察院在确认犯罪嫌疑人具有上述情形之一时，只有在其犯罪情节轻微的前提条件下才可以作出不起诉决定。人民检察院要根据犯罪嫌疑人的年龄、犯罪动机和目的、手段以及危害后果等情节以及其一贯表现进行综合考虑，在确实认为作出不起诉的决定更为有利时，才可以作出不起诉决定。

3. 存疑不起诉，又称证据不足的不起诉，是指检察机关对于经过补充侦查的案件，仍然认为证据不足，不符合起诉条件的，可以作出不起诉决定。我国《刑事诉讼法》第 175 条第 4 款规定：对于二次补充侦查的案件，人民检察院仍然认为证据不足，不符合起诉条件的，应当作出不起诉的决定。而根据我国《刑事诉讼法》第 175 条规定的精神，补充侦查的案件应在 1 个月内补充侦查完毕，补充侦查以两次为限。因此，经过两次补充侦查，对于事实仍未查清、证据不足的案件，人民检察院应当作出不起诉的决定。案件经过两次补充侦查，具有下列情形之一，不能确定犯罪嫌疑人构成犯罪和需要追究刑事责任的，属于证据不足，不符合起诉条件：(1) 犯罪构成要件事实缺乏必要的证据予以证明的；(2) 据以定罪的证据存在疑问，无法查证属实的；(3) 据以定罪的证据之间、证据与案件事实之间的矛盾不能合理排除的；(4) 根据证据得出的结论具有其他可能性，不能排除合理怀疑的；(5) 根据证据认定案件事实不符合逻辑和经验法则，得出的结论明显不符合常理的。

人民检察院根据上述情形作出不起诉决定后，如果发现了新的证据，证明案件符合起诉条件，那么可以撤销不起诉决定，提起公诉。

对于存疑不起诉应当注意的是，只有案件经过两次补充侦查后，人民检察院仍然认为案件事实不清、证据不足的，才应当作出不起诉决定。因此，案件经过两次补充侦查和案件事实不清、证据不足，是刑事诉讼法规定的这种酌定不起诉的必要条件，人民检察院必须严格执行。只有这样，才可以既防止放纵犯罪分子，又防止久侦不决、久押不放的现象，更好地保护公民的合法权益。

4. 附条件不起诉，是指对于未成年人涉嫌侵犯人身权利、民主权利，侵犯财产，妨害社会管理秩序犯罪，可能判处 1 年有期徒刑以下刑罚，符合起诉条件，但有悔罪表现的，人民检察院可以作出附条件不起诉的决定。

根据刑事诉讼法的相关规定，人民检察院在作出附条件不起诉的决定以前，应当听取监察、公安机关、被害人的意见。对附条件不起诉的决定，监察、公安机关有权要求复议，提请复核；被害人有权申诉或提起自诉。其适用《刑事诉讼法》第 179、180 条的规定。未成年犯罪嫌疑人及其法定代理人对人民检察院决定附条件不起诉有异议的，人民检察院应当作出起诉的决定。附条件不起诉的考验期为 6 个月以上 1 年以下，从人民检察院作出附条件不起诉的决定之日起计算。

（三）不起诉的程序

同起诉决定一样，人民检察院对犯罪嫌疑人作出的不起诉决定，也是对案件处理的一种结果，因而是一项十分严肃的工作。不起诉决定一经作出，即具有法律效力。因此，为了保证人民检察院不起诉决定的质量，及时发现和纠正可能发生的差错，刑事诉讼法规定了不起诉的诉讼程序，其具体内容如下：

1. 制作不起诉决定书。凡是不起诉的案件，人民检察院都应当制作不起诉决定书，这是人民检察院代表国家依法确认不追究犯罪嫌疑人刑事责任的决定性法律文书，具有法律效力。

2. 不起诉决定书的宣布和送达。依照刑事诉讼法的规定，不起诉的决定书应当公开宣布，同时应当将不起诉决定书分别送达下列机关和人员：(1) 被不起诉人和他的所在单位。被不起诉人在押的，应当立即释放。(2) 对于监察、公安机关移送起诉的案件，应当将不起诉决定书送达监察、公安机关。(3) 对于有被害人的案件，应当将不起诉决定书送达被害人。

3. 解除扣押、冻结。《刑事诉讼法》第 177 条第 3 款规定：人民检察院决定不起诉的案件，应当同时对侦查中查封、扣押、冻结的财物解除查封、扣押、冻结。人民检察院对案件作出不起诉决定后，就终止了刑事诉讼，应当同时对侦查中查封、扣押、冻结的财物解除查封、扣押、冻结。对于监察、公安机关作出的查封、扣押、冻结，人民检察院应当以口头或者书面形式通知监察、公安机关或者执行监察、公安机关查封、扣押、冻结决定的机关解除查封、扣押、冻结。

4. 移送有关主管机关处理。《刑事诉讼法》第 177 条第 3 款规定：对被不起诉人需要给予行政处罚、行政处分或者需要没收其违法所得的，人民检察院应当提出检察意见，移送有关主管机关处理。有关主管机关应当将处理结果及时通知人民检察院。

5. 对监察、公安机关的意见进行复议、复核。根据《刑事诉讼法》第 179 条的规定，对于监察、公安机关移送起诉的案件，人民检察院决定不起诉的，应当将不起诉决定书送达监察、公安机关。监察、公安机关认为不起诉决定有错误的时候，可以要求复议，人民检察院审查起诉部门应当另行指定检察官进行审查并提出审查意见，经审查起诉部门负责人审核后，报请检察长或检察委员会决定。人民检察院应当在收到要求复议意见书后的 30 日内作出复议决定，通知监察、公安机关。监察、公安机关认为复议决定有错误的，还可以向上一级人民检察院申请复核，上一级人民检察院收到监察、公安机关提请复核的意见书后，应当交由审查起诉部门办理。审查起诉部门应当指定检察官进行审查并提出审查意见，经审查起诉部门负责人审核后，报请检察长或者检察委员会决定。上一级人民检察院应当在收到提请复核意见书后的 30

日内作出复核决定。通知下级人民检察院和监察、公安机关。改变下级人民检察院的决定的，应当撤销下级人民检察院作出的不起诉决定，交由下级人民检察院执行。

6. 对被害人、被不起诉人的申诉进行复查。根据《刑事诉讼法》第 180 条和第 181 条的规定，对于有被害人的案件，决定不起诉的，人民检察院应当将不起诉决定书送达被害人。被害人不服，可以自收到决定书后 7 日以内向上一级人民检察院申诉、请求提起公诉。人民检察院应当将复查决定告知被害人。对于人民检察院依照《刑事诉讼法》第 177 条第 2 款规定作出的不起诉决定，被不起诉人不服的，可以自收到决定书后 7 日以内向人民检察院申诉。人民检察院应当作出复查决定，通知被不起诉的人，同时抄送监察、公安机关。被害人在申诉期限内提出申诉的，由上一级人民检察院审查起诉部门受理。上一级人民检察院作出的复查决定，应当送达被害人和作出不起诉决定的下级人民检察院。上一级人民检察院经复查作出起诉决定的，应当撤销下级人民检察院的不起诉决定，交由下级人民检察院提起公诉，并将复查决定抄送移送审查起诉的监察、公安机关。被不起诉人在申诉期限内向人民检察院提出申诉的，由人民检察院的控告申诉部门受理，控告申诉部门复查后提出复查意见，认为应当维持不起诉决定的，报请检察长作出复查决定；认为应当撤销不起诉决定、提起公诉的，报请检察委员会作出复查决定。复查决定书应当送达被不起诉人，撤销不起诉决定的，应当同时抄送移送起诉的监察、公安机关。人民检察院作出撤销不起诉决定、提出公诉的复查决定后，应当将案件交由刑事检察部门提起公诉。

此外，刑事诉讼法还规定：对人民检察院维持不起诉决定的，被害人可以向人民法院起诉。被害人也可以不经申诉，直接向人民法院起诉。人民法院受理案件后，人民检察院应当将有关案卷材料移送人民法院。根据这一规定，人民检察院接到人民法院受理被害人起诉的通知后，人民检察院应当终止复查，将诉讼文书和有关的证据材料移送人民法院。法律的这一规定既体现了对被害人合法权益的充分保护，也完善了对人民检察院不起诉决定的制约制度。不起诉决定同样是人民检察院对案件的处理结果，一旦作出，就具有法律约束力，因此保证它的正确性至关重要。如果人民检察院的不起诉决定缺乏一种有效的制约方式，就难以保证错误的不起诉决定得到纠正，从而不利于保护被害人的合法权益。人民检察院的不起诉决定能够受到人民法院的制约，不正确的决定就可以通过人民法院的判决予以纠正。

第三节　提起自诉的程序

一、自诉案件的范围

根据我国刑事诉讼法及有关司法解释的规定，自诉案件有以下几类：(1) 告诉才处理的案件；(2) 被害人有证据证明的轻微刑事案件；(3) 被害人有证据证明对被告人侵犯自己人身、财产权利的行为应当依法追究刑事责任，而监察、公安机关或者人民检察院不予追究被告人刑事责任的案件。与公诉案件相比，自诉案件有以下特点。

1. 从犯罪客体来看，主要是侵犯公民个人权益方面的犯罪，比如侵犯公民的人身权利、财产权利、名誉权、婚姻自主权等。

2. 从起诉对象来看，相对于公诉案件，自诉案件多数是性质不太严重，给社会造成的危害较小的案件。国家将追诉犯罪的权利交给被害人自己行使，不但不会危害国家利益、集体利益和社会利益，而且可以节省人力、物力、财力，可以使国家调查、侦查机关和提起公诉的机关集中力量打击较为严重的刑事犯罪，将有限的司法资源进行更为合理的分配。

3. 从诉讼程序来看，被害人及其法定代理人等有能力依靠自己的力量承担诉讼。自诉案件一般有明确的被告人，案情比较清楚，情节相对简单，无须专门的取证手段和侦查措施，被害人及其法定代理人有能力自行提起诉讼和支持诉讼。案情复杂需要专门的侦查手段，被害人及其法定代理人没有能力查清案情或者收集证据、提供证据的，不宜作为刑事自诉案件。

二、自诉案件的提起条件

依据自诉案件的特征和法律有关规定，自诉案件提起诉讼的条件是：

（一）有适格的自诉人

在法律规定的自诉案件范围内，遭受犯罪行为直接侵害的被害人有权向人民法院提起自诉。被害人死亡、丧失行为能力或者因受强制、威吓等原因无法告诉，或者是限制行为能力以及由于年老、患病、盲、聋、哑等原因不能亲自告诉的，被害人的法定代理人、近亲属有权向人民法院起诉。

（二）有明确的被告人和具体的诉讼请求

自诉案件的刑事诉讼程序由于自诉人的起诉而引起，对于自诉案件，监察、公安机关和人民检察院均不介入，因此没有监察、公安机关的侦查和人民检察院的审查起诉。自诉人起诉时应明确提出控诉的对象，不能提出明确的被告人或者被告人下落不明的，自诉案件不能成立。自诉人起诉时还应提出具体的起诉请求，包括指明控诉的罪名和要求人民法院追究被告人何种刑事责任。如果提起刑事自诉附带民事诉讼，还应提出具体的赔偿请求。

（三）属于自诉案件范围

自诉案件包括：属于《刑事诉讼法》第 210 条规定的告诉才处理的案件；被害人有证据证明的轻微刑事案件；被害人有证据证明对被告人侵犯自己人身权利、财产权利的行为应当依法追究刑事责任，而监察、公安机关或者人民检察院不予追究被告人刑事责任的案件；最高人民法院《解释》确定的具体的自诉案件范围。

（四）被害人有证据证明

被害人提起刑事自诉，必须有能够证明被告人犯有被指控的犯罪事实的证据。

（五）属于受诉人民法院管辖

自诉人应当依据刑事诉讼法关于级别管辖和地区管辖的规定，向有管辖权的人民法院提起自诉。根据有关司法解释的规定，刑事自诉案件的自诉人、被告人一方或者双方是在港、澳、台居住的中国公民或者其住所地是在港、澳、台的，由犯罪地的基层人民法院审判。港、澳、台同胞告诉的，应当出示港、澳、台居民身份证、回乡证或者其他能够证明本人身份的证明。

根据刑事诉讼法和司法解释规定，人民检察院或者监察、公安机关对于报案、控告、举报和自首的材料，应当按照管辖范围，迅速进行审查，认为有犯罪事实需要追究刑事责任的时候，应当立案；认为没有犯罪事实，或者犯罪事实显著轻微，不需要追究刑事责任的时候，不予立案，并且将不立案的原因通知控告人。控告人如果不服，可以申请复议。刑事诉讼法规定：对于有被害人的案件，决定不起诉的，人民检察院应当将不起诉的决定书送达被害人。被害人如果不服，可以自收到决定书后 7 日以内向上一级人民检察院申诉，请求提起公诉。人民检察院应当将复查决定告知被害人。对人民检察院维持不起诉决定的，被害人可以向人民法院起诉。被害人也可以不经申诉，直接向人民法院起诉。人民法院受理案件后，人民检察院应当将有关案件的材料移送人民法院。

三、提起自诉的程序

自诉人应当向人民法院提交刑事自诉状。提起附带民事诉讼的，还应当提交刑事附带民事自诉状。自诉人书写自诉状确有困难的，可以口头告诉，由人民法院工作人员作出告诉笔录，向自诉人宣读，自诉人确认无误后，应当签名或者盖章。

问题与思考

简答题

1. 起诉的任务和意义是什么？
2. 试论我国刑事公诉制度的特点？
3. 提起公诉的条件是什么？如何审查公诉？如何制作起诉书？
4. 提起公诉与不起诉有何区别？
5. 法定不起诉、酌定不起诉、存疑不起诉与附条件不起诉有何异同？
6. 如何防止不起诉制度的滥用？
7. 自诉案件的范围是什么？
8. 试论提起自诉的条件。

课堂讨论案例

犯罪嫌疑人王某因涉嫌盗窃被公安机关移送检察机关审查起诉。在审查起诉过程中，犯罪嫌疑人王某的父母指控王某有虐待罪行。检察院经过审查，决定以两罪一并向人民法院提起公诉。

请结合本章的内容分析人民检察院的做法是否恰当。

法律职业资格（司法）考试真题

1. 张某故意伤害案由公安机关侦查终结后移送人民检察院审查起诉。人民检察院审查后认为张某犯罪情节轻微，可以免除刑罚，决定不起诉。监察、公安机关如果认为人民检察院的决定有错误，依法可以作出什么处理？（　）（单选）

A. 请求人民法院审查人民检察院的决定

B. 请求上一级公安机关移送人民检察院审查起诉

C. 提请上一级人民检察院复议

D. 要求作出决定的人民检察院复议，意见不被接受时向上一级人民检察院提请复核

2. 叶某涉嫌盗窃罪，甲市公安局侦查终结后移送该市检察院审查起诉。甲市检察院审查后，将该案交A区检察院审查起诉。A区检察院审查后认为需要退回监察、公安机关补充侦查。A区检察院应当如何退回？（　　）（单选）

A. 应当退回甲市检察院

B. 应当退回甲市公安局

C. 可以退回甲市公安局

D. 应当通过甲市检察院退回甲市公安局

3. 检察院审查案件可以退回监察、公安机关补充侦查。下列关于退回补充侦查的哪一表述是错误的？（　　）（单选）

A. 退回补充侦查应在1个月以内侦查完成

B. 退回补充侦查以两次为限

C. 审查起诉期间改变管辖的，改变管辖后退回补充侦查的次数不得超过两次

D. 审查起诉期间改变管辖的，改变管辖前后退回补充侦查的次数总共不得超过两次

4. 犯罪嫌疑人甲委托其弟乙作为自己的辩护人。在审查起诉阶段，乙享有哪些诉讼权利？（　　）（多选）

A. 甲被超期羁押时，有权要求解除强制措施

B. 申请检察人员回避

C. 向检察机关陈述辩护意见

D. 经被害人同意，向其收集与本案有关的材料

5. 在宣告判决前人民检察院要求撤回起诉，人民法院作出准许撤诉裁定后人民检察院又对该案重新起诉的，什么情况下人民法院应当受理？（　　）（不定项）

A. 依据新的事实重新起诉

B. 提出新的证据材料重新起诉

C. 对同一事实以新的罪名重新起诉

D. 依据新的法律规定重新起诉

6. 人民检察院对监察、公安机关移送审查起诉的下列案件，哪些可以作出酌定不起诉决定？（　　）（多选）

A. 犯罪嫌疑人甲，为犯罪准备工具、制造条件，犯罪情节轻微

B. 犯罪嫌疑人乙犯罪构成要件事实缺乏足够的证据予以证明

C. 犯罪嫌疑人丙又聋又哑，且犯罪情节轻微

D. 犯罪嫌疑人丁已死亡

7. 某市检察院审理市公安局移送审查起诉的下列案件中，具有何种情形时应当作出不起诉决定？（　　）（不定项）

A. 犯罪嫌疑人甲，犯罪已过追诉时效期限

B. 犯罪嫌疑人乙，为犯罪准备工具、制造条件

C. 犯罪嫌疑人丙已死亡

D. 犯罪嫌疑人丁某是聋哑人

8. 某检察院对陈某、姚某共同诈骗一案审查起诉时，陈某潜逃。下列哪一选项是正确的？（　　）（多选）

A. 应当中止对陈某、姚某的审查起诉

B. 可以对陈某中止审查起诉，对姚某继续审查起诉

C. 应当将案件中陈某的部分退回监察、公安机关处理，对姚某继续审查起诉

D. 应当将全案退回监察、公安机关，待抓获陈某后再继续审查起诉

9. 关于补充侦查，下列哪些选项是正确的？（　　）（多选）

A. 检察院审查监察、公安机关报请批准逮捕的案件，发现证据不足的，可以决定退回补充侦查

B. 检察院在审查起诉时，认为事实不清、证据不足的，可以退回监察、公安机关补充侦查

C. 法院对提起公诉的案件进行审查后，对主要事实不清、证据不足的，可退回检察院补充侦查

D. 合议庭在案件审理过程中，发现被告人可能有自首、立功等法定量刑情节，而起诉和移送的证据材料中没有这方面的证据材料的，应当建议检察院补充侦查

10. 在一起伤害案件中，被害人甲不服某县人民检察院对犯罪嫌疑人乙作出的不起诉决定而向县人民法院提起诉讼。人民法院审查后认为该案缺乏罪证，经要求，自诉人未能提出补充证据。县人民法院可以作出哪些处理？（　　）（多选）

A. 说服自诉人撤诉　　　　B. 裁定驳回自诉

C. 对甲和乙进行调解　　　D. 中止诉讼

11. 关于“告诉才处理”的案件与自诉案件，下列哪一选项是正确的？（　　）（单选）

A. 自诉案件是告诉才处理的案件

B. 告诉才处理的案件是自诉案件

C. 告诉才处理的案件与自诉案件，只是说法不同，含义相同

D. 告诉才处理的案件与自诉案件二者之间没有关系

12. 某看守所干警甲，因涉嫌虐待被监管人乙被立案侦查。在审查起诉期间，A 地基层检察院认为甲情节显著轻微，不构成犯罪，遂作不起诉处理。关于该决定，下列哪一选项是正确的？（　　）（单选）

A. 监察、公安机关有权申请复议复核

B. 甲有权向原决定检察院申诉

C. 乙有权向上一级检察院申诉

D. 申诉后，上级检察院维持不起诉决定的，乙可以向该地的中级法院提起自诉

13. 关于在审查起诉阶段，犯罪嫌疑人死亡，但对犯罪嫌疑人的存款、汇款应当依法没收的，下列哪一选项是正确的？（　　）（单选）

A. 由检察院依法作出不起诉的决定，并向人民法院提出没收违法所得申请

B. 由检察院作出撤销案件的决定，并没收犯罪嫌疑人的存款上缴国库，或返还被害人

C. 由检察院作出不起诉的决定，并申请法院裁定通知冻结犯罪嫌疑人的存款、汇款的金融机构上缴国库或返还被害人

D. 由检察院作出撤销案件的决定，并申请法院裁定通知冻结犯罪嫌疑人的存款、汇款的金融机构上缴国库或者返还被害人

14. 法院审理郑某涉嫌滥用职权犯罪案件，在宣告判决前，检察院发现郑某和张某接受秦某巨款，涉嫌贿赂犯罪。对于新发现犯罪嫌疑人和遗漏罪行的处理，下列哪些做法是正确的？（ ）（多选）

A. 法院可以主动将张某、秦某追加为被告人一并审理

B. 检察院可以补充起诉郑某、张某和秦某的贿赂犯罪

C. 检察院可以将张某、秦某追加为被告人，要求法院一并审理

D. 检察院应当撤回起诉，将三名犯罪嫌疑人以两个罪名重新起诉

15. 只要有足够证据证明犯罪嫌疑人构成犯罪，检察机关就必须提起公诉。关于这一制度的法理基础，下列哪一选项是正确的？（ ）（单选）

A. 起诉便宜主义　　B. 起诉法定主义

C. 公诉垄断主义　　D. 私人诉追主义

16. 检察院对孙某敲诈勒索案审查起诉后认为，作为此案关键证据的孙某口供系刑讯所获，依法应予排除。在排除该口供后，其他证据显然不足以支持起诉，因而作出不起诉决定。关于该案处理，下列哪一选项是错误的？（ ）（单选）

A. 检察院的不起诉属于存疑不起诉

B. 检察院未经退回补充侦查即作出不起诉决定违反刑事诉讼法的规定

C. 检察院排除刑讯获得的口供，体现了法律监督机关的属性

D. 检察院不起诉后，又发现新的证据，符合起诉条件时，可提起公诉

17. 甲、乙、丙、丁四人涉嫌多次结伙盗窃，公安机关侦查终结移送审查起诉后，甲突然死亡。检察院审查后发现，甲和乙共同盗窃 1 次，数额未达刑事立案标准；乙和丙共同盗窃 1 次，数额刚达刑事立案标准；甲、丙、丁三人共同盗窃 1 次，数额巨大，但经两次退回公安机关补充侦查后仍证据不足；乙对其参与的 2 起盗窃有自首情节。关于本案，下列哪一选项是正确的？（ ）（单选）

A. 对甲可作出酌定不起诉决定

B. 对乙可作出法定不起诉决定

C. 对丙应作出证据不足不起诉决定

D. 对丁应作出证据不足不起诉决定

18. 关于我国刑事诉讼中起诉与审判的关系，下列哪一选项是正确的？（ ）（单选）

A. 自诉人提起自诉后，在法院宣判前，可随时撤回自诉，法院应准许

B. 法院只能就起诉的罪名是否成立作出裁判

C. 在法庭审理过程中，法院可建议检察院补充、变更起诉

D. 对检察院提起公诉的案件，法院判决无罪后，检察院不能再次起诉

第十八章 第一审程序

本章概要

第一审程序是人民法院初次审理刑事案件所适用的程序，是刑事诉讼审判程序体系中的基础性程序。根据适用的案件性质不同，可以分为公诉案件第一审程序和自诉案件第一审程序；根据适用的法院和案件的繁简不同，可以分为普通程序、简易程序和速裁程序。其中，公诉案件第一审普通程序是基本程序，最为全面地体现了各项审判原则、证据规则和程序设置规则的要求。第一审程序的任务是人民法院通过开庭审理，在公诉人、当事人及其他诉讼参与人等的参加下，客观、全面地审查证据，查明案件事实，并根据《刑法》规定，对被告人是否有罪、应否受到刑罚处罚作出正确的判决，使有罪的人受到法律制裁，使无罪的人免受惩罚，使旁听的人受到生动的法治教育，体现了司法的公平、公开和公正。因此，第一审程序在整个刑事诉讼中居于十分重要的地位。

关键术语

第一审程序　公诉案件的第一审普通程序　自诉案件的第一审程序　简易程序　速裁程序　法庭调查　法庭辩论　被告人最后陈述　评议　宣判　判决　裁定　决定

第一节　第一审程序的概念和意义

一、第一审程序的概念

第一审程序是指人民法院对人民检察院提起公诉、自诉人提起自诉的案件进行初次审判时所必须遵循的步骤和方式、方法。第一审刑事案件是指人民法院按照级别管辖的规定初次受理的公诉案件和自诉案件。审判第一审案件的人民法院，称为一审人民法院。

第一审刑事案件有公诉案件和自诉案件，这两种案件是依据不同控诉主体来划分的。由人民检察院向人民法院提起公诉的案件称为公诉案件；由被害人或其法定代理人、近亲属向人民法院起诉，由人民法院直接受理的案件称为自诉案件。因此，第一审程序又可以分为公诉案件的第一审程序、自诉案件的第一审程序。另外，《刑事诉讼法》又规定基层人民法院对于事实清楚、证据充分，被告人认罪且对适用简易程序无异议的案件（既包括公诉案件也包括自诉案件），可以适用简易程序进行审判；对于可能判处 3 年有期徒刑以下刑罚的案件，案件事实清楚，证据确实、充分，被告人认罪认罚并同意适用速裁程序的，可以适用速裁程序。与简易程序、速裁程序相对应，其他程序又可以被称为普通程序。《刑事诉讼法》对上述四种第一审程序分别作了规定，其中对公诉案件的审判程序规定得比较详细、全面；对自诉案件的审判程序，则根据自诉案件的特点作了一些特殊规定，没有规定的，应当参照公诉案件第一审程序的规定执行；对刑事第一审程序中的简易程序、速裁程序，从适用的案件范围到具体的程序都作了明确的规定。

二、第一审程序的任务和意义

第一审程序的任务是人民法院通过开庭审理，在公诉人、当事人及其他诉讼参与人等的参加下，客观、全面地审查证据，查明案件事实，并根据《刑法》规定，对被告人是否有罪、应否处刑以及处以何种刑罚，作出正确判决，从而使犯罪分子受到应得的法律制裁，无罪的人不受刑事惩罚，并使到庭旁听的人受到法治教育。

第一审程序是人民法院整个审判程序的第一个环节，是人民法院审判刑事案件的基本程序。因为无论是公诉案件还是自诉案件，都首先要经过人民法院的第一审审判。第一审人民法院要在公开、辩护、合议、陪审、回避等各项审判制度的保障下，依照法定程序对案件事实和证据进行法庭调查和辩论，并依法作出被告人是否犯罪、应否处刑以及处以什么刑罚的决定。第一审人民法院的裁判过了法定期限，当事人没有上诉，人民检察院也没有抗诉；或者在法定上诉、抗诉期限内，当事人提出上诉，人民检察院提出抗诉，而第二审人民法院维持原判的，裁判即发生法律效力，就应依法执行。第一审程序以后可能发生的第二审程序、死刑复核程序、审判监督程序，都是在第一审人民法院作出的裁判基础上进行的，而且《刑事诉讼法》对第一审程序的具体规定，其他审判程序都须参照执行。因此，第一审程序是人民法院审判刑事案件的基本程序，它在整个刑事诉讼中居于十分重要的地位。

三、第一审程序的改革与发展

我国 1979 年《刑事诉讼法》规定的庭审模式是一种较为典型的职权主义模式，集中体现为庭前实体性审查和法官庭上包揽全部庭审调查等特点，检察官的控诉职能未能发挥，案件审理中“审者不判，判者不审”以及“先定后审”现象严重。1996 年《刑事诉讼法》对于各项刑事诉讼制度作了部分修改，就第一审程序庭审模式的改革，确立了向当事人主义模式发展的方向，突出体现在改原来的庭前实体性审查为程序性审查为主、实体性审查为辅；强调了检控方的证明责任；扩大了合议庭的权限，理顺了合议庭与审判委员会之间的关系；并增设简易程序，实行案件的繁简分流。自 1996 年《刑事诉讼法》修改十余年后，关于庭审方式的法律规定在实际运行中反映出一些缺陷和不足，如未能解决庭审“走过场”问题，律师辩护职能未能很好地发挥作用，无法实现真正的控辩平等对抗，反映出相关配套制度的欠缺等问题。针对 1996 年《刑事诉讼法》第一审程序存在的问题，2012 年《刑事诉讼法》进行了修改与完善，新增条文5条，修改条文23条，主要涉及开庭条件、非法证据排除、强制出庭作证、专家证人、中止审理、简易程序和审理期限等方面的规定。2013年1月1日施行的最高人民法院《解释》以及《人民检察院刑事诉讼规则（试行）》也在2012年《刑事诉讼法》的基础上，对第一审程序的相关规定予以了进一步的细化。近年来，随着以审判为中心的刑事诉讼制度改革的深入推进，认罪认罚从宽制度与速裁程序试点日趋成熟，优化配置第一审程序已迫在眉睫。为更好地指导司法实践，2018年《刑事诉讼法》在第一审程序中专节增设速裁程序，并增加认罪认罚从宽条款。第一审程序经修改、完善后，诉讼构造更加趋于科学、合理，有利于实现控辩双方的平等对抗及法庭调查和法庭辩论的实质化，有利于实现诉讼公正和提高诉讼效率，有利于第一审程序应有功能的发挥。

第二节　公诉案件的第一审普通程序

公诉案件的第一审普通程序，是人民法院审理第一审公诉案件所普遍适用的程序，也是第一审程序中各项规定最全面的程序。根据《刑事诉讼法》及司法解释的规定，公诉案件的第一审普通程序分为庭前审查、庭前准备、开庭审理和作出判决几个步骤。

一、对公诉案件的审查

（一）审查的概念和意义

对公诉案件的审查，是指人民法院对人民检察院提起公诉的案件，进行庭前审查，决定是否开庭审判的活动。

《刑事诉讼法》第186条规定："人民法院对提起公诉的案件进行审查后，对于起诉书中有明确的指控犯罪事实的，应当决定开庭审判。"这一规定表明，人民法院对人民检察院提起公诉的案件，并非径直开庭审判，而是需要经过初步审查，然后才能决定是否开庭审判。因此，对公诉案件的审查，是公诉案件进入第一审程序的一个必经程序。审查公诉案件主要是查明人民检察院提起公诉的案件是否具备了开庭审判的条件，即起诉书是否符合《刑事诉讼法》第186条规定的要求，是否具备了开庭审理的程序性条件，能否将被告人交付法庭审判。因此，它还不是对案件进行的实体审理，并不解决对被告人定罪量刑的问题。

（二）审查的内容和方法

根据《刑事诉讼法》第186条及最高人民法院《解释》第180条的规定，人民法院对人民检察院提起的公诉案件，应当在收到起诉书和案卷、证据后，指定审判员审查以下内容。

1. 案件是否属于本院管辖。

2. 起诉书是否写明被告人的身份，是否受过或者正在接受刑事处罚，被采取强制措施的种类、羁押地点，犯罪的时间、地点、手段、后果以及其他可能影响定罪量刑的情节。

3. 是否移送证明指控犯罪事实的证据材料，包括采取技术侦查措施的批准决定和所收集的证据材料。

4. 是否查封、扣押、冻结被告人的违法所得或者其他涉案财物，并附证明相关财物依法应当追缴的证据材料。

5. 是否列明被害人的姓名、住址、联系方式；是否附有证人、鉴定人名单；是否申请法庭通知证人、鉴定人、有专门知识的人出庭，并列明有关人员的姓名、性别、年龄、职业、住址、联系方式；是否附有需要保护的证人、鉴定人、被害人名单。

6. 当事人已委托辩护人、诉讼代理人，或者已接受法律援助的，是否列明辩护人、诉讼代理人的姓名、住址、联系方式。

7. 是否提起附带民事诉讼；提起附带民事诉讼的，是否列明附带民事诉讼当事人的姓名、住址、联系方式，是否附有相关证据材料。

8. 侦查、起诉程序的各种法律手续和诉讼文书是否完备。

9. 有无《刑事诉讼法》第 16 条第 2 项至第 6 项规定的不追究刑事责任的情形。

审查的方法是认真地审阅起诉书等材料，并围绕上述审查内容逐项予以审查，以判断案件是否具备了开庭审判的程序性条件。尽管《刑事诉讼法》将案卷移送制度恢复为全卷送移送主义，但依然强调开庭前只进行程序性审查，这样有利于避免审判人员先入为主、先定后审，造成开庭审理流于形式等弊端，从而改革了我国的审判方式，有利于审判的公正，保证审判质量。

（三）审查后的处理

人民法院对公诉案件进行审查后，应当根据案件的具体情况作如下处理。

1. 属于告诉才处理的案件，应当退回人民检察院，并告知被害人有权提起自诉。

2. 不属于本院管辖或者被告人不在案的，应当退回人民检察院。

3. 不符合最高人民法院《解释》第 180 条第 2 项至第 8 项规定之一，需要补充材料的，应当通知人民检察院在 3 日内补送。

4. 依照《刑事诉讼法》第 200 条第 3 项规定宣告被告人无罪后，人民检察院根据新的事实、证据重新起诉的，应当依法受理。

5. 依照最高人民法院《解释》第 242 条规定裁定准许撤诉的案件，没有新的事实、证据，重新起诉的，应当退回人民检察院。

6. 符合《刑事诉讼法》第 16 条第 2 项至第 6 项规定情形的，应当裁定终止审理或者退回人民检察院。

7. 被告人真实身份不明，但符合《刑事诉讼法》第 160 条第 2 款规定的，应当依法受理。

人民法院对于按照普通程序审理的公诉案件，应当在收到起诉书后 7 日以内审查完毕，决定是否受理。人民法院对提起公诉的案件进行审查的期限计入人民法院的审理期限。

二、开庭审判前的准备

开庭审判是人民法院在公诉人、被害人、被告人、辩护人、证人等的参加下，严格依照法律规定的审判制度和程序，当庭对案件进行全面审理，查清案件事实，并依法对案件作出判决的过程。为了保证法庭审判的顺利进行，开庭前必须做好必要的准备工作。按照《刑事诉讼法》第 187 条及最高人民法院《解释》第 182 条的规定，人民法院对公诉案件决定开庭审判后，应当进行下列各项准备工作：

（一）组成合议庭

人民法院决定开庭审判以后，要由庭长或院长依法确定审判长及合议庭的组成人员。依照法律规定，第一审人民法院的合议庭可以全部由审判员组成，也可以由审判员和人民陪审员组成。人民法院的书记员，其职责是承担审判庭的记录工作，并办理有关审判的其他事项，不属于合议庭的组成人员。

（二）送达起诉书副本

将人民检察院的起诉书副本至迟在开庭 10 日以前送达被告人及辩护人。对于未委托辩护人的被告人，人民法院有义务告知他可以委托辩护人；对于符合《刑事诉讼法》第 35 条第 2、3 款及第 278 条规定的，依法通知法律援助机构指派律师为其提供辩护；对于被告人因经济困难或者其他原因没有委托辩护人的，告知本人及其近亲属可以向法律援助机构提出申请，符合法律援助条件的，法律援助机构应当指派律师为其提供辩护，以确保公正审判。

（三）召开庭前会议

根据最高人民法院《解释》第 183 条的规定，案件具有下列情形之一的，审判人员可以召开庭前会议。

1. 当事人及其辩护人、诉讼代理人申请排除非法证据的。
2. 证据材料较多、案情重大复杂的。
3. 社会影响重大的。
4. 需要召开庭前会议的其他情形。

召开庭前会议，根据案件情况，可以通知被告人参加。

根据《刑事诉讼法》第 187 条第 2 款及最高人民法院《解释》第 184 条的规定，召开庭前会议，审判人员可以就下列问题向控辩双方了解情况，听取意见：

1. 是否对案件管辖有异议。
2. 是否申请有关人员回避。
3. 是否申请调取在侦查、审查起诉期间公安机关、人民检察院收集但未随案移送的证明被告人无罪或者罪轻的证据材料。
4. 是否提供新的证据。
5. 是否对出庭证人、鉴定人、有专门知识的人的名单有异议。
6. 是否申请排除非法证据。
7. 是否申请不公开审理。
8. 与审判相关的其他问题。

审判人员在庭前会议中可以询问控辩双方对证据材料有无异议，对有异议的证据，应当在庭审时重点调查；无异议的，庭审时举证、质证可以简化。被害人或者其法定代理人、近亲属提起附带民事诉讼的，可以调解。

召开庭前会议是为了更好地准备法庭审理，保证庭审的顺利进行，提高诉讼效率。但需要注意的是，庭前会议非庭审必经程序，审判人员可根据案件的实际需要，决定是否向有关人员了解情况，听取意见。而且，审判人员了解问题的范围限于对保证庭审顺利进行有意义的程序性问题，如回避、非法证据排除、调取新证据等，不包括犯罪事实是否存在、证据是否真实等实体认定问题。

（四）通知举证

人民法院应当通知当事人、法定代理人、辩护人、诉讼代理人在开庭5日前提供证人、鉴定人名单，以及拟当庭出示的证据。当事人、法定代理人、辩护人、诉讼代理人申请证人、鉴定人、有专门知识的人出庭作证的，应当列明有关人员的姓名、性别、年龄、职业、住址、联系方式。

人民法院依法通知证人、鉴定人出庭作证的，应当同时将证人、鉴定人出庭通知书送交控辩双方，控辩双方应当予以配合。

（五）通知开庭和传唤当事人

人民法院确定开庭日期后，应当将开庭的时间、地点通知人民检察院。传唤当事人，通知辩护人、诉讼代理人、法定代理人、证人、鉴定人和翻译人员，传票和通知书至迟在开庭3日以前送达；通知有关人员出庭，也可以采取电话、短信、传真、电子邮件等能够确认对方收悉的方式。《刑事诉讼法》第189条规定："人民法院审判公诉案件，人民检察院应当派员出席法庭支持公诉。"据此，人民检察院对于公诉案件均应当派员出庭支持公诉。对于不满18周岁的未成年人犯罪的案件，应当通知被告人的法定代理人到场。无法通知、法定代理人不能到场或者法定代理人是共犯的，也可以通知被告人的其他成年亲属，所在学校、单位、居住地基层组织或者未成年人保护组织的代表到场。

人民法院通知公诉机关或者辩护人提供的证人时，该证人当场表示拒绝出庭作证或者按照所提供的证人通讯地址未能通知到该证人的，应当及时告知申请通知该证人的公诉机关或者辩护人。被害人、诉讼代理人、法定代理人、证人、鉴定人经人民法院传唤或者通知未到庭，不影响开庭审判的，人民法院可以开庭审理。辩护人经通知未到庭，被告人同意的，人民法院可以开庭审理，但被告人属于应当提供法律援助情形的除外。

（六）先期公告

《刑事诉讼法》第188条规定：人民法院审判第一审案件应当公开进行。但是有关国家秘密或者个人隐私的案件，不公开审理；涉及商业秘密的案件，当事人申请不公开审理的，可以不公开审理。另根据《刑事诉讼法》第285条的规定，审判的时候被告人不满18周岁的案件，不公开审理。但是，经未成年被告人及其法定代理人同意，未成年被告人所在学校和未成年人保护组织可以派代表到场。依法不公开审理的案件，任何公民，包括与审理该案件无关的法院工作人员和被告人的近亲属都不得旁听，但法律另有规定的除外。

人民法院公开审判案件，应当将公开审判案件的案由、被告人姓名、开庭的时间和地点在开庭3日以前先期贴出公告，并保留到开庭审判的时候，以便群众到庭旁听以及新闻记者进行采访。但精神病人、醉酒的人、未经人民法院批准的未成年人以及其他不宜旁听的人不得旁听案件审理。

（七）拟定法庭审理提纲

人民法院开庭审判前，合议庭可以拟出法庭审理提纲，提纲一般包括下列内容。

1. 合议庭成员在庭审中的分工。

2. 起诉书指控的犯罪事实的重点和认定案件性质的要点。

3. 讯问被告人时需了解的案情要点。

4. 出庭的证人、鉴定人、有专门知识的人、侦查人员的名单。

5. 控辩双方申请当庭出示的证据的目录。

6. 庭审中可能出现的问题及应对措施。

以上各项准备活动，均应写入笔录，由审判人员和书记员签名，附卷存查。

庭审前的各项准备工作，对于保证审判的顺利进行和保障当事人及其他诉讼参与人的诉讼权利是十分必要的，必须严格执行，不得省略简化。

三、法庭审判程序

法庭审理是审判人员通过开庭的方式，在公诉人、当事人以及其他诉讼参与人的参加下，调查核实证据，弄清案件事实，全面听取各方对案件事实和定罪量刑的意见，依法确定被告人是否有罪、应否受到刑事惩罚的诉讼活动。

公诉案件第一审普通程序的法庭审判由合议庭的审判长主持。合议庭审判案件时，审判长所处的地位和作用十分重要，因为法庭调查、法庭辩论等活动，都由审判长负责指挥，公诉人、当事人、辩护人、诉讼代理人经审判长许可，可以对被告人、证人、鉴定人发问。审判长认为发问的内容与案件无关的时候，应当制止。司法警察和其他值庭人员维持法庭秩序，也受审判长指挥。合议庭的其他成员则应协助审判长，使其能充分发挥法庭审判主持者的作用。诉讼参与人都应当听从审判长的指挥，遵守法庭秩序。

根据《刑事诉讼法》及最高人民法院《解释》的规定，法庭审理的程序可以分为开庭、法庭调查、法庭辩论、被告人最后陈述、评议和宣判五个步骤。

（一）开庭

宣布开庭是法庭审理的开始，它还不是对案件的实体审理，而是为顺利进行审判做好准备。根据《刑事诉讼法》第 190 条及最高人民法院《解释》第 189 条至第 194 条的规定，开庭阶段应当完成以下工作。

1. 开庭前，书记员先查明公诉人、当事人、证人和其他诉讼参与人是否已经到庭。公开审判的案件，书记员应在开庭前向旁听人员宣布法庭规则，然后，请公诉人、辩护人入庭，再请审判长和合议庭其他成员入庭；审判人员入庭时，请全体人员起立；审判人员、全体人员就座后，当庭向审判长报告开庭前的准备工作已经就绪。

2. 审判长宣布开庭后，应当传唤被告人到庭，问明被告人姓名、出生日期、民族、出生地、文化程度、职业、住址，或者被告单位的名称、住所地、诉讼代表人的姓名、职务；被告人是否受过法律处分及处分的种类、时间；是否被采取强制措施及强制措施的种类、时间；是否收到起诉书副本及收到的日期；有附带民事诉讼的，还应查明附带民事诉讼被告人收到民事诉状的日期。被告人较多的，上述情况也可以由书记员在开庭前查明，开庭后向审判长报告。

3. 审判长宣布案件的来源、起诉的案由、附带民事诉讼原告人和被告人的姓名及是否公开审理。对于不公开审理的案件，应当当庭宣布不公开审理的理由。

4. 审判长宣布合议庭组成人员、书记员、公诉人、辩护人、诉讼代理人、鉴定人和翻译人员的名单，并告知当事人及其法定代理人、辩护人、诉讼代理人在法庭审理过程中依法享有下列诉讼权利：可以申请合议庭组成人员、书记员、公诉人、鉴定人和翻译人员回避；可以提出证据，申请通知新的证人到庭、调取新的证据、重新鉴定或者勘验；辩护人可以为被告人进行辩护；被告人可以自行辩护；被告人可以在法庭辩论终结后作最后陈述。审判长分别询问当事人及其法定代理人、辩护人、诉讼代理人是否申请回避、申请何人回避和申请回避的理由。当事人及其法定代理人、辩护人、诉讼代理人申请审判人员、出庭支持公诉的检察人员回避，合议庭认为符合法定情形的，应当依照法律有关回避的规定处理；认为不符合法定情形的，应当当庭驳回，继续法庭审理。如果申请回避人当庭申请复议，合议庭应当宣布休庭，待作出复议决定后，再决定是否继续法庭审理。同意或者驳回回避申请的决定及复议决定，由审判长宣布，并说明理由。必要时，也可以由院长到庭宣布。

5. 被告人认罪认罚的，审判长应当告知被告人享有的诉讼权利和认罪认罚的法律规定，审查认罪认罚的自愿性和认罪认罚具结书内容的真实性、合法性。

对共同犯罪案件，应当将各被告人同时传唤到庭，向其宣布上述事项，以避免重复，节省开庭时间。

（二）法庭调查

法庭调查是指在公诉人、当事人和其他诉讼参与人的参加下，当庭对案件事实和证据进行调查核对的一种诉讼活动。法庭调查是案件进入实体审理的一个重要阶段，是法庭审判的中心环节，案件事实能否确认，被告人是否承担刑事责任，关键在于法庭调查的结论如何。法庭调查不仅是一项重要的工作，也是一项艰巨的工作，办案人员要充分认识法庭调查的艰巨性和复杂性，以严肃、客观、公正的态度对待，认真负责，彻底查清案件事实的来龙去脉，从事实方面为正确判决打下基础。

依照《刑事诉讼法》第 191 条至第 197 条及最高人民法院《解释》第 195 条至第 227 条的规定，法庭调查阶段包括下列诉讼活动。

1. 宣读起诉书

审判长宣布法庭调查开始后，先由公诉人宣读起诉书；有附带民事诉讼的，再由附带民事诉讼的原告人或者其法定代理人、诉讼代理人宣读附带民事起诉状。通过宣读起诉书，人民检察院向人民法院表明被告人犯有罪行，需要追究刑事责任，要求法庭依法予以惩罚。同时，可使旁听群众了解案件的基本情况，便于他们监督法庭的审判活动，并起到法治宣传教育的作用。一案有两名以上被告人的，宣读起诉书时可以同时在场，但宣读起诉书后，讯问被告人一般应当分别进行，以免互相影响，不利于法庭调查。

2. 被告人、被害人陈述起诉书指控的犯罪事实

公诉人在法庭上宣读起诉书后，在审判长主持下，被告人、被害人可以就起诉书指控的犯罪事实分别进行陈述。被告人若承认起诉书指控的犯罪事实，则应当让他把实施犯罪行为的经过、情节详细地陈述清楚；被告人若否认起诉书指控的罪行，则应当允许他对控诉的事实和证据进行充分的辩解和提出反证。同时，被害人可以根据起诉书对犯罪的指控陈述自己受害的过程及提出有关的诉讼请求。审判人员对被告人、被害人就起诉书指控的犯罪事实所作的陈述，都应当认真地听取。

3. 讯问被告人

（1）公诉人讯问被告人。在审判长主持下，公诉人可以就起诉书中所指控的犯罪事实讯问被告人。一般应围绕着下列问题进行讯问。

第一，指控的犯罪行为是否存在，是否为被告人所实施，被告人是否承认起诉书指控的罪行；承认犯罪的，要进一步讯问其实施犯罪行为的时间、地点、方法手段、结果以及犯罪后的表现等。

第二，集团犯罪或者一般共同犯罪的案件，在讯问中应问清楚同案被告人各自在共同犯罪中的地位和作用，以及应负的法律责任。

第三，问清被告人有无责任能力，有无实施指控犯罪行为的故意或者过失，查明犯罪行为的动机和目的。

第四，查明有无从重或者从轻、减轻以及免除处罚的情节，并注意查明有无依法不应当追究刑事责任的情形。

第五，查明犯罪对象、作案工具的主要特征，赃款、赃物的来源、数量以及去向。

第六，被告人全部或者部分否认起诉书指控的罪行的，要问清否认的根据和理由。

总之，公诉人对被告人的讯问是法庭调查中的关键环节，讯问的内容应紧紧围绕起诉书对被告人的有罪指控进行，目的是通过讯问让审判人员当庭听清楚被告人的供述和辩解，以便于查明案件事实真相。

（2）被害人、附带民事诉讼当事人及其法定代理人、诉讼代理人，被告人的法定代理人、辩护人，经审判长许可，可以向被告人发问。被害人及其法定代理人、诉讼代理人可以根据公诉人的讯问情况进行补充性发问，通过被害人的发问，可以当庭揭露被告人的虚伪供述，进一步暴露被告人的犯罪行为。附带民事诉讼的原告人及其法定代理人、诉讼代理人可以就附带民事诉讼部分的事实向被告人发问，揭露和证实被告人的犯罪行为给自己造成的物质上的损失，证明被告人应当承担的赔偿责任。被告人的法定代理人、辩护人，附带民事诉讼被告人及其法定代理人、诉讼代理人可以在控诉一方就某一具体问题讯问完毕后向被告人发问，向法庭揭示有利于被告人的事实、情节和证据，以维护被告人的合法权益。通过上述人员多角度地进行发问，可以使案件事实和证据得以全面查清。

（3）审判人员讯问被告人。审判人员在法庭上不是消极的仲裁者，一方面，审判人员要主持和指挥法庭的调查审理活动；另一方面，其要通过庭审彻底查清案件事实，公正执法。因此，在法庭调查中，审判人员不仅要认真、仔细地听取控辩双方的提问和回答，而且要对尚存疑问、没有搞清楚的问题及时地讯问被告人。一般而言，审判人员的讯问应注重庭审中出现的一些关键性问题，如公诉人遗漏了重要犯罪事实、情节或对主要犯罪事实情节有疑问；被告人前后供述不一致，企图避重就轻或进行无理狡辩；被害人和辩护人等的发问与被告人的回答相互矛盾等。通过审判人员的讯问，可以消除疑点，解决矛盾，全面审清案情。

讯问被告人、向被告人发问均需在审判长的主持下进行，为保证控辩双方讯问、发问的有序进行，保证不对被告人诱供、逼供，审判长应注意把握庭审活动的方向与进度，并遵循以下讯问、发问的规则。

第一，讯问、发问均应在起诉书指控的犯罪事实范围之内进行，控辩双方均不得使用威吓、诱导性语言进行讯问、发问。

第二，起诉书指控的被告人的犯罪事实为两起以上的，法庭调查时，一般应当就每一起犯罪事实分别进行讯问。

第三，对于共同犯罪案件中的被告人，应当分别进行讯问。在分别讯问后，合议庭认为必要的，可以传唤共同被告人同时到庭对质。

第四，审判长对于控辩双方讯问被告人、向被告人发问的内容与本案无关或者讯问、发问的方式不当的，应当制止。对于控辩双方认为对方讯问被告人或者向被告人发问的内容与本案无关或者讯问、发问的方式不当并提出异议的，审判长应当判明情况予以支持或者驳回。

4. 向被害人、附带民事诉讼当事人、证人、鉴定人发问

在法庭调查中，控辩双方经审判长准许，均可以向被害人、附带民事诉讼原告人发问；审判人员认为有必要的，也可以向被害人及附带民事诉讼当事人发问，以求进一步弄清案件事实。向证人、鉴定人发问，应当先由提请通知的一方进行；发问完毕后，经审判长准许，对方也可以发问。

依据最高人民法院《解释》第 213 条的规定，向证人发问应当遵循以下规则：(1) 发问的内容应当与本案事实有关；(2) 不得以诱导方式发问；(3) 不得威胁证人；(4) 不得损害证人的人格尊严。上述规定也适用于对被告人、被害人、附带民事诉讼当事人、鉴定人、有专门知识的人的讯问、发问。

向证人、鉴定人发问应当分别进行。对于证人、鉴定人，控辩双方发问或者审判人员询问后，审判长应当告知其退庭。证人、鉴定人不得旁听对本案的审理。

5. 出示证据

法庭审理过程中，对与定罪、量刑有关的事实、证据都应当进行调查。控辩双方均有权要求证人出庭作证，向法庭出示物证、书证、视听资料等证据，但必须在向审判长说明拟证明的问题后，方可传唤证人或者出示证据。关于出示证据的方法，应当严格遵循法律规定的具体程序。

第一，由控方向法庭举证。即对指控的每一起犯罪事实，公诉人可以提请审判长传唤证人、鉴定人和勘验、检查、辨认、侦查实验笔录制作人出庭作证，或者出示证据，宣读未出庭的被害人、证人、鉴定人和勘验、检查、辨认、侦查实验笔录制作人的书面陈述、证言、鉴定意见及勘验、检查、辨认、侦查实验笔录；被害人及其法定代理人、诉讼代理人和附带民事诉讼原告人及其诉讼代理人经审判长准许，也可以分别提请传唤尚未出庭作证的证人、鉴定人和勘验、检查、辨认、侦查实验笔录制作人出庭作证，或者出示公诉人尚未出示的证据，宣读尚未宣读的书面证人证言、鉴定意见及勘验、检查、辨认、侦查实验笔录。出庭的检察人员和辩护人需要出示、宣读、播放已移交人民法院的证据的，可以申请法庭出示、宣读、播放。

第二，由被告人及其法定代理人、辩护人就控诉方提出的证据当庭进行质证、辨认。

第三，由辩方向法庭举证。被告人及其法定代理人、辩护人在控诉一方举证后，可以提请审判长通知证人、鉴定人出庭作证，或者出示证据，宣读未到庭的证人的书面证言、未到庭的鉴定人的鉴定意见。

第四，由控辩双方依次当庭进行质证、辨认。

上述程序可以理解为，每指控一起犯罪事实都要出示相应的证据，并由控辩双方进行质证、辨认。这充分体现了“谁主张，谁举证”，依次举证、质证的规则，既增强了起诉方的举证责任，强化了控辩双方的对抗性，也有利于法庭全面调查证据，辨明是非，澄清案件事实。

当庭出示的证据，宣读的书面证人证言、鉴定意见和勘验、检查、辨认、侦查实验笔录等，尚未移送人民法院的，在质证后，应当立即交付法庭。

6. 调取新证据与有专门知识的人出庭

《刑事诉讼法》第 197 条第 1、2 款规定：法庭审理过程中，当事人和辩护人、诉讼代理人有权申请通知新的证人到庭，调取新的物证，申请重新鉴定或者勘验。公诉人、当事人和辩护人、诉讼代理人可以申请法庭通知有专门知识的人出庭，就鉴定人作出的鉴定意见提出意见。

当事人和辩护人等申请通知新的证人到庭，调取新的证据，申请重新鉴定或者勘验的，应当提供证人的姓名、证据的存放地点，说明所要证明的案件事实，要求重新鉴定或者勘验、检查的理由。公诉人等申请法庭通知有专门知识的人出庭，应当表明对鉴定意见有异议，并且需要有专门知识的人协助查明案件事实。申请有专门知识的人出庭，不得超过2人。有多种鉴定意见的，可以相应增加人数。法庭根据具体情况，应当作出是否同意的决定。同意当事人申请的，应当宣布延期审理；不同意的，应当告知理由并继续开庭。

7. 证人出庭作证

证人、鉴定人、警察等出庭作证，是交叉询问与公平质证的客观需求，有利于法庭查明案件事实。为保障证人、鉴定人与警察出庭作证义务的实际履行，并兼顾伦理道德等基本价值取向，我国《刑事诉讼法》明文规定了强制出庭作证制度与拒证特权。证人出庭作证的条件包括三个：一是公诉人、当事人或者辩护人、诉讼代理人对证人证言有异议；二是该证人证言对案件定罪量刑有重大影响；三是人民法院认为证人有必要出庭作证。警察出庭作证适用证人出庭的规定。鉴定人出庭作证须具备两项条件：一是公诉人、当事人或者辩护人、诉讼代理人对鉴定意见有异议；二是人民法院认为鉴定人有必要出庭。

控辩双方申请证人出庭作证，出示证据，应当说明证据的名称、来源和拟证明的事实。法庭认为有必要的，应当准许；对方提出异议，认为有关证据与案件无关或者明显重复、不必要，法庭经审查异议成立的，可以不予准许。证人具有下列情形之一，无法出庭作证的，人民法院可以准许其不出庭：(1) 在庭审期间身患严重疾病或者行动极为不便的；(2) 居所远离开庭地点且交通极为不便的；(3) 身处国外短期无法回国的；(4) 有其他客观原因，确实无法出庭的。具有上述情形的，也可以通过视频等方式作证。

《刑事诉讼法》第193条规定：经人民法院通知，证人没有正当理由不出庭作证的，人民法院可以强制其到庭，但是被告人的配偶、父母、子女除外。证人没有正当理由拒绝出庭或者出庭后拒绝作证的，予以训诫，情节严重的，经院长批准，处以10日以下的拘留。被处罚人对拘留决定不服的，可以向上一级人民法院申请复议。复议期间不停止执行。因此，人民法院可由院长签发强制证人出庭令，强制证人出庭作证，证人无正当理由拒绝出庭或出庭后拒绝作证且情节严重的，可以予以拘留。但是，考虑到近亲属出庭有悖伦理和影响家庭和谐，我国《刑事诉讼法》允许被告人的配偶、父母、子女等近亲属享受拒证特权，可不予出庭作证。

为了调动证人出庭作证的积极性，切实免除证人作证的后顾之忧，法律明确了证人作证的补助制度和保护措施。证人出庭作证所支出的交通、住宿、就餐等费用，人民法院应当给予补助。审判危害国家安全犯罪、恐怖活动犯罪、黑社会性质的组织犯罪、毒品犯罪等案件，证人因出庭作证，本人或者其近亲属的人身安全面临危险的，人民法院应当采取不公开其真实姓名、住址和工作单位等个人信息，或者不暴露其外貌、真实声音等保护措施。审判期间，证人提出保护请求的，人民法院应当立即审查；认为确有保护必要的，应当及时决定采取相应保护措施。决定对出庭作证的证人采取不公开个人信息的保护措施的，审判人员应当在开庭前核实其身份，对证人如实作证的保证书不得公开，在判决书、裁定书等法律文书中可以使用化名等代替其个人信息。上述保护措施也适用于鉴定人、被害人。

8. 法庭调查核实证据

在法庭调查过程中，合议庭对于证据有疑问的，可以宣布休庭，对证据进行调查核实。人民法院调查核实证据时，可以进行勘验、检查、查封、扣押、鉴定和查询、冻结。必要时，可以通知检察人员、辩护人到场。需要注意的是，合议庭调查核实证据，是在对控辩双方提出的证据有疑问的情况下进行的，目的是确定证据是否具有证明力，以及证明力的大小。因为合议庭认定案情，只能以经过庭审程序确认的证据为依据，所以，合议庭对于当庭调查的各种证据是否予以采纳，应有较为明确的表示。根据《刑事诉讼法》的规定，证据只有经过查证属实，才能作为定案的根据。因此，凡是作为认定案件事实根据的证据，包括能够证实被告人有罪或者无罪、犯罪情节轻重的各种证据，都须当庭审查核对，至于法庭审查各种证据的步骤、顺序和方式，当然不是固定不变的，法庭可以根据案件的不同情况灵活掌握。

依据最高人民法院《解释》第 225 条第 2 款的规定，人民法院除应当审查被告人是否具有法定量刑情节外，还应当根据案件情况审查以下影响量刑的情节：(1) 案件起因；(2) 被害人有无过错及过错程度，是否对矛盾激化负有责任及责任大小；(3) 被告人的近亲属是否协助抓获被告人；(4) 被告人平时表现，有无悔罪态度；(5) 退赃、退赔及赔偿情况；(6) 被告人是否取得被害人或者其近亲属谅解；(7) 影响量刑的其他情节。

审判期间，合议庭发现被告人可能有自首、坦白、立功等法定量刑情节，而人民检察院移送的案卷中没有相关证据材料的，应当通知人民检察院移送。审判期间，被告人提出新的立功线索的，人民法院可以建议人民检察院补充侦查。

对被告人认罪的案件，在确认被告人了解起诉书指控的犯罪事实和罪名，自愿认罪且知悉认罪的法律后果后，法庭调查可以主要围绕量刑和其他有争议的问题进行。对被告人不认罪或者辩护人作无罪辩护的案件，法庭调查应当在查明定罪事实的基础上，查明有关量刑事实。

法庭经过调查，如果认为案情已经查清，证据已经核实，公诉人、当事人和辩护人、诉讼代理人也没有再提出需要补充调查的事实和证据，即由审判长宣布法庭调查结束，开始法庭辩论。

（三）法庭辩论

法庭辩论是在法庭调查的基础上，控诉方与辩护方就被告人的行为是否构成犯罪，犯罪的性质，罪责轻重，证据是否确实、充分，以及如何适用刑罚等问题进行互相争论和反驳的一种诉讼活动。它是刑事审判程序的一个重要环节。在法庭辩论中，公诉人和被害人属于控诉一方，被告人和辩护人属于辩护一方，各方在发言中都力争全面揭示案情真相，充分阐述理由和根据。法庭辩论对于保障当事人和诉讼参与人的合法权益，对于法庭客观、全面地审理案件，深入细致地分析判断案情，依法作出公正的判决，对于公民接受社会主义法治教育，发挥群众对审判活动的民主监督作用，具有重要意义。

根据《刑事诉讼法》第 198 条及最高人民法院《解释》第 228 条至第 232 条的规定，法庭审理过程中，对与定罪、量刑有关的事实、证据都应当进行调查、辩论。合议庭认为案件事实已经调查清楚的，应当由审判长宣布法庭调查结束，开始就定罪、量刑的事实、证据和适用法律等问题进行法庭辩论。法庭辩论的顺序是，先由公诉人发言，然后由被害人及其诉讼代理人发言，再由被告人自行辩护，辩护人进行辩护，最后控辩双方可以反复互相辩论。对附带民事诉讼部分的辩论应在对刑事诉讼部分的辩论结束以后进行，具体辩论顺序是：先由附带民事诉讼的原告人和他的诉讼代理人发言，然后由被告人和他的诉讼代理人答辩。总之，法庭辩论的次序总是自控方发言始，至辩方发言止为一个回合，反复辩论，直至双方均表示不再发言。

法庭辩论的目的，是全面查清案件事实，正确运用法律，协助审判人员对案件作出公正的判决。因此，辩论双方都应当坚持“以事实为依据，以法律为准绳”的原则，摆事实、讲道理，依法论罪，以理服人。对自己一方的合理意见要坚持，对于对方的合法意见要尊重，不能强词夺理，更不应简单粗暴，进行人身攻击。要讲求精神文明，尊重社会公德，遵守法庭纪律，以保障诉讼参与人的合法权益不受侵犯，保证辩论活动有秩序地进行。审判长对于控辩双方与案件无关的意见、重复意见或者互相指责的发言应当制止。

在法庭辩论中，合议庭对双方的辩论发言都应认真听取。对被告人认罪的案件，法庭辩论时，可以引导控辩双方主要围绕量刑和其他有争议的问题进行。对被告人不认罪或者辩护人作无罪辩护的案件，法庭辩论时，可以引导控辩双方先辩论定罪问题，后辩论量刑问题。审判长应当善于抓住双方辩论的焦点，把辩论引向深入。如果发现新的事实、情节和证据需要进一步核实查清的，审判长应当宣告暂停辩论，恢复法庭调查，待查清后再继续辩论。恢复法庭调查尚不能查清的，审判长应宣告延期审理。

在法庭辩论中，被告人当庭拒绝辩护人为他辩护，要求另行委托辩护人的，合议庭应当同意。被告人要求人民法院另行通知法律援助机构指派律师，合议庭同意的，应当宣布延期审理。重新开庭后，被告人再次当庭拒绝重新委托的辩护人或者法律援助机构指派的辩护律师为其辩护的，合议庭应当分别情形作出处理：(1) 被告人是成年人的，可以准许。但被告人不得再另行委托辩护人，人民法院也不再另行通知法律援助机构指派律师，被告人可以自行辩护。(2) 被告人是盲、聋、哑人或者未成年人，没有正当理由的，一般不予准许。对于辩护人依照有关规定当庭拒绝继续为被告人进行辩护的，合议庭应当准许。如果被告人要求另行委托辩护人，合议庭应当宣布延期审理，由被告人另行委托辩护人或者由人民法院通知法律援助机构为其另行指派辩护人。有多名被告人的案件，部分被告人拒绝辩护人辩护后，没有辩护人的，根据案件情况，可以对该被告人另案处理，对其他被告人的庭审继续进行。

审判长认为经过反复辩论案情已经查明，罪责已经分清，应及时宣告法庭辩论终结。辩论的最后发言权应当属于被告人和辩护人。

(四) 被告人最后陈述

《刑事诉讼法》第 198 条第 3 款规定：审判长在宣布辩论终结后，被告人有最后陈述的权利。最后陈述是被告人的一项重要的诉讼权利，审判长应当告知被告人享有此项权利。在法庭即将进行评议前，给被告人一个最后发言的机会，让他充分陈述自己对案件的意见，或者向法庭表明他对自己所犯罪行的认识和态度，这对于法庭全面分析研究案情，保护被告人的合法权益，正确处理案件，具有重要意义。

被告人最后陈述权作为其法定的诉讼权利，受法律保障，审判长应当让被告人充分陈述。被告人最后陈述只要不超出本案范围，就不应限制其发言的时间，或随意打断其发言，应允许其把话讲完。但是如果被告人陈述的内容多次重复的，审判长可以制止。陈述内容蔑视法庭、公诉人，损害他人及社会公共利益，或者与本案无关的，应当制止。在公开审理的案件中，被告人最后陈述的内容涉及国家秘密、个人隐私或者商业秘密的，应当制止。

被告人在最后陈述中提出新的事实、证据，合议庭认为可能影响正确裁判的，应当恢复法庭调查；被告人提出新的辩解理由，合议庭认为可能影响正确裁判的，应当恢复法庭辩论。

(五) 评议和宣判

在被告人最后陈述后，审判长即可宣布休庭，合议庭进行评议，作出裁判。

1. 合议庭评议

合议庭评议的任务是，根据法庭审理查明的事实、证据，依照刑事法律的规定，确定被告人有罪或者无罪，犯的什么罪，应否处以刑罚，有无从重或者从轻、减轻以至免除刑罚的情节，判处何种刑罚，刑罚执行方法，附带民事诉讼如何解决，赃款、赃物如何处理等，并作出处理决定。

评议时，审判人员必须充分重视法庭调查的情况和辩论时双方提出的意见和理由，认真研究，应本着“以事实为依据，以法律为准绳”的原则，作出明确的决定。

评议案件一律秘密进行。进行评议时，合议庭组成人员有同等的权利。合议庭进行评议的时候，如果存在意见分歧，应当按多数人的意见作出决定，但是少数人的意见应当记入笔录。评议笔录由合议庭的组成人员签名。

2. 作出裁判

根据《刑事诉讼法》第200条及最高人民法院《解释》第241条的规定，合议庭经评议后，根据已经查明的事实、证据和有关的法律规定，分别作出以下裁判：

(1) 起诉指控的事实清楚，证据确实、充分，依据法律认定被告人的罪名成立的，应当作出有罪判决。

(2) 起诉指控的事实清楚，证据确实、充分，指控的罪名与人民法院审理认定的罪名不一致的，应当按照审理认定的罪名作出有罪判决。

(3) 案件事实清楚，证据确实、充分，依据法律认定被告人无罪的，应当判决宣告被告人无罪。

(4) 证据不足，不能认定被告人有罪的，应当以证据不足，指控的犯罪不能成立，判决宣告被告人无罪。

(5) 案件事实部分清楚，证据确实、充分的，应当依法作出有罪或者无罪的判决；事实不清，证据不足部分，依法不予认定。

(6) 被告人因不满16周岁，不予刑事处罚的，应当判决宣告被告人不负刑事责任。

(7) 被告人是精神病人，在不能辨认或者不能控制自己行为的时候造成危害结果，不予刑事处罚的，应当判决宣告被告人不负刑事责任；符合《刑事诉讼法》第302条规定情形的，可以转为对实施暴力行为的精神病人的强制医疗程序。

(8) 犯罪已过追诉时效期限且不是必须追诉，或者经特赦令免除刑罚的，应当裁定终止审理。

(9) 被告人死亡的，应当裁定终止审理；根据已查明的案件事实和认定的证据材料，能够确认被告人无罪的，应当判决宣告被告人无罪。

具有上述第(2)项规定情形的，人民法院应当在判决前听取控辩双方的意见，保障被告人、辩护人充分行使辩护权。必要时，可以重新开庭，组织控辩双方围绕被告人的行为构成何罪进行辩论。

人民法院审理公诉案件，发现有新的事实，可能影响定罪的，人民检察院可以要求补充起诉或者变更起诉，人民法院可以建议人民检察院补充或者变更起诉；人民检察院不同意或者在7日内未回复意见的，人民法院应当就起诉指控的犯罪事实，依照最高人民法院《解释》第241条的规定作出判决、裁定。

对依照最高人民法院《解释》第181条第1款第4项规定受理的案件，人民法院应当在判决中写明被告人曾被人民检察院提起公诉，因证据不足，指控的犯罪不能成立，被人民法院依法判决宣告无罪的情况；原来依照《刑事诉讼法》第200条第3项规定作出的判决不予撤销。

根据《刑事诉讼法》第201条的规定，对于认罪认罚案件，人民法院依法作出判决时，一般应当采纳人民检察院指控的罪名和量刑建议，但有下列情形的除外：(1) 被告人的行为不构成犯罪或者不应当追究其刑事责任的；(2) 被告人违背意愿认罪认罚的；(3) 被告人否认指控的犯罪事实的；(4) 起诉指控的罪名与审理认定的罪名不一致的；(5) 其他可能影响公正审判的情形。人民法院经审理认为量刑建议明显不当，或者被告人、辩护人对量刑建议提出异议的，人民检察院可以调整量刑建议。人民检察院不调整量刑建议或者调整量刑建议后仍然明显不当的，人民法院应当依法作出判决。

3. 宣告判决

宣判是将判决的内容向当事人和群众宣告，使他们知道人民法院对案件作出的处理决定。根据《刑事诉讼法》第202条第1款的规定，宣告判决一律公开进行。即不论案件是否公开审理，都应当将判决公之于众。宣告判决，可以由合议庭根据具体情况决定当庭进行或者另定日期进行。当庭宣告判决的，应当在5日以内将判决书送达当事人、法定代理人、辩护人、诉讼代理人和提起公诉的人民检察院，并可以送达被告人的近亲属。定期宣告判决的，判决书应当在宣告后立即向上述人员和机关送达。地方各级人民法院和专门人民法院在宣告第一审判决时，应当告知当事人，如果不服，有权提出上诉。判决生效后，还应当送达被告人的所在单位或者原户籍地的公安派出所，或者被告单位的注册登记机关。

在实践中，对合议庭已经宣判但尚未生效的判决，发现确有错误的，庭长或院长不宜改变，审判委员会也不应立即改变，可视具体情况处理。如果被告人已经上诉或者人民检察院已经抗诉，原审人民法院可以提出原判有错误的意见，转送二审法院参考；如果被告人没有上诉，检察院也没有抗诉，原审人民法院应当在判决生效后，按审判监督程序处理，以维护法院判决的严肃性。

为了保证法庭审判的正常进行，诉讼参与人和旁听人员都应当遵守法庭秩序。根据《刑事诉讼法》第199条、最高人民法院《解释》第250条及《人民法院法庭规则》第19条、第20条的规定：审判长或独任审判员对违反法庭纪律的人员应当予以警告；对不听警告的，予以训诫；对训诫无效的，责令其退出法庭；对拒不退出法庭的，指令司法警察将其强行带出法庭。对于非法携带枪支、弹药、管制刀具或者爆炸性、易燃性、放射性、毒害性、腐蚀性物品以及传染病病原体进入法庭；哄闹、冲击法庭；侮辱、诽谤、威胁、殴打司法工作人员或诉讼参与人；毁坏法庭设施，抢夺、损毁诉讼文书、证据；以及其他危及法庭安全或者扰乱法庭秩序的，报经院长批准后，可以处以1 000元以下的罚款或者15日以下的拘留。未经许可对庭审活动进行录音、录像、拍照或使用移动通信工具等传播庭审活动的，可以暂扣其使用的设备及存储介质，删除相关内容。罚款、拘留必须经本法院院长批准。被处罚人如果不服，可以向上一级人民法院申请复议。复议期间不停止执行。对于危害法庭安全或者扰乱法庭秩序构成犯罪的，应当依法追究其刑事责任。

法庭审判阶段是刑事诉讼程序的核心，因此法庭审判活动应当认真做好记录工作。审判笔录是记载法庭全部活动的诉讼文件，它对于分析案情，核查审判活动的进行情况，具有重要意义，特别是对于上诉审和审判监督程序，有更大的作用。因此，担任审判记录工作的书记员必须认真负责，准确、完备地做好记录。法庭审判的全部活动，由书记员写成笔录，经审判长审阅后，由审判长和书记员签名。根据《刑事诉讼法》第207条及最高人民法院《解释》第239条的规定，法庭笔录应当在庭审后交由当事人、法定代理人、辩护人、诉讼代理人阅读或者向其宣读。法庭笔录中的出庭证人、鉴定人、有专门知识的人的证言、意见部分，应当在庭审后分别交由有关人员阅读或者向其宣读。上述人员认为记录有遗漏或者差错的，可以请求补充或者改正；确认无误后，应当签名；拒绝签名的，应当记录在案；要求改变庭审中陈述的，不予准许。

四、单位犯罪案件的审理程序

根据我国《刑法》的规定，公司、企业、事业单位、机关、团体实施的危害社会的行为，法律规定为单位犯罪的，应当负刑事责任。单位犯罪的，应当依法对单位判处罚金，并对其直接负责的主管人员和其他直接责任人员判处刑罚。刑法分则和其他法律未规定追究单位的刑事责任的，对组织、策划、实施该危害社会行为的人依法追究刑事责任。

我国《刑事诉讼法》所规定的刑事诉讼基本原则、诉讼制度、诉讼权利与义务同样适用于公、检、法机关处理单位犯罪的案件。但是，由于单位犯罪案件确有其特殊性，因而，单位犯罪案件的审理程序除遵循一般审判程序的规定之外，还应注意依照下列规定办理。

1. 人民法院受理单位犯罪案件，除依照最高人民法院《解释》第180条的有关规定进行审查外，还应当审查起诉书中是否列明被告单位的名称、住所地、联系方式，法定代表人、主要负责人以及代表被告单位出庭的诉讼代表人的姓名、职务、联系方式。未按规定列明的，应当通知人民检察院在3日内补送材料。

2. 代表被告单位出庭的诉讼代表人，应当是单位的法定代表人或者主要负责人；法定代表人或者主要负责人被指控为单位犯罪直接负责的主管人员或者因客观原因无法出庭的，应当由被告单位委托其他负责人或者职工作为诉讼代表人。但是，有关人员被指控为单位犯罪的其他直接责任人员或者知道案件情况、负有作证义务的除外。人民法院决定开庭审理单位犯罪案件，应当通知被告单位的诉讼代表人出庭；没有诉讼代表人参与诉讼的，应当要求人民检察院确定。被告单位的诉讼代表人不出庭的，应当按照下列情形分别处理：(1) 诉讼代表人系被告单位的法定代表人或者主要负责人，无正当理由拒不出庭的，可以拘传其到庭；因客观原因无法出庭，或者下落不明的，应当要求人民检察院另行确定诉讼代表人；(2) 诉讼代表人系被告单位的其他人员的，应当要求人民检察院另行确定诉讼代表人出庭。人民法院审理单位犯罪案件，被告单位的诉讼代表人享有《刑事诉讼法》规定的有关被告人的诉讼权利。开庭时，诉讼代表人席位位于审判台前左侧，与辩护人席并列。被告单位需要委托辩护人的，参照《刑事诉讼法》及最高人民法院《解释》有关辩护的规定办理。

3. 对被告单位的违法所得及其孳息，尚未被依法追缴或者查封、扣押、冻结的，人民法院应当根据案件具体情况，决定追缴或者查封、扣押、冻结。人民法院为了保证判决的执行，根据案件具体情况，可以先行查封、扣押、冻结被告单位的财产或者由被告单位提出担保。

4. 人民法院审理单位犯罪案件，被告单位被撤销、注销、吊销营业执照或者宣告破产的，对单位犯罪直接负责的主管人员和其他直接责任人员应当继续审理。

5. 审判期间，被告单位合并、分立的，应当将原单位列为被告单位，并注明合并、分立情况。对被告单位所判处的罚金以其在新单位的财产及收益为限。

五、延期审理、中止审理

（一）延期审理

延期审理，是指案件因故不能按原定开庭时间审理，或者在法庭审理过程中，遇有足以影响审判继续进行的情况，合议庭决定另定日期对案件进行审理的制度。

根据《刑事诉讼法》第204条的规定，延期审理有以下三种情况。

1. 需要通知新的证人到庭，调取新的物证，重新鉴定或者勘验的。

2. 检察人员发现提起公诉的案件需要进行补充侦查，提出建议的。

3. 由于申请回避而不能进行审判的。这主要有两种情况：一是指对回避申请，在短时间内，不能作出是否同意回避的决定，审判活动无法进行；二是指被申请回避的人员应当回避，需要另行更换人员。

《人民检察院刑事诉讼规则（试行）》第455、471条规定了公诉人可以建议法庭延期审理的情形。

1. 发现事实不清、证据不足，或者遗漏罪行、遗漏同案犯罪嫌疑人，需要补充侦查或者补充提供证据的。

2. 被告人揭发他人犯罪行为或者提供重要线索，需要补充侦查进行查证的。

3. 发现遗漏罪行或者遗漏同案犯罪嫌疑人，虽不需要补充侦查和补充提供证据，但需要补充、追加或者变更起诉的。

4. 申请人民法院通知证人、鉴定人出庭作证或者有专门知识的人出庭提出意见的。

5. 需要调取新的证据，重新鉴定或者勘验的。

6. 公诉人出示、宣读开庭前移送人民法院的证据以外的证据，或者补充、变更起诉，需要给予被告人、辩护人必要时间进行辩护准备的。

7. 被告人、辩护人向法庭出示公诉人不掌握的与定罪量刑有关的证据，需要调查核实的。

8. 公诉人对证据收集的合法性进行证明，需要调查核实的。

9. 转为普通程序审理的案件，公诉人需要为出席法庭进行准备的。

人民检察院建议延期审理补充侦查的案件，应当在1个月以内补充侦查完毕，但建议延期审理不得超过两次。

除上述延期审理的情形之外，实际上还有两种情形。

1. 对于辩护人当庭拒绝继续为被告人进行辩护或者被告人当庭拒绝辩护人为其辩护，而被告人要求另行委托辩护人或者要求人民法院通知法律援助机构另行指派辩护律师，合议庭同意的，也应当宣布延期审理。

2. 依法应当出庭的鉴定人由于不能抗拒的原因或者有其他正当理由无法出庭的，人民法院可以根据案件审理情况决定延期审理。

延期审理的时间原则上要计入审理期限，但法律明确规定不计入审限的除外。延期审理后再行开庭审判的，仍应按照法庭审判的顺序进行，但对于以前庭审已经查清的事实和证据，可以不逐一核查。

（二）中止审理

中止审理是指人民法院在法庭审理过程中，因发生某种特定情况，致使案件在较长时间内无法继续审理而决定暂时停止审判活动，待该项原因消失后，再恢复法庭审理的诉讼制度。

根据《刑事诉讼法》第206条的规定，中止审理有以下四种情况。

1. 被告人患有严重疾病，无法出庭的。

2. 被告人脱逃的。

3. 自诉人患有严重疾病，无法出庭，未委托诉讼代理人出庭的。

4. 由于不能抗拒的原因。

中止审理的原因消失后，应当恢复审理。中止审理的期间不计入审理期限。

六、第一审程序的期限

第一审程序的期限是指人民法院审判第一审公诉案件，从受理到宣判的最长时间限制。《刑事诉讼法》第208条对此作了详细规定。

1. 人民法院审理公诉案件，应当在受理后2个月以内宣判，至迟不得超过3个月。

2. 对于可能判处死刑的案件或者附带民事诉讼的案件，经上一级人民法院批准，可以延长3个月。

3. 遇有《刑事诉讼法》第158条规定的四类案件的，经上一级人民法院批准，可以延长3个月：(1) 交通十分不便的边远地区的重大复杂案件；(2) 重大的犯罪集团案件；(3) 流窜作案的重大复杂案件；(4) 犯罪涉及面广，取证困难的重大复杂案件。

4. 因特殊情况还需要延长的，报请最高人民法院批准。

5. 如遇人民法院改变管辖的案件，则从改变后的人民法院收到案件之日起计算审理期限。

6. 人民检察院补充侦查的案件，补充侦查完毕移送人民法院后，人民法院重新计算审理期限。

我国《刑事诉讼法》中规定的审判期限制度，一方面有利于避免不必要的诉讼拖延，保障当事人权益，符合诉讼及时原则；另一方面也为重大、复杂案件设置了相对较长的审限，以兼顾实际审判工作的需要，并非一味追求诉讼的快速推进。

第三节　自诉案件的第一审程序

自诉案件的第一审程序，是指第一审人民法院在自诉人、被告人及其他诉讼参与人的参加下，依法处理自诉案件的方式、方法和步骤。与公诉案件的第一审程序相比较，自诉案件的第一审程序有以下几个特点：(1) 参加诉讼的国家机关一般来说只有法院，公安机关、检察机关不予介入；(2) 当事人对于诉讼程序的开始和终止，具有一定的决定作用。没有自诉人提起自诉，自诉案件的诉讼程序就不会开始；自诉人撤诉或自诉人与被告人达成了和解协议，案件的诉讼程序就可以终止。

一、自诉案件的提起、审查和处理

（一）自诉案件的提起

以自己的名义直接向人民法院起诉，请求法院追究被告人刑事责任的公民是自诉人。自诉人通常就是自诉案件中的被害人，被害人死亡、丧失行为能力或者因受强制、威吓等原因无法告诉，或者是限制行为能力人以及由于年老、患病、盲、聋、哑等原因不能亲自告诉，其法定代理人、近亲属告诉或者代为告诉的，人民法院应当依法受理。代为告诉人应当提供与被害人之间的关系证明和被害人不能亲自告诉的原因的证明。除被害人死亡的案件外，被害人仍是自诉人身份，“代为告诉”的法定代理人、近亲属是代理人。自诉人在诉讼中是原告人。

自诉人起诉，应当提出起诉的事实根据，向人民法院提供必要的证据，起诉应当以书面形式进行，向法院递交符合规范的起诉状。书写起诉状确有困难的，可以口头起诉，由人民法院接待人员写成笔录，经宣读无误后，由自诉人签名或盖章。

自诉状或者告诉笔录应当包括以下内容：（1）自诉人、被告人、代为告诉人的姓名、性别、年龄、民族、出生地、文化程度、职业、工作单位、住址、联系方式；（2）被告人实施犯罪的时间、地点、手段、情节和危害后果等；（3）具体的诉讼请求；（4）致送人民法院的名称和具状时间；（5）证据的名称、来源等；（6）证人的姓名、住址、联系方式等。

被告人是2人以上的，自诉人在起诉时需按被告人的人数提供自诉状副本。

（二）对自诉案件的审查和处理

人民法院收到自诉状或告诉笔录后，应当指定审判员1人迅速、认真地进行审查，并在15日内审查完毕。与公诉案件开庭前审查的不同之处在于：自诉案件开庭前的审查既是程序性审查，也是实体性审查，其要求是案件事实清楚，并有足够的证据予以证明。

人民法院受理的自诉案件必须符合下列条件：（1）属于《刑事诉讼法》第210条、最高人民法院《解释》第1条规定的自诉案件；（2）属于本法院管辖；（3）刑事案件的被害人告诉或者其法定代理人、近亲属代为告诉；（4）有明确的被告人、具体的诉讼请求和能证明被告人犯罪事实的证据。公诉转自诉的自诉案件，还应当符合《刑事诉讼法》第112、180条的规定。人民法院应根据上述立案条件，对自诉案件分别情况作出如下处理。

1. 对于自诉案件，经审查具有下列情形之一的，应当说服自诉人撤回起诉；自诉人不撤回起诉的，裁定不予受理：（1）不属于最高人民法院《解释》第1条规定的案件的；（2）缺乏罪证的；（3）犯罪已超过追诉时效期限的；（4）被告人死亡的；（5）被告人下落不明的；（6）除因证据不足而撤诉的以外，自诉人撤诉后，就同一事实又告诉的；（7）经法院调解结案后，自诉人反悔，就同一事实再行告诉的。对已经立案，经审查缺乏罪证的自诉案件，自诉人提不出补充证据的，人民法院应当说服其撤回起诉或者裁定驳回起诉。

2. 对于符合受理条件的，应当决定立案，并书面通知自诉人或者代为告诉人。

3. 必须由人民检察院提起公诉的案件，应当移送人民检察院；被告人实施了两个以上的犯罪行为，既有公诉案件，又有自诉案件的，人民法院在审理公诉案件时，可以对自诉案件一并审理。

4. 对于已经立案，由于缺乏罪证，自诉人撤回起诉或者被驳回起诉后，又提出了新的足以证明被告人有罪的证据，再次提起自诉的，人民法院应当受理。

5. 自诉人明知有其他共同侵害人，但只对部分侵害人提出起诉的，人民法院应当受理，并告知其放弃告诉的法律后果；自诉人放弃告诉，判决宣告后又对其他共同侵害人就同一事实提出自诉的，人民法院不予受理。共同被害人中只有部分人告诉的，人民法院应当通知其他被害人参加诉讼，并告知其不参加诉讼的法律后果。被通知人接到通知后表示不参加诉讼或者不出庭的，即视为其放弃告诉权利。第一审宣判后，被通知人就同一事实又提出自诉的，人民法院不予受理。但当事人另行提起民事诉讼的，不受限制。

人民法院一旦裁定不予受理或者驳回起诉，整个诉讼即告结束，这关系自诉人的起诉权问题，并涉及案件的实体问题，因此，自诉人对这一裁定如果不服，有权提出上诉。

第二审人民法院查明第一审人民法院作出的不予受理裁定有错误的，应当在撤销原裁定的同时，指令第一审人民法院立案受理；查明第一审人民法院驳回起诉裁定有错误的，应当在撤销原裁定的同时，指令第一审人民法院进行审理。

二、自诉案件的审判

对犯罪事实清楚，有足够证据的自诉案件，人民法院应当开庭审理。自诉案件与公诉案件相比，有一定的特殊性。为此，《刑事诉讼法》及最高人民法院《解释》除了要求人民法院参照公诉案件第一审普通程序审判自诉案件外，还对自诉案件的审判作了一些特别的规定。这些特别规定包括以下几个方面。

（一）人民法院审判自诉案件可以进行调解

调解是指在审判人员主持下，通过对当事人双方进行说服和教育，由双方当事人协商，达成解决纠纷的协议。经法院调解，双方达成协议的，法院应当制作自诉案件调解书，由审判人员和书记员署名，并加盖人民法院印章。调解书签收后即发生法律效力，任何一方当事人不得对之提起上诉。经法院调解达不成协议，或者虽达成了协议，但当事人一方或双方在调解书签收前反悔的，法院应当进行判决。

人民法院审判自诉案件可以调解，但不是必须调解，调解不是审判的必经程序。从司法实际情况来看，自诉案件调解结案的多见于有附带民事诉讼的案件。另外，需要特别注意的是，《刑事诉讼法》第 210 条第 3 项规定的公诉转自诉案件不适用调解。

（二）自诉人与被告人自行和解或撤回起诉

和解是指自诉人同被告人自行协商，取得一致意见后，不再需要法院对双方的纠纷加以解决。和解与撤诉实际上都是自诉人自动放弃追究被告人刑事责任的权利。人民法院对于双方当事人的和解或自诉人的撤诉，经审查认为确属自愿的，应当裁定准许。如果发现和解或撤诉系被强迫、威吓等，并非出于自诉人自愿的，应不予准许。人民法院裁定准许自诉人撤诉或者当事人自行和解的案件，被告人被采取强制措施的，应当立即予以解除。

（三）自诉案件第一审普通程序的期限

根据《刑事诉讼法》第 212 条第 2 款的规定，人民法院审理自诉案件的期限分为两种情况。

1. 被告人被羁押的，适用《刑事诉讼法》第 208 条第 1、2 款的规定，即适用公诉案件第一审普通程序的审限。

2. 被告人未被羁押的，人民法院应当在受理后 6 个月以内宣判。

（四）自诉案件中的反诉

反诉是指被告人作为被害人控告自诉人犯有与本案有关联的罪行，要求人民法院进行审判，追究自诉人刑事责任的诉讼活动。成立反诉，应具备下列条件：(1) 反诉只能由自诉案件中的被告人或其法定代理人提出；(2) 反诉的对象必须是自诉案件中的自诉人。如果被告人控告的不是自诉人，那么即使是自诉人的法定代理人，也不属于反诉，而是一个独立的诉讼；(3) 反诉提起的时间只能是在法院对自诉案件的判决宣告前；(4) 反诉所控告的犯罪行为必须是与自诉案件有关的犯罪行为；(5) 反诉的案件必须是告诉才处理或者被害人有证据证明的轻微刑事案件。

人民法院对被告人的反诉审查后，认为反诉符合法定条件，应予受理的，即在受理后与自诉案件合并审理。反诉是一个独立的诉讼，原自诉案件撤诉的，不影响反诉案件的继续审理。

（五）自诉案件审理中的问题

人民法院对于决定受理的自诉案件，应当开庭审判。不适用简易程序审理的，审判程序参照公诉案件第一审普通程序的规定进行。对于当事人因客观原因不能取得的证据，申请人民法院调取的，应当说明理由，并提供相关线索或材料。人民法院认为有必要的，应当及时调取。在法庭审理过程中，审判人员对证据有疑问，需要调查核实的，可以宣布休庭，对证据进行调查核实，并可以采用勘验、检查、查封、扣押、鉴定和查询、冻结等方式进行。在自诉案件审理过程中，被告人下落不明的，应当中止审理。被告人归案后，应当恢复审理，必要时，应当对被告人依法采取强制措施。人民法院审理自诉案件，应当参照《刑事诉讼法》第 200 条和最高人民法院《解释》第 241 条的规定作出判决。对于依法宣告无罪的案件，对其附带民事诉讼部分应当依法进行调解或者一并作出判决。

在审理自诉案件的过程中，如果遇到下列情形，应依据有关司法解释的规定处理。

1. 自诉人撤回自诉，只能是宣告判决之前，法院的判决宣告后，自诉人不能撤诉，即使自诉人提出了撤诉请求，也不发生法律效力。在司法实践中，有的案件的自诉人有 2 人以上，部分自诉人撤诉，其他自诉人未撤诉的，法院要对案件继续进行审理。

2. 对于正在审理的自诉案件，当事人自行和解的，审判人员及书记员应将这种情况记录在卷。

3. 为了保证自诉案件的审理工作顺利进行，督促自诉人履行控诉职能，加强自诉案件审判的严肃性，对自诉人经两次合法传唤，无正当理由拒不到庭的，或者未经许可中途退庭的，法院可以对该自诉案件按撤诉处理，即不再继续审理，不再追究被告人的刑事责任。

第四节　简易程序

一、简易程序的概念和意义

简易程序，是指基层人民法院审理事实清楚、证据充分且被告人认罪的刑事案件时所适用的比普通程序相对简化的第一审程序。简易程序与普通程序比较，具有以下特征。

1. 简易程序只适于第一审程序。第二审程序、死刑复核程序和审判监督程序则不适用。

2. 简易程序只能由基层人民法院适用。中级以上的人民法院虽然也有第一审案件，但不能适用简易程序。

3. 适用简易程序审理的案件，必须是事实清楚、证据充分的刑事案件。案情复杂、争议较大的案件不适用简易程序

4. 适用简易程序审理案件时，被告人必须认罪并承认检察机关指控的犯罪事实。

5. 简易程序的适用必须以被告人“同意”或“无异议”为前提。

6. 适用简易程序审理的案件，不受《刑事诉讼法》关于送达期限，讯问被告人，询问证人，鉴定人，出示证据，法庭辩论程序规定的限制，大大简化了审理程序。

简易程序有利于节省人力、物力、财力，提高诉讼效率，其重要意义在于：(1) 适应我国审判实践的客观需要，有利于实现惩罚犯罪、保护人民，维护公共安全和社会安定的基本任务；(2) 深化刑事审判制度的改革，完善刑事审判程序，有利于刑事审判程序的科学化、合理化；(3) 合理利用审判资源，在现有条件下，有利于降低审判成本，提高审判效率。目前，我国刑事案件的发案率呈上升趋势，人民法院面临的审判任务日益繁重。原有简易程序将适用范围严格限制在基层人民法院管辖的某些事实清楚、证据充分、情节简单、犯罪轻微的案件，这导致司法实践中各地对简易程序的适用率普遍较低，未能充分发挥简易程序的预期功能。为进一步落实简易程序的案件分流功能，提高诉讼效率，实现司法资源的合理配置，并贯彻保护当事人合法权益的思想，体现对当事人程序选择权和意见表达权的尊重，《刑事诉讼法》修改并完善了简易程序的制度设计，不仅扩展了简易程序的适用范围，而且将被告人认罪与同意适用作为启动简易程序的条件。

二、简易程序的适用条件

根据《刑事诉讼法》第 214 条的规定，基层人民法院管辖的案件，符合下列条件的，可以适用简易程序。

1. 案件事实清楚、证据充分的。

2. 被告人承认自己所犯罪行，对指控的犯罪事实没有异议的。

3. 被告人对适用简易程序没有异议的。

上述法律规定列举了人民法院适用简易程序审理案件应当同时具备的条件。案件事实清楚是指与定罪量刑有关的事实、情节均已查清，具体是指古罗马法中所谓的“七何”要素已经查清，即何人、何事、何时、何地、何法、何因、何果。根据《刑事诉讼法》第 55 条第 2 款的规定，证据确实充分是指同时满足以下三个条件：(1) 定罪量刑的事实都有证据证明；(2) 据以定案的证据均经法定程序查证属实；(3) 综合全案证据，对所认定事实已排除合理怀疑。案件事实不清或者证据不足的，不能适用简易程序审理。在确认案件事实清楚、证据充分后，被告人不承认自己所犯罪行的，或者虽承认自己所犯罪行，但对起诉书中指控犯罪事实有异议的，或者被告人对适用简易程序有异议的，人民法院应当适用普通程序对案件进行审理。人民检察院在提起公诉的时候，可以建议人民法院适用简易程序。

另外，根据《刑事诉讼法》第 215 条及最高人民法院《解释》第 290 条的规定，具有下列情形之一的，不适用简易程序审理：(1) 被告人是盲、聋、哑人；(2) 被告人是尚未完全丧失

辨认或者控制自己行为能力的精神病人的；(3) 有重大社会影响的；(4) 共同犯罪案件中部分被告人不认罪或者对适用简易程序有异议的；(5) 辩护人作无罪辩护的；(6) 被告人认罪但经审查认为可能不构成犯罪的；(7) 其他不宜适用简易程序审理的。

基层人民法院受理公诉案件后，经审查认为案件事实清楚、证据充分的，在将起诉书副本送达被告人时，应当询问被告人对指控的犯罪事实的意见，告知其适用简易程序的法律规定。被告人对指控的犯罪事实没有异议并同意适用简易程序的，可以决定适用简易程序，并在开庭前通知人民检察院和辩护人。

人民检察院建议适用简易程序的，应当制作《适用简易程序建议书》，在提起公诉时，连同全案卷宗、证据材料、起诉书一并移送人民法院。人民法院经审查，符合简易程序适用条件的，可以决定适用简易程序，并在开庭前通知人民检察院和辩护人；不符合简易程序适用条件的，应当通知人民检察院。

三、简易程序的审理

（一）简易程序的法庭审理

《刑事诉讼法》对适用简易程序审理案件作出了一些特殊规定，未规定部分参照第一审普通程序的规定执行。适用简易程序法庭审理的具体程序如下。

1. 宣布开庭及有关事项。人民法院应当在开庭 3 日前将开庭的时间、地点分别通知人民检察院、自诉人、被告人、辩护人、诉讼代理人及其他诉讼参与人，送达期限不受第一审普通程序规定的期限限制。通知可以使用简便方式，但应当记录在案。独任审判员或者审判长宣布开庭，传被告人到庭后，应当查明被告人的基本情况，然后依次宣布案由、审判人员、书记员、公诉人、当事人、辩护人、诉讼代理人及其他诉讼参与人的名单，并告知各项诉讼权利。

2. 确认适用简易程序的适当性。根据《刑事诉讼法》第 217 条的规定，适用简易程序审理案件，宣读起诉书后，审判人员应当询问被告人对起诉书指控的犯罪事实的意见；向被告人告知适用简易程序审理的法律规定，确认被告人是否同意适用简易程序审理。该条规定是正确适用简易程序的保障措施：首先，审判人员应当确定被告人对指控的犯罪事实是否了解，是否认可；其次，审判人员应当使被告人了解其在简易程序中具有的诉讼权利和义务，以及可能进行的程序简化对其实体权利和诉讼权利产生的影响；最后，审判人员应当通过询问被告人，确认被告人是否同意适用简易程序。另外，适用简易程序审理未成年人案件，应当通知未成年人的法定代理人到场，到场的法定代理人可以代为行使未成年人的诉讼权利。

3. 法庭调查与法庭辩论。根据《刑事诉讼法》第 218、219 条的规定，经审判人员许可，被告人及其辩护人可以就起诉书指控的犯罪同公诉人、自诉人及其诉讼代理人互相辩论。人民法院适用简易程序审理案件，不受《刑事诉讼法》第三编第二章第一节关于讯问被告人、询问证人、鉴定人、出示证据、法庭辩论程序规定的限制。因此，适用简易程序审理案件时，讯问被告人，询问证人、鉴定人，出示证据等法庭调查活动也较为自由灵活。法庭辩论环节没有严格的先后顺序，可以针对起诉书指控的全部事实、证据等进行辩论。但需要注意的是，在简易程序中，法庭调查与法庭辩论仍然是庭审的必经阶段，可以简化但不能省略。

4. 庭审的简化。适用简易程序审理的案件，可以对庭审作如下简化：(1) 公诉人可以摘要宣读起诉书；(2) 公诉人、辩护人、审判人员对被告人的讯问、发问可以简化或者省略；

(3) 对控辩双方无异议的证据，可以仅就证据的名称及所证明的事项作出说明；对控辩双方有异议，或者法庭认为有必要调查核实的证据，应当出示，并进行质证；(4) 控辩双方对与定罪量刑有关的事实、证据没有异议的，法庭审理可以直接围绕罪名确定和量刑问题进行。

5. 最后陈述。根据《刑事诉讼法》第 219 条的规定，在判决宣告前应当听取被告人的最后陈述意见。最后陈述是被告人的一项重要的诉讼权利，在法庭辩论结束、判决宣告之前进行，不应因适用简易程序而被简化，陈述的时间也不应受到限制。

（二）适用简易程序需注意的问题

1. 独任制与合议制并用。《刑事诉讼法》第 216 条第 1 款规定："适用简易程序审理案件，对可能判处三年有期徒刑以下刑罚的，可以组成合议庭进行审判，也可以由审判员一人独任审判；对可能判处的有期徒刑超过三年的，应当组成合议庭进行审判。"独任制简化了审判组织，节省了审判资源，符合世界各国适用简易程序处理案件的通行做法。但是，《刑事诉讼法》将适用简易程序的案件范围予以扩大，可能判处 3 年以上有期徒刑的案件也可适用简易程序，如果对这些可能判处较重刑罚的案件也采用独任制审判，将有损庭审的权威性。因此，我国在简易程序中确立了独任制与合议制并用的原则，对于可能判处 3 年以上有期徒刑的案件，应当组成合议庭进行审判。在适用简易程序独任审判过程中，发现对被告人可能判处的有期徒刑超过 3 年的，应当转由合议庭审理。

2. 公诉人应当出庭。《刑事诉讼法》第 216 条第 2 款规定："适用简易程序审理公诉案件，人民检察院应当派员出席法庭。"人民检察院不派员出庭会影响到控辩审三方诉讼构造的平衡，导致法庭辩论因缺少对立方而无法进行，也不便于人民检察院审判监督职能的履行。因此，《刑事诉讼法》要求人民检察院在简易程序中派员出庭，维系了刑事诉讼的基本构造，有利于保障程序的公正性。

3. 切实维护被告人的合法权益。适用简易程序审理案件，不受第一审普通程序中关于送达期限、讯问被告人、询问证人、鉴定人、出示证据、法庭辩论程序规定的限制，但在审理中仍应充分保障被告人等依法行使各项诉讼权利，保护其合法权益。

4. 当庭宣判。适用简易程序审理的案件，一般应当当庭宣判，当庭宣判确有困难的，也可以定期宣判，但应在法律规定的时限内向被告人等送达判决书。

5. 缩短审理期限。《刑事诉讼法》第 220 条规定："适用简易程序审理案件，人民法院应当在受理后二十日以内审结；对可能判处的有期徒刑超过三年的，可以延长至一个半月。"因此，简易程序的审理期限相比普通程序大为缩短，即使对于可能判处 3 年以上有期徒刑的，也只能延长至一个半月，也就是说，适用简易程序审理的案件，一般应当在受理后 20 日以内审结，最迟不得超过一个半月。

（三）简易程序的变更

适用简易程序审理的案件，在法庭审理过程中，发现有下列情形之一的，应当按照公诉案件或者自诉案件的第一审普通程序重新审理：

1. 被告人的行为可能不构成犯罪的。

2. 被告人可能不负刑事责任的。

3. 被告人当庭对起诉指控的犯罪事实予以否认的。

4. 案件事实不清、证据不足的。

5. 不应当或者不宜适用简易程序审理的其他情形。

转为普通程序审理的案件，审理期限应当从决定转为普通程序之日起计算。

第五节 速裁程序

一、速裁程序的概念和意义

速裁程序，是指基层人民法院审理可能判处 3 年有期徒刑以下刑罚，案件事实清楚，证据确实、充分，且被告人认罪认罚的刑事案件时所适用的比简易程序更为简化的第一审程序。速裁程序与简易程序相比较，具有以下特征。

1. 速裁程序仅适用于可能判处 3 年有期徒刑以下刑罚的案件，简易程序并无此刑期限制。

2. 速裁程序中的被告人不仅要认罪，还要认罚；简易程序要求被告人认罪，不要求认罚。

3. 速裁程序由审判员一人独任审判，简易程序既可以由审判员一人独任审判，也可以组成合议庭进行审判。

4. 速裁程序一般不进行法定调查、法定辩论，简易程序可以简化法庭调查、法庭辩论，但不能省略。

5. 速裁程序必须当庭宣判，简易程序一般应当当庭宣判。

速裁程序在简易程序的基础上进一步简化了程序，提高了诉讼效率，节省了人力、物力、财力。其重要意义在于：(1) 有利于推动案件繁简分流，优化司法资源配置，更好地解决司法实践中案多人少的矛盾；(2) 有利于贯彻宽严相济、惩办与教育相结合的刑事政策，更好地教育矫治犯罪人；(3) 有利于提高办理刑事案件的质量与效率，更好地维护当事人的合法权益，促进社会和谐稳定。

二、速裁程序的适用条件

根据《刑事诉讼法》第 222 条的规定，基层人民法院管辖的案件，符合下列条件的，可以适用速裁程序。

1. 可能判处 3 年有期徒刑以下刑罚。

2. 案件事实清楚，证据确实、充分。

3. 被告人认罪认罚。

4. 被告人同意适用速裁程序。

人民检察院在提起公诉的时候，可以建议人民法院适用速裁程序。

另外，根据《刑事诉讼法》第 223 条的规定，具有下列情形之一的，不适用速裁程序审理：(1) 被告人是盲、聋、哑人，或者是尚未完全丧失辨认或者控制自己行为能力的精神病人的；(2) 被告人是未成年人的；(3) 案件有重大社会影响的；(4) 共同犯罪案件中部分被告人对指控的犯罪事实、罪名、量刑建议或者适用速裁程序有异议的；(5) 被告人与被害人或者其法定代理人没有就附带民事诉讼赔偿等事项达成调解或者和解协议的；(6) 其他不宜适用速裁程序审理的。

基层人民法院受理公诉案件后，经审查认为符合速裁程序适用条件的，在将起诉书副本送达被告人时，应当告知被告人适用速裁程序的法律规定，询问其是否同意适用速裁程序的意见。被告人同意适用速裁程序的，可以决定适用速裁程序，并在开庭前通知人民检察院和辩护人。

人民检察院建议适用速裁程序的，应当制作适用速裁程序建议书，在提起公诉时，连同全案卷宗、证据材料、起诉书、量刑建议书、认罪认罚具结书等一并移送人民法院。人民法院经审查，符合速裁程序适用条件的，可以决定适用速裁程序，并在开庭前通知人民检察院和辩护人；不符合速裁程序适用条件的，应当通知人民检察院。

三、速裁程序的审理

根据《刑事诉讼法》第 222 条至第 226 条的规定，速裁程序除参照第一审普通程序的规定执行外，还需遵循下列特殊规定。

1. 送达期限。适用速裁程序审理案件，不受《刑事诉讼法》第三编第二章第一节关于送达期限的限制。

2. 独任审判。速裁程序由审判员一人独任审判，不得组成合议庭进行审判。

3. 法庭调查与法庭辩论。适用速裁程序审理案件，一般不进行法庭调查、法庭辩论。这意味着，讯问被告人、询问证人、出示证据等法庭调查活动以及控辩双方互相争论和反驳的法定辩论活动通常都不会出现在速裁程序中。

4. 最后陈述。适用速裁程序审理案件，判决宣告前应当听取辩护人的意见和被告人的最后陈述意见。没有辩护人的，应当听取值班律师的意见。

5. 当庭宣判。适用速裁程序审理案件，应当当庭宣判，不得定期宣判。

6. 审理期限。适用速裁程序审理案件，人民法院应当在受理后 10 日以内审结；对可能判处的有期徒刑超过 1 年的，可以延长至 15 日。

7. 程序变更。人民法院在审理过程中，发现有被告人的行为不构成犯罪或者不应当追究其刑事责任、被告人违背意愿认罪认罚、被告人否认指控的犯罪事实或者其他不宜适用速裁程序审理的情形的，应当按照公诉案件或者自诉案件的第一审普通程序重新审理。

第六节　判决、裁定和决定

判决、裁定和决定，是人民法院在审理案件中或审理结束后，根据事实和法律，解决案件实体问题和诉讼程序问题，对当事人及其他诉讼参与人所作的具有拘束力的结论。

一、判决

判决是法院就案件的实体问题所作的决定。我国刑事案件的判决，是人民法院经过法庭审理，根据已经查明的事实、证据和有关的法律规定，就被告人是否犯罪、应否处以刑罚和处以什么刑罚问题所作的一种结论。从程序上说，它标志着案件审理的结束。从内容上说，它解决的是案件的实体事项，所以是实体裁判。

判决是人民法院行使国家审判权和执行国家法律的具体结果。人民法院的刑事判决，是惩罚犯罪、保护人民、维护社会主义法制的有力武器，对于教育公民遵守法律有着巨大作用，判决一经发生法律效力，就具有强制性，如果当事人拒绝执行，执行机关有权强制执行。我国《刑法》规定，拒不执行人民法院已经发生法律效力的判决和裁定，是犯罪行为，应处 3 年以下有期徒刑、拘役或者罚金。已发生法律效力的判决，具有一定的稳定性，其他任何机关、团体、企业事业单位和个人，都无权加以变更或撤销，即使是判决在认定事实或者适用法律上确有错误，也只能由人民法院按照《刑事诉讼法》规定的审判监督程序对案件重新审判后，才能予以变更或者撤销。

二、裁定

裁定是人民法院在审理过程中对有关诉讼程序和部分实体问题所作的一种处理决定。

裁定和判决虽然都是人民法院在审判过程中处理案件的一种形式，但它们之间是有区别的。

1. 判决是解决案件的实体问题，裁定既可以解决实体问题，也可以解决程序问题，如减刑或假释的裁定，驳回自诉的裁定，以及当事人耽误期限，人民法院对其提出的继续进行应当在期满以前完成的诉讼活动的申请是否准许的裁定。

2. 在一个案件中，能够成立并被执行的判决只有一个，而发生法律效力的裁定可以有若干个。

3. 判决必须用书面形式表现出来，而裁定既可用书面形式，又可用口头形式。法律允许裁定以口头宣告后记入笔录即可，而无须专门写成裁定书。

4. 法定上诉期不同。不服第一审刑事判决的上诉或抗诉期为 10 日，而不服第一审裁定的上诉或抗诉期为 5 日。

裁定书是裁定的书面形式。裁定书的格式、写法和署名与判决书基本相同，只是内容比较简单。裁定书也是一种重要的法律文书，在制作时从内容到形式，都必须符合法律的要求。

三、决定

决定也是法院裁判的一种形式，用于解决诉讼程序问题。例如，审判人员的回避问题，由人民法院院长决定；对当事人和辩护人提出的通知新证人到庭、调取新物证的申请，应由法庭作出是否同意的决定。人民法院的决定一经作出，立即生效，不准上诉或抗诉。决定可以是口头的，也可以是书面的。口头决定应记录在卷，书面决定应制作决定书。

问题与思考

简答题

1. 简述第一审程序的概念和意义。

2. 简述公诉案件第一审普通程序的庭前审查程序。

3. 简述法庭审理的程序。
4. 简述延期审理及其适用情况。
5. 简述自诉案件的范围。
6. 什么是简易程序？其适用范围如何？
7. 什么是速裁程序？其适用条件是什么？
8. 简述判决、裁定和决定的主要区别。

课堂讨论案例

被告人王某与他人聚众赌博被公安机关查获，由某县人民检察院向法院提起公诉。县人民法院认为本案事实清楚、证据充分，可以适用简易程序，因此通知人民检察院，决定按照简易程序由陪审员李某独任审理。人民检察院认为简易程序不用派员出庭，因此未派员出庭支持公诉。庭审开始后，被告人当庭翻供，作无罪辩解，且不同意适用简易程序审理。人民法院经审查，决定中止审理，并将案件材料退回人民检察院，告知其按照普通程序审理。

请结合本章的内容，分析县人民法院和人民检察院的做法是否正确；如果不正确，应当如何纠正。

法律职业资格（司法）考试真题

1. 我国刑事审判模式正处于由职权主义走向控辩式的改革过程之中，2012 年《刑事诉讼法》修改内容中，下列哪一选项体现了这一趋势？（　　）（单选）

A. 扩大刑事简易程序的适用范围　　B. 延长第一审程序的审理期限

C. 允许法院强制证人出庭作证　　D. 增设当事人和解的公诉案件诉讼程序

2. 罗某作为人民陪审员参与 D 市中级法院的案件审理工作。关于罗某的下列哪一说法是正确的？（　　）（单选）

A. 担任人民陪审员，必须经 D 市人大常委会任命

B. 同法官享有同等权利，也能担任合议庭审判长

C. 可参与中级法院二审案件审理，并对事实认定、法律适用独立行使表决权

D. 可要求合议庭将案件提请院长决定是否提交审委会讨论决定

3. 关于我国刑事诉讼中起诉与审判的关系，下列哪一选项是正确的？（　　）（单选）

A. 自诉人提起自诉后，在法院宣判前，可随时撤回自诉，法院应准许

B. 法院只能就起诉的罪名是否成立作出裁判

C. 在法庭审理过程中，法院可建议检察院补充、变更起诉

D. 对检察院提起公诉的案件，法院判决无罪后，检察院不能再次起诉

4. 某国有银行涉嫌违法发放贷款造成重大损失，该行行长因系直接负责的主管人员也被追究刑事责任，信贷科科长齐某因较为熟悉银行贷款业务被确定为单位的诉讼代表人。关于本案审理程序，下列哪一选项是正确的？（　　）（单选）

A. 如该案在开庭审理前召开庭前会议，应通知齐某参加

B. 齐某无正当理由拒不出庭的，可拘传其到庭

C. 齐某可当庭拒绝银行委托的辩护律师为该行辩护

D. 齐某没有最后陈述的权利

5. 关于自诉案件的程序，下列哪一选项是正确的？（　　）（单选）

A. 不论被告人是否羁押，自诉案件与普通公诉案件的审理期限都相同

B. 不论在第一审程序还是第二审程序中，在宣告判决前，当事人都可和解

C. 不论当事人在第一审还是第二审审理中提出反诉的，法院都应当受理

D. 在第二审程序中调解结案的，应当裁定撤销第一审裁判

6. 刘某致王某和李某轻伤，王某将案件起诉到法院，李某接到法院通知后表示不想追究刘某的责任，没有参加诉讼。一审宣判后，李某反悔，就同一事实向法院提起自诉。该法院应当如何处理？（　　）（单选）

A. 受理李某的自诉

B. 在李某和刘某之间进行调解

C. 告知李某在当事人上诉时向第二审法院提出其主张

D. 不受理李某的自诉

7. 高某以诽谤罪将范某起诉至某县法院。县法院经审查认为，该案应属本院管辖，该案有明确的被告人、具体的诉讼请求和能证明被告人犯罪事实的证据，应予受理。但被告人范某目前下落不明。对此，法院应当如何处理？（　　）（单选）

A. 裁定中止审理

B. 说服自诉人撤回起诉或者裁定驳回起诉

C. 宣告范某犯有诽谤罪并处以刑罚

D. 将案件交公安机关查找范某下落

8. 下列哪一案件可适用简易程序审理？（　　）（单选）

A. 甲为境外非法提供国家秘密案，情节较轻，可能判处3年以下有期徒刑

B. 乙抢劫案，可能判处10年以上有期徒刑，检察院未建议适用简易程序

C. 丙传播淫秽物品案，经审查认为，情节显著轻微，可能不构成犯罪

D. 丁暴力取证案，可能被判处拘役，丁的辩护人作无罪辩

9. 在一审法院审理中出现下列哪一特殊情形时，应以判决的形式作出裁判？（　　）（单选）

A. 经审理发现犯罪已过追诉时效且不是必须追诉的

B. 自诉人未经法庭准许中途退庭的

C. 经审理发现被告人系精神病人，在不能控制自己行为时造成危害结果的

D. 被告人在审理过程中死亡，根据已查明的案件事实和认定的证据，尚不能确认其无罪的

10. 法院在审理胡某持有毒品案时发现，胡某不仅持有毒品数量较大，而且向他人出售毒品，构成贩卖毒品罪。关于本案，下列哪一选项是正确的？（　　）（单选）

A. 如胡某承认出售毒品，法院可直接改判

B. 法院可在听取控辩双方意见基础上直接改判

C. 法院可建议检察院补充或者变更起诉

D. 法院可建议检察院退回补充侦查

11. 下列哪一选项属于刑事诉讼中适用中止审理的情形？（　　）（单选）

A. 由于申请回避而不能进行审判的

B. 需要重新鉴定的

C. 被告人患有严重疾病，长时间无法出庭的

D. 检察人员发现提起公诉的案件需要补充侦查，提出建议的

12. 在法庭审判中，被告人翻供，否认犯罪，并当庭拒绝律师为其进行有罪辩护。合议庭对此问题的处理，下列哪一选项是正确的？（　　）（单选）

A. 被告人有权拒绝辩护人辩护，合议庭应当准许

B. 辩护律师独立辩护，不受当事人意思表示的约束，合议庭不应当准许拒绝辩护

C. 属于应当提供法律援助的情形的，合议庭不应当准许拒绝辩护

D. 有多名被告人的案件，部分被告人拒绝辩护人辩护的，合议庭不应当准许

13. 某县人民法院在审理一起诈骗案时，因公诉人发现案件需要补充侦查，合议庭曾两次决定延期审理。县人民法院第二次恢复法庭审理后，公诉人又提出案件需要进一步补充侦查。合议庭应当作出何种处理？（　　）（单选）

A. 同意延期审理

B. 不同意延期审理

C. 根据案件复杂情况，决定是否延期审理

D. 报本院审判委员会决定是否延期审理

14. 某县人民法院审理一起盗窃案时，发现被告人还有诈骗的犯罪事实没有起诉。对此，该人民法院应当采取下列哪种处理方式？（　　）（单选）

A. 直接就盗窃案进行审理，并作出判决

B. 将盗窃案和诈骗案一并审理，并作出判决

C. 建议检察院补充起诉

D. 退回检察院补充侦查

15.《关于推进以审判为中心的刑事诉讼制度改革的意见》第 13 条要求完善法庭辩论规则，确保控辩意见发表在法庭。法庭应当充分听取控辩双方意见，依法保障被告人及其辩护人的辩论辩护权。关于这一规定的理解，下列哪些选项是正确的？（　　）（多选）

A. 符合我国刑事审判模式逐步弱化职权主义色彩的发展方向

B. 确保控辩意见发表在法庭，核心在于保障被告人和辩护人能充分发表意见

C. 体现了刑事审判的公开性

D. 被告人认罪的案件的法庭辩论，主要围绕量刑进行

16. 甲、乙殴打丙，致丙长期昏迷，乙在案发后潜逃，检察院以故意伤害罪对甲提起公诉。关于本案，下列哪些选项是正确的？（　　）（多选）

A. 丙的妻子、儿子和弟弟都可成为附带民事诉讼原告人

B. 甲、乙可作为附带民事诉讼共同被告人，对故意伤害丙造成的物质损失承担连带赔偿责任

C. 丙因昏迷无法继续履行与某公司签订的合同造成的财产损失不属于附带民事诉讼的赔偿范围

D. 如甲的朋友愿意代为赔偿，法院应准许并可作为酌定量刑情节考虑

17. 高某利用职务便利多次收受贿赂，还雇凶将举报他的下属王某打成重伤。关于本案庭前会议，下列哪些选项是正确的？（　　）（多选）

A. 高某可就案件管辖提出异议

B. 王某提起附带民事诉讼的，可调解

C. 高某提出其口供系刑讯所得，法官可在审查讯问时同步录像的基础上决定是否排除口供

D. 庭前会议上出示过的证据，庭审时举证、质证可简化

18. 甲因琐事与乙发生口角进而厮打，推搡之间，不慎致乙死亡。检察院以甲涉嫌过失致人死亡提起公诉，乙母丙向法院提起附带民事诉讼。关于本案处理，下列哪些选项是正确的？（　　）（多选）

A. 法院可对附带民事部分进行调解

B. 如甲与丙经法院调解达成协议，调解协议中约定的赔偿损失内容可分期履行

C. 如甲提出申请，法院可组织甲与丙协商以达成和解

D. 如甲与丙达成刑事和解，其约定的赔偿损失内容可分期履行

19. 方某涉嫌在公众场合侮辱高某和任某，高某向法院提起自诉。关于本案的审理，下列哪些选项是正确的？（　　）（多选）

A. 如果任某担心影响不好不愿起诉，任某的父亲可代为起诉

B. 法院通知任某参加诉讼并告知其不参加的法律后果，任某仍未到庭，视为放弃告诉，该案宣判后，任某不得再行自诉

C. 方某的弟弟系该案关键目击证人，经法院通知其无正当理由不出庭作证的，法院可强制其到庭

D. 本案应当适用简易程序审理

20. 关于简易程序，下列哪些选项是正确的？（　　）（多选）

A. 甲涉嫌持枪抢劫，法院决定适用简易程序，并由两名审判员和一名人民陪审员组成合议庭进行审理

B. 乙涉嫌盗窃，未满 16 周岁，法院只有在征得乙的法定代理人和辩护人同意后，才能适用简易程序

C. 丙涉嫌诈骗并对罪行供认不讳，但辩护人为其做无罪辩护，法院决定适用简易程序

D. 丁涉嫌故意伤害，经审理认为可能不构成犯罪，遂转为普通程序审理

21. 审理一起团伙犯罪案时，因涉及多个罪名和多名被告人、被害人，审判长为保障庭审秩序，提高效率，在法庭调查前告知控辩双方注意事项。下列哪些做法是错误的？（　　）（多选）

A. 公诉人和被告人仅就刑事部分进行辩论，被害人和被告人仅就附带民事部分进行辩论

B. 控辩双方仅在法庭辩论环节就证据的合法性、相关性问题进行辩论

C. 控辩双方可就证据问题、事实问题、程序问题以及法律适用问题进行辩论

D. 为保证控方和每名辩护人都有发言时间，控方和辩方发表辩论意见时间不超过 30 分钟

22. 关于对法庭审理中违反法庭秩序的人员可采取的措施，下列哪些选项是正确的？（　　）（多选）

A. 警告制止

B. 强行带出法庭

C. 只能在 1 000 元以下处以罚款

D. 只能在 10 日以下处以拘留

第十九章

第二审程序

本章概要

第二审程序又称上诉审程序，是第二审人民法院根据上诉人的上诉或者人民检察院的抗诉，就第一审人民法院尚未发生法律效力的判决或裁定认定的事实和适用的法律进行审理时所应当遵循的步骤和方式、方法。它是刑事诉讼中一个独立的诉讼阶段。第二审程序的任务是：第二审人民法院对第一审人民法院作出的判决或裁定所认定的事实是否清楚，证据是否确实、充分，适用法律是否正确，诉讼程序是否合法，进行全面审查和审理，并依法作出判决或裁定，以维持正确的一审判决和裁定，纠正错误的一审判决和裁定。在第二审程序中应当注重保障当事人的上诉权，严格贯彻全面审查及上诉不加刑原则。

关键术语

两审终审　上诉　抗诉　全面审查　开庭审理　不开庭审理　上诉不加刑

第一节　概　述

一、两审终审制

（一）两审终审制的概念

我国《刑事诉讼法》第 10 条规定："人民法院审判案件，实行两审终审制。"所谓两审终审制，在我国刑事诉讼中是指一个案件至多经过相邻的两级人民法院审判，普通审判程序即告终结的制度，对于第二审人民法院作出的终审判决、裁定，当事人等不得再提出上诉，人民检察院不得按照上诉审程序提出抗诉。

我国人民法院的设置分为四级，即最高人民法院、高级人民法院、中级人民法院和基层人民法院。下级人民法院的审判工作要受上级人民法院的监督，二者之间是一种审级监督的关系。

根据两审终审制的要求，地方各级人民法院按照第一审程序对案件审理后所作的判决、裁定，尚不能立即发生法律效力。只有在法定期限内，有上诉权的人没有提起上诉，同级人民检察院也没有提出抗诉，第一审法院所作出的判决、裁定才发生法律效力。在法定的期限内，如果有上诉权的人提出了上诉，或者同级人民检察院提出了抗诉，上一级人民法院应当对该案件再进行审判。上一级人民法院审理第二审案件作出的判决、裁定，都是终审判决、裁定，立即发生法律效力。经过这样两级法院对案件进行审判后，该案的审判即行终结，故又称四级两审终审制。

（二）两审终审制的特殊和例外情况

两审终审制作为一项基本的审判制度，也存在着特殊和例外情况，分述如下。

1. 特殊情况

由于是否提起上诉是当事人的权利，再加上死刑复核程序的设置，导致在刑事诉讼进行过程中，有些案件实际并不需要经过两审就发生法律效力，而有些案件即使经两审终审后也不能立即发生法律效力，交付执行。特说明如下：

（1）合法的上诉或抗诉是开始第二审程序必须具备的前提，如果不存在这个前提，即在法定期限内，有上诉权或抗诉权的人或机关没有提出上诉或抗诉，那么地方各级法院就第一审案件所作出的一审裁判，应直接发生法律效力，交付执行，而不应再实行两审终审。这与两审终审原则并不矛盾，只不过是有上诉权或抗诉权的人或机关根据自己的意志，自愿地选择放弃行使该项权利。

（2）两审终审是就刑事诉讼中的普通程序而言的，对于死刑案件这类特殊案件，还必须依法经过死刑复核的特殊诉讼程序后，始发生法律效力。但它们同样属于两审终审，因为最高人民法院、高级人民法院对这类案件的复核，并不属于一个审级，有上诉权或抗诉权的人和机关不能对这类案件的二审裁判提起上诉或抗诉。此外，根据最高人民法院《解释》第 336 条的规定，在法定刑以下判处刑罚的案件，判决要经过上一级人民法院复核，并层报最高人民法院核准后方能生效。

2. 例外情况

两审终审制的唯一例外是最高人民法院审理的案件为一审终审，即两审终审制只适用于地方各级人民法院审判的第一审案件，而不适用于最高人民法院审判的案件。因为最高人民法院是我国的最高审判机关，经它审判的一切案件，宣判后均立即生效，不存在按照上诉审程序提出上诉、抗诉的问题。

各国的上诉制度，因审级制度的不同有如下划分：一类是三审终审制，如德国、法国、日本等。在三审终审制国家，通常一审、二审为事实审，三审为法律审。另一类是两审终审制，如俄罗斯等国，当事人不服第一审法院的判决，只有一次上诉的权利，上诉不分事实审和法律审。美国的情况比较特殊，法院组织实行双轨制，联邦法院系统和州法院系统基本上实行两审制，以上诉一次为原则。事实审只限一审法院，上诉法院只审理适用法律是否有错误的问题。二次上诉是例外，少数案件经过严格的批准手续，涉及联邦法律问题的，才能再向联邦最高法院提出上诉。

我国不采三审终审制，而实行两审终审制，是充分考虑了我们的国情和司法的实际需要：（1）我国幅员辽阔，人口众多，实行两审终审制，可以防止诉讼拖延，保证准确、及时地打击犯罪，节省司法资源，便利公民诉讼。(2) 我国上下级人民法院之间是审级监督关系，二审法院通过审判上诉、抗诉案件，可以使错误的一审判决、裁定，在尚未发生法律效力之前，得到及时的纠正；上级法院可以通过二审了解下级法院的审判工作情况，指导下级法院改进审判工作，保证案件审理的公平、公开、公正。(3) 我国刑事诉讼中有较完备的级别管辖制度、审查起诉制度，对死刑案件还设有死刑复核程序，能够确保办案的质量。即使极少数刑事案件的判决、裁定可能出现错误，也可以通过审判监督程序予以纠正。

二、第二审程序的概念和特点

第二审程序又称上诉审程序，是第二审人民法院根据上诉人的上诉或者人民检察院的抗诉，就第一审人民法院尚未发生法律效力的判决或裁定认定的事实和适用的法律进行审理时所应当遵循的步骤和方式、方法。它是刑事诉讼中一个独立的诉讼阶段。

正确理解上述概念，要注意以下三点：(1) 不能简单地认为第二审程序就是对同一案件进行第二次审理的程序。因为对同一案件的第二次审理可能是第二审程序，也可能是第一审程序，甚至可能是审判监督程序。比如上一级法院认为下级法院审理、裁判了应该由它作为第一审审理的案件，有权依法撤销原裁判、变更管辖，将该案收归自己作第一审裁判。变更管辖后的审理，从审理次数说是第二次，但从审判程序上说仍是第一审程序。(2) 第二审程序并不是审理刑事案件的必经程序。一个案件是否经过第二审程序，关键在于被告人或者检察机关是否依法提起了上诉或抗诉。提起上诉或抗诉的，该案就应由上一级人民法院依第二审程序再次审理，否则就不产生第二审程序。(3) 除基层人民法院以外的各级人民法院，都可以成为上级人民法院，因此，中级人民法院、高级人民法院和最高人民法院对于它的下一级法院来说，都是第二审人民法院，对于不服下一级法院第一审判决或裁定而提出上诉或抗诉的，都要适用第二审程序审理、裁判。

三、第二审程序的任务和意义

第二审程序的任务是：第二审人民法院对第一审人民法院作出的判决或裁定所认定的事实是否清楚，证据是否确实、充分，适用法律是否正确，诉讼程序是否合法，进行全面审查和审理，重点解决事实法律争议，并依法作出判决或裁定，以维持正确的一审判决和裁定，纠正错误的一审判决和裁定。

第二审程序的意义是多方面的，主要体现如下。

1. 通过第二审程序，维护一审法院的正确裁判。有的被告人存在侥幸心理，对第一审法院正确的裁判提出上诉。第二审人民法院通过第二审审理，进一步揭露和证实犯罪，依法驳回被告人的无理上诉，从而维护了第一审正确的判决或裁定。

2. 通过第二审程序，纠正一审法院的错误裁判，准确地惩罚犯罪分子，保护被告人的合法权益。有时由于某种客观原因，或者审判人员认识上的片面性，或者工作上粗枝大叶，裁判可能发生错误。无论是误将有罪判无罪、重罪判轻罪，还是误将无罪判有罪、轻罪判重罪，都违背了“以事实为根据，以法律为准绳”的诉讼原则，都必然损害国家和人民的利益。通过第二审可以及时纠正第一审法院的错误裁判，保证生效判决的正确性。这样做既有利于准确地惩罚犯罪分子，保护被害人的人身权利和其他权益，又能使无罪的人免受刑罚处罚，有效地保护被告人的合法权益。

3. 有利于上级人民法院监督和指导下级人民法院的审判工作，保证办案质量。第二审程序是上级人民法院对下级人民法院审判工作实行监督的有效方法。上级人民法院通过撤销、变更下级法院所作的错误裁判，指出下级法院审判工作中存在的问题和缺点；通过维护下级法院的正确判决，肯定下级人民法院审判工作中的正确方面，这样做有利于下级人民法院总结经验教训，改进审判工作，提高办案质量，保证人民法院审判权的正确行使。

第二节　第二审程序的提起

一、提起第二审程序的主体

根据我国《刑事诉讼法》第 227 条的规定，有权提起上诉的人员是：自诉人、被告人或者他们的法定代理人，以及经被告人同意的辩护人、近亲属，还有附带民事诉讼的当事人及其法定代理人。有权提出抗诉的机关是地方各级人民检察院。

上诉制度是确保人民法院既能及时、正确地惩罚犯罪，又能保护无辜、维护被告人合法权益的重要制度。由于各类上诉人在刑事诉讼中所处的地位不同，《刑事诉讼法》对他们的上诉权限也作了不同的规定。

（1）自诉人、被告人在诉讼活动中，分别处于原告或者被告一方，人民法院审理该案件所作出的判决、裁定与他们都有切身的直接的利害关系，所以法律规定他们有独立的上诉权，只要他们之中有人依法提出上诉，就引起第二审程序。

（2）法定代理人作为未成年人或者精神病人（无行为能力人或者限制行为能力人）这类不能进行正常诉讼活动的自诉人、被告人的合法权益的维护者，法律赋予他们以独立的上诉权，他们的上诉，即使被告人、自诉人不同意，也是有效的。

（3）被告人的辩护人和近亲属不具有独立的上诉权，而是有条件地享有上诉权。即被告人的辩护人和近亲属，只有在征得被告人同意后，才可以提出上诉。被告人的辩护人和近亲属不完全了解被告人的犯罪情节，而且法院判决又不直接涉及他们的人身权利和民主权利，所以法律没有赋予他们独立的上诉权利，而以取得被告人同意作为提起上诉的条件。

（4）附带民事诉讼的当事人和他们的法定代理人享有部分的上诉权，他们可以对判决、裁定中的附带民事诉讼部分提出上诉。附带民事诉讼的当事人及其法定代理人对附带民事诉讼部分提出的上诉，不能涉及判决、裁定中的刑事部分，而且，这种上诉并不影响刑事判决、裁定在上诉期满后发生法律效力和交付执行。

为了保证被告人行使上诉权，我国《刑事诉讼法》第 227 条第 3 款明确规定：“对被告人的上诉权，不得以任何借口加以剥夺。”上诉权是被告人依法享有的重要诉讼权利之一，保护被告人的上诉权，有利于司法机关公正执法，有利于提高办案质量，有利于维护被告人的合法权益，所以法律规定不得以任何借口、方式剥夺、侵犯或限制被告人的上诉权。

根据最高人民法院《解释》第 305 条的规定，上诉人在上诉期满后要求撤回上诉的，第二审人民法院应当审查。经审查，认为原判认定事实和适用法律正确，量刑适当的，应当裁定准许撤回上诉；认为原判事实不清、证据不足或者将无罪判为有罪、轻罪重判等的，应当不予准许，继续按照上诉程序审理。被判处死刑立即执行的被告人提出上诉，在第二审开庭后、宣告裁判前申请撤回上诉的，应当不予准许，继续按照上诉程序审理。

我国《刑事诉讼法》第 228 条规定：“地方各级人民检察院认为本级人民法院第一审的判决、裁定确有错误的时候，应当向上一级人民法院提出抗诉。”人民检察院是国家的法律监督机关，对于人民法院的审判活动是否合法，应当实施监督。不论是对被告人有利还是不利的错误判决、裁定，人民检察院都应当提起抗诉。

二、被害人向人民检察院申请抗诉

公诉案件中的被害人及其法定代理人虽然具有当事人的诉讼地位，但是法律并未赋予其上诉的权利，而是给予其请求抗诉的权利。根据我国《刑事诉讼法》第 229 条规定，被害人及其法定代理人不服地方各级人民法院第一审的判决的，自收到判决书后 5 日以内，有权请求人民检察院提出抗诉。人民检察院应当立即对请求人的资格、请求的时间和理由进行审查，并自收到请求后 5 日以内作出是否抗诉的决定，答复请求人。

三、上诉、抗诉的理由

我国《刑事诉讼法》对于提出上诉的理由没有规定任何限制，因此，上诉人在法定期限内提出上诉，不论是否附带理由，理由是否充分，均应允许。根据我国《刑事诉讼法》第 228 条规定，人民检察院只有在有充分的根据认定原判决、裁定“确有错误”时，才能提出抗诉。在实践中，作为上诉或抗诉的理由，归纳起来有以下几点：（1）判决、裁定在认定事实上有错误，或者缺乏确实、充分的证据；（2）判决、裁定在适用法律、定罪量刑上有错误；（3）违反诉讼程序，使当事人依法享有的诉讼权利受到侵犯，可能影响判决、裁定的正确性。

上述三项理由的具体情况很多。上诉人或人民检察院不仅可以在上诉状或抗诉书中提出上诉、抗诉的根据和理由，而且在提出上诉或抗诉后，甚至在二审法院审理过程中，仍可作补充阐述或提出新的根据和理由，第二审法院不应加以限制。

四、上诉、抗诉的期限

对地方各级人民法院第一审判决、裁定的上诉或者抗诉，应当在法定的上诉或抗诉期限内提出。我国《刑事诉讼法》第 230 条规定：不服判决的上诉和抗诉的期限为 10 日，不服裁定的上诉和抗诉的期限为 5 日，从接到判决书、裁定书的第二日起算。

法律规定上诉、抗诉期限，一方面是为了让上诉人、人民检察院有一定的时间充分考虑是否提出上诉、抗诉和准备上诉、抗诉的理由，以保障他们行使上诉权、抗诉权；另一方面也是为了保证上级人民法院能够迅速地审判上诉、抗诉案件，使确有错误的判决、裁定能及时得到纠正，以免拖延诉讼。对附带民事诉讼判决或者裁定的上诉、抗诉期限，应当按照刑事部分的上诉、抗诉期限确定。附带民事部分另行审判的，上诉期限也应当按照《刑事诉讼法》规定的期限执行。

五、上诉、抗诉的方式和程序

上诉一般应用书状提出，上诉人书写上诉状确有困难的，可以口头提出上诉，第一审人民法院应当根据其所陈述的理由和请求制作笔录，由上诉人阅读或者向他宣读后，上诉人应当签名或者盖章。用上诉状提出上诉的，一般应当有上诉状正本及副本。上诉状内容应当包括：第一审判决书、裁定书的文号和上诉人收到的时间；第一审法院的名称；上诉的请求和理由；提出上诉的时间。如果是被告人的辩护人、近亲属经被告人同意提出上诉的，还应当写明提出上诉的人与被告人的关系，并应当以被告人作为上诉人。

根据我国《刑事诉讼法》第 231 条及最高人民法院《解释》第 302、303 条的规定，上诉人上诉可以通过原审人民法院提出，也可以直接向第二审人民法院提出。通过原审人民法院提出上诉的，原审人民法院应当审查上诉是否符合法律规定。符合法律规定的，应当在上诉期满后 3 日以内将上诉状连同案卷、证据移送上一级人民法院，同时将上诉状副本送交同级人民检察院和对方当事人。上诉人直接向第二审人民法院提出上诉的，第二审人民法院应当在收到上诉状后 3 日以内将上诉状交第一审人民法院。第一审人民法院应当审查上诉是否符合法律规定。符合法律规定的，应当在接到上诉状后 3 日以内将上诉状连同案卷、证据移送上一级人民法院，同时将上诉状副本送交同级人民检察院和对方当事人。

对于提出抗诉的方式，我国《刑事诉讼法》第 232 条及最高人民法院《解释》第 306、307 条作了规定，即地方各级人民检察院认为同级人民法院第一审判决、裁定确有错误而决定抗诉时，必须制作抗诉书。抗诉书应通过原审人民法院提交，同时还应抄送上一级人民检察院。原审人民法院接到抗诉书后，应在抗诉期满后 3 日以内将抗诉书连同案卷、证据移送上一级人民法院，并将抗诉书副本送交当事人。上级人民检察院接到下级人民检察院抄送的抗诉书后，应就抗诉的理由和根据进行认真审核。如果认为抗诉不当，可以直接向同级人民法院撤回下级人民检察院这一抗诉，并且将撤回抗诉的情况通知下级人民检察院。对于人民检察院在抗诉期限内撤回抗诉的，第一审人民法院不再移送案件；如果是在抗诉期满后第二审人民法院宣告裁判前撤回抗诉的，第二审人民法院可以裁定准许，并通知第一审人民法院和当事人。

第三节　第二审程序的审判

一、对上诉、抗诉案件的审查

第二审人民法院对第一审人民法院移送上诉、抗诉的案卷、证据，应当审查是否包括下列内容：(1) 移送上（抗）诉案件函；(2) 上诉状或者抗诉书；(3) 第一审判决书、裁定书 8 份（每增加 1 名被告人增加 1 份）及其电子文本；(4) 全部案卷和证据，包括案件审理报告和其他应当移送的材料。如果上述材料齐备，第二审人民法院应当收案；材料不齐备或不符合规定的，应当通知第一审人民法院及时补充。

二、全面审查和重在解决事实法律争议的原则

根据我国《刑事诉讼法》第183、234条规定，第二审人民法院审判上诉、抗诉案件一律由合议庭进行，而且合议庭的组成人员都必须为审判员，人数为3人至5人。合议庭由院长或庭长指定审判员一人担任审判长。院长或庭长参加合议庭审判案件的时候，自己担任审判长。合议庭的组织与活动，依据权利平等原则实行民主集中制。

我国《刑事诉讼法》第233条规定："第二审人民法院应当就第一审判决认定的事实和适用法律进行全面审查，不受上诉或者抗诉范围的限制。共同犯罪的案件只有部分被告人上诉的，应当对全案进行审查，一并处理。"十八届四中全会审议通过的《中共中央关于全面推进依法治国若干重大问题的决定》明确提出"二审重在解决事实法律争议"。这就是我国第二审人民法院全面审查和重在解决事实法律争议的原则。第二审人民法院对案件全面审查，就是指不仅要对上诉或者抗诉所提出的内容进行审理，而且要对上诉或者抗诉没有提出而为第一审判决所认定的事实、适用的法律以及审判活动是否遵守了诉讼程序进行审理；对共同犯罪案件，只有部分被告人提出上诉，或者自诉人只对部分被告人的判决提出上诉，或者人民检察院只对部分被告人的判决提出抗诉的，第二审人民法院应当对全案进行审查，一并处理。不仅要审理提出上诉的被告人的部分，也要审理未提出上诉的被告人的部分；即使上诉人死亡，其他被告人并没有上诉，也应当对案件进行全面审理，审理后认为已死亡的上诉人不构成犯罪的，应当宣告其无罪；审理后认为构成犯罪的，应当终止审理，对其他同案被告人仍应当作出判决或裁定；对附带民事诉讼部分提出上诉的，不仅要审理附带民事诉讼部分，也要审理刑事诉讼部分，以正确确定民事责任。第二审人民法院重在解决案件的事实法律争议，就是要求二审法院在审理时明确案件争议点，对于有争议的事实认定或者法律适用问题，应当严格审查，深入分析，强化说理，定纷止争；对于无争议的事实认定或者法律适用问题且不涉及冤假错案的，可以简化审理程序，经当庭确认后，直接记录在案。

根据最高人民法院《解释》第315条的规定，对于上诉、抗诉案件的全面审查应当着力于以下内容：(1) 第一审判决认定的事实是否清楚，证据是否确实、充分；(2) 第一审判决适用法律是否正确，量刑是否适当；(3) 在侦查、审查起诉、第一审程序中，有无违反法定诉讼程序的情形；(4) 上诉、抗诉是否提出新的事实、证据；(5) 被告人的供述和辩解情况；(6) 辩护人的辩护意见及采纳情况；(7) 附带民事部分的判决、裁定是否合法、适当；(8) 第一审人民法院合议庭、审判委员会讨论的意见。

第二审人民法院在全面审查的基础上，对案件要作出全面处理，即通盘考虑上诉、抗诉的理由是否充分，第一审判决、裁定是否正确，程序是否合法，从而使上诉状或抗诉书已指出的和未指出的、涉及已上诉或未上诉的被告人的错误判决、裁定都得到纠正。

总之，全面审查的原则，充分体现了我国《刑事诉讼法》"以事实为根据，以法律为准绳"的基本原则和对人民高度负责的精神；重在解决事实法律争议的原则，体现出二审程序强调矛盾化解的功能，符合司法特点，是对全面审查原则的必要补充。

三、对第二审案件的审判方式和程序

我国《刑事诉讼法》第234条第1款、第2款规定："第二审人民法院对于下列案件，应

当组成合议庭，开庭审理：（一）被告人、自诉人及其法定代理人对第一审认定的事实、证据提出异议，可能影响定罪量刑的上诉案件；（二）被告人被判处死刑的上诉案件；（三）人民检察院抗诉的案件；（四）其他应当开庭审理的案件。第二审人民法院决定不开庭审理的，应当讯问被告人，听取其他当事人、辩护人、诉讼代理人的意见。”最高人民法院《解释》第317条第2款、第3款规定：“被判处死刑立即执行的被告人没有上诉，同案的其他被告人上诉的案件，第二审人民法院应当开庭审理。被告人被判处死刑缓期执行的上诉案件，虽不属于第一款第一项规定的情形，有条件的，也应当开庭审理。”上述条款表明，我国第二审案件的审判方式有开庭审理与不开庭审理两种，即对于部分上诉案件、全部抗诉案件及其他应当开庭的案件应当以开庭审理的方式进行，其他案件可以不开庭审理，但须遵循法定的程序。

（一）开庭审理的方式

开庭审理，是指第二审人民法院在合议庭的主持下，由检察人员和诉讼参与人参加，通过法庭调查和辩论、评议、宣判的方式审理案件。适用开庭审理的案件主要有三类：一是需要开庭审理的上诉案件；二是人民检察院依法提起抗诉的案件；三是其他应当开庭审理的案件。

第二审人民法院开庭审理，由于是在一审程序的基础上进行的，所以《刑事诉讼法》第242条规定，除第二审程序已有专门规定的以外，参照第一审程序的规定进行。但是，第二审程序又不完全等同于第一审程序，还有其自身的一些特点，因而第二审人民法院在开庭审理上诉或者抗诉案件时，除参照第一审程序的规定外，还应当依照下列程序进行。

（1）开庭审理第二审公诉案件，应当在决定开庭审理后及时通知人民检察院查阅案卷。人民检察院应当在1个月以内查阅完毕，做好出庭准备。自通知后的第2日起，人民检察院查阅案卷的时间不计入审理期限。

（2）开庭审理上诉、抗诉的公诉案件，应当通知同级人民检察院派员出庭。抗诉案件，人民检察院接到开庭通知后不派员出庭，且未说明原因的，人民法院可以裁定按人民检察院撤回抗诉处理，并通知第一审人民法院和当事人。

（3）第二审期间，被告人除自行辩护外，还可以继续委托第一审辩护人或者另行委托辩护人辩护。共同犯罪案件，只有部分被告人提出上诉，或者自诉人只对部分被告人的判决提出上诉，或者人民检察院只对部分被告人的判决提出抗诉的，其他同案被告人也可以委托辩护人辩护。

（4）法庭调查阶段，审判人员宣读第一审判决书、裁定书后，上诉案件由上诉人或者辩护人先宣读上诉状或者陈述上诉理由，抗诉案件由检察员先宣读抗诉书；既有上诉又有抗诉的案件，先由检察员宣读抗诉书，再由上诉人或者辩护人宣读上诉状或者陈述上诉理由。

（5）法庭辩论阶段，上诉案件，先由上诉人、辩护人发言，后由检察员、诉讼代理人发言；抗诉案件，先由检察员、诉讼代理人发言，后由被告人、辩护人发言；既有上诉又有抗诉的案件，先由检察员、诉讼代理人发言，后由上诉人、辩护人发言。

（6）辩论终结后，上诉人（被告人）有权进行最后陈述，然后由合议庭评议，作出裁判。

另外，开庭审理上诉、抗诉案件，可以重点围绕对第一审判决、裁定有争议的问题或者有疑问的部分进行。根据案件情况，可以按照下列方式审理。

（1）宣读第一审判决书，可以只宣读案由、主要事实、证据名称和判决主文等。

（2）法庭调查应当重点围绕对第一审判决提出异议的事实、证据以及提交的新的证据等进行；对没有异议的事实、证据和情节，可以直接确认。

（3）对同案审理案件中未上诉的被告人，未被申请出庭或者人民法院认为没有必要到庭的，可以不再传唤到庭。

（4）被告人犯有数罪的案件，对其中事实清楚且无异议的犯罪，可以不在庭审时审理。

同案审理的案件，未提出上诉、人民检察院也未对其判决提出抗诉的被告人要求出庭的，应当准许。出庭的被告人可以参加法庭调查和辩论。

开庭审理可以当庭核实证据，充分听取诉讼双方的意见，便于合议庭全面弄清案件事实真相，通盘考虑定罪量刑，确保审判质量，因此，第二审法院应尽量采用开庭审理的方式。根据《刑事诉讼法》第 234 条第 3 款的规定，二审法院开庭审理上诉、抗诉案件，既可以在第二审人民法院所在地进行，也可以到案件发生地或者原审人民法院所在地进行。该规定充分考虑到我国地域辽阔，一些边远地区交通不便，有的一审、二审法院相距甚远等实际情况，从方便诉讼参与人参加诉讼，有利于正确、及时地处理案件的目的出发，作出了变通、灵活处理。

（二）不开庭审理的方式

不开庭审理的方式，就是指第二审人民法院的合议庭依照法律规定决定不开庭审理，经过阅卷，讯问被告人，听取其他当事人、辩护人、诉讼代理人的意见后，作出判决或裁定的审理方式。采用此种方式，有利于提高二审法院的办案效率，节省司法资源。

采用不公开审理的案件，应当遵循下列程序。

（1）根据《刑事诉讼法》第 183 条第 4 款规定，由审判员 3 人至 5 人组成合议庭。

（2）合议庭成员共同阅卷，并制作阅卷笔录，必要时应当提交书面阅卷意见。阅卷的目的是全面了解案件事实、情节和相关证据，以便查明案件事实是否清楚，证据是否确实、充分，一审适用法律是否正确，定罪量刑是否适当，诉讼程序是否合法。

（3）讯问被告人。合议庭通过直接讯问和听取被告人对一审判决或裁定的意见，以及对案件事实的供述和辩解，应注意分析被告人前后供述、辩解中的矛盾点和疑点，运用事实和证据核查被告人的口供。

（4）听取诉讼参与人的意见。合议庭要认真听取案中其他当事人、辩护人、诉讼代理人的意见；既包括案件事实和证据方面的意见，也包括一审法院对被告人定罪量刑方面的意见。

（5）经合议庭评议，可根据案件事实作出相应的处理决定。

四、对第二审案件的处理

（一）对上诉、抗诉案件的处理

根据我国《刑事诉讼法》第 236、238 条的规定，第二审法院对不服第一审判决的上诉、抗诉案件进行审理后，应按下列情形分别作出处理。

（1）原判决认定事实正确，证据确实、充分，适用法律正确，量刑适当的，应当裁定驳回上诉或抗诉，维持原判。

（2）原判决认定事实没有错误，但适用法律有错误或者量刑不当的，例如混淆了罪与非罪的界限，认定犯罪性质不准、罪名不当，量刑畸轻、畸重，或者重罪轻判，或者轻罪重判等，第二审法院应当撤销原判，重新判决，并在判决中阐明改判的根据和理由。

（3）原判决事实不清楚或者证据不足的，可由二审法院查清事实后改判，也可以裁定撤销原判，发回原审人民法院重新审判。但需注意的是，原审人民法院对于此种情况发回重新审判的案件作出判决后，被告人提出上诉或者人民检察院提出抗诉的，第二审人民法院应当依法作出判决或者裁定，不得再发回原审人民法院重新审判。也就是说，此种情况下的发回重审以一次为限。

（4）发现一审法院有下列违反法律规定的诉讼程序的情形之一的，应当裁定撤销原判，发回原审人民法院重新审判：第一，违反法律有关公开审判的规定的；第二，违反回避制度的；第三，剥夺或者限制了当事人的法定诉讼权利，可能影响公正审判的；第四，审判组织的组成不合法的；第五，其他违反法律规定的诉讼程序，可能影响公正审判的。根据以上规定，第二审人民法院发现一审法院有违反公开审判规定、违反回避制度、审判组织组成不合法的情形时，应直接裁定撤销原判，发回原审人民法院重新审判，因为公开审判原则、回避制度、审判组织的组成均是我国《刑事诉讼法》中最基本的诉讼原则和制度，违反这些基本原则与制度，势必影响案件的公正审理。但一审法院有剥夺或限制当事人法定诉讼权利或其他违反法律规定的诉讼程序的情形时，并不一定影响案件的公正审判。因此，二审法院还须进一步判断上述违法情形是否可能影响公正审判，换言之，二审法院必须在第三、第五所列违法情形与影响公正审判的可能性同时存在，且两者之间存在因果联系的前提下，才应当裁定撤销原判，发回重审。

发回原审人民法院重新审判的案件，应当另行组成合议庭，按第一审程序进行审理，对其判决、裁定仍可上诉或抗诉。

第二审人民法院作出的判决或者裁定，除死刑案件与在法定刑以下判处刑罚的案件外，均是终审的判决和裁定，一经宣告即发生法律效力，上诉人及其法定代理人等不得再行上诉，人民检察院也不得再按二审程序提起抗诉。第二审人民法院可以自行宣告裁判，也可以委托原审人民法院代为宣告。

（二）对附带民事诉讼案件的处理

第二审人民法院对刑事附带民事案件的处理，应当根据上诉、抗诉的具体情况进行区分。

（1）第二审人民法院审理附带民事上诉案件，如果发现刑事和附带民事部分均有错误需依法改判的，应当一并审理，一并改判。

（2）第二审人民法院审理的刑事上诉、抗诉案件，附带民事诉讼部分已经发生法律效力的，如果发现第一审判决或者裁定中的附带民事部分确有错误，应当对附带民事部分依照审判监督程序予以纠正。

（3）第二审人民法院审理附带民事上诉案件，刑事部分已经发生法律效力的，如果发现第一审判决或者裁定中的刑事部分确有错误，应当依照审判监督程序对刑事部分进行再审，并将附带民事部分与刑事部分一并审理。

（4）第二审期间，第一审附带民事诉讼原告人增加独立的诉讼请求或者第一审附带民事诉讼被告人提出反诉的，第二审人民法院可以根据自愿、合法的原则进行调解；调解不成的，告知当事人另行起诉。

（三）对自诉案件的处理

对一审法院判决后当事人不服提出上诉的刑事自诉案件，第二审人民法院在必要时可以在二审程序中对诉讼的双方进行调解，当事人也可以自行和解。调解结案的，二审法院应当制作调解书，原判决、裁定视为自动撤销；当事人自行和解的，由二审人民法院裁定准许撤回自诉，并撤销原判决或者裁定。

在第二审程序中，当事人提出反诉的，第二审人民法院应当告知其另行起诉。

五、第二审案件的审判期限

根据《刑事诉讼法》第241、243条的规定，第二审人民法院受理上诉、抗诉案件，应当在2个月以内审结。对于可能判处死刑的案件或者附带民事诉讼的案件；交通十分不便的边远地区的重大复杂案件；重大的犯罪集团案件；流窜作案的重大复杂案件；犯罪涉及面广，取证困难的重大复杂案件，经省、自治区、直辖市高级人民法院批准或决定，可以延长2个月，因特殊情况还需要延长的，报请最高人民法院批准。最高人民法院受理上诉、抗诉案件的审理期限，由最高人民法院决定。对第二审人民法院发回原审人民法院重新审判的案件，原审人民法院从收到发回的案件之日起，重新计算审理期限。

第四节　上诉不加刑原则

一、上诉不加刑原则的概念和意义

（一）上诉不加刑原则的概念

我国的上诉不加刑原则，是指第二审人民法院审判被告人一方上诉的案件，不得以任何理由加重被告人刑罚的一项审判原则。我国《刑事诉讼法》第237条第1款规定：第二审人民法院审理被告人或者他的法定代理人、辩护人、近亲属上诉的案件，不得加重被告人的刑罚。第二审人民法院发回原审人民法院重新审判的案件，除有新的犯罪事实，人民检察院补充起诉的以外，原审人民法院也不得加重被告人的刑罚。这是我国关于上诉不加刑原则在法律上的具体体现。法律规定的这一上诉不加刑原则的具体含义如下。

(1) 上诉是被告人的合法权利，不论上诉理由是否得当，都不能以被告人不服判决或态度不好为由在二审判决中加重原判刑罚。

(2) 仅有被告人一方上诉的案件，二审法院审理后确认应按《刑事诉讼法》第236条第1款第2项进行改判时，即使原判量刑畸轻，也不得加重被告人的刑罚。同时，二审法院也不能借口事实不清、证据不足而将仅仅是量刑过轻的案件发回重审，指令一审法院加重被告人的刑罚。必须依法改判的，应当在第二审判决、裁定生效后，依照审判监督程序重新审判。

(3) 仅有被告人一方上诉的案件，二审法院审理后，确需按《刑事诉讼法》第236条第1款第3项规定直接改判或发回原审法院重审的，改判不得加重被告人的刑罚，发回重审后，除非有新的犯罪事实，人民检察院补充起诉的以外，原审人民法院也不得加重被告人的刑罚。

上诉不加刑，并不是在任何情况下第二审法院都不得加重被告人的刑罚。《刑事诉讼法》第237条第2款规定："人民检察院提出抗诉或者自诉人提出上诉的，不受前款规定的限制。"这就是说，人民检察院提出抗诉的案件或自诉人提出上诉的案件，如果第一审判决确属过轻的，第二审人民法院可以改判，加重被告人的刑罚。

（二）上诉不加刑原则的意义

在刑事诉讼中坚持上诉不加刑原则具有重要意义。

1. 有利于保障被告人依法行使上诉权。我国《宪法》规定："被告人有权获得辩护。"上诉不加刑原则，正是被告人在审判阶段行使辩护权的重要保障。被告人一方上诉的目的，是申明被告人无罪或者罪轻，要求上级法院纠正他们认为的原审法院判决的错误，宣告无罪或者从轻定罪量刑。如果他们提出上诉后，二审法院不仅没有宣告无罪或减刑反而加重了刑罚，则必然增加被告人一方上诉的思想顾虑，甚至在一审法院判决确有错误的情况下也不敢上诉。这样，在客观上就会限制被告人行使上诉权，也使确有错误的一审判决不能得到及时的纠正。实行上诉不加刑原则，可以消除被告人的顾虑，使他按照自己的意志依法行使法律赋予他的上诉权利。

2. 有利于维护上诉制度，保证人民法院正确行使审判权。上诉不加刑原则，可以消除被告人的思想顾虑，使其大胆申述上诉理由，保证上诉制度的切实执行。这样，就有利于二审法院全面审查一审判决是否存在错误，维持正确的判决，纠正错误的判决，保证国家审判权的正确行使。

3. 有利于促使人民检察院履行审判监督职责。人民检察院是国家的法律监督机关，由于法律确立了上诉不加刑的原则，这就要求人民检察院认真履行审判监督、依法抗诉的职责。

二、上诉不加刑原则的适用问题

根据最高人民法院《解释》的规定，审理被告人或者其法定代理人、辩护人、近亲属提出上诉的案件，不得加重被告人的刑罚，并应当执行下列规定。

（1）同案审理的案件，只有部分被告人上诉的，既不得加重上诉人的刑罚，也不得加重其他同案被告人的刑罚。

（2）原判事实清楚，证据确实、充分，只是认定的罪名不当的，可以改变罪名，但不得加重刑罚。

（3）原判对被告人实行数罪并罚的，不得加重决定执行的刑罚，也不得加重数罪中某个罪的刑罚。

（4）原判对被告人宣告缓刑的，不得撤销缓刑或者延长缓刑考验期。

（5）原判没有宣告禁止令的，不得增加宣告；原判宣告禁止令的，不得增加内容、延长期限。

（6）原判对被告人判处死刑缓期执行没有限制减刑的，不得限制减刑。

（7）原判事实清楚，证据确实、充分，但判处的刑罚畸轻、应当适用附加刑而没有适用的，不得直接加重刑罚、适用附加刑，也不得以事实不清、证据不足为由发回第一审人民法院重新审判。必须依法改判的，应当在第二审判决、裁定生效后，依照审判监督程序重新审判。

人民检察院提出抗诉或者自诉人提出上诉的案件，不受上诉不加刑原则的限制。但是，人民检察院只对部分被告人的判决提出抗诉，或者自诉人只对部分被告人的判决提出上诉的，第二审人民法院不得对其他同案被告人加重刑罚。如果自诉案件的自诉人和被告人同时提出上诉，可以参照公诉案件中被告人上诉，人民检察院也同时提出抗诉的案件的处理原则。无论自诉案件中的被告人是否提出上诉，只要自诉人提出了上诉，二审法院都可以根据案件的实际情况，依法改判，既可减轻被告人的刑罚，也可以加重被告人的刑罚，还可以维持原判。

第五节　对涉案财物的处理

根据我国《刑事诉讼法》第245条的规定，公安机关、人民检察院和人民法院对查封、扣押、冻结的犯罪嫌疑人、被告人的财物及其孳息，应当妥善保管，以供核查，并制作清单，随案移送。任何单位和个人不得挪用或者自行处理。这些规定有利于公安司法机关公正执法，准确、及时地打击犯罪，保护被害人的合法权益。

查封、扣押、冻结涉案财物，应当为犯罪嫌疑人、被告人及其所扶养的亲属保留必需的生活费用和物品，减少对涉案单位正常办公、生产、经营等活动的影响。经查明确实与案件无关的，应当在3日以内予以解除、退还。对于权属明确的被害人的合法财产，返还不损害其他被害人或者利害关系人的利益、不影响诉讼正常进行的，查封、扣押、冻结机关应当及时返还。但需经拍照、鉴定、估价，并在案卷中注明返还的理由，将原物照片、清单和被害人的领取手续入卷备查。权属不明的，应当在人民法院判决、裁定生效后，按比例返还被害人，但已获退赔的部分应予扣除。

对于作为证据使用的实物，包括作为物证的货币、有价证券等，应当依诉讼的进程随案移送。开庭审判时，经向法庭出示、质证后交付法庭。休庭或者闭庭时办理证据交接手续，清点、核对无误的，由经手人在清单上分别签字后予以封存。对因上诉、抗诉引起第二审程序的，第一审人民法院应当将上述证据移送第二审人民法院并办理证据交接手续。第二审人民法院开庭审理的，由第二审人民法院提供给控辩双方出示。

对于不宜移送的实物，如大宗的、不便搬运的物品，或者易腐烂、霉变、不易保管的物品，以及违禁品、危险品等，人民法院受理或者审理案件时，应当审查是否附有或者出示了相关证据材料；需要鉴定、估价的，应当附有或者出示鉴定意见，并应随案移送原物照片、清单或其他证明文件。对于易损毁、灭失、变质等不宜长期保存的物品，易贬值的汽车、船艇等物品，或者市场价格波动大的债券、股票、基金份额等财产，有效期即将届满的汇票、本票、支票等，经权利人同意或申请，并经批准后可以依法出售、变现或者先行变卖、拍卖，所得款项存入唯一合规账户，并及时告知当事人或者其近亲属。

人民法院作出的判决，应当对查封、扣押、冻结的财物及其孳息作出处理。人民法院作出的判决生效以后，有关机关应当根据判决对查封、扣押、冻结的财物及其孳息进行处理。对查封、扣押、冻结的赃款赃物及其孳息，除依法返还被害人的以外，一律上缴国库。查封、扣押、冻结的财物属于被告人合法所有的，应当在赔偿被害人损失、执行财产刑后及时返还被告人。司法工作人员贪污、挪用或者私自处理查封、扣押、冻结的财物及其孳息的，依法追究刑事责任；不构成犯罪的，给予处分；导致国家赔偿的，应当依法向有关责任人员追偿。

六部门《规定》进一步对涉案财产的处理作出明确规定。对于依照《刑法》规定应当追缴的违法所得及其他涉案财产，除依法返还被害人的财物以及依法销毁的违禁品外，必须一律上缴国库。查封、扣押的涉案财产，依法不移送的，待人民法院作出生效判决、裁定后，由人民法院通知查封、扣押机关上缴国库，查封、扣押机关应当向人民法院送交执行回单；冻结在金融机构的违法所得及其他涉案财产，待人民法院作出生效判决、裁定后，由人民法院通知有关金融机构上缴国库，有关金融机构应当向人民法院送交执行回单。

《刑事诉讼法》第144条第1款规定：“人民检察院、公安机关根据侦查犯罪的需要，可以依照规定查询、冻结犯罪嫌疑人的存款、汇款、债券、股票、基金份额等财产。”根据上述规定，人民检察院、公安机关不能扣划存款、汇款、债券、股票、基金份额等财产。对于犯罪嫌疑人、被告人死亡，依照《刑法》规定应当追缴其违法所得及其他涉案财产的，适用《刑事诉讼法》第五编第四章规定的程序，由人民检察院向人民法院提出没收违法所得的申请。犯罪嫌疑人、被告人死亡，现有证据证明存在违法所得及其他涉案财产应当予以没收的，公安机关、人民检察院可以进行调查。公安机关、人民检察院进行调查，可以依法进行查封、扣押、查询、冻结。人民法院在审理案件过程中，被告人死亡的，应当裁定终止审理；被告人脱逃的，应当裁定中止审理。人民检察院可以依法另行向人民法院提出没收违法所得的申请。对于人民法院依法作出的没收违法所得的裁定，犯罪嫌疑人、被告人的近亲属和其他利害关系人或者人民检察院可以在5日内提出上诉、抗诉。

问题与思考

简答题

1. 什么是第二审程序？
2. 有权提起上诉、抗诉的人员和机关有哪些？
3. 如何正确理解全面审理原则？
4. 如何正确理解和适用上诉不加刑原则？

课堂讨论案例

2006年7月16日，某市江岸区法院审理一起重伤案件后，判处被告人熊某有期徒刑3年，并赔偿被害人经济损失3万元。宣判后，被告人不上诉，检察院未抗诉。但被害人吴某认为赔偿数额太少，就附带民事诉讼部分提出上诉，要求增加赔偿金额。二审法院经过审理，认为原审法院对刑事部分判决量刑畸轻，改判有期徒刑6年，但认为民事部分并无不当，未予改判。

请从诉讼程序上评说二审法院的判决是否合法。

法律职业资格（司法）考试真题

1. 某人民法院对被告人曹某等共同抢劫一案作出一审判决。曹某对犯罪事实供认不讳，仅以量刑过重为由提出上诉，其他被告人未提出上诉，人民检察院也未抗诉。二审法院经审理认为曹某构成犯罪，但曹某在二审作出裁判前因病死亡。二审法院应当如何处理该案件？（　　）（单选）

A. 裁定全案终止审理，原判决自行生效

B. 裁定对上诉终止审理，维持一审判决

C. 裁定撤销一审判决，发回原审法院重审

D. 宣布对曹某终止审理，对其他被告人仍应作出判决或裁定

2. 不服地方各级法院第一审未生效判决时，哪类人有权请求检察院提起抗诉？（　　）（单选）

A. 被害人及其近亲属　　B. 被害人及其诉讼代理人

C. 被害人及其法定代理人　　D. 被害人以及附带民事诉讼原告人

3. 法院对一起共同犯罪案件审理后，分别判处甲死刑缓期两年执行、乙无期徒刑。甲没有提出上诉，乙以量刑过重为由提出上诉，同时检察院针对甲的死缓判决以量刑不当为由提起抗诉。下列关于第二审程序的何种表述是错误的？（　　）（不定项）

A. 二审法院可以不开庭审理

B. 二审法院应当开庭审理

C. 因上诉和抗诉都不是针对原审事实认定，二审法院对本案不能以事实不清为由撤销原判，发回重审

D. 因本案存在抗诉，二审法院不受上诉不加刑原则的限制

4. 某县人民法院一审以抢夺罪判处高某有期徒刑 3 年。一审宣判后高某向市中级人民法院提出上诉，县人民检察院未提出抗诉。市中级人民法院经审理，认为原判认定事实清楚，证据充分，但罪名认定不当，量刑过轻，高某的行为构成抢劫罪，应判处有期徒刑 6 年。市中级人民法院应当作出何种处理？（　　）（单选）

A. 将抢夺罪改判为抢劫罪，将原判刑期改为 6 年

B. 在维持原判罪名的情况下将原判刑期改为 6 年

C. 在不加重原判刑罚的情况下将罪名改为抢劫罪

D. 维持原判

5. 张某、王某合伙实施盗窃，张某被判处有期徒刑 10 年，王某被判处有期徒刑 3 年。张某、王某未上诉，人民检察院认为对王某的量刑过轻，仅就王某的量刑问题提出抗诉。在二审程序中，张某享有哪些权利？（　　）（多选）

A. 参加法庭调查　　B. 参加法庭辩论

C. 委托辩护人辩护　　D. 二审法院不得加重其刑罚

6. 一审程序中有下列何种情形，二审人民法院应该撤销原判，发回原审法院重新审判？（　　）（不定项）

A. 对不复杂的共同犯罪案件适用简易程序审理的

B. 适用简易程序审理的公诉案件，检察人员没有出庭的

C. 一审合议庭的书记员应回避而未回避的

D. 适用简易程序审理的自诉案件，开庭审理中被告人委托的辩护人没有出庭的

7. 甲与乙结婚后 6 年，乙又与另一男子相爱，并通过熟人办理了结婚登记手续。甲得知后将乙起诉至法院，乙被法院以重婚罪判处有期徒刑一年。对本案第一审判决，哪些人享有独立上诉权？（　　）（多选）

A. 甲　　B. 乙

C. 甲、乙的父母　　D. 乙的辩护人

8. 叶某因挪用资金罪被判处有期徒刑 1 年，缓刑 2 年，判决宣告时叶某表示不上诉。其被解除羁押后经向他人咨询，认为自己不构成犯罪，于是又想提出上诉。下列哪一项是正确的？（　　）（单选）

A. 叶某已明确表示不上诉，因此不能再提起上诉

B. 需经法院同意，叶某才能上诉

C. 在上诉期满前，叶某有权提出上诉

D. 叶某可在上诉期满前提出上诉，但因一审判决未生效，需对他重新收押

9. 第二审法院遇有下列哪些情形应当依法裁定撤销原判、发回重审？（　　）（多选）

A. 应当公开审理而没有公开审理的

B. 被告人未在庭审笔录上签名的

C. 人民陪审员独任审判案件的

D. 庭审中没有听取被告人最后陈述，可能影响公正审判的

10. 某市中级人民法院对张三（21 岁）被控强奸一案进行了公开审理，判处张三死刑立即执行。张三认为量刑过重，提出上诉。二审法院的哪种做法是正确的？（　　）（单选）

A. 应当公开开庭审理　　B. 可以不开庭审理

C. 应当裁定撤销原判、发回重审　　D. 应当提审

11. 甲、乙涉嫌共同抢夺。经审理，一审法院判处甲有期徒刑 3 年、乙有期徒刑 2 年。检察院以对甲量刑过轻为由提起抗诉。甲、乙均没有上诉。关于本案二审程序，下列哪一选项是正确的？（　　）（单选）

A. 二审法院仅就甲的量刑问题进行审查

B. 二审法院可以不开庭审理

C. 乙应当参加法庭调查

D. 如果改判，二审法院可以加重乙的刑罚

12. 法院办理死刑上诉、抗诉案件，应当在开庭前对案卷材料进行全面审查，并进行相关工作。依照有关规定，下列哪些工作是应当进行的？（　　）（多选）

A. 应当讯问被告人，听取被告人的上诉理由或者辩解

B. 根据案件情况，必要时应当听取辩护人的意见

C. 对鉴定结论有疑问的，可以重新鉴定或者补充鉴定

D. 有被害人的，必须听取被害人的意见

13. 甲杀人案，犯罪手段残忍，影响恶劣，第一审法院为防止被害人家属和旁听群众在法庭上过于激愤影响顺利审判，决定作为特例不公开审理。经审理，第一审法院判处甲死刑立即执行，甲上诉。对于本案，第二审法院下列哪些做法是正确的？（　　）（多选）

A. 组成合议庭　　B. 把案件作为第一审案件审理

C. 审理后改判　　D. 撤销原判，发回重审

14. 关于两审终审制度，下列哪一选项是正确的？（　　）（单选）

A. 一个案件只有经过两级法院审理裁判才能生效

B. 经过两级法院审判所作的裁判都是生效裁判

C. 一个案件经过两级法院审判后对所作的裁判不能上诉

D. 一个案件经过两级法院审判后当事人就不能对判决、裁定提出异议

15. 下列哪些二审案件依法应当开庭审理？（　　）（多选）

A. 甲犯贪污罪被一审判处有期徒刑五年，检察院认为量刑畸轻而抗诉的

B. 乙犯伤害罪被一审判处无期徒刑，乙上诉的

C. 丙犯抢劫罪被一审判处死刑缓期二年执行，丙对事实、证据无异议，以量刑过重为由上诉的

D. 丁犯杀人罪被一审判处死刑立即执行，丁上诉的

16. 某法院判决赵某犯诈骗罪处有期徒刑 4 年，犯盗窃罪处有期徒刑 9 年，合并执行有期徒刑 11 年。赵某提出上诉。中级法院经审理认为，判处刑罚不当，犯诈骗罪应处有期徒刑 5 年，犯盗窃罪应处有期徒刑 8 年。根据上诉不加刑原则，下列哪一做法是正确的？（　　）（单选）

A. 以事实不清、证据不足为由发回原审法院重新审理

B. 直接改判两罪刑罚，分别为 5 年和 8 年，合并执行 12 年

C. 直接改判两罪刑罚，分别为 5 年和 8 年，合并执行仍为 11 年

D. 维持一审判决

17. 关于发回重审，下列哪一说法是不正确的？（　　）（单选）

A. 发回重审原则上不能超过二次

B. 在发回重审裁定书中应详细阐明发回重审的理由及法律根据

C. 一审剥夺或者限制了当事人的法定诉讼权利，可能影响公正审判的，应当发回重审

D. 发回重审应当撤销原判

18. 二审法院发现一审法院的审理违反《刑事诉讼法》关于公开审判、回避等规定的，应当裁定撤销原判、发回原审法院重新审判。关于该规定，下列哪些说法是正确的？（　　）（多选）

A. 体现了分工负责、互相配合、互相制约的原则

B. 体现了严格遵守法定程序原则的要求

C. 表明违反法定程序严重的，应当承担相应法律后果

D. 表明程序公正具有独立的价值

19. 甲乙丙三人共同实施故意杀人，一审法院判处甲死刑立即执行、乙无期徒刑、丙有期徒刑 10 年。丙以量刑过重为由上诉，甲和乙未上诉，检察院未抗诉。关于本案的第二审程序，下列哪一选项是正确的？（　　）（单选）

A. 可不开庭审理

B. 认为没有必要的，甲可不再到庭

C. 由于乙没有上诉，其不得另行委托辩护人为其辩护

D. 审理后认为原判事实不清且对丙的量刑过轻，发回一审法院重审，一审法院重审后可加重丙的刑罚

第二十章 死刑复核程序

本章概要

死刑复核程序是享有死刑复核权的法院对判处被告人死刑的案件进行审查核准时所采用的一种特别审判程序。它可以有效地保证死刑判决的正确性，防止错杀，有利于控制死刑的适用。死刑复核程序是从作出死刑判决、裁定的法院上报复核开始的。最高人民法院对死刑案件拥有核准权。不同类型死刑案件在报请复核的程序上既有相同之处，又有不同的地方。死刑复核要坚持依照法定程序逐级上报，一案一报的原则。严把死刑复核关，确保死刑复核案件的质量。

关键术语

死刑　死刑复核　死刑复核程序　核准权　死刑案件　死缓案件　最高人民法院　高级人民法院　报请复核

第一节　死刑复核程序的概念和意义

一、死刑复核程序的概念

死刑是剥夺犯罪人生命的刑罚方法。我国法律一方面把死刑当作惩罚犯罪、保护人民的有力武器；另一方面奉行慎用死刑的方针，从实体法上严格控制死刑的适用范围，从程序法上对判处被告人死刑（包括死缓）的案件，在普通审判程序之外，规定了一个特别的审查核准程序——死刑复核程序。

死刑复核程序是指最高人民法院或高级人民法院（含中国人民解放军军事法院）对判处被告人死刑（包括死缓）的案件进行审查核准的一种特别审判程序。根据我国《刑事诉讼法》的规定，死刑复核程序与其他审判程序相比，有以下特点。

1. 死刑复核程序审理的对象，仅是按照其他审判程序审结的判处被告人死刑的案件。按其他审判程序审结的、判处被告人死刑的案件，包括：（1）第一审判处被告人死刑，过了上诉、抗诉期限，被告人没有上诉、人民检察院没有抗诉的案件；（2）第二审人民法院判处被告人死刑的案件；（3）依审判监督程序审结的判处被告人死刑的案件。这些案件，都是裁判尚未发生法律效力的案件。

2. 死刑复核程序有特定的任务。它的任务是，有复核权或核准权的人民法院，对报请复核的判决或裁定，在认定事实和适用法律上是否正确进行全面审查，依法作出是否核准死刑的决定。因此，有复核权的人民法院在对案件进行复核时，必须完成两项最基本的任务：一是全面审查死刑判决或裁定，确定该判决或裁定认定的事实是否清楚，证据是否确实、充分，罪名的认定是否正确，判处死刑是否适当；二是对本案作出是否核准死刑的裁定，制作相应的法律文书。

3. 死刑复核程序是由作出死刑判决、裁定的法院主动报请而引起的。第一审程序是由人民检察院提起公诉或被害人及其法定代理人、近亲属的起诉引起的；第二审程序是由当事人及其法定代理人的上诉或人民检察院的抗诉而引起的；审判监督程序则由原裁判法院院长提交审判委员会讨论决定，或由其上级的人民法院提审、指令再审，上级人民检察院提出抗诉而引起。

4. 死刑复核的法院只能是最高人民法院或高级人民法院。对判处被告人死刑缓期二年执行的案件，高级人民法院有核准权，可以审核批准中级人民法院作出的判决。对于判处被告人死刑立即执行的案件，高级人民法院对于中级人民法院的报请复核，只有复核权，而没有核准权。如果高级人民法院同意中级人民法院的死刑立即执行判决，仍要报请最高人民法院审查决定；如果高级人民法院不同意中级人民法院的死刑立即执行的判决，高级人民法院可以提审改判，也可以发回重新审判。因此，从整体上讲，死刑复核程序中处理案件的法院，可以分为核准法院和复核法院两种。一般来说，高级人民法院是死缓案件的核准法院和死刑立即执行的复核法院，最高人民法院是死刑立即执行案件的核准法院。

5. 死刑复核程序是死刑案件的终审程序。按照两审终审原则，一般刑事案件，一审人民法院判决后，在法定的上诉、抗诉期限内，当事人及其法定代理人不上诉，人民检察院不抗诉，或提出上诉或抗诉后，第二审人民法院经过审判，其所作出的判决或裁定即发生法律效力。但死刑案件除最高人民法院判处的死刑和死缓案件以及高级人民法院判处的死缓案件外，经过两级人民法院的普通程序审理后并不生效，还必须经过有核准权的人民法院复核，才能生效。因此，对死刑案件来说，死刑复核程序是其必经的终审程序。

二、死刑复核程序的意义

死刑复核程序是我国刑事诉讼中的特别审判程序。虽然它审理案件的数量不多，但它对于保证死刑案件的审判质量，严惩极少数罪大恶极的犯罪分子，保障公民的合法权益，维护社会主义法制，具有重要意义。

1. 死刑复核程序可以保证死刑判决的正确性，防止错杀，保护公民人身权利。死刑是一种同严重犯罪行为作斗争的有力武器，运用得当，可以严厉打击犯罪分子的嚣张气焰，平息民愤，伸张正义，巩固国家政权，稳定社会秩序；适用不当，就会伤害无辜，造成无可挽回的损失。所以，人民法院在适用死刑时，必须严格防止错杀，保证每个被处死刑的人，都是罪大恶极、非杀不可的人。由于死刑复核程序是专门以死刑判决、裁定为复核对象的程序，它可以全面审查死刑判决、裁定在认定事实和适用法律上是否正确，及时发现和纠正死刑判决和裁定的错误，因而能够防范无辜者被错杀和避免罪不当死的罪犯被执行死刑。

2. 死刑复核程序有利于控制死刑的适用，有利于贯彻少杀方针。我们党和国家在适用死刑上，从来都是采取极其慎重的态度，提倡和坚持“少杀、慎杀”。彭真同志在《关于七个法律草案的说明》报告中指出：“我们现在还不能也不应该废除死刑，但应尽量减少使用。”我国《刑事诉讼法》规定的死刑复核程序，对于那些被判处死刑立即执行，但还不是非杀不可的犯罪分子而言，可以使其判决得到改正，这有利于缩小死刑的适用范围，使那些可杀可不杀的犯罪分子获得重新做人的机会。对于那些罪该处死，但还不是必须立即执行的犯罪分子，应当判处死刑缓期二年执行，实行劳动改造，给予其最后的悔罪机会。

第二节　判处死刑立即执行案件的复核程序

一、行使死刑核准权的人民法院

我国《刑事诉讼法》第 246 条规定：“死刑由最高人民法院核准。”同时，《人民法院组织法》第 17 条也规定：“死刑除依法由最高人民法院判决的以外，应当报请最高人民法院核准。”上述规定说明，我国对死刑案件核准权的行使限制较严，死刑由最高人民法院判决或者核准，最高人民法院拥有死刑核准权。

但是，死刑核准权的归属在我国有一个历史发展的过程。这些变化的依据主要是当时的历史背景以及社会治安形势，但同时反映了我们对待死刑以及对待人权的态度和立场。

1979 年通过的《刑事诉讼法》第 144 条规定：“死刑由最高人民法院核准。”该法首次以基本法律的形式肯定了死刑核准权的行使主体为最高人民法院。但是，1980 年 2 月 12 日召开的第五届全国人民代表大会常务委员会第十三次会议，鉴于当时的社会治安形势有所恶化，决定在 1980 年年内对现行的杀人、强奸、抢劫、放火等犯有严重罪行应当判处死刑的案件，最高人民法院可以授权省、自治区、直辖市高级人民法院核准。紧接着，1981 年 6 月第五届全国人民代表大会常务委员会第十九次会议通过了《关于死刑案件核准问题的决定》，规定除反革命和贪污等判处死刑的案件由最高人民法院核准外，在 1981 年至 1983 年内对犯有杀人、抢劫、强奸、爆炸、放火、投毒、决水和破坏交通、电力等设备的罪行，由高级人民法院终审判处死刑的，或者由中级人民法院一审判处死刑，被告人不上诉，经高级人民法院核准的，以及高级人民法院一审判决死刑，被告人不上诉的，都不必报最高人民法院核准。而后又于 1983 年修改《人民法院组织法》第 13 条，规定：“死刑案件除由最高人民法院判决的以外，应当报请最高人民法院核准。杀人、强奸、抢劫、爆炸以及其他严重危害公共安全和社会治安判处死刑的案件的核准权，最高人民法院在必要的时候，得授权省、自治区、直辖市的高级人民法院行使。”据此，最高人民法院在 1983 年 9 月 7 日发布了《关于授权高级人民法院核准部分死刑案件的通知》，将上述几类案件的死刑核准权授予各省、自治区、直辖市的高级人民法院和解放军军事法院行使。此外，1991 年至 1997 年间，最高人民法院还分别授权云南省、广东省、广西壮族自治区、甘肃省、四川省、贵州省的高级人民法院行使对部分毒品案件的死刑核准权，即除最高人民法院判决的和涉外的毒品犯罪死刑案件外，云南省、广东省、广西壮族自治区、甘肃省、四川省、贵州省的高级人民法院依授权分别享有对其管辖范围内非涉外的毒品犯罪死刑案件的核准权。

这种授权即最高人民法院在必要的时候下放死刑核准权的做法客观上有利于迅速惩罚犯罪，特别是罪行极其严重的犯罪分子，但是这种体制也带来一个不容忽视的问题，备受学术界的质疑。根据我国《刑事诉讼法》的规定，死刑案件由中级以上的人民法院作为一审法院。对于那些由高级人民法院行使核准权的死刑案件来说，高级人民法院可能集二审审判权和死刑核准权，或者一审审判权和死刑核准权于一身，这很容易使死刑复核程序名存实亡，难以起到应有的作用。

进入 21 世纪后，随着人权保护意识的加强，我国刑法学界在逐步减少和废除死刑领域取得了一些可喜的研究成果，与此相适应，刑事诉讼理论界和司法实务部门也对死刑复核程序的性质、作用等展开了积极的探讨。从 2005 年开始，最高人民法院着手准备死刑核准权的收回。2006 年 10 月 31 日，第十届全国人民代表大会常务委员会第二十四次会议通过《关于修改〈中华人民共和国人民法院组织法〉的决定》，将《人民法院组织法》原第 13 条修改为第 12 条（2018 年 10 月 26 日修订后改为第 17 条）："死刑除依法由最高人民法院判决的以外，应当报请最高人民法院核准。"这一规定将死刑复核权下放的最后法律依据予以废止。与此相适应，最高人民法院通过了《关于统一行使死刑案件核准权有关问题的决定》，该规定于 2007 年 1 月 1 日正式实施，标志着死刑核准权完全收归最高人民法院。

二、死刑立即执行案件的报请复核

中级人民法院判处死刑立即执行的第一审案件，被告人不上诉、人民检察院不抗诉的，在上诉、抗诉期满后 10 日内，应将全部案卷报送高级人民法院复核。高级人民法院经复核同意判处死刑的，应当在作出裁定后 10 日内报请最高人民法院核准。高级人民法院经过复核，不同意判处死刑的，应当依照第二审程序提审或者发回重新审判。高级人民法院提审改判的判决均为终审判决，被告人不能上诉，人民检察院也不能按二审程序进行抗诉。提审后仍然判处死刑的，还须报请最高人民法院核准。中级人民法院重新审判的判决仍为第一审判决，允许上诉和抗诉，重新审判后仍然判处死刑，被告人不上诉、人民检察院不抗诉的，还要按照复核程序逐级报请高级人民法院、最高人民法院复核。中级人民法院判处死刑的第一审案件，被告人上诉或者人民检察院抗诉，高级人民法院裁定维持死刑判决的，应当在作出裁定后 10 日内报请最高人民法院核准。

中级人民法院报请最高人民法院核准的死刑案件，先由高级人民法院审核，既可以及时发现和纠正中级人民法院所作的错误的死刑判决，保证办案质量，也有利于减少最高人民法院的工作量。

遇有判处死刑、无期徒刑的共同犯罪案件，下级人民法院在上报复核时，适用"共同犯罪的案件，只有部分被告人上诉的，应对全案审查，一并处理"的原则，应全案上报最高人民法院核准。

三、报请复核的基本要求

根据我国《刑事诉讼法》及相关司法解释的规定，报请复核死刑（死刑缓期二年执行）案件，必须符合以下要求。

1. 报请复核的前提是：死刑案件犯罪事实清楚，证据确实、充分，适用法律正确，诉讼文书齐备。不具备上述条件，人民法院就不能对被告人判处死刑，当然也不能报请有死刑核准权的人民法院复核。

2. 坚持一案一报。所谓一案一报，就是审结一起死刑案件，就要单独将其报请复核，不能将两个或两个以上的死刑案件交叉在一起报请复核，更不能等凑齐一批死刑案件后，再报请复核。坚持一案一报原则，体现了死刑复核的严肃性和及时性，同时有利于保证死刑复核的质量。

3. 报请复核时，应当报送的材料包括报请复核的报告，第一、二审裁判文书，死刑案件综合报告各5份以及全部案卷、证据。死刑案件综合报告，第一、二审裁判文书和审理报告应当附送电子文本；同案审理的案件，应当报送全案案卷和证据。曾经发回重新审判的案件，原第一、二审案卷应当一并报送。具体内容如下。

（1）报请复核的报告，应当写明案由、简要案情、审理过程和判决结果。

（2）死刑（死刑缓期二年执行）案件综合报告应当包括以下主要内容：1）被告人、被害人的基本情况。被告人有前科或者曾受过行政处罚的，应当写明。2）案件的由来和审理经过。案件曾经发回重新审判的，应当写明发回重新审判的原因、时间、案号等。3）案件侦破情况。通过技术侦查措施抓获被告人、侦破案件，以及与自首、立功认定有关的情况，应当写明。4）第一审审理情况。包括控辩双方意见，第一审认定的犯罪事实，合议庭和审判委员会意见。5）第二审审理或者高级人民法院复核情况。包括上诉理由、检察机关意见，第二审审理或者高级人民法院复核认定的事实，证据采信情况及理由，控辩双方意见及采纳情况。6）需要说明的问题。包括共同犯罪案件中另案处理的同案犯的定罪量刑情况，案件有无重大社会影响，以及当事人的反应等情况。7）处理意见。写明合议庭和审判委员会的意见。

四、审查核准程序

（一）审查核准的组织和方式

根据我国《刑事诉讼法》第249条的规定，人民法院复核死刑（含死刑缓期二年执行）案件，应当由审判员3人组成合议庭进行。合议庭的成员不仅应当有丰富的法律知识和司法实践经验，而且要坚持回避的原则。曾经参加过本案的侦查、起诉、辩护及审判工作的人员，均不得参加合议庭。

《刑事诉讼法》及最高人民法院《解释》对人民法院复核死刑案件应当采用的方式也作出了明确规定。根据《刑事诉讼法》第251条及最高人民法院《解释》第357条的规定，最高人民法院复核死刑案件，应当讯问被告人，辩护律师提出要求的，应当听取辩护律师的意见。在复核死刑案件过程中，最高人民检察院可以向最高人民法院提出意见。对于最高人民检察院提出的意见，最高人民法院应当审查，并将采纳情况及理由反馈最高人民检察院。另外，最高人民法院应当将死刑复核结果通报最高人民检察院。因此，讯问被告人是最高人民法院复核死刑案件时应当依法履行的职责。最高人民法院讯问被告人、听取律师意见、接纳最高人民检察院的意见，具有兼听则明的意义，有助于防止冤假错案。

另外，阅卷也是非常重要的死刑复核方式。所谓阅卷就是查阅报请复核法院报送的所有法律文书、诉讼材料及证据。阅卷时，首先应审查诉讼文书、各种证据及死刑案件综合报告等材料是否齐全；其次要逐一分析它们是否真实以及是否符合法律的要求；最后要将死刑案件综合报告与各类诉讼文书、证据作对比分析，审查它们之间有无矛盾。通过审阅全案卷宗材料，最高人民法院和高级人民法院可以发现死刑复核案件审理过程中存在的事实或法律错误，确保死刑案件准确认定事实，正确适用法律。

（二）审查的内容

人民法院复核死刑（含死刑缓期二年执行）案件，应当全面审查以下内容。

1. 必须查明被告人犯罪时的年龄和其他个人情况：（1）犯罪的时候不满 18 周岁的人，不适用死刑；（2）审判的时候怀孕的妇女，不适用死刑立即执行，也不能判处死刑缓期二年执行；（3）审判的时候已满 75 周岁的人，一般不适用死刑；（4）必须查清被告人有无刑事责任能力。

2. 原判认定的事实是否清楚，证据是否确实、充分。

3. 犯罪情节、后果及危害程度，衡量该犯罪是否达到了罪大恶极的程度。

4. 原判适用法律是否正确，是否必须判处死刑，是否必须立即执行。

5. 有无法定、酌定从重、从轻或者减轻处罚情节。

6. 诉讼程序是否合法。

7. 应当审查的其他情况。

（三）死刑案件复核后的处理

根据《刑事诉讼法》第 250 条的规定，最高人民法院复核死刑案件，应当作出核准或者不核准死刑的裁定。对于不核准死刑的，最高人民法院可以发回重新审判或者予以改判。具体来看，应当按照下列情形分别处理。

1. 原判认定事实和适用法律正确、量刑适当、诉讼程序合法的，应当裁定核准。

2. 原判认定的某一具体事实或者引用的法律条款等存在瑕疵，但判处被告人死刑并无不当的，可以在纠正后作出核准的判决、裁定。

3. 原判事实不清、证据不足的，应当裁定不予核准，并撤销原判，发回重新审判。

4. 复核期间出现新的影响定罪量刑的事实、证据的，应当裁定不予核准，并撤销原判，发回重新审判。

5. 原判认定事实正确，但依法不应当判处死刑的，应当裁定不予核准，并撤销原判，发回重新审判。

6. 原审违反法定诉讼程序，可能影响公正审判的，应当裁定不予核准，并撤销原判，发回重新审判。

7. 对一人有两罪以上被判处死刑的数罪并罚案件，最高人民法院复核后，认为其中部分犯罪的死刑判决、裁定事实不清、证据不足的，应当对全案裁定不予核准，并撤销原判，发回重新审判；认为其中部分犯罪的死刑判决、裁定认定事实正确，但依法不应当判处死刑的，可以改判，并对其他应当判处死刑的犯罪作出核准死刑的判决。

8. 对有两名以上被告人被判处死刑的案件，最高人民法院复核后，认为其中部分被告人的死刑判决、裁定事实不清、证据不足的，应当对全案裁定不予核准，并撤销原判，发回重新审判；认为其中部分被告人的死刑判决、裁定认定事实正确，但依法不应当判处死刑的，可以改判，并对其他应当判处死刑的被告人作出核准死刑的判决。

最高人民法院裁定不予核准死刑的，根据案件具体情况，可以发回第二审人民法院或者第一审人民法院重新审判。第一审人民法院重新审判的，应当开庭审理。第二审人民法院重新审判的，可以直接改判；必须通过开庭查清事实、核实证据或者纠正原审程序违法的，应当开庭审理。

高级人民法院依照复核程序审理后报请最高人民法院核准死刑，最高人民法院裁定不予核准，发回高级人民法院重新审判的，高级人民法院可以依照第二审程序提审或者发回重新审判。

最高人民法院裁定不予核准死刑，发回重新审判的案件，除上面所列举的第 4、第 5 两种情况外，原审人民法院应当另行组成合议庭进行审理。

第三节　判处死刑缓期二年执行案件的复核程序

一、对死缓案件行使复核权的人民法院

我国《刑事诉讼法》第 248 条规定："中级人民法院判处死刑缓期二年执行的案件，由高级人民法院核准。"这一规定说明，对判处死刑缓期二年执行案件（以下简称死缓案件）行使核准权的，是各省、自治区、直辖市的高级人民法院和解放军军事法院。

在新中国历史上，关于由哪一级法院对死缓案件行使核准权有不同的规定。1957 年 7 月 15 日全国人民代表大会通过的一个决议，曾规定死缓案件的核准权由最高人民法院行使。实践证明，由最高人民法院核准死缓案件没有必要。理由是：第一，对被告人判处死刑缓期二年执行的案件，虽然也属于死刑案件的范围，但由于不立即执行死刑，即使判决、裁定有错误，也有时间纠正，因而不具有判处死刑立即执行案件的紧迫性。从司法实际情况来看，绝大多数被判处死缓的犯罪分子，缓刑期满后决定执行死刑的，也需再经过判处死刑立即执行的核准程序，因此不必由最高人民法院核准。第二，最高人民法院是国家最高审判机关，担负着制定、发布司法解释、死刑复核、监督全国法院的审判工作等多种职能，再把死缓案件交最高人民法院复核，会增加最高人民法院的工作量，不利于最高人民法院开展其他工作。

根据我国《刑事诉讼法》的规定，高级人民法院复核的，是中级人民法院审结的判处被告人死缓的案件。对于中级人民法院判决被告人死缓，当事人上诉或人民检察院提起抗诉，由高级人民法院进行第二审审判的案件，要不要再经过一次死缓复核程序，法律未作出规定。在司法实践中，多数法院是将二审程序和死刑缓期执行的复核程序合二为一。我们认为，二审程序与死刑复核程序在审理对象、侧重点以及审理的方式、方法上均有不同，不宜将二者混合。在这种情况下，高级人民法院应当先组成一个合议庭，按照第二审程序对案件进行审判，然后再组成另一个合议庭，依照死刑复核程序对案件进行复核，以确保死缓判决、裁定的正确性。

在司法实践中，高级人民法院审结的第一审死缓案件，在过了上诉、抗诉期限后当事人未提出上诉、人民检察院也未提出抗诉的，要不要再依死刑复核程序对案件进行复核？对此人们的认识也不一致。有人认为，这些案件在一审判决时，属于重大案件，一般都是由院长提交审判委员会讨论后确定判决的，不必再进行死刑复核程序。我们认为这种认识不妥。因为高级人

民法院在一审时，尚不知当事人是否会上诉、人民检察院是否会抗诉，故不可能将一审程序与死刑复核程序合二为一。为了保证死缓判决的正确性，高级人民法院对于一审判处被告人死缓的案件，在上诉、抗诉期满当事人不上诉、人民检察院不抗诉的情况下，应当另行组成合议庭对案件进行复核。

二、复核死缓案件的程序

复核死缓案件与复核死刑案件的程序基本一致，一般是由报请复核和复核两个阶段组成。

（一）报请复核

中级人民法院判处死刑缓期二年执行的第一审案件可以分为两种情况：一是被告人不上诉、人民检察院不抗诉的，在上诉、抗诉期满后，应当报送高级人民法院核准。二是被告人提出上诉或者人民检察院提出抗诉的，高级人民法院应当按照第二审程序予以处理。高级人民法院第二审同意判处死刑缓期二年执行的，作出维持原判的裁定；不同意判处死刑缓期二年执行的，直接改判或者发回重新审判。中级人民法院判处死刑的第一审案件，高级人民法院第二审或者复核提审后所作的改判为死刑缓期二年执行的判决的，该判决即为终审判决。

此外，中级人民法院在报送死缓案件时，也应提供报请复核的报告、第一、二审裁判文书、死缓案件综合报告各5份，以及全部案卷、证据，一并送交高级人民法院。第一、二审裁判文书和综合报告应当附送电子文本。报请复核时，要坚持一案一报原则，不能多案一报。

在司法实践中的有些共同犯罪案件中，有的被告人被判处死缓，有的被告人被判处无期徒刑或其他刑罚（不包括死刑立即执行），那么，在报请复核时，是将全案上报，还是仅将有关被判处死缓的被告人的材料上报？我们认为，为了保证高级人民法院全面复核案件，确保死缓判决的准确无误，应将全案卷宗材料、全部证据一并上报，不能有所保留。

（二）复核

高级人民法院在复核死缓案件时，应当由审判员3人组成合议庭进行，对死缓案件进行全面审查。复核的基本内容、方式方法与复核死刑立即执行案件基本上相同。需要特别注意的是，高级人民法院复核死缓案件，也应当讯问被告人。

（三）复核后对案件的处理

高级人民法院对死缓案件复核后，应当分别情况，对案件作出以下处理。

1. 原判认定事实和适用法律正确、量刑适当、诉讼程序合法的，应当裁定核准。

2. 原判认定的某一具体事实或者引用的法律条款等存在瑕疵，但判处被告人死刑缓期执行并无不当的，可以在纠正后作出核准的判决、裁定。

3. 原判认定事实正确，但适用法律有错误，或者量刑过重的，应当改判。

4. 原判事实不清、证据不足的，可以裁定不予核准，并撤销原判，发回重新审判，或者依法改判。

5. 复核期间出现新的影响定罪量刑的事实、证据的，可以裁定不予核准，并撤销原判，发回重新审判，或者依照最高人民法院《解释》第220条规定审理后依法改判。

6. 原审违反法定诉讼程序，可能影响公正审判的，应当裁定不予核准，并撤销原判，发回重新审判。

另外，高级人民法院复核死缓案件，不得加重被告人的刑罚。

问题与思考

简答题

1. 试述死刑复核程序的概念、任务和意义。

2. 最高人民法院和高级人民法院分别对哪类案件拥有死刑（死缓）核准权?

3. 对判处死刑立即执行的案件应当怎样进行复核?

4. 对判处死刑缓期二年执行的案件应当怎样进行复核?

课堂讨论案例

孙某犯故意杀人罪被某市中级人民法院一审判处死刑。判决后孙某没有上诉，检察机关也没有抗诉。

请结合死刑复核程序的内容，回答下列问题：

1. 在孙某未上诉、检察机关未抗诉的情况下，还应当进行什么样的程序才能最终执行死刑？具体的步骤是什么样的？

2. 如果最高人民法院发现孙某故意杀人一案中，存在事实不清、证据不足的问题，应当如何处理？

法律职业资格（司法）考试真题

1. 关于死刑复核程序，下列哪一选项是正确的？（　　）（单选）

A. 最高法院复核死刑案件，可以不讯问被告人

B. 最高法院复核死刑案件，应当听取辩护律师的意见

C. 在复核死刑案件过程中，最高检察院应当向最高法院提出意见

D. 最高法院应当将死刑复核结果通报最高检察院

2. 段某因贩卖毒品罪被市中级法院判处死刑立即执行，段某上诉后省高级法院维持了一审判决。最高法院复核后认为，原判认定事实清楚，但量刑过重，依法不应当判处死刑，不予核准，发回省高级法院重新审判。关于省高级法院重新审判，下列哪一选项是正确的？（　　）（单选）

A. 应另行组成合议庭

B. 应由审判员 5 人组成合议庭

C. 应开庭审理

D. 可直接改判死刑缓期二年执行，该判决为终审判决

3. 甲和乙共同实施拐卖妇女、儿童罪，均被判处死刑立即执行。最高法院复核后认为全案判决认定事实正确，甲系主犯应当判处死刑立即执行，但对乙可不立即执行。关于最高法院对此案的处理，下列哪一选项是正确的？（　　）（单选）

A. 将乙改判为死缓，并裁定核准甲死刑

B. 对乙作出改判，并判决核准甲死刑

C. 对全案裁定不予核准，撤销原判，发回重审

D. 裁定核准甲死刑，撤销对乙的判决，发回重审

4. 赵某因绑架罪被甲省A市中级法院判处死刑缓期二年执行，后交付甲省B市监狱执行。死刑缓期执行期间，赵某脱逃至乙省C市实施抢劫被抓获，C市中级法院一审以抢劫罪判处无期徒刑。赵某不服判决，向乙省高级法院上诉。乙省高级法院二审维持一审判决。此案最终经最高法院核准死刑立即执行。关于执行赵某死刑的法院，下列哪一选项是正确的？（　　）（单选）

A. A市中级法院　　B. B市中级法院

C. C市中级法院　　D. 乙省高级法院

5. 张某因犯故意杀人罪和爆炸罪，一审均被判处死刑立即执行，张某未上诉，检察机关也未抗诉。最高法院经复核后认为，爆炸罪的死刑判决事实不清、证据不足，但故意杀人罪死刑判决认定事实和适用法律正确、量刑适当。关于此案的处理，下列哪些选项是错误的？（　　）（多选）

A. 对全案裁定核准死刑

B. 裁定核准故意杀人罪死刑判决，并对爆炸罪死刑判决予以改判

C. 裁定核准故意杀人罪死刑判决，并撤销爆炸罪的死刑判决，发回重审

D. 对全案裁定不予核准，并撤销原判，发回重审

6. 最高人民法院复核死刑案件时，裁定不予核准，发回重审的案件，应当如何处理？（　　）（多选）

A. 既可以发回二审法院重新审判，也可以发回一审法院重新审判

B. 发回二审法院重新审判的案件，除法律另有规定外，二审法院可以不经开庭直接改判

C. 发回一审法院重新审判的案件，一审法院应当开庭审理

D. 最高人民法院复核后认为原判认定事实正确，但依法不应当判处死刑的，裁定不予核准，并撤销原判，发回重新审判的案件，重新审判的法院应当另行组成合议庭进行审理

7. 关于死刑复核程序，下列哪些选项是正确的？（　　）（多选）

A. 赵某因故意杀人罪和贩毒罪分别被判处死刑，最高人民法院对案件进行复核时，认为张某贩毒罪的死刑判决认定事实和适用法律正确、量刑适当、程序合法，但故意杀人罪的死刑判决事实不清、证据不足，遂对全案裁定不予核准，撤销原判，发回重审

B. 钱某因绑架罪和抢劫罪分别被判处死刑，最高人民法院在对案件进行复核时，发现钱某绑架罪的死刑判决认定事实和适用法律正确、量刑适当、诉讼程序合法，抢劫罪的死刑判决认定事实清楚，但依法不应当判处死刑，遂对绑架罪作出核准死刑的判决，对抢劫罪的死刑判决予以改判

C. 孙某伙同李某持枪抢劫银行被分别判处死刑，最高人民法院进行复核时发现孙某的死刑判决认定事实和适用法律正确、量刑适当、程序合法，李某的死刑判决认定事实不清、证据不足，遂对全案裁定不予核准

D. 周某伙同吴某劫持航空器致人重伤被分别判处死刑，最高人民法院在复核时发现周某的死刑判决认定事实和适用法律正确、量刑适当、程序合法，吴某的死刑判决认定事实清楚，但依法不应当判处死刑，遂对周某作出核准死刑的判决，对吴某的死刑判决予以改判

第二十一章
审判监督程序

本章概要

审判监督程序，又称再审程序，是指人民法院、人民检察院发现已经发生法律效力的刑事判决、裁定在认定事实或适用法律上确有错误时，依法提起并对案件进行重新审判的一项特殊审判程序。它目的在于纠正已经生效的错误判决或裁定，准确惩罚犯罪，保障无辜的人不受刑事追究。审判监督程序是审判监督的一个重要方式，是为纠正已生效的错误裁判而提起的一种特殊程序，与第一审程序、第二审程序、死刑复核程序有明显区别。提起审判监督程序的主体是：(1) 已经发生法律效力的判决、裁定的原审人民法院院长和审判委员会；(2) 最高人民法院；(3) 上级人民法院；(4) 最高人民检察院；(5) 上级人民检察院。提起审判监督程序的理由是：(1) 有新的证据证明原判决、裁定认定事实确有错误；(2) 据以定罪量刑的证据不确实、不充分或者证明案件事实的主要证据之间存在矛盾；(3) 原判决、裁定适用法律确有错误；(4) 审判人员在审理该案件时，有贪污受贿、徇私舞弊、枉法裁判行为。

人民法院按照审判监督程序重新审判案件，应当另行组成合议庭进行。如果原来是第一审案件，应当依照第一审程序进行审判，所作的判决、裁定可以上诉、抗诉；如果原来是第二审案件或者是上级人民法院提审的案件，应当依照第二审程序进行审判，所作的判决、裁定是终审的判决、裁定。

关键术语

审判监督程序　审判监督　审判监督程序的抗诉　提审　申诉

第一节　审判监督程序的概念、特点和意义

一、审判监督程序的概念

审判监督程序，又称再审程序，是指人民法院、人民检察院发现已发生法律效力的刑事判

决、裁定在认定事实、适用法律或审判程序上确有错误时，依法提起并对案件进行重新审判的一项特别审判程序。之所以称之为特别审判程序，是因为按照裁判安定性的原理，一旦裁判生效即产生一事不再理的效力，对原先生效的裁判所涉及的同一被告人的同一犯罪事实就不应再予追究或争执。但是，生效裁判未必没有错误，如果一概不允许救济，未免会让《刑事诉讼法》第 2 条所规定的“准确、及时地查明犯罪事实，正确应用法律，惩罚犯罪分子，保障无罪的人不受刑事追究……”的基本任务最终落空。因此，刑事诉讼法特别设计出审判监督程序，例外地排除生效裁判的既判力，以维护真实正义的实现与法律的正确实施。可见，审判监督程序并非每一案件的必经程序，而是在一定条件下才能采用的特殊程序，专门用于纠正确有错误的生效判决、裁定。

值得注意的是，审判监督与审判监督程序是两个不能混淆的概念。审判监督是指监督者（主要是指人民检察院）对刑事审判活动及司法裁判是否符合法定程序和法定标准从旁查看，发现并督促纠正违反诉讼程序及诉讼标准的诉讼行为和司法裁判，保证刑事审判权依法正确行使的一系列专门活动的总称。与作为特别救济程序的审判监督程序相比，二者有以下区别：(1) 范畴类别不同：审判监督贯穿于审判的各个阶段，而审判监督程序只是裁判生效以后的特别救济程序。(2) 启动主体不同：审判监督的启动主体主要是人民检察院，也可以是社会舆论和公众，而审判监督程序的启动主体是作出生效裁判的各级人民法院院长和审判委员会、最高人民检察院和上级人民检察院、最高人民法院和上级人民法院。(3) 对象不同：审判监督并不限于针对生效裁判，也可以针对未生效的裁判与诉讼行为，既可以针对案件本身，亦可以针对审判作风或法院行政及其他与审判有关的问题。而审判监督程序只能是针对生效的裁判。(4) 方式不同：审判监督既可以通过抗诉，也可以通过出庭支持公诉、提出纠正意见、检察建议等方式完成。而审判监督程序往往需要人民检察院以提出抗诉或者人民法院以决定再审、决定提审或指令再审等方式启动。可见，如果是针对生效裁判的审判监督，检察机关通过提起抗诉可以启动审判监督程序。但是如果是针对未生效的裁判或其他审判事项的审判监督，则可能导致二审等程序，而与审判监督程序无关。简而言之，任何案件都可能存在审判监督，但未必存在审判监督程序。

审判监督程序在我国理论上也被称为再审程序[①]，作为再审程序之一部分的再审与重审是初学者极易混同的概念。重审也称为重新审判，即案件按照对应审级的诉讼程序从头到尾再来一次审判。可见再审肯定是一种重审，但重审与再审还是有以下区别：(1) 所处的诉讼阶段不尽一致：再审是审判监督程序的一部分，但重新审判未必发生在审判监督程序，也可以是二审程序、死刑复核程序、缺席审判程序的处理方式。(2) 两者的程序有时不尽一致：理论上而言，重审意味着对审判准备、证据调查、法庭辩论、最后陈述等诉讼行为重新为之。通常情况下，再审案件必须从头到尾重新审判，此时重审就是再审的内容。但在被告人死亡或者自诉人死亡、丧失行为能力的例外情形下，再审就并非意味着彻底的重审。(3) 次数限制不同：根据《刑事诉讼法》第 236 条第 2 款，对于二审法院因为事实不清、证据不足发回重审的案件作出判决后，又经上诉或抗诉的，第二审法院不得再次发回原审人民法院重新审判。可见二审阶段因事实原因发回的重审有次数限制。但再审目前并无启动次数的严格限制。(4) 审限不同：重审的期限一般与之前作出判决的法院所对应审级的诉讼期限一致，例如经二审发回第一审法院

---

① 这一概念往往给初学者造成混淆。实际上，无论是指定再审还是决定再审，都只是再审程序中的一部分而已，除此之外，还有再审程序的启动方式、再审以后的处理，都是完整再审程序的组成部分。

重审的案件，审理期限即为一审期限；再如经高级人民法院二审维持死刑的判决却经最高人民法院不予核准，发回到高级人民法院重审的期限，与二审期限一致。但是，《刑事诉讼法》第258条第1款对再审（重新审判）的期限有明确的规定，即作出再审决定之日起3个月内审结，需要延长的不得超过6个月。

从设置审判监督程序的目的来讲，审判监督程序的任务是纠正确有错误的生效的判决、裁定，做到实事求是，不枉不纵，罚当其罪，保障当事人的正当权益，维护法律的统一、正确实施，最终实现刑事诉讼惩罚犯罪、保障人权的根本目的。

二、审判监督程序的特点

审判监督程序作为刑事诉讼的一项特殊审判程序，既不同于第二审程序，也不同于死刑复核程序，与这两种程序比较，审判监督程序有如下特点。

1. 审理对象为已生效的判决、裁定。审判监督程序的审理对象必须是已经发生法律效力的判决、裁定，包括已经执行完毕的判决、裁定。对于没有生效的判决与裁定，则通过二审程序、死刑复核程序等救济。究竟怎样的判决与裁定才能称之为生效的判决与裁定？这要区分两种情况：（1）对于一审的判决与裁定，根据《刑事诉讼法》第230条，接到判决书第二日起10日内，接到裁定书第2日起5日内没有上诉或抗诉的，一审判决与裁定生效。可见一审的判决与裁定必须经过送达，才有可能计算上诉与抗诉期限，没有送达而仅仅宣告的一审判决与裁定不能视为生效。（2）对于终审[①]的判决与裁定，则应从裁判宣告之日起生效。

2. 提起程序的主体特定。《刑事诉讼法》第254条将提起审判监督程序的权力赋予特定的机关和人员。依照法律规定，有权提起审判监督程序的人员和机关是：各级人民法院院长和审判委员会；最高人民法院、上级人民法院；最高人民检察院、上级人民检察院。但依据《刑事诉讼法》第227条，二审程序中的上诉可以由被告人、自诉人和他们的法定代理人，或经被告人同意的近亲属、辩护人提起；依据《刑事诉讼法》第228条，依二审程序提出抗诉的机关仅限于与作出一审判决的人民法院同级的人民检察院。依据《刑事诉讼法》第247条，死刑复核程序则是由下级人民法院将判处被告人死刑的案件主动报请高级人民法院或最高人民法院复核。

3. 提起程序的理由是生效判决、裁定确有错误。由于再审是既判力的例外，为了避免随意破坏程序的安定性与司法权威，提起审判监督程序的前提是，已生效的判决、裁定具备法定的再审原因，即认定事实、适用法律、审判程序上确有错误。二审程序则没有这样的条件限制。无论其是否有理由或理由是否充分，只要有权上诉的人或机关在法定期间内对第一审判决、裁定不服，就可以上诉或抗诉，且必然引起第二审程序。

4. 提起程序无时间限制。《刑事诉讼法》以及最高人民法院《解释》对提起审判监督程序没有作出明确的期间限制。一般而言，在任何时候皆可依法提起审判监督程序。二审程序中则存在严格的时间期限。提起第二审上诉、抗诉的期限，判决为10日、裁定为5日，超过法定的期限，一审判决、裁定即发生法律效力，不能引起二审程序。

5. 再审案件的法院不受限制。依照审判监督程序进行再审的法院，既可以是原审的第一

---

① 注意终审未必是二审，也有可能是死刑复核程序、在法定刑以下判处刑罚的核准程序等。

审人民法院或第二审人民法院，亦可以是提审案件的最高人民法院、上级人民法院以及由它们指令再审的原审人民法院以外的下级人民法院。按第二审程序审理案件的，只限于第一审人民法院的上一级人民法院。依照死刑复核程序规定有权进行复核的只有最高人民法院和高级人民法院。

6. 再审量刑要受到限制。根据最高人民法院《解释》的规定，除了人民检察院抗诉的以外，再审原则上不得加重原审被告人刑罚。

7. 再审的判决、裁定的效力取决于再审人民法院的审级。如果原来是第一审案件，应当依照第一审程序进行审判，所作的判决、裁定可以上诉、抗诉；如果原来是第二审案件，或者是上级人民法院提审的案件，应当依照第二审程序进行审判，所作的判决、裁定是终审判决、裁定。

三、审判监督程序的意义

刑事诉讼中审判监督程序的设立，是我国一贯倡导的“实事求是，依法纠错”的刑事政策在刑事诉讼中的充分体现，对于实现刑事诉讼法的任务有非常重要的意义，主要表现在以下几个方面。

1. 审判监督程序是贯彻“实事求是，依法纠错”方针，准确适用刑法的法律保证。

人民法院代表国家行使审判权，作出的判决与裁定一经生效必须坚决执行，不能轻易改变。然而，刑事案件情况错综复杂。受主、客观因素的影响，难以做到每一个案件在认定事实、适用法律或审判程序上都不发生错误，在已发生法律效力的案件中，仍可能有少数判决、裁定确有错误。对此，必须予以纠正，不能知错不改。

所谓依法纠错，即只有当生效裁判存在依照法律应当纠正的错误时，才可以启动再审程序。纠错的同时也要维护法的确定性原则。前者是从法律形式上加以限制，后者是从实质结果上加以限制，审判监督程序不像一审程序、二审程序那样属于普通程序，在世界各国的审级制度中都是作为“特别救济程序”或“非常救济程序”存在的，我国也不例外。[①] 应该将纠正司法错误和维护司法权威以及节约诉讼成本三者有机统一起来。

2. 审判监督程序是上级人民法院对下级人民法院，人民检察院对人民法院审判工作依法实行监督的重要方式和有效措施。

我国人民法院上下级之间的关系不是领导关系，而是监督关系，人民法院依法独立审判，上级人民法院对下级人民法院的审判工作不能直接下达命令，指示下级人民法院就某一案件应如何处理。法律规定审判监督程序，使最高人民法院和其他上级人民法院有权按照审判监督程序提审或者指令下级人民法院再审，纠正错误判决、裁定，这样有利于原审人民法院或重新审理的其他人民法院从中总结经验教训，改进审判作风和方法，提高办案质量。最高人民检察院和其他上级人民检察院发现人民法院已生效判决、裁定确有错误，按照审判监督程序提出抗诉，行使审判监督权，可保证法律的统一正确实施。

3. 审判监督程序有利于消除人民群众对审判机关的不良看法，维护审判机关的司法公信力；有利于消除社会不安定因素；有利于加强社会治安的综合治理；最终有利于人民生活。

---

① 陈卫东．模范刑事诉讼法典．北京：中国人民大学出版社，2005：32.

第二节　审判监督程序的提起

一、提起审判监督程序的材料来源

提起审判监督程序的材料来源，是指对已发生法律效力的判决、裁定发现有错误而提出有关证据及其资料等的渠道、来路。根据《刑事诉讼法》的规定和司法实践，这些材料来源主要有：

（一）当事人及其法定代理人、近亲属的申诉

《刑事诉讼法》第252条规定："当事人及其法定代理人、近亲属，对已经发生法律效力的判决、裁定，可以向人民法院或者人民检察院提出申诉，但是不能停止判决、裁定的执行。"这一规定表明，当事人等对人民法院的生效裁判认为有错误的，可以向司法机关提出申诉，这既是法律赋予他们的权利，也是提起审判监督程序的主要材料来源，还是使确有错误的裁判得以纠正的重要途径。

（二）各级人民代表大会代表提出的纠正错案的议案

人大代表与人民群众有着密切联系。在视察工作和调查访问过程中，能够了解到群众对人民法院判决、裁定正确与否的意见。在人民代表召开会议期间，可以有针对性地提出议案。因此，这也是提起审判监督程序的重要材料来源。各级人民法院对人大代表提出的议案，应当进行认真审查，并将处理结果报告权力机关。

（三）人民群众的来信来访

人民群众来信来访虽然不同于刑事诉讼法所规定的当事人提出的申诉，但是根据《宪法》第41条第1款，公民对于国家机关及其工作人员，有提出批评、建议的权利；对于违法失职行为，有申诉、控告与检举的权利。因此，来信来访是一种宪法权利的行使。这里说的来信来访，不是泛指人民群众对诉讼和非诉讼问题的一般反映，也不同于群众向党政机关反映情况和提出要求，而是他们对已生效的裁判认为有错误而提出的材料和意见。这些意见和材料，同样是提起审判监督程序的重要材料来源，是人民群众监督司法工作的重要方式。所以最高人民法院《解释》第371条第2款规定，如果案外人认为生效裁判侵害其合法权益，也可以申诉，人民法院应当审查处理。同理，人民检察院对人民群众的来信来访也应当重视，并进行认真审查及处理。

（四）公安司法机关通过办案或者复查案件发现错案

公安司法机关在办案过程中，经常发生"办一案破一片"或"办此案发现彼案"的情况，这既是发现犯罪案件、抓获犯罪人的重要途径，同时也是纠正错案的重要渠道。特别是公安司法机关为了保证办案质量，在定期或不定期主动自查、互查或依上级批示进行总结检查、复查过程中，发现错案也是有的。因此，公安司法机关通过办案、复查案件发现的错案，也是提起

审判监督程序的重要材料来源。

（五）机关、团体、企业、事业单位和新闻媒体等对生效裁判反映的意见

党政领导部门、各级党的纪检组织、国家监察机关等，在社会调查和履行职责中，发现生效裁判可能有错误，向有关司法机关所作的建议复查案件的文件及材料等，都是提起审判监督程序的材料来源。其他团体、单位、媒体等在履行职务中发现有错误的生效裁判，并以法律意见书等形式向司法机关提出意见，当然也是提起再审的重要材料来源。对以上各种材料、意见等，司法机关都应予充分重视，及时查处。

二、申诉及其审查处理

（一）申诉的概念

我国《刑事诉讼法》中所使用的申诉有两种意义：一种是根据《刑事诉讼法》第180、181、282条的规定，犯罪嫌疑人、被害人对于人民检察院不起诉决定不服提出的申诉。另一种是指当事人及其法定代理人、近亲属，对人民法院的生效裁判不服，以书状或口头形式向人民法院或者人民检察院提出该裁判确有错误并要求重新处理的行为。本章所讲的申诉指后一种，即再审申诉。

申诉与上诉不同，上诉是上诉人在刑事诉讼过程中，针对一审法院尚未发生法律效力的判决、裁定，在法定的上诉期限内提起诉讼的活动。它们在行为性质、诉讼程序、法律效力及后果等方面均有严格区别。

（1）对象不同：申诉的对象是生效裁判，上诉的对象是未生效的一审判决与裁定。

（2）主体范围不同：申诉的主体包括所有当事人及其法定代理人、近亲属，也包括案外人。但上诉的主体并没有公诉案件的被害人及其法定代理人、近亲属，也没有案外人。被告人的近亲属一般也只有在被告人同意的前提下才能代为上诉。

（3）受理机关不同：受理申诉的机关包括原审人民法院与上级人民法院，也包括以上各级人民法院所对应的人民检察院；但上诉的受理机关只能是一审人民法院或其上一级人民法院。

（4）程序不同：上诉行为可以直接引起二审程序的启动，但申诉并不能直接启动审判监督程序。只有当有关人民法院、检察院对申诉审查后，认为申诉成立，原裁判确有错误而做出有关决定时，才能启动审判监督程序。

（5）法律效果不同：上诉必然引起第二审程序并阻断一审裁判的生效与执行；申诉并不能阻断或停止生效裁判的执行。即使申诉理由成立，法院按照审判监督程序重新审判时，也可以不中止原裁判的执行。

（6）期限要求不同：我国现行法律对申诉没有规定期限；但对判决、裁定的上诉，规定了明确的期限。

（二）申诉的效力

《刑事诉讼法》第252条明确规定，当事人等提出申诉，但不能停止对原裁判的执行。之所以如此规定，一方面是因为要保持生效裁判的稳定性、严肃性，不能轻易改判；另一方面是因为这些案件情况复杂，而且时过境迁（如刑罚正在执行或已执行完毕），审查原判是否正确，

很不容易，仅凭一纸申诉就判断原判确有错误是不可能的。所以，在正式启动审判监督程序之前，不能停止对生效裁判的执行。

（三）申诉的提出、受理与审查处理

1. 申诉的提出与受理。当事人及其法定代理人、近亲属既可以向人民法院提出申诉，也可以向人民检察院提出申诉。由于受理和审查的方法大体相同，故以下仅叙述向人民法院申诉的程序。

(1) 提出申诉。根据最高人民法院《解释》的规定，申诉人应该向人民法院提供以下材料：1) 申诉状，应当载明当事人的基本情况、联系方式以及申诉的事实与理由；2) 原一、二审判决书、裁定书等法律文书，经过人民法院复查或再审的，应当附有驳回通知书、再审决定书、再审判决书或裁定书；3) 以有新的证据证明原裁判认定的事实确有错误为由申诉的，应当同时附有相关证据材料；申请人民法院调查取证的，应当附有相关线索或材料。申诉不符合前述规定又无故拒绝补充的，人民法院不予审查。

(2) 申诉的受理。人民法院对于申诉，原则上都应当予以接受。人民法院于收到申诉以后，首先应进行是否符合申诉受理条件的审查，然后再进入有无再审理由的实质审查。

2. 申诉的审查。《刑事诉讼法》对于各级人民法院、人民检察院如何审查申诉没有作出明确规定。根据最高人民法院《解释》的规定，受理、审查申诉一般由终审人民法院进行。但是，第二审人民法院裁定准许撤回上诉的案件，申诉人对于第一审判决提出申诉的，可以由第一审人民法院审查处理。如果未经终审人民法院审查处理而直接向上一级法院申诉的，上一级法院可以告知申诉人向终审人民法院提出申诉，也可以直接交终审人民法院审查，对于疑难、复杂、重大案件也可以直接审查处理；对经终审人民法院审查处理后仍坚持申诉的，上一级法院应当受理。对未经终审人民法院及其上一级人民法院审查处理，直接向上级人民法院申诉的，上级人民法院可以告知申诉人向下级人民法院提出。

人民法院受理申诉后，应该在3个月内作出决定，至迟不得超过6个月。

根据《刑事诉讼法》第253条的规定，申诉符合以下理由的，人民法院应当启动审判监督程序重新审判。

(1) 有新的证据证明原判决、裁定认定的事实确有错误，可能影响定罪量刑的。什么是“新的证据”？最高人民法院在总结审判经验的基础上，在《解释》第376条中明确规定具有下列情形之一，可能改变原判决、裁定据以定罪量刑的事实的证据，应当认定为《刑事诉讼法》第253条第1项规定的“新的证据”：第一，原判决、裁定生效后新发现的证据；第二，原判决、裁定生效前已经发现，但未予以收集的证据；第三，原判决、裁定生效前已经收集，但未经质证的证据；第四，原判决、裁定所依据的鉴定意见、勘验、检查等笔录或者其他证据被改变或者否定的。

(2) 据以定罪量刑的证据不确实、不充分，依法应当予以排除，或者证明案件事实的主要证据之间存在矛盾。

(3) 原判决、裁定适用法律确有错误的。

(4) 违反法律规定的诉讼程序，可能影响公正审判的。

(5) 审判人员在审理该案时，有贪污受贿、徇私舞弊、枉法裁判行为的。

人民法院经过审查，对于不符合上述情形的申诉，应当说服申诉人撤回申诉；对仍然坚持申诉的，应当书面通知驳回。申诉人对驳回申诉不服的，可以向上一级人民法院申诉，上一级

人民法院经审查认为申诉不符合以上情形的，应当说服申诉人撤回；对于坚持申诉的，应当驳回或通知不予重新审判。

三、提起审判监督程序的主体

根据《刑事诉讼法》第 252 条和第 254 条的规定，有权申请提起审判监督程序的主体是当事人及其法定代理人、近亲属；而有权提起审判监督程序的主体则是各级人民法院院长及审判委员会、最高人民法院和上级人民法院、最高人民检察院和上级人民检察院。

（一）各级人民法院院长及审判委员会

根据《刑事诉讼法》第 254 条第 1 款以及最高人民法院《解释》的规定，各级人民法院院长对本院已经发生法律效力的判决和裁定，如果发现在认定事实或适用法律上确有错误，应当提交审判委员会讨论决定是否再审。

对此必须明确以下几点。

1. 对本院已经发生法律效力的判决、裁定提起审判监督程序的权力，应由院长和审判委员会共同行使，即院长负责提交审判委员会处理，由审判委员讨论决定是否对案件进行重新审理。院长本人不能自行决定对案件的处理。

2. 审判委员会对院长提交讨论的本院生效判决、裁定，讨论后决定再审的案件，应当另行组成合议庭。

3. 各级人民法院院长及审判委员会提起审判监督程序的对象，只能是本院生效的判决、裁定，不能是上级或其他人民法院生效的判决、裁定。

4. 各级人民法院院长，对依照审判监督程序重新审结的案件，如果发现仍确有错误，可以提交审判委员会处理，也可以送请上一级人民法院依照审判监督程序处理。

（二）最高人民法院和上级人民法院

《刑事诉讼法》第 254 条第 2 款规定：“最高人民法院对各级人民法院已经发生法律效力的判决和裁定，上级人民法院对下级人民法院已经发生法律效力的判决和裁定，如果发现确有错误，有权提审或者指令下级人民法院再审。”这一规定表明，最高人民法院对于各级人民法院已经发生法律效力的判决、裁定，如果发现确有错误，有权提起审判监督程序。其他人民法院则只能对其所属的下级人民法院行使审判监督权，发现下级人民法院已经发生法律效力的判决、裁定确有错误时，有权提起审判监督程序。

最高人民法院、上级人民法院认为下级人民法院已经发生法律效力的判决、裁定确有错误，应调卷审查。由院长或其指定的审判人员负责审查。经审查认为原判决、裁定并无错误，应以上级人民法院名义将审查结果通知下级人民法院；如果认为确有错误，应由院长提交审判委员会讨论决定。审判委员会经过讨论后，根据不同情况分别作出处理。

《刑事诉讼法》和最高人民法院《解释》考虑到案件回到原审人民法院以后，难以确保再审的权威性与公正性，对需要重新审判的案件，要求上级人民法院一般指令原审人民法院以外的下级人民法院再审。但是，如果原审人民法院审理更有利于查明案件事实，纠正错误的，也可以指令原审人民法院审理。如果属于原判决认定事实正确但适用法律错误，或者案件重大、复杂、疑难，或有不宜再由原审人民法院审理的情形的，上级人民法院也可提审该案。这主要考虑到审判监督程序一项重要功能就是保障法律统一适用，上级法院对下级法院在审判工作中适用法律情况有义务实行监督。

提审或指令下级人民法院再审应制作决定书。下级人民法院收到最高人民法院或上级人民法院的提审或指令再审决定书后，必须将案件依法移送或组成合议庭重新审理，无须由审判委员会对此再作讨论。

（三）最高人民检察院和上级人民检察院

《刑事诉讼法》第254条第3款规定："最高人民检察院对各级人民法院已经发生法律效力的判决和裁定，上级人民检察院对下级人民法院已经发生法律效力的判决和裁定，如果发现确有错误，有权按照审判监督程序向同级人民法院提出抗诉。"这一规定表明，最高人民检察院和上级人民检察院是提起审判监督程序的主体。人民检察院是国家的法律监督机关，对人民法院已经发生法律效力的判决、裁定，如果发现确有错误，有权按照审判监督程序提出抗诉，这是人民检察院行使审判监督权的重要方面。

依照法律规定，只有最高人民检察院和上级人民检察院才有权对下级人民法院已经发生法律效力的判决、裁定提出抗诉。抗诉一般由上级人民检察院向它的同级人民法院提出或者指示与作出原判决、裁定的人民法院相应的上一级人民检察院提出抗诉。[①]

地方各级人民检察院发现同级人民法院已经发生法律效力的判决、裁定确有错误时，无权向同级人民法院提出抗诉，也无权直接向上一级人民法院提出抗诉，而只能向上一级人民检察院报告，要求上一级人民检察院向其同级人民法院提出抗诉。当然，在司法实践中，地方各级人民检察院发现同级人民法院已经发生法律效力的判决、裁定确有错误但又不符合审判监督程序理由时，可向同级人民法院提出检察建议，要求重审。这种检察建议不具备抗诉的法律效力，但对人民法院及时发现和纠正错误的判决、裁定，具有积极作用。

对于人民检察院抗诉的案件，接受抗诉的人民法院应当组成合议庭重新审理。对于原判决事实不清楚或证据不足的，可以指令下级人民法院再审。对于人民检察院依照审判监督程序提起抗诉的案件，人民法院不能裁定驳回。

最高人民检察院有权对最高人民法院生效的判决、裁定，依法提出抗诉。最高人民法院对于最高人民检察院提出的抗诉，应当接受，作出相应处理。

四、提起审判监督程序的理由

我国《刑事诉讼法》第254条第1款对提起审判监督程序的理由作了原则性规定，即以"在认定事实上或者在适用法律上确有错误"为理由，至于如何确定"确有错误"，法律未作具

---

① 根据2017年10月颁布的《人民检察院刑事申诉案件异地审查规定（试行）》，为了杜绝检察机关在当地监督纠正工作中遇到的阻力和干扰，最高人民检察院发现省级人民检察院管辖的刑事申诉案件原处理决定、判决、裁定有错误可能，且具有下列五种情形之一的，经检察长或者检察委员会决定，可以指令由其他省级人民检察院进行审查：（1）应当受理不予受理或受理后经督促拖延办理的；（2）办案中遇到较大阻力，可能影响案件公正处理的；（3）因为存在回避等法定事由，当事人认为管辖地省级人民检察院不能依法公正办理的；（4）申诉人长期申诉上访，可能影响案件公正处理的；（5）其他不宜由管辖地省级人民检察院办理的情形。反之，如果省级人民检察院认为所办理的刑事申诉案件需要异地审查的，也可以提请最高人民检察院指令异地审查。申诉人也可以向省级人民检察院或最高人民检察院申请异地审查。

体规定。根据诉讼理论、原则结合司法实际进行分析，“确有错误”主要表现为如下几方面。

（一）认定事实确有错误

在认定事实上确有错误主要是指原判决、裁定认定的主要事实或重大情节不清楚或失实。主要有以下几种情况：（1）原判决、裁定认定的主要事实有明显错误，与实际情况不符。（2）原判决、裁定认定的主要事实或重大情节不清；案内的证据不确实、不充分，主要证据之间存在矛盾，不足以证明主要犯罪事实或重大情节。（3）在证据不确定、不充分的情况下，据以认定的事实明显错误。（4）发现足以证明原判决、裁定认定的事实错误的新证据、新事实，如发现原判决、裁定依据的证据是伪造的，等等。（5）发现原判决、裁定所依据的证据属于应当被排除的。此外，原判决、裁定的主要事实依据被依法变更或者撤销的，也是提起审判监督程序的理由。

（二）适用法律有错误

原判决、裁定适用法律确有错误，主要表现为适用法律不当、定性定罪错误和量刑畸轻畸重。适用法律不当是指错用了法律、法规，错引用了法律条款，或者定罪量刑违反了政策原则、违反了法律关于溯及力的规定等情况。定性定罪错误是指混淆了罪与非罪、此罪与彼罪以及一罪与数罪的界限。量刑畸轻畸重是指原判决的刑罚超出了法定的量刑幅度。有两种情况：一是高于法定的量刑幅度；二是低于法定的量刑幅度。理解量刑畸轻畸重要注意以下几方面。

1. 量刑畸轻畸重不是一般的量刑失当。前者超出了法定的量刑幅度，后者则没有超出法定的量刑幅度，只是在量刑幅度以内偏轻偏重，这不应作为提起审判监督程序的理由。

2. 一审法院量刑过轻，二审法院鉴于只有被告人上诉，依据上诉不加刑原则作出维持一审判决的裁定，根据最高人民法院《解释》第 386 条的规定，人民法院对此一般不能通过提起审判监督程序加重对被告人的刑罚。因为，审判监督程序的对象应当是确有错误的已经发生法律效力的判决、裁定。二审人民法院根据上诉不加刑原则所作的维持原判决的裁定，在法律上应该认为是正确的。

（三）严重违反法律规定的刑事诉讼程序，可能影响判决、裁定公正审判的

适用法律错误，不仅指适用实体法的错误，也包括适用程序法错误。根据《刑事诉讼法》第 238 条规定的违反法律规定的诉讼程序“应当裁定撤销原判，发回原审人民法院重新审判”的精神，在裁判生效后发现违反法定程序的情况，理所当然应按照审判监督程序重新审判，如没有依法组成合议庭或合议庭成员不符合法定条件；非法剥夺了被告人的辩护权；依法应当回避的审判人员参加了审判；申诉人有证据证明审判人员在审理该案件的时候，有贪污受贿、徇私舞弊、枉法裁判行为等。原审严重违反诉讼程序可作为提起审判监督程序的理由，不仅是为了纠正错误的判决、裁定，同时也是严肃执法、加强法制的需要。

五、提起审判监督程序的方式

依照《刑事诉讼法》第 254 条的规定，提起审判监督程序的方式是再审、提审或抗诉。

再审，包括决定再审和指令再审，是指原审人民法院根据本院审判委员会作出的对原审判决、裁定提起审判监督程序的决定，或上级人民法院要求本院对案件进行再审的指令，另行组

成合议庭，对案件进行重新审理。值得注意的是，对于指令再审的案件，《刑事诉讼法》第255条确立了原审以外的下级法院审理为原则，以原审人民法院审理为例外的管辖原则。

提审是指原审人民法院的上级人民法院经过审查，发现原审人民法院已经发生法律效力的判决、裁定确有错误，需要提起审判监督程序的，直接组成合议庭，调取原审案卷和材料，对案件进行审理。提审和再审都是人民法院对判决、裁定已生效的案件进行重新审理的活动。提审和再审之间的区别在于，前者是由原审人民法院的上级人民法院进行的，后者是由原审人民法院或上级人民法院指令的原审以外的人民法院进行的。

审判监督程序中的抗诉是指最高人民检察院对各级人民法院、上级人民检察院对下级人民法院已生效的判决、裁定，发现确有错误，提请同级人民法院重新审理的一种审判监督行为。对于人民检察院抗诉的案件，接受抗诉的人民法院应当组成合议庭重新审理，对于原判决事实不清或证据不足的，亦可以指令下级人民法院再审。

根据我国刑事诉讼法以及司法实践，上级人民法院对需要提起审判监督程序的案件，在决定是由本院提审还是指令原审或原审以外的下级人民法院再审时，往往考虑以下几个方面的因素。

1. 再审案件如果需要对原判决、裁定的事实、证据进行全面审理时，一般以下级人民法院重新审理为宜。但是人民检察院或上级人民法院在启动审判监督程序时，确实存在对原审法院“不信任”的问题，尤其当事人反映比较强烈，社会关注度高的案件，通过原审以外的下级人民法院在没有预断的情况下进行审理，更有利于作出客观公正的判决。所以指定原审人民法院以外的下级法院再审是呼应这种程序正义心理的管辖原则。

2. 如果案件发现了新的证据，并且指令其他法院再审很有可能超过指令再审的法定期限的，指定原审人民法院审理将更加合适。如果原审人民法院是终审人民法院，必要时，还可以再经由原审人民法院发回给原先一审的人民法院重审，以保障当事人的上诉权。原属第一审审结的案件按照第一审程序重新审理；原属第二审审结的案件按照第二审程序审理，所作出的判决、裁定是终审判决、裁定。

3. 重大、疑难、复杂案件可由上级人民法院提审。重大、疑难、复杂案件，有的情况复杂、涉及面广，原审法院重审难以解决问题；有的影响重大，影响范围大大超过原审法院管辖区域，上级人民法院提审较为适宜。

4. 适用法律错误或严重违反诉讼程序的案件以上级人民法院提审为宜。

第三节　依照审判监督程序对案件的重新审判

一、重新审判的方式和程序

（一）重新审判的方式

根据《刑事诉讼法》以及相关司法解释的规定，审判方式有两种：开庭审理和不开庭审理。不开庭审理在学理上可分为书面审理和调查讯问式审理。

1. 开庭审理

开庭审理是指审判人员直接调查核实事实和证据，传唤当事人，通知证人、鉴定人、辩护人、公诉人到庭，经法庭调查和辩论后进行评议和宣判，这与一审程序的审理方式基本相同。从目前情况看，它适用于以下几种再审案件：（1）依照第一审程序审理的；（2）虽然依照第二审程序审理，但需要对事实或者证据进行调查的；（3）人民检察院按照审判监督程序提出抗诉的；（4）可能对原审被告人（原审上诉人）加重刑罚的；（5）有其他应当开庭审理情形的。

2. 书面审理

书面审理是指再审法院不传唤原案当事人，不通知原案证人等诉讼参与人到庭，不进行法庭调查和辩论，只根据原案卷材料及申诉材料和意见，由合议庭直接评议后作出裁判的审理方式。这种方式简便易行，但对案情的认定具有一定的局限性，不能称之为完整的重新审判。

书面审理方式一般适用于：（1）原判决、裁定认定事实清楚，证据确实、充分，但适用法律错误，量刑明显不当的；（2）1979 年《刑事诉讼法》施行以前裁判的；（3）原审被告人（原审上诉人）、原审自诉人已经死亡或者丧失刑事责任能力的；（4）原审被告人（原审上诉人）在交通十分不便的边远地区监狱服刑，提押到庭确有困难的，但人民检察院提出抗诉的，人民法院应征得人民检察院的同意；（5）人民法院按照审判监督程序决定再审，并将开庭时间与地点在开庭前 7 天通知了人民检察院，人民检察院却经两次通知不派员出庭的。

3. 调查讯问式审理

采用这种方式审理案件，首先，应当讯问被裁判人，听取他们提出的申辩意见，同时将讯问被裁判人与调查新事实、收集新证据、审查原判决、裁定、询问有关诉讼参与人等方法有机结合起来。其次，应听取人民检察院对原判决、裁定的看法以及如何纠正错误裁判的意见，必要时，应当通知检察院派员旁听合议庭对案件的评议。再次，在审理过程中，应认真听取辩护人的意见。

（二）重新审判程序

根据《刑事诉讼法》第 256 条的规定，再审案件的程序一般根据原审结案件的审级来确定，原来是第一审案件，按照第一审程序进行审理，所作的判决、裁定，当事人可以上诉，检察院亦可以抗诉；原来是第二审案件或是上级人民法院提审的案件，按照第二审程序进行审理，所作的判决、裁定是终审判决、裁定，不得上诉或抗诉。

对人民检察院提出抗诉的案件，受理抗诉的法院决定提审的，应按第二审程序进行审判，所作的判决、裁定是终审的判决、裁定。

二、再审中强制措施的适用

由于我国的再审程序并不限于有利于被告人的再审，也包括不利于被告人的再审，因而司法实践中，被提起审判监督抗诉的个人在面临重新审判并有可能被加重刑罚之时，不乏逃避抗诉审查和审判的现象。依据最高人民法院的司法解释，人民法院接到人民检察院再审抗诉书后，在最终无法找到原审被告人（原审上诉人）的情况下，应将案卷退回人民检察院。如果人民法院的判决、裁定确有错误却因为原审被告人（原审上诉人）脱逃而不能得到纠正，刑事审判监督制度就会完全落空。因此，《刑事诉讼法》第 257 条规定：“人民法院决定再审的案件，需要对被告人采取强制措施的，由人民法院依法决定；人民检察院提出抗诉的再审案件，需要对被告人采取强制措施的，由人民检察院依法决定。”理解该条文要注意以下几点。

(1) 只有在原审判决、裁定可能存在错误，而原审被告人具有外逃抗拒审查或严重妨碍证据核查情形时才能对其适用强制措施。

(2) 再审不同于侦查，无所谓针对现行犯或重大嫌疑分子适用拘留的情形。发现原审被告人可能具有外逃倾向时，应经法定程序采用其他强制措施，不应由公安机关对原审被告人拘留，再报检察院批捕。

(3) 若原审被告人被采取逮捕羁押的强制措施后，人民检察院或人民法院最终又没有提起审判监督抗诉或案件经再审宣布原审被告人无罪的，作出逮捕决定的机关应按国家赔偿法承担赔偿责任。

三、重新审判后的处理

人民法院依照审判监督程序审理案件，应根据案件的不同情况，分别处理。

1. 原判决、裁定认定事实和适用法律正确，量刑适当的，应当裁定驳回申诉或抗诉，维持原判决、裁定；

2. 原判决、裁定认定事实没有错误，但适用法律有误，或量刑不当，应当撤销原判决、裁定，依法改判；

3. 原判决、裁定定罪准确、量刑适当，但在认定事实、适用法律方面有瑕疵的，应当裁定纠正并维持原判决、裁定；

4. 原判决、裁定事实不清、证据不足的，经过再审查清事实的，应依法作出判决；

5. 原判决、裁定事实不清、证据不足，再审后仍然证据不充分的，应当撤销原判决、裁定，判决宣告被告人无罪。

6. 依照第二审程序审理的案件，原判决、裁定事实不清或者证据不足的，可以在查清事实后改判，也可以裁定撤销原判，发回原审人民法院重新审判。

对于依照审判监督程序重新审判案件后，能否加重被告人的刑罚问题，理论界争论较大。再审可分为有利于被告人的再审和不利于被告人的再审。对于有利于被告人的再审，法律可不对再审提起进行限制；对于不利于被告人的再审，法律应当有严格的条件和程序限制，应当取消法院主动提出的对被告人不利的再审的规定。最高人民法院《解释》中规定：除人民检察院抗诉的以外，再审一般不得加重原审被告人的刑罚。再审改判被宣告无罪并依法享有申请国家赔偿权利的当事人，宣判时合议庭应当告知其该判决发生法律效力后即有申请国家赔偿的权利。

为了提高审判监督程序的工作效率，保障有关当事人的合法权益，防止案件久拖不决，《刑事诉讼法》第 258 条对审判监督程序案件的审理期限作了明确规定：人民法院按照审判监督程序重新审判的案件，应当在作出提审、再审决定之日起 3 个月内审结；需要延长期限的，不得超过 6 个月。接受抗诉的人民法院按照审判监督程序审判抗诉的案件，审理期限适用前述规定；对需要指令下级人民法院再审的，应自立案之日起 1 个月内作出决定，下级人民法院审理案件的期限适用前述规定。

问题与思考

简答题

1. 什么是审判监督程序？
2. 提起审判监督程序应具备什么条件？
3. 简述审判监督程序与二审程序的异同。
4. 审判监督程序与死刑复核程序有何异同？
5. 审判监督程序的抗诉与第二审程序的抗诉有何区别？
6. 依照审判监督程序重新审判案件应注意什么？

课堂讨论案例

佘某因涉嫌“杀妻”被某市中级人民法院一审判处死刑，佘某不服提出上诉。后该案被省高级人民法院二审撤销原判，发回重审后，经市、县两级有关部门多次协调，改由某县人民法院一审判处有期徒刑 15 年，某市中级人民法院于 1998 年 9 月 22 日裁定驳回上诉，维持原判（此为终审裁定）。2005 年 3 月 4 日，佘某的“死妻”复活。某市中级人民法院于 3 月 29 日召开院党组会，启动再审程序，重组合议庭对该案进行审查，紧急撤销原一审判决和终审裁定，发回某县人民法院重新审判。某县人民法院于 4 月 13 日对佘某宣告无罪。

请结合本章内容回答：

此案在诉讼程序上有何错误？为什么？

法律职业资格（司法）考试真题

1.《最高人民法院关于适用〈中华人民共和国刑事诉讼法〉的解释》第 386 条规定，除检察院抗诉的以外，再审一般不得加重原审被告人的刑罚。关于这一规定的理解，下列哪些选项是正确的？（　　）（多选）

A. 体现了刑事诉讼惩罚犯罪和保障人权基本理念的平衡

B. 体现了刑事诉讼具有追求实体真实与维护正当程序两方面的目的

C. 再审不加刑有例外，上诉不加刑也有例外

D. 审判监督程序的纠错功能决定了再审不加刑存在例外情形

2. 在刑事再审中，下列哪些情形应当依法开庭审理？（　　）（多选）

A. 某盗窃案，可能对原审被告人吴某加重刑罚

B. 某杀人案，人民检察院依照审判监督程序提出了抗诉

C. 某强奸案，原审被告人范某已经死亡

D. 某故意伤害案，再审需要依照第一审程序审理

3. 王某因间谍罪被甲省乙市中级法院一审判处死刑，缓期 2 年执行。王某没有上诉，检察院没有抗诉。判决生效后，发现新的证据证明原判决认定的事实确有错误。下列哪些机关有权对本案提起审判监督程序？（　　）（多选）

A. 乙市中级法院

B. 甲省高级法院

C. 甲省检察院

D. 最高检察院

4. 某市中级人民法院判处被告人死缓。被告人没有上诉，检察机关没有抗诉。该案经省高级人民法院核准后，被害人不服，提出申诉。如果提起审判监督程序，下列哪一选项是正确的？（　　）（单选）

A. 由市人民检察院提出抗诉

B. 由省人民检察院提起审判监督程序

C. 由市中级人民法院院长提交本院审判委员会处理

D. 由省高级人民法院院长提交本院审判委员会处理

5. 下列再审案件，哪些可以不开庭审理？（　　）（多选）

A. 李某抢劫案，原判事实清楚、证据确实充分，但适用法律错误，量刑畸重

B. 葛某受贿案，葛某已死亡

C. 张某、卞某为同案原审被告人，张某在交通十分不便的边远地区监狱服刑，提审到庭确有困难，但未经抗诉的检察院同意

D. 陈某强奸案，原生效裁判于 1979 年之前作出

6. 关于审判监督程序，下列哪些选项是正确的？（　　）（多选）

A. 只有当事人及其法定代理人、近亲属才能对已经发生法律效力的裁判提出申诉

B. 原审法院依照审判监督程序重新审判的案件，应当另行组成合议庭

C. 对于依照审判监督程序重新审判后可能改判无罪的案件，可中止原判决、裁定的执行

D. 上级法院指令下级法院再审的，一般应当指令原审法院以外的下级法院审理

第二十二章
执　行

本章概要

执行是指依据国家强制力而将人民法院已经发生法律效力的判决、裁定付诸实施的活动。执行是我国刑事诉讼的最后阶段，是刑事诉讼的重要内容，但执行阶段的活动多数并非诉讼活动。监狱、社区矫正机构及公安机关在执行判决、裁定过程中进行的监督、管理、教育、矫治罪犯的活动属于司法行政活动，不属于刑事诉讼活动范畴。按照执行内容不同可将执行划分为：死刑立即执行判决的执行；死刑缓期二年执行判决的执行、无期徒刑的执行、有期徒刑的执行、拘役的执行；有期徒刑缓刑的执行、拘役缓刑的执行、管制的执行；剥夺政治权利的执行；罚金、没收财产的执行；无罪判决或免除刑罚的执行。在生效判决、裁定交付执行或执行过程中，若出现了新的情况，就可能依法变更执行内容或方法。人民检察院对执行刑罚是否合法实行监督，如果发现执行机关执行刑罚活动有违法情况的，有权通知执行机关纠正。

第一节　执行概述

一、执行的概念、特点和意义

执行是指依据国家强制力，由法定执行机关将人民法院已经发生法律效力的判决、裁定付诸实施的活动。刑事诉讼中的执行程序是指司法机关及其他国家机关将已发生法律效力的判决、裁定所确定的内容付诸实施以及解决实施过程中出现的特定问题应遵循的步骤和采取的方法。执行是我国刑事诉讼的最后阶段，它包括两个方面的内容：(1) 将生效判决、裁定所确定的内容付诸实施而进行的活动；(2) 解决执行过程中的刑罚变更等问题所开展的活动。

刑事执行具有以下四个特征。

1. 合法性。执行是一种刑事司法活动，直接关系到公民人身权利和财产权利的保护以及刑事诉讼目的的实现。因此，执行必须受到严格的限制，这种严格的限制就是执行必须由法定的国家机关依据人民法院已经作出的生效裁判进行。对于尚未发生法律效力的裁判，一律不得交付执行。第一审人民法院作出被告人无罪或者免除被告人刑事处罚的判决后，只要被告人在押，无论是否存在上诉或抗诉，在宣判后就应该立即释放。这不是执行一审判决，而是撤销强制措施。交付执行时，必须做到法律文书齐全；变更执行时，必须按规定报请人民法院裁定，不得随意变更。

2. 及时性。判决、裁定一旦发生法律效力就必须立即执行，任何人不得以任何理由拖延执行的时间，这是刑事诉讼效率原则的要求。无故拖延生效判决、裁定的执行，就会失去法律的严肃性，也可能失去执行的机会，公民的合法权益就会受到不该有的损害。

3. 强制性。执行以国家强制力为后盾，对一切国家机关、社会组织和社会成员都有拘束力，特别是对犯罪人，无论其是否同意，判决都要予以执行。如果抗拒执行人民法院已经发生法律效力的判决、裁定，就会受到法律的制裁。我国《刑法》第 313 条规定：对人民法院的判决、裁定有能力执行而拒不执行，情节严重的，处 3 年以下有期徒刑、拘役或者罚金。

4. 遵守特定原则。在执行中应遵循的原则有：（1）法制原则。罪犯只承受判决中明确的刑罚，不得再承受任何其他刑罚。罪犯在权利受到侵害时有权寻求法律保护，执行机关应给予服刑者陈述意见的机会。（2）人道原则。在刑事执行中，要尊重罪犯的人格，给予其必要的生活用品、适当的劳动报酬和休息日，保护其身心健康，保证服刑者生病、怀孕、哺育或生活不能自理时能够得到治疗、检查和照顾。（3）自食其力原则。在执行中，应强制罪犯劳动，使其养成劳动习惯，学会一定谋生技能，做到自食其力，以减轻社会负担，并减少其再犯罪的可能。（4）重返社会原则。在执行中要启发、培养罪犯的自尊心、责任感，使其能逐步适应社会生活，能重新被自己的亲人、家庭所接受，不致被抛弃而继续危害社会。

执行是刑事诉讼法不可缺少的重要程序，是整个诉讼活动结果的实现，在刑事诉讼中占有重要地位，没有执行，立案、侦查、起诉和审判就变得毫无意义。因此，执行对实现刑事诉讼法的任务，有极其重要的意义。

1. 执行可使犯罪分子受到应有的惩罚和教育，既能保护国家和社会的利益不再受到侵害，又能通过惩罚和教育改造，使犯罪分子改恶从善，重新做人。

2. 执行能够有效地保护公民的合法权益。这主要体现在三个方面：（1）将被判刑的罪犯交付执行，实际上保护了被害人的合法权益；（2）通过对附带民事赔偿判决、裁定的执行，使被害人在经济上得到赔偿，从而保护了他们的合法权益；（3）使无罪或免予刑事处罚的在押人员立即获得释放，有效地保护了公民的权益。

3. 执行有利于加强对群众的法制教育。它可以教育广大公民自觉遵守法律，增强法制观念，提高同违法犯罪行为作斗争的自觉性，积极地预防犯罪，维护良好的社会秩序。

二、执行的主体和客体

（一）执行的主体

执行的主体是对已经生效的判决、裁定依法享有执行权力的国家机关。根据我国《刑事诉讼法》的规定，执行主体包括人民法院、公安机关、监狱、社区矫正机构等。具体来讲，死刑、罚金和没收财产的判决和裁定，以及无罪或免除刑罚的判决，均由人民法院自己执行。对于被判处有期徒刑、无期徒刑和死刑缓期二年执行的罪犯，由公安机关送交监狱执行，其中未成年犯送交未成年管教所执行。对于被判处有期徒刑，但被交付执行以前，剩余刑期在 3 个月以下的，由看守所代为执行。对于被判处拘役的罪犯，由公安机关执行。管制、宣告缓刑、假释或者暂予监外执行的判决与裁定由社区矫正机构执行。人民法院应该按照案件的性质与刑罚的不同，把判决与裁定交付法律所规定的有关部门执行。人民检察院是刑事执行的监督机关。

（二）执行的客体

刑事执行的客体主要是人民法院作出的生效的判决和裁定。我国《刑事诉讼法》第259条规定："判决和裁定在发生法律效力后执行"。根据我国《刑事诉讼法》第259条第2款的规定，发生法律效力的判决和裁定包括：(1) 已过法定期限没有上诉、抗诉的判决和裁定；(2) 终审的判决和裁定，包括中级人民法院第二审的判决和裁定、高级人民法院第二审的判决和裁定、最高人民法院的判决和裁定；(3) 高级人民法院核准的死刑缓期二年执行的判决；(4) 最高人民法院核准的死刑的判决。

除了生效的判决与裁定以外，根据我国《刑事诉讼法》第269条，暂予监外执行的决定也是重要的执行客体。此外，最高人民法院、最高人民检察院、公安部、司法部《关于对判处管制、宣告缓刑的犯罪分子适用禁止令有关问题的规定（试行）》（以下简称"两高两部规定"），对判处管制、宣告缓刑的犯罪分子，人民法院根据犯罪情况，认为从促进犯罪分子教育矫正、有效维护社会秩序的需要出发，可以宣告禁止令，禁止其在管制执行期间、缓刑考验期限内从事特定活动，进入特定区域、场所，接触特定人。禁止令由社区矫正机构执行。可见，随着《刑法》与《刑事诉讼法》近几年的修改，执行的客体已经不仅限于生效判决与裁定，还应包括禁止令。

第二节　各种判决、裁定的执行程序

一、判处死刑立即执行裁判的执行

死刑是剥夺犯罪分子生命的最严厉的一种刑罚，无论是判处还是执行死刑，都必须十分慎重。为了防止错杀，避免造成无法弥补的错误，刑事诉讼法对死刑立即执行判决的执行程序作了特别周密、严谨的规定。

（一）签发执行死刑命令

我国《刑事诉讼法》第261条第1款规定，"最高人民法院判处和核准的死刑立即执行的判决，应当由最高人民法院院长签发执行死刑的命令"。执行死刑命令应按统一的样式填写，然后由院长签名，并加盖法院印章。可见签发执行死刑命令是死刑立即执行判决发生执行效力的附加条件，这是死刑立即执行判决不同于其他判决的一个显著特征。

（二）执行死刑主体

根据《刑事诉讼法》和有关司法解释，执行死刑的主体是第一审人民法院，即中级人民法院、高级人民法院与最高人民法院都有执行死刑的权力。但实践中，中级人民法院执行的情况居多。这是考虑到死刑案件的被告人往往被羁押在第一审法院的所在地或者辖区之内，第一审法院对案情和证据有全面、系统的了解，对执行过程中可能出现的停止执行情形能进行及时、有效的审查。

最高人民法院的执行死刑命令，由高级人民法院交付第一审人民法院执行。第一审人民法院接到执行死刑命令后，应当在7日以内执行。公安机关应当根据人民法院执行死刑的命令，将罪犯交由人民法院执行。

人民检察院是执行死刑的监督机关。被判处死刑的罪犯在被执行死刑时，第一审人民法院，即负责执行的人民法院的同级人民检察院应派员临场监督。

（三）执行死刑的具体程序和要求

1. 提前通知人民检察院。第一审人民法院在执行死刑3日前，应通知同级人民检察院派员临场监督。

2. 选择执行地点、方法。死刑应当采用枪决或注射等方法执行。有条件采用注射方法执行的，应当采取注射方法，但应该在指定的刑场或羁押场所内执行。采用枪决、注射以外的其他方法执行死刑的，应事先层报最高人民法院批准。

3. 验明正身和讯问有无遗言、信札。验明正身就是对准备交付执行死刑的罪犯，查验其是否是该判决确定的被执行的人。验明正身的方法就是讯问、查证准备交付执行死刑的罪犯的姓名、性别、年龄、籍贯、住所、所犯罪行、何时被捕、何时被判决等。验明正身是死刑判决执行的必经程序。遗言是罪犯执行死刑前留下的口头信息。信札是指有关信件。对死刑罪犯的遗言、信札，指挥执行的审判人员都应详细记录和妥善保管。执行前，如果发现可能有错误的，应当暂停执行，立即层报最高人民法院裁定。

4. 验证死亡、上报执行情况。执行死刑完毕，应当由法医验明罪犯确实死亡后，由在场书记员写成笔录，交付执行的人民法院应当将执行死刑情况（包括执行死刑前后照片）及时逐级上报最高人民法院。

5. 办理执行死刑后的有关事宜。执行死刑后，负责执行的人民法院应当办理以下事宜：（1）对死刑罪犯的遗书、遗言，应当及时进行审查，涉及财产继承、债务清偿、家事嘱托等内容的，将遗书、遗言笔录交给家属，同时复制存卷备查；涉及案件线索等问题的，应抄送有关机关。（2）通知罪犯家属限期领取罪犯尸体；有火化条件的，通知领取骨灰。过期不领的，由人民法院通知有关单位处理。对于死刑罪犯的尸体或骨灰的处理情况，应当记录在卷。（3）对外国人执行死刑后，通知该外国人所在国的驻华使领馆的程序和时限，依照有关规定办理。

值得注意的是，执行死刑应当公布，但禁止采取游街、示众或其他有辱罪犯的行为，这是为了避免死刑执行附加羞辱刑的效果。执行死刑前，第一审人民法院应当告知罪犯有权会见其近亲属，罪犯申请会见其近亲属并提供具体联系方式的，人民法院应当通知其近亲属。罪犯近亲属申请会见的，人民法院应当准许并及时安排会见。

二、判处死刑缓期二年执行、无期徒刑、有期徒刑和拘役判决的执行

根据《刑事诉讼法》第264条第2款的规定以及相关司法解释，将被判处死刑缓期二年执行、无期徒刑、有期徒刑、拘役的罪犯交付执行的机关是第一审人民法院。明确交付执行的人民法院，可以防止一、二审法院及核准法院之间在交付执行问题上相互推诿，有利于及时交付执行。

对于被判处死刑缓期二年执行、无期徒刑、有期徒刑和拘役的罪犯，在交付执行刑罚的时

候正在押的，应该由第一审人民法院将有关的法律文书送达公安机关、监狱或其他执行机关。如果裁判生效以前没有在押的罪犯需要收监执行刑罚的，人民法院应该根据生效裁判先将罪犯送交看守所羁押，然后再按照前述在押犯的规定办理执行手续。

根据《刑事诉讼法》第264条第2款、第3款的规定，对于被判处死刑缓期二年执行、无期徒刑、余刑在3个月以上的有期徒刑之成年罪犯，应当送交监狱执行；对于被判处有期徒刑的罪犯，在交付执行刑罚前，剩余刑期在3个月以下的，由看守所代为执行；对于被判处拘役的罪犯，由公安机关在拘役所执行（没有设立拘役所的，可放在看守所内执行）；对于在执行刑罚时没有成年的罪犯，应该在未成年管教所执行。依据特别规定优于一般规定的原则，即便是剩余刑期在3个月以下的未成年犯，也不能由看守所执行。

执行机关在接收罪犯时，有收押审查权。收押审查的内容包括：（1）审查判决书、裁定书是否已发生法律效力；（2）审查法律文书是否齐全、是否有错，即审查应当送交的人民检察院起诉书副本、人民法院的判决书、裁定书、执行通知书、结案登记表是否齐全、正确；（3）审查罪犯是否患有严重疾病需要保外就医，是否怀孕或正在哺乳自己的婴儿，是否属于生活不能自理的情形。根据我国《刑事诉讼法》第265条之规定，对于被判处有期徒刑与拘役的罪犯，具有以上情况的，可以不予收监。对于被判处无期徒刑的罪犯，当有怀孕或正在哺乳自己婴儿的情况时，可以暂不收监，并书面说明理由，退回交付执行的人民法院审查是否暂予监外执行。人民法院经审查认为监狱对罪犯暂不收监不符合《刑事诉讼法》第265条的规定的，应当决定将罪犯交付监狱收监执行，并将收监执行决定书分别送达负责执行的公安机关和监狱。

交付执行的期限。根据《刑事诉讼法》《监狱法》以及相关司法解释的规定，交付执行的人民法院应当在判决书生效后10日内将执行通知书等有关的必备法律文书送达看守所。公安机关对于被判处死刑缓期二年执行、无期徒刑、有期徒刑的罪犯，应该自收到执行通知书等有关法律文书之日起1个月内，将罪犯送监狱或其他执行机关执行；对于被判处拘役的罪犯，公安机关在收到以上有关法律文书之后，则应当立即交付拘役所或看守所执行。

根据《刑事诉讼法》第264条第4款和《监狱法》第20条之规定，罪犯收监以后，刑罚执行机关应该通知罪犯家属。通知书应当自收监之日起5日内发出，告知罪犯姓名、刑期及执行的地址等。

监狱、看守所等执行机关应当将罪犯分管分押，按照惩罚与改造相结合、教育和劳动相结合的原则对罪犯予以改造。执行机关应当依法对罪犯进行法制、思想、文化、职业技术等方面的教育。凡有劳动能力的罪犯都应该参加劳动。罪犯的劳动时间与报酬，按照国家有关规定执行。对于未成年犯，则以教育改造为主，执行机关应该积极配合国家、社会与学校，保障未成年人接受义务教育的必要条件。

刑罚执行机关对于罪犯在服刑期间死亡、脱逃2个月尚未捕回以及捕回的变动情况，应当书面通知交付执行的人民法院以及担负监所检察任务的人民检察院。

有期徒刑与拘役的刑期，从判决执行之日起计算。判决前被先行羁押的，羁押1日折抵刑期1日，被指定居所监视居住的，监视居住2日折抵刑期1日。

被判处有期徒刑、拘役的罪犯，执行期满，由执行机关发给释放证明书。公安机关凭释放证明书，给刑满释放人员办理户籍登记，当地人民政府应妥善处理，帮助其就业。根据2015年8月通过的《刑法修正案（九）》，因利用职业便利实施犯罪，或者实施违背职业要求的特定义务的犯罪被判处刑罚的，人民法院可以根据犯罪情况和预防再犯罪的需要，禁止其自刑罚执行完毕之日或者假释之日起从事相关职业 3～5 年。违反上述从业禁止要求的人员，由公安机关处罚。

三、管制、宣告缓刑（含禁止令）的执行

（一）社区矫正执行方式

依照《刑法》规定，被判处管制、宣告缓刑的罪犯应该实行社区矫正，而不由公安机关执行、考察与监督。[①] 我国《刑事诉讼法》在第 269 条规定："对被判处管制、宣告缓刑、假释或者暂予监外执行的罪犯，依法实行社区矫正，由社区矫正机构负责执行。"这意味着社区矫正作为一项刑罚执行制度被法律正式确立下来。

所谓社区矫正，是指将符合一定条件的罪犯置于社区内，由县级司法行政机关社区矫正机构在社会工作者和志愿者的参与下，在有关部门、基层公民组织、服刑人员所在单位、就读学校、家庭成员或监护人、保护人的协助下，在判决、裁定或决定确定的期限内，矫正其犯罪心理和行为恶习，并促使其顺利回归社会的非监禁刑罚执行活动。

（二）执行主体

根据 2012 年最高人民法院、最高人民检察院、公安部、司法部所颁布的《社区矫正实施办法》以及 2016 年颁布的《关于进一步加强社会矫正工作衔接配合管理的意见》，县级司法行政机关既是对犯罪嫌疑人、被告人或罪犯拟适用以及提请适用社区矫正的调查评估机关，又是社区矫正的执行机关，负责社区矫正的监督管理、教育帮助工作。具体日常矫正工作由其所在街道和乡镇的派出组织司法所承担。

由司法行政机关负责社区矫正执行的意义在于：（1）社区矫正是刑罚执行的一部分，交由司法行政机关负责执行符合侦查权、起诉权、审判权与执行权之间分工负责、互相配合、相互制约的原则；（2）我国的司法行政机关本身就具备律师管理、法律援助、普法宣传、安置帮扶等职能，赋予其社区矫正职能有利于多种资源合理配置，调动各方力量推进社区矫正；（3）司法行政机关管理的监狱是监禁刑的执行机关，由司法行政机关负责社区矫正的执行，有利于服刑人员不间断的、可持续的教育改造，取得较好的矫正效果；（4）由司法行政机关负责社区矫正执行，也符合国际社会的普遍做法。比如，日本社区矫正工作由法务部下的保护局负责；英国的社区矫正工作由司法部下设的全国犯罪人管理局负责。

（三）交付执行的程序

人民法院在宣判管制、宣告缓刑时，应书面告知罪犯到居住地县级司法行政机关报到的时间期限以及逾期报到的后果，并通知罪犯居住地县级司法行政机关。在判决、裁定生效后 3 个工作日内送达判决书、裁定书和执行通知书等法律文书，同时抄送罪犯居住地的县级人民检察院和公安机关。县级司法行政机关收到上述文书以后，应于 3 个工作日内送达回执。

被判处管制、宣告缓刑的社区服刑人员，应该在判决书发生效力之日起 10 日内，到居住

① 根据 2015 年 8 月颁布的《刑法修正案（九）》，数罪中有判处有期徒刑和管制，或者拘役和管制的，有期徒刑、拘役执行完毕后，管制仍须执行。

地的县级司法行政机关报到并办理登记手续。如果人民法院、公安机关或司法行政机关在社区服刑人员衔接接受工作中脱节，或者社区服刑人员逃避监管、或发现社会矫正人员没有按照规定时间报到的，构成漏管，应该由居住地社区矫正机构及时组织查找，并由居住地县级司法行政机关通报有关的人民法院、公安机关、监狱、人民检察院。如果社区服刑人员前来报到时，居住地县级司法行政机关尚未收到法律文书，或法律文书不齐全的，可以先记录在案，并通知人民法院、监狱或看守所在5日内送达或补齐法律文书。

县级司法行政机关应该告知来报到并办理登记手续的罪犯，3日内到指定的司法所接受社区矫正。司法所接收服刑人员以后，应该及时向其宣告判决书、裁判书、执行通知书等法律文书的主要内容；社区矫正期限；矫正人员应该遵守的规定，包括法院所宣告禁止令在内的被禁止的事项以及违反的法律后果；社区矫正人员所享有的权利和被限制行使的权利。司法所应该为矫正人员确定专门的矫正小组。该小组由司法所工作人员担任组长，社会工作者和志愿者、有关部门、罪犯所在单位、学校以及家庭成员等担任组员。社区矫正对象为女性的，应该要配备女性组员。矫正小组根据罪犯的刑罚种类、犯罪情况、悔罪表现、个性特征和生活环境等情况进行综合评估，制定矫正方案，并根据矫正方案的实施效果，适当予以调整。被判处管制、宣告缓刑的罪犯应该定期向司法所报告遵纪守法、接受监督管理、参加教育学习、社区服务和社会活动的情况。

如果社区服刑人员在社区矫正期间，脱离居住地社区矫正机构的监督管理下落不明，或者虽能查找到下落但拒绝接受监督管理的，属于脱管。此时，居住地社区矫正机构应该及时采取联系本人、其家属亲友，走访有关单位和人员等方式组织追查，做好记录，并由县级司法行政机关视情况依法给予警告、提请治安管理处罚、提请撤销缓刑、撤销假释或者对暂予监外执行的提请收监执行。

根据《刑法》第39条的规定，被判处管制的罪犯在社区矫正期间，必须遵守法律、行政法规，服从监督；未经执行机关批准，不得行使言论、出版、集会、结社、游行、示威自由的权利；按照执行机关规定报告自己的活动情况；遵守执行机关关于会客的规定；离开所居住的市、县或者迁居，必须报经执行机关批准。根据《刑法》第38条第2款，人民法院还可以禁止罪犯在社区矫正期间从事特定活动，进入特定区域、场所，接触特定人员。确需进入特定区域或场所的，应当经过县级司法行政机关批准，并告知人民检察院。违反禁止令要求的，由司法所所在地公安机关《依照治安管理处罚法》处罚。

被判处管制的社区矫正期限，自判决执行之日起计算。判决执行之日指县级司法行政机关办理社区矫正登记之日。判决执行前先行羁押的，羁押1日折抵刑期2日，先行指定居所监视居住的，监视居住1日折抵刑期1日。

管制期满，司法所应组织解除社区矫正宣告，宣布执行期满，解除管制。宣告由司法所工作人员主持，按照规定程序公开进行。

被宣告缓刑的罪犯，在缓刑考验期内必须遵守的义务，除了没有行使言论、出版的法定限制外，其他内容与被管制罪犯基本一致。

缓刑考验期间内，如果没有再犯新罪或漏罪，没有判决等应当撤销缓刑的情形，缓刑考验期满，由司法所工作人员主持，公开宣告考验期满，原判刑罚不再执行。被宣告缓刑的罪犯有下列情形之一的，应撤销缓刑：（1）在缓刑考验期限内犯有新罪的；（2）发现判决宣告以前还有其他罪没有判决的；(3) 违反禁止令，情节严重的[1]；(4) 无正当理由不按规定时间报到或接受社区矫正期间脱离监管超过1个月的；(5) 违反监督管理规定受到治安管理处罚，仍不改正的；(6) 受到社区矫正机构3次警告而不改正的；(7) 其他违反规定，情节严重的情形。有第 (1)、(2) 种情形的，审判新罪或漏罪的人民法院应在判决时，对原判决宣告的缓刑予以撤销，并把前罪和后罪所判处的刑罚，在总和刑期以下决定执行刑期。[2] 有第 (3)、(4)、(5)、(6)、(7) 种情形的，由执行机构建议原作出缓刑、假释判决、裁定的人民法院裁定撤销缓刑、假释，执行原判刑罚。

缓刑考验期从判决确定之日起计算。判决确定前先行羁押或指定居所监视居住的，都不能折抵缓刑考验期。如果又犯新罪或发现未被判处的漏罪，则撤销缓刑，判处实刑，这种情况下已执行的缓刑考验期也不能折抵刑期，但是判决执行前先行羁押或指定居所监视居住的日期，应予折抵刑期。

四、剥夺政治权利的执行

根据《刑事诉讼法》第270条，对被单独判处剥夺政治权利的罪犯，由罪犯居住地的县级公安机关执行。人民法院应该在判决、裁定生效10日内，将判决书、裁定书和执行通知书等法律文书送达罪犯居住地公安机关，并抄送罪犯居住地人民法院。

罪犯居住地公安机关派出所在执行时，应按照人民法院的判决，向罪犯所在单位或居住地群众宣布犯罪事实、剥夺政治权利的期限和应当遵守的规定。要求罪犯服从监督，不得行使被剥夺的选举权和被选举权及言论、出版、集会、结社等项权利。如果附加剥夺政治权利的效力适用于主刑执行期间，剥夺政治权利由主刑执行机关执行。执行机关对于罪犯未被剥夺的权利，不能妨碍其行使。

剥夺政治权利执行期满，由公安机关书面通知本人及其所在单位、居住地基层组织。

五、判处财产刑的执行

（一）执行主体

财产刑包括罚金和没收财产。财产刑可以单独适用也可以附加适用，不得以其他刑罚代替。根据《刑事诉讼法》第271、272条以及相关司法解释的规定，财产刑和其他涉财产裁判的执行，都由第一审人民法院负责。被执行人或者被执行财产在外地的，第一审人民法院可以委托财产所在地的同级人民法院执行。

（二）执行时间

第一审人民法院应当在本院作出的刑事判决、裁定生效后，或者在收到上级人民法院生效

---

① 根据最高人民法院、最高人民检察院、公安部、司法部《关于对判处管制、宣告缓刑的犯罪分子适用禁止令有关问题的规定（试行）》，具备下列情形构成所谓“情节严重”：(1) 3次以上违反禁止令；(2) 违反禁止令被治安管理处罚以后，再次违反禁止令；(3) 违反禁止令，发生较为严重危害后果的；(4) 其他情节严重的情形。

② 即便原来是上级人民法院判决宣告缓刑的，审判新罪的下级人民法院也可以撤销原判宣告的缓刑。

的刑事判决、裁定后，对有关财产刑执行的法律文书立案执行。罚金刑的执行时限为判决生效后第二日起，最长不超过6个月，有特殊情况需要延长的，需要经过本院院长批准。期满未履行完毕的部分，法院在期满后可以随时予以追缴。没收财产的执行为立即执行。附带民事裁判的执行准用《民事诉讼法》的规定。

（三）执行标的

执行标的为被判处财产刑的被执行人的合法所有的财产，其中包括扣押、冻结机关拟返还给罪犯的财物。但以下财产要予以特别对待。

1. 执行没收财产刑或罚金刑，必须保留被执行人及其所扶养的家属的生活必需费用。

2. 判决前所负担的他人正当债务，应当偿还的，经债权人请求，应该先行偿还。

3. 犯罪人因同一事实而被处以行政罚款的，可以折抵罚金。

4. 被判处罚金或者没收财产，同时又承担刑事附带民事赔偿责任的被执行人，其财产不足以支付的，应该按照下列顺序执行：（1）人身损害赔偿中的医疗费用；（2）退赔被害人的损失；（3）其他民事债务；（4）罚金；（5）没收财产。债权人对执行标的依法享有优先受偿权，其主张优先受偿的，人民法院应该在确保第（1）项的医疗费用受偿以后，予以支持。

（四）执行方式

裁判生效以后，人民法院在执行过程中，对于侦查机关已经查封、扣押、冻结的财产，可以以裁定的方式直接处置，无须侦查机关再出具解除手续，但裁定中应该指明侦查机关已经作出查封、扣押、冻结的事实。

被判处罚金的罪犯或单位，应该在判决规定的期限内，依照判决书所确定的数额一次性或分期缴纳。被执行人在判决、裁定确定的期限内无故未足额缴纳的，人民法院应当在期满后强制缴纳。被判处罚金的是自然人的，可以通知其所在单位扣发工资或者冻结、划拨其银行存款，以查封、扣押、拍卖其财产的方法强制执行。对于被判处罚金的单位，可以通知银行从其账户上直接划拨。

（五）执行中止

具有下列情形之一的，人民法院应当裁定中止执行。中止执行的原因消除后，再恢复执行：（1）执行标的物系人民法院或者仲裁机构正在审理的案件的争议标的物，需等待该案件审理完毕确定权属的；（2）案外人对被执行财产向执行法院提出权属异议，人民法院认为异议确有理由的；（3）其他应该中止执行的情形。

（六）执行终结

具有下列情形之一的，人民法院应当裁定终结执行：（1）据以执行的刑事判决、裁定被撤销的；（2）被执行人死亡或者被执行死刑，且无财产可供执行的；（3）被判处罚金的单位终止，且无财产可供执行的；（4）因遭遇不可抗拒的灾祸而被免除罚金的；（5）其他应当终结执行的情形。

（七）执行减免

罪犯不能全部缴纳罚金的，人民法院在任何时候发现其有可以执行的财产，都可随时追缴。但如果由于不能抗拒的灾祸导致缴纳确有困难的，罪犯可以向人民法院申请减少或免除。人民法院在查证属实后，可以根据其困难的大小，裁定减少或免除原判决的罚金。

六、无罪判决和免除刑罚的执行

根据刑事诉讼法的规定，人民法院判决（无论是第一审还是第二审判决）被告人无罪或免除刑罚的，如果被告人在押，在宣判后应当立即释放。由人民法院将无罪或免除刑事处罚的判决书连同执行通知书送交公安机关，公安机关接到上述法律文书后应该立即办理释放手续。即使自诉人上诉或人民检察院抗诉，也应将被告人立即释放。如果第二审人民法院判处被告刑罚，则在判决宣布后再予执行。

应当注意，在无罪或免除刑罚判决未生效之前，释放被押被告人，不属于执行范畴，而属于撤销强制措施范畴。

人民法院还应该协同有关单位做好善后工作，及时恢复无罪公民的自由、名誉。如果该无罪公民依国家赔偿法提出赔偿，人民法院应及时予以处理。对于被免除处罚的被告人，人民法院可根据案件的不同情况，予以训诫或责令具结悔过、赔礼道歉、赔偿损失或建议主管部门予以行政处分。

第三节　执行的变更与其他处理

一、死刑执行和死刑缓期二年执行的变更

（一）死刑执行的停止与暂停

死刑执行的停止，是指下级人民法院在接到最高人民法院执行死刑命令后，在执行以前，发现可能有错误或其他依法不能执行死刑的情形时，应当中断死刑之执行，并立即报告最高人民法院，由其作出裁定的制度。

1. 停止执行死刑的原因

《刑事诉讼法》第 262 条规定了停止执行死刑的几种情形：（1）执行前发现判决可能有错误的。根据最高人民法院《解释》第 418 条规定，“执行前发现判决有错误的”，包括罪犯可能有其他犯罪的；共同犯罪的其他犯罪嫌疑人归案，可能影响罪犯量刑的；共同犯罪的其他罪犯被暂停或者停止执行死刑，可能影响罪犯量刑的；罪犯揭发重大犯罪事实或者有其他重大立功表现，可能需要改判的；罪犯怀孕的；判决、裁定可能有影响定罪量刑的其他错误等六种情形。（2）在执行前罪犯揭发重大犯罪事实或者有其他重大立功表现，可能需要改判的。（3）罪犯正在怀孕的。

由于死刑核准权由最高人民法院行使，执行死刑命令由最高人民法院院长签发，所以决定不执行死刑的权力自然应该属于最高人民法院。根据最高人民法院《解释》第 418 条第 1 款的规定，如果第一审人民法院发现有法定情形，依法不能执行死刑时，只能停止执行死刑，并立即将停止执行死刑报告以及相关材料层报最高人民法院审批，以决定是否执行死刑。

在最高人民法院复核期间以及执行死刑命令签发后、执行前，死刑罪犯的家属或者辩护人等如果发现死刑罪犯存在需要停止执行死刑情形的，实践中经常会直接向最高人民法院提出请求。最高人民法院《解释》第418条第2款明确规定，如果最高人民法院发现有停止执行死刑情形出现的，应当立即裁定停止执行，并将有关材料移交下级人民法院。下级人民法院会同有关部门调查核实后，应当及时将调查结果和意见层报最高人民法院审核。

停止执行后需要报送的相关材料，是指全部案卷材料还是只包括相关的部分材料，应视具体情况而定。对于因出现相对容易查实的情形而报请停止执行死刑的案件，比如罪犯属于在犯罪的时候不满18周岁的人、属于在审判的时候怀孕的妇女以及罪犯揭发重大犯罪事实或者有其他重大立功表现的，无须报送全部案件材料，只报送与停止执行死刑相关的材料即可。而对于那些因原判认定的事实和证据可能存在错误而报请停止执行死刑的案件，则需要对案件进行全面审查，因此第一审人民法院必须将全部案卷材料逐级报送最高人民法院。

2. 停止执行。最高人民法院接到下级人民法院的停止执行报告以及相关材料后，原则上由最高人民法院作出核准死刑裁判的原合议庭负责审查。这并不会与审判中的回避规定[①]相互冲突，因为停止执行不是审判程序，导致死刑停止执行的很多情形，比如发现漏罪、漏犯，罪犯正在怀孕或罪犯在判决后有重大立功表现等，并不涉及原判决的事实认定与法律适用，由原合议庭审查通常不会影响公正处理，而且还有利于节省司法资源。当然，如果停止执行的原因涉及事实与法律上的错误，由原合议庭审理会影响司法公正的或者存在人事更迭的，应该依法另组合议庭负责审查。

根据六部门《规定》，停止执行死刑或继续执行死刑的法律文书由最高人民法院以裁定形式作出，体现了死刑执行的慎重与严肃。下级人民法院接到停止执行死刑裁定后，应当会同有关部门调查核实，并及时将调查结果和意见层报最高人民法院审核。最高人民法院经过审核以后，依照下列情况分别处理：(1) 罪犯正在怀孕的，依法予以改判；(2) 确认罪犯还有依法应当追诉的其他犯罪的，应当裁定不予核准死刑，撤销原判，发回重审。(3) 原裁判有错误，或者罪犯有重大立功表现需要依法改判的，裁定不予核准死刑，撤销原判，发回重新审判；(4) 确认原裁判没有错误，或者罪犯没有重大立功表现，或者重大立功表现不影响原裁判执行的，应当裁定继续执行原核准死刑的裁判，并由最高人民法院院长重新签发执行死刑的命令。

死刑执行的暂停，是指执行死刑的人民法院在执行现场，发现可能有错误时，暂时停止死刑执行并报最高人民法院裁定的制度。这里说的“发现可能有错误”，包括死刑判决、裁定可能有错误；死刑执行对象可能有错误；继续执行死刑可能有错误等三种情况。

死刑执行暂停后的程序，同死刑执行停止后的程序一样，这里不再赘述。

(二) 死刑缓期二年执行的变更

根据《刑法》第50条、《刑法修正案（九）》第4条和《刑事诉讼法》第261条以及相关司法解释的规定，被判处死刑缓期二年执行的罪犯，根据他在死刑缓期执行期间的表现，死缓判决可作三种变更。

1. 死缓减为无期徒刑或有期徒刑

死缓犯在缓刑执行期间，如果没有故意犯罪，2年期满以后，减为无期徒刑。死缓犯在死

---

① 2000年1月31日公布的最高人民法院《关于审判人员严格执行回避制度的若干规定》第3条规定：“凡在一个审判程序中参与过本案审判工作的审判人员，不得再参与该案其他程序的审判。”

刑缓期执行期间，如果确有重大立功表现，2 年期满以后，减为 25 年有期徒刑。

减为 25 年有期徒刑要求具备的条件，是有重大立功表现。重大立功表现一般是指：揭发检举监内外犯罪分子的重大破坏活动，经查证属实；制止其他罪犯逃跑、行凶、破坏等犯罪活动；在生产中有发明创造、重大技术革新或发现，对国家建设或生产作出突出贡献；消灭灾害或重大事故，使国家免受严重损失；在日常生产、生活中舍己救人等等。值得注意的是，只有一般立功表现没有重大立功表现的，不具备刑法规定的条件，不能减为有期徒刑。

根据《刑事诉讼法》《监狱法》等有关规定，死缓犯减刑的管辖法院，是服刑地的高级人民法院。审理死缓犯减刑案件的程序是：在缓刑 2 年期满时，死缓犯所在的监狱提出书面减刑建议，报省、自治区、直辖市监狱管理机关审核后，报请高级人民法院裁定。高级人民法院组成合议庭，对申报材料进行审查后，认为应当减刑的，裁定减刑，并将减刑裁定书副本同时抄送原判人民法院及人民检察院。死刑缓期执行期满减为有期徒刑的，刑期自死刑缓期执行期满之日的第二日起计算。

2. 对死缓犯执行死刑

被判处死刑缓期执行的犯罪人，如果在死刑缓期执行期间故意犯罪，情节恶劣的，报请最高人民法院核准执行死刑。2015 年制定的《刑法修正案（九）》，在缓刑考验期内故意犯罪的基础之上，增加了情节恶劣的要件，体现了死刑的审慎精神，抬高了死刑执行的门槛。

对死缓犯执行死刑的程序是：对死刑缓期执行期间实施的犯罪，由人民检察院提起公诉，服刑地中级人民法院依法审判，所作的判决可以上诉、抗诉。认定构成故意犯罪的判决、裁定发生法律效力后，具备“情节恶劣”的条件时，报请最高人民法院核准死刑。核准后，交罪犯服刑地的中级人民法院执行。

3. 需要注意的几个问题

死刑缓刑期间重新计算。死刑缓期执行期间故意犯罪，又没有被执行死刑的，则死刑缓期执行期间重新计算，并报最高人民法院备案。

死刑缓期二年执行期满后，在尚未裁定减刑之前，罪犯又犯罪的，不能视为在死刑缓期执行期间犯罪。对这种罪犯，应先依照《刑法》《刑事诉讼法》及《监狱法》的规定予以减刑，然后对其所犯新罪另行起诉、审判，作出判决，再按照数罪并罚的规定，决定应执行的刑罚。对新罪判处死刑的，才能执行死刑。

对于死缓犯在缓期二年执行期间故意犯罪，只要经查证确属情节恶劣的，可及时对其执行死刑，不必也不应等到死刑缓期执行期满。

二、暂予监外执行

暂予监外执行是指对被判处有期徒刑、拘役或无期徒刑的罪犯，在某些法定情形出现时，暂时不采取在监狱或看守所执行原判刑罚的一种变通执行方法。暂予监外执行的条件消失后，罪犯仍会被收监执行，它只是对执行监禁刑的暂时变更。

（一）暂予监外执行的对象与条件

根据《刑事诉讼法》第 265 条的规定，暂予监外执行的适用对象，是被判处或者被减为有期徒刑、拘役和无期徒刑的罪犯。其中，被判处无期徒刑的罪犯适用暂予监外执行的条件与被判处有期徒刑、拘役的罪犯不同。

被判处有期徒刑、拘役或者已经被减为有期徒刑的罪犯，有下列情形之一的，可以暂予监外执行。

(1) 罪犯有严重疾病需要保外就医或者属于生活不能自理的，适用暂予监外执行不至于发生社会危险性。被判处十年以上有期徒刑且符合本条件的罪犯，应该执行原判刑期 1/3 以上才可以适用暂予监外执行。如果原先被判处死刑缓期二年执行或无期徒刑的罪犯，之后被减为有期徒刑的，也可以基于保外就医或生活不能自理而被暂予监外执行，但是其中累犯以及故意杀人、强奸、抢劫、绑架、放火、爆炸、投放危险物质或有组织的暴力性犯罪的罪犯，应该在减为有期徒刑后又执行有期徒刑 7 年以上，方可以暂予监外执行。未成年罪犯、65 岁以上的罪犯、残疾人罪犯，适用以上执行期限限制可以适度从宽。

(2) 怀孕或正在哺乳自己的婴儿的妇女。怀孕或正在哺乳自己的婴儿的妇女如被监禁，对胎儿或婴儿的生长发育极为不利，会给社会造成负面影响。因此，对怀孕或哺乳自己的婴儿的女罪犯可以暂予监外执行。

被判处无期徒刑的罪犯，只有在怀孕或正在哺乳自己的婴儿的情形下，才可以暂予监外执行。

对于罪犯的病情诊断或妊娠检查，应该委托由省级人民政府指定的医院进行。对于罪犯生活不能自理的鉴别，由监狱、看守所组织有医疗专业人员参加的鉴别小组进行。

（二）暂予监外执行的决定机关

有权决定或批准暂予监外执行的机关，是人民法院、监狱管理部门或公安机关。交付执行前，罪犯具备暂予监外执行条件的，由交付执行的人民法院直接决定，并制作暂予监外执行决定书。在执行过程中，对具备暂予监外执行条件的罪犯，应当由监狱或看守所进行审议，审议决定暂予提请监外执行的，应该在监狱或看守所进行公示，公示无异议的或审查异议不成立的，提请省级以上监狱管理机关或设区的市级以上公安机关批准。

（三）暂予监外执行的社区矫正执行方式

根据《刑事诉讼法》第 269 条之规定，被决定暂予监外执行的罪犯，依法实行社区矫正。决定或批准暂予监外执行的机关，应当制作暂予监外执行决定书或批准书，载明罪犯基本情况、判决确定的罪名和刑罚、决定暂予监外执行的原因、依据等内容。

对于暂予监外执行的罪犯，由居住地县级司法行政机关负责监督管理和教育帮助。被暂予监外执行的人员必须遵守法律、行政法规，服从监督；未经县级司法行政机关批准，不得离开所居住的市、县或者变更居住的县（市、区、旗）；定期向司法所报告自己的遵纪守法、接受监督管理、参加教育学习、社区服务和社会活动情况。罪犯在暂予监外执行期间死亡的，县级司法行政机关应自发现之日起 5 日内书面通知决定、批准机关，并通报居住地县级人民检察院。暂予监外执行期间刑期届满的，由监狱或看守所依法为其办理刑满释放手续。

（四）暂予监外执行的收监

社区矫正期间，如果严重违反社区矫正管理规定，或者不符合监外执行条件或者暂予监外执行情形消失的，县级司法行政机关应该向决定、批准暂予监外执行的机关提出收监执行建议书并附上相关证明材料，由后者收到材料之后 15 日内依法作出决定。

为了避免错误收监，体现权力制约，对于由人民法院决定暂予监外执行的罪犯，必须经人民法院决定后才可以收监，并将收监的法律文书由人民法院送达公安机关、监狱以及居住地县级司法行政机关。决定收监执行时，剩余刑期3个月以下的，交由看守所收监执行；剩余刑期3个月以上的，则由居住地公安机关交由监狱收监执行。监狱管理机关决定对罪犯收监执行的，由原服刑地或接受其档案的监狱，到羁押地将罪犯收监执行。公安机关决定收监执行的，则由居住地看守所收监执行。被决定收监执行的罪犯在逃的，县级司法行政机关应该通知居住地公安机关予以追捕。

不符合暂予监外执行条件且通过贿赂等非法方法被暂予监外执行的罪犯，监外执行的期间不计入刑期。罪犯在监外执行期间脱逃的，脱逃的期间不计入执行刑期。

三、减刑和假释

减刑和假释是我国刑罚执行中的重要制度，充分体现了惩罚与教育改造相结合和“给出路”的刑事政策。正确适用减刑和假释，对于鼓励犯罪分子积极改造、悔过自新以及稳定监所秩序、实现刑罚目的都有重要意义。

（一）减刑

减刑是指被判处管制、拘役、有期徒刑和无期徒刑的罪犯在执行期内确有悔改或立功表现的，可以依法减轻其原判刑罚的一种制度。减刑既可以是减少原判刑期，也可以是将原判较重的刑种改为较轻的刑种。但是，减刑以后实际执行的刑期，判处管制、拘役及有期徒刑的，不得少于原判刑期的1/2；判处无期徒刑的，不能少于10年。无期徒刑减为有期徒刑后的刑期，从裁定减刑之日起计算，已执行的刑期，不计入减刑后的刑期之内；而其他刑罚的刑期，原判刑期已执行部分，则应计入减刑后的刑期。死缓减为无期徒刑或有期徒刑，也是一种广义上的减刑，但它是一种特殊形式的减刑，与其他刑罚的减刑，在适用对象、条件及适用时间的限制等方面均有不同。

《刑事诉讼法》第273条第2款规定，“被判处管制、拘役、有期徒刑或者无期徒刑的罪犯，在执行期间确有悔改或者立功表现，应当依法予以减刑、假释的时候，由执行机关提出建议书，报请人民法院审核裁定”。这一规定，不仅明确了适用减刑、假释的条件，也明确了减刑的程序。

根据最高人民法院《解释》第449条以及相关司法解释的规定，由于原判刑罚的不同，减刑案件的管辖法院也不同。

（1）对被判处无期徒刑罪犯的减刑，由监狱或未成年犯管教所提出书面意见，经省、自治区、直辖市司法厅（局）监狱管理部门审核同意后，报服刑地的高级人民法院裁定。高级人民法院自接到减刑建议书之日起1个月内依法裁定，案情复杂或情况特殊的，可以延长1个月。

（2）对原判为有期徒刑的罪犯的减刑，由监狱或未成年犯管教所提出书面意见，报请服刑地中级人民法院裁定；中级人民法院自接到减刑建议书之日起1个月内依法裁定；案情复杂或情况特殊的，可以延长1个月。

（3）对原判拘役、管制的减刑，分别由拘役所和县级司法行政机关提出减刑建议书并附相关证明材料，分别再经市一级公安机关和地市级司法行政机关审核同意后，报请服刑地和社区矫正居住地中级人民法院裁定。人民法院自收到之日起1个月内依法裁定，案情复杂或情况特殊的，可以延长1个月。

（二）假释

假释是指对被判处有期徒刑和无期徒刑的罪犯在执行一定刑罚以后，其确有悔改表现且不致再危害社会的，将其附条件地予以提前释放的制度。

1. 假释的对象。根据《刑法》第 81 条的规定，假释的对象只能是被判处有期徒刑和无期徒刑的罪犯，不包括被判处拘役的罪犯。因为拘役的期限较短，不需要适用假释。但是，对累犯以及因故意杀人、爆炸、抢劫、强奸、绑架、放火、投放危险物质或者有组织的暴力性犯罪被判处 10 年以上有期徒刑、无期徒刑的犯罪分子，不得假释。因为这些罪犯犯罪性质严重，人身危险性大，放在社会上不易防止他们再危害社会，所以对他们不能假释。

2. 假释案件的管辖。对假释案件的管辖与减刑案件基本相同，即对被判处无期徒刑罪犯的假释，由罪犯服刑地的高级人民法院根据省、自治区、直辖市监狱管理机关审核同意的监狱假释建议书裁定；对被判处有期徒刑（包括死缓、无期徒刑减为有期徒刑）的罪犯的假释，由罪犯服刑地中级人民法院根据执行机关提出的假释建议书裁定。

（三）对减刑、假释的审理及其期限

人民法院受理减刑、假释案件，应当审查下列内容：（1）减刑、假释建议书；（2）终审法院的裁判文书、执行通知书、历次减刑裁定书的复印件；（3）罪犯确有悔改或者立功、重大立功表现的具体事实的书面证明材料；（4）罪犯评审鉴定表、奖惩审批表等；（5）其他根据案件审理需要应予移送的材料。由于准予假释的罪犯依法必须实施社区矫正，因此报请假释，应当附有社区矫正机构或基层组织关于罪犯假释后对居住社区影响的调查评估报告。人民检察院对于报请减刑、假释案件提出检察意见的，执行机关应当一并移送。经审查，上述材料齐备的，应当立案；材料不齐备的，应当通知执行机关 3 日内补送，逾期未补的，不予立案。人民法院应该在立案后 5 日内向社会公示执行机关报请减刑、假释的建议书等材料。

人民法院审理减刑、假释案件，应当依法组成合议庭进行。合议庭由审判员或审判员与陪审员共同组成。可以采取开庭审理或书面审理方式。但下列案件必须公开审理：（1）因为罪犯有重大立功表现报请减刑的；（2）报请减刑的起始时间、间隔时间或减刑幅度不符合司法解释一般规定的；（3）公示期间收到不同意见的；（4）人民检察院有异议的；（5）报请减刑、假释罪犯系职务犯罪罪犯，组织（领导、参加、包庇、纵容）黑社会性质组织犯罪罪犯，破坏金融管理秩序和金融诈骗罪犯以及其他在社会上有重大影响或社会关注度高的；（6）人民法院认为其他应该开庭审理的。开庭审理的案件应该在罪犯刑罚执行场所或人民法院确定的场所进行，审理的人民法院应该通知人民检察院、执行机关以及被报请减刑、假释的罪犯参加庭审。根据需要，法院也可以通知相关证人、鉴定人、异议人、翻译人员等到庭参加。

经法庭审理，如果被报请的罪犯不符合法定的减刑、假释条件的，应当作出不予减刑、假释裁定。如果具备法定条件的，依法作出准予减刑、假释的裁定。如果被报请减刑罪犯虽然符合法律所规定的减刑条件，但执行机关报请的减刑幅度不当，人民法院可以对减刑幅度进行相应调整后作出予以减刑的裁定。在作出减刑、假释裁定前，执行机关书面申请撤回减刑、假释建议的，是否准许，由人民法院裁定。

作出减刑、假释裁定后，人民法院应该 7 天内将裁定书送达执行机关、同级人民检察院和罪犯本人。作出假释裁定的，还应当送达县级司法行政机关以便执行社区矫正。当事人对减刑、假释裁定不准上诉，一经宣告，立即生效。对于被宣告假释的罪犯，执行机关应当立即释放，并发给假释证明，书面告知其到居住地县级司法行政机关报到。

（四）对假释裁定的执行及处理

根据《刑法》第 85 条和《刑事诉讼法》第 269 条的规定，对被假释的罪犯，在假释考验期内，依法实行社区矫正。社区矫正的程序、执行机构与前述管制、暂予监外执行基本相同，在此不赘述。

对于被宣告假释的犯罪分子，在考验期内，依照《刑法》规定，没有犯新罪和发现有遗漏罪行的，考验期满，则认为原判刑罚执行完毕，并公开宣告，无须办理释放手续。同时应该由司法所组织社区矫正解除宣告。如果罪犯在假释考验期内犯新罪的，应当撤销假释，实行数罪并罚，对决定执行的刑罚收监执行。如果罪犯在假释考验期内，有违反法律、行政法规或者国务院公安部门有关假释的监督管理规定的行为，尚未构成犯罪的，应当依法定程序撤销假释，收监执行未执行完毕的刑罚。

四、对新罪、漏罪的追究程序

新罪是指罪犯在服刑期间实施的触犯刑律并应当追究刑事责任的行为。漏罪是指罪犯在服刑过程中被发现的在判决宣告以前实施的尚未被追究的罪行。对于罪犯在服刑过程中，无论是又犯新罪，还是发现有漏罪，都应当依法予以追究。

根据有关规定，对服刑罪犯又犯新罪或者发现漏罪的，应当分别不同的情况，予以追究。

1. 对于在监狱、未成年犯管教所服刑的罪犯，发现犯新罪或漏罪的，由执行机关进行侦查，侦查终结后，移送人民检察院审查决定，向有管辖权的人民法院提起公诉。

2. 对于在看守所、拘役所服刑的罪犯，发现有漏罪或又犯新罪的，由负责执行的公安机关立案侦查，侦查终结后移送当地人民检察院，根据管辖的有关规定，向人民法院提起公诉。

3. 对于被宣告缓刑、假释、暂予监外执行的罪犯，以及被判处管制的罪犯，发现有漏罪或又犯新罪的，由犯罪地公安机关立案侦查。侦查机关应该在对罪犯采取强制措施之后 24 小时内，通知罪犯居住地社区矫正机构。

4. 对服刑罪犯脱逃后又犯罪的，如果其新罪是监狱在捕获罪犯后发现的，由监狱侦查终结后移送人民检察院起诉；如果其新罪是公安机关在捕获罪犯后发现的，由公安机关侦查终结后移送人民检察院起诉。

人民法院对人民检察院提起公诉的新罪、漏罪审理后作出的生效判决，判决书除送达罪犯外，还应将副本送达原审人民法院、人民检察院和执行机关。

五、发现错判和对申诉的处理

《刑事诉讼法》第 275 条规定："监狱和其他执行机关在刑罚执行中，如果认为判决有错误或者罪犯提出申诉，应当转请人民检察院或者原判人民法院处理。"依照该规定，执行机关如认为原判决或裁定确有错误的，应提出具体意见并附调查材料，报送主管司法行政机关。经主管司法行政机关审查同意后，转请原起诉的人民检察院、原审人民法院或原起诉的人民检察院的上级人民检察院、原审法院的上级人民法院，按照审判监督程序处理。人民检察院或人民法院应当自收到监狱或其他执行机关提请处理意见书之日起 6 个月内，将处理结果通知监狱或其他执行机关。监狱和其他执行机关对于罪犯提出的申诉应当转送，不得扣压。罪犯的申诉材料已明确要求人民检察院或人民法院处理的，可按其要求转递；如无明确要求，则由监狱等执行机关根据案件情况向人民法院或人民检察院转递。人民法院或人民检察院收到执行机关材料和意见或罪犯的申诉后，应当进行认真审查。如认为原判决或裁定在认定事实或适用法律上确有错误，应按审判监督程序予以纠正，如认为原裁判正确，应及时答复执行机关或申诉人。

第四节 人民检察院对执行的监督

人民检察院是国家的法律监督机关，有权对各种判决的执行情况进行监督。对各种判决执行的监督是刑事执行法律监督的一部分，其目的在于确保刑事执行活动正确合法，维护罪犯的合法权益。人民检察院对各种判决、裁定执行监督的主要内容如下。

一、对执行死刑的监督

《刑事诉讼法》第 263 条第 1 款规定："人民法院在交付执行死刑前，应当通知同级人民检察院派员临场监督。"根据相关司法解释，第一审人民法院应该在交付执行 3 日以前通知同级人民检察院派员临场监督。临场监督执行死刑的检察人员应当依法监督执行死刑的场所、方法和执行死刑的活动是否合法。在执行死刑前，发现有下列情形之一的，应当建议人民法院停止执行：(1) 被执行人并非应执行死刑的罪犯的；(2) 罪犯犯罪时不满 18 周岁或者审判时已满 75 周岁，依法不应当适用死刑的；(3) 判决可能有错误的；(4) 在执行前罪犯检举揭发重大犯罪事实或者有其他重大立功表现，可能需要改判的；(5) 罪犯正在怀孕的。

在执行死刑中发现有其他严重违法情况的，也应及时提出纠正意见。

在执行死刑过程中，根据需要，人民检察院临场监督人员可以进行拍照、摄像；执行死刑后，人民检察院临场监督人员应检查罪犯是否确已死亡，并填写死刑临场监督笔录，签字后入卷归档。

二、对暂予监外执行的监督

现行《刑事诉讼法》对暂予监外执行除了规定事后监督以外，还增加规定了事前监督机制。《刑事诉讼法》第 266 条规定："监狱、看守所提出暂予监外执行的书面意见的，应当将书面意见的副本抄送人民检察院。人民检察院可以向决定或者批准机关提出书面意见。"人民检察院接到书面意见副本以后，应该结合驻监检察室平日所掌握的罪犯病情、平时就医情况、平时改造表现等，审查罪犯的疾病伤残鉴定意见以及呈报手续是否齐全，认为必要时，可以自行组织或要求人民法院、监狱、看守所对罪犯重新组织进行诊断、检查或鉴别。如果发现执行机关将不符合条件的罪犯报请暂予监外执行的，应该在 10 日内向决定或批准机关提出书面检察意见，同时也可以向监狱、看守所提出书面纠正意见。

《刑事诉讼法》第 267 条规定：决定或者批准暂予监外执行的机关应当将暂予监外执行决定抄送人民检察院。人民检察院认为暂予监外执行不当的，应当自接到通知之日起 1 个月以内将书面纠正意见送交决定或者批准暂予监外执行的机关。决定或者批准暂予监外执行的机关接到人民检察院的书面意见后，应当立即对该决定进行重新核查。这是一道事后补救式监督程序。

人民检察院接到法院或其他批准机关暂予监外执行的决定或批准之后，应该进行审查。必要时可以向罪犯所在单位与有关人员进行调查，也可以向有关机关调阅有关资料。经审查认为暂予监外执行不符合规定的，应当自接到通知之日起1个月内，将书面纠正意见呈报批准或决定暂予监外执行的机关的同级人民检察院，由其送交批准或决定暂予监外执行的机关。人民检察院送交纠正意见以后，应当监督有关机关立即对批准或决定暂予监外执行的结果进行核查，并监督其重新核查结果是否符合法律规定。对经核查不符合法律规定的，应当依法提出纠正意见。

三、对减刑、假释的监督

《刑事诉讼法》第273条第2款规定：被判处管制、拘役、有期徒刑或者无期徒刑的罪犯，在执行期间确有悔改或者立功表现，应当依法予以减刑、假释的时候，由执行机关提出建议书，报请人民法院审核裁定，并将建议书副本抄送人民检察院。人民检察院发现罪犯符合减刑、假释条件，但是执行机关未提请减刑、假释的，可以建议执行机关提请。人民检察院收到减刑、假释案件材料后应该及时进行逐案审查和调查核实相关情形。人民检察院发现建议不当或者违反法定程序的，应该自收到材料10日内向审理减刑、假释人民法院提出书面意见。同时将建议书副本抄送执行机关。人民法院开庭审理减刑、假释案件的，人民检察院应当指派检察人员出庭发表检察意见，并对庭审是否合法进行监督，从而构筑减刑、假释程序同步监督机制。

除了同步监督之外，《刑事诉讼法》第274条还规定了减刑、假释裁定的事后监督机制。人民检察院应当在接到减刑、假释裁定书副本后及时进行审查。经审查，人民检察院认为人民法院减刑、假释裁定不当的，应该在收到裁定书副本后20天内，向作出减刑、假释裁定的人民法院提出书面纠正意见。人民检察院提出纠正意见以后，应当监督人民法院在收到纠正意见以后1个月内，重新组成合议庭进行审理并作出最终裁定。人民检察院如果发现已经生效的减刑、假释裁定确有错误的，应当向人民法院提出书面纠正意见，提请人民法院按照审判监督程序，依法另行组成合议庭重新审理并作出裁定。

四、对执行机关执行刑罚活动的监督

《刑事诉讼法》第276条规定："人民检察院对执行机关执行刑罚的活动是否合法进行监督。如果发现有违法的情况，应当通知执行机关纠正。"这是《刑事诉讼法》关于人民检察院对执行机关执行刑罚活动进行监督的原则性规定。这里所说的人民检察院对执行机关执行刑罚活动的监督，是指除了有专门规定以外的执行刑罚活动的监督。这些监督包括：（1）对判处无罪、免除刑罚处罚的罪犯是否立即释放；（2）人民法院交付执行的判决与裁定是否已经发生效力，交付执行的手续、程序、执行机关是否合法；监狱或其他刑罚执行机关接受罪犯的活动是否合法；（3）对判处死刑缓期二年执行的罪犯，考验期满是否依法及时予以减刑；（4）对于被判处管制、宣告缓刑、假释、暂予监外执行的罪犯是否进行了社区矫正，社区矫正执行机关是否依法进行考察、监督与教育；（5）财产刑的执行是否合法，罚没物是否依法处理；（6）对于服刑中的罪犯又犯新罪或者发现了漏罪的，是否依法进行了追究；（7）对于服刑罪犯的申诉是否及时转达，并作出正确处理；（8）监狱、未成年犯管教所、看守所、拘役所的执行活动是否符合刑事诉讼法、监狱法与看守所条例等法律、法规，是否存在虐待被监管人员的情形，是否保障罪犯依法享有的各项权利，是否有利于罪犯的改造，对于刑满释放人员是否按期释放；等等。

人民检察院如果在以上监督活动过程中，发现有违法情况的，应当通知执行机关纠正。对于情节较轻的违法行为，检察人员可以口头方式向违法人员或执行机关负责人提出纠正意见，并及时向监所检察部门负责人汇报；对于比较严重的违法行为，应报请检察长批准，向有关执行机关发出纠正违法通知书；情节严重构成犯罪的，应当依法追究有关人员的刑事责任。

人民检察院发出纠正违法通知书后，应该检查执行机关的回复落实情况；没有回复的，应当督促有关机关回复。纠正违法情况应该及时向上一级人民检察院报告，并抄报执行机关的上级主管机关。上级人民检察院认为下级人民检察院意见正确的，应与同级执行机关共同督促下级执行机关纠正；上级人民检察院如果认为下级人民检察院纠正违法意见有错误的，应当通知下级人民检察院撤销纠正违法通知书，并通知同级执行机关。

问题与思考

简答题

1. 简述执行的概念。
2. 简述判处死刑立即执行判决的执行程序。
3. 简述停止执行死刑与暂停执行死刑的区别。
4. 简述判处死缓、无期徒刑、有期徒刑或拘役的判决的执行。
5. 简述对暂予监外执行的监督。
6. 简述执行的变更及其程序。
7. 简述可适用暂予监外执行的几种情况。

课堂讨论案例

李某为一农村妇女，32岁，丈夫张某长期在外打工，家中仅其一人做农活。邻居一男青年王某见其孤身一人，生活不容易，便经常在农忙时间帮助李某干活。久而久之，李某对王某心存感恩，对其有所依恋，不久两人便发生了婚外情。张某在外地得知后，急忙赶回家中处理此事。李某与王某迫于压力都同意不再来往，但其实两人私下勾结，对张某下了慢性毒药。几个月后，张某头脑反应迟钝，走路不稳。又过了几个月，张某突发疾病死亡。村民们怀疑是李某与王某所为，故报案。公安机关经鉴定认为两人具有投毒嫌疑，即立案侦查，后起诉至法院。法院认定李某故意杀人罪成立，并判处死刑，缓期二年执行。在交付执行后，李某的父母以李某家庭困难、老母病重、女儿年幼等为由，申请将李某暂予监外执行。

请结合本章的内容回答：

法院是否应当同意这一申请？为什么？

法律职业资格（司法）考试真题

1. 关于生效裁判执行，下列哪一做法是正确的？（　　）（单选）

A. 甲被判处管制1年，由公安机关执行

B. 乙被判处有期徒刑1年宣告缓刑2年，由社区矫正机构执行

C. 丙被判处有期徒刑1年6个月，在被交付执行前，剩余刑期5个月，由看守所代为执行

D. 丁被判处10年有期徒刑并处没收财产，没收财产部分由公安机关执行

2. 关于停止执行死刑的程序，下列哪一选项是正确的？（　　）（单选）

A. 下级人民法院接到最高人民法院执行死刑的命令后，执行前发现具有法定停止执行情形的，应当暂停执行并直接将请求停止执行报告及相关材料报最高人民法院

B. 最高人民法院审查下级人民法院报送的停止执行死刑报告后，应当作出下级人民法院停止或继续执行死刑的裁定

C. 下级人民法院停止执行后，可以自行调查核实，也可以与有关部门一同对相关情况进行调查核实

D. 下级人民法院停止执行并会同有关部门调查或自行调查后，应当迅速将调查结果直接报最高人民法院

3. 张某居住于甲市A区，曾任甲市B区某局局长，因受贿罪被B区法院判处有期徒刑5年，执行期间突发严重疾病而被决定暂予监外执行。张某在监外执行期间违反规定，被决定收监执行。关于本案，下列哪一选项是正确的？（　　）（单选）

A. 暂予监外执行由A区法院决定

B. 暂予监外执行由B区法院决定

C. 暂予监外执行由A区司法行政机关实行社区矫正

D. 收监执行由B区法院决定

4. 钱某涉嫌纵火罪被提起公诉，在法庭审理过程中被诊断患严重疾病，法院判处其有期徒刑8年，同时决定予以监外执行。下列哪一选项是错误的？（　　）（单选）

A. 决定监外执行时应当将暂予监外执行决定抄送检察院

B. 钱某监外执行期间，应当对其实行社区矫正

C. 如钱某拒不报告行踪、脱离监管，应当予以收监

D. 如法院作出收监决定，钱某不服，可向上一级法院申请复议

5. 关于减刑、假释案件审理程序，下列哪一选项是正确的？（　　）（单选）

A. 甲因抢劫罪和绑架罪被法院决定执行有期徒刑20年，对甲的减刑，应由其服刑地高级法院作出裁定

B. 乙因检举他人重大犯罪活动被报请减刑，法院应通知乙参加减刑庭审

C. 丙因受贿罪被判处有期徒刑5年，对丙的假释，可书面审理，但必须提讯丙

D. 丁因强奸罪被判处无期徒刑，对丁的减刑，可聘请律师到庭发表意见

6. 伍某因犯抢劫罪被某中级人民法院一审判处死刑，缓期二年执行，并经高级人民法院核准。在死刑缓期二年执行期间伍某未犯新罪。二年期满后的第二天，高级人民法院尚未裁定减刑，伍某将同监另一犯人打成重伤。该高级人民法院对伍某应当作出什么处理？（　　）（单选）

A. 裁定核准死刑立即执行

B. 将死刑缓期二年执行改判为死刑立即执行，报最高人民法院核准

C. 先依法裁定减刑，然后对所犯新罪另行审判

D. 维持原死刑缓期二年执行的裁判，以观后效

7. 甲纠集他人多次在市中心寻衅滋事，造成路人乙轻伤、丙的临街商铺严重受损。甲被起诉到法院后，乙和丙提起附带民事诉讼。法院判处甲有期徒刑6年，罚金1万元，赔偿乙医

药费1万元，赔偿丙财产损失4万元。判决生效交付执行后，查明甲除1辆汽车外无其他财产，且甲曾以该汽车抵押获取小额贷款，尚欠银行贷款2.5万元，银行主张优先受偿。法院以8万元的价格拍卖了甲的汽车。关于此8万元的执行顺序，下列哪一选项是正确的？（　　）（单选）

A. 医药费—银行贷款—财产损失—罚金

B. 医疗费—财产损失—银行贷款—罚金

C. 银行贷款—医疗费—财产损失—罚金

D. 医疗费—财产损失—罚金—银行贷款

8. 关于刑事裁判涉财产部分执行，下列哪一说法是正确的？（　　）（单选）

A. 对侦查机关查封、冻结、扣押的财产，法院执行时可直接裁定处置，无需侦查机关出具解除手续

B. 法院续行查封、冻结、扣押的顺位无需与侦查机关的顺位相同

C. 刑事裁判涉财产部分的裁判内容应明确具体，涉案财产和被害人均应在判决书主文中详细列明

D. 刑事裁判涉财产部分，应由与一审法院同级的财产所在地的法院执行

9. 张某因盗窃被判处有期徒刑5年，在交付执行前，突患严重疾病，需保外就医。有权决定张某暂予监外执行的是哪一个机关？（　　）（单选）

A. 省监狱管理机关　　B. 负责交付执行的公安机关

C. 负责监所监督的检察院　　D. 作出生效判决的法院

10. 在一起共同犯罪案件中，主犯王某被判处有期徒刑15年，剥夺政治权利3年，并处没收个人财产；主犯朱某被判处有期徒刑10年，剥夺政治权利2年，罚金2万元人民币；从犯李某被判处有期徒刑8个月；从犯周某被判处剥夺政治权利1年。请回答（1）～（3）题。（不定项）

（1）在本案中，由监狱执行刑罚的罪犯是：（　　）。

A. 王某　　B. 朱某

C. 李某　　D. 周某

（2）对周某刑罚的执行机关是：（　　）。

A. 人民法院　　B. 公安机关

C. 监狱　　D. 基层组织或其所在单位

（3）所判刑罚既需要法院执行，又需要公安机关执行的罪犯是：（　　）。

A. 王某　　B. 周某

C. 李某　　D. 朱某

第四编

特别程序论

第二十三章 未成年人刑事案件诉讼程序

本章概要

未成年人刑事案件诉讼程序是一种刑事特别程序，专门适用于未成年人犯罪案件。由于未成年人生理与心理都尚未成熟，未成年人犯罪同成年人犯罪有很大不同，未成年犯比起成年犯的矫正相对容易一些，所以，世界各国大多数国家都建立了少年法院，通过专门的诉讼程序来处理未成年人刑事案件。我国在2012年刑事诉讼法修改时新增“未成年人刑事案件诉讼程序”一章，专门规定了未成年人刑事案件的辩护制度、社会调查制度、强制措施、讯问制度、附条件不起诉制度、审理程序、犯罪记录封存等特别程序。

由于未成年人刑事案件的自身特点，其诉讼程序应当贯彻如下原则：教育、感化、挽救的原则；分案处理的原则；不公开审理的原则；和缓原则；及时迅速的原则；社会调查原则。

未成年人刑事案件诉讼程序作为一种刑事特别程序，与刑事普通程序相比，在立案、侦查、起诉、审判以及执行上，都有一些不同的地方。

关键术语

未成年人刑事案件诉讼程序　少年法庭　附条件不起诉　犯罪记录封存

第一节　概　述

一、未成年人刑事案件诉讼程序的概念与意义

我国刑事法意义上的未成年人，指已满14周岁不满18周岁的人。因此，所谓未成年人刑事案件，是指犯罪嫌疑人实施涉嫌犯罪行为时不满18周岁的危害社会、应受刑事追究的案件。未成年人刑事案件诉讼程序，是指针对未成年人的特点，采取的不同于成年人刑事案件普通程序的刑事特别程序。

之所以要对未成年人刑事案件诉讼程序设置与成年人刑事案件诉讼程序不同的方针、原

则、制度与方法，主要是因为未成年人具有与成年人不同的生理与心理上的特殊情况：未成年人处于生理与智力的迅速发育阶段，新陈代谢加剧，精力旺盛，心理上处于从幼稚转向成熟的过渡时期，模仿欲望与好奇心都比较强，容易受到外界环境的不良影响，其行为带有明显不同于成年人的盲目性与突发性。

犯罪学研究认为，未成年人犯罪是个人、家庭、学校以及社会环境、文化结构多种因素作用的结果。因此，仅仅强调对未成年人个人的惩罚与矫治是不公平的。而且，一旦未成年人涉入刑事诉讼程序并且因为诉讼的需要而被羁押，不仅会导致其失去轻松舒适的成长环境，还会导致其遭遇歧视与冷漠，感到惶恐与受到惊吓，产生孤独自卑的不良心理反应。这些都可能导致未成年犯罪人无法回归社会，陷入重新犯罪之恶性循环。为了避免这种现象的发生，未成年人刑事案件诉讼程序的设计，要立足于未成年人的身心特点，并规避一般刑事诉讼程序可能带来的不良影响。

二、未成年人刑事案件诉讼程序的国际趋势

未成年人犯罪与毒品危害、环境污染并列为“三大公害”。近几十年来，联合国通过了许多有关未成年人司法制度的国际性法律文件，总结了未成年人司法制度的国际标准，得到世界多数国家的采纳与遵守。例如，《公民权利与政治权利国际公约》中对青少年刑事司法问题做了原则性规定；《联合国少年司法最低限度标准规则》（又称《北京规则》）明确了少年犯罪后如何进行处置问题；《联合国保护被剥夺自由少年规则》（也称《东京规则》）着眼于对被实行监禁处罚的犯罪少年的权利保护；《联合国预防少年犯罪准则》（也称《利雅德准则》）强调预防与减少青少年犯罪；等等。这些国际性法律文件，形成了一个比较完整的少年司法制度体系。

三、我国未成年人刑事诉讼程序的法律依据与立法沿革

（一）刑事诉讼法的规定

我国 1979 年和 1996 年的《刑事诉讼法》虽然没有设置专章规定未成年人犯罪案件的诉讼程序，但在一些章节中，还是体现了这方面的内容。如对未成年人犯罪案件依法不公开审理；设立未成年人法定代理人制度；在讯问与审判未满 18 周岁的未成年人时，可以通知法定代理人到场；规定了未成年被告人的指定辩护制度等。2012 年 3 月 14 日，第十一届全国人民代表大会第五次会议通过的《关于修改〈中华人民共和国刑事诉讼法〉的决定》，在总结实践经验的基础上，规定了具有中国特色的未成年人刑事案件诉讼程序。

2018 年 10 月修改后的《刑事诉讼法》，自第 277 条到第 287 条，共有 11 个条文规定了未成年人刑事案件的诉讼程序。这些规定为办理未成年人刑事案件，提供了明确的法律依据与指导方针。

（二）未成年人保护法与预防未成年人犯罪法的规定

1991 年 9 月，全国人大常委会通过了我国第一部专门保护未成年人的法律——《未成年人保护法》。该法第五章对未成年人刑事案件的处理原则、收容教养、专人办案、羁押、不公

开审理、帮教等制度作了专门规定。2006 年 12 月 29 日，第十届全国人大常委会第二十五次会议修改了《未成年人保护法》，对未成年人的司法保护作了更加详细的规定。1999 年 11 月 1 日开始施行的《预防未成年人犯罪法》第六章，也从预防未成年人重新犯罪的角度，专门就未成年人刑事案件在法律援助、办案人员专门化、学籍保留、法制教育等方面做了特别规定。这两部法律都体现了教育、感化、挽救的精神，坚持了教育为主、惩罚为辅的方针。

（三）有关司法解释与部委规章

最高人民法院一直以来对未成年人刑事案件的审判都比较重视，相继出台了一些专门针对未成年人的司法解释，这些解释后来都被整合到最高人民法院《解释》中。该《解释》对《刑事诉讼法》中有关未成年人犯罪案件诉讼程序的规定，做了进一步细化，极大地提高了立法的可操作性。

最高人民检察院于 2002 年 3 月 25 日通过了《人民检察院办理未成年人刑事案件的规定》（以下简称《高检规定》），2006 年 12 月 28 日修改了《高检规定》。2013 年 1 月 1 日施行的《人民检察院刑事诉讼规则（试行）》，结合修改后的《刑事诉讼法》，对附条件不起诉、社会调查、犯罪记录封存等制度作出了详尽规定。最高人民检察院同年发布的《人民检察院办理未成年人刑事案件的规定》，则明确了检察工作中对于未成年人权益保护的特有要求。为了进一步提高人民检察院未成年人刑事检察工作专业化、规范化水平，2017 年 3 月 2 日，最高人民检察院又出台了《未成年人刑事检察工作指引（试行）》（以下简称《指引（试行）》），进一步细化了未成年人刑事检察工作的具体标准和操作程序，以确保办案质量和效果。

一直以来，公安机关办理未成年人犯罪案件是依照 1995 年 10 月 23 日通过的《公安机关办理未成年人违法犯罪案件的规定》执行的。2013 年 1 月 1 日施行的《公安机关办理刑事案件程序规定》，又对办理未成年人犯罪案件的人员配备、讯问程序、社会调查、强制措施等问题作了较为详细的规定。

第二节　未成年人刑事案件诉讼程序的特有原则

一、教育、感化、挽救的方针和原则

教育、感化、挽救的方针和原则，是《刑事诉讼法》第 277 条第 1 款规定的。《未成年人保护法》《预防未成年人犯罪法》对此也有规定。

未成年犯罪嫌疑人、被告人处于生理和心理的成长阶段，具有非常强的可塑性，对其教育、感化、挽救是可行的。对其坚持教育、感化、挽救的方针，是处理未成年人刑事案件的一条主线，其他诉讼原则也基本围绕此展开。

坚持教育、感化、挽救的方针和原则的要求是，照顾未成年人的身心特点，尊重其人格尊严，保障其合法权益。未成年人实施的犯罪行为，给社会带来危害，触犯了刑法，应当受到刑事处罚。但考虑到未成年人的特殊性，对待未成年人不能仅靠惩罚来解决问题，更重要的是针对他们的平时表现、家庭情况、犯罪原因、悔罪态度等因素，使他们能够清楚地认识到犯罪行为的社会危害性，教育他们认罪服法、接受改造，重新做人。

二、分案处理的原则

分案处理的含义是，处理未成年人刑事案件，在时间上和地点上都应当与成年人刑事案件分开。这是进行未成年人刑事案件诉讼所必须遵循的又一重要原则。

《刑事诉讼法》第 280 条第 2 款规定，未成年人在被拘留、逮捕和执行刑罚时，应当与成年人分开羁押、分开审理，执行时分别关押、管理。最高人民检察院《高检规定》要求，对成年人与未成年人的共同犯罪案件，一般应将成年人与未成年人分案起诉。这些都是分案处理原则的法律依据。

分案处理的原因在于，未成年人各方面都不成熟，如果与成年被告人并案处理，尤其与成年被告人共同羁押、一起服刑，甚至一同进行社区矫正，未成年人就容易受到成年被告人的不良影响，不仅使其得不到教育和矫正，甚至可能使其受到更加严重的“污染”，不利于对未成年人进行教育改造。在未成年人刑事案件诉讼过程中，遵循分案处理的原则，给未成年被追诉人创造一个“干净”的环境，使其免受其他不良影响，从而达到设立未成年人刑事案件诉讼程序的目的。

但是，分案处理的原则并不是绝对的。例如，当未成年人系犯罪集团的组织者或其他共同犯罪中的主犯，分案处理可能不利于区分主从关系的；或者当案件重大、复杂、疑难，分案处理可能会妨碍案件审理时；再或许涉及刑事附带民事诉讼，分案处理可能妨碍案件审理等不宜分案的情况下，也可以并案处理。但在并案处理的具体程序操作与主办人员的分配上，也要根据案件的特点，参照未成年人刑事诉讼程序的要求，对未成年犯罪嫌疑人采取特殊保护措施。

三、不公开审理的原则

根据《未成年人保护法》《预防未成年人犯罪法》的规定，办理未成年人违法犯罪案件，应当保护未成年人的名誉，不得公开披露涉案未成年人的姓名、住所和影像；在判决前的新闻报道、影视节目、公开出版物中，不得披露该未成年人的姓名、住所、照片及可能推断出该未成年人的资料。根据《刑事诉讼法》第 285 条的规定，对不满 18 周岁的未成年被告人，已经不再区分未满 18 周岁与未满 16 周岁的情况[①]，而是采取统一的不公开审理规定。以上这些规定，都是不公开审理原则的法律依据。

未成年被告人的所在学校、未成年人保护组织代表到庭，有利于审判工作的开展和教育、感化少年被告人，但也要得到未成年被告人及其法定代理人的同意。

贯彻不公开审理原则，充分考虑到未成年人的生理、心理特点，避免给未成年人造成过大的精神压力，从而保障顺利地教育、感化、挽救未成年犯罪人。进行未成年人刑事案件诉讼时，必须认真遵循此项原则。

四、和缓原则

未成年人的身心比较脆弱，人格处于发展健全之中。对于未成年被追诉人，不宜采取过于

---

① 2012 年修改前的《刑事诉讼法》与有关司法解释的规定是，审理时被告人为 14 周岁以上未满 16 周岁的，一律不公开审理，年满 16 周岁以上未满 18 周岁的未成年人犯罪案件，一般不公开审理。

激烈、严厉的刑事诉讼方式。

我国刑事诉讼中，有不少旨在减少未成年人精神压力的制度安排。比如，严格限制适用逮捕，尽量不用或少用强制措施；对于不满 18 周岁的未成年人刑事案件，在讯问和审判时，应当通知未成年犯罪嫌疑人、被告人、证人的法定代理人到场，以见证、监督整个讯问或者询问过程，维护未成年人合法权益。无法通知、法定代理人不能到场或不宜到场的，要保证未成年犯罪嫌疑人、被告人的其他成年亲属，所在学校、单位、居住地基层组织或未成年人保护组织的代表等合适成年人到场；讯问时一般不得使用械具。确有人身危险性的，必须使用械具的，在现实危险消除后，应当立即停止使用；审判时采取圆桌法庭的形式，审问语气尽量温和，多做教育性、启发性的开导。这些特殊规定，有利于对未成年被追诉人的教育、感化和挽救。

五、及时迅速的原则

及时迅速原则是进行刑事诉讼的一项重要原则。其含义是，办案机关及其工作人员，在每一个诉讼阶段上，都应在保证依法、公平、公正的基础上，及时对案件进行处理。

未成年人刑事案件的诉讼更应当及时进行。未成年被追诉人大部分属于初次犯罪，生理、心理又不太成熟，诉讼时间过长，容易给其身心留下创伤，尤其是对已经被采取羁押强制措施的未成年人，应当尽量缩短办案时间。

违背及时迅速原则，不仅容易造成诉讼拖延，带来司法资源的浪费，对当事人产生讼累，而且不利于对未成年人的教育、感化和挽救。

六、全面调查原则

全面调查原则是指公安、司法机关在办理未成年人刑事案件时，除了调查案件事实外，还可以对未成年犯罪嫌疑人、被告人的成长经历、犯罪原因、监护教育等情况进行调查，以便为未成年被追诉人的教育改造选择最佳方案。我国《刑事诉讼法》第 279 条对这个原则做了明确的规定。

第三节　未成年人刑事案件诉讼程序的特点

未成年人刑事案件诉讼程序作为一种刑事特别程序，与刑事普通程序相比，具有自己的一些特点。

一、立案程序的特点

立案时重点审查犯罪嫌疑人犯罪时的年龄。由于立案对象具有特殊性，因而在立案审查时，除了审查是否有犯罪事实发生和是否要追究其刑事责任外，还应当重点审查犯罪嫌疑人犯罪时是否已满 14 周岁、16 周岁以及 18 周岁的临界年龄。犯罪嫌疑人犯罪时的年龄是一个重要的事实，决定着是否应该追究其刑事责任。根据有关司法解释的规定，实施犯罪时的年龄，一律按照公历的年、月、日计算，过了周岁生日，从第二日起，为已满周岁。

在立案后，公安机关根据情况可以对犯罪嫌疑人的成长经历、犯罪原因及监护教育等情况进行调查并制作调查报告。立案报告书不仅要写明立案材料的来源、发案的时间、地点、犯罪的事实、现有证据、立案的依据和初步意见，还应当重点写清楚犯罪嫌疑人的年龄情况，即出生的准确时间。

二、侦查程序的特点

未成年人刑事案件的侦查程序有以下特点。

1. 由专门机构或者专职人员承办

根据《刑事诉讼法》第 277 条第 2 款和《公安机关办理刑事案件程序规定》第 308 条，公安机关对未成年人刑事案件进行侦查时，应当设置专门机构或者专职人员承办案件。办理未成年人犯罪案件的人员应当熟悉未成年人身心特点，具有心理学、犯罪学、教育学等专业基本知识和有关法律知识，并具有一定的办案经验，以便更好地教育、感化、挽救未成年人。

2. 强制措施的严格限制适用

办理未成年人刑事案件时，对未成年人采取强制措施应慎重，尽量不用或少用强制措施。《刑事诉讼法》第 280 条规定，对于未成年犯罪嫌疑人、被告人应该严格限制适用逮捕措施。

严格限制适用是指要严格把握逮捕标准。根据《人民检察院刑事诉讼规则（试行）》第 487 条的规定，人民检察院办理未成年犯罪嫌疑人审查批捕案件，应当根据未成年犯罪嫌疑人涉嫌犯罪的事实、主观恶性、有无监护与社会帮教条件等，综合衡量其社会危险性，严格限制适用逮捕措施。所以，根据《指引（试行）》的规定，对于那些罪行较轻，具备有效监护或社会帮教措施，没有社会危险性或社会危险性较小，不逮捕不致妨碍诉讼正常进行的，应当不批准逮捕；在案证据不能认定未成年犯罪嫌疑人是否具有逮捕的社会危害性条件的，应当要求公安机关补充相关证据。公安机关没有补充移送的，应当不批准逮捕；罪行比较严重，但主观恶性不大，有悔罪表现，具备有效监护条件或者社会帮教措施，不逮捕不致危害社会和妨害诉讼正常进行的未成年犯罪嫌疑人，也可以不批准逮捕。

被羁押的未成年犯罪嫌疑人应当与成年犯罪嫌疑人、被告人分别关押、管理，并根据其生理、心理特点在生活和学习等方面给予照顾。

如果未成年犯罪嫌疑人在监视居住、取保候审期间有故意犯罪、自杀自残、串供、灭证或打击报复证人等恶意违法违规行为，或有其他违反取保候审或监视居住期间行为规范的严重情节的，人民检察院也仍然应该核实原因，结合案件情况慎重决定逮捕。

3. 相对缓和的讯问方式

对涉嫌犯罪的未成年人的讯问，应当采取不同于成年人的方式。讯问前除应掌握案件情况和证据材料外，还应当了解其生活、学习环境、成长经历、性格特点、心理状态及社会交往等情况，有针对性地制作讯问提纲。讯问中，要耐心细致地听取其供述或辩解，并针对其思想顾虑、恐惧心理、抵触情绪进行疏导和教育。

讯问未成年犯罪嫌疑人一般不得使用械具。对确有行凶、逃跑、自杀、自伤、自残等现实危险，必须要用械具的，应该以避免和防止危害结果的发生为限度。现实危险消除后，应该立即停止使用。

讯问未成年犯罪嫌疑人，可以在公安机关进行，也可以到未成年人的住所、单位或者学校进行。讯问时，如果未成年犯罪嫌疑人没有委托辩护人，应当通知法律援助机构指派律师为其提供辩护。

4. 合适成年人到场

根据《刑事诉讼法》第 281 条第 1 款，讯问时应当通知未成年犯罪嫌疑人的法定代理人到场。无法通知、法定代理人不能到场或法定代理人是共犯的，也可以通知犯罪嫌疑人的成年亲属，所在学校、单位、居住地基层组织或未成年人保护组织的代表到场，以维护未成年人的合法权益。到场的法定代理人可以代为行使未成年犯罪嫌疑人的诉讼权利，但不得侵害未成年犯罪嫌疑人的合法权益。《刑事诉讼法》第 281 条第 3 款规定，讯问女性未成年犯罪嫌疑人时，还应有女性办案人员在场。

三、审查起诉程序的特点

根据《刑事诉讼法》及相关立法解释和司法解释的规定，在审查起诉阶段，检察机关办理未成年人刑事案件时，主要有以下一些特点。

1. 注重保护未成年犯罪嫌疑人的诉讼权利

人民检察院审查起诉未成年人刑事案件，应该向未成年犯罪嫌疑人及其法定代理人了解其委托辩护人的情况，并告知其有权委托辩护人。未成年犯罪嫌疑人没有委托辩护人的，人民检察院应该书面通知法律援助机构指派律师为其提供辩护。

2. 审查起诉时需查明未成年犯罪嫌疑人的背景情况

对未成年人刑事案件审查起诉时，除了查明《刑事诉讼法》第 171 条规定查明的内容外，还需要查明犯罪嫌疑人准确的出生时间，以及家庭环境、性格特征等其他一些情况。

审查起诉未成年犯罪嫌疑人，应当听取其法定代理人或者其他近亲属、辩护人的意见。同时要通过学校、家庭等有关组织和人员，了解未成年犯罪嫌疑人的成长经历、犯罪原因、监护情况等情况，并制作社会调查报告，为办案和教育提供参考。

3. 讯问未成年犯罪嫌疑人的特点

根据《刑事诉讼法》第 281 条以及《指引（试行）》第 46 条的规定，人民检察院办理涉及未成年人的刑事案件，应当讯问未成年犯罪嫌疑人，听取法定代理人、辩护律师的意见。如果法定代理人因为有与未成年犯罪嫌疑人构成共同犯罪，或者已经死亡、宣告失踪或者无监护能力等不能到场或不宜到场的情形，检察机关应依法保证其他成年亲属、所在学校、单位和居住地的居民委员会或未成年人保护组织的代表到场，并记录在案。当法定代理人不能或不宜在场情形消失以后，应该及时通知法定代理人到场。

法定代理人、辩护人或其他人员认为办案人员在讯问时侵犯未成年人合法权益的，可以提出意见。

讯问未成年犯罪嫌疑人，应当根据未成年人的特点和实际，制定详细的讯问提纲，采取最适宜的方式进行。讯问用语应准确易懂，教育用语应生动有效。讯问未成年犯罪嫌疑人，应当告知其依法享有的诉讼权利，告知其如实交代案件事实的意义及自首、立功、从轻、减轻处罚的法律规定。核实其是否有立功、检举揭发等表现，听取其有罪的供述或者无罪、罪轻的辩解。

4. 满足一定条件的案件可以安排亲情会见

根据《高检规定》第 18 条，移送审查起诉的案件在同时具有以下三项条件时，检察人员可以安排在押的未成年犯罪嫌疑人与其法定代理人、近亲属等进行会见、通话：(1) 案件事实已经查清，主要证据确实、充分，安排会见、通话不影响诉讼活动正常进行；(2) 未成年犯罪嫌疑人有认罪、悔罪表现，或者虽然尚未认罪、悔罪，但通过会见、通话有可能促进其转化或者通过会见、通话有利于社会家庭稳定；(3) 未成年犯罪嫌疑人的法定代理人、近亲属对其犯罪原因、社会危害性及其后果有一定的认识，并能配合办案机关进行教育。这三项条件缺一不可，否则不能安排会见、通话。

在会见、通话前，检察人员应该告知其不得有串供或妨碍诉讼的内容。会见、通话时，检察人员可以在场。会见、通话结束后，检察人员应该将有关内容及时整理并记录在案。

5. 制作起诉书及起诉时需要注意的情况

起诉书中关于犯罪嫌疑人的个人情况，应当包括其准确的出生时间、性格特征、家庭环境等内容，应当依法建议人民法院对未成年被告人予以从轻或者减轻处罚。起诉书的用语应尽量照顾未成年人的身心特点，有利于教育、挽救未成年人。

6. 一般应将成年犯罪嫌疑人与未成年犯罪嫌疑人分案起诉

《高检规定》第 23 条以及《指引（试行）》第 18 条要求，人民检察院审查未成年人与成年人共同犯罪案件，一般应当将未成年人与成年人分案起诉。对于分案起诉的未成年人与成年人共同犯罪的案件，一般应同时移送人民法院。对于需要补充侦查的案件，如果补充侦查事项并不涉及未成年人参与犯罪的事实部分，不影响对未成年犯罪嫌疑人提起公诉的，应当对未成年犯罪嫌疑人先予提起公诉。

具有下列情形之一的，可以不分案起诉：(1) 未成年人系犯罪集团的组织者或者其他共同犯罪案件主犯的；(2) 案件重大、疑难、复杂，分案起诉可能妨碍案件审理的；(3) 涉及刑事附带民事诉讼，分案起诉妨碍附带民事诉讼部分审理的；(4) 具有其他不宜分案起诉情形的。

7. 轻罪的，可以附条件不起诉

所谓附条件不起诉，是指对于行为已经构成犯罪，但罪责较轻的未成年犯罪嫌疑人，附条件和附期限地暂时不予起诉，之后根据被不起诉人的表现来决定是否终止诉讼程序。

附条件不起诉是轻罪非犯罪化处理的方式，是一种介于起诉与不起诉之间的替代措施。世界上许多国家和地区，如德国和我国的澳门、台湾地区，都规定有包含完全意义上的不限定犯罪主体与刑种的附条件不起诉制度。这项制度最早出现在“恢复性司法”的理念中。在司法实践中，通过犯罪嫌疑人主动认罪，自愿承担责任，取得被害人的谅解，可以有效化解刑事冲突，检察机关可以根据案件情况对犯罪嫌疑人作出“附条件不起诉”决定，体现“恢复性司法”的精神。我国《刑事诉讼法》根据我国国情以及社会经济发展现状，仅在未成年人刑事案件诉讼程序中规定了附条件不起诉制度。

根据《刑事诉讼法》第 282 条的规定，具备以下条件时，可以作出附条件不起诉决定：(1) 涉嫌《刑法》分则第四、五、六章的犯罪；(2) 可能判处 1 年有期徒刑以下刑罚；(3) 犯罪事实清楚、证据确实、充分，符合起诉条件；(4) 犯罪嫌疑人具有悔罪表现。

在作出附条件不起诉决定之前，人民检察院应该听取公安机关、被害人、未成年犯罪嫌疑人的法定代理人、辩护人的意见，并制作笔录附卷。被害人是未成年人的，还应该听取被害人的法定代理人、诉讼代理人的意见。对于附条件不起诉的决定，公安机关或者被害人有异议的或者争议较大的案件，人民检察院可以召集侦查人员、被害人及其法定代理人、诉讼代理人、未成年犯罪嫌疑人及其法定代理人、辩护人举行不公开听证会，充分听取各方的意见和理由。公安机关如果认为有错误，应该要求作出附条件不起诉决定的人民检察院复议，如果意见不被接受，可以向上一级人民检察院提请复核。被害人如果对附条件不起诉决定和最终不起诉决定不服的，可以向上一级人民检察院申诉，请求提起公诉。人民检察院应当将复查决定告知被害人。但被害人不能根据《刑事诉讼法》第 180 条向法院起诉，将公诉转为自诉案件。未成年犯罪嫌疑人及其法定代理人对人民检察院决定附条件不起诉有异议的，人民检察院应当作出起诉的决定。

附条件不起诉的考验期是 6 个月以上 1 年以下。实际确定的考验期的长短应当与未成年犯罪嫌疑人所犯罪行的性质、情节和主观恶性的大小相适应。考验期从附条件不起诉决定作出之日起计算。考验期不计入案件审查起诉期限。未成年人之前在押的，作出附条件不起诉决定后，人民检察院应该作出释放或者变更强制措施的决定。在附条件不起诉的考验期内，由人民检察院负责对未成年犯罪嫌疑人进行监督考察。未成年犯罪嫌疑人的监护人，应当对未成年犯罪嫌疑人加强管教，配合人民检察院做好监督考察工作。但应注意的是，被附条件不起诉的人不可以并入社区矫正机构去执行。

被不起诉人是否履行规定的义务，是检验检察机关作出的附条件不起诉决定正确与否的决定性因素，也是被不起诉人能否最终获得不起诉利益的关键。根据《刑事诉讼法》第 283 条第 3 款以及相关司法解释，被附条件不起诉的未成年犯罪嫌疑人，在考验期间内应遵守下列规定：(1) 遵守法律法规，服从监督；(2) 按照考察机关的规定报告自己的活动情况；(3) 离开所居住的市、县或者迁居，应当报经考察机关批准；(4) 按照考察机关的要求接受矫治和教育。被不起诉人在考验期内履行了规定的义务，并且没有故意犯罪，考验期满后，检察机关就应当作出不起诉决定。如果未成年犯罪嫌疑人在考验期内有下列情形之一的，人民检察院应当撤销附条件不起诉决定，提起公诉：(1) 实施新的犯罪的；(2) 发现决定附条件不起诉以前还有其他犯罪需要追诉的；(3) 违反治安管理规定，造成严重后果，或者多次违反治安管理规定的；(4) 违反考察机关有关附条件不起诉的监督管理规定，造成严重后果，或者多次违反考察机关有关附条件不起诉的监督管理规定的。

附条件不起诉决定被撤销后，未成年犯罪嫌疑人被提起公诉后被判处刑罚的，原先附条件不起诉的考验期不得折抵刑期，被不起诉人已经履行的部分，也不得请求返还。但是，曾经给予被害人作为损害赔偿的金额，应当在终局判决所确定的损害赔偿金额中予以扣除。

8. 可诉可不诉的不予起诉

《高检规定》为了充分体现宽严相济、区别对待的刑事政策，将“可诉可不诉的不诉”这一原则进一步具体化。明确规定对于犯罪情节轻微，并具有下列情形之一，依照刑法规定不需要判处刑罚或者免除刑罚的未成年犯罪嫌疑人，一般应当依法作出不起诉决定：(1) 被胁迫参与犯罪的；(2) 犯罪预备、中止、未遂的；(3) 在共同犯罪中起次要或者辅助作用的；(4) 系又聋又哑的人或者盲人的；(5) 因防卫过当或者紧急避险过当构成犯罪的；(6) 有自首或者重大立功表现的；(7) 其他依照刑法规定不需要判处刑罚或免除刑罚的情形。这有利于最大限度地教育、挽救失足未成年人。

四、审判程序的特点

未成年人刑事案件的审判程序，同成年人刑事案件适用的普通程序相比，内容基本相似，也包括宣布开庭、法庭调查、法庭辩论、被告人最后陈述、评议和宣判五个基本的审判环节。

为了充分发挥庭审活动的教育、感化和挽救功能，被告人系未成年人的案件，不能适用速裁程序。除此之外，根据《刑事诉讼法》和最高人民法院有关司法解释的规定，未成年人刑事案件的审判程序主要有以下一些特点。

1. 审判组织的专门化

未成年人刑事案件由法院内设立的少年法庭进行审理。根据最高人民法院《解释》的规定，中级人民法院和基层人民法院可以设立独立建制的未成年人案件审判庭，条件尚不具备的地方，应当在刑事审判庭内设立未成年人刑事案件合议庭，或者由专人负责办理未成年人刑事案件。高级人民法院可以在刑事审判庭内设立未成年人刑事案件合议庭。未成年人刑事审判庭和未成年人刑事案件合议庭统称少年法庭。

少年法庭审理下列案件：(1) 被告人实施被指控犯罪时不满18周岁且人民法院立案时不满20周岁的案件。(2) 被告人实施被指控犯罪时不满18周岁且人民法院立案时不满20周岁的案件，并被指控为首要分子或主犯的共同犯罪案件。即便这类案件中有其他审判时已经年满20周岁的共同成年被告，也一并交由少年法庭审理。(3) 其他有未成年被告人的共同犯罪案件或者涉及未成年人的案件，也可以由少年法庭审理，但必须经过院长决定。

第一审刑事案件的合议庭，可以由审判员或者由审判员和人民陪审员组成。审判未成年人刑事案件合议庭的审判长，应当由熟悉未成年人特点、善于做失足青少年思想教育工作的审判员担任，并且要保持其工作的相对稳定性。审判未成年人刑事案件的人民陪审员，一般由熟悉未成年人特点，热心于教育、挽救失足青少年工作，并经过必要培训的共青团、妇联、工会、学校的干部、教师或者离退休人员以及未成年人保护组织的工作人员担任。

2. 开庭前准备工作的特点

(1) 人民法院向未成年被告人送达起诉书副本时，应当向其讲明被指控的罪行和有关法律条款，并告知诉讼的程序及有关的诉讼权利、义务，消除未成年被告人的紧张情绪。

人民法院在向未成年被告人的法定代理人送达起诉书副本时，应当告知其诉讼权利、义务和在开庭审判中应当注意有关事项。

(2) 未成年被告人如果没有委托辩护人，人民法院应该通知法律援助机构指派律师为其提供辩护。未成年被害人及其法定代理人因为经济困难或者其他原因没有委托诉讼代理人的，应当帮助其申请法律援助。

(3) 决定适用简易程序的，应当征得未成年被告人及其法定代理人、辩护人的同意。这些人员有异议的，不能适用简易程序。

(4) 开庭审理前，应当通知未成年被告人的法定代理人出庭。无法通知、法定代理人不能到场或法定代理人是共犯的，也可以通知犯罪嫌疑人的成年亲属，所在学校、单位、居住地基层组织或未成年人保护组织的代表出庭。对于被指控犯罪时未满18周岁，审判时已满18周岁不满20周岁的被告人，一般应当通知其近亲属到庭。

(5) 开庭审理前，审判未成年人刑事案件的审判长认为有必要的，可以安排法定代理人或者其他成年近亲属、教师等人员与未成年被告人会见。

(6) 开庭审理前，控辩双方可以分别就未成年被告人的性格特点、家庭情况、犯罪原因、成长经历以及监护教育等情况进行调查，并制作书面材料提交合议庭，人民法院应当接受。必要时，人民法院也可以委托被告人居住地的县级司法行政机关或社会团体组织进行调查或自行调查。

(7) 根据情况，可以对未成年被告人进行心理疏导，经未成年被告人及其法定代理人同意，也可以对未成年被告人进行心理测评。

3. 开庭审理的特点

未成年人刑事案件在开庭审理上也有不同于普通案件的特点。

(1) 人民法院应当在辩护台靠近旁听区一侧，为少年被告人的法定代理人设置座位。

(2) 对未成年被告人，在法庭上原则上不得使用械具。人身危险性大，可能妨碍庭审活动而必须使用械具的，在现实危险消除后，应当立即停止使用。

(3) 法庭审理时，审判人员应当注意未成年被告人的智力发育程度和心理状态，态度要和蔼，用语应准确、通俗易懂。发现有对未成年被告人诱供、训斥、讽刺或者威胁的情形时，应当及时制止。

(4) 法庭审理时，控辩双方向法庭提出从轻判处未成年被告人管制、拘役缓刑或者有期徒刑缓刑、免予刑事处罚等适用刑罚建议的，应当提供有关未成年被告人能够获得监护、帮教以及对所居住社区无重大不良影响的书面材料。

(5) 未成年被告人的法定代理人在诉讼中享有申请回避、辩护、发问、提出新的证据、要求重新鉴定或者勘验、提出上诉等诉讼权利。在未成年被告人最后陈述后，法庭应当询问法定代理人是否补充陈述。

(6) 对未成年人刑事案件宣告判决应当公开进行，但不得采取召开大会等形式。

(7) 人民法院判决未成年被告人有罪的，宣判后，应由合议庭组织到庭的人对未成年被告人进行教育。如果未成年被告人的法定代理人以外的其他成年亲属或者教师、公诉人等参加有利于教育、感化未成年被告人的，合议庭可以邀请其参加宣判后的教育。对未成年被告人的教育可以围绕下列内容进行：1) 犯罪行为对社会的危害和应当受刑罚处罚的必要性；2) 导致犯罪行为发生的主观、客观原因及应当吸取的教训；3) 正确对待人民法院的裁判。

五、执行程序的特点

未成年人刑事案件的执行程序主要有以下一些特点。

1. 对于判决、裁定已经发生法律效力并应当收监服刑的未成年罪犯，人民法院应当填写结案登记表并附送有关未成年罪犯的调查报告及有关未成年罪犯在案件审理中的表现的材料，连同起诉书副本、判决书或者裁定书副本、执行通知书，一并送达未成年犯管教所执行刑罚。

2. 人民法院可以通过多种形式与未成年犯管教所等未成年罪犯服刑场所建立联系，了解未成年罪犯的改造情况，协助做好帮教、改造工作；并可以对正在服刑的未成年罪犯进行回访考察。

3. 人民法院认为有必要时，可以敦促被收监服刑的未成年罪犯的父母或者其他监护人及时探视，以使未成年罪犯获得家庭和社会的关怀，增强改造的信心。

4. 对于被判处管制、拘役缓刑或者有期徒刑缓刑、免予刑事处罚的未成年罪犯，人民法院可以协助社区矫正机构等制定帮教措施。同时，社区矫正时应当将未成年人和成年人分开进行，并对未成年社区矫正人员给予身份保护，其矫正宣告不公开进行，其矫正档案应当保密。

5. 人民法院可以适时走访被判处管制、拘役宣告缓刑或者有期徒刑宣告缓刑、免予刑事处罚等的未成年罪犯及其家庭，了解对未成年罪犯的管理和教育情况，以引导未成年罪犯的家庭正确地承担管教责任，为未成年罪犯改过自新创造良好的环境。社区矫正机构也应该督促未成年矫正人员的监护人履行其职责，承担抚养、管教等义务。

6. 对于被判处管制、拘役缓刑或者有期徒刑缓刑、免予刑事处罚的未成年罪犯具备就学、就业条件的，人民法院可以就其安置问题向有关部门提出司法建议，并且附送必要的材料。社区矫正机构也应该协调有关部门为未成年社区矫正人员的就学、就业提供帮助。

7. 对于执行机关依法提出的给未成年罪犯减刑或者假释的书面意见，人民法院应当及时予以审核、裁定。

8. 对犯罪时不满 18 周岁，被判处 5 年有期徒刑以下刑罚的未成年罪犯，或者被作出不起诉决定的未成年犯罪嫌疑人，公安机关、人民检察院和人民法院应该根据人民法院已经生效的判决书，将该未成年人的犯罪记录予以封存。对于二审案件，上级司法机关封存犯罪记录时，应该通知下级司法机关对相关记录予以封存。《刑事诉讼法》第 286 条第 2 款规定，犯罪记录被封存的，不得向任何单位和个人提供。即对此类未成年罪犯而言，将来刑罚执行完毕后，一般在复学、升学、就业、出国、报考等事项上应被视为没有犯罪记录，可以对其开具无犯罪记录证明。当然，对于未成年人的犯罪记录也允许有条件的提供，即司法机关为办案需要或者有关单位根据国家规定可以进行查询。符合下列条件之一的，司法机关应该对犯罪记录解除封存：（1）实施新的犯罪，且新罪和封存记录之罪数罪并罚后被决定执行 5 年有期徒刑以上刑罚的；（2）发现漏罪，且漏罪与封存记录之罪数罪并罚后被决定执行 5 年有期徒刑以上刑罚的。但是，依法进行查询的单位必须履行相应保密义务，对被封存的犯罪记录予以保密。

问题与思考

简答题

1. 未成年人刑事案件诉讼程序应当遵循哪些原则？
2. 未成年人附条件不起诉制度的适用范围与条件是什么？
3. 未成年人刑事案件的审判程序有哪些特点？

课堂讨论案例

张某，15 岁，自辍学后经常与社会青年李某（20 岁）在一起，两人于某日共谋在一偏僻的巷道内实施抢劫。两人在抢劫被害人杨某的一部手机时，被杨某制服，后杨某将两人扭送至公安机关。公安机关对此案进行侦查。

请结合未成年人刑事案件诉讼程序的特点，谈谈在侦查这一案件时应当注意哪些问题。

法律职业资格（司法）考试真题

1. 赵某因涉嫌犯抢劫罪被抓获，作案时未满 18 周岁，案件起诉到法院时已年满 18 周岁。下列哪一说法是正确的？（　　）（单选）

A. 本案由少年法庭审理

B. 对赵某不公开审理

C. 对赵某进行审判，可以通知其法定代理人到场

D. 对赵某进行审判，必须适用简易程序

2. 检察院在审查起诉未成年人刑事案件时，应当进行下列哪些活动？（　　）（多选）

A. 听取辩护人的意见

B. 听取未成年被害人的意见

C. 听取未成年被害人的法定代理人的意见

D. 在押的未成年犯罪嫌疑人有认罪、悔罪表现的，检察人员可以安排其与法定代理人、近亲属等会见、通话

3. 犯罪嫌疑人甲系不满18周岁的未成年人，在侦查阶段，依法享有下列哪些诉讼权利？(　　)(多选)

A. 在讯问时，侦查机关应当通知其法定代理人到场

B. 在讯问时，侦查机关可以通知其法定代理人到场

C. 被第一次讯问后，甲可以聘请辩护律师

D. 被第一次讯问后，甲的亲属可以为其聘请律师

4. 根据《人民检察院办理未成年人刑事案件的规定》，关于检察院审查批捕未成年犯罪嫌疑人，下列哪些做法是正确的？(　　)(多选)

A. 讯问未成年犯罪嫌疑人，应当通知法定代理人到场

B. 讯问女性未成年犯罪嫌疑人，应当有女检察人员参加

C. 讯问未成年犯罪嫌疑人一般不得使用械具

D. 对难以判断犯罪嫌疑人实际年龄，影响案件认定的，应当作出不批准逮捕的决定

5. 甲、乙系初三学生，因涉嫌抢劫同学丙（三人均不满16周岁）被立案侦查。关于该案诉讼程序，下列哪些选项是正确的？(　　)(多选)

A. 审查批捕讯问时，甲拒绝为其提供的合适成年人到场，应另行通知其他合适成年人到场

B. 讯问乙时，因乙的法定代理人无法到场而通知其伯父到场，其伯父可代行乙的控告权

C. 法庭审理询问丙时，应通知丙的法定代理人到场

D. 如该案适用简易程序审理，甲的法定代理人不能到场时可不再通知其他合适成年人到场

6. 未成年人小周涉嫌故意伤害被取保候审，A县检察院审查起诉后决定对其适用附条件不起诉，监督考察期限为6个月。关于本案处理，下列哪一选项是正确的？(　　)(单选)

A. 作出附条件不起诉决定后，应释放小周

B. 本案审查起诉期限自作出附条件不起诉决定之日起中止

C. 监督考察期间，如小周经批准迁居B县继续上学，改由B县检察院负责监督考察

D. 监督考察期间，如小周严格遵守各项规定，表现优异，可将考察期限缩短为5个月

7. 未成年人小天因涉嫌盗窃被检察院适用附条件不起诉。关于附条件不起诉可以附带的条件，下列哪些选项是正确的？(　　)(多选)

A. 完成一个疗程四次的心理辅导

B. 每周参加一次公益劳动

C. 每个月向检察官报告日常花销和交友情况

D. 不得离开所居住的县

8. 黄某（17周岁，某汽车修理店职工）与吴某（16周岁，高中学生）在餐馆就餐时因琐事与赵某（16周岁，高中学生）发生争吵，并殴打赵某致其轻伤。检察院审查后，综合案件情况，拟对黄某作出附条件不起诉决定，对吴某作出不起诉决定。请回答（1）、（2）、（3）题。(不定项)

（1）关于本案审查起诉的程序，下列选项正确的是？(　　)

A. 应当对黄某、吴某的成长经历、犯罪原因和监护教育等情况进行社会调查

B. 在讯问黄某、吴某和询问赵某时，应当分别通知他们的法定代理人到场

C. 应当分别听取黄某、吴某的辩护人的意见

D. 拟对黄某作出附条件不起诉决定，应当听取赵某及其法定代理人与诉讼代理人的意见

（2）关于对黄某的考验期，下列选项正确的是？（　　）

A. 从宣告附条件不起诉决定之日起计算

B. 不计入检察院审查起诉的期限

C. 可根据黄某在考验期间的表现，在法定范围内适当缩短或延长

D. 如黄某违反规定被撤销附条件不起诉决定而提起公诉，已经过的考验期可折抵刑期

（3）关于本案的办理，下列选项正确的是？（　　）

A. 在对黄某作出附条件不起诉决定、对吴某作出不起诉决定时，必须达成刑事和解

B. 检察院对黄某作出附条件不起诉决定、对吴某作出不起诉决定时，可要求他们向赵某赔礼道歉、赔偿损失

C. 在附条件不起诉考验期内，检察院可将黄某移交有关机构监督考察

D. 检察院对黄某作出附条件不起诉决定，对吴某作出不起诉决定后，均应将相关材料装订成册，予以封存

第二十四章

当事人和解的公诉案件诉讼程序

本章概要

公诉案件中当事人的和解，是指在公诉案件的诉讼过程中，由于犯罪嫌疑人、被告人真诚悔罪，并通过向被害人赔偿损失、赔礼道歉的方式获得被害人的谅解，双方自愿达成协议解决争端的活动。2012 年 3 月 14 日修改后的《刑事诉讼法》，正式将刑事和解纳入法定的刑事诉讼法体系，新增第五编第二章“当事人和解的公诉案件诉讼程序”，使其成为五个特别程序之一。2018 年 10 月 26 日，第十三届全国人大常委会第六次会议通过了《关于修改〈中华人民共和国刑事诉讼法〉的决定》，通过《刑事诉讼法》第 15 条将认罪认罚从宽确立为刑事诉讼的重要原则，同时又在《刑事诉讼法》第三编第二章第四节中新增了速裁程序，作为认罪认罚从宽原则最典型的样式。其中第 223 条第 5 项，明确将被告人与被害人就附带民事赔偿等事项达成调解或和解协议作为适用速裁程序的前提。由此将作为特别程序的刑事和解制度纳入认罪认罚从宽制度体系之中。从某种意义而言，刑事和解协议书就是被告人获得公安司法机关从轻处置的重要保障，而被害人也通过在刑事和解中同意赔偿、接受道歉、达成谅解等活动，实现了自己对被告人量刑活动的参与，维护了自己的合法利益，修复了被犯罪侵害的权利。

我国适用刑事和解程序的公诉案件必须满足犯罪嫌疑人、被告人真诚悔罪；获得被害人谅解；被害人自愿和解；犯罪嫌疑人、被告人在 5 年内未曾故意犯罪等基本前提，并且仅仅适用于因民间纠纷引起的，涉嫌侵犯公民人身权利、民主权利罪或侵犯财产罪，且可能判处 3 年有期徒刑以下刑罚的案件，以及除渎职罪以外的可能判处 7 年有期徒刑以下刑罚的过失犯罪案件。

关键术语

刑事公诉案件和解　被害人权利保护　恢复性司法　犯罪嫌疑人、被告人—被害人协商

第一节　刑事公诉案件和解概述

一、刑事公诉案件和解的概念

和解的字面意思是“不再争执，归于和好”。诉讼中的和解是双方当事人通过协商，达成协议，解决争端的活动。和解在我国诉讼中有较长的历史，它广泛存在于新中国的民事诉讼、刑事自诉案件诉讼和附带民事诉讼中。

根据我国《刑事诉讼法》第288条的规定，公诉案件中当事人的和解（以下简称“公诉案件和解”）是指在公诉案件的诉讼过程中，犯罪嫌疑人、被告人真诚悔罪，并通过向被害人赔偿损失、赔礼道歉等方式获得被害人的谅解，双方自愿达成协议解决争端的活动。

“公诉案件和解”是刑事和解的一种形式。除“公诉案件和解”外，我国的刑事和解还有自诉案件和解、附带民事诉讼和解两种形式。

在我国，刑事和解和刑事调解是两种不同的制度。刑事调解是指审判人员主动对当事人双方进行说服教育，促使双方当事人协商，达成解决纠纷的协议的诉讼活动。根据《刑事诉讼法》第103条、第212条的规定，我国的刑事调解包括刑事附带民事诉讼中的调解和刑事自诉案件中的调解两种类型。刑事和解是双方当事人自愿进行的，刑事调解是在第三方主持下促成的。此外，刑事和解，尤其是公诉案件的刑事和解有着严格的适用范围。例如，故意犯罪只能是可能判处3年有期徒刑以下刑罚的案件，且必须是因民间纠纷引起的。而刑事调解的适用范围要更广。再者，两者促成的法律效果上也不一样。刑事和解一旦达成协议书，有会有确定的量刑减轻效果①；刑事调解即便达成谅解书，也不必然会带来确定的从轻量刑。

刑事公诉案件和解也不同于美国的辩诉交易制度。辩诉交易是作为政府代表的检察官与辩方之间，围绕定罪与量刑的讨价还价式的协商。该项制度以降低控诉败诉风险为目的，被告人通过认罪去换取检察机关撤销、降格指控的承诺或量刑建议，这其中往往伴随着对被害人利益的牺牲与漠视。而刑事公诉案件和解发生在犯罪嫌疑人、被告人与被害人之间，甚至是犯罪嫌疑人、被告人一方主动地和解，注重被害人与犯罪嫌疑人、被告人之间关系的修复，与辩诉交易有着显著的区别。

二、刑事公诉案件和解的特征

（一）刑事公诉案件和解是一种刑事纠纷解决方式

社会纠纷也称社会冲突，其解决机制包括私力救济、社会救济与公力救济三种。刑事纠纷是众多社会纠纷之中最为激烈的一种，其主要借助于公力救济中的刑事审判，以确定被告人是

---

① 最高人民法院2014年出台的《关于常见犯罪的量刑指导意见》第10条规定：“对于当事人根据刑事诉讼法第277条达成刑事和解协议的，综合考虑犯罪性质、赔偿数额、赔礼道歉以及真诚悔罪等情况，可以减少基准刑的50%以下；犯罪较轻的，可以减少基准刑的50%以上或者依法免除处罚。”

否承担刑事责任的方式加以解决。但是，国家刑罚权的实现主要解决的是国家与犯罪人之间的冲突，至于犯罪人与被害人之间的社会冲突并不完全能借助国家刑罚权的实现而得以消除。因为国家刑罚权只能满足被害人报复的精神需求，物质赔偿与心理慰藉并不能借助于刑罚去实现。按照大陆法系国家的传统观念，从法秩序统一性的角度，刑事不法和民事不法只有法律效果上的差别，两者在内涵上是可以相互抵消和补偿的。[①] 所以，刑事公诉案件和解作为刑事审判以外的另一种刑事纠纷解决方式，通过犯罪嫌疑人、被告人与被害人之间直接商谈来化解纠纷，既能更好地弥补被害人的精神损失、物质损失与心灵受到的伤害，也能让被告人通过恢复性的努力去换取宽缓的刑罚。

（二）刑事公诉案件和解是一种诉讼行为

所谓诉讼行为，是指在刑事诉讼程序中，能够根据行为人意愿引发特定诉讼法效果，促使诉讼开始、进行和终止的意思表示。刑事公诉案件和解虽然是犯罪嫌疑人、被告人与受害人之间所达成的协议，但其不仅产生某种实体法上的效果，而且产生刑事诉讼法上的效力，可能导致国家公诉机关通过不起诉的方式终止诉讼，终止刑事追诉的法律效果。

（三）刑事公诉案件和解能导致不追究或减免刑罚的法律效果

刑事公诉案件和解虽然是在犯罪嫌疑人、被告人与受害人之间达成的，但它不同于一般私法意义上的契约，而是经过国家机关审查认可以后，传递给国家机关的一种公法上的契约[②]，产生不追究或减免刑罚的法律效果。这项特征也让刑事公诉案件和解与民法上的和解得以区分开来。

三、刑事公诉案件和解的现实意义

刑事公诉案件和解作为一项生命力旺盛的制度，其现实意义有以下几点。

（一）刑事公诉案件和解有利于被害人利益保护及其诉讼地位的提高

传统的刑事司法活动着眼于一般预防与法益保护，被害人在很大程度上被边缘化。在社会上发生的不少刑事案件中，加害方往往会对经济赔偿百般推脱，而被害人往往也面临着得不到赔偿的窘境。刑事公诉案件和解之所以能得到青睐，主要是因为该项制度能对被害人处境予以充分关注，同时提升了被害人对于被告人量刑的参与程度。一方面，犯罪嫌疑人、被告人为了得到司法机关的轻缓处理，往往会千方百计地求得被害人的谅解，不仅会积极主动地赔偿被害方的经济损失，尽量满足被害人提出的经济赔偿要求，而且会通过赔礼道歉、忏悔罪过等方式寻求被害人的宽恕、原谅。另一方面，通过商谈，被害人有机会释放心理怨恨，降低犯罪行为造成的痛苦。被害人通过和解协议明确表示谅解被告人的，法院才可能对被告人适用速裁程序并且给予从宽处罚，相当于给予了被害人某种量刑建议与参与权。

---

① Haydar Guler. Die Opferposition im Reformierten Strafverharen in der zweiten Hälfte des 19. Jahrhundert，Internationaler Verlag Der Wissenschaften，2005：S149.

② 张凌，李婵媛．公法契约观视野下的刑事和解协议．政法论坛，2008（6）.

（二）刑事公诉案件和解给犯罪嫌疑人、被告人提供了悔过自新的机会

常规的监禁型矫正措施，虽然使被告人受到刑事惩处，却使他们与被害人之间处于零和关系中。很多犯罪嫌疑人、被告人从立案到审判期间被羁押在看守所，他们的身心受到一定的伤害。与一些惯犯、重刑犯关押在一起，也可能对轻刑犯罪嫌疑人产生一些负面影响，同时被羁押的经历客观上对犯罪嫌疑人、被告人回归社会造成了阻碍，可能会使其本人及家人对社会、被害人产生仇恨心理。如何既能让犯罪嫌疑人、被告人在不脱离正常社会环境的前提下进行人格矫正，又能让被害人的正义诉求得到满足？刑事公诉案件和解正好为此提供了一个契机。对于犯罪嫌疑人、被告人而言，轻缓处理结果能使他们不再担心终生被贴上“罪犯”的标签，对前途产生绝望情绪。在刑事公诉案件和解中，犯罪嫌疑人、被告人往往表现出强烈的赎罪心理和悔过自新的愿望，这就削弱了犯罪嫌疑人、被告人的反社会意识，有利于其回归社会。

（三）刑事公诉案件和解有利于提高服判率，节省诉讼资源

刑事和解是在轻刑主义基础之上体现着刑事司法的“认罪认罚从宽”精神。其基本运作流程都是先由犯罪嫌疑人、被告人真诚悔罪，向被害人或其家属进行赔偿并取得谅解，而后由检察机关提出从宽处罚的量刑建议，最后落实到法院的速裁程序与从轻判决上。根据《刑事诉讼法》第225条的规定，适用速裁程序的案件，人民法院应该在10日以内，最长不超过15日结案。如果某些轻微刑事案件通过普通刑事诉讼程序办理，从立案到判决生效，最少也需要两个月到数月的时间。刑事办案机关不仅需要投入大量的人力、物力，也无法避免上诉过多导致效率低下等现象。如果一味地只讲公正不顾效率，显然不符合我国现阶段人力、财力、物力有限的现实。刑事公诉案件和解机制的引进，可以简化办案程序，吸收社会机构、基层组织参与刑事案件的调解，有利于问题的解决，赔偿的履行，也有利于被告人回归正常的社会生活，而且可以分担司法机关办案压力，提高办案效率，以达到公正与效率的有机统一。

（四）刑事公诉案件和解是和谐社会的内在要求

和谐社会要求友爱、诚信，人与人之间、人和自然之间和谐相处。虽然被害人和犯罪嫌疑人、被告人是对立的，但矛盾也不是不可以化解的，在一定条件下可以有所缓和、缓解甚至消除对立的情绪。在刑事和解中，犯罪嫌疑人、被告人有机会当面承认错误，双方就刑事诉讼的解决找到共识，使被害人能够收获更多的安全感，减少不安与恐惧，最终修复因犯罪行为所破坏的社会秩序，息事宁人。刑事公诉案件和解对构建和谐社会最重要的价值就在于，它能以合作的方式彻底解决矛盾，最大限度地恢复被犯罪破坏的秩序。

第二节　刑事公诉案件和解的发展历程

一、国外刑事公诉案件和解的发展历程

在人类社会出现犯罪观念以前，社会纠纷的解决方式就是“以眼还眼，以牙还牙”的同态复仇。随着人类理性的发展，出现了用给予被害人及其亲属赎金作为复仇的替代性纠纷解决方

式。可以说，这是刑事公诉案件和解最原始的形式。《十二铜表法》就有关于诉讼双方不能和解，则到广场进行诉讼的规定。

随着国家权力的强大，复仇与和解作为纠纷解决方式都被禁止，犯罪必须由国家司法机关借助国家刑罚制度加以解决。直至今日，这仍然是刑事司法的主要表现形式。刑事被害人因此丧失了对刑事案件处理的主动权，几乎沦为刑事诉讼的边缘人。

自20世纪50年代开始，刑事被害人学逐渐成为犯罪学以及刑事政策学的重要内容。刑事被害人学一开始是研究被害人与犯罪人之间的互动关系，并从被害人角度提出犯罪预防的措施。20世纪60年代以后，刑事被害人保护成为刑事被害人学的主要内容。主流观点认为，被害人保护缘于被害人因犯罪行为所受的伤害，这种伤害理应得到合理的治疗与恢复。这些伤害有直接源自犯罪行为的，也有源自被害后受到社会的正式与非正式反应而产生的第二次受害。因此，刑事司法的任务应该是平息犯罪嫌疑人、被告人与受害者之间的怨恨，确认和发展社会生活的准则和价值。

现代西方国家第一起刑事公诉和解案件是1974年发生在加拿大小镇的一起案件。在两个门诺派教会成员制造了22起财产犯罪之后，缓刑官和门诺教中心委员会成员说服法庭，允许被告人与被害人会面，在确定被害人损失及被告人自愿赔偿的基础上，法庭判处两名被告人缓刑。到20世纪80年代，随着恢复性司法的提倡，通过调解人的帮助，由犯罪被害人与犯罪嫌疑人、被告人直接商谈，以弥补被害者创伤，恢复犯罪所破坏的社会关系的刑事公诉案件和解计划风靡一时。20世纪90年代以来，刑事公诉案件和解已在欧美数十个国家得到不同程度的发展和应用。这些国家的刑事公诉案件和解实践，通常由社区志愿者充当调停人，并受到来自州和地方政府的资助。刑事公诉案件和解的适用对象由最初的少年犯及受害人扩大到成年犯及受害人，适用案件范围则从最初的轻微人身伤害、偷盗等案件，扩大到强奸、杀人、放火等严重暴力性案件。迄今为止，各国刑事公诉案件和解的适用范围还在扩大，对于刑事公诉案件和解的成果——赔偿协议，各国刑事立法普遍予以认可并以此作为刑事裁量的重要依据。

需要说明的是，西方国家的刑事和解与我国法律规定的和解是不同的。西方国家的刑事和解内容宽泛，包括当事人双方和解和第三方出面调解两方面内容。

二、我国刑事公诉案件和解的发展历程

新中国成立以后，我国的法律和刑事司法实践一直承认刑事自诉案件和附带民事诉讼的当事人可以和解，人民法院和人民调解委员会也可以调解的制度。1954年颁布的《人民调解委员会暂行组织通则》，明确了轻微刑事案件也可以调解的原则，并且在20世纪60年代，浙江诸暨枫桥镇还形成了通过调解将矛盾化解在基层，“捕人少，治安好”的“枫桥经验”。2002年北京市朝阳区人民检察院制定的《轻伤害案件处理程序实施规则（试行）》，可以被视为刑事公诉案件和解在实务部门探索的“先声”。

2006年10月中共中央发布《关于构建社会主义和谐社会若干重大问题的决定》，构建社会主义和谐社会作为一项重大的政治任务得以确立。具体到刑事司法领域，宽严相济的刑事政策成为贯彻和谐社会理论的重要体现。2012年3月14日修改后的《刑事诉讼法》正式将刑事公诉案件和解纳入法定的刑事诉讼体系之中，新增了第五编第二章“当事人和解的公诉案件诉讼程序”，成为当时刑事诉讼的四个特别程序之一。

第三节 刑事公诉案件和解诉讼程序的具体内容

一、刑事公诉案件和解的适用条件

根据《刑事诉讼法》第288条的规定，我国适用刑事公诉案件和解程序应具备以下四个方面的要件。

（一）犯罪嫌疑人、被告人真诚悔罪

犯罪嫌疑人、被告人悔罪有很多表现形式：犯罪后的自首与坦白，积极配合司法机关处理案件，向他人忏悔罪行等，都在不同程度上表现了他们悔罪的心理。但需要注意的是，只有被告人向被害人以一定形式表达自己对犯罪的受谴责态度，才是本节所说的真诚悔罪。真诚悔罪一般以书面、公开形式表达，轻微的刑事案件可采取口头表达的悔罪方式。悔罪的内容，除了包括承认犯罪行为已经发生，承认自己的行为已经构成犯罪，承认自己的行为应该负有法律责任，还要包括表达悔恨以及担保未来不再犯罪的意思表示。无论悔罪的内容和形式以何种形式呈现，和解协议约定的赔礼道歉等事项，必须由被告人本人履行。

（二）获得被害人谅解

被害人表达谅解的方式通常是明示。根据司法解释的规定，和解协议必须包括被害人自愿谅解，请求或同意从宽处罚的内容。因此，被害人谅解必须以书面文字形式明确向主管机关表示。

从理论上而言，被害人谅解的时间可以是从立案、侦查、起诉、审判到执行的任一阶段。但由于刑事公诉案件和解中的谅解是为了影响犯罪嫌疑人、被告人的定罪量刑，因而这里的被害人谅解应该在判决生效以前作出。

（三）被害人合法、自愿和解

自愿性与合法性是保障刑事公诉案件和解正当性的必要条件。如果当事人和解是基于强迫、威胁、欺骗或其他非法方法而达成，刑事公诉案件和解的恢复性司法的价值目标就根本无法实现。所以，《刑事诉讼法》第289条以及相关司法解释专门规定了公安机关、人民检察院、人民法院对刑事公诉案件和解合法性和自愿性的审查义务，以确保被害人和解的自愿性和合法性。

（四）犯罪嫌疑人、被告人在5年内未曾故意犯罪

刑事公诉案件和解不仅要以被告人真诚悔罪为前提，还要考虑到犯罪嫌疑人、被告人的主观恶性以及其所反映出的社会危险程度。之所以排除对人身危险性明显较高的犯罪主体适用刑事公诉案件和解，理由在于：其一，从实质合理性考虑，对于累犯、惯犯这样人身危险性高的犯罪嫌疑人、被告人，如果在5年内有过故意犯罪记录，说明其主观恶性较大，之前的故意犯罪改造的效果不好。其二，对于人身危险性较高的人员，法律一般都有明文规定，要求适用较严厉的刑罚措施。例如，法律明确规定，对于累犯应当从重处罚，不得适用缓刑和假释。如果允许对其适用刑事公诉案件和解程序，使其得到宽缓处理，则明显与以上规定产生冲突。

基于刑法中“行为与责任同时存在”的主客观相统一原则，“5 年内未曾故意犯罪”应该以本次拟和解的犯罪行为发生之日开始向前推算 5 年为宜。而且，5 年内曾经有过的故意犯罪，无论是否受到追究，都应该认定为 5 年以内曾经故意犯罪。

二、刑事公诉案件和解的案件范围

根据《刑事诉讼法》第 288 条的规定，以下两类公诉案件中可以适用刑事和解。

（一）因民间纠纷引起的，涉嫌《刑法》分则第四章、第五章规定的犯罪，可能判处 3 年有期徒刑以下刑罚的案件

这类案件必须同时具备以下三项要素。

1. 必须是基于民间纠纷引起的。所谓民间纠纷，是指公民之间有关人身、财产权益的纠纷和其他日常生活中所发生的纠纷。但是，民间纠纷不应该被狭隘地理解为邻里纠纷或亲属家庭纠纷，否则将不当地限制刑事和解的法律效果。①

2. 涉嫌的罪名必须是侵犯公民人身权利、民主权利罪或侵犯财产罪。首先，就刑事公诉案件和解的功能和目的看，《刑法》第四章、第五章规定的犯罪都是涉及公民个人“法益”的犯罪。这些犯罪的被害人比较明确，便于双方展开富有成效的协商，达到刑事公诉案件和解的恢复性司法目的。如果犯罪侵犯的客体不是个人权益，而是社会与国家整体的利益，或者欠缺特定、直接的被害人，那么刑事公诉案件和解不仅会使国家、社会遭受利益损失，也不利于维护公民个人权益。因此不宜适用刑事公诉案件和解。

3. 可能判处 3 年有期徒刑以下刑罚。这里的 3 年有期徒刑以下刑罚，应该是指宣告刑，而非法定刑。即综合全案证据判断有可能判处 3 年有期徒刑以下刑罚的，就可以适用刑事公诉案件和解的规定。

（二）除渎职犯罪以外的可能判处 7 年有期徒刑以下刑罚的过失犯罪案件

过失犯罪相对于故意犯罪而言，虽然可能造成相对严重的犯罪后果，但因为并非犯罪嫌疑人、被害人故意为之，所以主观恶性较小，更容易得到被害人的谅解。为了保障被害人的合法权益，同时有利于过失犯罪人的教育改造，应当允许这类案件适用刑事公诉案件和解。之所以将渎职犯罪排除在刑事公诉案件和解的适用范围之外，主要是由其较为特殊的犯罪客体所决定的。渎职罪的犯罪客体为国家正常的职能管理活动，侵害的是国家利益而非个人权益，如果以之作为刑事公诉案件和解的对象，会对国家管理、社会管理产生不良影响。

三、刑事公诉案件和解的程序规则

从启动主体来看，刑事公诉案件和解分为当事人申请和解及办案机关建议和解两大类。鉴

---

① 例如纪某盗窃、故意伤害案（［2015］浙杭刑终字第 534 号）判决书中，法院认为本案系上诉人纪某等人无故滋事而引发，不属于可依刑事和解程序处理的案件。故辩护人提出的“被害人与纪某家属达成刑事和解协议，并明确表示不追究纪某的刑事责任，则依法可不追究刑事责任”的辩护意见不能成立。这种理解过于褊狭地定义了民间纠纷。

于主动和解的程序相对简单，以下主要以办案机关建议和解为主展开介绍。

（一）刑事公诉案件和解的阶段

根据《刑事诉讼法》第289条之规定，公安机关、人民检察院与人民法院在办理刑事案件的过程中，都有权对双方当事人的和解进行审查并制作和解协议书和作出相应处理决定。可见，刑事公诉案件和解可以适用于从立案到人民法院作出生效判决的任何诉讼阶段。在不同的诉讼阶段，由不同的办案机关负责刑事公诉案件和解的审查与协议书制作工作。

（二）刑事公诉案件和解中的权利告知

对于事实清楚、证据充分，依法适宜和解的案件，办案人员可以在办案过程中向犯罪嫌疑人、被害人双方告知可以自行和解。在当事人申请和解时，办案人员应向双方明确告知其享有自愿选择是否达成和解协议的权利。

作为被告人一方，其有权在认罪与不认罪之间进行自由选择。对于认罪且法律允许和解的案件，还有权决定是否同意与被害人和解。作为被害人一方，对于符合和解条件的案件，也有权提出、接受或者拒绝适用和解程序。双方当事人有权选择自行和解或者选择申请办案机关、人民调解委员会等组织或个人主持下和解。双方当事人有委托律师或其他代理人参与和解程序的权利。双方当事人对于和解条件有进行谈判的权利，对对方提出的和解方案有接受、拒绝或者修改的权利，也有在达成和解协议之前反悔的权利等。

（三）犯罪嫌疑人、被告人与被害人会商

和解主持者应在不泄露办案秘密的情况下，将有关的司法程序及案件情况介绍给当事人，促使双方当事人达成和解协议。根据相关司法解释，可以由办案机关来主持和解。根据案件情况，也可以邀请人民调解员、辩护人、诉讼代理人、当事人亲友等参与促成双方当事人和解。

为保证当事人在自愿、理智的情况下选择适用和解程序，办案机关应当告知相应的权利义务，必要时可以提供法律咨询。为了保障刑事公诉案件和解目的的实现，和解会商应该以面对面的方式为主。但根据相关司法解释，犯罪嫌疑人、被告人与被害人会商不必亲自参加，被害人系无行为能力或限制行为能力人、死亡的，其法定代理人、近亲属可以代为和解。同样，被追诉人系限制行为能力人的，其法定代理人可以代为和解。经在押的被追诉人同意，法定代理人或近亲属也可以代为和解。

如果双方无法达成和解协议，办案机关应该及时恢复正常诉讼程序，不得无故拖延。任何一方当事人曾在和解程序中作出的对自己不利的陈述，都不应作为证据使用。

（四）自愿性、合法性审查

《刑事诉讼法》第289条规定："双方当事人和解的，公安机关、人民检察院、人民法院应当听取当事人和其他有关人员的意见，对和解的自愿性、合法性进行审查，并主持制作和解协议书。"为了保障和解协议的有效性，办案机关应该重点在以下几个方面予以审查：(1) 双方当事人选择和解是否出于自愿；(2) 犯罪嫌疑人是否真诚悔罪，是否向被害人赔礼道歉，经济赔偿数额与其造成的损害和赔偿能力是否相适应；(3) 被害人及其法定代理人或近亲属是否明确表示对犯罪嫌疑人予以谅解；(4) 是否符合法律规定；(5) 是否损害国家、集体和社会公共利益或者他人的合法权益；(6) 是否符合社会公德。办案机关对于和解协议的审查不能局限于

和解协议的文字，还要听取当事人以及其他有关人员的意见。

（五）和解协议的制作

办案机关经过对和解协议的审查，认为符合合法性与自愿性原则的，应该主持制作和解协议书。和解协议书应该包括以下内容：（1）被告人承认自己所犯罪行，对犯罪事实没有异议，并真诚悔罪；（2）被告人通过向被害人赔礼道歉、赔偿损失等方式获得被害人谅解。涉及赔偿损失的，应当写明赔偿的数额、方式等。提起附带民事诉讼的，由附带民事诉讼原告人撤回附带民事诉讼；（3）被害人自愿和解，请求或者同意对被告人依法从宽处罚。和解协议应该由双方当事人和审判人员签名，但不加盖人民法院印章。和解协议一式三份，双方当事人各持一份，另一份交人民法院附卷。对于协议中的赔偿损失等内容，双方当事人要求保密的，人民法院应当准许，并采取相应保密措施。

（六）和解协议的效力

根据《刑事诉讼法》第290条以及相关规定，对于达成和解协议的案件，可能发生的效力如下。

1. 未成年犯罪嫌疑人可以不被批准逮捕。根据最高人民检察院《未成年人刑事检察工作指引（试行）》第160条，未成年犯罪嫌疑人与被害人达成刑事和解，是认罪悔罪的主要表现。在具备有效监护条件和帮教措施的前提下，可以不予逮捕。

2. 人民检察院可以作出不起诉决定。此时发生终止刑事诉讼的效力。

3. 将刑事公诉案件和解协议作为从宽处罚的根据。即公安机关和人民检察院可以据此在各自主持的诉讼阶段内，予以从宽处理或提出从宽处罚建议。人民法院则可以将和解协议作为从宽处罚的依据。

4. 将刑事公诉案件和解协议作为适用速裁程序的根据。依据《刑事诉讼法》第222条的规定，对于可能判处3年有期徒刑以下的案件，事实清楚，证据确实、充分的，被告人认罪认罚并同意适用速裁程序的，可以由审判长一人独任审判。公诉案件和解协议，含有被告人认罪认罚的内容，有的和解协议可以显示适用速裁程序的各项条件，故可以作为适用速裁程序的根据。

但是，要注意的是，和解协议对办案机关并无绝对约束力，即便达成了和解协议，无论是公安机关、检察机关、法院，还是执行机关，也都应当综合犯罪嫌疑人、被告人认罪、悔罪情况，有无自首、立功情节，被害人有无过错等案件综合情况，出具处理意见。

（七）和解协议的履行

犯罪嫌疑人、被告人应该根据协议内容，自觉履行认罪、悔罪、赔礼道歉、赔偿损失等义务。实践中也存在犯罪嫌疑人、被告人事先向被害人赔礼道歉、赔偿钱物，后同被害人达成和解协议的情形。

当事人在和解协议生效后，如出现反悔或者拒不履行和解协议情况的，应视情况作出不同的处理：（1）如果和解协议已经完全履行后，当事人反悔的，办案机关不予支持，除非有证据证明和解协议违反自愿性和合法性原则。（2）在侦查或审查起诉期间已经达成和解协议并全部履行，被害人或其法定代理人、近亲属又提出附带民事诉讼的，人民法院不予受理，除非有证据证明和解违反自愿、合法原则。（3）如果和解协议的签订基于自愿、合法原则，但完全履行前当事人反悔的，此时办案机关若已经对案件作出生效处理的，一般也不予支持。对于其中民事赔偿的部分，被害人可以申请人民法院强制执行。(4) 犯罪嫌疑人、被告人及其亲友等以暴力、威胁、欺骗或者其他非法方法强迫、引诱被害人和解，或者在协议履行以后报复、威胁被害人的，应该认定和解协议无效。已经作出生效决定的，应该撤销原先作出的处理决定，恢复普通刑事诉讼程序。

问题与思考

简答题

1. 刑事公诉案件和解有何现实意义？
2. 根据《刑事诉讼法》的相关规定，谈谈刑事公诉案件和解的适用条件。
3. 刑事公诉案件和解协议对办案机关有怎样的效力？

课堂讨论案例

张某因交通肇事导致胡某死亡。公安机关立案后，查明张某在2年前还犯有故意伤害致人轻伤的案件，目前处于缓刑考验期内。胡某家属与张某在侦查阶段达成了和解协议。

请问：公安机关能否对张某向人民检察院提出从宽处理的建议？

法律职业资格（司法）考试真题

1. 甲发现自家优质甜瓜常被人夜里偷走，怀疑是乙所为。某夜，甲戴上荧光恐怖面具，在乙偷瓜时突然怪叫，乙受到惊吓精神失常。甲后悔不已，主动承担乙的治疗费用。公安机关以涉嫌过失致人重伤将甲拘留，乙父母向公安机关表示已谅解甲，希望不追究甲的责任。在公安机关主持下，乙父母与甲签订和解协议，公安机关将案件移送检察院并提出从宽处理建议。下列社会主义法治理念和刑事诉讼理念的概括，哪一选项与本案处理相一致？（　　）（单选）

A. 既要充分发挥司法功能，又要构建多元化的矛盾纠纷化解机制

B. 既要坚持法律面前人人平等，又要考虑对特殊群体区别对待

C. 既要追求公平正义，又要兼顾诉讼效率

D. 既要高度重视程序的约束作用，又不应忽略实体公正

2. 甲因邻里纠纷失手致乙死亡，甲被批准逮捕。案件起诉后，双方拟通过协商达成和解。对于此案的和解，下列哪一选项是正确的？（　　）（单选）

A. 由于甲在押，其近亲属可自行与被害方进行和解

B. 由于乙已经死亡，可由其近亲属代为和解

C. 甲的辩护人和乙近亲属的诉讼代理人可参与和解协商

D. 由于甲在押，和解协议中约定的赔礼道歉可由其近亲属代为履行

3. 董某（17岁）在某景点旅游时，点燃荒草不慎引起大火烧毁集体所有的大风公司林地，致大风公司损失5万元，被检察机关提起公诉。关于本案处理，下列哪一选项是正确的？（　　）（单选）

A. 如大风公司未提起附带民事诉讼，检察院可代为提起，并将大风公司列为附带民事诉

讼原告人

B. 董某与大风公司既可就是否对董某免除刑事处分达成和解，也可就民事赔偿达成和解

C. 双方刑事和解时可约定由董某在 1 年内补栽树苗 200 棵

D. 如双方达成刑事和解，检察院经法院同意可撤回起诉并对董某适用附条件不起诉

4. 李某因琐事将邻居王某打成轻伤。案发后，李家积极赔偿，赔礼道歉，得到王家谅解。如检察院根据双方和解对李某作出不起诉决定，需要同时具备下列哪些条件？（　　）（多选）

A. 双方和解具有自愿性、合法性

B. 李某实施伤害的犯罪情节轻微，不需要判处刑罚

C. 李某五年以内未曾故意犯罪

D. 公安机关向检察院提出从宽处理的建议

第二十五章 缺席审判程序

本章概要

刑事缺席审判是指在法院对案件依法送达和传唤以后，在被告人不能到案或者不出庭或者在庭审中退席的情形下，依法对案件进行审理的活动。

2018 年 10 月修改后的《刑事诉讼法》，在特别程序编中增设了“缺席审判程序”专章。按照缺席审判对象的不同规定了四种类型的缺席审判的情形，具体为被追诉人在境外的缺席审判、患有严重疾病无法出庭时的缺席审判、审判过程中被告人死亡的缺席审判、审判监督程序中被告人死亡案件的缺席审判。

被追诉人在境外的缺席审判程序，主要是基于反腐败追逃工作的需要。对于贪污贿赂犯罪案件，以及需要及时进行审判，经最高人民检察院核准的严重的危害国家安全犯罪、恐怖活动犯罪案件，犯罪嫌疑人、被告人在境外的，人民检察院在对案件进行审查以后，认为达到犯罪事实已经查清，证据确实、充分，依法应当追究其刑事责任的程度，可以向人民法院提起公诉。人民法院对提起公诉的缺席审判程序案件要先进行审查，只有同时满足“起诉书中有明确的指控犯罪事实”和“符合适用缺席审判程序适用条件”两项条件，才应当决定开庭审判。

关键术语

缺席审判　境外被追诉人　在场权　审判监督程序

第一节　刑事缺席审判概述

为了适应新时代我国反腐败刑事政策和国际追逃追赃工作的需要，同时系统地总结刑事审判经验，解决当前审判实践中的难题，2018 年 10 月 26 日，十三届全国人大常委会第六次会议通过《全国人民代表大会常务委员会关于修改〈中华人民共和国刑事诉讼法〉的决定》，在特别程序编中增设了“缺席审判程序”专章，对犯罪嫌疑人、被告人在境外的缺席审判程序的适用范围、程序具体设置、诉讼权利保障以及审理和被告人死亡案件的缺席审判程序等相关问题作出系统规定。

一、刑事缺席审判的概念与特征

学术界对缺席审判目前还没有统一的概念。我们认为，刑事缺席审判是作为以被告人在场为特征的刑事对席审判的一种例外或补充的审判形态。刑事对席审判要求被告人在审判时始终在场，既是为了保障被告人的诉讼权利，也是为了保障查明案件真实，被告人缺席只有在符合法律规定时才能例外地允许。因此，从法律概念的功能角度，刑事缺席审判的概念至少应该囊括所有允许被告人不在场而审判的例外情形。唯有如此的法律概念，才能去凸显和判断实践中哪些忽视被告人在场权和依法庭审权的做法是违反法律规定和侵害被告人诉讼权利的情形，进而成为二审撤销原判发回重审，甚至启动再审的理由。

其实在2018年《刑事诉讼法》建构第五章“缺席审判程序”专章以前，我国《刑事诉讼法》和司法解释中就有缺席审判的规定。例如，依照修改前《刑事诉讼法》第15条及最高人民法院《解释》的规定，在审判阶段死亡的被告人，根据已查明的案件事实和认定的证据，能够确定无罪的，人民法院应当判决宣告被告人无罪。再如依据最高人民法院《解释》第199条，讯问同案审理的被告人，应当分别进行。这也意味着被告人在讯问其他同案被告人时应该暂时性缺席。此外在审判监督程序中，符合法定重新审理条件而原审被告人死亡的案件，审判机关也应进行缺席审判，聂树斌案、呼格吉勒图案即为典型。

所以，我们认为，所谓刑事缺席审判是指在法院对案件依法送达和传唤以后，在被告人不能到案或者不出庭或者在庭审中退席的情形下，依法对案件进行审理的活动。刑事缺席审判制度具有以下特征。

（一）制度目的通常基于特定政策考量

根据《刑事诉讼法》第2条，理想上的刑事诉讼活动要既能保障人权，又能准确及时地惩治犯罪，还要能达到教育公民自觉遵守法律的社会效果。但在现实世界中，基于各种因素的影响，并非所有的刑事审判活动都能同时实现上述目标。相对于此，刑事诉讼立法受到特定政策的影响而有特定的变通设计，实际上是常见的立法现象。

我国《刑事诉讼法》第五编第三章的缺席审判程序包含着不同的缺席审判形态，但是共同的特点都是基于特定的政策考量，而将对席审判所要求的直接言词审理原则进行了一定的折中和妥协。例如，《刑事诉讼法》第291～295条规定的被追诉人在境外的缺席审判程序就是为了不让腐败分子利用当今人员、财产流通上的便利而逃脱犯罪的处罚，尤其是为了方便反腐败刑事政策下的国际追逃追赃工作而设立的。第297条第2款有关审判监督程序中被判决人已经死亡的缺席审判，不仅是为了纠正冤假错案，提振全社会对司法公正的信心，更体现了党的十八大以来，以习近平同志为核心的党中央对纠正冤假错案的特殊关注。

（二）适用范围受到法律的严格限定

刑事手段是整个法律体系中最为严格的权利干预。因此，任何法治形态都会为刑事追诉划定一定的界限。党的十八届四中全会以来，我国将以审判为中心的诉讼制度改革作为全面推进依法治国，加快建设社会主义法治国家的重要举措。以审判为中心的诉讼制度必须保证庭审发挥决定性作用。虽然缺席审判制度会提高刑事审判和案件处置的效能，但是也会让刑事审判权与国家刑罚权的运用突破由被告人诉讼权利和庭审程序所构成的限制。因为被告人的缺席无论从形式上还是从实质上都降低了庭审活动的要求，所以必须限制其适用范围。例如，在被追诉人在境外的缺席审判程序中，罪名只能是贪污贿赂案件以及需要及时进行审判，经最高人民检察院核准的严重的危害国家安全犯罪、恐怖活动犯罪案件，其他案件如果人民法院对提起公诉的案件进行审查后，发现被告人不在案的，应当退回人民检察院。

（三）庭审程序有一定的克减

根据《刑事诉讼法》以及相关司法解释，普通的刑事庭审程序通常都要经过开庭时查明被告人到庭、告知被告人诉讼权利、讯问被告人、被告人最后陈述等环节，并且在法庭调查和法庭辩论阶段，被告人还有权发问、发表意见以及辩论。但是当被告人不在场时，这些环节和诉讼行为都将被省略或替代，甚至某些案件因为被告人无法到场，而采取不开庭的方式去审理。司法公正要求以审判为中心，而审判则应该以庭审为中心，庭审则应该以证据为中心，即诉讼证据出示在法庭、案件事实查明在法庭、诉辩意见发表在法庭、裁判结果形成在法庭。被告人缺席的审判会克减庭审的功能，这也是为什么刑事缺席审判制度应当设置在合理的适用范围内，并且配套一定的权利保障方案的原因。

（四）权利保障具有补偿方案

刑事审判关乎被追诉人的人身、财产权利的限制与剥夺。被告人的在场既是其一项重要的诉讼权利，也是他不能豁免的义务。因此，如前文所述，对席审判是常态，缺席审判是例外。依据《刑事诉讼法》，各种类型的缺席审判程序，根据对被告人诉讼权利影响的大小和对直接言词原则克减的程度，设置了相应的权利保障或程序补正规则。例如，对境外被追诉人实行强制法律援助制度。除此之外，对缺席判决的罪犯还赋予了异议权，一旦罪犯提出异议，人民法院应当重新审理。

二、刑事缺席审判的意义

通常的刑事审判以被告人在场为必要，原则上禁止缺席审判，这是包括我国在内当今世界上多数国家刑事诉讼制度的要求。因为现代刑事诉讼在未经依法审判以前，不能确定某个人是否实施了犯罪，所以，在证明其有罪与否的刑事诉讼之中，被告人被当作程序的主体，他享有在场权和依法听审权。同时，被告人的供述为证明犯罪与罪责最为重要的证据之一。根据直接言词原则和以审判为中心的要求，被告人也有审判时在场的义务，以调查核实其口供的真实性。否则，就会影响《刑事诉讼法》第 2 条所规定的“保证准确、及时地查明犯罪事实，正确应用法律，惩罚犯罪分子，保障无罪的人不受刑事追究”的任务实现。

但是，由于刑事诉讼任务的多元化以及个案诉讼状况的复杂性，要求所有的刑事审判活动都必须以被告人始终在场为前提，既不可能也无必要，甚至会阻碍刑事诉讼任务的实现。所以，世界上很多国家的立法都不同程度地规定了被告人不在场可以进行刑事审判的例外情形。2018 年我国的《刑事诉讼法》修正案除了确认《刑事诉讼法》第 16 条以及审判监督程序中已有的被告人无罪时的缺席审判制度以外，主要是创设了被告人有罪时的缺席审判制度，其意义在于坚持惩罚犯罪和保障被告人人权相平衡。具体又可以归纳为以下几点。

（一）有利于准确、及时查明案件事实，强化惩罚犯罪的力度和手段

就惩罚犯罪的面向而言，对于被追诉人身处境外逃避刑事追究的案件，国家可以借由缺席有罪判决强化国际追逃追赃工作的力度和手段，从而打击严重贪污贿赂犯罪中的外逃贪官。一些因为被告人不能出庭而被迫中止审理的案件，也可以借由缺席审判制度及时地得到审理，避免某些认定案件事实的证据因为时间间隔过久而灭失。除此之外，依据刑事诉讼法和司法解释，还有一些临时性地命令被告人在庭审中退场的情形，例如，对共同被告人分别讯问的要求，也是为了让被告人不受其他被告人影响地真实陈述，从而准确地查明案件事实。从另一方面而言，被告人不到场并不一定会影响准确地认定事实。从经验的角度而言，被告人的口供虽然是证实犯罪的证据之一，但是从刑事诉讼的发展规律来看，被告人口供的作用不应该是不可或缺的，被告人也有权不被强迫地证实自己有罪。所以，被告人不能到场并不会绝对妨碍案件真实的澄清，查明犯罪事实更多应该依赖其他的证据。因此，缺席审判制度不是牺牲司法公正的理由。

（二）有利于发挥刑事诉讼的整合的一般预防功能

所谓整合的一般预防，是指通过刑事追究活动，让社会公众坚定法律所树立的价值信念，从树立法律权威的效果。依据《刑事诉讼法》第 2 条，刑事诉讼法还有教育公民自觉遵守法律，积极同犯罪行为作斗争，维护社会主义法制的任务。这项任务超越了单纯地惩罚犯罪与保护无辜，旨在坚定公众的法治信念。为了完成这项任务，一方面刑事诉讼法必须让社会公众亲自见证到犯罪得到了查明以及严肃的对待，有罪判决与犯罪实施的时间间隔越近，让公众重新树立正义的信念就会更加牢固。所以，对犯罪分子准确及时地作出有罪判决，即便因为犯罪人没有到案或者患有重病，导致判决的刑罚短期内无法得到执行，也能够让法律在保护国家和个人合法利益方面发挥一般预防的作用。另一方面，对于审判中死亡却又能够证实其无罪的被告人，或者已经死亡的被判刑人，尽管对于其本人已经无法享有任何利益和承担任何不利，但是对于其家属乃至社会大众而言，必须通过无罪判决发挥信仰法治、信赖司法的正能量，让人民群众在每一个司法案件中都感受到公平正义。

（三）有利于尊重被告人的主体地位

同时，现代刑事诉讼中的被告人已经不再是程序的客体，而是既有权参与、也有权放弃参与事实查明的程序主体。正如被追诉人的沉默权在很多国家或地区得到认真对待一样，被告人也有选择对缺席审判表达同意的权利。但是，这种同意必须建立在完全自愿的基础之上。所以，《刑事诉讼法》第 292 条有关对境外被追诉人送达起诉书和传票的规定以及第 296 条对因病无法出庭被告人同意权的规定，都体现了对被告人自由意志的尊重。

三、刑事缺席审判的类型

（一）分类的意义

缺席审判是相对于对席审判的概念。为了保障被告人的依法听审权和辩护权，普通的刑事审判中，被告人必须从开庭到判决的所有诉讼阶段都始终在场。只有在例外时，才允许审判行

为在被告人不在场时进行。但是，无论是短暂地缺席，还是全程缺席，都是对被告人在场权利和义务的例外或限制，这是全部缺席审判现象的共同特征。通过类型划分，有助于了解各种例外规定的理由并加以从严解释其适用范围，自觉地避免滥用或忽视对被告人防御权的补偿措施。

（二）立法分类

2018 年《刑事诉讼法》增订的第五编第三章，按照缺席审判对象的不同规定了四种类型的缺席审判的情形。具体为对被追诉人身处境外的缺席审判、患有严重疾病无法出庭时的缺席审判、审判过程中被告人死亡的缺席审判、审判监督程序中被告人死亡案件的缺席审判。

从立法技术而言，第五编第三章只是规定了缺席审判适用的案件情形，并没有涵盖我国刑事诉讼制度所规定的所有被告人不在场的审判情形。在审判时允许被告人不在场的情形，例如共同被告接受讯问、被告人因为违反法庭纪律、或违反法庭秩序被命令强行带出法庭的，或者未经许可中途退庭的，以及在数罪或多名被告人的二审程序中符合允许部分被告人不到庭的审理①都属于审判时被告人在场的例外，都应该有严格的适用范围和相应的权利保障机制，一旦滥用都可能会构成“违反法律所规定的诉讼程序，可能影响公正审判”而被撤销或改判。这种分类在规范体系衔接上也有欠缺。例如，有观点就认为《刑事诉讼法》第 297 条第 1 款对于死亡的被告人有证据证明其无罪的缺席审判，就应当在《刑事诉讼法》第 16 条中结合“犯罪嫌疑人、被告人死亡”的情形一并作出规定；而第 296 条有关中止后缺席审判的，也可以规定在第一审程序第 206 条关于中止审理的规定之后。② 另外，《刑事诉讼法》只是对上述第一种缺席审判规定了较为详尽的权利保障和程序补偿机制，但是对第二、三、四种缺席审判却没有详尽的相应规定，有待司法解释进行进一步完善。③

（三）学理分类

我们认为，既然缺席审判的根本特征是被告人在场的例外，那么缺席审判制度的正当性基础就在于惩罚犯罪与保障人权的平衡。因此，缺席审判中限制或排除被告人在场的久暂和理由更应该成为划分缺席审判类型的标准，由此才能更加准确地把握缺席审判的适用以及设计相应的程序保障方案。从学理而言，缺席审判根据时间因素可以分为始终缺席审判和中途缺席审判。对于前者必须严格限定适用的罪名范围并给予判决生效后的程序补偿机制；而对于后者，应该在判决作出以前就提供被告人发表意见的机会，并且作出有罪判决要适用与普通刑事审判一样的标准。

根据被告人的权利行使意愿又可以分为自愿型缺席审判和非自愿型缺席审判，对于后者应该给予申请重新审理的机会。

鉴于《刑事诉讼法》的立法分类在法律效力上的直接性和权威性，以下就法定的各种具体类型予以专门叙述。

---

① 具体详见最高人民法院《解释》第 323 条第 1 款第 3、4 项规定的情形。

② 王敏远．刑事缺席审判制度探讨．法学杂志，2018（8）.

③ 学界的疑虑可以参见陈光中，肖沛权．刑事缺席审判制度的确立意义、立法技术和权利保障．中国刑事法杂志，2018（3）；陈卫东．论中国特色刑事缺席审判制度．中国刑事法杂志，2018（3）.

第二节　被追诉人在境外的缺席审判

一、制度目的

党的十八大以来，我国反腐败斗争取得显著成果并形成压倒性态势。党的十九大要求反腐败斗争决心不变、力度不减、尺度不松，而且宣示："不管腐败分子逃到哪里，都要缉拿归案、绳之以法。"这对反腐败的制度建设提出了新的要求，构建我国刑事缺席审判制度最主要的目的就是有效促进此项工作的开展。

无论是贪污贿赂案件，还是危害国家安全和恐怖主义的犯罪，要对身处境外的犯罪分子依据我国法律予以刑事追究和惩处，首要任务就是要申请其所在国同意引渡其回中国。在引渡谈判过程中，对被申请引渡人如果能够确定其罪犯的身份，将更有利于所在国对其遣返或引渡。如果被申请引渡人系腐败分子，即便其非法取得了他国国籍，根据《联合国反腐败公约》第44条第13款，被请求的缔约国也可以在符合本国法律要求的前提下，考虑执行我国判决的刑罚。[①] 这会对腐败分子形成更大的威慑。所以，缺席审判制度有利于清除海外追逃工作中的制度障碍。

在把握缺席审判制度的意义时，要注意其与违法所得没收程序在功能上的区别。虽然我国《刑事诉讼法》在2012年修改时在第五编中增设了犯罪嫌疑人、被告人逃匿、死亡案件违法所得的没收程序（详见本书第二十六章内容），但是该程序只是针对涉案财产进行的不以定罪为前提的没收，其目的只是切断犯罪分子支配的违法财产，而不能解决对海外犯罪分子的追捕和对其人身判处刑罚的问题。因此，两种程序对于追逃追赃工作不是重叠的，而是相互补充的。

二、适用的案件类型与条件

（一）案件类型

被追诉人在境外的缺席审判程序主要是基于反腐败追逃工作的需要，这类缺席判决未来如果不能取得其他国家的承认和执行，只会浪费司法资源而徒劳无益。所以，考虑到国际影响和国际通行做法，不宜将该类缺席审判的适用范围设置过大。依据《刑事诉讼法》第291条，被追诉人在境外的缺席审判程序适用于下列两类罪名。

1. 贪污贿赂犯罪案件

依据《刑事诉讼法》第291条，被追诉人在境外的缺席审判案件必须是经过监察委员会移送给检察机关的案件。根据《监察法》第11条第2项[②]以及《国家监察委员会管辖规定（试

---

① 《联合国反腐败公约》第44条第13款规定："如果为执行判决而提出的引渡请求由于被请求引渡人为被请求缔约国的国民而遭到拒绝，被请求缔约国应当在其本国法律允许并且符合该法律的要求的情况下，根据请求缔约国的请求，考虑执行根据请求缔约国本国法律判处的刑罚或者尚未服满的刑期。"

② 《监察法》第11条第2项规定，监察机关对涉嫌贪污贿赂、滥用职权、玩忽职守、权力寻租、利益输送、徇私舞弊以及浪费国家资财等职务违法和职务犯罪进行调查。

行)》的规定，此类案件包括规定在《刑法》分则第八章贪污贿赂罪中的、由监察机关专属管辖的 14 个罪名①，还包括规定在《刑法》分则第三章破坏社会主义市场经济秩序罪之中、由监察机关和公安机关共同管辖的 3 个罪名。② 所以，与《刑事诉讼法》第 291 条第 1 款所称的“贪污贿赂案件”的范围应该与《监察法》第 11 条第 2 项的规定相互衔接，即并不限于《刑法》分则第八章贪污贿赂罪中的罪名。同时还要注意的是，这类案件的被告人虽然绝大多数都是曾经“依法履行公职的人员”，但是也有其他并不直接履行公职，而与履行公职相关的其他人员。例如，行贿案的被告人虽然不一定是公职人员，但也可以被适用缺席审判程序。还有一些必须具备特定公职人员身份才可能构成的犯罪，如受贿罪。但是，一般公民与有公职身份的人相互勾结、伙同而成为这些犯罪共犯的，也应该归监察机关管辖。对于这些被监察机关移送给检察机关起诉的共同犯罪嫌疑人、被告人，也可以适用缺席审判程序。③

2. 需要及时进行审判，经最高人民检察院核准的严重危害国家安全犯罪、恐怖活动犯罪案件

严重危害国家安全犯罪和恐怖活动犯罪要么威胁国家的宪法秩序和领土完整性，要么对国家的独立自主和人民的安全构成威胁。所以，刑法通常对这些犯罪行为的主体不作任何限制，并且在刑法适用上采取保护原则，除了本国人以外，也包括外国人和无国籍人。且无论犯罪人其身处何处，都可以适用我国刑法予以追究。然而，不同于前述贪污贿赂犯罪的是，在国际政治交往实践中，危害国家安全犯罪和恐怖活动犯罪容易与具有政治性质的犯罪在范围上发生重叠，加之各国对于恐怖组织的认定标准尚未统一，基于国际司法协助实践中所承认的政治犯罪不引渡原则，这些犯罪即使被作出了缺席有罪判决，通过司法协助实践被引渡回来的困难仍然很大。④ 何况外国籍或无国籍的犯罪人往往就是被请求引渡国的公民，根据本国人不引渡原则，缺席审判的效用受到很大的限制。

但是，从另一方面而言，刑事缺席审判的功能除了配合国际司法协助工作以外，还有“教育公民自觉遵守法律，积极同犯罪行为作斗争”的功能。由于严重危害国家安全犯罪和恐怖活动犯罪对公民的法治感情以及正义信念会造成较一般犯罪更为严重的震撼，所以刑事司法实践有必要向社会公众证明，国家对捍卫主权以及人民安全的态度是坚定不移的。恰恰是因为这类案件的犯罪人或许要经过很长时间才能被引渡回国，届时再行开庭审理对于很多证人或证据可能都不再能够获得，所以当需要及时地在公众面前去呈现犯罪及对其应当负责的人，从而发挥“整合的一般预防作用”，对此依然可以适用缺席审判。

基于上述两层理由，《刑事诉讼法》对于严重危害国家安全犯罪、恐怖活动犯罪案件适用缺席审判程序严格限制了范围，并设置了严格的形式审批程序。在实质要件上，首先只有当这

---

① 这些案件由人民检察院原先反贪部门查办的案件划转而来，现属于监察机关的专属管辖案件。具体为：贪污罪、挪用公款罪、受贿罪、单位受贿罪、利用影响力受贿罪、行贿罪、对有影响力的人行贿罪、对单位行贿罪、介绍贿赂罪、单位行贿罪、巨额财产来源不明罪、隐瞒境外存款罪、私分国有资产罪、私分罚没财物罪。

② 具体为非国家工作人员受贿罪、对非国家工作人员行贿罪、对外国公职人员、国际公共组织人员行贿罪。当公职人员（非国家工作人员）在行使公权力过程中所实施这些犯罪时，就由监察机关管辖、移送；如果系公职人员以外的其他人员涉嫌这些犯罪，则交由公安机关管辖，自然不能适用缺席审判程序。

③ 尽管有学者认为，这些共同被追诉人可能最终未必要以如贪污罪等正犯的罪名定罪（张明楷．刑法学．北京：法律出版社，2016：1183）。但是适用何种罪名的问题属于审判中认定的事项，与案件的管辖问题以及适用何种审理程序的问题并不必然相关。

④ 甘雨沛，高格．国际刑法学新体系．北京：北京大学出版社，2000：436.

两类犯罪情节严重时才能适用缺席审判程序；其次，除了情节严重，还必须是属于需要及时进行审判的案件才可以适用缺席审判程序。就程序要件而言，只有先经过最高人民检察院核准以后，才可以由负责审查起诉的人民检察院向管辖法院提起公诉。

（二）证据条件

根据《刑事诉讼法》第 291 条第 1 款，进行刑事缺席审判的案件与普通提起公诉的刑事案件，在起诉时的证据标准是完全一样的，即人民检察院在对案件进行审查以后，要达到犯罪嫌疑人的犯罪事实已经查清，证据确实、充分，依法应当追究其刑事责任的程度，才可以向人民法院提起公诉。

根据《人民检察院刑事诉讼规则（试行）》（以下简称最高检《规则》）第 390 条，具有下列情形之一的，可以确认犯罪事实已经查清：（1）属于单一罪行的案件，查清的事实足以定罪量刑或者与定罪量刑有关的事实已经查清；（2）属于数个罪行的案件，只要部分罪行已经查清并符合起诉条件的，可以就已经查清的罪行提起进行缺席审判的起诉；（3）无法查清作案工具、赃物去向的，但是有其他证据足以对被告人定罪量刑的；（4）证人证言、被害人陈述内容等证据内容的主要情节一致，只有个别情节不一致且不影响定罪的。

（三）地域条件

我国创设刑事缺席审判制度的根本目的，是加强境外追逃工作的开展。因此，《刑事诉讼法》第 291 条第 1 款明确了该程序仅适用于犯罪嫌疑人、被告人身处境外的案件。犯罪嫌疑人、被告人在境内长期隐匿而不能到案的，则不可以适用缺席审判程序。

三、诉讼程序

（一）管辖

刑事缺席审判案件的管辖可以分为职能管辖与审判管辖。根据《刑事诉讼法》第 291 条第 1 款，可以适用被追诉人在境外的缺席审判程序的案件应该由监察机关调查或者由公安机关侦查。但是，有关本类缺席审判程序的案件范围还包括严重危害国家安全案件，因此对本款规定的“公安机关”应该作扩大解释，包括国家安全机关在内。

由于某些严重危害国家安全犯罪或恐怖活动犯罪的犯罪地可能并不是在我国境内，因而考虑到管辖的确定性与灵活性，根据《刑事诉讼法》第 291 条第 2 款，被追诉人身处境外的缺席审判由犯罪地、被告人离境前居住地或者最高人民法院指定的中级人民法院组成合议庭进行审理。之所以由中级人民法院进行管辖，一方面是因为严重危害国家安全犯罪、恐怖活动犯罪，依据《刑事诉讼法》第 21 条应该由中级人民法院管辖；另一方面是因为这类案件具有“涉外”的属性，由中级法院审理便于与外国司法机构对接，有利于顺利完成送达、司法协助等司法活动。

根据最高检《规则》第 362 条，负责提起公诉的人民检察院应该与人民法院的管辖相适应。因此，对于适用本类缺席审判程序的案件，监察机关、公安机关应该移送到相应的省、自治区、直辖市人民检察院分院、自治州和省辖市人民检察院。

（二）起诉的法定与裁量

适用被追诉人身处境外案件缺席审判程序的证据条件是“事实清楚，证据确实、充分”。

所以，根据《刑事诉讼法》第 162 条第 1 款以及《监察法》第 45 条第 1 款第 4 项，案件只有经过监察机关、公安机关调查或侦查以后，被认为犯罪事实清楚，证据确实、充分的，才能制作起诉意见书，连同所有案卷材料、证据一并移送给人民检察院审查起诉。

对于普通刑事案件，一旦人民检察院认为犯罪嫌疑人的犯罪事实已经查清，证据确实、充分，依法应当追究刑事责任的，根据《刑事诉讼法》第 176 条第 1 款，就应当作出起诉决定。但是，对于被追诉人在境外的特定罪名案件，在满足上述证据条件时，《刑事诉讼法》第 291 条第 1 款则规定人民检察院可以提起公诉。这意味着，人民检察院具有暂时不提起公诉的裁量权。这是因为涉外案件情况复杂，身处国外的被追诉人或许因为客观原因不能自行出境、归国投案，又或者人民检察院一时无法查清犯罪嫌疑人的实际居住地。为此保留给人民检察院一定的起诉机动权，综合评估各种案件情况，有利于评估与选择最适当的追逃追赃方式。

（三）开庭前的审查

根据《刑事诉讼法》第 291 条第 1 款的规定，人民法院对提起公诉的缺席审判程序案件要先进行审查，只有同时满足“起诉书中有明确的指控犯罪事实”和“符合适用缺席审判程序适用条件”两项条件，才应当决定开庭审判。即这两项条件缺一不可，否则人民法院不得开庭审判，可以建议人民检察院撤回起诉或者退回人民检察院，避免案件长期滞留在人民法院。

如果违法开庭审判，可能影响公正审判的，人民检察院抗诉或被告人及其近亲属上诉以后，应该依据《刑事诉讼法》第 238 条第 5 项，由二审人民法院裁定撤销原判，发回原审人民法院重新审判。

（四）传票、起诉书副本的送达

由于在场权是被告人程序主体地位的表现以及法定程序原则不容剥夺的内涵，所以刑事缺席审判要想在国际司法协助中获得被告人所在国承认和执行，必须建立在被告人自愿放弃在场权的理由之上。判断被告人是否真正自愿地放弃在场权，则取决于他是否及时地详尽地知晓针对自己指控的内容和理由。所以，《刑事诉讼法》第 292 条规定，对于人民检察院提起公诉的缺席审判程序案件，人民法院决定开庭审判的，应当将传票和人民检察院的起诉书副本送达被告人。

根据《刑事诉讼法》第 292 条，传票与起诉书副本的送达方式可以采取国际条约中规定的方式或外交途径提出的司法协助方式，也可以是被告人所在地法律允许的其他方式。即不限于以直接送达的方式，也可能是以邮寄方式，甚至以留置方式实现送达。依据 2018 年 10 月 26 日施行的《国际刑事司法协助法》的相关规定，负责审理案件的人民法院应当制作刑事司法协助请求书并附相关材料，经最高人民法院审核同意后，由我国司法部等对外联系机关及时向外国提出请求。

此外，根据《刑事诉讼法》第 291 条的规定，人民法院应当开庭审理，依法作出判决，并对违法所得及其他涉案财产作出处理的前提是，被告人收到传票和起诉书副本且未按要求归案。但是，在司法协助实践中，境外送达极为困难复杂，可能存在无法送达的情形。对于通过有关国际条约中规定的司法协助方式、外交途径或者受送达人所在国法律允许的其他方式，均无法将传票和人民检察院的起诉书副本送达被告人的，应当允许人民法院将案件退回人民检察院。

（五）委托辩护与指定辩护

辩护权是刑事诉讼中的一项普遍性权利。在缺席审判程序中，由于被告人未出庭，其辩护权无法自己行使，因而辩护人出庭辩护对被告人的权利保障有着极为重要的意义。被告人的在场权和辩护权并非完全等同的诉讼权利。所以，被告人即便放弃在场权，也仅意味着其放弃自行辩护权，并不意味着放弃了委托辩护权。更何况，保障缺席被告人获得有效辩护也是判决获得被告人所在国承认的关键。

根据《刑事诉讼法》第 293 条，被告人有权委托辩护人，其近亲属也有权代为委托辩护人。如果被告人及其近亲属没有委托辩护人的，人民法院应当通知法律援助机构指派律师为其提供辩护。

（六）上诉和抗诉

依据《刑事诉讼法》第 294 条，人民法院应该将判决送达给被告人及其近亲属、辩护人。有权上诉的人是不服第一审判决的被告人及其近亲属。

另外，如果判决书不能送达给被告人，那么被告人将无从知晓其被判决的内容，将影响其上诉权的行使。虽然立法没有明确规定具体的送达方式，但基于体系解释，此处判决书的送达应该类推适用传票和起诉书副本的送达。结合最高人民法院《解释》第 301 条，上诉期限应该自判决书向被告人送达完成后的第二日起计算。

人民检察院认为人民法院的第一审缺席判决确有错误的，应该向上一级人民法院提出抗诉。

（七）重新审理

囿于身处境外等多种条件限制，某些身处境外的被告人在事实上或许确实不知晓一审缺席判决的内容，导致丧失了通过上诉获得救济的机会。为此，世界上许多设有刑事缺席审判制度的立法例，如法国刑事诉讼法、意大利刑事诉讼法，都在满足一定条件下，赋予了被告人申请重新审判的权利。根据《刑事诉讼法》第 295 条，被追诉人在境外的缺席审判有两种应当重新审理的情形。

1. 因被告人在审理过程中到案的重新审理。无论是在审理过程中的一审阶段，还是二审阶段，只要判决尚未生效，一旦被告人主动投案或者被抓获，人民法院就应当重新审理。而所谓重新审理，是指案件由原先的一审法院重新组建合议庭，就案件的事实和法律的问题重新开庭审理。对于重新审理的案件，可以依据《刑事诉讼法》的规定上诉、抗诉。

2. 裁判生效后被告人到案并对裁判提出异议时的重新审理。所谓判决、裁定已经发生效力，是指案件被一审法院作出裁定或判决以后，没有上诉或抗诉；或者已经过终审审结。对于判决死刑的案件，还必须经核准才是发生效力的判决和裁定。罪犯在判决、裁定发生效力后到案，应该由人民法院将罪犯交付执行。

在国际刑事司法协助实践中，请求国希望对被缺席审判的罪犯进行引渡或申请执行时，通常都需要听取被判决人的意见。根据我国《引渡法》第 8 条第 8 项，外国请求我国执行缺席判决时，也有类似规定。[①] 所以，承诺在引渡后，给予被请求引渡人在其出庭的情况下进行重新

---

① 该项规定："……请求国根据缺席判决提出引渡请求的。但请求国承诺在引渡后对被请求引渡人给予在其出庭的情况下进行重新审判机会的除外。"

审判机会，有利于缺席判决得到其他国家的承认和执行。所以，我国《刑事诉讼法》第 295 条第 2 款规定，人民法院在将罪犯交付执行以前，应当告知罪犯有权对判决、裁定提出异议。一旦罪犯对判决、裁定提出异议，人民法院就应当对案件进行重新审理。

通过重新审理，发现依照生效判决、裁定对罪犯的财产进行处理确有错误的，应当予以返还、赔偿。

第三节　被告人患有严重疾病时的缺席审判

一、制度目的

根据《刑事诉讼法》第 206 条，在审判过程中因为被告人患有严重疾病而无法出庭，致使案件在较长时间内无法继续审理的，可以中止审理。然而，司法实践中，审判长期无法恢复的，一方面导致案件久拖不决，甚至一些重要证据因为无法长期保全而丧失；另一方面，有些案件法院经过审查认为被告人不构成犯罪或者应该改判较轻刑罚，但是因为被告人无法到庭，所以无法对其宣判，这不利于维护这类被告人的利益。此外，这还会导致对涉案财物无法及时予以处置，基于“先刑而后民”的诉讼原则，被害人因犯罪行为遭受损失的附带民事赔偿问题也无法及时解决。

为了解决上述审判实践难题，2018 年 10 月修改后的《刑事诉讼法》在中止审理制度的基础之上，新增了一种旨在恢复审理的缺席审判程序。即因为被告人患有严重疾病无法出庭，中止审理达到 6 个月的案件，如果被告人及其法定代理人、近亲属申请或同意恢复审理，人民法院可以在被告人不出庭的情况下缺席审判，依法作出判决。

二、适用条件

依据《刑事诉讼法》第 296 条，法院选择适用被告人患病时的缺席审判程序，必须同时满足以下要求。

1. 被告人患有重病而无法出庭

被告人患病而无法出庭并非单纯出于人道考虑。在判断标准上与取保候审中被告人患有严重疾病，生活不能自理的情形，以及作为监外执行中保外就医的疾病不能混同。被告人无法出庭的严重疾病，是指被告人因为患病而丧失辩护或理解诉讼的能力，即欠缺表达意见、接受讯问、质证与辩论、理解审判内容的就审能力或不能善尽辩护与防御的能力，此时法院必须中断审理，并无自由裁量的余地。如果导致被告人无法出庭的疾病经过治疗得到了缓解，让其恢复了上述意思能力与辩护能力，则属于中止审理原因的消失，法院应该依据《刑事诉讼法》第 206 条第 2 款恢复审理。

至于被告人的疾病是否达到或维持在无法出庭的严重程度，攸关审理的恢复与缺席审判程序的正确适用，必要时法院可以委托医疗鉴定以判断。否则，判决可能会因为诉讼程序严重违法，限制或剥夺当事人重要诉讼权利而被撤销。

2. 中止审理超过6个月仍无法出庭

当被告人患有重病无法出庭时，即便法院经过审理后发现被告人明显无罪或应该判处较一审更轻的刑罚，也不能直接适用缺席审判。法院必须先根据《刑事诉讼法》第206条第1款第1项先行裁定中止审理，待中止审理时间超过6个月后，才可以依据《刑事诉讼法》第296条适用缺席判决。另外，这6个月的“等待期间”有利于被告人的近亲属依据民法的规定确定监护人，也有利于法院确定被告人的法定代理人。

被告人中止审理超过6个月后，他的意思能力与辩护能力已经得到了一定的恢复，并非全然丧失而仅较一般人平均程度为低的，则法院应该为其指定辩护以后恢复审理，不存在适用缺席审判的情形。依据《刑事诉讼法》第206条第1款，被告人在审判中脱逃的或其他不能抗拒的原因而导致中止审理的案件，无论中止时间多久，目前都不能适用缺席审判。

3. 被告人及其法定代理人、近亲属申请或同意恢复审理

被告人患病时的缺席审判与被告人身处境外的缺席审判，在缺席的场域条件和主观心态上都有一定的区别。被告人患病时的缺席审判的理由是案件已经依法传唤和送达起诉书副本以后，在审理进行过程中，因为被告人患有严重疾病而丧失诉讼行为能力而无法到庭。其与犯罪嫌疑人、被告人故意潜逃或滞留境外，逃避刑事追究的主观心态有所不同。加之，我国《刑事诉讼法》第296条没有将缺席判决的内容限定为无罪、改判较轻刑罚等对被告人有利的情形，缺席审判也可以包括被告人有罪、被加重刑罚或被维持原判的结果。所以必须在征得被告人对自己诉讼权利放弃的意思表示的情况下，才可以作出缺席判决。如果被告人存在心智障碍或表达能力，也可以征得其法定代理人同意后予以判决。

根据《刑事诉讼法》第296条，被告人的近亲属也可以申请或同意恢复审理。对于被告人的近亲属究竟是可独立申请或同意缺席审判，还是只能经被告人委托或同意后申请缺席审判，存在歧义和模糊之处，有待未来司法解释进一步确定。如果赋予近亲属独立的缺席审判启动权，显然不合常理，很可能会违背被告人的真实意愿。因此，我们认为应该对近亲属的这项权利做限缩性解释。

第四节　被告人死亡情形下的缺席审判[①]

一、制度目的

被告人死亡情形下的缺席审判，在2018年修改《刑事诉讼法》以前，就已经为我国立法和相关司法解释所承认。本次修改《刑事诉讼法》，只不过是对《刑事诉讼法》第16条有关内容的重申以及将相关司法解释规定上升为明确的立法规则。《刑事诉讼法》第297条分别就两种情形规定了被告人死亡情形下的缺席审判，即审判过程中被告人死亡的情形与审判监督程序中被告人死亡的情形。由于两种情形共同的条件都是确有证据证明被告人无罪，因而对于已经死亡的被告人进行的缺席审判而言，不论是裁判已经生效之后的冤狱平反，还是已被起诉但审

① 严格意义上而言，被告人既然已经死亡，其法律上的人格都已经消灭，再称其为缺席审判是否妥当，值得商榷。

判尚未终结的声名昭雪，制度动因都是为了被告人家属的人格利益或获得国家赔偿的利益。限于篇幅和体例，本节将此两类缺席审判一并叙述。

二、适用情形

1. 审判过程中被告人死亡的缺席审判

传统大陆法系国家的诉讼法理认为，在判决作出以前被告人已经死亡的，案件即欠缺诉讼要件，程序就应该终了。这是因为，继续诉讼程序，已经无法实现刑事诉讼在实现国家刑罚权、保障法治程序的贯彻以及恢复被犯罪所破坏的法律秩序的目标，继续进行审理往往是没有意义的。[①] 但是，在我国的审判实践中，由于没有严格贯彻集中审理原则，所以开庭质证和查明事实等审理活动，与实际作出无罪判决的时间经常存在一定间隔。而且不同的司法处理方式关系到死亡被告人的亲属的利益，可能会对后续的民事程序造成影响。因此，如果确有证据证明被告人无罪，人民法院应该依法作出无罪判决。

但是，如果被告人死亡时，依据案件的现有证据还不能认定被告人有罪的案件，则不得依据《刑事诉讼法》第200条第3款宣告被告人无罪，只能依据最高人民法院《解释》第241条第1款第9项裁定终止审理。这是因为被告人死亡是导致案件无法进一步查明事实的原因，一律作出无罪判决并不符合诉讼原理与平等原则。

2. 审判监督程序中被告人死亡案件的缺席审判

被告人死亡以后，如果发现对被告人定罪的生效裁判确有错误，确实符合审判监督程序提起的条件，即使被告人已经死亡，也应该通过缺席审判予以平反，这是各国平复冤假错案的普遍做法，这种情形的缺席判决在我国司法实践中也早已存在。根据最高人民法院《解释》第384条第3款，依照审判监督程序重新审理的案件，如果被告人死亡，再审程序可以以不开庭的方式进行审理。详细内容请见本书相关章节的内容，本处不再展开。

问题与思考

简答题

1.《刑事诉讼法》对贪污贿赂等案件身处境外的犯罪嫌疑人、被告人规定缺席审判有何现实意义？

2. 根据《刑事诉讼法》的相关规定，谈谈被追诉人在境外缺席审判的权利保障。

3. 被告人患有严重疾病时的缺席审判的适用条件有哪些？

课堂讨论案例

地处A市的国有企业老总张某（居住在B市）和会计总监李某挪用单位公款1亿元，后张某从C市口岸潜逃出境，并被发现最终逗留在南美洲某国（该国与我国没有签署过双边或多边刑事司法协助条约），李某则潜逃到国内H省亲戚家躲避刑事追究。案件被移送A市人民检察院审查起诉，检察院经过审查后认为，张某和李某的犯罪事实清楚，证据确实、充分，依法应

---

① Volk/Engländer, Grundkus StPO, Verlag C. H. Beck2013, S. 142.

当追究两人的刑事责任。

问题：

1. 人民检察院对于张某和李某可否一并起诉?
2. 如果人民法院认为可以缺席审判，应该如何送达传票和起诉状副本?
3. 本案可以由哪些人民法院审理?

第二十六章 犯罪嫌疑人、被告人逃匿、死亡案件违法所得的没收程序

本章概要

对特定案件中的犯罪嫌疑人、被告人逃匿、死亡情形下的违法所得进行没收，是近年来世界各国普遍关注的议题。2012年3月修改后的《刑事诉讼法》专门设置了犯罪嫌疑人、被告人逃匿、死亡案件违法所得的没收程序。对于贪污贿赂犯罪、恐怖活动犯罪等重大犯罪案件，犯罪嫌疑人、被告人逃匿，在通缉1年后不能到案，或者犯罪嫌疑人、被告人死亡，依照《刑法》规定应当追缴其违法所得及其他涉案财产的，人民检察院可以向人民法院提出没收违法所得的申请。该程序的设置有利于挽回国家巨额经济损失，便于追缴境外财产的国际司法协助的开展，从而彻底地剥夺不法所得，打击洗钱等不法行为，进而杜绝犯罪的诱因。

为了强化该制度的适用效果，2017年1月5日，最高人民法院、最高人民检察院出台了《关于适用犯罪嫌疑人、被告人逃匿、死亡案件违法所得没收程序若干问题的规定》（以下简称《没收程序规定》），对违法所得没收程序的适用范围、申请审查、一审开庭、二审裁定、利害关系人参加诉讼方式、请求境外协助执行等相关程序，公告等法律文书格式、内容以及送达方式作了具体规定，增强了违法所得没收程序的实践可操作性。

关键术语

逃匿、死亡案件　违法所得　没收程序

第一节　违法所得没收程序概述

没收是国家机关合法、强制且无偿地剥夺公民或法人与犯罪有密切关系的特定物品或财产性利益的一种措施。“无人应从违法中获得利益”是现代法律的重要理念。当今，我国财产型犯罪比例上升，借助于没收制度去追回、处理与犯罪有关的赃款、赃物，具有十分重要的意义。

我国《刑法》中规定了两种涉案财物的没收制度。其中，《刑法》总则第三章第八节规定

了没收已判决的犯罪分子个人所有财产的一部或全部的附加刑制度。其适用前提是法院已经对犯罪人作出了有罪的生效判决。但是刑事司法实践中，常常出现因为重大的职务犯罪、集团犯罪、经济犯罪、洗钱犯罪等刑事案件，犯罪人逃匿海外或者死亡，导致既无法追究犯罪人的刑事责任，犯罪人本人或其家属又依旧可以控制、享受犯罪所得利益的不合理现象。因此《刑法》第 64 条规定，犯罪分子违法所得的一切财物，应当予以追缴或责令退赔。《刑事诉讼法》第 245 条在程序上要求公安司法机关在审前程序中，通过查封、扣押、冻结等强制措施进行财产保全、证据保全，在判决生效后及时返还被害人的合法财产并没收犯罪分子持有的违禁品、犯罪工具和犯罪收益。第一种没收是作为附加刑的没收，而第二种没收是不以定罪为前提的没收。为了解决不以定罪为前提的没收程序问题，我国《刑事诉讼法》专门设置了犯罪嫌疑人、被告人逃匿、死亡案件违法所得的没收程序（以下简称违法所得没收程序）。

一、违法所得没收程序的概念与特点

违法所得没收程序是指某些案件中犯罪嫌疑人、被告人逃匿或死亡时，追缴其违法所得及其他涉案财产特有的方式、方法与步骤。违法所得没收程序具有以下特点。

第一，独立性。传统上对犯罪资产的没收与处置，是以刑事追究或定罪为前提的。当犯罪人逃匿或死亡时，纵使认定某些财物属于犯罪工具或犯罪所得，却因为以犯罪嫌疑人、被告人为主体的刑事程序无法启动或继续进行，这些相关工具与收益无法被没收。违法所得没收程序则将关注重心从处罚犯罪人转向不法资产的处置。在由于事实上或法律上原因无法对特定人进行犯罪追诉的情形下，没收程序仍然可以独立地去剥夺与犯罪有相当关联程度的财产。即没收程序独立于传统刑事诉讼程序，无论财产的所有人本身是否要为犯罪承担刑事责任，也不论刑事诉讼程序是否已经启动或能否启动，它都可以单独地发动并彻底剥夺犯罪的工具和收益。

第二，对物性。目前，不以定罪为前提的违法所得没收程序是一种对物诉讼，即它以物为诉讼对象，而不是以人为诉讼对象。根据《刑事诉讼法》第 300 条以及《没收程序规定》第 6 条，只要查证通过实施犯罪直接或者间接产生、获得的任何财产，无论它系犯罪人所有还是第三人所有，无论是犯罪后的原始收益还是经过转变、转化或混同后的财产收益，除依法返还被害人的以外，都应当裁定予以没收。换言之，违法所得没收程序是为了解决犯罪利用之物或犯罪所得之物的保管和归属问题。

第三，准民事性。对于传统法学概念而言，将民事和没收予以结合，令人感到冲突。但是由于违法所得没收程序关系到国家或被害人因犯罪遭受财产损失的追回和弥补，所以类似于民事法中的不当得利恢复原状的制度。根据《没收程序规定》第 17 条，违法所得没收程序采取较之定罪量刑更为宽松的证明标准，申请没收的财产只要证明到“具有高度可能属于违法所得及其他涉案财产的”的程度即可。故本书称之为“准民事性”。

第四，程序公正性。虽然和普通刑事诉讼程序相比，违法所得没收程序在程序设计上，就刑事诉讼基本原理而言有一定退让，但并非完全颠覆。该程序仍应遵循司法被动性、合议制、公开审理、参与性、有效救济性等基本要素与规律。尤其在金融商品和理财管道多元化的今天，借名投资与财产持有的现象司空见惯，违法所得没收往往涉及第三人的财产。但是，在我国现有的常态刑事诉讼程序中，这些犯罪资产处置的利害关系人在诉讼中没有任何诉讼地位和权利可言。[①] 然而，他们在违法所得没收程序中，以诉讼主体的身份，享有委托代理人、出庭发表意见、参与证据调查以及上诉的权利。可见，违法所得没收程序对于保障公民财产权具有不可以替代的程序公正价值。

第五，国际普遍性。对特定案件中犯罪嫌疑人、被告人逃匿、死亡情形下的违法所得予以没收，是国际公约的普遍要求以及世界许多国家的通常做法。犯罪资产的追回是各国所关切的重要司法议题。例如，《联合国反腐败公约》为了解决在被追诉者失踪、逃跑、死亡或者缺席的情况下，最大限度地追回腐败犯罪所得的问题，于第55条明文要求各成员国根据本国法律采取必要措施，能够不经过对其犯罪行为的刑事定罪而没收其犯罪所得。无论是在我国犯罪人员外逃比较集中的美国、英国、加拿大、澳大利亚、新西兰等国，还是作为传统大陆法系国家的德国，都设有不以定罪为前提的没收制度。

第六，可回转性。违法所得没收程序涉及的是犯罪嫌疑人、被告人的财产性权利，并非人身权利与民主权利，因此在救济上更易于回转。即当没收判决出现错误时，仍可通过审判监督程序和执行回转程序赔偿犯罪嫌疑人、被告人和利害关系人的物质损失。

二、违法所得没收程序的意义

（一）有利于落实社会公义

当前司法实践中，贪污贿赂犯罪、恐怖活动犯罪案件以及其他经济类犯罪案件中，存在犯罪嫌疑人、被告人案发后自杀、潜逃以逃避刑事责任的情形。根据我国《刑事诉讼法》第16条的规定，对于已经死亡的犯罪嫌疑人和被告人，不追究其刑事责任，已经启动诉讼程序的，应当依据不同的诉讼阶段分别作出撤销案件、不起诉、终止审理或者宣告无罪的处理决定。因此，犯罪嫌疑人、被告人死亡而无法到案时，已经开始的诉讼程序自动终止，尚未启动的诉讼程序无法启动。法院无权对其涉案财产实施强制处分，由此导致司法实践中一些腐败犯罪、恐怖活动犯罪、集团犯罪、经济诈骗类案件中犯罪嫌疑人、被告人死亡后，其犯罪所得的巨额财产无法追缴，造成国家和人民群众的巨额损失。我国《刑事诉讼法》修改时增设的这一特殊程序，正好能弥补这一漏洞，即便遇到犯罪嫌疑人、被告人潜逃或者死亡，不能到庭受审的情形，监察机关、人民检察院或者公安机关只要能查明涉案人员具有违法所得或者其他涉案财产，就可以由人民检察院启动违法所得的没收程序，并通过这一程序为国家和受害群众挽回因犯罪行为而遭受的巨额经济损失，使得犯罪分子在经济上最终难以获得利益。

（二）有利于更加灵活地防治犯罪

一旦犯罪分子潜逃或死亡，被告人的口供与关键证人的证言就将缺失，不仅“利益关联人”得到保全，更重要的是其近亲属以及其他第三人得以继续窝藏、享用犯罪分子违法取得的巨额财产。通过违法所得没收程序，追缴逃匿、死亡的犯罪嫌疑人、被告人的违法所得及其他财产，不仅使已涉案的犯罪人及其利益关联人无法获得非法的经济利益，还可以剥夺用于非法活动的资产，警告那些潜在的犯罪人，从而发挥刑法的一般预防与特别预防的作用。

---

① 根据六部门《规定》第39条，对于人民法院依法作出的没收违法所得的裁定，其他利害关系人仅能在裁定作出后5日内上诉。但是对于法院在作出刑事判决的同时所作出的财物处置没有规定利害关系人的救济渠道。

（三）有利于追缴境外财产的国际司法协助的开展

国际追逃、追赃，是我国近年来反腐败工作深入推进的任务要求。根据国际司法协助的普遍经验，能否成功追缴境外犯罪资产的重要前提之一，就是国内法必须要有裁判确定特定资产属于犯罪所得。否则，纵使我国积极参与相关国际组织或与各国签署相关司法互助协议，亦可能因国内法缺失未能与国际刑事立法接轨，导致相关国际司法互助产生重大障碍。所以，2018年10月26日通过的《中华人民共和国国际刑事司法协助法》（以下简称《司法协助法》）第48条第4项规定，我国办案机关向外国请求没收、返还违法所得及其他涉案财物的，请求书及所附材料中必须要有相关法律文书副本。否则，不仅开展国际司法协助缺乏依据，还会有损我国在司法协助中的信用。《联合国反腐败公约》要求各成员国根据本国法律采取必要措施，能够不经过对其犯罪行为的刑事定罪而没收其犯罪所得，创设一个独立于对人审判程序之外而单独对违法犯罪所得进行没收的制度。

第二节　违法所得没收程序的具体内容

一、违法所得没收程序适用的案件范围

根据《刑事诉讼法》第298条第1款以及最高人民法院《解释》第507条，适用违法所得没收程序的案件类型有两种，即犯罪嫌疑人、被告人逃匿案件和犯罪嫌疑人、被告人死亡案件。其中对于犯罪嫌疑人、被告人逃匿案件，还必须同时符合罪名范围、严重程度以及通缉期限等要求。现分别详述如下。

（一）犯罪嫌疑人、被告人逃匿案件

启动违法所得没收程序，通常需要启动对犯罪资产的辨认、查询、追踪、评估、查封、冻结、扣押、保管、移送等财产保全措施，在实践中需要较多的人力和财力成本。如果在办案过程中造成财物损坏或灭失，办案机关还有承担国家赔偿的风险。考虑到我国目前司法资源局限，对所有涉案财产无差别地启动违法所得没收程序不符合经济效益原则。因此，《刑事诉讼法》第298条第1款要求对犯罪嫌疑人、被告人逃匿的案件，适用违法所得没收程序，需要满足罪名范围、案件严重程度、逃匿状态以及通缉时间等四项要件。

1. 罪名范围

（1）贪污贿赂案件。具体指贪污、挪用公款、巨额财产来源不明等占用挪用型犯罪以及受贿行贿类案件，即《刑法》分则第八章“贪污贿赂罪”中的各类案件。

（2）恐怖活动犯罪案件。《没收程序规定》及时吸收了《刑法修正案（九）》加大惩治恐怖活动犯罪的最新立法成果。目前包括《刑法》分则第二章第120条项下规定的组织、领导、参加恐怖组织罪、帮助恐怖活动罪、准备实施恐怖活动罪，宣扬恐怖主义、极端主义、煽动实施恐怖活动罪，利用极端主义破坏法律实施罪，强制穿戴宣扬恐怖主义、极端主义服饰、标志罪、非法持有宣扬恐怖主义、极端主义物品罪等犯罪案件。这也体现了我国遵守FATF《防制资助恐怖活动8项特别建议》的要求。

(3) 危害国家安全、走私、洗钱、金融诈骗、黑社会性质的组织、毒品犯罪案件。这类犯罪原本没有被《刑事诉讼法》第298条第1款所明确列举。当前危害国家安全、黑社会性质的组织、毒品犯罪以及走私犯罪十分猖獗，加之大量上游犯罪的收益借助于复杂和专业的清洗资金活动被转移或隐匿。《联合国反腐败公约》《打击跨国有组织犯罪公约》等国际性条约和大量双边或多边司法协助协定，都要求我国加大追缴没收上述犯罪资产的力度，严密法网。所以，《没收程序规定》第1条对《刑事诉讼法》第298条第1款所使用的"等"字作了扩大解释。但是，基于实践操作性的考虑，暂时不包括破坏金融管理秩序罪案件。

(4) 电信诈骗和网络诈骗这两类新型特殊诈骗犯罪。这主要是考虑到，这两类犯罪近年来社会关注度高，加之犯罪嫌疑人、被告人违法所得往往特别巨大，且多数因为主犯在境外而无法通过普通刑事诉讼程序处理，故有必要纳入违法所得没收程序适用范围。

2. 案件严重程度需要达到"重大"

对于认定"重大"的标准，首先不能仅凭犯罪嫌疑人、被告人预计将会判处的刑罚的轻重去判断，正如前文所言，违法所得没收程序的制度目的具有独立性，它并不聚焦于如何处罚犯罪人，而是关注彻底剥夺不法所得，切断犯罪人的利益基础。所以，犯罪人罪责的大小与其违法所得的多少并不必然相关，凭借犯罪人罪责大小去决定是否适用违法所得没收程序不符合立法原意。其次，"重大"案件的标准也不宜按照犯罪数额去认定，否则容易让民众造成法律适用不平等的感觉。而且犯罪资产位于境内还是境外会引发不同的办案成本，如果采取一套启动标准，与经济效益原则不符；采取境内境外不同的标准，则似乎是从制度上鼓励犯罪资产向外转移。

鉴于以上考虑，《没收程序规定》第2条规定，能够适用没收程序的案件要么是本处所谓"重大案件"：一是在省、自治区、直辖市或者全国范围内具有较大影响的案件；二是犯罪嫌疑人、被告人逃匿境外的案件"。对逃匿境外的犯罪嫌疑人、被告人进行追赃，是严密法网，切断外逃人员财路，促使其回国受审的重要途径。在某种意义上可以说，对这类犯罪资产的追缴是《刑事诉讼法》增设违法所得没收程序最基本的动因，故将此项条件明确为适用没收违法所得程序案件的"重大"标准符合立法原意。

3. 犯罪嫌疑人、被告人逃匿

根据《刑事诉讼法》第298条第1款的规定，上述罪名范围内的重大案件的犯罪嫌疑人、被告人逃匿且通缉一年后不能到案的，可以适用违法所得没收程序。根据《没收程序规定》第3条，所谓逃匿具体又可以分为以下两种情况。

(1) 一般"逃匿"。是一项兼具主客观要素的法律概念，犯罪嫌疑人和被告人与司法机关失去联系或者基于生病或不可抗力等客观原因无法到案不能绝对理解为逃匿，还要综合考虑主观因素才能确定。根据《没收程序规定》第3条，犯罪嫌疑人、被告人必须在主观上是出于逃避侦查和刑事追究，客观上实施了潜逃、隐匿的行为，才能构成《刑事诉讼法》第298条第1款的"逃匿"要素。因此，只要犯罪嫌疑人、被告人为了逃匿侦查和刑事追究，故意地采取作为或不作为的方式，与司法机关及其工作人员处于失联的状态，都构成逃匿。①

(2) 比照适用的逃匿。尽管通常情形下对逃匿情形的认定要考虑到主客观因素，但是对于

---

① 根据六部门《规定》第38条，人民法院在审理案件的过程中，被告人脱逃的，应该裁定中止审理。可以由人民检察院另行向人民法院提出没收违法所得的申请。值得注意的是，脱逃也属于逃匿的一种，同样要满足罪名范围、严重程度达到重大以及通缉一年不能到案的要求，才可以启动违法所得没收程序。这与被告人死亡后，另行启动违法所得没收程序有所区别。

特殊情形下的失联，也可以比照逃匿情形适用。《没收程序规定》第 3 条第 2 款将民事程序中两类宣告死亡情形比照适用“逃匿”：犯罪嫌疑人、被告人因意外事故下落不明满 2 年，或者因意外事故下落不明，经有关机关证明该公民不可能生存的，依照“逃匿”情形处理。①

4. 在通缉一年后不能到案

必须经过通缉一年后仍然不能到案，才可以适用该程序处理违法所得与涉案财产。根据《刑事诉讼法》第 155 条和《公安机关办理刑事案件程序规定》第 65 条之规定，通缉是公安机关对于应当逮捕而在逃的犯罪嫌疑人实施的侦查手段。可见，如果案件没有经过立案，或者虽然立案但犯罪嫌疑人、被告人尚未达到逮捕条件的，不能适用违法所得没收程序。②

所谓“不能到案”，是指采取发布通缉令等有效追捕措施仍不能缉拿归案的情形。至于到案究竟是基于抓获归案，还是自动投案，在所不论。但是如果犯罪嫌疑人、被告人投案后又逃匿的亦应视为“不能到案”，无须从重新通缉之日起计算一年的期间。

（二）犯罪嫌疑人、被告人死亡的案件

由于《刑事诉讼法》并未对被追诉人死亡所处的诉讼阶段予以限制，因而在立案后到生效判决作出前的任何时候被追诉人死亡，均可能适用本章规定，没有罪名范围和重大程度的限制。

但应注意的是，根据已查明的案件事实和认定的证据材料，能够确认被告人无罪的，在审判阶段应当判决宣告被告人无罪。结合适用条件中“依照刑法规定应当追缴其违法所得及其他涉案财产”的要求，如果犯罪嫌疑人、被告人死亡，但明显能够证明被追诉人无罪的，不能适用本程序的规定。但是，如果有涉案的违禁品，即便被告人被判决宣告无罪，也应该由人民法院在宣告无罪时，依据《刑事诉讼法》第 245 条第 3 款直接作出处置。

如果犯罪嫌疑人、被告人系潜逃途中死亡，针对其开展的刑事诉讼程序已经通过撤销案件、不起诉或裁定终止审理的方式终结，人民检察院另行启动违法所得没收程序的，无须具备通缉一年的时间要求。

二、违法所得没收程序的客体范围

根据《刑事诉讼法》第 298 条第 1 款的规定，违法所得没收程序的客体，是依据刑法规定应当追缴的犯罪嫌疑人、被告人的违法所得及其他涉案财产。

（一）犯罪嫌疑人、被告人的违法所得

根据《刑法》第 64 条和《没收程序规定》第 6 条，此处的“违法所得”是犯罪分子违法

---

① 值得注意的是，依据《民法总则》第 46 条以及《民事诉讼法》第 184 条，这两种情形下若要适用“宣告死亡”制度以清理其他私法关系，前提是要经过利害关系人申请，并由法院作出宣告。但是在适用违法所得没收程序时，无须经过民事诉讼上的宣告死亡程序，即可直接比照逃匿情形适用。这是因为，首先，是否宣告死亡是失踪人家属的权利而且涉及其可以自由处分的私法上的利益，刑事诉讼法不宜强制案外人处分。其次，一旦宣告死亡，就可能会发生继承关系或其他财产关系，可能会增加违法所得没收程序的诉讼参与人，为诉讼容量和案件复杂程度增加不确定因素。

② 实践中有采取“协查通报”“内部通报”以及“网上追逃”等手段缉拿犯罪嫌疑人、被告人的现象。但是这些手段并非刑事诉讼法所明确承认的强制措施种类，实践中运用随意性大，针对的对象可能并不具备逮捕的条件，不能归为此处的“通缉”。

所得的一切财物，包括犯罪嫌疑人、被告人通过实施犯罪直接或间接产生、获得的任何财产。违法所得已经部分或者全部转变、转化为其他财产的，转变、转化后的财产应当视为前款规定的“违法所得”。所以，这里的违法所得并不以有体物为限，只要具有经济上的价值或财产上的利益即可。除了动产、不动产或股票、债券、汇款、期权、基金份额等权利资产外，还包括比特币、游戏装备等虚拟化资产，包括这些财产所产生的孳息等衍生收益。纵使犯罪所得与其他合法财产混同，这些混同之财产亦等同于犯罪收益，可以对之采取查封、扣押、冻结等相关程序措施，以达没收之目的。

另外，当存在共同犯罪或多人犯数罪时，即使只有部分犯罪嫌疑人、被告人逃匿或死亡，或者只有部分犯罪属于可以启动没收程序，剩余的共同被追诉人或其他犯罪部分的违法所得，也可以在违法所得程序中一并被没收。同时，在存在牵连犯的情形下，供犯罪所用之物以及所得之物也应该被没收。

（二）其他涉案财产

目前金融商品及理财管道多元，甚至借名投资之情形亦不少见，许多犯罪资产或利益的形式所有人与实质所有人不尽相符。犯罪行为人往往将犯罪资产移转于第三人或将犯罪所得之金钱，利用第三人之账户进行洗钱，以达隐匿之目的。因此，有关犯罪所得之没收，很大可能将涉及第三人财产之没收。但是，如确属第三人善意取得的财物，即使源于犯罪嫌疑人、被告人，也不应当予以追缴。①

公安机关在向人民检察院递交没收违法所得意见书以前，可以对犯罪嫌疑人、被告人的违法所得及其他涉案财产进行查封、扣押和冻结。尽管依据《没收程序规定》第 8 条第 2 款第 5 项，申请人民检察院向人民法院提出的制作没收违法所得申请书，需要记载没收的财产的种类、数量、价值、所在地以及已查封、扣押、冻结财产清单和相关法律手续，但是，是否已经采取查封扣押冻结措施，并不是检察机关申请违法所得没收的前提。

三、违法所得没收程序的管辖

根据《刑事诉讼法》第 299 条第 1 款的规定，没收违法所得的申请，由犯罪地或犯罪嫌疑人、被告人居住地中级人民法院受理。这里的犯罪地法院和居住地法院在管辖权确定上是平行关系，而不是主辅关系。这是因为人民法院调查、核实犯罪嫌疑人、被告人违法所得的地点往往是居住地，未必是犯罪地，所以两者同等重要。

当公安机关、监察机关在侦查或调查过程中发现犯罪嫌疑人、被告人逃匿、死亡且可以适用没收程序时，应该向对应的人民检察院提出申请。人民检察院经过审查后，再根据《刑事诉讼法》第 299 条的管辖规定，向相应的中级人民法院提出没收违法所得的申请。另外，在审判

---

① 2014 年 10 月 30 日最高人民法院发布的《关于刑事裁判涉财产部分执行的若干规定》也体现了追缴违法所得可以及于第三人以及对善意第三人的保护的精神。其第 11 条规定，被执行人将刑事裁判认定为赃款赃物的涉案财物用于清偿债务、转让或者设置其他权利负担，具有下列情形之一的，人民法院应予追缴：（1）第三人明知是涉案财物而接受的；（2）第三人无偿或者以明显低于市场的价格取得涉案财物的；（3）第三人通过非法债务清偿或者违法犯罪活动取得涉案财物的；（4）第三人通过其他恶意方式取得涉案财物的。第三人善意取得涉案财物的，执行程序中不予追缴。作为原所有人的被害人对该涉案财物主张权利的，人民法院应当告知其通过诉讼程序处理。

方式上，必须组成合议庭进行审理，不得采取独任庭审理。这就意味着程序具有相当的正式性，需要裁判主体进行慎重讨论后加以定夺。

四、违法所得没收程序的启动

根据《刑事诉讼法》第 298 条第 1 款的规定，检察机关对于启动违法所得没收程序采取便宜主义原则。人民检察院可以根据现实情况，选择是提出没收违法所得的申请，还是选择继续通缉犯罪嫌疑人、被告人或者依据《刑事诉讼法》第五编第三章的规定启动缺席审判程序，由人民法院在作出实体部分判决的同时，一并对涉案财物作出处置。

如果检察机关决定申请违法所得没收程序，必须先查明有关涉案人员实施犯罪的证据。考虑到犯罪嫌疑人、被告人逃匿、死亡，对犯罪事实认定及相关证据收集的难度比普通刑事案件要大，如坚持普通刑事案件证据证明标准，则绝大多数案件难以顺利推进。所以，《没收程序规定》第 9 条第 3 项的规定表明，违法所得没收程序的申请只需要达到“有证据证明有犯罪事实”的程度。这个证据标准相当于“逮捕的标准”。之所以会比照逮捕的证据标准，是因为犯罪嫌疑人、被告人逃匿情形下，需要通缉一年不能到案的条件，而通缉的证据标准就是“需要逮捕”。所以将启动违法所得没收程序的证明标准参照逮捕的证明标准设计，是比较恰当的。《没收程序规定》第 10 条进一步明确，同时具备以下情形的，应当认定为“有证据证明有犯罪事实”：(1) 有证据证明发生了犯罪事实；(2) 有证据证明该犯罪事实是犯罪嫌疑人、被告人实施的；(3) 证明犯罪嫌疑人、被告人实施犯罪行为的证据真实、合法。

五、违法所得没收程序的公告

（一）公告的意义

公告是没收违法所得程序的必经步骤，它除了实现送达的功能，督促逃匿的犯罪嫌疑人、被告人归案应诉以外，还是为了通知利害关系人及时主张权利，催告其参与诉讼，并有足够的时间和信息去准备诉讼。同时，公告还可以让审判者更加全面、客观地审查与犯罪事实、违法所得相关的证据材料、财产的种类、数量、所在地以及是否应当进一步查封、扣押、冻结这些财产。

（二）公告的期限

根据《刑事诉讼法》第 299 条第 2 款以及《没收程序规定》第 11 条第 1 款的规定，人民法院受理没收违法所得的申请后，应当在 15 日内发出公告。公告期间为 6 个月。公告如果在不同媒体上发布或张贴，为了避免争议并有利于诉权行使，公告的日期的起算为最后刊登、发布或张贴公告的日期。

在这 6 个月期间，犯罪嫌疑人、被告人的近亲属和其他利害关系人有权申请参加诉讼，也可以委托诉讼代理人参加诉讼。公告期满后，人民法院对违法所得没收的申请进行审理。公告期间不适用中止、中断、延长的规定。

（三）公告的内容

《没收程序规定》第 11 条第 2 款规定，公告应当载明以下内容：(1) 案由、案件来源以及属于本院管辖；(2) 犯罪嫌疑人、被告人的基本情况；(3) 犯罪嫌疑人、被告人涉嫌犯罪的事实；(4) 犯罪嫌疑人、被告人逃匿、被通缉、脱逃、下落不明、死亡的情况；(5) 申请没收的财产的种类、数量、价值、所在地以及已查封、扣押、冻结财产的清单和相关法律手续；(6) 申请没收的财产属于违法所得及其他涉案财产的相关事实；(7) 申请没收的理由和法律依据；(8) 利害关系人申请参加诉讼的期限、方式以及未按照该期限、方式申请参加诉讼可能承担的不利法律后果；(9) 其他应当公告的情况。

(四) 公告的方式

《没收程序规定》第 12 条第 1 款明确，公告的方式要求同时具备报纸刊登、网络发布以及张贴三项要素。

1. 公告必须在全国公开发行报纸上刊登。全国公开发行的报纸并不要求必须是全国性的媒体，只要是面向全国公开发行的即可，地方性有影响力的报纸也符合要求。

2. 信息网络发布。这是为了保障境外的犯罪嫌疑人、被告人、利害关系人有机会知悉诉讼信息。《没收程序规定》对信息网站媒介作了刚性要求，即发布公告的网站必须包括最高人民法院官方网站。

3. 张贴。《没收程序规定》还明确，公告除了要刊登和网上发布以外，还必须在人民法院公告栏张贴。必要时，公告可以在犯罪地、犯罪嫌疑人、被告人居住地或者被申请没收财产所在地张贴。这是因为，张贴公告不仅具有补充公示催告的作用，还有发现和告知利害关系人的功能。人民法院张贴公告的，应当采取拍照、录像等方式记录张贴过程。

(五) 公告的补充送达

从程序正当性的角度而言，诉讼参与人参与诉讼，无论是行使还是放弃行使包括在场权、发表意见权在内的诉讼权利，其前提都必须是出于明示或默示地自愿。判断其是否出于自愿的前提之一，就是应该在合理的时间内以其所知晓的语言文字将诉讼的内容通知其本人。只有在当事人或利害关系人下落不明或不掌握其联系方式时，才不得已以公告的方法去通知。因此，对于法院已经掌握其联系方式的利害关系人，为了维护其正当权利，《没收程序规定》第 12 条第 2 款还规定了对公告的补充送达方式，但是补充送达的日期不影响对公告日期的认定。具体又可以分为下列情形。

1. 人民法院已经掌握其联系方式的境内利害关系人。已经掌握境内利害关系人联系方式的，应当直接送达含有公告内容的通知；直接送达有困难的，可以委托代为送达、邮寄送达。经受送达人同意的，可以采用传真、电子邮件等能够确认其收悉的方式告知其公告内容，并记录在案。

2. 人民法院已经掌握其联系方式的境外犯罪嫌疑人、被告人、利害关系人。如果其同意采用传真、电子邮件收悉方式的，可以采取传真、电子邮件等方式直接告知其公告内容，并记录在案。

3. 境外犯罪嫌疑人、被告人、利害关系人的所在国要求送达的。由于各国诉讼制度与法治原则不同，有些国家或地区要求在承认或执行国外判决时，必须保障被判决人或受判决影响人的诉讼知悉权与自愿放弃权，否则不予承认与执行请求国的判决。所以，如果所在地国（区）主管机关明确提出应当向受送达人送达含有公告内容的通知的，受理没收违法所得申请案件的人民法院可以决定是否送达。如果最终决定送达的，应当将公告内容层报最高人民法院，由最高人民法院[1]依照刑事司法协助条约、多边公约，或者按照对等互惠原则，请求受送达人所在地国（区）的主管机关协助送达。

六、违法所得没收程序的审理

违法所得没收程序是一种具备诉讼形态的涉案财物处置程序，要尽可能地确保利害关系人的有效参与和裁判者的中立性，并建立相应的程序和证据规则，以满足程序公正性的要求。

（一）诉讼参与人

1. 逃匿境外的犯罪嫌疑人、被告人的诉讼代理人。根据《刑事诉讼法》第 299 条第 2 款，允许参加诉讼的人不包括犯罪嫌疑人、被告人的诉讼代理人。但是，鉴于国外对我国扣押、冻结令和没收令的协助执行，特别注重正当程序的审查，加大对犯罪嫌疑人、被告人诉讼权利的保障，更有利于我国扣押、冻结令和没收令获取国外有关部门的协助执行。为了顺利推进境外协助执行效率，《没收程序规定》第 19 条第 1 款明确，此种情形由审理法院根据案件情况，综合违法所得或者其他涉案财产所在地国（区）主管部门依照其本国法提出的意见，决定是否准许犯罪嫌疑人、被告人委托诉讼代理人参加诉讼。[2]

2. 利害关系人及其委托的诉讼代理人。利害关系人申请参加诉讼的，应当在公告期间内提出，并提供与犯罪嫌疑人、被告人关系的证明材料或者证明其可以对违法所得及其他涉案财产主张权利的证据材料。利害关系人在公告期满后申请参加诉讼，能够合理说明理由的，人民法院应当准许。如果该人非因故意或者重大过失在第一审期间未参加，又在第二审期间申请参加诉讼的，人民法院应当准许，并发回原审人民法院重新审判。

利害关系人可以委托诉讼代理人参加诉讼。利害关系人在境外委托的，应当委托具有中华人民共和国律师资格并依法取得执业证书的律师，依照最高法《解释》第 403 条的规定对授权委托进行公证、认证。

（二）审理方式

根据《刑事诉讼法》第 289 条第 3 款的规定，人民法院审理违法所得没收申请，应当组成合议庭，并采取“公开审理为原则、不公开审理为例外”的审判方式进行。但凡有犯罪嫌疑人、被告人的近亲属和其他利害关系人申请参加没收违法所得程序的，人民法院都应当开庭审理。这是因为违法所得的没收程序是在犯罪嫌疑人、被告人没有被定罪量刑的前提下进行的，而公开审理能够确保诉讼的公正性和没收违法所得的准确性。利害关系人接到通知后无正当理由拒不到庭，或者未经法庭许可中途退庭的，可以转为不开庭审理，但还有其他利害关系人参加诉讼的除外。人民法院对没收违法所得的申请开庭审理的，人民检察院应当派员出席庭审。

决定开庭审理的案件，人民法院确定开庭日期后，应当将开庭的时间、地点通知人民检察

---

① 依据《司法协助法》第 6 条，国家监察委员会、最高人民法院、最高人民检察院、公安部、国家安全部等部门都是开展国际刑事司法协助的主管机关，按照职责分工，审核向外国提出的刑事司法协助请求，审查处理对外联系机关转递的外国提出的刑事司法协助请求，承担其他与国际刑事司法协助相关的工作。

② 基于法律面前人人平等的原则和法理，既然有可能允许潜逃境外的犯罪嫌疑人、被告人通过诉讼代理人的方式参与违法所得没收程序，理应将这项权利类推适用于其他逃匿的犯罪嫌疑人和被告人，否则无异于在制度上鼓励外逃。

院、利害关系人及其诉讼代理人、证人、鉴定人员、翻译人员。通知书应当依照本章前述的对公告补充送达的方式，至迟在开庭审理三日前送达；受送达人在境外的，至迟在开庭审理三十日前送达。

（三）法庭调查

在审判阶段，法庭会就涉案财物相关事实问题进行法庭调查，公诉方和利害关系人都能有效参与到庭审过程中，并提出自己的诉讼主张和意见，通过这种交互辩证的方式，法院能够最大程度上"兼听则明"，从而有效避免错误处置涉案财物。

对于开庭审理的案件，先由出庭的检察人员去宣读没收违法所得申请书，并在法庭调查阶段就申请没收的财产属于违法所得及其他涉案财产等相关事实出示、宣读证据。之所以不针对犯罪嫌疑人、被告人是否构成犯罪进行举证质证，是因为这一部分的证明活动已经在法院立案审查阶段完成了。另外，由于犯罪嫌疑人、被告人将来仍有可能归案而接受刑事追究，为了让违法所得没收程序的公开审理活动不会影响到正在或即将开展的侦查活动，根据《没收程序规定》第 15 条第 2 款，必要时可以对某些证据的法庭调查以不公开的方式进行。

在检察人员出示、宣读完证据以后，利害关系人和诉讼代理人对申请没收的财产属于违法所得及其他涉案财产等相关事实及证据有异议的，可以提出意见；对申请没收的财产主张权利的，根据"谁主张，谁举证"的原则，应当出示相关证据。

七、违法所得没收程序的裁定

（一）证明标准

根据国际公约和各国普遍做法，不以定罪为基础的没收程序，采取比刑事诉讼中更为宽松的证明标准。《没收程序规定》第 17 条采取了高度盖然性的标准，无需达到排除合理怀疑的程度，即申请没收的财产具有高度可能属于违法所得及其他涉案财产的，人民法院就应当采信"申请没收的财产属于违法所得及其他涉案财产"。

（二）违法所得财产的处置

根据《刑事诉讼法》第 300 条的规定以及《没收程序规定》第 16 条，人民法院经审理，对于经查证属于违法所得的财产以及其他涉案财产有以下两种处理方式：

（1）属于被害人财产的，应当依法返还被害人；如果没有被害人主张的权利的，应该依法收归国库。

（2）除此以外，应当裁定予以没收。对于不属于应当追缴的财产的，应该裁定驳回申请，解除查封、扣押、冻结措施。

人民法院审理后，应当依法作出裁定并制作相应法律文书，送达参加诉讼的犯罪嫌疑人、被告人的近亲属、被害人和其他利害关系人以及提出申请的人民检察院。

《刑诉法解释》第 364 条第 3 款规定，经过审查，不能确认查封、扣押、冻结的财物及其孳息属于违法所得或者依法应当追缴的其他涉案财物的，不得没收。

如果有新的证据足以证明解除查封、扣押、冻结的财产属于违法所得及其他涉案财产的，检察机关可以再次提出没收申请。

八、违法所得没收程序的上诉、抗诉

（一）上诉与抗诉主体

根据《刑事诉讼法》第 300 条第 2 款，犯罪嫌疑人、被告人的近亲属或其他利害关系人，对于违法所得没收程序的裁定不服的，可以提出上诉，人民检察院可以提出抗诉。这里的利害关系人不仅仅指犯罪嫌疑人、被告人的近亲属，也包括财产的正当权利人。如果他们认为，没收的财产不属于或部分不属于逃匿、死亡的犯罪嫌疑人或被告人的违法所得，可以向上一级人民法院提起上诉。人民检察院如果认为法院裁定在事实认定或者法律适用上存在问题，影响到公正审判的，也可以向上一级人民法院提起抗诉。

（二）上诉和抗诉的期限

《刑诉法解释》第 517 条和《高检规则》第 536 条第 2 款之规定，犯罪嫌疑人、被告人的近亲属或其他利害关系人不服裁定的上诉期限是裁定宣告后 5 日，人民检察院抗诉期也是 5 日。

（三）二审审理方式

如同普通刑事程序一样，人民检察院、利害关系人对第一审裁定认定的事实、证据没有争议的，第二审人民法院可以不开庭审理。决定开庭审理的，应当将开庭的时间、地点书面通知同级人民检察院和利害关系人。同时，二审实行全面审查制度，第二审人民法院应当就上诉、抗诉请求的有关事实和适用法律进行审查。

（四）二审处理结果

对于不服裁定的抗诉与上诉案件，第二审人民法院经过审理，应该按照下列情形分别作出裁定。

1. 第一审裁定认定事实清楚和适用法律正确的，应当驳回上诉或者抗诉，维持原裁定。
2. 第一审裁定认定事实清楚，但适用法律有错误的，应当改变原裁定。
3. 第一审裁定认定事实不清的，可以在查清事实后改变原裁定，也可以撤销原裁定，发回原审人民法院重新审判；第一审人民法院重新作出裁定后，第二审人民法院对再次不服第一审人民法院裁定的上诉、抗诉，应当依法作出裁定，不得再发回原审人民法院重新审判。
4. 第一审裁定违反法定诉讼程序，可能影响公正审判的，应当撤销原裁定，发回重新审判。

九、违法所得没收程序的回转

在审理过程中，在逃的犯罪嫌疑人、被告人自动投案或者被抓获的，应该启动或恢复普通刑事审判程序进行审理。人民检察院如果向原作出裁定的人民法院提起公诉的，可以由作出违法所得没收裁定的合议庭审理。

如果此时违法所得没收程序还没有审理完毕，人民法院应该终止没收程序的审理，对犯罪嫌疑人、被告人的涉案财物的处理将在实体判决中一并解决。

如果违法所得没收程序已经作出生效裁定或已执行完毕，但到案的犯罪嫌疑人、被告人对没收裁定提出异议的，没收所得的事实认定与法律适用也应与刑事普通审判程序一并重新处理。人民法院经过审理，认为没收裁定正确的，予以维持，不再对涉案财产作出判决；如果违法所得没收程序曾经认定的事实与普通刑事诉讼程序认定不一致的，应以普通刑事诉讼程序的事实认定为准。此时人民法院撤销原裁定，并在判决中对涉案财产一并作出处理。如此才能准确地认定案件事实，有利于保障犯罪嫌疑人、被告人的合法权益。

违法所得没收具有可回溯性。对于没收犯罪嫌疑人、被告人财产确有错误的，已经没收的财产，应当予以及时返还；已经上缴国库的，由原没收机关申请退库，予以返还；已经出卖或变卖的，应当退还价款；造成犯罪嫌疑人、被告人或利害关系人财产损失的，应当依法赔偿。

即使在犯罪嫌疑人、被告人没有归案的情形下，人民法院和人民检察院一旦发现生效并已执行的没收裁定存在错误，也可以启动对没收裁定的审判监督程序，确有错误的，启动执行回转程序，能够返还的予以返还，不能返还的应该及时赔偿。

问题与思考

简答题

1. 我国设置的犯罪嫌疑人、被告人逃匿、死亡案件违法所得没收程序有何现实意义？

2. 简述犯罪嫌疑人、被告人逃匿、死亡案件违法所得没收程序的案件范围？

课堂讨论案例

2012 年，某市市委秘书长李某因涉嫌受贿五百多万元，案发后逃往国外。同年 5 月，该市检察机关立案侦查后，公安机关发布通缉令。2013 年 3 月，检察机关发现李某曾将巨额资金交由其情妇胡某购买基金和股票，于是对涉案股票和基金予以冻结，并向该市中级人民法院提出没收李某违法所得的申请。

请问：

1. 该市中级人民法院是否应该受理此案？

2. 如果受理此案，胡某是否可以参与案件审理？

法律职业资格（司法）考试真题

1. 关于犯罪嫌疑人、被告人逃匿、死亡案件违法所得的没收程序，下列哪一说法是正确的？（　　）（单选）

A. 贪污贿赂犯罪案件的犯罪嫌疑人潜逃，通缉 1 年后不能到案的，依照《刑法》规定应当追缴其违法所得及其他涉案财产的，公安机关可以向法院提出没收违法所得的申请

B. 在 A 选项所列情形下，检察院可以向法院提出没收违法所得的申请

C. 没收违法所得及其他涉案财产的申请，由犯罪地的基层法院组成合议庭进行审理

D. 没收违法所得案件审理中，在逃犯罪嫌疑人被抓获的，法院应当中止审理

2. 下列哪一选项不属于犯罪嫌疑人、被告人逃匿、死亡案件违法所得没收程序中的“违法所得及其他涉案财产”？（　　）（单选）

A. 刘某恐怖活动犯罪案件中从其住处搜出的管制刀具

B. 赵某贪污案赃款存入银行所得的利息

C. 王某恐怖活动犯罪案件中制造爆炸装置使用的所在单位的仪器和设备

D. 周某贿赂案受贿所得的古玩

3. 李某（女）家住甲市，系该市某国有公司会计涉嫌贪污公款500余万元，被甲市检察院立案侦查后提起公诉，甲市中级法院受理该案后，李某脱逃，下落不明。关于李某脱逃前的诉讼程序，下列选项正确的是（　　）（不定项）

A. 李某脱逃后，法院可以中止审理

B. 在通缉李某一年不到案后，甲市检察院可以向甲市中级法院提出李某违法所得的申请

C. 李某的近亲属只能在6个月的公告期内申请参加诉讼

D. 在审理没收违法所得的案件过程中，李某被抓捕归案的，法院应裁定终止审理。

4. A市原副市长马某，涉嫌收受贿赂2 000余万元。为保证公正审判，上级法院指令与本案无关的B市中级法院一审。B市中级法院受理此案后，马某突发心脏病不治身亡。关于此案处理，下列哪一选项是错误的？（　　）（单选）

A. 应当由法院作出终止审理的裁定，再由检察院提出没收违法所得的申请

B. 应当由B市中级法院的同一审判组织对是否没收违法所得继续进行审理

C. 如裁定没收违法所得，而马某妻子不服的，可在5日内提出上诉

D. 如裁定没收违法所得，而其他利害关系人不服的，有权上诉

第二十七章

依法不负刑事责任的精神病人的强制医疗程序

本章概要

2012年3月14日《关于修改〈中华人民共和国刑事诉讼法〉的决定》，第一次较为系统完整地规定了精神病人强制医疗诉讼程序，并将其作为“特别程序编”中的专门一章，用6个条文结束了我国强制医疗程序缺失的时代。2012年10月26日，《中华人民共和国精神卫生法》(以下简称《精神卫生法》)公布，增加了精神病人的非自愿住院治疗的规定。本书认为，根据《精神卫生法》第53条的规定以及一般法理，《精神卫生法》中非自愿住院治疗的规定与《刑事诉讼法》中的实施暴力行为精神病人强制医疗规定属于一般规定和特别规定的关系。

精神病人强制医疗程序的启动依法有两种方式：一是人民检察院申请启动，二是人民法院在审判过程中依职权予以启动。人民法院受理强制医疗的申请后，应当组成合议庭进行审理。人民法院经过审理，对于被申请人或被告人符合强制医疗条件的，应该在1个月内作出强制医疗决定。被决定强制医疗的人、被害人及其法定代理人、近亲属对强制医疗决定不服的，可以向上一级人民法院申请复议。强制医疗单位应该定期对被强制医疗的人进行诊断评估，对于痊愈者或病情得到好转，已完全或基本消除人身危险性的精神病人，医疗单位应该及时向作出强制医疗决定的人民法院提出解除申请。

关键术语

精神病人强制医疗　强制医疗诉讼程序　保安处分　人身危险性

第一节　精神病人强制医疗程序概述

一、精神病人强制医疗与强制医疗诉讼程序

(一) 精神病人强制医疗的概念与特点

精神病人的强制医疗，是指对因患有精神疾病而实施严重暴力行为、经过法定程序鉴定依

法不负刑事责任的人的人身自由，予以一定限制并对其所患精神疾病进行治疗，以保障精神疾病患者健康利益并消除其人身危险性，保卫社会安全而采取的一项特殊保安处分措施。该制度具有以下特点：

1. 强制医疗的适用对象具有特殊性。《刑事诉讼法》第 302 条以及《刑法》第 18 条第 1 款都明确规定，强制医疗的对象是经法定程序鉴定确认的，实施了危害公共安全或者严重危害公民人身安全的暴力犯罪行为，虽然依法不负刑事责任但有可能继续危害社会的精神病人。由此可见，强制医疗的适用对象仅仅局限于具有暴力倾向且有社会危险性的完全不负刑事责任能力的精神病人。犯罪时精神正常的间歇性精神病人，尚未完全丧失辨认和控制行为能力的精神病人以及有心理疾病的犯罪人，都不属于强制医疗的对象。[①]

2. 强制医疗是一种保安处分措施，不是对精神病人的刑罚。用非刑罚的手段处理有精神疾病的犯罪人，有非常久远的历史。在日耳曼法时期，主要是用监护措施对付精神疾病的暴力犯罪人。在 1532 年欧洲著名的《加洛林那法典》中，也规定了精神疾病犯罪人不应该受到刑罚的制裁。现代法治国家的制裁体系在犯罪预防理论的影响下，由原来的刑罚单轨体系发展到如今的刑罚和保安处分并存的双轨体系。即除了刑罚以外，现代刑法都规定了旨在预防犯罪，保护社会安宁，对有危险性的人采取的保全与矫治的措施，即保安处分。精神疾病患者由于疾病的影响失去认识能力和控制能力，由此精神病人不具备刑事责任能力而使其危害行为不构成犯罪，无法适用刑罚惩罚。所以，强制医疗制度是一种为了维护社会治安秩序，保卫社会安全并充分保障被治疗人健康利益而采取的保安处分措施。虽然，进行强制医疗过程中，为了治疗的需要也会对精神病人的人身自由进行一定的限制，但这种限制不是针对精神病人的自由所采取的惩罚措施，而是为了配合治疗的实施和保卫社会安全的需要。

3. 强制医疗具有直接或间接拘束精神病患者人身自由的法律效果。强制医疗措施的具体实施与自愿性住院治疗不同，不以本人及监护人的同意为要件，具有明显的强制性特征。因为强制医疗措施不仅涉及精神病人的人身自由权，还涉及危害公共安全和公民人身安全的防范，对这类精神病人的处置不单纯是行政法上的问题，还涉及到刑事法上的问题。这决定了其宣告必须以司法的方式来运作，而不能准用《精神卫生法》中有关非自愿住院治疗的行政化决定程序。

4. 强制医疗具有保卫社会安全和保障精神病患者健康利益的双重目的，但保卫社会安全目的处于优越地位。强制医疗制度的目的具有双重性：不仅关系到精神病人自身健康利益和人身自由，也关系到社会利益和社会安全的维护，是一项关乎个人权益与社会安全两大基本价值的保安处分制度。部分精神病人在病理作用下有较大的人身危险性，如果不对其采取一定的措施，会对社会治安和公众安全造成极大的威胁，而维护社会治安和保卫社会安全是国家对公民应尽的义务。但是，根据《刑事诉讼法》第 302 条，仅当已经发生危害他人安全的行为，并有继续危害他人安全的危险的精神疾病患者才必须强制其住院治疗。所以，防止特定精神病人继续危害社会才是强制医疗的主要目的，而精神疾病患者是否能够通过治疗缓解痛苦、治愈疾病，不是强制医疗制度的主要目的。

---

① 当有精神障碍的人没有实施严重暴力行为，但却符合《精神卫生法》中第 30 条第 2 款第 2 项规定的“已经发生危害他人安全的行为，或者有危害他人安全的危险的”，可以依据同法第 35 条之规定，由医疗机构对其实施非自愿性治疗。

（二）精神病人强制医疗诉讼程序的概念与特点

精神病人强制医疗诉讼程序，是指国家司法机关依照法定的程序，确定特定精神病人是否符合强制医疗的条件，以决定是否对其实行强制医疗的诉讼活动的总称。强制医疗诉讼程序有以下特点：

1. 强制医疗诉讼程序是一种特别的诉讼程序。强制医疗诉讼程序并不针对被强制医疗者的刑事责任的有无与大小，而是针对是否对其适用强制医疗的诉讼程序。因此，它已经超越惩罚犯罪分子，保障无辜的人免受刑事追究的通常的刑事诉讼任务，而具有预防社会大众遭遇未来侵害的任务。

2. 强制医疗措施只有人民法院才有权适用。由于强制医疗涉及对公民人身权利的限制与剥夺，而且涉及到严重暴力活动中刑事责任的有无问题的判断，所以只有国家司法机关才有权适用，其他任何机关、社会团体与个人都无权决定他人是否被强制医疗。

3. 强制医疗诉讼程序必须借助于鉴定，但不完全依赖于鉴定。是否罹患精神病属于医学问题，需要通过鉴定的方式去查明事实，不能单凭法官自行判断。但是，精神病只是适用强制医疗措施的前提条件之一，有无危害公共安全和严重危害公民人身安全的行为、有无辨认能力和控制自己行为的能力、有无继续危害社会的可能，这些不属于凭借或仅凭借专业医学知识就可以做出判断的事项，还需要借助于司法人员的个人经验和法律知识加以判断。鉴定充其量只是作出决定的证据之一而已。①

二、我国精神病人强制医疗程序的立法发展

我国《刑法》第18条规定：“精神病人在不能辨认或者不能控制自己行为的时候造成危害后果，经法定程序鉴定确认的，不负刑事责任，但是应当责令他的家属或者监护人严加看管和医疗；在必要的时候，由政府强制医疗。”但当时的《刑事诉讼法》并没有规定强制医疗的适用程序与救济机制，这导致强制医疗在很长一段时间缺乏程序衔接，实践中要么相互推诿，要么滥用权力，引发社会舆论对强制医疗合法性与公正性的不断质疑。

2012年3月14日《关于修改〈中华人民共和国刑事诉讼法〉的决定》，第一次较为系统完整地规定了精神病人强制医疗程序，并作为“特别程序编”中的专门一章，用6个条文结束了我国强制医疗程序缺失的时代。

第二节　精神病人强制医疗的适用条件

强制医疗是限制和剥夺人身自由的保安处分措施。强制医疗的制度目的在于保卫社会安宁。《刑事诉讼法》第302条规定：“实施暴力行为，危害公共安全或者严重危害公民人身安

---

① 这一点是强制医疗和《精神卫生法》规定的非自愿性住院治疗之间的区别，后者将是否构成精神障碍和是否需要住院治疗都交由精神科执业医生去诊断或鉴定，医疗机构单凭诊断和鉴定意见去决定。见《精神卫生法》第29条、第32条。

全，经法定程序鉴定依法不负刑事责任的精神病人，有继续危害社会可能的，可以予以强制医疗。”适用强制医疗应该同时满足以下几个要求：

一、主体是经法定鉴定程序依法不负刑事责任的精神病人

犯罪嫌疑人、被告人必须是经法定程序鉴定为不具有刑事责任能力的精神病人。实施暴力行为的人必须是因为患有精神疾病而无刑事责任能力，这是适用强制医疗的先决条件。在酒精和麻醉状态下产生精神障碍而实施脱离常轨行为的，不符合精神病人的标准。

刑事责任能力是辨认自己行为违法与否并以此控制自己行为的能力，刑事责任能力有无的判断应根据行为人实施行为时的辨认控制能力而定。尚未完全丧失辨认控制能力的精神病人犯罪的，根据《刑法》第 18 条第 3 款规定，仍然要承担刑事责任，只是可以从轻或减轻处罚，目前这一类精神病人不属于强制医疗的对象。但是，如果符合《精神卫生法》第 30 条第 2 款第 2 项以及第 52 条，构成“已经发生危害他人安全的行为，或者有危害他人安全的危险的”，经过诊断需要住院治疗的，应该由医疗机构去决定住院治疗。

如果实施危害行为时精神正常，只是在诉讼时罹患精神病，仍然应该承担刑事责任，对被告人可以依照《刑事诉讼法》第 206 条第 1 款第 1 项中止审理，或者依照《刑事诉讼法》第 265 条而决定暂予监外执行，并依据《精神卫生法》的规定住院治疗。但被告人不属于适用强制医疗的对象。

实施暴力行为的精神病人是否具有刑事责任能力并非一见即明了的事项，涉及到精神医学和心理学的判断，必须经过法定程序鉴定。精神病人刑事责任能力鉴定是司法鉴定的一种类型。我国法律对司法鉴定的主体、程序以及鉴定意见的出具都有明文规定。针对精神病人有无刑事责任能力的鉴定，必须依据法定程序进行。但是值得注意的是，精神医学鉴定只是判断精神病人是否具有刑事责任能力的证据而已，仍然需要由法官对鉴定的合法性和真实性依据刑事诉讼法的规定加以判断和采信。

二、实施了危害公共安全或者严重危害公民人身安全的暴力行为

患有精神疾病的犯罪嫌疑人、被告人实施了一般违反社会秩序的行为，是不足以强制医疗的。实施的必须是暴力行为，并且还要达到危害公共安全或者严重危害公民人身安全的程度。因此，只有实施了危害公共安全或者严重危害公民人身安全的暴力行为的精神病人，才可以被强制医疗。如果行为人没有此类违法行为或者实施的是其他程度的违法行为，即便主体是不负刑事责任的精神病人，也不能适用强制医疗。

三、具有继续危害社会的人身危险性

剥夺无刑事责任能力的精神病人的人身自由并对其进行强制医疗，还必须建立在对行为未来危险性的判断之上，即其要有继续危害社会的可能性。这体现了强制医疗是一种危险预防思路上的制度。因此行为人对于社会大众具有危险性是适用强制医疗的另一个实质条件。至于强制医疗是否需要有助于行为人康复则在所不论，因为对没有人身危险性的人进行强制，并不符合法治的精神。一方面，如果实施犯罪行为时，行为人因患有精神病而没有刑事责任能力，但

到了诉讼阶段，其精神健康已经恢复到了没有可能再次实施危害社会的状态，这时就没有必要再对他适用强制医疗。反之，即使行为人通过治疗也没有希望康复，但只要行为人有相当的危险，也是可以被强制医疗的。

还要注意的是，并非任何可能发生的危险都可以成为强制医疗的理由。基于法治国家的比例原则，这里的人身危险性是指行为人再次实施暴力行为的可能性。危险还要顾及危害人群的大小，如果只是惹人厌烦或针对个别人有轻微危险，则应该对当事人采取损害较为轻微的手段，例如责令监护人严加看管或自愿医疗去替代强制医疗。人身危险性可以借助于法官的经验、临床精神病学分析等综合加以判断。

第三节 精神病人强制医疗程序的主要内容

一、强制医疗程序案件的管辖

精神病人强制医疗案件由最初受理的人民法院或者被申请人、被告人实施危害行为地的基层人民法院管辖。如果由被告人居住地、强制医疗所在地的人民法院审判更为适宜的，可以由被告人居住地、强制医疗所在地的基层人民法院管辖。当精神病人强制医疗案件管辖权发生争议时，由共同上级人民法院指定下级法院管辖，或指定下级人民法院将案件移送其他法院管辖。

二、强制医疗程序的启动

（一）启动的主体

根据《刑事诉讼法》第 303 条第 2 款的规定，“公安机关发现精神病人符合强制医疗条件的，应当写出强制医疗意见书，移送人民检察院。对于公安机关移送的或者在审查起诉过程中发现的精神病人符合强制医疗条件的，人民检察院应当向人民法院提出强制医疗的申请”。可见，人民检察院是启动强制医疗程序的唯一主体，公安机关只有提出强制医疗的意见权。至于精神病人的监护人、法定代理人和被害人也都没有强制医疗程序的启动权。① 这也意味着，如果在自诉案件中要适用强制医疗制度，只能由法院自行启动。

该条第 2 款还规定：“人民法院在审理案件过程中发现被告人符合强制医疗条件的，可以作出强制医疗的决定。”可见人民法院也是启动强制医疗程序的主体。但公安机关、人民检察院和人民法院必须先依照法定程序对被告人进行精神疾病鉴定。只有经鉴定，被告人为依法不负刑事责任的精神病人的，才可以申请启动或启动、受理强制医疗程序。

（二）启动的时点

适用强制医疗的前提之一是司法精神病鉴定。鉴定意见是否作出，在很大程度上决定着强

---

① 这一点也是刑事司法中的强制医疗制度和《精神卫生法》的住院治疗制度的区别，后者依据《精神卫生法》第 28 条的规定，患病者本人、近亲属、所在单位和公安机关都是申请住院治疗的主体。

制医疗程序能否继续往前推进。只有经鉴定为精神障碍患者，且具备有关法定适用条件的，才可以向法院提起强制医疗申请。因此，强制医疗程序既可以在立案前启动，也可以在立案、侦查、起诉的过程中启动。

在审判阶段，针对控辩双方有争议的鉴定意见予以核实时，法院可以启动重新鉴定与补充鉴定。犯罪嫌疑人的辩护人、近亲属在审查起诉阶段，有权申请启动精神疾病鉴定程序。侦诉机关已经进行鉴定的，应当将鉴定意见告知被害人的近亲属与法定代理人，犯罪嫌疑人或者被害人有权申请重新鉴定或者补充鉴定。因此，审判中也可以启动强制医疗诉讼程序。

（三）启动的方式

根据《刑事诉讼法》第 303 条和《刑诉法解释》的规定，精神病人强制医疗程序的启动有两种方式：第一种是人民检察院申请启动。即由公安机关移送的或者人民检察院在审查起诉中发现的精神病人符合强制医疗法定条件的，人民检察院可以向人民法院提出强制医疗的申请。人民检察院如果认为公安机关应当启动强制医疗程序而不启动的，可以要求公安机关书面说明理由，经审查理由不能成立的，应当通知公安机关启动程序。

人民检察院自接到公安机关移送的强制医疗意见书以后，30 天内作出是否提出强制医疗申请的决定。审查以后认为不符合《刑事诉讼法》第 302 条规定条件的，应当作出不提出强制医疗申请的决定，并向公安机关书面说明理由；认为需要补充证据的，应当书面要求公安机关补充证据，必要时也可以自行调查。公安机关补充证据的时间不计入人民检察院办案期限。

在审查起诉过程中，犯罪嫌疑人经过鉴定，认定为不负刑事责任的精神病人的，人民检察院应当作出不起诉决定。认为符合《刑事诉讼法》第 302 条规定条件的，应当向人民法院提出强制医疗的申请。

人民检察院申请强制医疗程序应该采用书面的形式，制作申请意见书。人民法院应当在 7 天之内审查完毕，对于属于强制医疗程序受案范围和本院管辖，且材料齐全的案件应当受理。

第二种启动方式，是人民法院在审理普通刑事案件过程中，经鉴定发现被告人属于依法不负刑事责任的精神病人的，应当适用强制医疗程序，对案件进行审理。如果人民法院是在第二审程序中发现被告人可能符合强制医疗条件的，既可以依照强制医疗程序对案件作出处理，也可以裁定发回原审人民法院重新审判。

（四）强制医疗的保护性约束措施

在人民法院审查案件并作出最终强制医疗决定以前，对实施暴力行为的精神病人，为了防止公共安全与不特定人之人身、财产权益遭受精神病人暴力行为的紧迫危险，需要对此类精神病人与外界实施暂时性隔离与约束，必要时由公安机关将其送至精神病医院接受治疗，这在理论上属于行政临时性强制措施。

《刑事诉讼法》第 303 条第 3 款规定，“在人民法院决定强制医疗前，公安机关可以采取临时的保护性约束措施”。该项措施有以下几个特点：（1）作出保护性约束措施的决定主体是公安机关，但是应该经过县级以上公安机关负责人批准。（2）保护性约束措施的适用目的是维护社会秩序与公共安全，因此具体约束的方式、方法和力度，以避免和防止危害他人和精神病人自身安全为限。一旦精神病人已经没有继续危害社会的可能，解除约束没有社会危险性的，应当及时解除约束性措施。（3）保护性约束措施的适用范围是实施暴力犯罪行为的精神病人，而不能是其他精神病人，这是该项措施本身紧急性特点的要求。（4）保护性约束措施具有临时性，即只能在法院作出强制医疗决定以前实施，一旦法院作出了是否强制医疗的决定，无论法院的决定是否被诉讼参与人提出复议或被检察机关提出书面纠正意见，都必须解除保护性约束措施。

三、强制医疗程序的审理

（一）审理组织

根据《刑事诉讼法》第 304 条第 1 款之规定，人民法院受理强制医疗的申请后，应当组成合议庭进行审理。由于一般法官不熟悉医学专业知识，根据经验、伦理、常识去判断是否需要强制医疗比较困难，因而合议庭也可以选择精神病学、心理学、法医学等方面的专业人士担任陪审员，这有利于专业知识与审判经验相互结合，提高合议庭作出的是否适用强制医疗决定的正确性与公信力。

（二）开庭审理与申请不开庭审理

审理强制医疗案件应当开庭审理。为了不泄露精神病人的个人隐私，保障精神病人康复后能重返社会，精神病人强制医疗程序的被申请人、被告人的法定代理人可以请求不开庭审理，人民法院同意的，也可以不开庭审理。[①] 开庭审理的案件，被申请人要求出庭的，人民法院审查其身体和精神状态，认为可以出庭的，应当准许。出庭的被申请人，在法庭调查和法庭辩论阶段，可以发表意见。

人民法院审理人民检察院申请强制医疗的案件，应当会见被申请人。

（三）通知法定代理人到场

由于精神病人不能辨别是非，不能正确表达，欠缺诉讼行为能力，甚至在某些情况下无法出庭参加诉讼，难以正常行使法定的诉讼权利。因而，人民法院应该在审理前通知其法定代理人到场，以维护被申请人或被告人的合法权益，并进行必要的监护。如果法定代理人之间互相推诿，不负责任，人民法院有权予以指定。被指定的代理人必须参加诉讼，不得推诿或拒绝。

（四）指派法律援助

强制医疗的法律效果对精神病人的权益有重大影响。由于被申请人或被告人是无行为能力或限制行为能力的人，更何况审理中涉及复杂的专业知识，即便有法定代理人在场，仍然超出其知识范围与申辩能力，因而，当他们没有委托诉讼代理人时，人民法院应当通知法律援助机构，指派承担法律援助义务的律师为其提供法律帮助。

（五）事实调查

强制医疗程序的调查阶段，要重点查明：实施危害社会行为的时间、地点、方法和其他有关情节；危害行为的实施主体；实施危害行为的人在实施前和实施后的表现；危害行为造成损

---

① 最高人民法院《解释》第 529 条第 1 款规定："审理强制医疗案件，应当组成合议庭，开庭审理。但是，被申请人、被告人的法定代理人请求不开庭审理，并经人民法院审查同意的除外。"

害的性质和程度；实施危害行为的人过去是否患有精神病以及在实施危害行为时和案件调查时所患精神病的程度和性质。

调查时可以采用讯问行为人、询问被害人以及传唤鉴定人或其他证人出庭作证的方法进行。精神病鉴定意见是判断行为人是否承担刑事责任的法定依据以及决定对行为人是否适用强制医疗措施的主要证据。如果精神病人的法定代理人、受害人或辩护人、诉讼代理人对鉴定意见有异议或者人民法院认为鉴定人有必要出庭的，鉴定人应当出庭作证。经人民法院通知，鉴定人拒不出庭作证的，鉴定意见不得作为定案根据。另外，造成人身伤亡和物质损失的，必要时也可以进行勘验、检查和鉴定。由于强制医疗程序的最终目的在于对实施危害社会行为的精神病人适用强制医疗措施，因而，鉴定行为人在实施危害行为时及诉讼进行时，是否为精神病患者，是否具备刑事责任能力，就成了调查阶段的核心任务，这是不可或缺的一环。

（六）审理后的处理

人民法院对申请强制医疗的案件审理后，应当区别下列情形予以处理：（1）符合《刑事诉讼法》第302条规定的强制医疗条件的，应该作出强制医疗的决定；（2）被申请人属于依法不负刑事责任的精神病人，但不符合强制医疗条件的，应当作出驳回强制医疗申请的决定，被申请人已经造成危害结果的，应当同时责令其家属或监护人严加看管或依据《精神卫生法》送医治疗；（3）被申请人具有完全或部分刑事责任能力，依法应当追究刑事责任的，应当作出驳回强制医疗申请的决定，并退回人民检察院依法处理。

（七）审理时限

根据《刑事诉讼法》第305条第1款的规定，人民法院经过审理，对于被申请人或被告人符合强制医疗条件的，应该在1个月内作出强制医疗决定。根据最高人民法院《解释》的规定，审理强制医疗案件，没有特别规定的，应该参照第一审普通程序和第二审程序的有关规定。因此对被申请人进行精神病鉴定的期限应该不计入办案期限。

（八）申请复议程序

根据《刑事诉讼法》第305条第2款和最高人民法院《解释》的规定，被决定强制医疗的人、被害人及其法定代理人、近亲属对强制医疗决定不服的，可以向上一级人民法院申请复议。强制医疗程序的复议具有以下特点：（1）复议针对的对象是法院作出的关于强制医疗的决定。（2）复议不具有停止执行强制医疗决定的效力，复议期间不停止执行强制医疗决定。复议的申请由作出强制医疗决定的法院的上一级法院组成合议庭进行审理，并在1个月内作出复议决定：认为强制医疗决定不符合法律规定的，应当撤销该决定；认为强制医疗决定符合法律规定的，应当驳回复议申请，维持原决定；认为原审违反法定诉讼程序，可能影响公正审理的，应撤销原决定，发回原审人民法院重新审理。上一级人民法院应将复议结果以书面方式通知当事人。

（九）强制医疗的解除制度

强制医疗本身没有执行期限，却有治疗程度的要求。因为一旦确定了执行期限，被治疗人到期病情无法治愈或好转却得以释放，反而失去了强制医疗的意义。因此《刑事诉讼法》第306条规定的解除强制医疗的途径，是由强制医疗单位定期对被强制医疗的人进行诊断评估，对于痊愈者或病情得到好转，已完全或基本消除人身危险性的精神病人，医疗单位应该及时向作出强制医疗决定的人民法院提出解除申请。被强制医疗的人及其近亲属也可以向作出强制医疗决定的人民法院提出解除强制医疗的申请。

申请解除强制医疗程序中，人民法院应当组成合议庭审查被强制医疗人诊断评估报告，必要时也可以对强制医疗人的精神恢复情况作出鉴定，对被治疗人的人身危险性进行评估。根据强制治疗机构出具的诊断评估报告以及法医精神病鉴定机构出具的司法精神病鉴定意见，在1个月内作出是否终止强制医疗的决定。强制医疗机构收到人民法院解除决定书当日，应解除强制医疗。人民法院作出解除决定之后，可以责令被强制医疗人的家属严加看管和医疗。

（十）强制医疗的检察监督

根据《刑事诉讼法》第307条和《人民检察院刑事诉讼规则（试行）》的规定，人民检察院对强制医疗的决定与执行进行监督。具体应该包括以下环节：(1) 人民检察院发现公安机关应当启动强制医疗程序而不启动的，可以要求公安机关在7日内说明不启动的理由，公安机关不启动理由不能成立的，应当通知公安机关启动程序。(2) 如果发现涉案精神病人的鉴定程序违反法律或采取临时保护性措施不当的，应当提出纠正意见；应当采取临时保护性措施而没有采取的，人民检察院可以建议公安机关采取。(3) 由人民检察院申请而启动的强制医疗程序，人民检察院应该派员到场，如果认为强制医疗程序审理过程中存在没有通知法定代理人、没有通知法律援助机构指派律师等诉讼程序违法现象，应该由检察院提出书面纠正意见。(4) 强制医疗的决定作出以后，如果检察机关认为强制医疗决定不当的，应该在收到决定书副本后20天内向人民法院提出书面纠正意见。(5) 强制医疗执行过程中，检察机关应该定期巡视医疗机构，如果检察机关发现医疗单位对被强制医疗者的治疗与看护有违法情形，应该通知医疗机构予以纠正。对于拒不纠正违法行为的，可以提出行政处分、行政惩戒的检察建议。如果人民法院解除强制医疗措施决定违法，可以向人民法院提出书面纠正意见。

问题与思考

简答题

1. 精神病人强制医疗诉讼程序的独立性表现在哪里？

2. 精神病人强制医疗的适用条件是什么？

课堂讨论案例

胡某患有严重精神病，总是臆想周围邻居欲合谋暗杀自己，因而于2018年2月自制了炸药，在其准备对邻居邓某一家采取“先发制人”式攻击之前，被村民发现扭送到公安机关。

请结合本章内容，回答：

1. 公安机关立案后，在侦查阶段如果认为胡某为精神病人，应该如何申请对胡某实施强制医疗？

2. 如果人民法院最终决定对胡某适用强制医疗，胡某却坚持认为自己不是精神病人，其可以通过什么途径获得救济？

法律职业资格（司法）考试真题

1. 依法不负刑事责任的精神病人的强制医疗程序是一种特别程序。关于其特别之处，下列哪一说法是正确的？（　　）（单选）

A. 不同于普通案件奉行的不告不理原则，法院可未经检察院对案件的起诉或申请而启动这一程序

B. 不同于普通案件审理时被告人必须到庭，可在被申请人不到庭的情况下审理并作出强制医疗的决定

C. 不同于普通案件中的抗诉或上诉，被决定强制医疗的人可通过向上一级法院申请复议启动二审程序

D. 开庭审理时无需区分法庭调查与法庭辩论阶段

2. 犯罪嫌疑人刘某涉嫌故意杀人被公安机关立案侦查。在侦查过程中，侦查人员发现刘某行为异常。经鉴定，刘某属于依法不负刑事责任的精神病人，需要对其实施强制医疗。

请回答第（1）、（2）题。（不定项）

（1）关于有权启动强制医疗程序的主体，下列选项正确的是：（　　）。

A. 公安机关

B. 检察院

C. 法院

D. 刘某的监护人、法定代理人以及受害人

（2）法院审理刘某强制医疗一案，下列做法不符合法律规定的是：（　　）。

A. 由审判员和人民陪审员共 3 人组成合议庭

B. 鉴于刘某自愿放弃委托诉讼代理人，法院只通知了刘某的法定代理人到场

C. 法院认为刘某符合强制医疗的条件，依法对刘某作出强制医疗的裁定

D. 本案受害人不服法院对刘某强制医疗裁定，可申请检察院依法提起抗诉

3. 甲将乙杀害，经鉴定甲系精神病人，检察机关申请法院适用强制医疗程序。关于本案，下列哪一选项是正确的？（　　）（单选）

A. 法院审理该案，应当会见甲；

B. 甲没有委托诉讼代理人的，法院可以通知法律援助机构指派律师担任其诉讼代理人；

C. 甲出庭的，应由其法定代理人和诉讼代理人代为发表意见；

D. 经审理发现甲具有部分刑事责任能力，依法应当追究刑事责任的，转为普通程序继续审理。

4. 甲在公共场所实施暴力行为，经鉴定为不负刑事责任的精神病人，被县法院决定强制医疗。甲父对决定不服向市中级法院申请复议，市中级法院审理后驳回申请，维持原决定。关于本案处理，下列哪一选项是正确的？（　　）（单选）

A. 复议期间可暂缓执行强制医疗决定，但应采取临时的保护性约束措施；

B. 应由公安机关将甲送交强制医疗；

C. 强制医疗 6 个月后，甲父才能申请解除强制医疗；

D. 申请解除强制医疗应向市中级人民法院提出

课堂讨论案例

犯罪嫌疑人段某，1980年出生，甲市丁区人，自幼患有间歇性精神分裂症而辍学在社会上流浪，由于生活无着落便经常偷拿东西。2014年3月，段某窜至丁区一小区内行窃时被事主发现，遂用随身携带的刀子将事主刺成重伤夺路逃走。此案丁区检察院以抢劫罪起诉到丁区法院，被害人的家属提起附带民事诉讼。丁区法院以抢劫罪判处段某有期徒刑10年，赔偿被害人家属3万元人民币。段某以定性不准、量刑过重为由提起上诉。甲市中级法院二审中发现段某符合强制医疗条件，决定发回丁区法院重新审理。

丁区法院对段某依法进行了精神病鉴定，结果清晰表明段某患有精神分裂症，便由审判员张某一人不公开审理，检察员马某和被告人段某出庭分别发表意见。庭审后，法庭作出对段某予以强制医疗的决定。

问题：

（1）结合本案，简答强制医疗程序的适用条件。

（2）如中级法院直接对段某作出强制医疗决定，如何保障当事人的救济权？

（3）发回重审后，丁区法院的做法是否合法？为什么？

（4）发回重审后，丁区法院在作出强制医疗决定时应当如何处理被害人家属提出的附带民事诉讼？

第二十八章

涉外刑事诉讼程序与司法协助制度

本章概要

涉外刑事诉讼程序是一种特殊的刑事诉讼程序。它虽然适用我国刑事诉讼法的一般性规定，但因其程序有涉外因素，故有一些特殊的要求。这些特殊的要求主要包括涉外刑事诉讼原则、当事人国籍的确认、涉外刑事诉讼案件的管辖、涉外刑事诉讼的强制措施以及涉外刑事诉讼的送达等方面。

刑事司法协助是司法协助的一种类型。它的法律依据主要有国际条约、国际公约和国内法的规定。我国理论上主张广义上的刑事司法协助，公安、检察机关和人民法院都是司法协助的主体。

关键术语

涉外刑事诉讼　涉外案件　刑事司法协助

第一节　涉外刑事诉讼程序概述

一、涉外刑事诉讼程序的概念和特点

涉外刑事诉讼程序，是指涉及外国人（包括无国籍人）或需要国外司法机关进行协助的刑事诉讼所特有的方式、方法和步骤。简言之，涉外刑事诉讼程序，就是涉外刑事诉讼所特有的方式、方法和步骤。

涉外刑事诉讼与涉外案件的刑事诉讼（又称涉外刑事案件的诉讼）不同。我国《刑事诉讼法》对涉外刑事案件没有作出规定。根据最高人民法院《解释》的规定，涉外刑事案件是指以下四类案件：(1) 在中华人民共和国领域内，外国人犯罪的或者中国公民侵犯外国人合法权利的刑事案件；(2) 符合《刑法》第 7、10 条规定情形的中国公民在中华人民共和国领域外犯罪的案件；(3) 符合《刑法》第 8、10 条规定情形的外国人对中华人民共和国国家或公民犯罪的

案件；(4) 符合《刑法》第 9 条规定情形的中华人民共和国在所承担国际条约义务范围内行使管辖权的案件。涉外案件的刑事诉讼，是指中国司法机关处理涉外刑事案件的方式、方法和步骤。涉外刑事诉讼是指刑事诉讼活动涉及外国人（包括无国籍人，下同）和某些诉讼活动需要国外司法机关进行协助这两种情况。涉外刑事诉讼包括涉外案件的刑事诉讼，但又不仅指涉外案件的刑事诉讼。在司法实践中，有些案件不是涉外刑事案件，但案发时或案发后的一些特殊情况，使得这些案件的诉讼活动涉及外国人或需要国外司法机关进行协助，例如，目击案件的证人是外国人或虽是中国人，但诉讼时其已身在国外；案件发生后，犯罪嫌疑人潜逃国外等。随着中国对外开放的深入，这类案件的数量会逐年增多。这些案件，在诉讼时所采取的方式、方法和步骤不同于其他非涉外案件，例如其可能要请求外国司法机关协助调查取证、引渡犯罪嫌疑人等。从这方面来讲，这些案件的诉讼与涉外案件的刑事诉讼有共同的地方，故应一并予以研究。但把涉外刑事诉讼程序等同于涉外刑事案件的诉讼程序，是不正确的。

由于涉外刑事诉讼在程序上有涉外因素，因而在处理案件时需要采取特殊的方式、方法和步骤。例如，在调查取证、羁押被告人、送达等方面，要采取非涉外刑事诉讼所没有的方式、方法和步骤。

二、适用涉外刑事诉讼程序的案件范围

由于涉外刑事诉讼是诉讼活动涉及外国人或者某些诉讼活动需要国外司法机关进行协助的刑事诉讼，所以，适用涉外刑事诉讼程序的案件一般有以下几种。

1. 中国公民在中华人民共和国领域内对外国公民、无国籍人及外国法人犯罪的案件。在这种案件中，外国人、无国籍人以及外国法人是被害人，诉讼活动涉及外国人，故应适用涉外刑事诉讼程序。

2. 外国公民、无国籍人或外国法人在中华人民共和国领域内对中国国家、组织或者公民实施犯罪的案件。这种案件的犯罪嫌疑人、被告人是外国公民、无国籍人或外国法人，诉讼活动涉及外国人，也应适用涉外刑事诉讼程序。

3. 外国公民、无国籍人或者外国法人在中华人民共和国领域内侵犯外国公民、无国籍人或者外国法人的合法权益，触犯中国《刑法》，构成犯罪的案件。这种案件，虽然犯罪行为没有危害中国国家、组织和公民的利益，但犯罪地点在中国境内，中国司法机关享有管辖权。这种案件的被害人、被告人都是外国人，其侵害行为也可能是多种多样的，但只有那些根据中国《刑法》规定构成犯罪的行为，才适用涉外刑事诉讼程序予以追究。

4. 中华人民共和国缔结或者参加的国际条约所规定的，中国有义务管辖的国际犯罪案件。改革开放以来，我国缔结和参加了不少国际条约，例如：《关于制止非法劫持航空器的公约》（即《海牙公约》）、《关于制止危害民用航空安全的非法行为的公约》（即《蒙特利尔公约》）、《联合国海洋公约》和《联合国禁止非法贩运麻醉药品和精神药物公约》等，这些条约规定了一些国际犯罪行为。根据这些公约和中国国内法的有关规定，凡中国有义务管辖的国际犯罪案件，均适用涉外刑事诉讼程序。

5. 外国公民、无国籍人、外国法人在中华人民共和国领域外对中国国家或公民实施的按照中国《刑法》规定最低刑为 3 年以上有期徒刑的犯罪案件，但按照犯罪地法律不受处罚的除外。这类案件的犯罪嫌疑人、被告人是外国人，犯罪地也不在中国境内，但因为犯罪行为是针对中国国家或中国公民实施的，故中国有权依照涉外刑事诉讼程序追究其刑事责任。

6. 某些刑事诉讼活动需要在国外进行的非涉外刑事案件。包括：中国公民在中国领域内犯罪，犯罪后潜逃出境的案件；犯罪嫌疑人、被告人、被害人均为中国公民，但证人是外国人且诉讼时已出境的案件。在上述案件的诉讼过程中，某些诉讼活动如缉查犯罪嫌疑人（被告人）、收集证据需要在国外进行，而中国的司法机关不能直接到国外去行使职权，故需要按照国际条约或者互惠原则等规定，请求外国司法机关予以协助。“请求外国司法机关予以协助”就是涉外刑事诉讼程序的组成部分。

7. 外国司法机关管辖的，根据国际条约或者互惠原则，外国司法机关请求中国司法机关为其提供刑事司法协助的案件。承办这类案件的主体是外国司法机关，中国的司法机关只是在为其缉查罪犯或调查取证方面给予协助。提供协助的方式、步骤也要按照涉外刑事诉讼程序进行。

三、涉外刑事诉讼适用的法律

由于涉外刑事诉讼是我国刑事诉讼活动的一个组成部分，因而它所适用的实体法和程序法都应是我国的法律以及我国参加或者缔结的国际条约，不存在适用外国实体法和程序法的问题。即使我国司法机关接受外国司法机关的请求，协助它们调查取证和缉查罪犯，也应按照我国刑事诉讼法规定的方式、方法和步骤进行。

我国关于涉外刑事诉讼的法律主要有《刑法》《刑事诉讼法》《国际刑事司法协助法》《引渡法》以及中华人民共和国参加或缔结的有关涉外刑事诉讼的国际条约。

我国关于涉外刑事诉讼的法律规定还不完备。我国《刑法》和《刑事诉讼法》只有 7 个条文涉及涉外刑事诉讼问题。这些条文只对涉外刑事诉讼作了原则性的规定，并未明确规定进行涉外刑事诉讼的具体方式、方法和步骤。这种状况与我国不断深入的改革开放形势和涉外刑事诉讼日益增多的实际情况极不适应，国家很有必要加强涉外刑事诉讼方面的立法工作。

在司法实践中，我国司法机关进行涉外刑事诉讼，主要依照最高人民法院、最高人民检察院颁布的司法解释以及公安部、国家安全部和司法部发布的部门规章。这些司法解释和部门规章目前有二十多种，其中除最高人民法院发布的《关于适用〈中华人民共和国刑事诉讼法〉的解释》、最高人民检察院发布的《人民检察院刑事诉讼规则（试行）》、公安部发布的《公安机关办理刑事案件程序规定》等少数司法解释、部门规章系统规定了涉外刑事诉讼程序外，其他均是对个别问题或者某方面问题的规定，既不系统，也不全面，这给我们进行涉外刑事诉讼和学习涉外刑事诉讼程序带来了困难。

第二节　涉外刑事诉讼的特有原则

一、涉外刑事诉讼特有原则与刑事诉讼基本原则的关系

涉外刑事诉讼的特有原则，是指司法机关及诉讼参与人进行涉外刑事诉讼时所应遵守的行为准则。本节所称的“刑事诉讼基本原则”，是指我国《宪法》和《刑事诉讼法》第一编第一章规定的，普遍适用于各类刑事诉讼的基本行为准则。

我国目前尚没有系统的涉外刑事诉讼立法，现行《刑事诉讼法》对涉外刑事诉讼的规定又很不完善，所以至今并未有法定的涉外刑事诉讼的原则。但是，作为一种与国内刑事诉讼不完全相同的刑事诉讼，它本身应当具有一些不同于国内刑事诉讼的原则。根据有关规定及司法实践经验，我们认为，涉外刑事诉讼具有以下原则：（1）适用中国刑事法律和信守国际条约相结合的原则；（2）外国籍犯罪嫌疑人、被告人依法享有中国法律规定的诉讼权利并承担诉讼义务的原则；（3）使用中国通用的语言文字进行诉讼的原则；（4）外国籍当事人委托中国律师辩护或代理的原则。

司法机关和诉讼参与人进行刑事诉讼，当然应当遵守刑事诉讼的基本原则，在这个前提下，还需遵守涉外刑事诉讼的特有原则。刑事诉讼基本原则与涉外刑事诉讼特有原则的关系，是一般与特殊的关系。涉外刑事诉讼的特有原则，有的是对刑事诉讼基本原则的补充，如“适用中国刑事法律和信守国际条约相结合的原则”“外国籍当事人委托中国律师辩护或代理的原则”，这些原则弥补了刑事诉讼基本原则在涉外刑事诉讼方面的不足；有的是对刑事诉讼某项基本原则的具体化，如“外国籍犯罪嫌疑人、被告人依法享有中国法律规定的诉讼权利并承担诉讼义务的原则”，就是“保障诉讼参与人享有诉讼权利”这一基本原则的具体化。

二、适用中国刑事法律和信守国际条约相结合的原则

适用中国刑事法律和信守国际条约相结合的原则的含义是：公安司法机关及诉讼参与人在进行涉外刑事诉讼时，除了要遵守中国《刑法》和《刑事诉讼法》外，还应当遵守中国缔结或者参加的国际条约中有关刑事诉讼程序的具体规定，除非中国对该条款有保留。如果中国的刑事法律与中国缔结或者参加的国际条约有冲突，应当适用国际条约的有关规定。

涉外刑事诉讼适用中国刑事法律，是我国《刑法》和《刑事诉讼法》明确规定的。我国《刑法》第6条至第10条规定，在中华人民共和国领域内犯罪及在中华人民共和国领域外犯罪，需要依照中国《刑法》追究刑事责任的，都适用中国《刑法》对其定罪量刑。《刑事诉讼法》第17条规定，对于外国人犯罪应当追究刑事责任的，除非该外国人享有外交特权或者豁免权，均适用我国刑事诉讼法的规定。涉外刑事诉讼适用中国法律，是中国独立行使刑事司法管辖权的标志，也是国际公认的国家主权原则的基本要求。因此，我国公安司法机关立案、侦查、起诉、审判涉外刑事诉讼案件，都必须适用中国法律，绝不允许任何外国国家、组织或者公民以任何形式进行干涉。

国际条约是主权国家、国际组织及其相互之间订立的多边或双边协议。我国对于自己参加或者缔结的国际条约，历来是认真信守的。我国刑事诉讼法虽然没有明确规定司法机关及诉讼参与人在涉外刑事诉讼中，在遵守中国刑事法律的同时遵守中国参加或缔结的国际条约，但是，司法机关在刑事诉讼实践中一贯坚持了这一原则。外交部、最高人民法院等1995年发布的《关于处理涉外案件若干问题的规定》中指出：“处理涉外案件，在对等互惠原则的基础上，严格履行我国所承担的国际条约义务。当国内法或者我内部规定同我国所承担的国际条约义务发生冲突时，应当适用国际条约的有关规定（我国声明保留的条款除外）。”

司法机关及诉讼参与人在遵守这一原则时必须注意以下几个问题：（1）中国刑事法律条文和中国缔结或者参加的国际条约中有关刑事诉讼的条款，都是中国的法律规定，不能以国内法规定为由拒绝遵守有关国际条约中的刑事诉讼条款；（2）中国声明保留的国际条约条款，不适用于涉外刑事诉讼程序，公安司法机关及诉讼参与人均无遵守的义务。

三、外国籍犯罪嫌疑人、被告人依法享有中国法律规定的诉讼权利并承担诉讼义务的原则

外国籍犯罪嫌疑人、被告人依法享有我国法律规定的诉讼权利并承担诉讼义务的原则的含义是：具有外国国籍的犯罪嫌疑人、被告人（包括无国籍人及外国籍法人）在涉外刑事诉讼中，依照我国刑事诉讼法和其他法律的有关规定，享有诉讼权利，承担诉讼义务，他既不能享有国籍国法律规定的诉讼权利，也不必履行国籍国法律所规定的诉讼义务。

我国《刑事诉讼法》虽然没有明确规定这项原则，但根据该法第 17 条的规定，我国的立法是认可这项原则的。在司法实践中，外国籍犯罪嫌疑人、被告人一直是依照中国法律的规定享受诉讼权利，承担诉讼义务。最高人民法院对这项原则已经加以认可，在其发布的《解释》第 395 条中明确规定："在刑事诉讼中，外国籍当事人享有我国法律规定的诉讼权利并承担相应义务。"

对于外国籍犯罪嫌疑人、被告人是否享有我国法律所规定的所有诉讼权利，我国刑事诉讼法没有规定，目前也没有有关的司法解释。我们认为，按照国际对等原则，如果某一国家对我国籍犯罪嫌疑人、被告人在其国内的刑事诉讼权利加以限制，我国也应相应限制具有该国国籍的犯罪嫌疑人、被告人在中国刑事诉讼中的诉讼权利。除此之外，外国籍犯罪嫌疑人、被告人应该享有我国刑事诉讼法所规定的所有诉讼权利。在司法实践中，司法机关既不能迁就外国籍犯罪嫌疑人、被告人，也不应对其加以歧视，应当依法保障他们行使诉讼权利，强制他们履行刑事诉讼义务。

四、使用中国通用的语言文字进行诉讼的原则

使用本国通用的语言文字进行涉外刑事诉讼，是国家司法主权独立和尊严的象征，是各国涉外刑事诉讼立法普遍采用的一个原则。在司法实践中，我国的司法机关在进行涉外刑事诉讼时，都遵守了这一原则。

最高人民法院、公安部在其发布的有关司法解释和部门规章中，对公安机关、人民法院处理涉外刑事案件时如何适用这项原则，作了明确规定。根据这些规定的内容及司法实践经验，使用中国通用的语言文字进行诉讼的原则包括以下内容：（1）司法机关在进行涉外刑事诉讼时，使用中国通用的语言进行预审、法庭审判和调查讯问。（2）司法机关在涉外刑事诉讼中制作的诉讼文书为中文本。（3）司法机关在涉外刑事诉讼中，应当为外国籍犯罪嫌疑人、被告人提供翻译。外国籍犯罪嫌疑人、被告人通晓中国语言文字，拒绝为其提供的翻译的，应当由本人出具书面声明，或者将他的口头声明记录在卷。（4）为便于诉讼的顺利进行，司法机关在送达给外国籍犯罪嫌疑人、被告人及其他当事人中文本诉讼文书时，应当附有犯罪嫌疑人、被告人通晓的外文译本。但外文译本不加盖司法机关印章，送达的文书内容以中文本为准。

司法机关在遵守这项原则时，要注意以下两个问题：（1）不能以使用我国通用的语言文字进行诉讼为理由，强迫外国籍当事人尤其是懂我国通用的语言文字的外国籍当事人使用我国通用的语言文字来回答司法人员的审（讯）问、询问和书写诉讼文书、发表辩护意见等；应当允许他们使用国籍国通用的或他们通晓的语言文字。（2）不能在使用我国通用的语言文字方面无原则地迁就外国籍犯罪嫌疑人、被告人，如果外国籍当事人以不懂我国通用的语言文字为由拒

收诉讼文书，送达人应当在有见证人在场的情况下，把文件留在他的住处或者羁押场所，并记录在卷。该诉讼文书即认为已经送达。

五、外国籍当事人委托中国律师辩护或代理的原则

根据我国刑事诉讼法的规定，犯罪嫌疑人、被告人和其他当事人，可以委托律师担任其辩护人或诉讼代理人。律师担任辩护人或诉讼代理人，有利于充分保护刑事案件当事人的合法权益。律师制度是国家司法制度的重要组成部分。一国的司法制度只能在本国领域内适用，不能延伸至他国，这是公认的国际准则。主权国家一般都禁止外国律师在本国法院以律师名义从事诉讼业务。我国历来不允许外国律师在我国法院以律师名义执行职务，一贯坚持外国籍当事人如欲委托律师必须委托我国律师辩护或代理的原则。最高人民法院《解释》第402条，又重申了这一条原则。

根据上述规定及司法实际情况，外国籍当事人委托中国律师辩护或代理的原则的含义是：外国籍当事人如欲委托律师辩护或代理，必须委托在中国注册的律师，不允许其委托外国律师。外国律师接受委托担任辩护人或诉讼代理人参加诉讼，不得以律师的名义或身份出庭，不享有中国法律赋予律师的权利，人民法院只将其视为一般的辩护人或诉讼代理人；司法机关通过法律援助机构为没有委托辩护人的外国籍被告人指定辩护人的，应当指定中国律师。

在司法实践中，为了保证外国籍当事人委托我国律师辩护或代理合法有效，最高人民法院《解释》中规定：外国籍当事人从中华人民共和国领域外寄交或者托交给中国律师或者中国公民的委托书，必须经所在国公证机关证明、所在国中央外交主管机关或者其授权机关认证，并经中国驻该国使、领馆认证，才具有法律效力。但我国与该国之间有互免认证协定的除外。

在涉外刑事诉讼中贯彻执行这一原则，有助于维护国家主权，捍卫我国司法制度尤其是律师制度的独立和尊严。

第三节　涉外刑事诉讼程序的特别规定

《刑事诉讼法》规定的诉讼制度和诉讼程序，同样适用于涉外刑事诉讼。由于涉外刑事诉讼有其特殊性，故在适用《刑事诉讼法》规定的制度和程序的同时，应当适用一些特别的规定。中国刑事诉讼立法对此没有作出规定，但中国参加和签订的有关国际条约，最高人民法院、最高人民检察院的有关司法解释，公安部、国家安全部、司法部的部门规章，弥补了这方面存在的一些不足。在本节中，我们将根据上述有关规定，对涉外刑事诉讼制度和程序的特别规定进行系统性阐述。

一、当事人外国国籍的确认

当事人（在司法实践中主要是犯罪嫌疑人、刑事被告人或被害人）是外国人（包括无国籍人、外国法人，下同）的案件，是主要的涉外刑事案件，应当适用涉外刑事诉讼程序。当事人的国籍，是确定案件是否适用涉外刑事诉讼程序的标准之一。因此，确认当事人的外国国籍，

是某些案件适用涉外刑事诉讼程序的一个必经程序。公安司法机关在进行刑事诉讼时，要注意及时查明当事人的国籍。根据有关规定，外国人的国籍以他在入境时的有效证件予以确认；国籍不明的，由公安机关会同外事部门予以查明，国籍确实无法查明的，以无国籍人对待。在当事人的外国国籍被确认前，公安司法机关可以按刑事诉讼法规定的一般程序处理案件；在当事人的外国国籍被确认后，要遵守涉外刑事诉讼的原则和其他特别规定，及时将案件转入涉外刑事诉讼程序。

二、涉外刑事诉讼的管辖

在涉外刑事诉讼中，地域管辖是一个更为复杂的问题。中国《刑事诉讼法》规定的确定地域管辖的标准，如“以犯罪地法院管辖为主、以被告人居住地法院管辖为辅”，难以适用于中国公民在外国犯罪的案件，更无法适用于那些国际犯罪案件和外国人在外国针对中华人民共和国国家和公民犯罪的案件。因此，很有必要对这类案件的地域管辖进行研究，以便在将来修改《刑事诉讼法》时，对此问题加以规定。

最高人民法院在总结多年审判经验的基础上，在其发布的有关司法解释中，对发生在中华人民共和国领域外的犯罪案件，包括外国人犯罪和中国公民犯罪的地域管辖，作了一些特殊的规定。

1. 我国缔结或者参加的国际条约所规定的并且我国有义务管辖的刑事案件，由犯罪嫌疑人（被告人）被抓获地的人民法院管辖。

2. 在中华人民共和国领域外的中国船舶内的犯罪，由该船舶最初停泊的中国口岸所在地的人民法院管辖。

3. 在中华人民共和国领域外的中国航空器内的犯罪，由该航空器在中国最初降落地的人民法院管辖。

4. 中国公民在驻外的中国使、领馆内的犯罪，由该公民主管单位所在地或者原户籍所在地的人民法院管辖。

5. 在国际列车上发生的刑事案件，按照中国与相关国家签订的有关协定确实管辖。没有协定的，由犯罪发生后列车最初停靠的中国车站所在地或者目的地的铁路运输法院管辖。

6. 中国公民在中华人民共和国领域外的犯罪，由其入境地或者离境前的居住地的人民法院管辖。被害人是中国公民的，也可由被害人离境前居住地的人民法院管辖。

7. 外国人在中华人民共和国领域外对中华人民共和国国家或者公民犯罪，依照中国《刑法》应受处罚的，由该外国人入境地、入境后居住地或者被害中国公民离境前居住地的人民法院管辖。

三、涉外刑事诉讼强制措施

为了防止犯罪嫌疑人、被告人、现行犯和重大嫌疑分子妨碍刑事诉讼的顺利进行，防止发生其他意外事件，我国刑事诉讼法规定，公安司法机关根据不同情况，可以分别对犯罪嫌疑人、被告人、现行犯或重大嫌疑分子采取拘传、取保候审、监视居住、拘留和逮捕等五种强制措施。刑事诉讼法规定的强制措施，同样适用于涉外刑事诉讼。但是，由于涉外刑事诉讼具有不同于一般刑事诉讼的特点，故在强制措施方面也有一些不同于其他刑事诉讼的地方。

（一）限制犯罪嫌疑人、被告人出境

我国《出境入境管理法》第12条和第28条规定：被判处刑罚尚未执行完毕或者属于刑事案件被告人、犯罪嫌疑人的外国人和中国公民不准其出境。因此，在司法实践中，进行涉外刑事诉讼的司法机关，对于涉外刑事案件的犯罪嫌疑人、被告人，应注意及时作出限制他们出境的决定。

司法机关在作出限制出境决定后，应当以口头或者书面形式通知被限制出境的人，在案件诉讼终结前不得出境。在限制犯罪嫌疑人、被告人出境时，公、检、法机关可以采取扣留其护照或者其他有效出入境证件的办法。对于需要在边防检查站阻止外国人和中国公民出境的，承办案件的司法机关应当填写口岸阻止人员出境通知书。控制口岸在本省、自治区、直辖市的，应当向本省、自治区、直辖市公安厅（局）办理交控手续。控制口岸不在本省、自治区、直辖市的，应当通过有关省、自治区、直辖市公安厅（局）办理交控手续。在紧急情况下，如确有必要，也可以先向边防检查站交控，然后补办交控手续。

（二）逮捕、拘留外国籍犯罪嫌疑人、被告人

司法机关在逮捕、拘留外国籍犯罪嫌疑人、被告人时，应遵守下列特殊规定。

1. 逮捕、拘留的决定（批准）权

《刑事诉讼法》规定，县级以上的公安机关、人民检察院均有权拘留现行犯或者重大嫌疑分子；县级以上的人民检察院、人民法院，均有权批准、决定逮捕犯罪嫌疑人、被告人。由于逮捕、拘留外国籍犯罪嫌疑人、被告人涉及两国间的外交关系，故需谨慎从事，严格掌握。根据有关规定，外国人（享有外交特权、豁免权的除外）因犯普通刑事罪需要被逮捕的，由侦查机关提请地区一级的检察（分）院审查，然后报省级人民检察院审查，省级人民检察院在征求同级外事部门的意见后，作出是否批准的决定。决定批准逮捕的，同时报最高人民检察院备案。外国人犯危害国家安全罪、重大刑事犯罪或者适用法律上确有疑难的案件，需要层报最高人民检察院审查，在征求外交部意见后，作出是否批准的决定。对不享有外交特权和豁免权的外国人、无国籍人，依法应当刑事拘留的，由省级公安厅（局）审批。执行拘留后，应当及时向当地外事办公室和有关的外国人主管部门通报情况，并报公安部备案。

2. 逮捕、拘留后的通知

《维也纳领事关系公约》第36条第1款第2项规定："遇有领馆辖区内有派遣国国民受逮捕或监禁或羁押候审、或受任何其他方式之拘禁之情事，经其本人请求时，接受国主管当局应迅即通知派遣国领馆。"在中国与一些国家签订的领事条约中，也有类似的规定。我国是该公约的加入国，理应遵守这项条款。为了认真履行国际公约和双边领事条约，避免在逮捕、拘留外国籍犯罪嫌疑人、被告人的问题上引起外交交涉，在《关于处理涉外案件若干问题的规定》和公安部发布的《公安机关办理刑事案件程序规定》中指出：在设有外国驻华领事馆的辖区内，如有外国人被刑事拘留或逮捕，则由有关省、自治区、直辖市公安机关或国家安全机关负责通知其所属国家驻华领事馆，同时报告公安部或国家安全部。在未设有驻华领事馆的地区，由该地区公安机关或国家安全机关报公安部或国家安全部通知所属国驻华使馆。通知期限，按双边条约的规定；无双边条约的，亦应尽快通知。凡未加入《维也纳领事关系公约》，亦未与中国签订领事条约的国家，其公民被逮捕、拘留后是否通知其驻华使、领馆，可依案情及两国关系而定。通知的内容包括被逮捕、拘留人的外文姓名（全名）、护照和有关证件号码、入境

时间以及拘留、逮捕原因、时间等事项。

在公安机关侦查羁押期间，经公安机关批准，外国籍犯罪嫌疑人可以与其近亲属、监护人会见、与外界通信。外国驻华外交、领事官员要求探视被拘留、逮捕的本国公民的，公安机关应当及时安排有关的探视事宜。犯罪嫌疑人拒绝其所属国外交、领事官员探视的，公安机关可以不予安排，但应当由本人提出书面声明。

四、公开审判原则的适用

公开审判原则是我国《刑事诉讼法》规定的重要原则。《刑事诉讼法》第 11 条明确规定，人民法院审判案件，除本法另有规定的以外，一律公开进行。第 188 条规定，有关国家秘密或者个人隐私的案件，不公开审理；涉及商业秘密的案件，当事人申请不公开审理的，可以不公开审理。第 285 条规定，审判的时候被告人不满 18 周岁的案件，不公开审理。最高人民法院《解释》第 400 条规定，人民法院审理涉外刑事案件，应当公开进行，但是依法不公开审理的除外。公开审理的涉外刑事案件，外国籍当事人国籍国驻华使、领馆官员要求旁听的，可以向受理案件的人民法院所在地的高级人民法院提出申请，人民法院应当安排。因此，公开审判也是人民法院审理涉外刑事案件的一项制度。

第四节　刑事司法协助

一、刑事司法协助概述

（一）刑事司法协助的概念和意义

刑事司法协助包括国际刑事司法协助和区际刑事司法协助两种类型。本章的刑事司法协助仅指国际刑事司法协助，不包括区际刑事司法协助。

刑事司法协助是指一国的法院或者其他的司法机关，根据另一国的法院或者其他司法机关的请求，代为或者协助实行与刑事诉讼有关的司法行为的协助程序。刑事司法协助是司法协助的一种。司法协助除了刑事司法协助外，还有民事司法协助。

国际社会对刑事司法协助有狭义和广义两种理解。狭义上的刑事司法协助是指与审判有关的刑事司法协助，它包括送达刑事司法文书，调查取证，安排证人作证或者协助调查，查封、扣押、冻结涉案财物，没收、返还违法所得及其他涉案财物，移管被判刑人等。广义上的刑事司法协助除了狭义上的刑事司法协助外，还包括引渡等内容。

我国对司法的理解是广义的，司法不仅包括审判，而且包括对案件的侦查、审查起诉甚至判决的执行。因此，在理论上，我国学者主张的刑事司法协助也是广义的。“刑事司法协助包括各国为最终实现对罪犯的制裁而开展的各种类型的国际刑事合作。”

刑事司法协助是基于国家间交往频繁、人员流动增多、跨国犯罪不断出现而产生的。国家间开展刑事司法协助，有以下几点意义：其一，有利于有效地打击犯罪。人类社会的进步，交通和通讯工具突飞猛进的发展，为人类社会的交往带来了便利，也为一些不法之徒进行跨国犯罪或犯罪后潜逃国外开了方便之门。按照国际法准则，每一个国家不论大小，都拥有主权，一个国家的司法机关一般不能进入他国逮捕犯罪嫌疑人、被告人或者进行搜查、扣押等刑事诉讼行为，为了不让潜逃国外的犯罪嫌疑人逃避法律的制裁，国家间开展刑事司法协助就有了必要。因此，刑事司法协助是有效打击有涉外因素犯罪的重要手段。其二，有利于尊重他国的司法主权。刑事司法协助的实质，是两个有司法主权的国家的司法机关在打击刑事犯罪方面进行的互相配合。开展刑事司法协助，需要两个主权国家的司法机关在互相尊重他国司法主权的前提下进行。如果不尊重他国的司法主权，刑事司法协助就不能进行。

（二）刑事司法协助的法律依据

国家间开展刑事司法协助的法律依据，大体上有四种：其一，国家间共同参加的国际公约，如1959年欧洲一些国家签订的《欧洲刑事司法协助公约》。其二，国家间签订的刑事司法协助条约，如1987年我国与波兰人民共和国签订的《关于民事和刑事司法协助的协定》。其三，国家间临时达成的关于刑事司法协助的互惠协议。如1990年2月，我国向日本提出引渡劫机到日本的犯罪嫌疑人张振海，因两个国家间没有刑事司法协助协定，故我国在提出引渡的同时，承诺在今后类似案件中，将向日方提供类似的协助，这就是两个国家达成的关于刑事司法协助的互惠协议。其四，国内的法律规定。如《国际刑事司法协助法》《刑事诉讼法》的有关规定等。

在我国，司法机关对外提供刑事司法协助或者请求外国司法机关提供刑事司法协助，除了遵守上述中华人民共和国缔结或者参加的国际条约及《国际刑事司法协助法》《刑事诉讼法》的规定外，还需要遵守有关的司法解释和部门规章。最高人民法院《解释》第十八章“涉外刑事案件的审理和司法协助”、《人民检察院刑事诉讼规则（试行）》第十六章“刑事司法协助”、《公安机关办理刑事案件程序规定》第十三章“刑事司法协助和警务合作”，都是有关司法机关进行刑事司法协助时应当遵守的规定。

（三）刑事司法协助的主体

刑事司法协助的主体，是指请求提供刑事司法协助和接受请求提供刑事司法协助的司法机关。它包括请求国的司法机关和接受请求国的司法机关。在主张刑事司法协助狭义说的国家，刑事司法协助的主体一般仅指法院；在主张刑事司法协助广义说的国家，刑事司法协助的主体，除了法院外，还有检察机关、警察机关。我国主张刑事司法协助广义说，根据《国际刑事司法协助法》第5、6条的规定，我国的公安机关、国家安全机关、司法行政机关、检察机关、人民法院和监察机关，都是刑事司法协助的主体。其中，司法部是刑事司法协助的对外联系机关。公安部、国家安全部、最高人民检察院、最高人民法院、国家监察委员会，是刑事司法协助的主管机关。

（四）刑事司法协助的原则

中国司法机关与外国司法机关互相代为一定的刑事诉讼行为，不仅要遵守双方签订的国际条约的规定，而且要符合中国《刑事诉讼法》《国际刑事司法协助法》的规定，并遵守下列原则。

1. 维护国家主权的原则。刑事司法协助，是根据有关国际条约或互惠原则进行的，是司法主权的一种体现。外国司法机关的请求，不得损害中国的司法主权。如果请求事项同中国主权、安全或者社会公共利益相违背，或者违反中国的法律规定，中国司法机关应当予以拒绝，不能提供司法协助。这条原则规定在《国际刑事司法协助法》第4条第2款。

2. 平等互惠的原则。《国际刑事司法协助法》第4条第1款规定，中华人民共和国按照平等互惠原则开展国际刑事司法协助。中国司法机关为外国司法机关提供的刑事司法协助，与外国司法机关为中国司法机关提供的刑事司法协助，不论在种类、条件及途径等方面都是相同的。如果某外国对中国提供的刑事司法协助有特殊限制，中国司法机关在为其提供刑事司法协助时，也要根据情况采取相应的限制措施。

（五）刑事司法协助的对外联系机关

依照我国与外国签订的刑事司法协助条约的规定，双方的刑事司法协助主体之间相互请求和提供司法协助，应当通过各自的对外联系机关提出。根据《国际刑事司法协助法》第5条的规定，司法部是我国的对外联系机关，但又不是唯一的对外联系机关。司法协助的对外联系机关的确定，依据与我国签订条约的国家的司法体制的不同而有所不同。如中国和蒙古的刑事司法协助条约中规定双方的中央联系机关是双方的司法部和最高人民法院；中国和古巴的刑事司法协助条约中规定双方的中央联系机关是双方的司法部；中国和俄罗斯、白俄罗斯、罗马尼亚等国的刑事司法协助条约中规定双方的中央联系机关是双方的司法部和最高检察机关。可见，由于相应签订刑事司法协助条约的国家的司法体制和司法传统不同，因而双方进行司法协助的对外联系机关也不相同。

（六）刑事司法协助的范围

刑事司法协助的范围，是指刑事司法协助所包括的协助事项的类型。根据我国与外国签订的刑事司法协助条约的规定，刑事司法协助的范围至少应当包括以下事项：（1）代为送达刑事诉讼文书；（2）代为收集证据，包括收集被害人陈述，被告人（犯罪嫌疑人）的供述和辩解，证人证言，鉴定结论，勘验、检查笔录以及物证、书证等证据资料；（3）准许或协助包括在押人员在内的有关人员赴请求方作证或者协助调查取证；（4）涉及赃款、赃物的转交和归还被害人财物的措施。此外，大多数的司法协助条约还规定了刑事诉讼结果的通报与犯罪情报和其他情报的交换等刑事司法协助形式。

我国在实践中所认可的司法协助类型，与理论上我们认为司法协助所应涵盖的范围是不一致的。实践中，我国在一些民事和商事司法协助条约中规定了相互承认判决、裁定等民商事司法协助形式，而在相互承认刑事判决、裁定等方面，长期以来一直持谨慎的态度。我国《刑法》第10条规定："凡在中华人民共和国领域外犯罪，依照本法应当负刑事责任的，虽然经过外国审判，仍然可以依照本法追究，但是在外国已经受过刑罚处罚的，可以免除或者减轻处罚。"这说明，我国原则上不承认外国的刑事判决和裁定在国内的效力。但是，这种状况随着《国际刑事司法协助法》的颁布会有所改变。因为这个法律将移管被判刑人作为刑事司法协助的一项内容。移管被判刑人的前提是承认他国的刑事裁判，否则，移管被判刑人就无从谈起。

有学者认为，引渡制度在理论上应当作为刑事司法协助制度的一部分，但是在具体的操作中，我国对引渡制度和司法协助制度采取了分别规定的态度。到目前为止，我国与相关国家签订的司法协助条约，一般都没有规定引渡的内容，引渡要签订专门的条约。我国在立法、司法方面所采取的也是这种做法。比如，我国进行刑事司法协助所依据的《国际刑事司法协助法》和最高人民法院、最高人民检察院发布的有关司法解释中，不仅没有包含"引渡制度"，而且规定“办理引渡案件，按照国家有关引渡的法律和规定执行”。这种做法是有一定的道理的。从理论上讲，引渡制度在广义上属于刑事司法协助程序的范围，但具体分析，它与普通的刑事司法协助程序有着以下的区别：首先，二者的性质不同。普通的刑事司法协助程序是纯粹的司法性质的程序，除了平等互惠原则以外一般不考虑其他的政治原则，但引渡程序，除了具有司法的性质以外，还具有很强的政治色彩，可以说其是一种司法性与行政性相统一的程序。现代引渡制度不仅要求通过行政渠道传递引渡请求，还要求最终的引渡决定由一国政府作出。其次，二者产生的后果不同。引渡程序所产生的直接后果是刑事管辖权的转移。被请求国同意引渡被请求人可以被视为被请求国对请求国司法管辖权的确认。而普通的刑事司法协助不具有刑事管辖权转移的目的，只是被请求国对请求国的司法协助请求的满足。最后，各国对于司法协助的定义的理解是不相同的，英美国家由于认为“司法”与审判同义，因而认为引渡所保护的内容不是与审判有关的诉讼行为，其不应该包含在刑事司法协助的范围之中。而大陆法系国家一般都认为引渡制度是刑事司法协助程序的题中应有之义。由于同我们签订刑事司法协助条约的国家对引渡制度的认识不同，我们无法对其作出统一的规定，因而应依照国际通用的做法将引渡程序单独规定。

（七）刑事司法协助的拒绝

刑事司法协助的拒绝是指被请求方依据法定或条约规定的理由，拒绝请求方有关实施刑事司法协助的请求。刑事司法协助的拒绝是任何一项司法协助条约中必备的条款，它具体规定了被请求方拒绝请求方的司法协助请求的条件和程序，是一国维护本国主权、安全和司法制度、司法信念稳定性的主动举措。

一般来说，拒绝刑事司法协助请求的理由主要有以下几条：(1) 被请求的缔约一方认为提供司法协助有损本国的主权、安全或公共秩序。提供刑事司法协助说到底是为了使本国司法权益在互惠的基础上达到最大化和最优化，如果提供司法协助有碍这种目标的实现，被请求方当然有权予以拒绝。但应当将拒绝的理由通知提出请求的缔约一方。(2) 按照被请求的缔约一方的法律，该项请求所涉及的行为不构成犯罪，即请求涉及的行为不符合双重归罪原则。罪刑法定原则是现代刑事法律的基本原则，对不构成犯罪的案件提供司法协助无疑是对罪刑法定原则的直接违背。(3) 该项请求所涉及的罪犯或嫌疑犯具有被请求的缔约一方的国籍，且不在提出请求的缔约一方境内。根据现代刑事诉讼的理论，各国对处于本国领土内的本国犯罪人拥有无可争辩的、绝对的管辖权，当然不会为另一国进行的与其管辖权相冲突的追诉提供便利。(4) 请求的事项与请求协助的案件之间缺乏实质性联系。

除了上述四条之外，根据我国《国际刑事司法协助法》第 14 条的规定，在有的国家与我国订立的刑事司法协助条约中还规定了其他几种拒绝刑事司法协助的情况：其一，被请求的缔约一方认为该项请求涉及的犯罪具有政治性质或为军事犯罪（如中国与波兰《关于民事和刑事司法协助的协定》第 24 条）；其二，被请求方有充分的依据相信提供协助将便利对请求书所涉及的当事人基于种族、民族、宗教、国籍、性别、身份或政治见解原因进行诉讼或处罚（如中国与加拿大《关于刑事司法协助的条约》第 7 条）。这两种情形主要是为了防止给违反被请求国司法原则的不公正的追诉行为提供帮助。

当然，当一国收到他国刑事司法协助请求时，根据本国法律犯罪已过追诉时效的，也可以拒绝协助。

（八）刑事司法协助请求的形式

根据我国《国际刑事司法协助法》的规定，请求刑事司法协助时，要向对方提交请求书。该法第13条还规定，协助双方签订有条约的，请求书的内容和所附材料按条约规定执行。没有条约或者条约没有规定的，依该法第13条执行。

根据我国同有关国家签订的刑事司法协助协定，刑事司法协助的请求书至少应当包括以下内容：（1）请求所涉及的进行调查取证或诉讼的主管机关的名称；（2）案件的名称；（3）执行请求所需涉及的人的姓名、性别、国籍、出生地、出生日期、职业、住所或居所及在诉讼中的身份，法人的名称和地址；（4）必要时，当事人的代理人的姓名和地址；（5）请求所涉及的案件的案情摘要，如请求刑事司法协助，则还应写明该项请求所涉及的犯罪的罪名及犯罪事实；（6）执行请求所需附具的其他材料；（7）请求的内容。请求书应当由请求机关签署并加盖公章。

二、刑事司法协助的具体内容

（一）送达文书

通过刑事司法协助送达司法文书是最常见的刑事司法协助形式之一。根据我国《国际刑事司法协助法》的规定，我国司法机关和外国司法机关之间可以相互请求送达传票、通知书、起诉书、判决书和其他司法文书。送达文书的请求应当以请求书的形式提出。

向外国请求送达文书的，请求书应载明收送达人的姓名或者名称、送达的地址以及需要告知受送达人的相关权利和义务。司法机关制作好请求书后，应当附上相关材料，经所属主管机关审核同意后，由对外联系机关向外国提出请求。

外国向我国请求送达文书的，请求书应当载明受送达人的姓名或者名称、送达的地址以及需要告知受送达人的相关权利和义务。请求协助送达出庭传票的，应当按照有关条约规定的期限提出。没有条约或者条约没有规定的，应当至迟在开庭前3个月提出。对于要求中华人民共和国公民接受讯问或者作为被告人出庭的传票，我国不负有协助送达的义务。负责执行协助送达文书的人民法院或者其他办案机关，应当及时将执行结果通过所属主管机关告知对外联系机关，由对外联系机关告知请求国。除无法送达的情形外，应当附有受送达人签收的送达回执或者其他证明文件。

我国协助送达司法文书，不代表对外国司法文书法律效力的承认。

另外，大部分刑事司法协助条约还规定了外交或领事代表机关送达文书的方式。依规定，派驻在缔约另一方的外交或领事代表机关可以向其本国国民送达司法文书和司法外文书，但不得使用强制措施，并不得违反驻在国的法律。也就是说，外交或领事代表机关送达文书仅限于对其本国国民的送达，而不得向其本国国民以外的驻在国国民或第三国国民直接送达。同时这种送达所采取的方式必须符合驻在国法律的规定，不得违反驻在国的法律，也不得使用强制措施。

（二）调查取证

根据我国《国际刑事司法协助法》的规定，我国和外国办案机关可以就下列事项向对方请求调查取证：（1）查找、辨认有关人员；（2）查询、核实涉案财物、金融账户信息；（3）获取并提供有关人员的证言或者陈述；（4）获取并提供有关文件、记录、电子数据和物品；（5）获取并提供鉴定意见；（6）勘验或者检查场所、物品、人身、尸体；（7）搜查人身、物品、住所和其他有关场所；（8）其他事项。请求外国协助调查取证时，办案机关可以同时请求在执行请求时派员到场。

我国向外国或者外国向我国请求调查取证的，请求书及所附材料应当根据需要载明下列事项：（1）被调查人的姓名、性别、住址、身份信息、联系方式和有助于确认被调查人的其他资料；（2）需要向被调查人提问的问题；（3）需要查找、辨认人员的姓名、性别、住址、身份信息、联系方式、外表和行为特征以及有助于查找、辨认的其他资料；（4）需要查询、核实的涉案财物的权属、地点、特性、外形和数量等具体信息，需要查询、核实的金融账户相关信息；（5）需要获取的有关文件、记录、电子数据和物品的持有人、地点、特性、外形和数量等具体信息；（6）需要鉴定的对象的具体信息；（7）需要勘验或者检查的场所、物品等的具体信息；（8）需要搜查的对象的具体信息；（9）有助于执行请求的其他材料。

1. 向外国请求调查取证

根据有关司法协助协定以及最高人民法院、最高人民检察院、公安部、司法部及外交部的有关规定，各司法机关在通过司法协助请求外国司法机关收集证据时，应注意以下问题。

（1）地方各级人民法院、人民检察院、公安机关在提出协助收集证据的请求时，应将请求书及有关文件层报各省、自治区、直辖市的高级人民法院、人民检察院或公安厅（局），经其审查同意后，分别报最高人民法院、最高人民检察院、公安部审查。最高人民法院、最高人民检察院、公安部审查同意后，将请求及有关文件转送对外联络机关（有关刑事司法协助协议确定的中央机关），由其转交缔约的外国一方。

（2）请求书及其所附文件，应用中文书写，并附有对方国通用文字或英文的译本。提出请求的司法机关应在请求书及其所附文件上签署本机关的名称并盖章。

除了以上申请代为调查取证的方式以外，一些司法协助条约还规定了外交领事代表机关调查取证制度。根据相关主管机关的请求，缔约一方派驻在缔约另一方的外交或领事代表机关可以在驻在国境内进行调查取证，但是这种调查取证只是一种任意性的措施，不得使用强制措施，并不得违反驻在国的法律。

2. 接受外国司法机关的请求调查取证

根据中国与有关国家的刑事司法协助协定及中国的有关法律的规定，中国司法机关在接受外国司法机关的请求调查取证时，必须对其请求内容及其所附文件进行审查，符合我国法律规定或有关刑事司法协助协定规定的条件和对等互惠原则的，予以接受；不符合刑事司法协助协定规定的条件，违背对等互惠原则，或者请求内容违反中国法律的，应当予以拒绝。有关司法机关在调查取证后，应根据有关规定将所收集的证据转交对外联络机关或刑事司法协助协定确定的中方中央机关，转交请求国的中央机关。外国司法机关请求中国司法机关调查取证的请求书及其所附文件，应当附有中文译本或者国际条约规定的其他文字文本。中国司法机关在中国领域内为外国司法机关进行调查取证活动，必须遵守中国刑事诉讼法规定的方式、方法和步骤，不能按照请求国的刑事诉讼法进行调查取证。另外，依据一些司法协助条约的规定，派驻在我国的缔约一方的外交或领事代表机关可以在我国境内询问当事人或证人，但不得使用强制措施，并不得违反我国的法律。

被请求国办案机关要求请求国归还其提供的证据材料或者物品，请求国作出保证的，应当归还。

(三) 安排证人作证或者协助调查取证

安排证人作证或者协助调查取证，是指被请求国根据请求国的请求，安排身在被请求国的证人出境到请求国，或者在被请求国通过视频、音频的方式向请求国司法机关（法庭）作证或者协助调查。

根据我国《国际刑事司法协助法》的规定，请求安排证人作证或者协助调查，需要提交请求书，并附上相关材料。请求书及所附材料，需要载明下列事项：(1) 证人、鉴定人的姓名、性别、住址、身份信息、联系方式和有助于确认证人、鉴定人的其他资料；(2) 作证或者协助调查的目的、必要性、时间和地点等；(3) 证人、鉴定人的权利和义务；(4) 对证人、鉴定人的保护措施；(5) 对证人、鉴定人的补助；(6) 有助于执行请求的其他材料。

安排证人作证或者协助调查应当坚持自愿原则，不得强迫证人作证或者协助调查。请求国应对作证或者协助调查的证人、鉴定人给予补助。请求国还应书面保证证人、鉴定人在入境前实施的犯罪不受追诉；除因入境后实施违法犯罪而被采取强制措施的以外，其人身自由不受限制。但是，如果证人或鉴定人在提出请求的一方声明其无须继续停留之日起，在规定的期限内能离开而未离开提出请求一方境内，即丧失上述的保护。

我国安排证人、鉴定人通过视频、音频向外国作证的，主管机关或者办案机关应当派员到场，发现有损害我国的主权、安全和社会公共利益以及违反我国法律的基本原则的情形的，应当及时制止。

(四) 查封、扣押、冻结涉案财物

根据我国《国际刑事司法协助法》的观点，我国和外国之间请求查封、扣押、冻结涉案财物的，必须以书面请求的形式，并需要附上有关材料。请求书及所附材料应当根据需要载明下列事项：(1) 需要查封、扣押、冻结的涉案财物的权属证明、名称、特性、外形和数量等；(2) 需要查封、扣押、冻结的涉案财物的地点。资金或者其他金融资产存放在金融机构中的，应当载明金融机构的名称、地址和账户信息；(3) 相关法律文书的副本；(4) 有关查封、扣押、冻结以及利害关系人权利保障的法律规定；(5) 有助于执行请求的其他材料。

我国办案机关需要外国协助查封、扣押、冻结涉案财物的，应当制作刑事司法协助请求书并附相关材料，经所属主管机关审核同意后，由对外联系机关及时向外国提出请求。外国对于协助执行中华人民共和国查封、扣押、冻结涉案财物的请求有特殊要求的，在不违反中华人民共和国法律的基本原则的情况下，可以同意。需要由司法机关作出决定的，由人民法院作出。

外国向我国请求查封、扣押、冻结涉案财物，必须经过我国有关主管机关经审查。经审查认为符合下列条件的，可以同意查封、扣押、冻结涉案财物，并安排有关办案机关执行：(1) 查封、扣押、冻结符合中华人民共和国法律规定的条件；(2) 查封、扣押、冻结涉案财物与请求国正在进行的刑事案件的调查、侦查、起诉和审判活动相关；(3) 涉案财物可以被查封、扣押、冻结；(4) 执行请求不影响利害关系人的合法权益；(5) 执行请求不影响中华人民共和国有关机关正在进行的调查、侦查、起诉、审判和执行活动。

利害关系人对查封、扣押、冻结有异议，有权向我国办案机关申请解除。我国办案机关经审查认为查封、扣押、冻结不符合法律规定的条件的，应当报请主管机关决定解除查封、扣押、冻结并通知对外联系机关，由对外联系机关告知请求国；利害关系人对案件处理提出异议的，办案机关可以通过所属主管机关转送对外联系机关，由对外联系机关向请求国提出。由于

请求国的原因导致查封、扣押、冻结不当，对利害关系人的合法权益造成损害的，我国办案机关可以通过对外联系机关要求请求国承担赔偿责任。

（五）没收、返还违法所得及其他涉案财物

1. 向外国请求没收、返还违法所得及其他涉案财物

请求外国将违法所得及其他涉案财物返还我国或者返还被害人的，可以在向外国提出没收请求时一并提出，也可以单独提出。外国对于返还被查封、扣押、冻结的违法所得及其他涉案财物有特殊要求的，在不违反我国法律规定的基本原则的情况下，可以同意。需要由司法机关作出决定的，由人民法院作出决定。

向外国请求没收、返还违法所得及其他涉案财物的，请求书及所附材料应当根据需要载明下列事项：（1）需要没收、返还的违法所得及其他涉案财物的名称、特性、外形和数量等。（2）需要没收、返还的违法所得及其他涉案财物的地点。资金或者其他金融资产存放在金融机构中的，应当载明金融机构的名称、地址和账户信息。（3）没收、返还的理由和相关权属证明。（4）相关法律文书的副本。（5）有关没收、返还以及利害关系人权利保障的法律规定。（6）有助于执行请求的其他材料。

请求外国协助没收、返还违法所得及其他涉案财物的，由我国对外联系机关会同主管机关就有关财物的移交问题与外国进行协商。对于请求外国协助没收、返还违法所得及其他涉案财物，外国提出分享请求的，分享的数额或者比例，由对外联系机关会同主管机关与外国协商确定。

2. 外国向我国请求没收、返还违法所得及其他涉案财物

外国向我国请求协助没收、返还违法所得及其他涉案财物的，我国主管机关应依照我国有关法律进行审查。经审查认为符合下列条件的，可以同意协助没收违法所得及其他涉案财物，并安排有关办案机关执行：（1）没收违法所得及其他涉案财物符合我国法律规定的条件；（2）外国充分保障了利害关系人的相关权利；（3）在我国有可供执行的财物；（4）请求书及所附材料详细描述了请求针对的财物的权属、名称、特性、外形和数量等信息；（5）没收在请求国不能执行或者不能完全执行；（6）主管机关认为应当满足的其他条件。

外国请求协助没收违法所得及其他涉案财物，有下列情形之一的，我国可以拒绝提供协助，并说明理由：（1）我国或者第三国司法机关已经对请求针对的财物作出生效裁判，并且已经执行完毕或者正在执行；（2）请求针对的财物不存在，已经毁损、灭失、变卖或者已经转移导致无法执行，但请求没收变卖物或者转移后的财物的除外；（3）请求针对的人员在我国境内有尚未清偿的债务或者尚未了结的诉讼；（4）其他可以拒绝的情形。

外国请求返还违法所得及其他涉案财物，能够提供确实、充分的证据证明，主管机关经审查认为符合我国法律规定的条件的，可以同意并安排有关办案机关执行。返还前，办案机关可以扣除执行请求产生的合理费用。对于外国请求协助没收、返还违法所得及其他涉案财物的，可以由对外联系机关会同主管机关提出分享的请求。分享的数额或者比例，由对外联系机关会同主管机关与外国协商确定。

（六）移管被判刑人

移管被判刑人也称被判刑人移管，是指一个国家把本国法院判处的外国籍犯罪人，移交给被判刑人国籍国，并在被判刑人国籍国执行所判刑罚的司法协助措施。一般来说，移管被判刑

人应该具备以下条件：（1）被判刑人是请求国国民；（2）对被判刑人判处刑罚所针对的行为根据请求国的法律也构成犯罪；（3）对被判刑人判处刑罚的判决已经发生法律效力；（4）被判刑人书面同意移管，或者因被判刑人年龄、身体、精神等状况确有必要，经其代理人书面同意移管；（5）裁判作出国同意移管。

有的国家法律针对本国的具体情况，明确一些不予移管的情况。例如，我国《国际刑事司法协助法》规定，有下列情形之一的，可以拒绝移管：（1）被判刑人被判处死刑缓期执行或者无期徒刑，但请求移管时已经减为有期徒刑的除外；（2）在请求移管时，被判刑人剩余刑期不足一年；（3）被判刑人在中华人民共和国境内存在尚未了结的诉讼；（4）其他不宜移管的情形。

移管被判刑人的请求，需要以书面形式提出。请求书及所附材料应当根据需要载明下列事项：（1）请求机关的名称；（2）被请求移管的被判刑人的姓名、性别、国籍、身份信息和其他资料；（3）被判刑人的服刑场所；（4）请求移管的依据和理由；（5）被判刑人或者其代理人同意移管的书面声明；（6）其他事项。

由于各国刑法规定的刑罚体系是不同的，被判刑人移管后，往往需要对移管回本国的被判刑人，把外国法院判处的刑罚，转换成本国刑法规定的刑罚。例如，根据我国《国际刑事司法协助法》第64条的规定，我国把在外国被判刑的人移回国内后，人民检察院应当制作刑罚转换申请书并附相关材料，提请刑罚执行机关所在地的中级人民法院作出刑罚转换裁定。人民法院应当依据外国法院判决认定的事实，根据刑法规定，作出刑罚转换裁定。对于外国法院判处的刑罚性质和期限符合我国法律规定的，按照其判处的刑罚和期限予以转换；对于外国法院判处的刑罚性质和期限不符合我国法律规定的，按照下列原则确定刑种、刑期：（1）转换后的刑罚应当尽可能与外国法院判处的刑罚相一致；（2）转换后的刑罚在性质上或者刑期上不得重于外国法院判处的刑罚，也不得超过我国刑法对同类犯罪所规定的最高刑期；（3）不得将剥夺自由的刑罚转换为财产刑；（4）转换后的刑罚不受我国刑法对同类犯罪所规定的最低刑期的约束。

移回被判刑人国家法院作出的刑罚转换裁定，是终审裁定。被判刑人回国服刑前被羁押的，羁押时间折抵转换后的刑期。刑罚执行机关根据刑罚转换裁定将移管回国的被判刑人收监执行刑罚。刑罚执行以及减刑、假释、暂予监外执行等，依照移回国的法律办理。被判刑人移管回国后对外国法院判决的申诉，应当向外国有管辖权的法院提出。

问题与思考

简答题

1. 哪些案件适用涉外刑事诉讼程序？
2. 我国的涉外刑事诉讼程序有什么特殊的原则？
3. 引渡与刑事司法协助是什么关系？

课堂讨论案例

迈克为英国人，在英国驻中国某地领事馆工作。某日，迈克与朋友一起去酒吧玩耍，与他人因琐事发生纠纷，将他人打成重伤。

请结合本章的内容，回答：

1. 在侦查过程中，如果迈克声称自己是外交人员，享有豁免权，并出示相关证明，那么本案应如何处理？

2. 在侦查过程中，迈克声称自己不懂中文，希望能有翻译帮助，对于这一要求，公安机关应如何处理？

法律职业资格（司法）考试真题

1. 下列哪一项不属于狭义的刑事司法协助？（　　）（单选）

A. 询问证人　　B. 引渡　　C. 搜查　　D. 扣押

2. 在涉外刑事诉讼中，关于国籍的确认，下列哪些做法是正确的？（　　）（多选）

A. 犯罪嫌疑人甲，入境时持有有效证件，以该有效证件确认甲的国籍

B. 犯罪嫌疑人乙，国籍不明，以公安机关会同外事部门查明的情况确认乙的国籍

C. 犯罪嫌疑人丙，国籍不明，经公安机关会同外事部门调查确实无法查明，以丙自报的国籍确认其国籍

D. 犯罪嫌疑人丁，国籍不明，经公安机关会同外事部门调查确实无法查明，按照无国籍人对待

图书在版编目（CIP）数据

刑事诉讼法/程荣斌，王新清主编．—7 版．—北京：中国人民大学出版社，2019.8
新编 21 世纪法学系列教材
ISBN 978-7-300-27185-9

Ⅰ.①刑… Ⅱ.①程… ②王… Ⅲ.①刑事诉讼法-中国-高等学校-教材 Ⅳ.①D925.2

中国版本图书馆 CIP 数据核字（2019）第 164155 号

教育部全国普通高等学校优秀教材（一等奖）
教育部推荐教材
新编 21 世纪法学系列教材
总主编　曾宪义　王利明
刑事诉讼法（第七版）
Xingshi Susong Fa
主　编　程荣斌　王新清
副主编　甄　贞　陶　杨

出版发行	中国人民大学出版社		
社　　址	北京中关村大街 31 号	**邮政编码**	100080
电　　话	010－62511242（总编室）		010－62511770（质管部）
	010－82501766（邮购部）		010－62514148（门市部）
	010－62515195（发行公司）		010－62515275（盗版举报）
网　　址	http://www.crup.com.cn		
经　　销	新华书店		
印　　刷	北京昌联印刷有限公司	**版　　次**	1999 年 10 月第 1 版
规　　格	185 mm×260 mm　16 开本		2019 年 8 月第 7 版
印　　张	32	**印　　次**	2020 年 9 月第 3 次印刷
字　　数	820 000	**定　　价**	65.00 元

《　　　　　　　　》※任课教师调查问卷

为了能更好地为您提供优秀的教材及良好的服务，也为了进一步提高我社法学教材出版的质量，希望您能协助我们完成本次小问卷，完成后您可以在我社网站中选择与您教学相关的 1 本教材作为今后的备选教材，我们会及时为您邮寄送达！如果您不方便邮寄，也可以申请加入我社的**法学教师 QQ 群：83961183（申请时请注明法学教师）**，然后下载本问卷填写，并发往我们指定的邮箱（cruplaw@163. com）。

邮寄地址：北京市海淀区中关村大街 31 号中国人民大学出版社 411 室收

邮　　编：100080

再次感谢您在百忙中抽出时间为我们填写这份调查问卷，您的举手之劳，将使我们获益匪浅！

基本信息及联系方式：※

姓名：________ 性别：________ 课程：________________

任教学校：________________ 院系（所）：____________

邮寄地址：________________ 邮编：____________

电话（办公）：________ 手机：________ 电子邮件：________

调查问卷：※

1. 您认为图书的哪类特性对您使用教材最有影响力？(　　)（可多选，按重要性排序）

　A. 各级规划教材、获奖教材　　B. 知名作者教材

　C. 完善的配套资源　　D. 自编教材

　E. 行政命令

2. 在教材配套资源中，您最需要哪些？(　　)（可多选，按重要性排序）

　A. 电子教案　　B. 教学案例

　C. 教学视频　　D. 配套习题、模拟试卷

3. 您对于本书的评价如何？(　　)

　A. 该书目前仍符合教学要求，表现不错将继续采用。

　B. 该书的配套资源需要改进，才会继续使用。

　C. 该书需要在内容或实例更新再版后才能满足我的教学，才会继续使用。

　D. 该书与同类教材差距很大，不准备继续采用了。

4. 从您的教学出发，谈谈对本书的改进建议：________________

____

____

选题征集：如果您有好的选题或出版需求，欢迎您联系我们：

联系人：黄　强　联系电话：010-62515955

索取样书：书名：________________________

书号：________________________________

备注：※ 为必填项。